성서주석

사무엘하

대한기독교서회 창립 100주년 기념

대한기독교서회

9

사무엘하

노희원 지음

대한기독교서회

A Commentary

on

2 Samuel

by

He-Won Ro

The Christian Literature Society of Korea

Seoul Korea, 2006

간행사

민족의 개화와 복음선교를 목적으로 세워진 대한기독교서회가 창립 100주년을 맞이한 지도 어느덧 몇 해가 흘렀습니다. 우리는 100주년 기념사업을 여러 모로 추진했지만, 그중에서도 가장 중요한 역점사업은 국내 성서학자들에 의해 집필된 성서주석의 발간이었습니다.

기독교가 우리 문화와 생활 속에 접목된 지 어느덧 1세기의 세월이 흘렀지만, 지금까지는 받아들이고 이식시키는 데에만 열중한 것이 사실입니다. 성서주석이란 그 나라의 신학사상을 가늠하는 중요한 학술활동인데도 불구하고 신학적 주체성을 살린 주석작업이 아직까지는 미흡하다는 점, 그 때문에 빈번하게 읽히고 있는 현재의 주석서가 대부분 번역서라는 점 등은, 한국교회로 하여금 우리 실정에 알맞는 새로운 성서주석의 출현을 기대하게 했습니다.

정통적이고 보수적이며 더 나아가서는 새로운 신학사상까지도 포괄하는 주석서, 그러면서도 신학적 주체성이 충분히 반영된 이상적이고 활용하기에 편리한 주석서의 출간은, 1천만 성도의 간절한 기다림이자 바람입니다.

올리브나무에 야생 올리브나무를 접붙이면 야생 나뭇가지 또한 원래의 올리브나무 뿌리에서 영양을 공급받지 않겠느냐는 사도 바울의 표현처럼, 우리 민족 또한 하나님의 젖줄에서 양분을 공급받기 시작한 지 어느덧 1백 년이라는 세월이 흘렀습니다. 이제 한국의 기독교는 더 이상 외래문화가 아니며, 더 이상 남의 옷이 아니라고 자부하고 싶습니다.

결국은 남의 옷에 지나지 않는 번역서가 아니라 우리 손에 의해 쓰여진, 우리 실정에 알맞은 주석서가 발간되었다는 것은, 우리 신앙의 현주소를 바로 보여주는 일이기도 할 것입니다.

국내의 성서신학자들이 대거 동원되어 가장 최신의 연구성과까지도 반영하고 우리 현실과의 관계 안에서 성서가 주는 메시지를 정확하게 전달하는 일에 중점을 둔 새로운 주석서의 출현이, 한국교회 기독인들에게 바른 신앙의 길을 가리키는 참신한 이정표로 자리잡기를 기대하는 마음 간절합니다.

끝으로 이 주석이 나오기까지 땀흘려 주신 『100주년 기념 성서 주석 위원회』 위원장과 위원 여러분들의 수고에 감사를 드립니다. 아울러 학생들을 지도하시기에 바쁜 중에도 귀한 생명의 양식을 나누는 일에 동참해 주신 여러 교수님들께도 진심으로 감사를 드리는 바입니다.

1992. 12. 10
발행인

출판에 즈음하여

한국의 산업구조를 분석한 전문가들의 일치된 견해에 의하면, 우리 체질의 심각성은 외국 기술의존도가 지극히 높다는 데 있다고 한다. 그리하여 대외수출고를 높이는 데만 힘을 기울이는 사이에, 우리는 경제기반이 흔들리는 중대한 위기 속에 휘말렸다는 것이다.

이러한 모형이 기독교와 교회라는 특정상황에서도 위기의식으로 존재한다는 것, 다시 말해서 교회성장과 부흥에만 역점을 두는 사이에 기독교의 정체와 본질에 대해 다시 질문하는 도전과 위기가 조여오고 있다는 사실을 아는 사람은 별로 많지 않다.

지금까지의 우리의 관심사는 부흥과 성장이었다. 그리고 그러한 요청에 걸맞는 패기있는 선두자들은 주야로 활동하여 한국의 신도수를 극적으로 증대시켰고, 그리고 몇몇 교회의 경우, 단일교회로서의 크기가 가히 세계적인 위대한 교회로 두각을 나타냈다. 그러한 과정에서 기여한 몇몇 교회지도자들의 수고와 노력에 우리는 모두 감사해야 한다. 그러나 우리는 지금 그러한 성장과 크기에 걸맞는 성숙을 심각하게 생각해야 할 자리에 와 있다. 성숙이 없는 성장이 무엇을 의미하는가를 누가 말해주지 않아도 잘 알기 때문이다. 그러므로 이제 한국교회가 성숙을 위하여 지금까지 성장지향의 의지가 보여준, 그 이상의 진지한 노력을 경주하지 않으면, 그것은 쉬지 않고 커 가기만 하는 외채더미에 눌리면서 화려한 소비경제에 빠지는 종래의 파국과 비교될 것이다.

기독교가 자기의 뿌리를 확인하는 기본적인 지혜는 성서에 대한 진지한 탐구에서만 비롯된다. 얼마 전까지만 해도 이러한 자각이 아쉬운 대로 행동으로 옮겨지면서, 우리는 외국의 출판사나 지적소유자에게 적지않은 로열티를 주고 그 방법을 번역하여 교회에 보급시킨 몇 가지의 성서연구법이 있었다. 그러나 한국교회의 성숙의 대명제를 감안할 때 그것이 해결은 아니었다.

이런 맥락적 의미에서, 한국교회의 자존과 명분을 걸고 한국의 성서신학자들이 지식과 능력을 한자리에 결집하여 구약과 신약의 주석을 직접 저술하기로 하여, 이제 그 실현이 가시화되는 시점에 이르렀다. 이러한 성서주석 출판을 대한기독교서회 창립 100주년 기념사업의 하나로 기획했다는 것은 참으로 획기적인 의미를 지닌다.

참으로 오늘의 우리에게 예수 그리스도가 영생이시고, 좋은 신학의 전부가 되며, 참하나님이심을 인지하고 고백하는 은혜와 진리가 날마다 한국의 모든 교회에 더하기를 간절히 바라는 기도와 함께, 한국교회의 100주년을 감사하는 이때에 소망스러운 2000년대를 지향하는 벽찬 문턱에서 여기 한국 성서신학자들의 성서주석서를 겸허한 마음으로 내놓는 바이다.

1992. 12.

대한기독교서회 창립 100주년 기념 성서주석 출판위원회

위원장 이상훈 박사(서울신학대학교)

위원 박준서 박사(연세대 연합신학대학원)

김중은 박사(장로회신학대학)

민영진 박사(대한성서공회 부총무)

박수암 박사(장로회신학대학)

김득중 박사(감리교신학대학)

김창락 박사(한신대학 신학부)

• 일러두기 •

1. 본 주석서는 시리즈로 발간되므로 각 책들간의 통일성을 기하려고 했으나, 불가피하게 각 집필자들의 특성에 따라 최소한의 통일성만을 유지한 경우도 있다.
2. 본 주석서의 체제는 서론, 본문주석(성서본문 제시, 본문주석, 신학적 메시지), 참고문헌으로 이루어졌다. 그러나 필요에 따라서는 본문주석과 신학적 메시지를 동시에 전개시키기도 한다.
3. 본 주석서의 성서본문은 한글개역판을 그대로 따랐다.
4. 한글 전용을 원칙으로 했다. 그러나 불가피한 경우에는,
   1) 한자는 괄호 안에 넣었다.
   2) 성서 원어 표기는 우리말 음역을 쓰고 원어는 로마자로 괄호 안에 넣었다 [예. '파라클레토스'(parakletos—보혜사)].
5. 히브리어·헬라어는 본 성서주석출판위원회에서 정한 통일안에 따라서 표기한다.
6. 외래어는 문교부에서 고시한 『외래어 표기 용례집』 교과용 도서 수정용과 『외래어 표기 용례집(인명, 지명)』을 따랐다. 단 성서에 나오는 외래어는 한글개역판을 따랐다 [예. 바빌론→바벨론].
7. 성서의 장절(章節) 표기는 다음과 같다.

   범례. 1) 1장 1절부터 10절까지／1：1—10

   2) 1장 1절부터 2장 5절까지／1：1—2：5

   3) 1장 1절, 2절, 7절／1：1, 2, 7

   4) 마태복음 1장 1절, 요한복음 1장 1절／마 1：1；요 1：1
8. 독자들의 내용이해에 도움을 주기 위해서 각주난을 최대한으로 활용했다.

히브리어 · 헬라어의 로마자음역 및 한글음역 통일안

히브리어

히브리어 자 음	로마자 음 역	히브리어 모음기호	로마자 음 역
א	'	◌ָה	
בּ(ב)	b	◌ָ	a
גּ(ג)	g	◌ַ	
דּ(ד)	d	◌ֲ	
ה	h	◌ֵי	
ו	w	◌ֵ	
ז	z	◌ֶי	e
ח	h	◌ֶ	
ט	t	◌ֱ	
י	y	◌ְ	
כּ(כ)	k	◌ִי	
ל	l	◌ִֽ	i
מ	m	◌ִ	
נ	n	וֹ	
ס	s	◌ֹ	
ע	ʻ	◌ָ	o
פּ(פ)	p	◌ֳ	
צ	ts	וּ	
ק	q	◌ֻֽ	u
ר	r	◌ֻ	
שׂ	s		
שׁ	sh		
תּ(ת)	t		

헬라어

헬라문자	로마자음역	한글음역
α	a	아
αι	ai	아이
αυ	au	아우
β	b	ㅂ
γ	g	ㄱ
κγχμν 앞에 있는 γ		ㅇ받침
δ	d	ㄷ
ε	e, ĕ	에
ει	ei	에이
ευ	eu	유
ζ	z	ㅈ
η	ē	에
θ	th	ㄷ
ι	i	이
κ	k, c	ㅋ
λ	l	ㄹ
μ	m	ㅁ
ν	n	ㄴ
ξ	x	ㅋㅅ
ο	o, ŏ	오
οι	oi	오이
ου	ou	우
π	p	ㅍ
ρ	r	ㄹ
ῥ	rh	
ῤῥ	rrh	
σ(ς)	s	ㅅ
τ	t	ㅌ
υ	y, u	위
υι	ui	위+이
φ	ph	ㅍ
χ	ch	ㅋ
ψ	ps	ㅍㅅ
ω	ō	오

• 성서책명 약자 •

창세기 …………창
출애굽기 ………출
레위기 …………레
민수기 …………민
신명기 …………신
여호수아 ………수
사사기 …………삿
룻기 ……………룻
사무엘상 ………삼상
사무엘하 ………삼하
열왕기상 ………왕상
열왕기하 ………왕하
역대상 …………대상
역대하 …………대하
에스라 …………스
느헤미야 ………느
에스더 …………에
욥기 ……………욥
시편 ……………시
잠언 ……………잠
전도서 …………전
아가 ……………아
이사야 …………사
예레미야 ………렘
예레미야애가 …애
에스겔 …………겔
다니엘 …………단
호세아 …………호
요엘 ……………욜
아모스 …………암
오바댜 …………옵
요나 ……………욘
미가 ……………미
나훔 ……………나
하박국 …………합
스바냐 …………습
학개 ……………학
스가랴 …………슥
말라기 …………말
마태복음 ………마
마가복음 ………막
누가복음 ………눅
요한복음 ………요
사도행전 ………행
로마서 …………롬
고린도전서 ……고전
고린도후서 ……고후
갈라디아서 ……갈
에베소서 ………엡
빌립보서 ………빌
골로새서 ………골
데살로니가전서…살전
데살로니가후서…살후
디모데전서 ……딤전
디모데후서 ……딤후
디도서 …………딛
빌레몬서 ………몬
히브리서 ………히
야고보서 ………약
베드로전서 ……벧전
베드로후서 ……벧후
요한1서 ………요일
요한2서 ………요이
요한3서 ………요삼
유다서 …………유
요한계시록 ……계

구약시대의 연대표

I. 기원전 2000년 이전 시대
II. 족장시대
III. 후기 청동기 시대
IV. 기원전 약 1200—900년
V. 기원전 8세기 중반의 분열상
VI. 기원전 8세기 중반—6세기 중반
VII. 기원전 6—5세기
VIII. 기원전 400—150년

	이집트	팔레스타인	메소포타미아
7000		여리고(도기제조 이전의 신석기 시대) 팔레스타인 수리아, 길리기아, 아나톨리아 등지에서 신석기 시대의 촌락문화 형성	야르모(도기제조 이전의 신석기 시대)
6000			신석기 시대 정착
5000			핫수나
4500	파이윰 A	여리고(도기를 제조한 신석기 시대)	할라프
4000	바다리안	동·석기 문화	오베이드
3500	아므라티안 게르제안	가술리안 혹은 최초의 도시화 시대 초기청동기 시대 제1초기청동기 시대	와르카 혹은 초기 원시 문자시대 후기 원시 문자시대
3000	고왕국시대 29—23세기	제2초기청동기 시대 초기청동기 시대 제3초기청동기 시대	옘뎃 나스르 초기 왕조시대 약 2850—2360 (수메르인의 도시국가)
2500	제3—4왕조 26—23세기 (피라미드 시대)	제4초기청동기 시대 (제3청동기 시대) 초기 청동기와 중기 청동기 시대의 중간기	악카드 왕국 약 2360—2180 야만족 구티의 침입
2000	제1중간기 시대 22—21세기 중왕국시대 21—18세기	(반유목민들의 침입) 제1중기청동기 시대	우르 제3왕조 : 약 2060—1950

I. 기원전 2000년 이전 시대

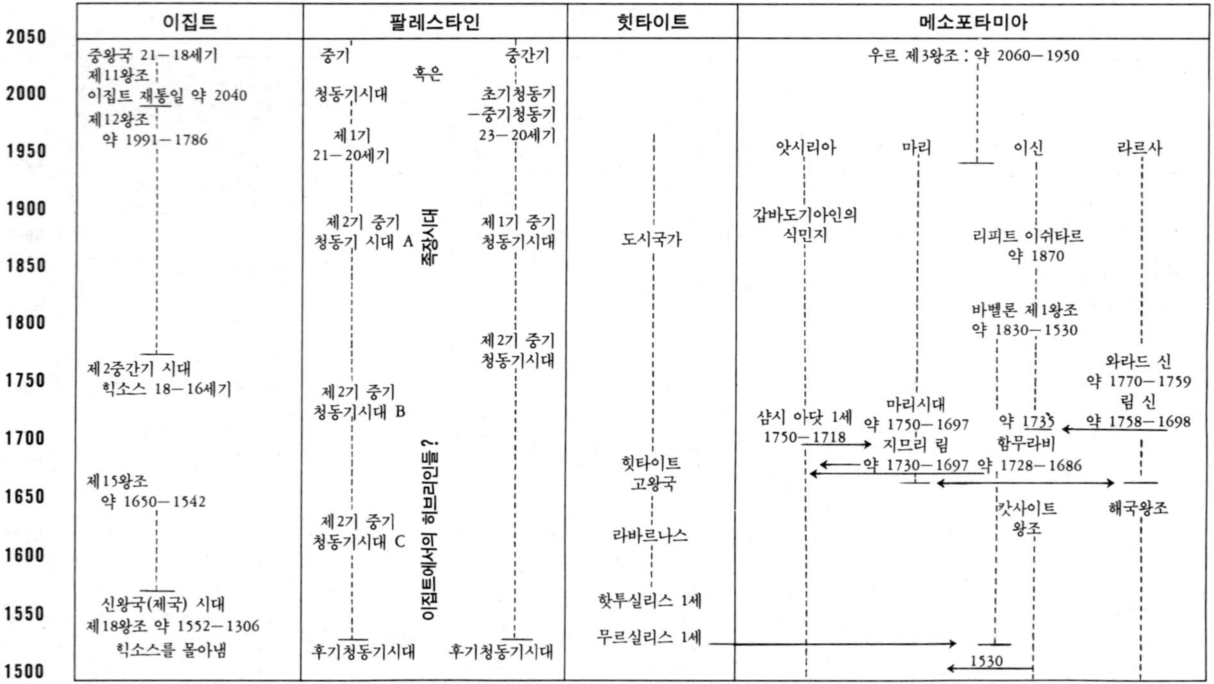
2050
2000
1950
1900
1850
1800
1750
1700
1650
1600
1550
1500
이집트
팔레스타인
힛타이트
메소포타미아
중왕국 21−18세기
제11왕조
이집트 재통일 약 2040
제12왕조
약 1991−1786
제2중간기 시대
힉소스 18−16세기
제15왕조
약 1650−1542
신왕국(제국) 시대
제18왕조 약 1552−1306
힉소스를 몰아냄
중기
청동기시대
혹은
중간기
초기청동기
−중기청동기
23−20세기
제1기
21−20세기
제2기 중기
청동기 시대 A
족장시대
제1기 중기
청동기시대
제2기 중기
청동기시대
제2기 중기
청동기시대 B
이집트에서의 히브리인들?
제2기 중기
청동기시대 C
후기청동기시대
후기청동기시대
도시국가
힛타이트
고왕국
라바르나스
핫투실리스 1세
무르실리스 1세
우르 제3왕조 : 약 2060−1950
앗시리아
마리
이신
라르사
갑바도기아인의
식민지
리피트 이쉬타르
약 1870
바벨론 제1왕조
약 1830−1530
와라드 신
약 1770−1759
림 신
약 1758−1698
샴시 아닷 1세
1750−1718
마리시대
약 1750−1697
지므리 림
약 1730−1697
약 1735
함무라비
약 1728−1686
캇사이트
왕조
해국왕조
1530

II. 족장시대

	이집트	팔레스타인	힛타이트	미탄니	앗시리아
1600	신왕국(제국)시대 제18왕조 약 1552—1306 아모시스 약 1552—1527		고왕국		
1550	힉소스를 몰아냄 아메노피스 1세 약 1527—1507 투트모시스 1세 약1507—1494	후기 청동기 시대	무르실리스 1세		
1500	투트모시스 2세 약 1494—1490 투트모시스 3세 약 1490—1436	**히브리인들 이집트에 거주**		숫타르나 1세	
1450	아메노피스 2세 약 1438—1412 투트모시스 4세 약 1412—1403			사우스사달 아르타타마	
1400	아메노피스 3세 약 1403—1364 아메노피스 4세(아케나텐) 약 1364—1347	아마르나 시대	힛타이트 왕조 수필룰리우마1세 약 1375—1335	숫타르나 2세 투스랏타	앗슈르 우발리트 1세 약 1356—1321
1350	하렘합 약 1333—1306 제19왕조 약 1306—1200 세토스1세 약 1305—1290	**히브리인들 이집트에 거주**	무와탈리스 약 1306—1282		
1300	라메세스2세 약 1290—1224	출애굽 약 1208?	핫투실리스 3세 약 1275—1250		아닷 니라리 1세 약1297—1266
1250		정복 약1250—1200			살만에셀 1세 약 1265—1235
1200	마르니프타 약1224—1211 (쇠약하고 혼란한 시기)		힛타이트 왕조 몰락		투쿨티 니누르타 1세 약 1234—1197

III. 후기 청동기 시대

	이집트	팔레스타인	앗시리아
1250	마르니프타 약 1224—1211 (해양민족들을 패배시킴)	이스라엘 민족의 팔레스타인 정복 약 1250—1200 철기시대 약 1200—1000	투쿨티니누르타 1세 약 1234—1197
1200	쇠약하고 혼란한 시기 제20왕조 약 1185—1069 라메세스 3세 약 1183—1152 (해양민족들을 패배시킴)	사사시대 약 1200—1020 팔레스타인에 블레셋족 거주	앗시리아의 쇠퇴
1150	라메세스 4—11세 약 1152—1069	드보라 기드온	
1100	이집트 왕조 몰락		디글랏 빌레셀 1세 약 1116—1078 (앗시리아가 잠깐 동안 부흥 됨)
1050	제21(타니트)왕조 약 1069—935	실로의 몰락(1050년 이후) 사무엘 사울 약1020—1000?	앗시리아의 쇠퇴기
1000		다윗 약 1000—961 **아람인들의 압제**	
950	제22왕조 약 935—725 시삭 약 935—914	솔로몬 약 961—922 다마스커스 르손 분열됨 922 유다왕국 922—587 이스라엘 왕국 922—722/1	앗슈르 단 2세 (앗시리아 재발견 시작)
900			

IV. 기원전 약 1200—900년

연대	이집트	이스라엘 (유다)	이스라엘 (이스라엘)	다마스커스	앗시리아
950		솔로몬 약 961–922		르손	
	제22왕조 약 935–725 시삭 약 935–914				앗슈르 단 2세 935–913
925		유다 —— 922	—— 이스라엘		
		르호보암 922–915	여로보암 1세 922–901		
	오소르콘 1세 약 914–874 →	아비야 915–913 아사 913–873			아닷 니라리 2세 912–892
900			나답 901–900 바아사 900–877		
			엘라 877–876 시므리 876	벤 하닷 1세 약 885–870	앗슈르 나시르팔 2세 884–860
875		여호사밧 873–849	오므리 876–869 아합 869–850	벤 하닷 2세 약 870–842	
			(엘리야)	(카르카르 전쟁 853)	
850		여호람 849–843 아하시야 843/2 아달리야 842–837 요아스 837–800	아하시야 850–849 여호람 (엘리사) 849–843/2 예후 843/2–815	← 하셀 약 842–806	살만에셀 3세 859–825
825					샴시 아닷 5세 824–812
			여호아하스 815–802		
800		아마시야 800–783	여호아스 802–786	벤 하닷 3세 ←	아닷 니라리 3세 811–784
		웃시야(아사랴) 783–742	여로보암 2세 786–746		
775	제23왕조 약 759–715				앗시리안 쇠퇴기
750			(아모스)		

V. 기원전 8세기 중반의 분열상

	이집트	유다	이스라엘	다마스커스	앗시리아
775	제22왕조 약 935—725 제23왕조 약 759—715	웃시야 783—742 (요담 섭정 약 750)	여로보암 2세 786—746 (아모스) (호세아)		앗시리아 쇠퇴기
750		요담 742—735	스가리야 746—745 살룸 745 므나헴 745—737	르신 약 740—732	디글랏-빌레셀 3세 745—727
725	제24왕조 약 725—709 ←제25(에티오피아)왕조 약 716/15—663	(이사야) (미가) 아하스 735—715	브가야 737—736 베가 736—732 호세아 732—724 사마리아 멸망 722/1		살만에셀 5세 726—722 사르곤 2세 721—705
700	샤바코 약 710/9—696/5(?) 셉데코 약 696/5—685/4(?) (티르하카 섭정 약 690/89) (?) 티르하카 약 (690) 685/4—664	히스기야 715—687/6 701 산헤립 688? 산헤립 므낫세 687/6—642	침입해옴 침입해옴?		산헤립 704—681 에살핫돈 680—669
675		이집트의 침입 : 테베 약탈			앗슈르바니팔 668—627
650	제26왕조 664—525 프삼메티쿠스 1세 664—610	아몬 642—640 요시야 640—609		메데	
625		(예레미야) (스바냐) (나훔) 여호아하스 609 여호아김 609—598 (하박국)	신바벨론제국 나보플랏살 626—605	키락사레스 약 625—585	신 사르 이스쿤 629—612 니느웨 멸망 612
600	느고 2세 610—594 프삼메티쿠스 2세 594—589 아프리스(호브라) 589—570	여호야긴 598/7 시드시야 597—587 (에스겔) 예루살렘 멸망 587 유배	느부갓네살 605/4—562	아스티아게스 585—550	앗슈르 우발리트 2세 612—609
575					

VI. 기원전 8세기 중반—6세기 중반

연대	이집트	히브리	바빌론	메디아
600	느고 2세 610—594 프삼메티쿠스 2세 594—589 아프리스(호브라) 589—570	제1차 추방 597 예루살렘 멸망, 제2차 추방 587 제3차 추방	느부갓네살 605/4—562	키락사로스 625—585
575	아마시스 570—526	느부갓네살, 이집트를 유배	침입함 568 아멜 마르둑 562—560 네리글릿사르 560—556 나보니두스 556—539	아스티아게스 585—550
550	프삼메티쿠스 3세 526/5 캄비세스	(제2 이사야) 고레스의 칙령 538	**고레스, 바벨론제국 성립** 539	고레스, 아스티아게스를 전복시킴 550 페르시아(아카메니아인) 제국 고레스 550—530
525	이집트 정복 525 이집트, 페르시아 통치하에 들어감	스룹바벨 성전재건 520—515 (학개, 스가랴)		캄비세스 530—522 다리우스 1세 히스타스페스 522—486
500		(오바댜?)		(마라톤 490) 크세륵세스 486—465
475		(말라기)		(테르모필레, 살라미스, 480)
450	이나로스의 반란 460—454	에스라의 선교 458?? 느헤미야 통치 445—		아르타크세륵세스 1세 465—424 롱기마누스 (갈릴리아스의 평화)
425		에스라의 선교 428?		크세륵세스 2세 423 다리우스 2세 노투스 423—404
400	이집트 해방됨 401	바고아스 통치 에스라의 선교 398??		아르타크세륵세스 2세 므네몬 404—358

VII. 기원전 6—5세기

연도	이집트	히브리	페르시아
400	제28, 29, 30왕조		
375			
350	이집트, 페르시아에 의해 침입받음 343		아르타크세륵세스 3세 오쿠스 358—338 아르세스 338—336 다리우스 3세 코도만누스 336—331
325	이집트, 알렉산더 대왕에게 정복됨 332 프톨레미 왕조 프톨레미 1세 라기 323—285	알렉산더 대왕 336—323 잇수스 333	가우가메라 331 셀류커스 왕조
300	→	**유대인들, 프톨레미 압제하에 들어감**	셀류커스 1세 312/11—280
275	프톨레미 2세 필라델푸스 285—246		안티오쿠스 1세 280—261
250	프톨레미 3세 유에르게테스 246—221		안티오쿠스 2세 261—246 셀류커스 2세 246—226
225	프톨레미 4세 필로파토르 221—203		셀류커스 3세(대왕) 223—187 안티오쿠스 3세(대왕) 223—187
200	프톨레미 5세 에피파네스 203—181 프톨레미 6세 필로메토르 181—146	셀류커스, 팔레스타인 정복 200—198 히브리인들, 셀류커스 통치하게 들어감	셀류커스 4세 187—175
175		성전을 더럽힘 167.9(168) 유다 마카베오 166—160 성전 재봉헌 164.9.(165) 요나단 160—143	안티오쿠스 4세(에피파네스) 175—163 안티오쿠스 5세 163—162 데메트리우스 1세 162—150
150			

VIII. 기원전 400—150년

약어표

ABD	*Anchor Bible Dictionary*
ANEP	Prichard(Ed.), *Ancient Near Eastern Pictures Relating to the Old Testament*
ANET	J. B. Prichard(Ed.), *Ancient Near Eastern Texts Relating to the Old Testament*
BDB	A Hebrew and English Lexicon of the Old Testament (edited by Brown and S. R. Driver, C. A. Briggs, Oxford, 1907), reprinted in 1977
Dtr	The Deuteronomistic History or Historian
Gesenius	*Gesenius' Hebrew-Chaldee Lexicon to the Old Testament*
IB	*Interpreter's Bible*
ICC	The International Critical Commentary
IDB	*The Interpreter's Dictionary of the Bible*
JSOT	*Journal for the study of the Old Testament*
JSOTS	Journal for the study of the Old Testament Supplement series

Judaica	*Judaica Encyclopedia*
KJV	The King James Version of the Bible
LXX	The Septuagint
MT	The Massoretic Text
RSV	Revised Standard Version of the Bible
TDOT	*Theological Dictionary of the Old Testament*
WBC	World Biblical Commentary
ZAW	*Zeitschrift fur die Altestamentliche Wissenschaft*

머리말

사무엘하는 신구약성서를 통틀어서 가장 중요한 위치에 있는 책이라고 할 것이다. 왜냐하면, 신약성서가 구약성서의 다윗이라는 인격과 신앙을 바탕으로 혹은 전제로 하면서 예수의 메시지와 비유를 선포하고 있기 때문이다. 또한 다윗은 그리스도의 인간적 원형으로서 신약성서에서 매우 중요한 위치에 있다. 예수의 고향, 족보, 탄생의 예시는 다윗을 배경으로 보고되고 있다. 다윗은 다른 말로 말하자면 구약의 그리스도(메시아, 기름부음을 받은 자)이며 구세주인 예수(구원자)인 것이다. 신약의 그리스도는 구약의 다윗이 없이 그 신앙적 맥락을 찾을 수 없고, 다윗은 그리스도 없이 그 신앙적 의미를 찾을 수 없다. 더구나 사무엘상이 다윗이 사울에게 쫓기는 장면을 그리고 있다면, 사무엘하는 다윗이 명실공히 남북 이스라엘을 아우르는 왕으로서 하나님의 대리자 역할을 하고 있음을 그리고 있기 때문이다. 한마디로 말한다면 하나님이 인정하는 정통적 왕이며 메시아의 원형인 다윗이 깜깜하고 물 없는 구덩이로부터 시므이와 같은 무리들의 저주를 딛고 일어서서 신앙의 힘으로 기사회생하게 되었는지를 그 정점으로 하는 책이다.

사무엘하에 대한 필자의 관심은 십계명을 다루었던 석사학위 논문으로부터 시작되었다. 그러나 이 시내 산 계약은 결국 다윗 계약을 중심으로 구조되어 있음을 알게 되었고, 논문의 중심이 신명기 역사의 중심인 사무엘하에 있는 다윗 계약에 그 초점이 맞추어지게 되었다. 그 후 필자는 한국에서 10여 년 이상의 대학 교단생활과 영국 구약학회 등에서의 발표와 외국 학자진들의 코멘트 등을 통해 필자가 피력해온 구약성서 특히 제일 역사(창세기－열왕기하)의 계약구조에 대한 확신을 점점 더 가지게 되었다. 최근에는 로마서 강해와 교회 강단에서의 강해를 통해서 더욱 이에 대한 확신과 감사를 가지게 되었다.

여기에서 피력된 주석은 이렇게 학위과정과 대학에서의 교단생활과 외국 학회에서의 발표 등을 통해서 또 신약과 교회 강단을 통해서 필자가 사무엘서에 나타난 하나님의 말씀이라고 확신하고 있는 바의 관점에 따라서 기술된 것이다. 본 주석서는 유대신앙의 뿌리인 탈무드적인 관점, 그리고 신약과의 연결된 관점 그리고 최근에 지대한 영향력을 발휘하고 있는 구약성서의 문학사적인 입장에서 씌어진 것이다.

우여곡절 끝에 완성된 이 주석서는, 서진한 국장님과 이준환 부장님의 특별한 배려와 독려에 힘입은 바이다. 또한 좌절중에 어려움을 같이 나눈 침신대 우택주, 평택대 한동구, 그리스도신대 박신배, 용인대 박종수 박사에게 작은 지면을 통해 감사의 심정을 전한다. 인도해주신 하나님의 은혜와 이 두 분께 진심으로 감사드린다. 또한 이 주석서를 읽고 교정해준 특히 재정적으로 지극히 어려울 때 힘이 되어준 천안성민대학의 이강무 총장님께 감사드린다. 어려운 중에 힘이 되어준 아내 한만옥과 읽고 교정까지 해준 김선임 집사님, 논평을 해준 김도형 목사 그리고 많은 아픔을 같이 견뎌주고 일어서게 해준 동천안교회 형제 자매들에게 감사한다.

끝으로 이 책은 전적으로 장영화 편집부 과장님의 세심한 배려와 곤욕스런 교정작업을 통해서 주조된 것임을 밝혀둔다. 장 과장님께 헌정되어야 한다고 생각하는 순간 이제 생의 마지막 기로에 서 계신 어머님이 머리에 떠올랐다. 깊고 유별난 사랑으로 나를 지켜오신 어머님께 이 책을 헌정한다.

2006. 5
노희원

차 례

II. **다윗의 세계** / 93

III. **본문 주석** / 183

Ⅰ. 사무엘하의 개요

1. 개 요

1) 사무엘서의 명칭

사무엘의 이름은 "하나님이 들으셨다"라는 뜻이다. 이는 야웨께서 들으셨다라는 뜻보다 좀더 가나안 토착적인 신의 이름인 엘 신과 연관되어 사용되던 이름이다. 사무엘은 예언자이며 또 제사장이며 사사의 직책을 수행한 사람이긴 하지만 레위 지파 사람은 아니었다. 사무엘상 1 : 1에 보면 그는 라마다임소빔의 출신으로 에브라임 지파의 사람이었다. 엘이라는 이름은 야웨라는 이름으로 야웨 신앙이 이스라엘 백성에 의해서 가나안 땅에 선교되기 전에 가나안 땅에서 토착민들이 섬기던 신들의 최고 신의 이름이다. 사무엘의 활동시대는 엘 신으로부터 야웨 하나님으로 전환되던 과도기였으며 사무엘은 야웨 신앙을 전파하기 위한 결정적인 역할을 했던 선견자 출신으로서 후에 정식으로 나비라는 이름으로 예언자의 직분을 수행하게 된다. 흔히들 사무엘서라 하면 사무엘이 자신에 대해서 기록한 책인 것으로 알기 쉬우나 사무엘은 사무엘서의 주인공인 다윗에 대해서 증거해주고 그에게 기름부어 메시아로서의 다윗의 길을 열어주기 위해서 나타난 선지자였고 그는 사무엘상 12장에서 유언을 한 후 곧 사망하게 된다.

다시 말하면 사무엘은 다윗에게 기름을 부어 야웨 신앙을 국교화한 다윗 왕국의 정통성을 부여해주는 역할을 하고 있는 것이다. 이러한 사무엘과 다윗과의 관계 패턴은 신약 요한복음서에서 세례 요한과 예수 그리스도와의 관계와도 일치한다고 할 것이다. 요한복음은 요한에 대해서 증거한다기보다 예수 그리스도를 세례 요한이 어떻게 증거해주고 합법화시켜 주었는지를 말해주고 있는 것처럼 사무엘은 다윗의 참다운 왕이며 메시아 됨과 그 사울로부터 이어지는 다윗 왕국이 반역이 아니라 합법적인 왕국임을 옹호해주고 있다. 세례 요한이 그리스도를 증거하고 곧 죽음을 당하는 것처럼 사무엘 역시 다윗에게 기름을 부어 왕인 메시아로서의 길을 열어주고 곧 역사의 현장에서 사라지게 된다. 그러므로 유대교에서는 사무엘서의 저자는 사무엘이라기보다는 전기예언서라고도 불리는 신명기역사(여호수아－열왕기하)의 저자인 예레미야라고 믿고 있다. 이는 모세가 쓰고 선포한 말이 아니라는 것이 아니라, 모세의 말이 때로는 문서로, 때로는 구전으로 전해져 오던 것을 나라가 멸망하는 위기의 순간에 예레미야와 같은 예언자를 통해서 하나님의 말씀이 통전적으로 문자화 내지는 일관된 역사로 수집이 되었다는 것이다.

2) 사무엘하의 위치

사무엘상하는 열왕기상하와 일종의 대칭관계에 있다. 예를 들면 사무엘상하를 요약한 것 내지는 해석한 것이 역대기상에 나오고 열왕기상하를 요약 내지는 나름대로 해석한 것이 역대기하이다. 이스라엘의 왕은 남북왕조를 합하여 모두 41명인데 사무엘상하가 모두 다윗에 대하여 기록하고 있는 반면 열왕기상하는 솔로몬을 포함하여 나머지 40명의 왕을 집약하여 기록하고 있다. 다윗 왕을 제외하고 남유다는 솔로몬을 포함하여 21명의 왕을 다루고 있고 북이스라엘은 사마리아에서 일 개월을 다스린 살룸(왕하 15 : 13)을 포함하여 모두 19명이다. 사무엘서에서 다윗이 일대

사십의 비율로 기록되고 있다는 것은 다윗의 비중이 얼마나 중요하게 다루어지는지를 말해준다.

히브리어 성서에는 사무엘서가 상하로 나누어져 있지 않고 오직 헬라어 번역본인 칠십인역에서만 상하로 나누어져 있다. 한글 개역성서는 책의 배열에 관한 한 칠십인역을 따르고 있는데 사무엘상은 다윗이 왕으로 등극하기 이전의 배경에 대해서 쓰고 있다. 다윗에게 기름을 부은 예언자인 사무엘의 배경과 다윗의 장인이며 제1대 왕이라고도 할 수 있는 사울과 다윗과의 전쟁에 대해서 기록하고 있다. 다윗은 지도자라는 뜻이나, 사울이라는 말은 의심 혹은 음부라는 뜻이다. 음부의 세력은 다윗을 사울이 끈덕지게 따라다녔던 것처럼, 누구에게나 끈덕지게 따라다닌다.

사무엘하는 다윗이 헤브론에서 왕으로 등극한 후의 통치기간에 대해서 기록하고 있다. 특별히 사무엘하 1장은 선왕인 사울과 그의 아들인 요나단이 전사함으로써 사울 왕의 통치가 완전히 깨끗하게 끝났는지를 말하고 있고 2장부터는 다윗이 새롭게 진정한 의미의 왕이 되는 과정을 서술하고 있다. 이는 다윗과 밧세바 그리고 우리아(원래는 야웨의 빛이라는 뜻의 "우리야" 임) 사이의 관계에서 미심쩍은 아들이었던 다윗의 첫째 아들이 죽고 우리아가 죽은 후에 추호의 의심도 없는 다윗의 혈통인 솔로몬이 태어난 것과 같은 문학적 구조를 유지하고 있다.

3) 사무엘하의 정경성

모세가 구약의 야웨 신앙을 도입해서 이스라엘 백성을 노예로부터 엘리트 제사장의 백성으로 인도해 내었다면 다윗은 야웨 종교를 국교로 만들어서 세계종교의 기틀을 만들었다. 또 모세가 오경을 기록했다면, 다윗은 시편을 기록한 것으로 되어 있다. 이는 조선의 국교가 유교였고 고려의 국교는 불교였으며 신라의 국교도 불교였던 것과 같다고 할 것이다. 다윗이 하나님과 맺은 언약의 증거판이 들어 있는 언약궤를 예루살렘으로 가져오고, 야웨의 이름으로 다윗 왕조의 선택사상을 확립시킴으로써 야웨 신앙을 통해서 남북왕조의 통일을 가져온다. 다른 많은 잡 종교들은 모두 야웨 종교 아래서 점차 사라져버리게 되고 그 힘을 잃어버리게 된다. 모세가 야웨 종교를 창시한 교조라면, 다윗은 이렇듯 야웨 종교의 기반을 확립시킨 사람이다.

또한 이러한 유교와 불교가 들어오기 전까지 한반도는 소위 무속종교인 샤머니즘이 팽배해 있고 그 영향력은 아직까지 남아 있다는 것과 비교해보면 좀더 이해가 쉬울 것 같다. 한국의 기독교 역시 전통 종교적 요소를 많이 흡수해서 가지고 있다. 가나안 땅에도 엘과 바알 신을 섬기는 자연종교와, 순수하게 인간의 믿음에 기초를 둔 야웨 신앙이 나란히 공존하고 있었다. 또 엔도르의 무당에게서 나타나고 있는 것처럼 샤머니즘도 이들과 공존해서 살고 있었다. 다윗은 야웨 신앙을 기반으로 우선 유다 백성으로부터 호의를 얻으며 북이스라엘을 병합하고 결국 블레셋 군까지 물리치고 일련의 통일 왕국을 이루게 된다. 이러한 과정에서 다윗이 선택한 이데올로기는 이스라엘 부족들의 마음을 사로잡게 되고 이스라엘 부족은 다윗이 섬기고 승리한 야웨 이데올로기를 자신들의 국가적인 정체성으로 채택하게 된다. 이것은 소위 자신들의 눈에 좋은 대로 행하던 사사시대로부터 다윗 왕국시대로의 전환의 과정이다.

또 이러한 다윗 시대가 어떻게 대물림을 해나가는지 다윗 집안의 형평에 대해서 기록하고 있다. 이러한 다윗과 그의 집안에 대한 구조는 원역사가 창세기 1장에서 삼라만상과 삼층 구조, 아담과 그 세 아들, 노아와 그 세 아들, 아브라함과 그 삼대, 그리고 모세와 이스라엘 백성과 일치해서 다윗과 그 집안이라는 제일역사의 구조적 맥락과 일치하는 것이다. 사무엘하 9장에서 열왕기상 2장에 이르는 일련의 긴 왕위 계승설화를 전문용어로 구약학계에서는 계승설화(Succession Narrative)라고 부른다.

사무엘하는 또한 가장 오래된 역사로서 인식되고 있다. J. 벨하우젠 이후 구약성서의 육경(창세기–여호수아)은 J, E, D, P 문서가 서로 어우러져서 이루어진 것으로 알려져 있었다. 이 중에서 J 문서는 다윗–솔로몬 시대에 기록된 것으로 여겨졌다. 그러나 구체적으로 J 문서가 정확하게 다윗–솔로몬 때 기록되었다는 증거는 없고 또 증거로 제시할 수 있는 어떤 근거도 없다. 단지 헤브론을 중심으로 진행되고 있는 육경의 내용 등을 통해서 다윗 시대를 상징적으로 나타내고 있는 것으로 여겼을 뿐이었다. 그러나 사무엘하를 중심으로 진행되고 있는 왕위 계승설화(삼하 9장—왕상 2장)는 다윗 왕실 내에서의 구체적인 왕위쟁탈전을 다루고 있기 때문에 사무엘하에 나타나고 있는 역사야말로 인류 최초의 역사인 것으로 로스트(L. Lost) 이후 간주되어왔다. 물론 최근 시터즈(J. van Seters) 이후 이런 이론은 회의적이 되고 헤로도토스(BC 500—450년경)의 역사와 비슷한 시기로 알려져 있으나 최소한 다윗 왕시대의 전승을 어떠한 형태로든 전수하고 있다는 점에서 다윗 왕국의 기원에 대한 구체적인 역사를 담고 있다고 할 것이다. 이렇게 볼 때 사무엘하는 구약성서의 가장 최초의 전승과 역사를 구체적으로 담고 있다고 할 것이다.

이렇게 사무엘하에서의 다윗과 관련된 역사는 이제 메시아의 원형이 되고 메시아된 그리스도에 대한 이미지의 원형이 된다. 또한 메시아를 통해 이루어진 새 계약(렘 31 : 31)의 근본 바탕이 되기도 한다(렘 23장). 이렇게 됨으로써 사무엘서 특히 사무엘하야말로 다윗의 생애만을 온전히 다루어 메시아의 오심을 그 근본 주제로 하고 있는 신구약성서 정경의 근본 바탕이 되는 책이라고 할 것이다.

신약성서의 공관복음이 다윗에서부터 그리스도 족보의 기원을 찾고 있고 그 족보를 형성하고 있다면 다윗 이전의 역사는 다윗의 이전 족보(toledoth)를 통하여 다윗이 메시아의 원형이 됨에 대해서 증언해주는 책이라고 할 것이다. 이후에 더 자세하게 주석이 되겠지만 그리스도에 대한 고백은 사무엘하에 서술되고 있는 다윗의 인격과 신앙 전기를 통해서 재고백되고 있으며 이러한 고백은 다윗의 시편을 통해서 그 연결매체가 되고 있는 것이다. 예를 들면 그리스도는 호산나 다윗의 후손으로 선포되고 있으며 그 세리와 죄인과 사회적 약자에 대한 다윗의 배려에 대한 묘사는 그리스도의 사회적 약자의 그리스도 됨을 증거하고 있는 데서도 여실히 드러나고 있다.

2. 사무엘하의 형태와 구조

1) 사무엘하의 형태

사무엘하는 창세기와 마찬가지 이야기로 되어 있다. 그러므로 작게는 5절 이하의 크게는 20절 이상의 하나하나의 이야기 단위가 병렬적으로 연결되어 어떻게 다윗이 남북왕국의 합법적인 왕이 되었는가의 전기를 구성하고 있다. 이들 연결부위는 기차의 고리나 쇠막대기의 연결부처럼 연결장치가 있기 마련이다. 다시 말하면 전반부인 사무엘상은 다윗이 왕이 되기까지 산전수전을 겪은 과정에 대해서 말하고 있으며 사무엘하는 사울 왕이 죽은 후의 온전한 왕으로서의 다윗에 대해서 말하고 있다. 그러므로 사무엘하 1장은 사울의 씨가 다시 말하면 사울과 요나단이 죽은 이야기가 나온다. 이는 오경에서 족보(톨레돗)가 한 집안의 생애의 끝을 알리는 것처럼 사무엘하 1장은 사울 집안의 종말을 분명히 획으로 그어주고 있다.

이는 복음서가 그 서두에 다윗으로부터 예수에 이르는 족보를 삽입해서 율법시대가 가고 새 복음의 시대가 도래함을 명시하고 있음이며, 또한 혹시나 우리아의 씨가 섞일 것을 우려한 저자가 우리아가 살아 있을 때 밧세바가 임신해서 낳은 첫째 아이가 죽었음을 분명히 진술하고 있으며,

사무엘하 12장은 이 아이의 사망이 죄의 씨로 결과된 것임을 분명히 말해주고 있다. 여기서 저자가 말해주고 있는 바는 사울은 이스라엘을 위한 메시아가 되지 못함을 분명히 말해주고 있는 것이나 마찬가지다. 이러한 구조는 요한복음에서 세례 요한이 참 메시아(기름부음을 받은 왕) 되신 그리스도가 되지 못하고 오직 그리스도의 오심을 예비하는 광야에서 외치는 자의 소리임을 분명히 하는 것과 상통한다. 또한 사울이 이방인인 블레셋 군에게 사망을 당한 것처럼 세례 요한 역시 이방인 헤롯에 의해 죽임을 당할 수밖에 없음을 진술하고 있다. 이것은 사무엘상(24 : 17－23)에서 사울이 다윗의 참다운 왕 됨에 대한 고백을 하는 것과 요한복음(3 : 22－30)에서 요한의 그리스도에 대한 고백에서 여실히 드러난다.

2) 사무엘하의 문학적 구조

1. 사울 가문의 종말

사무엘하 1장, 사울과 요나단이 사망했음과 다윗의 이에 대한 조가가 나온다.

2. 다윗이 유다와 이스라엘의 왕이 됨

2장, 다윗이 헤브론에서 유다 백성들의 지지로 왕이 됨에 대해서 말한다.

3장, 아브넬과 이스보셋의 분쟁, 사울의 딸인 미갈을 다윗에게로 데려옴으로써 남북왕 혈통이 합해졌음을 말하고 있으며, 북이스라엘의 실세인 사울의 총사령관이었던 아브넬이 요압에게 죽임을 당함으로써 북이스라엘과 남유다가 사실상 합병되었음을 말한다.

4－5장, 사울의 아들이며 북이스라엘의 유약한 왕이었던 이스보셋이 시해당함으로써 남북지파들이 완전히 통일되었음을 말한다. 5장은 북이스라엘 지파들의 장로들이 다윗을 찾아와 그를 왕으로 옹립하는 장면이

보고되고 있다(5 : 1－5). 여기엔 또 다윗이 천도를 위해 유다와 베냐민 지파의 경계에 있던 예루살렘을 정복하는 이야기도 나온다.

3. 법궤 입성과 다윗 계약

6장, 최종적으로 말씀과 증거의 궤이며, 약속을 위한 언약의 궤이며, 이스라엘 백성을 위한 하나님 세계의 질서를 상징하는 법궤를 예루살렘으로 가져옴으로써 신앙적인 통일이 완성되었음을 말하고 있다. 사울의 자손과 딸에 대한 저주로 북이스라엘의 왕족 맥이 완전히 차단되었음을 말한다.

7장, 법궤는 스핑크스의 형상과 같은 세라빔 위에 앉아 계신 보이지 않는 야웨의 임재를 뜻한다. 법궤가 예루살렘으로 들어옴으로써 야웨와 다윗과의 만남을 상정하고 있으며 이로 인해 다윗이 하나님과 약속을 맺는 다윗 계약이 제시되고 있다. 여기에는 성전에 대한 약속이 나오며 다윗 왕의 후사인 솔로몬에 대한 약속을 통하여 다윗 왕조에 대한 보장과 예루살렘에 야웨가 임재하심으로써 이루어지는 왕도로서의 시온사상이 제시된다.

8장은 오경에서의 족보에 해당되는 다윗의 전쟁사에 대해서 기록하고 있다. 여기까지가 다윗의 상승기류에 해당하는 부분이다.

4. 다윗의 간교함과 죄의 잉태

9장은 다윗이 사울의 아들 요나단의 아들 므비보셋에게 호의를 베푸는 장면이 나오나 이는 요나단의 아들까지 직접 자신의 시야에 둠으로써 철저하게 사울의 후손에 대한 장악을 의미한다. 므비보셋은 두 다리를 모두 절어서 움직일 수 없는, 신약성서에서 앉은뱅이와 같은 존재였으므로 사울의 가족을 돌본다고 하는 상징적 의미만을 가지고 있을 뿐이었다.

10장은 같은 의미로 암몬에게 호의를 베푼다는 명목으로 암몬 족에 대한 철저한 장악을 보여주고 있다.

11장은 헷 족속 우리아의 아내인 밧세바까지 철저하게 지배하는 다윗의 태도를 보이고 있다.

12장은 나단이 다윗에게 하나의 우화를 말한다. 우리아를 죽인 다윗의 태도에서 그의 죄의 절정에 이른다. 이러한 죄의 절정에서 이제 다윗의 상승기류는 하향곡선을 그리게 된다. 완전히 지배하려고 했으나 자신의 분신인 자신의 가정에서부터 분열이 일어난다.

5. 압살롬의 난

13장은 이복형제인 압살롬과 암논 사이의 분열을 그리고 있는데 이의 매체가 되는 것이 압살롬의 누이 다말을 암논이 겁탈하는 장면에서 나타난다.

14장은 요압의 천거로 압살롬이 아람에서 돌아오는 이야기다. 인생 새옹지마라는 이야기가 있지만 선한 뜻으로 천거된 요압의 은혜는 압살롬의 반란으로 말미암아 요압이 압살롬을 죽일 수밖에 없는 운명으로 치닫게 된다. 인간은 잘 모른다. 하나님만이 인간사를 다스리신다.

15장은 재판을 통하여 백성들의 마음을 호도한 압살롬의 반란을 말한다. 구체적으로 무슨 이유 때문에 자신을 그토록 사랑한 아버지 다윗을 배반하고 못할 짓을 하게 되었는지는 밝히고 있지 않다. 암논을 죽인 구체적 이유는 여동생 다말을 겁탈한 것이었다고 밝히고 있다. 그가 권력을 지독히도 추구했다고 하는 언질도 없다. 다만, 북이스라엘 쪽으로부터의 부추김이 있었다는 것은 여러 곳에서 암시되고 있다.

16장은 압살롬의 반란은 다윗이 장악하려고 했던 므비보셋과 같은 북쪽으로부터의 저항 세력이 있었음을 말한다.

17장은 아히도벨과 후새의 대결에서 다윗의 책사인 후새가 승리함을 말한다.

18장은 요압이 조카 압살롬을 죽이고 다윗의 미움을 사는 장면이 나온다.

19장은 다윗이 요단 강을 건너 다시 예루살렘 도성에 돌아옴을 말한다.

20장은 비그리의 아들 세바가 북이스라엘을 배경으로 다윗에게 반역함을 말한다.

21장은 끊임없이 북이스라엘 반란세력의 근거인 사울의 후손을 마지막까지 처형하는 장면이 나온다. 이러한 사울의 후손의 끊임없는 저항은 16장과 그 이전부터 줄기차게 진행된다.

6. 결론: 신앙인 다윗의 승리

22장은 시편 18장에 나와 있는 감사시편으로서 승리의 노래가 다윗의 이름으로 다시 한 번 나오고 있다.

23장은 다윗의 유언과 그의 용사들의 이름이 나온다. 이 역시 오경에서 족보(톨레돗)의 역할을 하는 것으로 분리를 의미한다.

24장은 다윗이 자기 백성을 더 철저하게 장악하기 위한 인구조사를 하고 그것이 잘못된 것으로 인식되어 하나님의 징벌을 당한다.

사무엘하에 나타나 있는 다윗의 일대기를 도식적으로 말하자면 다음과 같다.

사울과 요나단의 죽음 → 다윗이 헤브론에서 유다의 왕이 됨(2장) → 다윗이 북이스라엘까지를 병합한 왕이 되고 예루살렘 점령(5장) → 법궤가 예루살렘으로 옴 → 다윗의 지나친 욕심(북이스라엘의 씨, 이웃국가의 진압, 밧세바 사건) → 압살롬의 난 → 신앙인 다윗의 승리와 결론

등장인물 중심적으로 보면 다음과 같다.

장인이며 원수인 사울과 요나단의 죽음 → 북쪽 이스라엘 사울의 잔류세력 아브넬, 요압, 이스보셋, 미갈의 등장 → 법궤 → 요나단의 아들 므비보셋, 암몬 족의 하닷에셀 패퇴 → 우리아와 밧세바와 솔로몬의 탄생 → 압살롬과 암논과 다말, 아히도벨과 후새, 비그리의 아들 세바 → 다윗의 승리

등장인물들의 이름의 뜻은 대체로 다음과 같다.

사울 : 의심하는 자, 음부(사울은 음부에 있는 사무엘을 엔도르의 무당을 통해서 초혼한다.)

요나단 : 비둘기, 양순한 자(비둘기와 같이 자기의 우정을 지키는 자이다).

이새 : be 동사 존재

다윗 : 사랑(솔로몬의 본명 여디디야—다윗의 미래형, 야웨가 사랑할 자), 두령, 지도자

아브넬 : 넬이 아버지다, 혹은 등불의 아버지

요압 : 야웨가 아버지다, 혹은 야웨의 아버지

이스보셋 : 부끄러움의 사람 (이쉬 가롯—가롯 사람)

미갈 : 누가 하나님과 같을까

압살롬 : 보복(보상)의 아버지

암논 : 이루고야 마는 자(다말에게 자신의 정욕을 풀어버리고, 결국 사망을 자초함)

우리아 : 야웨의 빛 혹은 불꽃

밧세바 : 부유한(맹세의 혹은 일곱 번째의) 자의 딸

다말(타마르) : 무화과나무, 성적 풍요의 여신

세바(시바) : 맹세한 자

아히도벨 : (나의 형제는 맛이 없는 혹은 설익은 자), 그의 신적 책략은 결실을 이루지 못하고 자신의 생명과 함께 사라지고 만다.

후새 : 서두르는 자

이런 인물들의 이름은 그 등장인물들이 등장하고 있는 이야기 속에서의 성격(character)을 나타내고 있는 것으로 사무엘하의 문학적 구조와 더불어 사무엘하의 성격을 잘 드러내고 있다고 할 것이다. 예를 들면 이스보셋 즉 부끄러움의 자식이라는 말은 다른 곳에서 이쉬바알(바알이 나의 주인이다)이라는 이름으로도 나오고, 조나단의 아들 므비보셋은 "부끄러움의 입으로부터"라는 뜻인데 다윗 앞에서 부끄러운 변명을 늘어놓는다. 이렇게 볼 때 가능한 범위 내에서 저자는 단어나 이름의 뉘앙스를 통해서 문학적인 언어놀이(word play)를 하고 있는 것으로 드러난다.

3. 신명기 역사 연구동향과 사무엘하

1) 용어의 문제

신명기 역사란 여호수아로부터 사사기, 사무엘상하, 열왕기하까지 이르는 명칭이다. 여기에 신명기 역사를 영어로 Deuteronomistic History 라고 하는데 이는 신명기(Deuteronomy)라는 말에서 나온 "신명기적"이라는 뜻인 Deuteronomic이라는 말과 구분된다. "신명기사가적"(Deuteronomistic)이라는 용어는 Deuteronomist에서 온 말이다. "신명기 사가" 혹은 "신명기 역사가"(Deuteronomist)라는 표현은 Deuteronomy +ist로서 "신명기 기자"라는 말이다. 즉, Deuteronomistic이라는 말은 "신명기 사상과 관련된"이라는 뜻이다.

신명기 역사란 통칭 그 범위가 여호수아서에서 열왕기하까지를 포함하지만, 룻기는 히브리어 성서에서 성문서로 분류되어 있기 때문에 제외된다. 전자는 "신명기서에 관한"이라는 뜻으로 신명기와 좀더 직접적인 의미를 가지는 반면 신명기 역사적이라는 말은 좀더 신명기 역사서에 관한 의미를 가진다. 이 둘 사이는 예언과 성취와 같은 의미를 지니는 구조로 되어 있다. 다시 말하면 신명기에서 예언된 말씀의 원리가 그대로 현실에서 이루어지는 것과 같은 형식을 유지하고 있다. 신명기는 모세의 설교 혹은 예언의 형태로 되어 있고 여호수아에서 열왕기하까지는 출애굽 후에 입성한 가나안 땅에서 그대로 이루어진 형태를 유지하고 있다. 다른 말로 표현하면 말씀이 육신이 된 것과 같다.

제1역사(창세기로부터 열왕기하까지)는 대개 예언이나 약속의 말씀이 역사화하거나 역사 속에서 실현되는 도식으로 되어 있다. 예를 들면, 창세기 1장에서 이 세상은 하나님의 말씀으로 창조된다. 마찬가지로 신명기에서 하나님 말씀의 대언자 모세의 말이 성취된 형태를 갖추고 있다. 이러한 설명을 서언에서 하는 이유는 앞으로 진행될 연구사 해설의 기초 개념을 이루고 있는 말이기 때문이다. 이는 우리말 성서에서 창세기로부터 민수기에 이르는 사경과 신명기를 포함한 신명기 역사(혹은 전기예언서)를 제1역사, 그리고 역대상하와 에스라, 느헤미야를 역대기 역사 혹은 제2역사로 구약성서가 각기 서로 다른 일관성 있는 작품임을 의미하는 것으로 학계에서 통칭하는 말이다.

2) 노트(M. Noth)와 신명기 역사

신명기 역사 이론의 기원은 1943년에 출판된 노트의 『전승사 연구』(*Ueberlieferungs-geschichtliche Studien*)라는 책과 함께 시작되었다. 전기 예언서(신명기 역사서)에 대한 이전의 연구는 크게 두 가지 방향에서 기술될 수 있다. 하나의 접근 방법은 오경비평과 같이 자료비평이라는 것으로 이는 특별히 여호수아에 대한 연구가 집중되었다. 다른 접근 방법은 여호수아, 사사기, 사무엘 상하, 열왕기 상하를 하나의 문학단위로 보려는 경향이다. 비록 하나의 문학 단위이기는 하나 한 번 이상의 편집을 거쳤다는 것이다. 이와 반대로 노트는 신명기와 신명기 역사가 하나의 통일된 역사이며 이는 포수기 때의 단일 저자가 기록했다는 것이다. 노트는 이 역사가를 신명기사가(Deuteronomist=Dtr)라고 불렀다.

노트는 이 역사에서 단일저자의 집필로 말미암아 비슷한 언어나 이데올로기가 나타나고 있다고 지적했다. 노트에 따르면, 이 단일 저자(Dtr.)는 그가 수집한 전승자료들을 바탕으로 이스라엘의 역사를 기록했다는 것이다. 신명기사가는 자기의 목적에 맞는 이들 전승을 수집해서 공통된 구조와 연대라는 방식으로 이들을 통일했다는 것이다. 그는 이스라엘의 역사를 4단계로 나누었다. "모세의 시대와 여호수아의 인도 아래 진행된 가나안 정착시대, 사사시대, 그리고 왕국시대이다." 신명기사가 자신이 가지고 있던 전승의 사용은 대체로 보수적인 것으로 옛 전승을 그의 역사 안에 그대로 유지하려고 했으나 이스라엘의 역사에 대한 자신의 견해를 피력하기 위해서는 필요한 곳에 적절한 수정을 가했다고 보았다.

노트는 신명기사가가 획기적인 전환점을 이루는 요소 요처에 역사적 인물들을 등장시켜 연설을 하게 했다고 생각했다. 예를 들면 여호수아 1장과 23장에 심겨진 여호수아의 연설로 하여금 정착시대의 처음과 결론이 되도록 했으며, 사무엘상 12장에서 행해진 사무엘의 유언은 사사시대로부터 왕국시대로의 전이가 되는 경계석이 되도록 심겨졌다는 것이다. 같은 맥락에서 열왕기상 8장에 나타나고 있는 솔로몬의 기도는 성전 헌당을 강조하고 있으며 왕국시대의 첫머리를 장식하도록 고안된 것이다. 다른 신명기사가의 연설문은 여호수아 12장, 사사기 2 : 11−22; 열왕기하 17 : 7−18, 20−23 등에 내러티브의 형식으로 나타난다고 보았다. 신명기사가는 신명기 법전을 그 역사의 서두가 되도록 건축했는데 4 : 44−30 : 20에서 신명기 역사적인 첨가문을 뺀 부분이 원래의 신명기 법전으로 보았다. 그는 이렇게 신명기 법전을 서두로 만들기 위해서 새로운 구조물을 만들어야 했는데 신명기 1−3장과 4장의 원래의 부분, 그리고 신명기 31 : 1−13과 34장의 원래의 부분이 그러하다. 이렇게 해서 신명기서 전부가 (다른 주요 인물들의 연설문들처럼) 모세의 연설처럼 보이도록 했다는 것이다.

노트는 신명기 역사서의 저작 연대를 바빌론 에윌 마르둑의 재임기간 중에 여호야긴이 옥에서 석방된 주전 562년이 지난 후 얼마 되지 않은 주전 6세기 중반, 즉 주전 550년경으로 보았다. 비록 여호야긴의 석방이야기는 나오지만, 주전 540년경의 조금 이후인 주전 538년, 제2이사야에 나오고 있는 포로귀환에 대한 이야기가 나오지 않기 때문이다. 이 사건은 신명기 역사의 맨 마지막 부분인 열왕기하 25 : 27−30에 잘 나타나고 있다. 노트는 신명기 역사의 자료가 이른 단계에 편집이 되었다는 아무런 증거도 없다고 본다. 신명기사가는 바빌론 포수라는 상황에 있던 당시의 사람들에게 연설했다. 그의 목적은 전적으로 부정적인 것이다. 그들의 고난은 수세기 동안 야웨에게 불충한 결과의 당연한 응보라는 것을 보이기 위한 것이라는 것이다. 그들의 충성의 도는 신명기에서 제시된 법에 의해서 측정되는 것이다. 이스라엘과 유다가 그 법에 부응할 수 없었기 때문에 신명기에서 제시된 법대로 파멸하고야 말았다는 것이다. 노트에 따르면 신명기 역사에는 한 점의 희망의 빛도 없다는 것이다. 가장 명확한 신명기 역사의 의도는 열왕기상 8장에 나타나고 있는 솔로몬의 기도이다. 신명기 역사는 야웨에게 포수기에 있는 백성들의 기도를 들어주시어 그들의 과거의 죄를 용서해 주시라고 요청한다. 그러나 국가의 회복에 대한 한 점의 대망도 시사하고 있지 않다고 본다. 이런 맥락에서 열왕기하 25 : 27－30에 나타나고 있는 여호야긴의 석방에 관한 이야기는 신명기 역사가 역사적 사실을 기록한 것일 뿐 미래에 대한 희망을 표현하는 것이 아니라고 보았다.

3) 사무엘하 7장과 신명기 역사

신명기와 여호수아로부터 열왕기하에 이르는 책들이 원래 하나의 문학단위를 이루고 있다는 마틴 노트 저작에 대한 주요 포인트는 학계에 큰 호응을 얻었고 이후 일반적인 통설이 되기에 이르렀다. 노트는 사경과 신명기 역사가 뚜렷이 구별되는 두 개의 문학단위라는 결론에 이르렀고 카우프만이나 엥그넬도 그들 독자적으로 이런 결론에 이르렀다. 그러나 다른 견해 역시 계속해서 제기되었다. 예를 들면, 프리드만(N. Friedman)은 사경을 신명기 역사에 연결시키면서 이를 제1역사(Primary History)로 본다(*IDBSup*, 226－28). 이러한 견해는 펙햄(B. Peckham), 밴시터즈(J. van Seters)로 이어진다. 그러나 이들의 연구는 상세한 분석이 이루어지지 않았기 때문에 많은 추종자를 얻지는 못했다.

특별히 노트가 주장한 요약 연설문에 대한 신명기 역사의 문체적 특징은 후속 추종자들에 의해서 더욱 보강되었다. 맥카시(D. J. MacCarthy)는 사무엘하 7장이 신명기 역사의 맥점에 역사의 틀을 이루도록 삽입된 연설 요약문임을 밝혔다. 그 후에 크로스(F. M. Cross) 역시 이 견해를 재확인함으로써 사무엘하 7장에 나타나는 나단 신탁은 신명기 역사 구조의 중심이 됨을 굳히게 되었다. 이리하여 나단 신탁인 사무엘하 7장이 다른 신명기사가의 연설 요약문들 중의 하나이며 신명기 역사 전체를 요약하고 있는 다윗 계약의 본문으로서 신명기사가에 의해서 작문된 다윗왕조 신학의 요체임이 입증되었다. 더 나아가서 이 계약 본문은 사경에 나타난 노아와 아브라함, 모세와 같은 족장들의 계약 본문과 함께 신명기 역사에서 왕국사 부분을 대변하는 역할을 하게 되는 연설 요약문들로서 계약구조의 하나가 됨이 밝혀지게 되었다.

4) 폰라트(G. von Rad)와 신명기 역사의 케리그마

노트(M. Noth)의 이론 중 가장 먼저 지적된 점들 중의 하나는 신명기 역사의 저술 목적에 관한 그의 신학적 입장이다. 1947년 신명기 역사의 신학에 관한 글에서 폰라트(G. von Rad)는 신명기 역사에서 노트가 지적한 바와 같은 하나님의 심판과 나란히 달리고 있는 하나님의 은혜에 관한 주제가 있음을 밝혔다. 폰라트는 그의 열왕기서 연구에서 하나님의 말씀이 어떻게 역사에서 예언과 성취라고 하는 도식으로 이행되었는지를 보이고 이를 바탕으로 신명기 역사 전체가 같은 도식으로 지탱되고 있음을 입증했다. 신명기사가는 어떤 사건은 이미 예언된 것이었다는 관점으로 전기 예언서라는 명칭이 함축하고 있는 바와 같이 예언의 역사화라는 관점에서 그 역사를 기록했다고 보았다.

또한 폰라트는 신학적인 면에서 마틴 노트가 본 신명기 역사관의 비관적 측면에 반해서 은혜(grace)라는 면에서 노트의 견해에 균형을 잡아주었다. 이는 위에서 지적된 그의 문학적이고도 신학적인 틀을 그 바탕으로 하는 것으로 폰라트는 신명기 역사에서 야웨의 말씀이 어떻게 역사했는지를 보였다. 이리하여 신명기 역사는 한편으로는 불순종의 결과가 어떻게 되돌아왔는지를 보이는 것이며, 다른 한편으로는 나단의 신탁에서 나타난 다윗과 맺은 야웨의 약속이 열왕기서를 통해서 어떻게 유지가 되었는지를 보이는 것이다(왕상 8 : 20, 25; 9 : 5, 13, 32, 36; 15 : 4; 왕하 2 : 4; 8 : 19; 19 : 34; 20 : 6). 이런 약속을 언급하는 문장들에서 폰라트는 일련의 메시아 사상을 발견하는데 그에 따르면 이는 다윗 왕국의 회복에 대한 희망을 의미한다는 것이다.

이런 관점에서 볼 때 폰라트에 따르면 신명기 역사의 맨 끝에서 언급되고 있는 여호야긴의 석방은 신학적으로 특별한 의미를 가진다. 확실히 야웨의 말씀이 내포하고 있는 심판의 의미는 포로기의 정황에서 지배적이었다. 그러나 신명기사가에 있어서 다윗과 맺은 야웨의 언약이 실패로 무산되어 버렸다는 것은 있을 수 없는 일이었다. 신명기사가는 이런 딜레마를 여호야긴이 감옥에서 석방되는 사건으로부터 풀었다. 그의 희망이 분명한 것은 아니지만 여호야긴의 석방에 관한 마지막 언급은 역사를 닫혀버린 것으로 이해하지 않고 개방된 것으로 여겼다. 다윗 왕조는 계속해서 이어졌고 야웨로 하여금 그와 함께 새로운 역사를 시작하게 하는 여지를 남기는 것이었다.

신명기 역사의 역사적 전망에 관한 두 번째 중요한 목적은 1961년에 볼프(H. W. Wolff)에 의해 제시되었다. 볼프는 노트와 폰라트 모두를 비판했다. 신명기사가는 포수기 때의 고난받는 백성들에게 단지 그들이 한 행위대로 갚음을 당하고 있다는 것을 말해주려고 했다는 것이다. 그는 지적하기를 노트의 여호야긴에 대한 석방은 신명기사가가 그의 자료를 선택적으로 사용했다고 하는 그 자신의 이론과 상치된다는 것이다. 폰라트와 반대로 볼프는 나단 신탁에 나타나고 있는 다윗 계약은 모세 계약에 종속하는 것이라고 본다. 그래서 모세의 법에 대한 불순종은 다윗 계약을 무산시키는 것이라는 것이다. 더구나 열왕기하 25 : 27−30에 다윗 계약이 나타나고 있지 않음은 폰라트가 말한 것처럼 여호야긴의 석방을 다윗 계약의 관점에서 해석하고 있지 않음을 강하게 노출시키는 것으로 보았다. 신명기 역사의 길이는 마틴 노트나 폰라트가 말하고 있는 것보다 한층 더 복잡한 일면을 노출시키고 있다고 보았다.

볼프는 사사기에 잘 나타나고 있는 죄와 징벌, 그리고 회개와 구원이라고 하는 도식에서 신명기 역사의 목적을 보았다. 그러므로 신명기 역사의 목적은 포수기에 있던 이스라엘 백성이 이 도식에서 두 번째 단계에 있으므로 그들이 야웨께 부르짖고 회개해야 함을 촉구하기 위한 것이라는 것이다. 그러므로 신명기 역사의 목적은 "돌아옴"(shub), 즉 회개가 신명기 역사의 핵심 단어로 열왕기상 8장에 잘 나타나고 있다고 본다. 이에 반해서 브루그만(W. Brueggemann)은 회개에 따른 보상 개념인 복(goodness, tov)이 신명기 역사의 주된 사상인 것으로 보았다.

볼프에 따르면 신명기 역사의 목적은 노트처럼 전적으로 부정적인 것도 아니고 폰라트가 말한 것처럼 분명한 희망을 제시하는 것이 아니다. 신명기사가는 야웨가 이전에 이스라엘을 어떻게 다루었는지를 보여줌으로써 희망의 가능성만을 제시했을 뿐이다. 포로민들에게 있어서 절대적인 것은 오직 하나님에게 돌아오는 것이었다. 폰라트와 볼프의 견해는 노트의 주장을 약화시켰고 신명기 역사 내에 있는 모세 계약과 다윗 계약 사이의 긴장을 고조시켰다.

그러나 폰라트와 볼프의 분석은 약점을 가진다. 폰라트의 연구는 통찰력이 있으나 목적에 관한 한 다윗 왕조라는 주제의 의미, 구성, 연대에 관한 문제를 제대로 파악하지 못했다. 볼프의 주된 약점은 신명기 역사의 중심에 자리잡고 있는 다윗 계약이 조건적이라는 면을 간과했다.

4. 신명기 역사의 저자와 사무엘하

신명기는 신명기의 관점에서 쓰여진 역사임을 말한다. 그러므로 신명기의 삶의 정황과 저자와 연대 등을 이해함으로써 신명기 역사의 기조를 이해할 수 있다. 폰라트는 알트(A. Alt)와 볼프 등과 더불어 신명기의 저자가 옛 지파 동맹시절로부터 구약의 종교전승을 전수해 온 레위인 계열이었다고 본다. 폰라트는 특별히 남 유다의 각 지방에 흩어져 살면서 산당에서 종교와 교육의 사역을 담당하고 있던 레위인 제사장들이었다고 본다. 이러한 제사장들은 고대 암픽티오니 전승을 유지하며 지방 호족 세력이었던 지방민('am ha-arets)들을 대변해주는 현대적 개신교회의 목회자와도 같은 역할을 했다고 본다. 이들이 신명기에 나타나고 있는 거룩한 전쟁을 수행하기 위해 제의와 군사조직을 위한 개혁안의 창시자들이었다고 본다.

노트의 관점에 기본적으로 동의하면서도 저자 계층에 있어서는 의견을 달리하는 대표적인 두 학자는 영국의 니콜슨(E. W. Nicholson)과 예루살렘의 바인펠트(M. Weinfeld)이다. 신명기에 훨씬 더 집중하고 있는 이들의 연구는 신명기 역사가 신명기 전승자들 계열의 종교인들이 저자였다고 본다. 니콜슨은 고대 전승을 전수한 사람들은 북이스라엘의 예언자 호세아 예레미야 등에게서 잘 드러나는 바와 같이 북쪽 예언자 무리였다고 본다. 예언자란 본디 선각자, 선지자라는 말과 같이 쓰일 수 있는 말이었다. 이들은 페니키아(시돈과 두로가 중심도시인 베니게)를 통해 각성된 선진 문명과 인간정신 등에 영향을 입을 수 있었다. 이사야, 호세아, 아모스 등 8세기 예언자들은 세상의 선각자라고 할 수 있는 소크라테스나 붓다, 공자 등보다 최소한 200년 이상 앞선 인물들이었다.

북이스라엘과 남유다는 각기 다른 신학을 바탕으로 형성된 왕조였다. 북이스라엘은 하나님의 법에 부합하면 왕위가 유지될 수 없으나 그렇지 못할 경우에는 예언자의 기름부음을 받아 그에 부합하는 인물이 새 왕이 되어야 한다는 현대 시민계약사회의 사상과 맥을 같이하는 사상을 가지고 있었고, 남유다는 하나님이 선택한 다윗 왕조와 신학만이 영존해야 한다고 하는 다윗 왕조신학이었다. 현대에 있어서 남왕조의 사상은 북한의 사상과 유사한 측면이 있는 반면 북이스라엘의 사상은 남쪽의 시민계약사상과 유사한 면이 있다고 할 것이다.

북이스라엘이 멸망한 주전 721년 이후에 이들 예언자들 무리는 남유다로 피신한 후 그들이 가지고 있던 전승들을 전수했다는 것이다. 이들이 가지고 내려온 전승은 북이스라엘에서 세겜을 중심으로 행해졌던 시내 산 계약전승이었다. 이 전승은 폰라트에 의하면 왕국 이전 시대부터 북쪽 세겜을 중심으로 신년축제에 행해졌던 장막절에서 기원한다고 본다. 이런 조건적인 계약은 출애굽기 19장으로부터 24장에 가장 잘 나타나 있다. 주전 721년 북왕국이 멸망한 후 벧엘과 단에 있던 북쪽 중앙성소에서 종사한 종교인들은 그들의 종교전승을 가지고 남유다로 대거 이동하게 된다. 평양을 중심으로 한 북쪽 개신교 종교인들이 6·25 전란 후 남쪽으로 대거 이동하여 서울에서 종교적 재기의 역할을 한 것과 같다고 할 것이다.

이들은 이제 반쪽밖에 남지 않은 남유다에 종교와 민족적 독립의 희망을 가지고 소위 국가적인 개혁운동을 펼치게 된다. 이 개혁은 소위 1차와 2차 신명기 운동이라는 이름으로 전개되는데 1차가 히스기야 개혁의 이름으로 나타나고 2차가 요시야 개혁으로 나타나게 된다. 이들의 남쪽 이동은 종교적으로도 큰 의미를 갖는다. 북쪽에서 더욱 강조되었던 조건적 시내 산 계약은(출 19－24) 남쪽에서의 다윗 왕조사상과 융합 내지는 수정의 결과를 초래해 신명기 역사신학이라는 수정과 보완이라는 특징을 가지고 나타난다. 즉 다윗 왕조사상은 인정하되 그 역시 불순종시 하나님의 징벌을 피할 수 없다는 것이다(삼하 7 : 5−7, 왕상 8 : 33−36). 이러한 신학적 구조는 폰라트가 육경 연구에서 시내 산 단화와 정복전승을 율법전승과 약속의 전승으로 나누고 전자를 심판을 위한 법으로, 후자를 하나님의 복음과 은혜의 전승으로 나눈 것과 같다고 할 것이다.

이들은 평양에서 신학을 공부한 후 북한에서 목회하던 목회자들이 소련과 중공을 배경으로 한 공산주의자들을 통하여 발생한 육이오를 전후하여 남으로 피신하여 서울에 대형교회를 세운 것처럼, 북이스라엘이 앗시리아에 함락되면서 남쪽 예루살렘으로 피신한 후 얼마 되지 않아서 히스기야의 개혁을 지원했고 므낫세의 통치(687−642) 아래서 자신들이 가지고 있던 전승에 기초해서 개혁을 위한 프로그램을 그려내었다. 이 프로그램의 중심 원리는 예루살렘 성소의 중앙화였다. 이들은 이제 북쪽신학의 원리였던 조건적 시내 산 계약만을 고집할 수 없었고 남쪽의 주체사상과도 같은 다윗 왕조신학과 모종의 타협을 이루게 된다. 남유다에서 고수되던 다윗 계약사상은 원래 다윗 왕조와 야웨 사이에 맺어진 것으로 영원하고 무조건적인 약속 계약이었다.

그러나 북이스라엘의 조건계약과 타협이 이루어진 신명기 역사의 신학에서는 사무엘하 7장 등에 나타나는 바와 같이 다윗 왕조가 무조건적인 영원한 약속으로 보장되는 것이 아니라, 잘못하면 사람의 막대기로 심판을 받을 수밖에 없다는 영원성과 조건성을 다 구비하는 타협적 신학을 이루게 된다. 아브라함 약속에 바탕을 두고 다윗에게 부여한 영원한 약속은 유지할지라도 그 자손이 곁길로 갈 경우 인간의 막대기로 징벌하겠다는 것이다.

이것이 바로 신명기와 신명기 역사 사상의 중심이다. 히스기야를 중심으로 마련된 개혁 프로그램은 신명기의 초기 형태였으며 이 프로그램의 복사본이 므낫세의 앗시리아 숭배정책이 시행될 때에 성전 지하실에 숨겨져 있다가 요시야의 종교개혁 때 발견된 것(왕하 22장)이 원신명기로 보았다. 이 시점으로부터 신명기 학파는 다시 활동을 재개했으며 신명기 사학파는 포수기 때에 이르러 마침내 신명기 역사를 산출해냈다고 보았다.

니콜슨은 사무엘하를 그 정점으로 하고 있는 신명기 역사의 저술 연대가 마틴 노트의 주장과 일치하지만 포수기 때 창작된 것이라기보다는 이 역사가 포로기 이전부터 시작되었다고 본다. 니콜슨(E. W. Nicholson)이 역사를 중심으로 묶은 신명기 사가의 배경을 정리한 것은 매우 설득력을 가진 듯하다. 그러나 이 역사학파가 어떤 학파이며 서클인지 구체적으로 제시하고 있지 않다. 또한 문학적인 증거만 가지고는 신명기 역사의 제도적 배경이 무엇인지 재구성하기 힘들다.

신명기 역사 구성에 대한 바인펠트(M. Weinfeld, 『신명기와 신명기학파』)의 견해는 니콜슨의 것과 매우 유사하다. 바인펠트는 신명기 역사 구성에 있어서 세 단계를 추적한다. 7세기 후반기에 신명기서가 1단계이며, 6세기 전반부에 여호수아로부터 열왕기하까지 편집되었으며, 6세기의 후반부에 예레미야의 산문부분이 쓰여졌다고 본다. 바인펠트 역시 신명기 역사의 문학활동이 히스기야 때부터 시작되어 포수기 때까지 계속되었다고 본다. 이리하여 니콜슨과 바인펠트는 그 최종형태에 있어서 노트의 견해와 일치됨을 보였다. 철저한 그의 연구에서 보여진 관심은 신명기 역사를 저술한 학파가 지혜문학파에 속해 있던 서기관들, 즉 왕실 관료들이었다는 것이다. 이 지혜학파의 사람들은 조선시대에 성균관을 중심으로 공자와 유교를 공부해서 정계에 진출했던 사람들과 같이 예루살렘 성전을 중심으로 고대 이스라엘의 신앙과 역사를 공부해서 정계에 진출해서 외교와 역사문제를 다룬 사람들이었다.

이 지혜학파들은 조선시대에 성균관에 속한 유학자들과 같은 무리들이었다. 이들은 공자가 가르친 유교를 통해서 정계에도 진출하고 예의범절 일체를 종교적으로 이루어지게 하는 승정원 그리고 레위인들이 지방 산당에서 가르치는 일을 했던 것처럼 지방 향교에서 가르치는 일을 했다. 고대 근동자료들 및 국제 조약문서와의 대조 비교 속에서 이루어진 바인펠트의 통찰력은 신명기와 신명기 역사의 삶의 정황과 사회적인 분위기를 잘 밝혀주고 있다. 그러나 신명기 역사와 지혜학파를 연결시키려는 그의 주장은 폭넓은 지혜문학의 특징과, 그리고 더 나아가서 너무 일반적인 지혜문학과 신명기 역사 사이의 주제적인 유사성 때문에 설득력이 부족하다. 한국의 구덕관 박사와 같은 분들은 이 계열로 신명기와 역사에 접근한다.

5. 신명기 역사 편집과 사무엘하

1) 단일편집설

신명기 역사가 어떻게 현행의 긴 역사의 형태로 이루어졌는지에 대한 과정은 크게 두 가지 관점에서 이루어진다. 첫째는 편집의 단계(stage)로 보는 경우와 신명기 역사 안에 내재되어 있는 문학 층(strata)으로 보려는 경향이다. 노트의 유명한 논문이 나타나기 4년 전에 옙센(A. Jepsen)은 『열왕기서의 원천자료』(*Die Quellen des Koenichesbuches*)라는 책을 출간했다. 옙센의 복합적인 분석은 열왕기서가 포수기 때의 두 단계의 편집에 의한 것이라는 결론에 이르게 했다. 첫 번째 편집자 R1은 제사장으로서 포수기 초기에 이스라엘과 유다의 역사를 편집했다. 두 번째 편집자는 한 세대 이후에 예언자로서 첫 번째의 작품을 모본으로 확장했다는 것이다. 옙센은 예언적인 문서들의 대부분과 "계승설화"(삼하 9장－왕상 2장) 전체를 두 번째 편집자에 의한 것으로 여겼다. 옙센의 두 번째 편집자 R2는 본질적인 면에서 노트의 신명기 역사와 같은 것이기 때문에 이 독자적인 연구는 신명기 역사의 존재와 통일성에 관한 가치 있는 기초연구가 되었다. 그러나 열왕기에서 편집적인 차원이 분명히 나타나고 있다고 본 면에서 옙센은 노트와 의견을 달리했다. 비록 옙센의 신명기 역사의 편집에 대한 재구성은 추종자들을 얻지 못했지만 신명기 역사가 이중으로 편집되었다는 그의 생각은 후에 많은 추종자를 얻게 되었다. 이후에 포수기 때의 단일저자의 작품이라는 노트의 견해에 대한 대체안으로 이중편집설이 스멘트(R. Smend)와 크로스(F. M. Cross), 넬슨(R. D. Nelson) 등의 의견에 힘입어 나타나게 되었다.

2) 이중편집설

신명기 역사 저술의 두 번째 주요 편집적인 입장은 현재 가장 널리 받아들여지고 있는 이론으로서 크로스(F. M. Cross)와 관련되어 있다. 크로스는 저자와 연대 그리고 신명기 역사의 목적에 대해서 같은 문제를 다른 각도에서 살핀다. 옙센(A. Jepsen)이나 그레이(J. Gray, *OTL*, 13－15)와 같은 학자들은 포수기 버전의 가치를 원용하면서 열왕기서에서 두 주제를 추적한다. 첫째는 여로보암의 죄와 북왕국의 사악함이다. 이는 열왕기하 17 : 1－23에 있는 사마리아의 멸망에 대한 해석에서 정점에 이른다. 두 번째 주제는 남왕국의 다윗 계약 신학에 근거해 있다. 다윗의 신실함에 기인해서 남유다에 대해 야웨는 북왕국을 죄의 대가로 멸망에 이르게 하는 것과 같은 방식으로 나타난다는 것이다. 북이스라엘에는 선한 왕이 없다. 모두 느밧의 아들 여로보암의 아들의 길을 좇아 악을 행했다(왕상 15 : 26, 34; 16 : 19, 26, 31; 22 : 52; 왕하 3 : 3; 10 : 29; 13 : 2, 6, 11; 14 : 24; 15 : 9, 8, 24, 28). 이런 북왕조들과는 반대로 유다는 다윗의 후손을 통해서 왕조가 지속된다. 유다에도 악한 왕들이 나타나기는 했으나 야웨는 다윗 왕조에게 영원한 등불(*nir*)을 허락하는데 이는 그의 믿음의 신실함으로 인해서이다(왕상 11 : 36; 15 : 4; 왕하 8 : 19). 유다에서의 선한 왕들은 개인적으로 다윗과 비교된다. 다윗을 포함해서 오직 비판을 받지 않은 왕은 요시야이다. 그의 개혁정치는 이 두 번째 주제의 정점이 된다. 이들 두 주제가 계속되고 각각의 정점은 크로스로 하여금 신명기 역사가 요시야 개혁의 개혁 프로그램으로 여겨지게 했다.

편집자 제일 신명기역사(Dtr1)는 당시 사람들에게 요시야가 재시행하려고 했던 모세 계약에 순종하도록 격려했고 이를 통해서 다윗 왕국을 복원시키기 위해 시도한 것으로 여겨졌다. 크로스는 신명기 역사의 상당한 부분이 요시야 때 제일 신명기역사(Dtr1)로부터 오는 것으로 보았다. 두 번째 편집자는 포수기 때의 인물로 포로의 책임을 므낫세에게로 돌린 인물이었다. 그의 사악함이 요시야 개혁을 무산시키고 말았다는 것이다(왕하 21 : 10−25). 크로스는 신명기 역사 전반에 걸쳐서 제이 신명기역사(Dtr2)가 개정했다고 보았다. 제이 신명기역사(Dtr2)의 문장은 영원한 계약인 다윗 계약을 조건적인 것으로 바꾸었다는 것이다. 또 이들 문장들은 포수기 때의 정황을 이미 상정하고 있으며 회개를 촉구하고 있다고 보았다(신 4 : 27−31; 28 : 36−37, 63−68; 29 : 27; 30 : 1−10; 수 23 : 11−13, 15−16; 삼상 12 : 25 왕상 2 : 4; 6 : 11−13; 8 : 25b, 46−53; 9 : 4−9; 왕하 17 : 19; 20 : 17−18; 22 : 15−20; 신 30 : 11−20; 왕상 3 : 14). 이스라엘의 멸망에 대해서는 장황한 설명을 덧붙이고 있는 반면, 유다의 멸망에 대해서 거의 결론적 의미를 부여하고 있지 않는 것은 제이 신명기사가(Dtr2)가 제일 신명기사가(Dtr1)에 비해서 상당히 정확도가 부족한 사람이었음을 말해주고 있다는 것이다.

주제적인 입장에서 접근한 크로스의 견해는 미국 학자들 사이에서 상당한 호응을 얻었던 반면, 유럽 학자들로부터는 별 지지를 얻지 못했다. 크로스가 주목한 요시야 위치의 중요성은 이미 노트를 비롯한 이전 학자들에 의해 주목이 된 터였고 계속된 연구는 요시야 개혁 때 원본이 형성되었다고 하는 증거를 더욱 확충하는 듯했다. 프리드만(R. Friedman)은 요시야 때의 역사 이후에 역사를 보는 눈이 근본적으로 달라지고 있음을 주장했다. 그는 신명기에서 모세 시대와 요시야 개혁을 연결시키려고 하는 고의적인 시도가 있음을 지적했다. 넬슨(R. Nelson)은 그의 학위논문을 개정하여 출판한 책에서 문학비평과 신학적 접근을 통해 크로스의 견해를 더욱 강화시켰다. 그는 요시야 때까지의 왕들의 치적문구는 매우 창의적이고 역동적인 반면, 요시야 이후의 왕들의 치적문구는 고무도장을 찍은 듯 창의력이 없고 생동력이 없는 문구들로서 포수기 때의 저자에 의해 첨가된 것으로 보았다. 이러한 견해를 분석해보면 설득력이 있다고 할 수 없으며(노희원, 『최근의 신명기역사 연구』, 연세대학교 출판부) 근본적인 일관성 있는 연구가 요구된다. 더욱 최근에 미국의 프리드만(Richard E. Friedman) 역시 크로스(F. M. Cross)의 제자로서 이중편집설을 주장하는 견해를 개진했으나 크게 진전된 견해는 아니다.

후대 학자들은 더 세부적으로 제이 신명기 역사가 첨가 혹은 교정문들을 구분해 내려고 시도했다. 이들 학자들은 포수기를 당한 고난의 원인을 므낫세에게 돌리고 있으며 요시야 때의 역사를 개정하려고 시도했다는 데에 기본적으로 의견의 일치를 보고 있다. 그러나 크로스가 제일 신명기 역사가의 문장으로 생각한 문장들은 제이 신명기사가로 돌려졌다. 프리드만, 넬슨은 독자적으로 다윗과의 약속이 조건적으로(왕상 2 : 4; 8 : 25b; 9 : 4—5) 되어 있음을 근거로 제이 신명기 역사(Dtr2)라고 크로스가 분류한 것을 그 문장들이 북이스라엘 멸망을 언급하고 있기 때문에 제일 신명기 역사(Dtr1)에게 귀속되어야 함을 주장한다. 한 문장 안에서 포수기를 언급한다고 해서 모두 제이 신명기 역사(Dtr2)의 문장은 아니다. 왜냐하면 6세기 이전에도 전쟁 후에 포로로 끌려가는 경우가 많았기 때문이다. 또 북왕국의 멸망과 포로생활에 대한 것은 주전 721년 이후에도 이스라엘에서 잘 알려진 것이 사실이다. 프리드만, 넬슨은 주제와 언어에 기초해서 제이 신명기사가에 대한 주장을 하는데 제이 신명기사가의 역할을 매우 가볍게 여기고 있다. 이 이론은 원래의 신명기 역사(DtrG)가 열왕기하 23 : 25에서 끝이 나며 두 단계는 왕조의 영원성을 강조하는 사무엘하 7장의 약속을 본문으로 삼아 이 역사를 소위 다윗 왕실 프로파간다로 본다. 그러나 두 번째 편집물은 포수기에 된 것으로 심판에 대한 제의적 송영을 문서화한 것에 불과하다고 본다.

그러나 넬슨(R. D. Nelson)은 단순히 크로스의 견해를 수식하는 차원은 아니고 그는 오경 연구에 있어서 슈미트(H. H. Schmid)나 렌토르프(R. Rendtorf), 그리고 밴시터즈(J. van Seters) 등과 같이 신명기 역사와 사경과의 문체적 신학적 유사성을 지적한다. 그에 따르면 제이 신명기 역사(Dtr2)로 분류한 사사기 2 : 1b—3은 출애굽기 3 : 17; 23 : 22; 23 : 30; 23 : 32, 33; 34 : 1—13과 사사기 2 : 1b—3과 유사함으로써 이 둘 사이에 밀접한 관련이 있음을 지적한다.

그러나 다른 학자들은 신명기 역사가 형성되는 데 있어서 제이 신명기 역사가(Dtr2)의 활동을 상당히 더 중시한다. 예를 들면 레벤슨(J. Levenson)은 문학과 신학적인 바탕 위에서 제이 신명기 역사가(Dtr2)가 신명기에 율법책을 삽입했다고 보며 열왕기상 8장에 있는 솔로몬의 연설 대부분을 그에게 돌린다. 소수 의견에 속하는 메이스(A. D. H. Mays)는 신명기 역사의 전 편집과정을 재구성하려고 시도했다. 그의 문학비평적 논의는 제이 신명기사가(Dtr2)가 전역사를 통해서 전반적으로 수정 내지는 보완을 했다고 본다.

3) 삼단계 이론

삼단계 이론은 메이스(A. D. H. Mays)에 의해서 주장되었다. 이는 단계(stages)이론과 층(strata)이론을 결합해서 제시되고 있다. 맨 처음 단계는 원신명기 역사(DtrG)가 시작되었을 때 북왕국의 멸망과 히스기야 개혁의 그늘 아래서 쓰여진 것을 열왕기라고 본다. 그리고 아하스의 통치에서 끝을 맺는다. 두 번째 단계는 실제 신명기사가가 요시야 개혁 아래서 그것을 확장시키고 다윗 왕조에 대한 긍정적인 양상을 그려넣었다고 본다. 이와 동시에 그는 신명기 4장에서부터 계속되는 전체 전승뭉치를 포함시켰고, 사사기와 사무엘서를 위해서는 기존 자료를 사용하기도 했다. 세 번째 단계이면서 마지막 단계에서는 대체로 편집적인 측면에서 작용했는데 이 두 번째 단계에서 마련된 역사에 주석을 붙인 것과 요시야 이후 네 왕에 대한 역사를 첨가했다는 것이다. 이런 작업은 포수기 때 이루어진 것으로 왕위에 대한 비판적인 견해와 율법적인 견해가 가미되었다는 것이다. 이 외에도 신명기 역사 이후에 신명기와 여호수아서에 레위기적인 편집물이 첨가되었고 이사야 1 : 1－2 : 5; 17 : 1－21 : 25; 사무엘하 21－24장에 마지막 첨가가 이루어졌다고 보았다.

4) 다중 편집층 이론

스멘트는 여호수아서(1 : 7－9; 13 : 1bB－6; 23)와 사사기(1 : 1－2 : 9, 17, 20－21, 23)에서의 몇몇 선택된 문구를 중심으로 여호수아서가 여러 다른 관점에서 이루어졌음을 지적했다. 그는 이들 문장들이 주변 문장들과 가나안 땅을 정복했던 방법을 보는 데 있어서 다른 관점들을 가지고 있다고 보았다. 신명기 역사의 원래의 버전에 따르면 신명기 역사는 여호수아의 영도하에 이루어졌으며 토착민들을 몰아내었다. 그들에게 남은 과제는 가나안 영토에 정착하는 일만 남은 것이었다. 스멘트는 이 원래의 버전을 원신명기 역사(DtrG)라고 불렀다. 이 바탕문서를 그는 노트의 Dtr과 동일시했다. 이에 반해서 스멘트는 여호수아서와 사사기에서 이스라엘 백성에 대한 언급을 발견했는데 여기서 보면 이스라엘 백성은 아직 이들을 몰아내지 못했고 아직 몰아내야 할 과제를 안고 있는 것으로 나타난다. 이들 문장에서 스멘트는 법에 대한 관심을 가지고 있음을 간파하고 이는 후대에 첨부된 것으로 보았다. 그리고 이름하기를 신명기 역사의 율법적 부분(DtrN[nomistic])이라고 불렀다. 이러한 견해는 디트리히(W. Dietrich)에게로 전수 내지는 확장된다.

스멘트가 처음 그의 논문에서 다룬 문장들의 문학비평적 여건과 관련해서, 학자들간의 많은 연구가 진척되었고 설득력을 잃어버렸으므로 디트리히는 이런 문제를 피하고 열왕기에서 좀더 실속이 있다고 여겨지는 부분에 좀더 집중해서 나름대로의 견해를 내어놓았다. 스멘트가 한 것처럼 디트리히는 문학비평을 사용했는데 이차적으로 삽입되었다고 여겨지는 자료들을 가려내었다. 그리고 이들 안에서 동일한 신학과 언어를 밝혀낸다. 그리고 나서 이들을 통해서 편집자가 누구인지를 가려내려고 한다. 디트리히는 신명기 역사에서 원래의 역사(DtrG) 외에 두 개의 다른 편집층을 밝혀낸다. 이들 중의 맨 처음 작품이며 원래의 작품인 신명기 역사는 예레미야 서클에서 온다고 보았다. 이는 예언자들에 의해서 이루어진 것이다.

이 예언자 서클에서 온 부분(DtrP)을 기록한 사람은 편집자이며 저자이다. 그는 옛 예언문서를 원래의 신명기 역사에 첨가했다. 그는 골격구조를 세우고 내용을 추가로 보충했다. 또한 최종 편집자를 율법적 신명기 역사(DtrN)로 보고 친 다윗적인 자료와 함께 열왕기하 25 : 25－27도 첨가했다. 디트리히는 이 부분에 대해서 상정만 했을 뿐 연구 분량을 극히 적게 다루었다. 디트리히는 DtrG를 580년경 그리고 DtrN을 560년경 그리고 DtrP를 그 중간 기간 중의 어느 때에 된 것으로 보았다.

괴팅겐 학파의 세 번째 인물은 베이욜라(T. Veijola)이다. 그의 저서들은 디트리히가 열왕기서 연구에서 제시된 도식에 따라 신명기 역사의 여러 부분을 다양하게 분석하고 있다. 1975년도에 출판된 책에서 사무엘서와 열왕기서 여러 부분을 포함하고 있고, 1977년도 작품에서는 사사기 8－9장; 17－21장 그리고 사무엘상 7－12장을 다루고 있다. 두 저서는 디트리히의 접근이 옳았음을 인정하고 있다. 디트리히와 같이 그도 문학비평적으로 DtrG, DtrP, DtrN으로 편집자를 구분하고 있다. 베이욜라의 견해에 따르면 DtrG는 왕국에 대해서 긍정적인 입장을 취하고 있으며 다윗 왕국의 영원성에 대한 사상을 제시하고 있다.

반면 신명기 역사의 율법부분(DtrN)은 왕국에 대해서 부정적인 입장을 취하고 있다. 다윗은 야웨에게 충실함으로써 DtrN에 의해서 왕들의 모델이 되도록 판단되고 있고 왕 제도 자체는 DtrN이라는 좁은 율법적인 견해에 의해서 인간 죄의 산물로 여겨지고 있다. 중간 편집자인 신명기 역사의 예언자 계열에 의한 부분(DtrP)은 왕국에 대한 원래의 신명기 역사(DtrG)의 긍정적인 입장을 다시 한번 확인시키고 있으며 이는 예언자들에 관한 이야기를 삽입시킴으로써 왕들의 역할을 예언자들의 역할에 종속시키는 데서 드러나고 있다. 이러한 이야기들은 또한 예언이라는 장치를 통해서 완화되기는 했으나 야웨의 말씀의 확실성에서 드러나고 있다. 스멘트, 디트리히, 그리고 베이욜라의 신명기 역사에 대한 기본 접근은 클라인(R. Klein) 등에 의해서도 채택되었다(*1 Samuel WBC*).

괴팅겐 학파의 추종자들은 전문 문학비평가들이다. 때문에 그들의 연구방법이나 문학비평적 관찰은 꽤나 가치가 있다. 그러나 호프만(H. D. Hoffmann)은 이들로부터 방법론적인 문제를 지적한다. 이러한 방법론적인 문제는 특히 디트리히에게서 드러나고 있다. 또 그의 방법론을 답습하고 있는 베이욜라에게서도 드러나고 있는데 그 일례로 이들 접근은 한결같이 신명기 역사(DH)가 본래 포수기 때 신명기 역사의 편집물이라는 노트의 견해를 상정하고 있다고 본다. 이와 같이 신명기 역사의 주요 사항은 저자의 문제나 신명기 역사의 정황과 같은 것이었음에도 불구하고 포수기 이전의 신명기사가라든가 신명기 역사의 포수기 이전 원본과 같은 견해가 언급되지 않는다. 이에 대한 실패가 이 견해 옹호자들로 하여금 신명기 역사의 예언적 요소를 잘못 이해하도록 만들었다. 두 번째로 이들은 이 역사의 편집자들에 대해서 깨끗하게 설명하지 못했다. 여기에는 두 가지 문제가 있다. 먼저는 DtrG, DtrP, 그리고 DtrN을 나누는 기준이 분명치 않다. 그러므로 디트리히는 DtrP가 DtrG로부터 언어와 신학에 있어서 상당부분을 빌려왔다고 스스로 인정할 수밖에 없었다. 또 다른 측면은 각각의 편집자에게 귀속시킨 자료들 내에서 그 나름대로의 통일성을 찾기 어렵다는 것이다. 디트리히와 베이욜라의 문학적이고 언어적인 증거는 편집적인 갈래의 흔적을 보이고 있다. 그러나 각기 다른 층에서의 편집적인 경향이 어떻게 뚜렷이 구분되는지를 보일 필요가 있다.

5) 제1역사와 신명기 역사

펙햄(B. Peckham)과 호프만(H. D. Hoffmann)은 신명기 역사가 원래 단일 저자에 의해서 포수기 때 저작된 것임을 주장하는 노트의 견해로 되돌아갔다. 그러나 단순한 답습은 아니고 수정을 가했다. 펙햄의 1985년도 연구논문(1983년 논문을 참고)에서 노트(M. Noth)의 문제를 그가 신명기 역사의 자료를 단편적이고 불연속적이었던 것으로 이해한 데 있다고 본다. 이러한 문제를 해결하기 위해서 펙햄은 다소간의 복합적인 이론을 제시했다. 특히 노트가 사경 안에는 신명기사가의 손길이 전혀 닿지 않았다고 한 것과는 반대로 펙햄은 창세기로부터 열왕기서에 이르는 긴 역사를 위해서 신명기 역사가 기존 여러 자료를 종합해서 완전히 다시 썼다고 본다. 그에 의하면 J가 먼저 쓰여지고 Dtr1이 신명기로부터 히스기야 때까지의 역사를 보충하여 J를 개정하고 확충했다고 본다. J(오경 내에서 야웨라는 이름을 쓰는 문서)에 대한 제일 신명기 역사 Dtr1과는 다른 해석이 P(제사장문서)였으며 E(엘로힘이라는 신명을 쓰는 문서)는 J와 P의 보충으로 쓰여졌으며 이는 Dtr1의 파생물이었다고 보았다.

이런 전제 위에서 펙햄은 제이 신명기 사가인 Dtr2가 완전한 저자가 아니라 주석가로서 이미 존재하고 있던 역사를 재구성하였고 그 역사에 자신의 주석을 첨부했다고 주장한다. 이 과정에 의해서 제이 신명기 역사의 중심구조는 A, B, A′ 혹은 A, B, C, B′, A′로 호머의 일리아드로부터 시작되어 로마 시대에로 이어지는 그리스 문학 구조로 도식화되어 나타나고 있는데 C는 그 중심축의 역할을 수행한다고 보았다. Dtr2의 역사는 결코 개정되지 않고 나중에 P법문서인 레위기 1 : 1－7 : 38과 11 : 46－27 : 34가 첨가되어 현재의 오경의 형태가 되었다는 것이다.

펙햄의 주장은 매우 독창적인 것이긴 하지만 너무 이상적이다. 이들 자료를 구분하는 기준은 명확하게 제시되고 있지 않다. 실제 자신도 말하기를 Dtr2의 반복과 모방은 그 자신이 쓴 역사와 이미 그 전에 쓰여져 있어서 그가 사용한 자료를 분명히 구분할 수 없다고 한다. 그러므로 매켄지(S. L. McKenzie)도 지적한 바와 같이 펙햄이 재구성한 신명기 역사의 편집층 이론은 매우 주관적인 것이며 기존이론을 배경으로 한 실질적인 증거와 제시가 필요하다고 할 것이다.

매카터는(P. K. McCater)는 크로스의 견해를 추가하고 디트리히, 그리고 베이욜라를 포함하는 견해를 최근에 내어놓았다. 매카터는 포수기 이전 편집층이 예언자적인 관점에서 이루어졌다고 본다. 그래서 베이욜라가 분류한 대부분의 자료를 매카터는 예언자적인 DtrP로 돌린다. 매카터에 의하면 예언자적인 역사의 저자는 사무엘서에 내재되어 있는 가장 오래된 자료를 모았다고 본다. 사무엘상에서 이들은 언약궤설화(삼상 2 : 12－17, 22－25; 4 : 1b－7 : 1)와 일군의 사울에 관한 이야기(삼상 1 : 1－28; 9 : 1－10 : 16; 10 : 27b－11 : 15; 13 : 2－7a, 15b－23; 14 : 1－46), 그리고 "다윗 성공의 역사"라고 불리는 다윗 옹호문, 사무엘상 16, 사무엘하 5 등이다. 매카터는 사무엘하에서 맨 처음 자료를 계승설화라고 불리는 솔로몬에 대한 옹호문으로 보았다. 이는 그 자체가 다윗의 통치 때로부터 전해 내려온 여러 가지 이야기로 구성되어 있다. 또한 궁정설화(삼하 9—왕상 2)와 예언자의 역사는 이러한 자료에 편집적인 논평을 삽입함으로써 역사적인 이야기가 잘 흐르도록 재정리했다고 주장한다. 매카터에 따르면 왕직에 대한 회의적인 분위기 그리고 예언전승 안에서 왕직이 예언에 따라야 된다고 하는 견해는 이 전승의 기원이 북왕국에 속한다는 것이다. 그러나 이 역사가 다윗 왕조를 수용하고 본문이 이스라엘의 미래 희망을 유다에게 거는 점으로 보아 북왕국이 멸망한 직후인 주전 8세기 말에 이 역사가 쓰여진 것으로 보았다.

6) 역사기록적 접근

밴시터즈(J. van Seters)는 고대근동(ANE)의 역사기록(historiography)에서 노트의 포수기 때 역사가는 이스라엘의 첫 역사가이면서 서구문명의 첫 역사가라는 것이다. 그는 주장하기를 신명기 역사 이전의 역사 기록물이나 사무엘서에 나타나 있는 학자들이 생각할 때 독립된 자료들이었다고 하는 것들조차도 (언약궤 이야기, 사울의 이야기, 다윗의 성공 이야기 등) 이미 있던 것을 포함하여 그의 역사 속으로 삽입한 것이 아니라 원래 신명기사가 자신이 저술한 저작물이라는 것이다. 그는 학자들이 사무엘하 9—20과 열왕기상 1—2장의 대부분을 구성하고 있는 "다윗의 궁중역사" 혹은 "계승설화" 도 포수기 이후에 다윗의 이야기에 첨가된 신명기 역사 이후의 작업이라는 것이다. 이리하여 호프만과 같이 밴시터즈는 신명기 역사를 대체로 허구적인 것으로 본다.

그러나 이러한 밴시터즈의 주장에는 약간의 문제가 있다. 참된 역사기록이 고대 근동사에 비추어볼 때 비교적 후대에 등장했다고 하는 가정에서처럼 역사적이거나 신학적인 것에 근접하는 것들 모두가 후대여야 한다는 오류를 범할 수 있다. 그는 신명기 역사의 연대를 노트와 같은 시기 정도로 본다. 그러나 편집과정이나 그 안에 있는 자료들을 충분히 토의하고 있지 못하다. 신명기 역사의 역사성에 관한 그의 견해는 아마 지나치게 부정적이며 서구 문명의 첫 역사적 작품은 허구였다는 결론이다. 역사 기록에 대한 그의 강조는 그를 왕실 프로파간다로서의 역할과 요시야를 중심으로 그려지고 있는 자료를 전혀 무시하고 있다.

그럼에도 불구하고 밴시터즈의 책은 신명기 역사 연구에 중요한 기여를 했다. 그가 시도한 신명기 역사와 고대근동 역사물, 다시 말하면 그리스 역사물과의 비교는 현대 학자들이 간과한 신명기사가(Dtr)의 작품 배후에 숨겨진 목적이 있음을 시사한다. 다시 말하면, 신명기 역사는 고대 이스라엘의 역사를 인용한 고대 역사가였다는 것이다. 신명기 역사의 목적과 장르에 대한 이해는 신명기 역사에 나타나고 있는 저술 방법을 알게 해준다. 그는 그리스의 역사가 헤로도투스와 같이 고대 전승들을 하나의 긴 역사로 이어낸 편집자였으며 저자였다. 많은 점에서 밴시터즈는 노트의 원래의 결론으로 되돌아간다. 밴시터즈는 신명기 역사에 나타나 있는 장르나 저술 기교에 대한 미래의 연구를 위한 지평을 열었다.

그는 결국 호머로부터 이어지는 그리스의 비극 문학이 헤로도투스에 이르러 신화의 형태를 벗고 역사 이야기의 형태로 발전하게 되었는데 이러한 역사의 형태가 당시 세계의 두 눈과 같은 문명교환의 항구의 역할을 했던 시돈과 두로를 통해서 고대 이스라엘이 입수한 역사문학이라는 것이다. 이러한 견해는 노엘 프리드만(N. Friedman, *The Relationship between Herodotus' History and Primary History*)이나 닐슨(Flemming A. J. Nielsen, *Tragedy in History : Herodotus & Deuteronomistic History*) 등 최근에는 거의 지배적인 연구방향이 되고 있다. 이러한 연구들의 특징은 9권으로 되어 있는 헤로도투스의 역사나 역시 9경으로 되어 있는 제1역사가 거의 구조상 일치가 되어 있고 내용면에 있어서도 신명기가 그 중심에 있어서 요단 강 서편과 동편의 강둑 역할을 하고 있는 것처럼 헤로도투스의 역사도 페르시아 이전의 역사와 이후의 역사가 제5권이라는 우연 아닌 구체적인 일치를 보여주고 있다는 것이다.

7) 제1역사의 계약구조와 케리그마

신명기 역사에 대한 노트의 천재적인 견해는 신명기로부터 열왕기하까지의 책들이 원래 하나의 통일성을 이루고 있었다는 것이다. 크로스(F. M. Cross)의 견해는 이 커다란 덩어리가 노트의 견해보다 이른 시기와 관련이 있다는 것이다. 그의 이론에 따르면, 전체적인 통일성은 유지가 된다고 하더라도 신명기 역사의 두 번째 편집자는 요시야 이후 비교적 간단한 부분과 관련이 있다는 것이다. 신명기 역사 안에 내재되어 있는 자료와 편집에 대한 연구는 가치가 있는 노력이었고 그 결과 이 커다란 역사가 어떻게 성장했는지를 밝히게 되었다. 그러나 그 자료들을 찾아내려는 사람들은 노트의 통찰력의 결과인 신명기 역사의 통일성을 해쳐서는 안 될 것이다. 신명기 역사에 대한 최근의 연구들은 신명기사가가 어떻게 창조적으로 그의 전승들을 사용했는지, 그리고 그 저술 경위는 어떤 것이었는지에 대한 새로운 연구를 필요로 한다. 그러나 프리드만(N. Freedman)[1]이나 펙햄(B. Peckham)은 신명기 역사가 단순히 여호수아로부터 열왕기하에 이르는 부분에 한정되어 있거나 요시야 때까지 국한되어 있는 것으로 보지 않는다. 그들은 신명기 역사가 창세기까지 거슬러 올라가 창세기로부터 열왕기하까지 최종적으로는 하나로 질서 있게 저술되었다고 보았다. 그러나 이 견해의 단점은 구체적인 증거나 도식을 제시하고 있지 못하다는 것이다. 필자는 다음과 같이 창세기로부터 열왕기하까지가 계약본문을 바탕으로 하여 도식적으로 이루어진 총체로서 다음과 같이 구성되어 있다고 본다.[2]

A. 원역사(창 1－11). 대표자 노아, 노아 계약(9 : 8－17) : 삼라만상의 기원

---

1) D. N. Freedman, "Deuteronomic History," *IDBS*(1976), 226. 그는 신명기사가가 신명기 역사의 서두에 사경을 첨가해서 주전 550년경에 제1역사를 완성했다고 본다.

2) 노희원, 『구약성서의 깊은 세계』(서울 : 연세대학교 출판부, 1998), 144.

첫 계약(천지 창조), 창세기 1－3, 아담의 불순종으로 인한 심판(아담 계약, 호 6 : 7)

둘째 계약(천지 재창조), 창세기 6－9, 영원한 계약(생육과 번성), 언약의 징표 : 무지개

성취, 창세기 10－11, 인간 후손의 중다함

B. 족장사(창 12－50), 대표자, 아브라함, 아브라함 계약, 이스라엘 민족의 기원

첫 계약(창 15 : 1－21), 후손과 땅, 하갈을 통한 이스마엘의 탄생으로 계약 위기

둘째 계약(창 17 : 1－22), 후손과 땅, 재계약으로 계약 갱신

계약의 징표, 할례(창 17 : 11b)(민족공동체의 상징)

성취, 창세기 19장, 여호수아 24장, 이삭의 탄생(창 21 : 1ff.)과 땅의 정복(창 23장, 막벨라 동굴)

C. 정복사(출 1장－삿 21장), 대표자 모세, 모세 계약(시내 산 계약)

첫 계약, 출애굽기 19－24, 신앙공동체의 기원(십계명과 계약책)(출 20 : 1－17; 22 : 23－33), 우상숭배로 파괴됨

둘째 계약, 출애굽기 32 : 19－34 : 1, 십계명과 신명기 법전(신 5장과 신 12－26장), 다시 기록됨

계약의 징표, 안식일(출 31 : 17), 신앙공동체의 상징

성취, 신명기 5－29, 십계명과 신명기 법전

B′. 왕국사(삼상 1장－왕하 25장), 대표자 다윗, 다윗 계약

첫 계약, 사무엘하 7 : 7－17, 다윗 왕조와 시온 성전(7 : 12－13), 성전 건축(첫 번째는 불허)

둘째 계약, 열왕기상 8장, 하나님께 불순종시 포로생활

성취, 열왕기상(8 : 20), 열왕기하 17장, 북이스라엘의 멸망, 열왕기하 25, 남유다의 멸망.

A′. 망국사(왕하 25; **렘** 52; **대하** 36), 희망의 대표자, 여호야긴, 새 계약(마음에 새겨질 새 계약) (렘 31 : 31f.)

첫 번째 기록된 예언의 말씀(렘 36 : 1—26), 불살라서 파괴됨

두 번째 기록된 예언의 말씀(렘 36 : 27—32), 다시 기록됨(말씀이 육신이 됨, 그리스도)

징표, 여호야긴의 석방과 영광의 가능성(왕하 25 : 27—30; 렘 52 : 31—34)

성취될 것(렘 31 : 31), 새 계약, 다윗의 뿌리에서 나온 메시아(렘 23 : 5—6), 하나님과 이스라엘의 관계 회복

위의 도표는 필자가 지금까지의 연구들을 종합해서 제1역사를 도식화한 것이다. 여기에서 나타나는 시대별 분류는 통상 받아들여지고 있는 분류이다. 최근 구약학계에서 신명기 역사와 사경과의 관계는 슈미트(H. H. Schmid)나 렌토르프(R. Rendtorff)에 의해서 제창되었으나, 와이브레이(N. Whybray)가 다음과 같이 지적하는 것처럼 제1역사를 하나로 묶을 수 있는 통일성의 부족을 그 약점으로 지적하고 있다.

> 우리가 조사해 온 바와 같이 오경이 신명기적 작품임을 증명하기 위해서는 오경이 포함하고 있는 자료와 전적으로 신명기적 신학과 일치하는 구조를 가지고 있으며 통전적으로 포괄적이고 일관성 있는 도식에 따라 부합하도록 편집되고 정리되었음을 증명해야 한다. 그런데 슈미트(H. H. Schmid)나 렌토르프(R. Rendtorff) 중 어느 누구도 이것을 증명해내지 못했다(N. Whybray, *The Making of the Pentateuch : A Methodological Study*, JSOT, 1987, 225).

그러나 위에서와 같이 계약이라는 구조도식이 들어가게 되면, 제1역사를 하나로 묶는 뼈대로서 기능을 하게 된다. 또 위에서 보면 각 시대는 하나의 대표적 의인에 의해서 대변되는데 원역사는 노아에 의해서, 족장사는 아브라함에 의해서, 정복사는 모세에 의해서 그리고 왕국사는 다윗에 의해서 대변된다. 망국사는 다윗의 뿌리에서 나올 메시아에 의해서 대변

되는데(렘 23장) 이는 여호야긴에 의해서 대변되고 그를 통하여 새 계약(렘 31 : 31)을 체결할 것으로 이해된다. 프리드만(R. Friedman)이 이미 그의 책에서 지적하고 있고 바인펠트(M. Weinfeld)가 지적하고 있는 바와 같이 예레미야는 유대교의 전통에서와 같이 제1역사의 저자로서 이해되어 왔다. 캐롤(R. P Caroll)을 중심으로 한 최근의 학자들은 예레미야서는 예레미야라는 선지자의 이름으로 포로기 당시의 예언자들 혹은 종교인들이었던 신명기사가들이 기록한 것으로 본다. 이에 대한 상세한 설명은 필자의 연세대학교 출판부에서 나온 『구약성서의 깊은 세계』와 『최근의 신명기 연구』를 보라.

필자의 견해에 따르면 이들 신명기사가들이란 더 이상 왕실의 녹을 받고 생계를 유지하지 않고 열방 각지로 흩어져 나가서 지방 레위인들과 스스로의 생계를 꾸려나가면서 자신들의 종교전통을 이어나갔던 지방 레위인들과 같았던 자유설교가들이었다. 이들 자유설교가들은 예레미야와 같이 이집트로도 가고 에스겔과도 같이 바빌론으로도 가서 야웨 신앙을 고수하고 전수하며 전파해나갔던 종교인들이었다. 때문에 더 이상 왕실 호국 이데올로기에 강요됨이 없이 남북 왕조 사상을 융합해서 가지고 있던 종교인들이었으며 남북 왕조의 왕들을 자유롭게 평가하고 신앙의 빛으로 해석할 수 있었던 선지자들이었다. 그런데 여기서 보면 한 가지 특이한 점이 나타난다. 첫 번째 계약이 실패하고 두 번째 계약은 성공한다는 것이다. 신명기 역사의 저자는 왜 이러한 도식을 제시하게 되었을까?

에스겔서에 나타나 있는 바와 같이 북이스라엘에 이어 남유다마저 멸망한 후에 이스라엘 백성들은 그만 자신들의 종교에 대해 회의에 빠지고 말았다. 왜냐하면 출애굽기 19－24장에 나와 있는 것처럼 자기가 택한 백성으로 하여금 온 세상의 제사장 나라로 삼았을 뿐만 아니라 사무엘하 7장에서 보듯이 다윗을 선택해서 자기의 아들로 삼고(시 2편; 시 110편), 시온을 도성으로 선택해서 야웨 하나님의 거할 집을 삼아 무슨 일이 있어도 시온은 멸망치 않으리라(사 7장)고 하신 분이 야웨 하나님이었다. 그런데 현재 그들이 처한 환경은 이방 땅 바빌론에서 포로로 잡혀와서(시 137편) 땅 끝까지 끌려와서 이방인이 된 형편에 처해 있었다(신 30 : 1－11). 더구나 백성들은 야웨의 집인 예루살렘 성전조차도 돌 위에 돌이 첩놓이지 않을 정도로 훼파가(왕상 8장; 렘 7장; 26장) 된 상태에서 백성들은 극심한 상심과 실의에 빠져 있었다. 이런 상황에서 포로로 잡혀온 이스라엘 백성이나 유다에 남아 있던 사람들은 더 이상 야웨를 믿을 수가 없었다. 수신제가치국평천하(修身齊家治國平天下)라고 했는데 자기 집이나 가족조차 부양하지 못하는 신이 참된 신이라고 할 수 있는가라는 회의 속에 방황하게 되었다. 그래서 백성들은 당시 세계를 지배하고 있던 바빌론 제국의 이데올로기와 신들을 숨어서 섬기고 있었다(겔 8장).

이때 이스라엘 백성들을 지도하고 있던 종교지도자들은 자신들의 역사를 돌아보고 과연 야웨가 힘이 없는 하나님이며 더 이상 능력이 없는 하나님인지를 살펴볼 필요가 있었다. 또 아직 능력이 남아 있고 살아 있는 하나님이라면 과연 무슨 이유 때문에 당시와 같은 이방 땅에서의 비참한 슬픔과 고난을 당해야 했는지를 해명해야 할 과제에 직면하게 되었다. 그래서 그들은 자신들에게 남겨진 모든 종교전승들을 모아서 실의에 빠져 있던 백성들에게 새로운 대안을 제시해야 했다. 그리고 위에서 제시된 것과 같은 도표를 백성들에게 제시하게 된 것이었다.

물론 위에서 제시한 도표는 직소 퍼즐과 같이 역사적인 사실만을 짜맞춘 것은 아니었다. 이런 맥락을 가지고 이 도표를 보면 이들의 신학과 제1역사를 기록한 목적이 분명히 드러난다. 이 도표에 따르면 첫 번째 계약이 실패한 이유는 하나님이 능력이 없어서 혹은 부족해서 북이스라엘과 남유다가 차례로 멸망한 것이 아니라 그 책임은 이스라엘에게 있다는 것이다. 오히려 하나님은 그의 끊임없는 사랑(원뜻은 신의)인 헤세드의 하나님이라는 것이다.

먼저 원역사에서 보면, 아담에게 하나님은 젖과 꿀이 흐르는 에덴 동산을 주었다. 그 땅은 그가 노력해서 일군 땅이 아니라 하나님이 주신 것이다. 이제 다시 들어가려고 하는 그 땅은 하나님이 이스라엘의 족장들과 맺은 언약을 지키기 위해서 주신 땅으로서(신 8 : 18) 축복의 땅이며 시내와 분천과 샘이 흐르고 밀과 보리의 산지요 포도와 무화과와 석류와 감람들의 나무와 꿀의 소산지며 너의 먹을 식물의 부족함이 없고 그 땅의 돌은 철이요, 산에서는 동을 캐는 땅이다(신 8 : 7−9). 그런데 아담은 야웨의 목소리를 청종하지 않고 계약의 열매인 선악과를 따먹게 된다. 그렇게 됨으로써 에덴 동산의 동편으로 쫓겨나게 되며 그의 아들인 가인도 전철을 밟는 죄악으로 역시 에덴의 동편으로 쫓겨나게 된다. 이는 북이스라엘 백성과 남유다 백성들이 가나안의 동편으로 쫓겨나는 것과 같다.

이렇게 그들이 쫓겨나게 되는 것은 하나님이 능력 없음이 아니라 그들 자신이 계약을 위반하고 죄를 범했기 때문인 것으로 나타난다. 대표적인 예로 모세 계약에서도 마찬가지이다. 출애굽한 이스라엘 백성들이 시내산에서 범죄를 함으로 십계명 돌판은 깨지게 되고 이스라엘 백성은 심판을 받게 된다. 심판을 받는 이유는 이스라엘의 불순종에 의한 것임을 분명히 한다. 그러나 하나님은 이들을 그냥 버리지 않고 부르셔서(출 33장) 다시 계약을 체결하시며 사랑하시되 끝까지 사랑하시는 분으로 나타난다. 이러한 하나님의 헤세드(사랑)에 대한 케리그마는 포수기 때의 백성에게 선포된다. 다시 말하면 이스라엘 백성들이 현재 바빌론 포수의 고난을 당하는 것은 하나님이 힘이 없어서가 아니라 이스라엘 백성들의 범죄로 인한 것이라는 것이다. 그러나 하나님은 아직도 이들을 버리지 않으시고 다시 자신의 품으로 돌아오기만을 기다리는 하나님이며 그렇게 돌아오며(왕상 8장) 이전 족장들과의 계약에서 그랬듯이 그들을 가나안 땅으로 다시 부르시는 하나님으로 선포된다. 이러한 하나님의 심정을 신명기 역사 기자는 모세의 입을 통하여 신명기 30장에서 다음과 같이 역설하고 있다.

> 내가 네게 진술한 모든 복과 저주가 네게 임했을 때 여호와 너희 하나님이 너희를 흩어버린 모든 나라에서 거기서 마음에 새겨보아라. 너와 네 자손이 네 하나님 야웨께 돌아와(shub) 내가 오늘날 네게 명한 것을 온전히 따라서 마음을 다하고 성품을 다하여 야웨의 말씀을 순종하면, 네 하나님 야웨께서 마음을 돌이키시고(shub) 너를 긍휼히 여기사 너를 포로생활에서 돌아오게(shub) 하시기 위해 네 하나님 야웨께서 너희를 흩으신 모든 백성 중에서 너를 모으시리라. 너희 쫓겨간 자들이 하늘가에 있을지라도 네 하나님 야웨께서 거기서 너희를 모을 것이요, 거기서부터 너희를 이끄실 것이다. 네 하나님 야웨께서 너를 네 열조가 얻은 땅으로 돌아오게 하사 너로 다시 그것을 얻게 하실 것이며 야웨께서 또 네게 선을 행하사 너로 네 열조보다 더 번성하게 하실 것이다(신 30 : 1－5, 사역).

6. 사무엘하 계약구조적 위치

1) 사무엘하 계약사상의 의미

위에서 제시된 계약구조의 의미를 살펴보자. 다윗 계약(삼하 7장)은 아브라함 계약과 시내 산 계약의 병합된 형태의 계약이다. 즉 이는 아브라함의 헤브론 계약과 세겜을 거점으로 하고 있는 모세 계약의 병합이다. 이는 더 나아가서 남유다에서 볼 수 있는 영원한 약속을 중시하는 계약사상과, 북이스라엘의 인간의 책임을 강조하는 계약의 병합을 말한다. 이는 일방적이며 무조건적인 은혜의 계약과 하나님의 말씀을 순종하지 않을 때는 새로운 왕으로 대신하겠다고 하는 심판의 계약사상의 결합이다. 이러한 타협점은 사무엘하 7 : 14－16("나는 그 아비가 되고 그는 내 아들이 되리니 저가 만일 죄를 범하면 내가 사람 막대기와 인생 채찍으로 징계하려니와, 내가 네 앞에서 폐한 사울에게서 내 은총을 빼앗은 것같이 그에게서는 빼앗지 아니하리라. 네 집과 네 나라가 내 앞에서 영원히 보전되고 네 위가 영원히 견고하리라"). 신학적으로는 세겜을 중심한 북쪽지파 전승(에브라임 전승, E)과 남유다 전승(유다, J)이 결합하여, 신명기(D) 내지는 신명기 역사(Dtr) 전승이 되는 것이다.

이것을 현대적으로 해석하자면 북쪽전승의 성격은 인간의 책임을 강조하는 감리교의 성격과 비슷하고, 영원한 계약을 강조하는 남유다 전승은 예정론을 바탕으로 하고 있는 장로교의 교리와 비슷한 것이다. 또 다윗이 왕조를 강조하는 것은 북한의 주체사상과 비슷한 면이 있고 북이스라엘의 모세 계약사상(출 19—24)은 인간의 책임을 강조함으로써 시민계약사상 쪽으로 그 맥락이 발전하게 된다고 할 것이다.

2) 신명기 역사와 사무엘하의 구조

D. J. 매카시는 신명기 역사 내에서의 신학적 구조를 M. 노트의 이론을 바탕으로 하면서 그의 견해를 더욱 확충 내지는 수정하는 차원에서 다음과 같이 규명하고 있다.

지금까지의 오경과 신명기 역사의 문학적 구조는 예언과 성취의 구조로 되어 있고 그 안에는 하나님의 구속사적인 섭리가 내재되어 있다는 것이다. 오경은 하나님이 직접 말씀하신 것이 어떻게 이루어졌는지를 보이는 것이며, 신명기 역사는 하나님의 대언자라고 불리는 선지자들이 하나님의 말씀을 대언한 것으로 이것이 어떻게 예언되고 성취되었는지를 보이는 것이다. 지금까지의 견해는 이러한 신명기 역사가 역사 이야기로서 단절이 없이 계속된 하나의 이야기 연속이라는 것이다. 그러나 궁켈과 폰라트 이후 이러한 견해는 획기적인 변화를 보엿다. 다시 말하면 구약성서 내의 제일역사 즉 오경과 신명기 역사는 독립된 수많은 이야기들이 연결되어서 긴 역사를 형성하고 있다는 것이다.

문제는 이렇게 구슬처럼 꿰어진 역사가 어떤 식으로 연결이 되어서 일관된 역사처럼 보이게 되었느냐는 것이다. 이에 대한 획기적인 연구가 마틴 노트에 의해 이루어졌다. 신명기 역사의 구조는 M. 노트에 따르면 이러한 문학적인 연결을 위해서 중간 중간에 연설요약문(leading speeches)과 같은 요약문을 심어놓았다는 것이다. 이러한 연설요약문은 신명기 1—3장, 여호수아 1장, 여호수아 12장, 여호수아 23장, 사사기 2 : 11ff., 사무엘상 12장, 사무엘하 7장, 열왕기상 8 : 14ff., 열왕기하 17 : 7ff., 열왕기하

25장 등이라고 지적했다.

이러한 연설문의 특징은 역사의 전환기에 나타나고 있는 적절한 인물의 입을 통해서 역사를 구술시킴으로써 그 인물의 앞뒤의 문맥을 연결시키고 있다는 것이다. 그러므로 이 연설문 혹은 보고문은 회고와 전망이라는 구조를 가지고 있다고 보았다. 말하자면 미괄식의 형태로 바로 이전까지의 역사를 요약해주고 두괄식의 형태로 앞으로 전개될 역사를 요약해서 전망해준다는 것이다. 사실 신명기를 예로 들어보면, 1−3장까지는 시내 산에서 호렙 산까지의 여행을 모세의 입으로 요약해주고 있다. 마지막 문단인 신명기 30−34장은 이스라엘 백성들이 땅 끝까지 포로로 잡혀갈 것을 모세의 입으로 요약해주고 있다. 그리고 5−29장까지는 신명기서가 온전하게 계약의 형태로 구조되어 있는 것을 볼 수 있다. 사무엘상 12장에서도 이스라엘 백성들의 패역함과 그래도 하나님이 용서해 주셔서 그들을 이끄실 것이라는 회고와 전망이 사무엘의 유언이라는 형태로 구술되고 있다.

이러한 문학적 신학적 특성연구를 바탕으로 D.J. 매카시는 마틴 노트가 빠뜨리고 있는 사무엘하 7장 나단 신탁 혹은 나단 계약 역시 이러한 연설 요약문의 하나이며, 오히려 그러한 연설문들을 아우르는 연설문들 중의 연설문이며, 연설문들의 가장 정점에 위치되어 있는 연설문임을 밝혔다.

그는 신명기에서부터 열왕기하에 이르는 신명기 역사가 단순히 요약연설문만을 넣어서 엮어진 것이 아니라 그 연설문들 사이에 일정한 틀 내지는 구조를 형성하도록 되어 있다는 것이다. 그에 의하면 그 구조는 다음과 같다.

A. 신명기의 서두 − 신 1−3(4) − 시내 산에서 모압 평지까지 회고
B. 원신명기 − 5−29 −신명기계약법전
A′. 신명기의 결론 − 신 30−34 − 가나안 정착 후의 정복 전망

A. 땅을 정복하고 그것을 지파별로 나누라는 모세의 명령(신 31)
A′. 여호수아가 정복사업을 수행함(수 2)
A″. 여호수아가 땅을 정복하고 그것을 지파별로 나눌 준비를 함(수

11−13)

B. 여호수아가 정복한 땅에서의 삶을 위한 계획을 수립함(수 23)
B′. 백성들의 계약 파기(사 2)
B″ 백성들이 야웨를 거절하고 왕을 요구함(삼상 12)

C. 나단 신탁(다윗 계약)(삼하 7)
C′. 약속이 솔로몬에게 성취됨(왕상 8)
C″. 왕정의 실패(왕하 17장; 25장)

위에서 보면 신명기 1−3장과 30−34장은 신명기의 서론과 결론으로 각각 회고와 전망을 말한다. 전망부분인 두 번째 부분에서 특히 31장에서 모세는 여호수아에게 요단 강을 건너서 땅을 정복하도록 명한다. 그러한 모세의 명령은 성공적으로 성취된다.

그러나 여호수아가 맺은 계약은 계속해서 실패를 거듭한다. 이런 면에서 모세의 당부와 여호수아가 백성과 맺은 계약은 대칭을 이룬다.

이러한 성공과 실패의 두 요소는 나단 신탁 즉 다윗 계약에서 성공과 실패라는 요소로 나란히 들어와 있다. 다윗이 아들을 낳고 왕위를 이으리라는 것 그리고 그가 성전을 지으리라는 것은 열왕기상 8장에서 이루어지나 왕정은 열왕기하 17장과 25장에서 한결같이 실패로 나타난다는 것이다. 다시 말하면 다윗과 맺은 계약은 성공하나 사무엘하 7 : 14에서 계약을 지키지 않으면 사람의 막대기로 치리라는 말씀도 성취가 된다는 것이다. 그리고 그러한 성공과 실패(외적으로 인한 국가멸망)는 모세와 여호수아를 통해 예언된 말씀의 종합이 된다는 것이다. 이것을 도표로 나타내면 다음과 같다.

– 모세의 위탁(신 31 : 7−9, 14−23) → 성공적 결과(수 2, 정복; 수 11−13장, 땅 분배)
– 여호수아와 백성의 언약(수 23) → 그 결과(삿 2, 계약파기+삼상 12, 왕 요구는 악)

– 다윗 계약(삼하 7장)→ 그 성공(왕상 8장)과 실패(왕하 17장; 25장) 결과

그러나 이러한 구조는 매카시의 경우에서처럼 신명기 역사라고 하는 신명기로부터 열왕기하까지만을 범위로 한정해서는 안 된다. 위의 계약 구조에서 보여진 것처럼 구약성서의 등뼈와도 같은 창세기로부터 열왕기하까지를 관통하는 제일역사 전체의 구조와 연관해서 관찰되어야 한다. 이는 계약의 백성인 이스라엘 백성이 하나님이 약속을 이행시켜 주셨음에도 불구하고 계약을 파기함으로써 그들이 어떻게 만방에 흩어지는 형벌을 받게 되었는지를 보이고자 했다. 그러므로 그가 자기가 구할 수 있는 모든 야웨 신앙 전승을 수집한 후 그 안에 모종의 계약의 정신이 들어 있음을 밝혔다고 할 것이다.

그는 히브리어라는 한 인간의 언어와 문장을 사용한 것처럼 하나님의 뜻을 분명히 드러내기 위해서 여러 가지 시어와 문학적인 장치들을 사용했다. 그러나 단지 이러한 문학적인 장치를 넘어서 그는 그 안에 면면히 흐르고 있는 하나님의 계약정신과 그것을 어겼음에도 불구하고 아담과 같이, 가인과도 같이 어린아이였을 때부터 선택하시고 키워온 이스라엘을 아직 사랑하고 있음을 보이고자 했다. 이는 마치 진흙으로 만든 아담에게 하나님의 생기가 들어갔을 때에 그 아담이 가슴이 뛰는 생령이 된 것처럼 하나님과의 관계 속에서 일관되게 흐르는 약속과 계약을 통해서 하나님의 헤세드 사랑을 드러내고자 했던 것이다.

3) 사무엘하 7장의 구조와 신학

이제 제일역사의 핵심본문 중의 가장 정점에 서 있으면서 사무엘하의 핵심 본문인 사무엘하 7장의 구조와 신학을 살펴보도록 하자. 이는 주석 부분에 가서 할 수도 있지만 사무엘하를 대표하는 제목과 같은 역할을 함

으로써 앞 부분에서 먼저 다루기로 한다.

나단 신탁 혹은 다윗 계약 본문(삼하 7 : 1－17)의 구조는 다음과 같다.

A. 서론(1－3절) : 하나님의 집을 위한 백향목 성전을 구상함(1－3절)
B. 다윗이 지을 백향목 성전(4－5절)
C. 역사를 주관하시는 야웨의 주권(6－11a절) － 다윗을 목동으로부터 왕이 되게 함
B′. 야웨께서 지어줄 다윗의 집(왕조)(11b－13a절)
A′. 결론 : 백향목이 아닌 영원한 집, 다윗 왕조를 허락함(13b－17절)

이러한 도식의 내용을 살펴봄으로써 성서의 기자가 어떤 방식으로 어떤 신학적 의도를 나타내려고 하는지 현저하게 드러난다. 이는 하나님을 기쁘게 하려는 가시적인 노력, 혹은 실천이 있을 때 영원한 기업과 약속을 받게 된다고 하는 신학적 메시지가 다음과 같이 분명히 드러난다.

A. 서론(1－3절) : 실례를 듬 － 일시적인, 한계가 있는 성전의 구상
B. 다윗이 지을 백향목 성전(4－5절) － 백향목 집에 대한 야웨의 초월성 － 내가 사람이 지은 집에 산 적이 없다. 텐트에 살면서 너희 이스라엘을 가나안 땅까지 데려왔다.
C. 역사를 주관하시는 야웨의 주권(6－11a절)
 － 다윗을 양의 목동으로부터 백성의 목자가 되게 함
 － 떠돌이 백성들이 땅에 정착함(11A)

B′. 야웨께서 지어줄 다윗의 집(왕조)(11b－13a절)
 － 적을 꺾고 안식을 줌
 － 왕조를 세워 줌
 － 후손으로 하여금 왕국을 확립케 함
A′. 결론 : 백향목이 아닌 영원한 집, 다윗 왕조를 허락함(13b－17절)

이러한 구조는 사무엘하 7 : 5에서 "야웨가 말씀하셨다"라는 구절과

11b에서 "야웨가 네게 이르노니"라는 말에서 야웨가 묻고 대답하는 형식으로 대칭을 이루고 있다는 것이다. 5절의 질문은 "네가 나를 위하여 거할 집을 건축하겠느냐?"라는 질문과 13a에서 야웨께서 말씀하시기를 "그(솔로몬)가 나의 이름을 위해서 전을 건축할 것이다."라는 형식으로 되어 있음을 분명히 보이고 있다. 이러한 점에서 마틴 노트가 지적한 바와 같이 사무엘하 7장의 저자는 하나님이 자신의 백향목 전에는 오히려 관심이 없고, 미치코 등이 지적하는 바와 같이 오히려 그가 이루려고 하는 야웨의 주권에 대해서 강조하고 있는 것으로 보인다. 그는 정착되거나 고착되어 있는 분이 아니라 텐트에 살면서 사막여행에서 같이 동행하면서 그를 그의 선택된 백성답게 일구어내는 그런 동행성 구속주로 나타난다.

4) 다윗 계약의 기원과 발전

이제 다윗 계약의 발전과 기원에 대해서 살펴보기로 하자. 먼저 계약이라는 말의 의미 범주를 살펴보기로 하자. 본디 계약의 의미는 네 가지 범주 내지는 개념, 혹은 단어로 나타난다.

계약의 내용은 생각되거나, 말해지거나, 약속되거나, 맹세되거나, 언약된다. 히브리어에서 생각하다 혹은 중얼거리다라는 말은 "아마르"이다. 창세기 1장에서 나오는 대로 하나님이 "가라사대"라고 말할 때 이는 "아마르"이다. 아마르라는 말은 "다바르"라는 말보다도 조금 약한 의미인데 "다바르"라는 말이 약속, 혹은 사건이라는 뜻이 있는 반면, "아마르"는 "중얼거리다. 생각하다"라는 등의 뜻으로 많이 나타난다. 그러므로 말의 강세적으로 볼 때 하나님의 말씀은 동등하게 역사적 사건으로 이어져야 할 것이지만 아무튼 아마르는 비교적 약한 의미의 말씀이다. 두 번째 가장 많이 쓰이는 단어로는 다바르이다. 이는 말하다, 발설하다 라는 뜻인바, 그 단어 자체가 사건이라는 뜻까지 가지는 현실적 현상개념이다. 이의 강세는—히브리어에서 강세형은 반복을 말한다—약속하다라는 뜻으로 발전된다. 하나님이 아브라함에게 아들이 있을 것을 말할 때 대개는 이 강세형 다바르가 나온다. 강세형 다바르는 약속으로 번역될 수 있다. 왜냐하면 거듭 강조해서 말한 것이기 때문이다. 세 번째는 이 강세형 다바르와 징표가 연결이 되면, 이것이 계약 혹은 언약이 된다. 이 언약과 의미상 강하거나 동일시되는 것이 서약(쉐베르)이다. 서약은 언약과 같이 징표를 동원하는 것이나 마찬가지다. 왜냐하면 증거를 걸고 약속하기 때문이다. 언약이 하나님의 발의와 인간의 조건이행 의무로 이해된다면, 서약은 인간의 편에서 서원제물을 먼저 제시하고 들어간다.

서원은 말하자면 한나가 사무엘을 바칠 것을 약속하고 아들을 달라고 하는 것이다. 입다가 자기가 가장 사랑하는 것을 바치겠으니 승리를 달라고 하는 것이다. 야곱이 자기 소득의 십일조를 바칠 터이니 자기를 승리로 이끌어달라는 것이다. 이렇게 볼 때 언약 혹은 계약과 서약은 같은 역사적 효과를 가지고 있는 것이라고 할 것이다. 이에 비추어서 우리는 다윗 계약이 어떻게 시작되어서 어떻게 발전되고 이는 오늘날 우리와는 어떤 관계가 있는 것인지를 살펴보도록 하자.

로스트(L. Lost)는 다윗 계약 본문인 사무엘하 7 : 17은 신명기사가에 의해서 나중에 편집된 것이지만 그럼에도 불구하고 11절과 16절에 나오는 다윗의 약속은 분명히 다윗 때부터 전해져 내려온 것일 수밖에 없다고 보았다. 이러한 견해는 오늘날 대다수의 학자들에 의해서도 인정되고 있는바, 왕조의 창설자에게는 고대 근동의 경우만을 보더라도 언제든지 예언자를 통한 왕조를 향한 신으로부터의 신탁이 주어지고 있기 때문이다. 가령 왕조 설립자에게 신으로부터 선포되었다고 하는 약속이 없다는 것은 매우 이상한 일이기 때문이다. 성서에서도 느헤미야는 선지자를 세워 왕이 되려고 한다는 비난을 들었으며(느 6 : 17) 다윗 역시 사무엘상 16 : 1−3에서 예언자 사무엘에 의해서 왕으로 지명을 받은 것으로 나타난다.

쿠치(E. Kutsch)는 하나님과 다윗의 계약은 원래 다윗에 대한 일방적인 의지였거나 약속이었다고 본다. 그의 이러한 견해는 바인펠트(M. Weinfeld)와 같은 학자들에 의해 지지를 받았다. 다시 말하면, 다윗은 약속은 원래 신탁이라는 수단을 통해서 다윗의 왕권과 왕조를 보장하려는 방편이었다는 것이다. 쿠치가 주장했듯이 그 약속은 야웨의 입에서 나온 말씀으로 선포되었다. 후대의 단계에서 이 약속은 야웨의 언약으로 발전된 것으로 본다. 다윗 계약의 내용은 다음과 같은 범주 내에서 나타난다.

1) "말씀"(나기드—이야기하다, 삼하 7 : 11b, 아마드—말하다 생각하다, 중얼거리다, 렘 33 : 17)

2) 약속하다(디베르, 삼하 7 : 25; 왕상 8 : 20, 24f.; 9 : 5; 대상 22 : 10)

3) "서약"(또는 맹세, 쉐바) : 시 89 : 4, 36f.; 132 : 11

4) 언약(베리트) : 삼하 23 : 5; 시 25 : 10; 89 : 4, 29, 35, 40; 사 55 : 3; 렘 33 : 20, 21; 대하 13 : 5; 21 : 7)

이 네 가지, 말씀, 약속, 서약(맹세), 언약(베리트)으로 각기 다른 말로 나타나기는 하지만 그 내용에 있어서는 동일하다. 그 내용은 사무엘하 7 : 16에서 **"네 집과 네 나라가 네 앞에서 영원히 보전되고, 네 위가 영원히 견고하리라"**는 것이다.

여기서 선포된 것은 그 다음 18—19절의 다윗의 기도에서 "말씀" 혹은 "약속"(디베르)으로 분명히 반복 서술되어 있다.

"여호와 하나님이여, 이제 주의 종과 종의 집에 대하여 말씀(약속)하신 것은 영원히 확실하게 하시며, 말씀(약속)하신 대로 행하사."

이와 동일한 내용이 시편 89 : 35에서 언약(베리트)으로 기술되어 있다. 즉 "내 언약을 파기치 아니하며 내 입술에서 낸 것도 변치 아니하리로다")(언약 = 내 입에서 나온 것)이라는 말로 나타나 있다. 여기서 보면 언약과 입술에서 낸 것이 동의적 평행법으로 묘사되어 있다. 결국 말한 것이 언약이라는 것이다.

맹세와 언약이 역시 동의적 평행법으로 같은 내용으로 시편 132 : 11—12에 나타나 있다.

11절 "여호와께서 다윗에게 성실히 맹세하셨으니 변치 아니하실찌라. 이르기를 네 몸의 소생을 네 위에 둘찌라."

12절 "네 자손이 내 언약과 저희에게 교훈하는 내 증거를 지킬찐대, 저희 후손도 영원히 네 위에 앉으리라 하셨다."

여기서 11절과 12절의 동의적 평행법 속에 맹세와 언약은 나란히 대칭어로 사용되고 있고 그 내용은 사무엘하 7 : 16에 나타나 있는 것처럼, 왕위의 보장과 관련된 것이다. 한 걸음 더 나아가서 여기서 언약은 하나님만이 의무를 가진 약속이라기보다는 다윗 편에서도 지켜야 할 책임이 있는 언약으로 나타나며, 그 언약은 다름 아닌 교훈하는 하나님의 증거(에두트)로 다름 아닌 율법을 의미하고 있는 것으로 나타난다. 무조건적인 약속을 언급하고 있는 여타의 다른 본문들(삼하 7장)과는 대조적으로 약속의 성취(시 132 : 11ff; 왕상 8 : 25; 9 : 4ff.)는 신명기적인 의미에서 하나님의 율법에 대한 다윗 가문의 순종 여하에 좌우되는 것으로 나타나고 있다. 이와 같은 조건적 약속의 성취는 신명기사가의 특징으로 알려져 있다. 그래서 이들 본문들은 분명 무조건적인 약속을 담고 있는 사무엘하 7 : 16보다는 후대에 속하는 것처럼 보인다.

시편 89 : 3에는 다윗에 대한 야웨의 약속이 맹세나 언약으로 되어 있다.

3절 "내가 나의 택한 자와 언약을 맺으며 내 종 다윗에게 맹세하기를"
4절 "내가 네 자손을 영원히 견고히 하며, 네 위를 대대에 세우리라."

여기서도 맹세와 언약은 동의적으로 나타나며, 그 내용의 왕위에 대한 것이다. 사무엘하 7 : 16에 따르면, 다윗에 대한 야웨의 약속의 목적이 맹세와 언약의 내용으로 분명하게 묘사되어 있다. 다윗 언약은 영원히 지속되고 지탱될 것이다. 베리트 올람(영원한 언약, 삼하 23 : 5); "그것은 영원히 지속될 것이다(시 89 : 29); 야웨는 결코 그것을 깨뜨리지 않을 것이다(시 89 : 35)로 기록되어 있다.

그러나 탄식시인 시편 89 : 39는 야웨가 자신의 종 다윗에게 주었던 언약(40a)을 파기하였다고 말하고 있다. "주께서 그의 관을 땅에 팽개치셨다"(40b, 45b). 이 구절은 분명히 이 시편이 성전이 파괴된 후에 나온 것임을 밝혀주고 있다.

언약에 대한 그와 같은 신학적 용법들을 역대기하 13 : 5와 스가랴 4 : 12ff.와 같은 포로기 이후의 소금 계약에서도 찾아볼 수 있다.

또한 열왕기하 13 : 23에 따르면, 야웨가 족장들과의 언약을 기억하여 이스라엘을 용서하는 것을 묘사하고 있는데, 열왕기하 8 : 19, 21 : 7에서도 야웨는 다윗 언약은 원래 야웨가 "다윗 가문" 즉 다윗 왕조(왕하 8 : 19에 의하면 유다)를 파하지 않을 것이라고 다윗에게 약조한 단순한 약속이었던 것 같다. 이런 식으로 원래의 약속은 이차적으로 언약이라는 개념하에 포함되었고, 약속의 맹세나 언약 같은 개념은 단지 후대의 본문들에서만 나타난다.

다윗의 약속과 관련하여 언약이라는 제한이 오로지 이차적으로 발생한 것이라는 견해는 이미 살펴본 바와 같다. 쿠치(E. Kutsch)는 다윗 왕조의 마지막 시기 이전까지 어떤 고정된 본문도 존재하지 않았다고 본다.

쿠치에 의하면, 사무엘하 7 : 11b—16에 나타나 있는 나단 예언은 최소한 다윗에 대한 약속이 여전히 무조건적이라는 주제에 있어서만큼은 신명기 역사적인 영향을 보여주고 있지 않다고 본다. 그래서 약속이라는 개념이 언약이라는 개념을 발전하였다는 견해는 주전 587/6년의 재난이 의미하는 바를 해석해 주어야 했던 것을 염두에 둘 때 설명된다. 국가의 멸망과 민족의 수난이 왜 그와 같이 일어나야 했는가를 묻는 질문은 야웨의 율법에 대한 순종과 불순종의 도식으로 해명된다. 종말론적 지평에 서 있었던 포수기 이후의 회중들은 이미 존재하고 있던 약속전승을 받아들이고 이를 크게 확장시켜 언약이라는 포괄적인 개념과 동등한 것으로 취급하였다.

이러한 의미에서 생각해 보면, 이스라엘 역사에 나타난 네 단계의 계약(계약도식을 보라)은 이스라엘 백성에 대한 야웨의 약속을 다시금 상기시키기 위해서 채용된 것이다. 즉 야웨는 이러한 계약들에 입각하여 외국 땅에 거하고 있는 그의 회중들을 돌본다(레 26 : 44). 네 가지의 언약들은 조상들과 맺은 땅에 대한 약속의 언약이며, 선조들을 이집트에서 탈출시킨 하나님의 언약, 그리고 레위 인과 체결한 언약(렘 33 : 21b)이다. 조상들과 체결했던 언약 때문에 하나님은 자기의 백성들을 돌보실 것이다.

이사야 54 : 9에는 맹세라는 개념을 통한 이와 같은 해석이 나타나고 있는데, 본문에서 말하고 있는 것은 야웨가 다시는 땅에 홍수를 일으키지 않겠다고 서약한 것처럼, 이스라엘에게 그와 같은 재난이 다시 도래하지 않을 것이라는 확신이다. 야웨의 평화의 계약(베리트 샬롬)을 말하는 평행구인 10절에서도 역시 야웨의 변함없는 사랑이 나타나고 있다.

제2이사야는 이사야 53 : 3에서 야웨의 새 언약은 영원히 지속되는 언약이며, 다윗을 향한 야웨의 사랑이 끝내 확증될 것이라고 말한다. 그 언약의 내용은 4절에 묘사되어 있으며, 지도자로서의 다윗의 역할이 뭇 민족에 대한 이스라엘의 역할로 확대되어 전달될 것이라고 말하고 있다. 똑같은 맥락에서 제3이사야(사 61 : 8)는 베리트 올람(영원한 언약)을 말하고 에스겔(겔 34 : 25)은 베리트 샬롬을 말하고 있다.

7. 사무엘하의 세계

1) 사무엘하의 저자와 시기

사무엘서는 신명기 역사서에 속하는 책이다. 유대교 전통에는 예레미야가 기록한 것으로 알려져 있다. 예레미야는 요시야 이후 유다의 멸망 직후까지 활동한 예언자로 알려져 있고 예레미야서의 문체와 신명기의 문체는 사실상 상당히 동일한 부분이 많아서 학계에서도 이 두 문학작품 사이의 긴밀한 관련성에 대한 상당한 의견의 일치가 이루어져 왔다. 또 바빌론 탈무드인 바바 바트라(baba bathra)에서도 예레미야서는 이사야서보다 앞인 열왕기서 바로 다음에 위치해서 모종의 연관성을 더해주고 있다. 이 외에도 열왕기하 25장과 예레미야 52장은 문체나 문장 그리고 유다의 멸망시의 내용에 대한 기술들이 일치하게 나타나고 있어서 예레미야가 전기예언서라고도 불리는 여호수아서와 열왕기하까지가 한 저자에 의해서 쓰여진 것으로 알려져 있다. 또 현행 구약학계에서도 신명기 역사서의 기술 내용은 헤로도투스의 역사와 문체나 서술 방식들이 상당히 일치하고 있어서 시기적으로도 일치하고 있는 것으로 드러난다(이에 대한 구체적인 증거는 나중에 첨가될 것임. Weinfeld의 입증, van Seters의 역사기술, N. Freedman이나 F. Nelson 등의 입증). F. 넬슨은 그의 구약성서의 비극이라는 책에서 어떻게 그리스 전통이나 특히 헤로도투스의 역사와 일치해서 신명기 역사가 기술되고 있는지를 실감나게 보여주고 있다. 다윗과 그 등장인물들이 모두 비극적인 삶을 산 것으로 드러나며 이스라엘이라는 신앙공동체가 어떻게 비극적으로 멸망하게 되었는지를 보여주고 있다는 것이다. 순수한 문학적인 차원에서 보면 성서의 인물들은 모두 비극적인 삶을 산 사람이었다. 모세도 그렇고 다윗도 그렇고 사도 바울도 그러하며 이런 관점에서 볼 때 예수 자신도 비극적인 죽임을 당한 이야기로 기술된 것으로 나타난다.

이런 관점에서 볼 때 우리는 좀더 구체적인 저술 시기와 장소를 살펴볼 수 있다. 열왕기서의 맨 마지막은 여호아하스의 아들인 여호야긴이 바빌론으로 잡혀가 감옥에서 풀려나 일생 동안 에윌므로닥(마르둑 신의 표기임) 왕과 함께 식사를 한 것으로 나타난다. 에윌 마르둑 왕은 주전 561-560년 사이에 재위한 왕이다. 그러므로 여호야긴은 최소한 이 연대 후에 기록되었음을 보이고 있다고 할 것이다. 또한 열왕기서에는 제2이사야에 나타나고 있는 포로귀환에 대한 내용이 전혀 나타나고 있지 않다. 제2이사야서는 포로귀환에 대해서 선포하고 있는데 포로귀환은 주전 538년에 이루어졌다. 그러므로 학자들은 주전 560년과 540년 사이 어느 시점에 쓰여졌을 것으로 보는데 여호야긴의 통치가 끝이 나자마자 이렇게 커다란 역사가 한 번에 쓰여졌을 수는 없을 것이므로 약 10년 후인 550년경으로 본다.

장소에 관하여 말하자면, 사무엘서는 헤브론과 예루살렘 특별히 사무엘하는 예루살렘에서의 다윗의 통치시기에 대해서 집중적으로 서술하고 있다. 그러므로 이 작품이 구체적으로 어디에서 기록되었든지 예루살렘이 그 중심에 자리잡고 있으므로 예루살렘이나 그 근처에서 쓰여진 것으로 보인다.

2) 사무엘하의 기원과 목적

위에서 말한 대로 남유다와 북이스라엘의 40명의 왕을 열왕기상하에 모두 집합시켜 놓은 반면 사무엘서는 다윗 왕국의 발흥과 다윗의 일대기에 대해서 기술하고 있다. 특별히 사무엘하는 다윗의 왕국 통치기간에 대해서 묘사하고 있다. 이는 메시아로 묘사되고 있는 다윗의 일대기를 그리고 있으며 그가 어떻게 다윗 왕국과 북이스라엘의 통일과업을 성취했는지를 보이고 있다. 전체적으로 보면, 창세기 1장이 삼라만상의 기원, 2−5장이 인간의 기원, 6−9장이 인종의 기원, 12−50장이 이스라엘 민족의 기원, 출애굽기로부터 사사기까지가 이스라엘 신앙공동체의 기원, 사무엘서가 다윗 왕국의 기원에 대해서 신앙적 관점에서 그리고 있으며 그러므로 신앙적으로 어떻게 순종했고 순종하지 못했을 때는 형벌을 받게 되었는지를 말하고 있다. 이러한 사관은 대체로 사사기에 나타나고 있는 역사관과 일치해서 나타나고 있다.

또 이러한 다윗과 다윗 왕국의 기원은 원역사나 족장사 정복사와 일치해서 하나님이 이스라엘을 선택해서 다윗을 그 목자로 선택해서 선택된 백성으로 세워주셨으나 이스라엘의 계약위반으로 이스라엘이 망하게 되었는지를 보여주는 데 그 목적이 있다. 이러한 이스라엘 백성에 대한 표본으로서 다윗 일생을 통해서 이스라엘 백성 전체의 삶을 보여주는 데에 그 목적이 있다.

3) 사무엘하의 신학

사무엘하는 이스라엘 부족의 통일과업을 이룬 다윗이라는 인물을 단일 인물 안에 성격화해서 국가로서의 운명을 묘사하고 있다. 이스라엘은 떠돌이 목동으로 시작해서 어떻게 하나의 제국과 같은 위치에 이르게 되었는지를 말하고 있다. 이는 다시 말해서 다윗 계약 신학에 대해서 말하고 있다. 다윗 계약 신학은 다윗을 통한 이스라엘의 선택과 이 선택된 백성의 구심도성으로서 예루살렘의 선택을 말하고 있다. 또 더 나아가서 다윗 왕조의 선택과 하나님이 임재해 계시는 예루살렘 성전의 의미를 통한 성도 예루살렘의 의미에 대해서 말하고 있다. 다윗 왕조 신학은 다윗이 멜기세덱의 법통을 이어 하나님의 기름부음을 받은 왕이며 이 왕의 선택을 옹호해주는 예루살렘 성전의 선택을 말해주는데 이는 영원히 변치 않는 하나님의 선택임을 말해주고 있다. 이는 예레미야 23장에 나오는 새 계약 사상과 메시아 사상의 기반을 이루고 있는 신학이라고 할 것이다. 이렇게 사무엘하는 다윗 선택사상이 그 결정체며 요체라고 할 것이다. 그는 믿음의 기원이라고 할 수 있는 멜기세덱으로부터 시작해서 다윗 왕조와 왕도 선택사상 그리고 미래에 등극할 다윗의 후손이라는 메시아 사상으로 이어져 내려간다고 할 것이다. 이러한 선택사상은 다음과 같은 맥락으로 나타난다.

첫째로 사울의 집은 점점 약해져가고 다윗의 집은 점점 강성해졌다는 것이다. 사울의 집은 점점 기울어가고 결국에는 최종 처리까지 간다. 사울이 죽고 요나단이 죽는다. 아브넬이 살해당하고 이스보셋이 살해당한다. 심지어 요나단의 아들 므비보셋까지 목숨 연장을 받고 나서 사무엘하 21장에 가서 사울의 남은 자손들 7명까지 모두 죽임을 당하고 그 아이들의 뼈와 사울 가족의 뼈는 상징적으로 합장된다. 마지막 세바의 난에서 북이스라엘의 잔여 저항세력도 완전 소탕된다.

이에 반해서 다윗의 집은 점점 강해졌다는 것이 신명기사가의 판단이다. 사무엘하 3 : 1에서 보면, "사울의 집과 다윗의 집 사이에 전쟁이 오래매 다윗은 점덤 강하여가고 사울의 집은 점점 약하여 가니라" 라고 기록하고 있고, 3장과 4장에서 아브넬의 투항과 므비보셋의 시해가 이루어진다. 사무엘하 5 : 10에서도 보면, "만군의 하나님 여호와께서 함께 계시니 다윗이 점점 강성하여 가니라" 라고 말하고 있다.

다윗이 강성하여 간 이유는 사무엘하 5 : 10에서 보듯이 하나님이 함께 했다는 것이다. 그리고 그가 하나님께 순종했다는 것, 회개했다는 것이다. 함께했다는 것의 구체적인 근거로는 그가 하나님께 물었다는 것이다. 시글락에서 아말렉을 칠 때에 그가 물었다. 블레셋을 칠 때에 그가 하나님께 물었다(삼상 30장; 삼하 5 : 19 등) . 하나님의 성전을 지으려고 할 때에 그가 물었다(삼하 7장).

두 번째, 사무엘하 7장에 잘 나타나고 있는 바와 같이 다윗 왕조의 선택이다. 이는 영원한 왕조가 될 것이라는 약속이며 계약이다. 이는 예레미야 23장 등에서 나타나고 있는 바와 같이 메시아 사상으로 나아가는 초석이 된다.

세 번째는 예루살렘은 이제 하나님이 거처하시는 성도가 된다는 점이다. 이를 위해서 다윗은 언약궤를 가져오며(삼하 6장), 자신의 왕통의 정통성을 위해서 미갈까지 예루살렘으로 데려다 놓는다.

4) 사무엘하의 축복 사상

1. 신명기에서의 복

원래 복은 세 가지 단어로 나타난다. 첫째는 브라카이다. 브라카는 문자 그대로 축복을 의미한다. 영적인 의미의 축복이다. 축복 중에서 가장 높고도 원천적인 축복이다. 아브라함이 “복의 근원”(창 12 : 3)이 되리라고 할 때 원어에서는 단순히 브라카라는 한 단어로 나타난다. 하나님이 복을 주심으로 반석에서 솟아나는 생수처럼 원천적으로 솟아나오는 축복이다. 이는 성전에서 하나님으로부터 신앙으로부터 솟아나는 축복을 말한다. 정신적인 의미의 축복이다. 이는 원리적인 의미에서의 축복이라고 할 것이다.

두 번째 복의 의미는 좀더 세속적인 의미의 축복을 말한다. 시편 1 : 1에서 아쉐르라는 단어로 나타나는 복이다. “복 있는 자는 악인의 꾀를 좇지 아니하며…” 결국 시절을 좇아 꽃을 피고 열매를 맺는 것이다. 야곱의 아들 중의 하나도 “아쉐르”가 있다. 복 있는 자이다(창 30 : 13; 35 : 26). 일반적으로 “번성하다”라는 의미이다(수 19 : 24; 시 41 : 3; 잠 3 : 18).

세 번째로는 창세기에 나오는 "보기에 좋았더라"의 개념으로 "토브"라는 단어이다. 이 단어는 이 두 개념을 모두 포함하고 있는 중립적 의미라고 할 것이다. 나일 강가의 황소 중 좋은 소와 나쁜 소가 있었다. 하나는 좋은 복된 소요 다른 하나는 깡마른 악한 소이다. 악과의 반대적 의미이다.

창세기 1 : 28에 보면 축복의 의미는 생육하고 번성하는 것이다. 하나님이 가라사대 생육하고 번성하라고 말씀하신다. 생육이란 히브리어로 열매를 맺는 것을 말한다. 다시 말하면 자손의 번식을 말한다. "번성하다"라는 것은 영양이 풍부해서 번성하는 것이다. 이러한 축복은 아브라함에게 약속으로 떨어진다. 이 떨어진 약속은 창세기 15장과 17장에 정의된다. 아브라함에게 떨어지고 약속된 축복은 자손이 헤아릴 수 없이 많아진다는 것과 가나안 땅, 비옥한 가나안 땅을 유업으로 주겠다는 것이다. 결국 땅에 대한 약속이다. 자손과 땅이 바로 약속의 요체인 것이다. 영어로 말하면 posterity와 land(혹은 field)이다. 땅이 있어야 영양을 공급해서 생명을 부양할 수 있기 때문이다. 이런 약속은 현대인들에게 결국 결혼과 직장이라는 개념으로 정의된다고 할 것이다.

결혼을 잘해서 좋은 자손을 보는 것과 좋은 직장을 얻어서 자손을 잘 양육하게 하겠다는 것이 이 약속의 요체라고 할 것이다. 결국 이러한 개념은 메시아 그리스도와 하나님 나라라고 하는 개념으로 신약에서 종합된다. 이것이 이스라엘에서 정착 전에 시작된 축복의 개념이라고 할 것이다.

정착 후의 축복은 오경의 바깥 틀이 되는 신명기에서 나타나고 여기서 주어진 축복은 이제 신명기 역사서에서 다시 말하면 가나안 정착생활에서 그대로 받아 누려야 할 것으로 나타난다. 여기서 나타나는 복은 그 성격상 매우 기복신앙적인 것이며 세속적인 복으로 나타난다. 이는 창세기에서 나타나고 있는 것과 마찬가지로 풍요와 다산이다. 이러한 복 사상이 집중적으로 나타나고 있는 것은 신명기에서도 신명기 법전을 감싸고 있는 바깥 틀인 신명기 5－11장과 신명기 27－34장에 집중적으로 나타난다.

신명기는 크게 5부분으로 나눌 수 있다. 신명기 12－26장 신명기 법전이고 이 법전을 감싸고 있는 원신명기의 서론격인 신명기 5－11장 그리고 27－29장 그리고 신명기 역사서를 패러다임으로 대변해주는 신명기 1－4장과 신명기 30－34장이다. 신명기 1－4장은 이 광야 여행을 회고하고 있기 때문에 여기서는 축복이 나타나지 않고 또 신명기 법규정 법전 자체인 신명기 12－26장에서도 별로 나타나지 않는다. 신명기 5－11장 그리고 27－34장은 신명기 법전이 적용되어야 하는 가나안에서의 정착생활을 상정하고 있기 때문에 집중적으로 축복이 나타나고 있다. 즉 그 법전을 지켜야 하는 목적이 바로 그 복을 받기 위해서이기 때문이다.

먼저 원신명기의 서두(신 5－11) 부분에서 살펴보면 십계명의 제5계명(신 6 : 16), 신명기 6 : 1－3, 20－25; 7 : 12－15(특별히 이 구절에서는 모든 율법 규정을 주는 목적은 잘살고 오래 사는 데 있다고 정의하고 있다), 신명기 8 : 7－10; 11 : 26－30 등에 나타난다. 특별히 신명기 8 : 7－10에는 철과 구리가 농산물과 더불어 축복물품의 목록에 농산물과 나란히 나타나고 있으며 이는 철기시대에 필요한 용품이 축복의 요건이 되는 것을 보여주는 것으로서 축복이 일정한 목록으로 규정되어 있는 것만이 아니라 시간과 장소를 떠나 필요한 것이면 축복의 요건이 될 수 있음을 말해주는 것이라고 할 것이다.

이러한 본문들 중에서 신명기 법전 바로 직전인 신명기 11 : 26－28은 신명기 법전을 가운데에 두고 대칭되게 나타나는 신명기 30 : 15－20과 생명의 길, 죽음의 길, 축복의 길, 저주의 길이라는 구절로 대칭되게 나타난다. 이는 둘 모두 율법을 지켰을 때의 축복을 말하는 것으로서 축복 그 자체가 바로 생명력임을 말해주는 것이라고 하겠다. 이 두 본문은 다음과 같이 대칭을 이루고 있다.

> (신명기 11 : 26－28)
>
> 내가 오늘날 복과 저주를 너희 앞에 두나니 너희가 만일 내가 오늘날 너희에게 명하는 너희 하나님 여호와의 명령을 들으면 복이 될 것이요 너희가 만일 내가 오늘날 너희에게 명하는 도에서 돌이켜 떠나 너희 하나님 여호와의 명령을 듣지 아니하고 본래 알지 못하던 다른 신들을 좇으면 저주를 받으리라.
>
> (신명기 30 : 15－16)
>
> 보라 내가 오늘날 생명과 복과 사망과 화를 네 앞에 두었나니

곧 내가 오늘날 너를 명하여 네 하나님 여호와를 사랑하고 그 모든 길로 행하며 그 명령과 규례와 법도를 지키라 하는 것이라.

이러한 축복개념은 역시 신명기 법전의 바깥 틀에 속하는 신명기 33장에도 나타난다.

이렇게 볼 때 오경은 축복을 역사적인 사건으로서의 구속사와 하나님의 계속적인 축복이라는 차원에서 축복개념, 다른 말로 전자를 유목종교적인 면에서 볼 때, 그리고 후자를 농경생활에서의 정착생활에서의 축복이라고 볼 때 구속사건은 정착된 생활에서의 축복개념에 의해서 봉합되어 있는 구조를 보이고 있다고 할 것이다. 다시 말하면 광야에서의 생활에서의 구원의 사건은 가나안이라고 하는 농경생활에서의 정착을 전제로 하고 있음이 드러난다.

2. 신명기 역사에서의 복 구조

오경에서의 이러한 복 구조는 신명기 역사 즉 신명기로부터 열왕기하에 이르는 일련의 책에서도 복이 그 기본 골격구조를 이루고 있음을 알 수 있다. 베스터만의 이론에 의하면 이제 정착기의 역사를 다루고 있는 신명기 역사에는 구원사적인 사건보다는 계속적인 축복이 이 역사에서 주제가 되어야 한다. 신명기 역사에서의 기본 역사구조는 사사기에 가장 잘 나타나 있는 것으로서 이스라엘의 범죄와 하나님의 치심, 이스라엘의 회개의 외침과 하나님의 구원이라는 역사관의 순환으로 이루어진 것으로 여긴다.

사실 신명기 역사는 이미 우리가 앞에서 지적하고 있는 바와 같이 생명의 길, 죽음의 길, 축복의 길, 저주의 길 중에서 생명의 길, 축복의 길을 택했을 때는 이스라엘이 복을 받았으나 하나님의 말씀을 청종하지 않았을 때에는 저주와 사망의 길을 갈 수밖에 없었는지를 보이고 있다고 할 것이다. 브루그만(W. Bruggemann)은 복(tov)이 그 중심사상이라고 말한다. 베스터만(C. Westermann)은 신명기 역사의 중심사상의 기본 전제가 다윗 왕조의 선택과 시온 성전이라는 견해를 바탕으로 신명기 역사의 복 구조를 설명한다. 사실 신명기 역사의 중심 뼈대를 사무엘하 7장에서의 다윗 계약과 열왕기상 8장에서의 약속성취에 의한 구조를 생각할 때 이는 올바른 통찰력임을 부인할 수 없다. 그는 신명기 역사에서 축복은 다윗 계열의 왕으로부터 나오며 또 이스라엘 백성이나 열방은 야웨의 성전을 향해서 기도할 때 복을 받는 것으로 나타난다는 사실을 주목한다. 즉 나단 신탁 본문에서 복의 핵심 구성요소인 풍요(땅)와 다산(자손)을 말한다. 사무엘하 7 : 10에서 이스라엘 백성이 뿌리를 내릴 곳을 말하고 있으며 12절에서 다윗의 몸에서 날 자식을 분명하게 말하고 있다. 또 이러한 내용이 분명히 복의 내용임을 다윗의 기도문 맨 마지막 절인 사무엘하 7 : 29에서 복이라는 단어를 반복해 가면서 종합하고 있다.

> 이제 청컨대 종의 집에 복을 주사 주 앞에 영원히 있게 하옵소서
> 주 여호와께서 말씀하셨사오니
> 주의 은혜로 종의 집이 영원히 복을 받게 하옵소서.(삼하 7 : 29)

이 본문은 창세기 12 : 13에서와 같이 복을 한 절에서 세 번이나 사용함으로써 나단 신탁을 요약하고 있다.

이러한 나단 신탁은 이제 열왕기상 8장에서 이루어지고 있는데, 여기서도 역시 복이라는 단어가 그 핵심적 위치를 차지하고 있다. 열왕기상 8장의 구조는 1－21절까지 다윗에게의 약속을 다시 반복하고 22－53절까지에서 야웨의 계속적인 축복의 내용을 말하고 54－66절에서 솔로몬이 백성들을 축복했음을 보이고 있다. 특별히 55－56절은 모세에게 약속한 축복이 어떻게 구약성서의 주 골격으로서 솔로몬 자신에게 있어서 이루어졌는지를 다음과 같이 보이고 있다.

> 솔로몬이 일어나 서서 큰 소리로 이스라엘의 온 회중을 위하여 축복하며 가로되… 여호와를 찬송할찌로다 저가 무릇 허하신 대로 그 백성 이스라엘에게 태평을 주셨으니 그 종 모세를 빙자하여 무릇 허하신 그 선한 말씀이 하나도 이루지 않음이 없도다.(왕상 8 : 55－56)

또 신명기 법전 즉 생명의 활력으로서의 축복을 위한 계명은 역시 축복 개념으로 봉합되어 있음을 알 수 있다. 이러한 축복개념으로서의 봉합된 구조는 시편이나 욥기서 등 다른 지혜문학에서뿐 아니라 구약성서 전체가 복 신앙에 의해서 봉합된 구조를 지니고 있음을 알 수 있다. 이러한 봉합구조는 이제 구약성서의 중심으로서의 복 사상으로 이어진다.

브루그만은 신명기 역사의 골격은 회개(shuv)와 복(tov)이라는 두 기둥으로 되어 있는데 회개의 목표는 복이므로 결국 회개를 위한 복음이 되는 복이 신명기 역사의 케리그마라고 본다. 이러한 복(goodness, tov)은 이제 신명기 역사의 핵심을 정리해 놓은 소위 요약연설문(leading speaches)에서 보면 생명의 길로 나타난다. 먼저 사무엘상 12장에서 사무엘의 고별연설에서 보면 사무엘은 이스라엘 백성에게 "복되고 바른 길"(12 : 23, the good and the right way)을 가르쳐서 그들로 하여금 살게 할 것을 약속한다. 이렇게 복되고 바른 길을 제시하는 이유는 19절에 보면 백성들의 살려달라고 하는 간절한 탄원에 기인한다.[3)]

브루그만 역시 신명기 30 : 15에서 복(good, tov)과 생명이 동의적 평행법으로 제시되어 있음을 지적하면서 생명과 복 개념의 의미 범주의 일치됨을 지적한다.

> 신명기 6 : 11; 8 : 12f.; 26 : 11 등에 나타나 있는 것처럼 복은 모든 풍족함을 갖추고 있다는 면에서의 생명을 뜻하는바 "번성"(prosperity)이라고 표현될 수 있는 말일 것이다. 신명기 28 : 11 이하에 나와 있는 복 암송문에 보면 이는 자녀와 가축과 농산물 및 비를 포함하는 것이다. 이어 나오는 저주 암송문에서 보면 복의 반대는 파멸되고 파괴되며 자신의 영토로부터 쫓겨나는 것이다(신 28 : 63). "복"(good)은 포함하며, 생명(신 5 : 16, 33; 6 : 18, 24), 장수(신 4 : 40; 5 : 16; 22 : 7), 영토(5 : 16, 33; 6 : 18)와 번성하게 되리라고 하는 약속(신 6 : 3)을 포함하는 것이다. 이의 반대는 안정을 잃고 죽음을 맞이하는 것이며 신명기적인 용어를 빌

3) 사무엘상 12 : 19a, "모든 백성이 사무엘에게 이르되 당신의 종들을 위하여 당신의 하나님 여호와께 기도하여 우리로 죽지 않게 하소서."

> 어서 표현하자면 온갖 풍성함과 번영을 산출해 내는 땅을 잃어버리는 것이다.[4)]

한 걸음 더 나아가서 신명기 역사의 케리그마가 되는 복은 신명기 30 : 5이 보이고 있는 바와 같이 587년 이전의 복보다도 지금은 패망 속에 있으나 이제 다가올 복은 더 큰 복임을 말하고 있다고 본다. 이제 과거에도 자기 백성을 보살피셨던 하나님은 옛 축복을 훨씬 능가하는 복으로 축복하실 것임을 명시하고 있다고 본다. 이러한 옛 축복과 다가올 축복과의 비교는 이미 필자가 구약성서의 계약구조를 통해서 밝힌 바와 같이 의문의 여지가 없다고 할 것이다.

---

4) 노희원 『구약성서의 계약구조』, 은성출판사, 1995. "하나님 여호와께서 너를 네 열조가 얻는 땅으로 돌아오게 하사 너로 다시 그것을 얻게 하실 것이며 여호와께서 또 네게 복(tov)을 행하사 너로 네 열조보다 더 번성케 하실 것이며" (신 30 : 5).

II. 다윈의 세계

1. 다윗 이야기

1) 신구약성서와 다윗의 위치

다윗은 이스라엘 역사에서 가장 중요한 사람일 뿐만 아니라 신약성서와 관련해서는 메시아의 원형이 되기도 한다. 메시아인 예수의 조상을 유다 족속의 조상인 유다로부터 찾는 것이 아니라 다윗으로부터 찾는다. 구약성서에서 미래에 올 메시아는 다윗의 후손이지 유다의 후손이 아니다. 예레미야서는 장차 올 메시아에 대한 이야기를 다음과 같이 말하고 있다.

> 내가 다윗의 정통 왕손을 일으킨 그 날은 오고야 만다.
> 이는 내 말이라. 어김이 없다.
> 그는 현명한 왕으로서 세상에 올바른 정치를 펴리라.
> 그는 왕으로 모시고
> 유다와 이스라엘은 살 길이 열려 마음 놓고 살게 되리라.
> 야웨 우리를 되살려 주시는 이라는 이름으로 그를 부르리라(렘 23 : 5－6).

그렇다면 우리는 다윗이 어떤 인물인지를 살펴볼 필요가 있다. 다윗은 일부다처의 시대에 이새의 여덟째 아들로 태어난다.

다윗은 메시아의 원형일 뿐만 아니라 그는 시편을 지은 저자이기도 하다. 또한 사무엘상하 두 권이 그를 위해서 할당되고 나머지 열왕기상하는 다윗을 제외하고 솔로몬을 포함한 전 유다 왕 21명과 솔로몬 이후 북왕국의 여로보암 1세부터 호세아까지 이르는 총 19명을 합한 40명의 왕을 모두 보고하고 있다. 그러므로 1당 40의 비율로 구약성서가 지면을 할당하고 있는 것을 볼 때 다윗이 얼마나 중요한 비중을 주고 있는지를 말해주고 있다고 할 것이다. 무엇보다도 예수는 와야 할 왕 메시아로 묘사되어 있고 그 메시아는 다윗의 후손일 것으로 예언되고 있다. 그는 또한 야웨 신앙을 국교로 채택해서 성소를 아라우나 마다에 정하고 성전까지 준비한 시온 성전과 다윗 왕조를 일으킨 장본인이다.

그러므로 우리는 성서가 말하는 다윗의 출세 역할에 대해서 살펴볼 필요가 있다. 이 말은 다윗의 어떤 면 때문에 신앙인들이 그를 메시아로 고백했느냐 하는 문제와 직결되기 때문에 우리들의 신앙의 본질과도 관련된다고 할 것이다. 우선 다윗의 신상과 족보부터 살펴보기로 하자. 이렇게 다윗은 다윗 왕국의 유일하고도 대표적인 인물로 야웨의 종으로 불리고 있다.

2) 다윗의 용모

다윗은 이새의 여덟 번째 아들로 나타나고 있다. 사무엘상 16 : 10 이하에 보면 다윗은 7형제 후에 맨 마지막에 남은 아들로 나타나고 있다. 같은 16장에서 하나님은 왕의 조건으로 외모나 신장을 보지 말라고 했으나 그 역시 상당히 잘생긴 인물이었던 것으로 나타난다. 사무엘상 16 : 12에 보면 형제들 중의 맨 마지막으로 들어오는 그의 모습은 얼굴이 붉고 눈이 반짝이는 소년이었다고 보고하고 있고 사울의 아들인 요나단과 딸인 미갈이 그를 지극히 사랑해서 사울로부터 죽을 위험을 당할 때마다 그의 목숨을 구해준다. 그는 모든 백성의 사랑을 받은 인물이었고 백성들의 대표자격인 장로들의 사랑을 받았다. 그는 또 신장도 컸던 것으로 나타나고 있다. 최소한 누이 스루야의 아들인 이종 사촌 형제들의 덩치가 모두 커서 다윗의 사령관 역할을 했을 뿐만 아니라 누구보다도 더 키가 큰 사울의 갑옷을 입고 걸을 정도였으며, 일생 블레셋의 거인 골리앗의 검을 사용한 것으로 보아 힘도 무척 세었던 것으로 보인다. 그는 악기도 매우 잘 탔으며 그가 하프를 타면 사울은 그만 악심이 가시고 마음이 평온을 다시 찾았다고 한다. 또 시를 사랑해서 모든 시편은 그에게 돌려지고 있다. 사무엘하에 대한 전기적인 이해 없이 시편을 이해하기가 힘들 뿐만 아니라 다윗의 생애와 활동을 이해하지 않고 그리스도를 이해할 수 없다.

그러나 그가 사랑을 받았던 것은 단순히 용모뿐만 아니라 자기가 가진 것을 골고루 나누어 가짐에 있다고 할 것이다. 그는 전쟁에 나가서 노략물을 가져오거나 하면 항상 공평하게 나누어 가졌던 것으로 성서는 보고하고 있다(삼상 30 : 26). 대의명분을 분명하게 했음을 알 수 있다.

> 다윗이 시글락에 이르러 탈취물을 그 친구 유다 장로들에게 보내어 가로되 보라 여호와의 원수에게서 탈취한 것을 너희에게 선사하노라 하고

3) 족보

다윗의 족보는 꽤나 비천한 것으로 나타난다. 우선 다윗 가문의 조상인 유다는 가나안인 며느리 다말과 동침하여 쌍둥이 베레스와 세라를 낳게 되는데 바로 베레스의 후손에서 다윗이 나게 된다. 유다보다 좀더 내려가서 가나안 점령 시에는 마태복음 1 : 5은 살몬은 가나안의 기생 라합과 결혼하여 보아스를 나았으며 보아스는 모압 출신의 미망인 룻에게서 다윗의 할아버지 오벳을 낳고 오벳은 이새를 낳고 이새는 다윗을 낳게 된다. 다윗 자신도 과연 이새의 정실로부터 난 자식인지는 분명치 않다. 그의 기둥역할을 했던 장군들인 요압과 아사헬 아비새의 어머니는 스루야였고

스루야의 자매는 아비가일이다. 그런데 아비가일은 암몬 왕 나하스의 딸이라고 한다. 성서에서 딸이나 아들이라는 말은 형제나 자손, 손자 등을 모두 지칭하므로 구체적으로 무슨 관계인지는 알 수 없으나 그는 나하스와의 밀접한 관계 때문에 그가 죽었을 때 그의 장자 하눈에게 조문객을 보내며(삼하 17 : 27), 다윗이 압살롬에게 쫓겨 마하나임으로 피신을 했을 때는 하눈의 동생 소비가 그에게 군대식량을 제공한다.

12장에서 랍바 성을 쳤을 때 하눈을 폐위시키고 그 동생 소비를 왕으로 임명한 듯하다. 사무엘하 17 : 27에 보면 소비가 랍바 성으로부터 와서 식량을 제공한다. 무엇보다도 다윗의 자매인 아비가일은 이새의 딸이 아니라 나하스의 딸이라고 표현되어 있다(삼하 17 : 25). 그러므로 다윗의 집안은 룻을 통해서 암몬과의 관계만을 가지고 있는 것이 아니라 나하스와의 관계도 가지고 있음을 알 수 있다. 학자들은 아마도 나하스로부터 아비가일을 낳은 왕비가 이새에게로 다시 결혼한 것이 아닌가 추측한다. 결국 그는 하눈(은총, 은혜)이 있던 랍바 성을 치고 암몬 왕 나하스의 왕권을 상징하는 왕관을 인수한다. 안타깝게도 그는 사울의 신세를 지고 사울을 등지게 되며, 블레셋 아기 왕의 신세를 지고 그를 등지게 되며, 암몬과의 인척관계에도 불구하고 암몬을 치게 된다. 자기의 생명을 구해준 미갈을 상징적으로 데려오기만 할 뿐 그를 도외시한 채 지내게 되며, 모든 사울의 후손을 처형하게 된다.

그의 결혼관계는 매우 폭넓고 국제적이다. 압살롬을 낳은 탈매를 비롯하여 많은 타국의 여인을 얻는데 헷 족속의 아내 밧세바로부터 솔로몬을 얻고 솔로몬 역시 이집트 파라오의 공주와의 결혼으로 크게 보고되고 있으나 후계자는 나아마라는 암몬 여인에게서 얻은 르호보암으로 이어지게 되며(왕상 14 : 21) 르호보암 역시 아람 여인 마아가(압살롬의 딸)로부터 아비얌을 얻게 된다.

이렇게 다윗 가문 자체뿐만 아니라 다윗 자신도 어떻게 보면 상당히 부끄러운 결혼을 많이 하게 된다. 다시 말하면 정상적인 인정된 타국의 공주나 혹은 확립된 집안의 규수를 아내로 맞아들이는 것이 아니라 부자 나발과 그의 재산 그리고 그의 아내, 이미 타인의 아내가 된 사울 왕의 딸 미갈(누가 하나님과 같은가)과 사위라는 명분, 그리고 자기의 충신 우리아를 죽이고 빼앗은 아내 밧세바 등 모두 그렇게 내놓을 만한 떳떳한 결혼은 못 되었다.

여기서 한 번 더 짚고 넘어갈 사항은 이스라엘을 대표하고 있는 다윗 가문만이 아니라 선택 받은 전 족속이 이방인들과의 관계에서 그 족보가 이어지게 된다는 것이다. 흔히 유대인들은 모두 순수혈통을 중심으로 결혼이 이루어지기 때문에 야웨 종교가 혹은 신앙이 지탱이 되었다고 하는 생각은 사실과 다르다. 신앙은 혈통에 의해서가 아니라 자신들의 결단과 하나님의 은혜에 의해서 이루어지는 것이다.

비록 다윗의 가문은 어떻게 보면 빈약하기 이를 데 없는 가문이었다 할지라도 이들은 모두 신앙의 결단과 믿음으로 이루어진 것이었다. 기생 라합도 이스라엘의 백성이 되기로 목숨을 걸고 결단했으며 유다의 가나안 여인 며느리 다말, 또 다윗의 할머니인 모압 여인 룻의 경우도 모두 생명의 결단을 한 인물들이었다. 그렇게 결단으로 이루어진 인물의 집안이 다윗 가문의 집안이었다. 이러한 신앙의 결단으로 이루어진 다윗의 집안에 관한 예는 다윗 가문에만 한정된 것은 아니다. 선택된 백성이라고 하는 이스라엘 백성은 원래 이집트 땅에서 노예들이었다. 그들이 시내 산에서 하나님과 계약을 맺고 하나님의 백성이 되기로 결단함으로써 노예로부터 엘리트의 신분으로 완전히 다른 신분의 변화가 이루어지게 된다.

이렇게 이 세상의 기업이나 하나님 나라의 기업은 인간의 계산과 인간적인 능력에 의해서 이루어지는 것은 아니다. 그의 신앙과 결단이 또 하나님이 주신 것이라고 믿는 약속의 신앙이 그를 보증해 주는 것이라고 성서는 말하고 있다. 아브라함은 아무런 보증도 없이 떠났다. 그러나 하나님과 동행했을 때에 하나님은 그의 하나님이라 부르심을 부끄러워하지 않고 큰 도성을 마련해 주셨던 것이다.

이렇게 항상 마음을 낮추고 가난하게 가지는 사람은 그만큼 더 큰 포용력을 가지는 것이며 하늘나라가 저의 것이 될 것임을 성서는 말하고 있다. 아브라함과 사라는 바빌론 출신의 아모리 인으로서 하나님을 따르기로 작심하여 순종함으로써 이스라엘 민족의 조상이 되며 그의 아들 이삭이나 야곱도 모두 헷 족속 영내에 있던 아람 족속에 속하는 라반의 가문에서 데려오고 있다. 그러므로 에스겔 16장 3절과 46절은 아비는 아모리

인이요 어미는 헷 족속이라고 명시하고 있다. 남유다의 조상인 유다는 가나안 여인 다말로부터 후손을 얻으며, 북이스라엘을 대표하는 요셉은 이집트의 제사장 보디베라의 딸 아스낫하고 결혼하여 므낫세와 에브라임을 얻게 된다. 이는 야웨 종교가 민족적인 혈통만을 개방한 것이 아니라 종교적 교리까지도 개방하고 포용했음을 보여주는 것이다. 만약 이러한 개방성과 포용력이 없었더라면 야웨 종교는 기독교나 이슬람교와 같은 세계적인 종교로 성장하지 못했을 것이다. 이러한 유대교의 포용성은 무엇보다도 야웨 종교의 창시자인 모세가 미디안 족의 제사장 이드로의 딸 십보라와 결혼하여 "거기서 이방인이 되었다"라고 하는 뜻의 게르솜이라는 아들을 낳아 그의 예언자직과 제사장직을 계승시켜 나간다는 것이다.

우리는 이러한 전통을 예수에게서도 찾아볼 수 있다. 예수는 유대인들이 이방 땅이라고 불렀던 나사렛 사람이었다. 그러므로 마태복음 4 : 15-16은 다음과 같이 말한다.

> 스불론과 납달리, 호수로 가는 길,
> 요단 강 건너편, 이방인의 갈릴리
> 어둠 속에 앉은 백성이 큰 빛을 보겠고,
> 죽음의 그늘진 땅에 사는 사람들에게 빛이 비치리라.

요한복음 1 : 46은 나사렛에서 무슨 선한 것이 날 수 있겠는가 라는 말을 하고 있다. 이는 이미 익숙한 것에 안주하려는 자세보다는 새로운 반쪽을 새롭게 받아들여 새로운 세계를 형성해 나가는 진지한 진취성을 보인다고 할 것이다. 한 가지 역사의 아이러니는 대독일 민족을 주창한 히틀러가 사실은 오스트리아인이며, 대 프랑스 제국의 기치를 내건 나폴레옹은 사실은 반쪽 프랑스령인 코르시카 섬 출신이라는 점이다.

4) 다윗의 세력 기반

다윗은 누구보다도 사람을 끄는 힘이 있었다. 위에서도 말한 바와 같이 그의 용모가 준수했음도 한몫을 했던 것으로 여겨진다. 그러나 더 뚜렷한 점은 그가 나눔과 배려의 정신이 강했다는 점이다. 아마도 그런 점 때문에 요나단과 미갈로부터도 그런 큰 정을 받지 않았나 싶다. 이런 점은 여러 가지 점에서 나타난다. 먼저 사무엘상 30장에 아말렉과의 전투에서 드러난다. 그는 실전에 참전한 400명이 빼앗아 온 노략물을 함께 나눌 수 없다고 주장하는 일부의 견해를 물리치고, 전투에 나가다가 처진 200명의 군사들에 대하여 공정하게 나누어 갖는다. 뿐만 아니라 그는 유다 지방의 사제들에게도 보내어 서로 나누어 가지게 한다. 이러한 덕택에 다윗은 나중에 헤브론에서 유다의 왕이 되는 데에 그들의 덕을 보았던 것으로 여겨진다.

그의 힘과 용기뿐만 아니라 이러한 그의 공정성은 그의 도피생활 처음부터 시작되었던 것 같다. 다윗이 도망 다니기 시작한 후 얼마 되지 않아서 먼저 그의 가족이 그에게 왔고 또 억눌려 지내는 사람, 빚을 지고 허덕이는 사람, 그 밖의 불평을 품은 사람들이 다윗의 주변으로 몰려들었고 다윗이 그들의 두목이 되었다고 사무엘상 22 : 1은 보고하고 있다.

성서에서는 이렇게 지극히 못난 자들을 무시해서는 안 될 뿐만 아니라 그들의 외침을 들으시고 그들을 들어 쓰신다는 커다란 맥이 있다. 먼저 이 말과 똑같은 경우가 입다의 경우이다. 입다는 밖에서 길르앗이 실수해서 낳아 온 아이이다. 어렸을 때는 같이 지냈으나 입다가 성장하자 그들은 재산을 같이 나눌 수 없다고 해서 그를 내치게 된다. 그렇게 되자 입다는 밖에 나가 건달생활을 하게 되는데 그의 주변에 역시 빚지고 허덕이며 눌린 자가 모여들게 된다. 성서는 원래 이스라엘 백성은 이집트의 노예였다고 보고하고 있다. 그러한 그들의 외침을 하나님이 들어주셔서 선택된 백성으로 인도하신다. 그러나 그랬던 그들이 개구리가 올챙이적 생각을 못하는 격으로 예수 당시는 바리새인과 사두개인으로 배타적인 행위를 하게 된다. 예수도 이렇게 하층계급들로 하여금 덕을 보아서 성공한 인물이다. 그는 다윗이나 입다의 맥락에 서서 세리와 죄인들과 함께 먹고 마시고 어울리고 그들의 심정을 덜어준 사람들이었다. 이러한 노예들을 통한 복음사역과 선택된 백성됨은 사도 바울도 마찬가지다. 누가와 같은 사람은 노예출신의 의사며 전도자, 누가와 사도행전의 기록자가 되었다. 그의 제자들 가운데서도 별로 변변한 사람은 없었다. 우리나라 말에도 어려울 때 돕는 친구가 참된 친구라는 말이 있다. 또 어려울 때 도와준 친구는 일생 잊지 못한다. 성서는 이렇게 어려운 민중을 통해 하나님께서 큰 일을 하시는 하나님의 섭리를 밝혀주고 있다.

이제 그의 후손이며 메시아인 예수께서는 이런 맥락에서 사마리아 인에 대한 참된 형제며 이웃의 관계를 설명하고 있다. 사마리아 인에 대한 비유를 말하고 있다. 동족임을 주장하는 많은 유대인 제사장과 레위인들이 강도를 만나 상처로 인하여 죽게 된 유대인을 버려두고 그냥 지나간 반면 사마리아 인이 이를 살폈을 때 참된 이웃이 바로 사마리아 인임을 육신의 형제간의 갈등과 비교해서 말하고 있다. 이러한 견지에서 예수는 참 이웃은 피가 섞인 자들도 아니요 배타적인 자들도 아니고 오히려 화합의 정신을 발휘한 사마리아 인이었다고 말하고 있다.

5) 다윗의 측근들

다윗의 핵심 구조는 사독과 아비아달이 그 종교적 제사장이며, 누이의 세 아들 요압, 아사헬, 아비새가 군사 총 참모의 역할을 함으로써 그의 세력 군단이 진출된다. 그러나 곧 얼마되지 않아서 아사헬은 사울의 사촌이며 총 사령관격인 아브넬에게 죽고, 요압이 군의 실질적인 세력역할을 한다. 그런데 그는 이상할 정도로 그의 정예군으로는 그의 가족에게로부터 온 사람을 쓰지 않고 오히려 블레셋 군이나 외인 용병부대를 자기를 지키는 참모병으로 사용한다. 그가 주로 가장 측근에 두고 쓴 자기의 용병 경호대는 그렛 인과 블렛 인이다. 블렛 인은 블레셋을 가리키는 것으로 볼 때 둘 다 블레셋 종족들을 그의 용병으로 사용했음을 알 수 있다. 예루살렘을 점령할 때도 이 부대를 사용했고, 압살롬의 난 전투 때도 전력의 삼분의 일을 망명한 블레셋 장군 잇대에게 맡긴다.

요압은 다윗의 조카격으로 참으로 다윗에게 자신의 충성을 다 바친 인물 중의 하나이다. 조선의 태종 때의 경우를 비교해서 생각하자면 방원의 외척 민씨 형제들이나 목숨을 다 바친 이숙번의 경우와도 같다고 할 것이다. 한 번은 다윗이 갈증이 나 죽을 지경에 이르르자 요압이 정예대원을 뽑아 적진을 뚫고 들어가 물을 길어온 적이 있었고 다윗은 그것을 먹지 못하고 땅에 부은 적이 있었다. 왜냐하면 그것은 요압과 그 대원의 생명의 피와 같았기 때문이다. 다른 또 하나의 경우는 암몬 성을 함락시키는 장면에서도 나타난다. 그가 목숨을 걸고 암몬 성 함락을 앞두고 다윗이 와서 그의 이름으로 그 성을 정복하도록 한다. 다윗과 사울의 경우에서처럼 그 공로가 거꾸로 돌아가지 않게 하기 위함이었다. 또 한 번은 다윗이 늘그막에 블레셋과의 전투에 출전했다가 죽게 된 것을 아비새가 구해준다(삼하 21 : 16). 그러나 다윗은 죽을 때 요압이 제대로 늙어 죽지 못하도록 늙기 전에 처치하도록 솔로몬에게 유언을 남긴다.

솔로몬 때에 더 분명해지지만 성서에서는 신앙이 없는 육신의 형제간에는 불화가 있을 수밖에 없다는 큰 맥을 가지고 있다. 우선 같은 집안의 형제간의 갈등은 가인과 아벨 사이의 관계를 통해서 시작되어 예수 대에 이르기까지 계속된다. 가인과 아벨은 첫 종교분쟁이라고 할 수 있는 것이다. 이후 아브라함과 조카 롯 사이의 분쟁이 있었고 그 다음엔 이스마엘과 이삭, 에서와 야곱, 요셉과 그 형제들, 입다와 그 형제들 사이에서 계속된다. 결국 아브라함과 롯 사이의 갈등은 모압과 이스라엘이라는 민족으로 갈리게 되며, 이스마엘과 이삭은 아랍 족과 이스라엘로, 에서와 야곱과의 갈등은 에돔 족과 유대인들의 갈등이라는 구조로 역사 속에 남게 된다.

모세는 혈기로 자기 백성을 구하고 돕고자 했다. 그러나 그는 결국 성공하지 못하고 "네가 살인자다" 라고 소리친 동족에 의해서 미디안으로 피신을 하고 그 후에 다시 하나님의 뜻으로 하나님의 이름을 가지고 와서 그 백성을 구한다. 신앙적 설득력이나 조화 없이 집안에 평화가 없음을 말해준다고 할 것이다. 다윗의 경우는 형제들 가운데 사무엘이 직접 기름을 부었기 때문에 도전하던 사람은 없었던 것 같다. 그러나 과업을 함께 달성했던 누이 스루야의 세 아들 특히 살아남은 장남 요압과의 분쟁이 나타난다. 솔로몬 역시 형제들 간의 치열하고도 잔인한 권력 투쟁을 통해서 드디어 왕권을 획득하게 된다.

예수께서는 이러한 육신을 통한 형제간의 갈등은 불가피했던 것임을 간파하셨던 것 같다. 형제와 자매들이 선교에 바쁘신 예수님을 찾아왔다. 그들이 예수를 찾은 것은 특별한 일이라기보다는 장남이 가족을 책임져야 한다는 모종의 의뢰심을 가지고 왔던 것 같다. 이때 예수께서 자기를 따르는 마태복음 12 : 49에서 전갈을 전하러 온 사람에게 “누가 내 모친이며 형제며 자매냐” 하시고 제자들을 가리키시며 “보아라, 나의 어머니와 내 형제들이다. 하늘에 계신 내 아버지의 뜻을 행하는 사람이 곧 내 형제요 자매요 어머니다.” 라고 말씀하신다. 이렇게 뜻을 같이하는 사람이 참된 동지며 형제임을 말씀하신다.

6) 다윗의 과오

인간의 죄 중에 다른 죄는 다 사해질 수 있으나 성령을 거스리는 죄는 사해질 수 없다고 예수는 말씀하셨다. 다윗의 행적 중에서 객관적으로 볼 때 많은 과오들이 있다. 예를 들면 구사력 조직화를 위한 인구조사를 하지 말라고 하나님이 말씀하시는데 그것을 강행하고 백성들이 유행병에 걸리는 사건을 당한다든가, 사울의 남은 가족들을 모두 처형 내지는 고립시킨다든가, 자기와 일생 생명을 걸고 목숨을 바친 요압을 처형하도록 유언을 남긴다든가 하는 일들을 보면 매우 야비하고 비열한 감이 없지 않다. 그러나 그것들 중에서 가장 심한 것은 충신 우리아를 죽이고 그 아내 밧세바를 취한 사건이었다. 자기에게 충성을 다한 신하를 죽였을 뿐만 아니라 그 아내를 강탈하기까지 한다. 그것도 전선의 맨 전방에 내어보내고 뒤로 빠지는 전법으로 죽이게 된다. 그래서 역대기 기자는 다른 일은 다 눈감아 줄 수 있어도 그 사건만은 눈감아 줄 수 없음을 시인한다. 그래서 "다윗이 밧세바의 사건만을 제외하고는 하나님 눈에 드는 일만 하였다" 라고 특별히 밧세바의 사건만을 제외시킨다.

이러한 다윗의 야비할 정도의 증오는 하나님의 선택하심과 버리심이라는 큰 틀 안에서 설명될 수 있는 것이다. 이러한 양면성을 폰라트는 성서 안에서 시내 산 계약과 정복전승이라는 큰 맥락에서 설명하였다. 시내 산 전승은 율법과 심판의 전승이요 정복전승은 하나님의 약속을 따라 이루어진 가나안 정복전승이라는 것이다. 전자는 모세 계약에 의해 대변되며 후자는 아브라함을 거쳐 다윗에게서 완성되는 다윗 계약이다. 시내 산 계약은 율법의 계약이며 다윗 계약은 은혜와 복음의 계약이다. 율법을 어겼을 때는 어쩔 수 없이 처형할 수밖에 없는 것이 심판의 법인 시내 산 계약법이다. 그러나 약속과 은혜의 법인 정착전승이다. 성서는 무한한 약속과 복음만을 말하지 않는다. 하나님을 떠났을 때는 역시 심판도 말한다. 다윗은 자신을 배반한 사람을 정면에서 심판한 경우도 많다. 그러나 다른 경우에는 보이지 않는 후면에서 이를 심판하고 있다.

그러나 성서는 대과 그 자체가 인간의 약속과 믿음을 상쇄시킬 수 없다고 증언하고 있다. 성서의 위인들 중의 이러한 대과는 다윗에게만 있었던 것이 아니고 신구약성서를 통해 하나의 큰 줄기를 형성한다. 우리가 잘 아는 대로 가인도 아벨을 죽인 인물이었으나 그가 인류의 문명사에 끼친 영향은 지대하다. 목축이며 악기며, 철과 동을 다루는 현대문명의 선구자가 된다. 유다는 요셉을 미디안 족에 팔아넘기는 데 한 몫을 한다. 그러나 그는 역시 메시아의 왕권을 이어가는 통로의 역할을 한다. 아브라함이나 야곱도 마찬가지로 남을 속이고 거짓말한 자이다. 특별히 구약 야웨 종교의 교조라고 할 수 있는 모세도 역시 살인자였다. 다윗이 그랬고 사울도 스데반을 죽이는 데 제일로 앞장선 인물이다. 예수의 제자들도 모두 예수를 배반한 자들이며 죽도록 방관한 자들이다. 그러나 예수의 복음은 오히려 그들이 고꾸라짐으로써 이어져 내려갈 뿐만 아니라 산 증인이 된다.

그렇다면 율법의 의미는 무엇인가. 율법은 로마서 4장은 분명히 말한다. 이 세상의 기업을 이어받는 것은 율법으로가 아니라 하나님과의 약속을 믿는 믿음으로 되는 것이다. 율법만 강요하면, 율법적인 융통성 없는 인간이 될 것이다. 그래서 율법의 참된 의미를 잃어버리게 된다. 율법은 인간의 생명을 구원하기 위한 몽학선생 다시 말하자면 자문을 구하는 가이드의 역할을 하는 것이지 그것 자체가 목적이 될 수 없다. 오로지 하나님의 사람으로 크게 성장하는 데는 하나님과의 사이에서 맺어진 큰 꿈과 그 꿈을 약속으로 받아들이는 믿음에 의한 것이다. 그러므로 로마서 4장은 다음과 같이 말한다.

> 아브라함이나 그 후손에게 세상의 후사가 되리라고 하신 언약은 율법으로 말미암은 것이 아니요 오직 믿음의 의로 말미암은 것이니라, 만일 율법에 속한 자들이 후사이면 믿음은 헛것이 되고 약속은 폐하여졌느니라. 율법은 진노를 이루게 하나니 율법이 없는 곳에는 범함도 없느니라. 그러므로 후사가 되는 이것이 은혜에 속하기 위하여 믿음으로 되나니 이는 그 약속을 그 모든 후손에게 굳게 하려 하심이라 율법에 속한 자에게뿐 아니라 아브라함의 믿음에 속한 자에게도니 아브라함은 하나님 앞에서 우리 모든 사람의 조상이라(롬 4 : 13－16).

그와 같이 다윗도 자신이 한 일과는 상관없이 하나님께서 의로움을 인정하여 주시는 사람이 받을 복을 찬양하여, 다음과 같이 말하였다.

> 일한 것이 없이 하나님께 의로 여기심을 받는 사람의 행복에 대하여 다윗의 말한바 그 불법을 사하심을 받고 그 죄를 가리우심을 받는 자는 복이 있고(롬 4 : 6, 7).

7) 연기자 다윗

다윗은 연극적인 기질이 상당히 강했던 인물이었던 것 같다. 그의 이런 역량은 그의 감정 조정의 역량에서 오는 것이라고 할 것이다. 예를 들면 그가 사울에게 쫓겨 더 이상 의탁할 곳이 없어서 베들레헴의 서쪽에 있는 블레셋의 아기스 왕에게 몸을 의탁하기 위해서 찾아간 적이 있었다. 그가 왕 앞에 이르렀을 때에 그의 신하들이 이 자가 골리앗의 목을 벤 자가 아니냐 라고 그의 신분을 알아채자 그는 곧 입에 거품을 품으면서 미친 척을 한다. 그는 더 나아가서 도망 다니면서 그의 가족을 모압 족에게 맡기는가 하면 결국 아기스의 경호대장이 되어서(삼상 28 : 1－2) 사울과의 막판 길보아 전투에 출정까지 하게 된다. 여기서도 그를 신임하기 어려웠던 블레셋 장군들이 후방에 남아 있으라고 하자 그는 왕의 대적자를 자기가 치게 해달라고 격분하는 모습을 보이기도 한다(삼상 29장).

사무엘상 1장에서 사울이 죽었다는 소식을 접하고 조가를 지어 슬퍼한다. 그런데 과연 자기를 일생 죽이려고 쫓아다닌 사울의 죽음을 조가까지 지으면서 애통해 했다는 것은 상당히 풍자적이면서 형식적인 면이 있었던 것으로 보인다. 그는 적군인 아브넬이 죽었을 때도 전 이스라엘에 대한 대의명분에 부족함이 없도록 목을 놓아 울고 조가를 짓고 자신의 책임이 아니라 요압이 받아야 할 저주를 확실히 하고 일을 매듭짓는다. 그는 이렇게 항상 명분을 따라 움직였으나 처리할 것은 잔인할 정도로 확실히 처리하는 습성이 있었다. 나발에게 식량을 요구했으나 그가 반역자를 돕는 일이라고 거부하자 즉시 출전하여 사태를 수습하고 전 재산과 아내 아비가일을 자기의 아내로 들인다.

8) 다윗의 신앙

첫째, 무엇보다도 다윗이 하나님의 눈에 들었던 것은 다윗의 일관성 있는 신앙이었다. 물론 이런 일관성이 후대 신명기사가에 의해서 모범적으로 만들어진 것인지는 모르나 어쨌든 그는 기뻤을 때나 슬펐을 때나 또 좌절을 당했을 때나 하나님 앞에 돌아와서 묻고 상의한 사람이었다. 전투에 나갈 때나 성전을 지을 때나 모두 하나님께 항상 묻는 생활을 했다.

두 번째, 그의 신앙은 회개하는 신앙이었다. 그도 용서받지 못할 많은 죄를 범한다. 그러나 그때마다 내가 죄를 지었나이다 라고 하면서 회개한다. 회개한다는 것은 고치는 것을 말한다. 그의 그러한 철저한 회개는 시편 51편에 잘 나타나 있다.

세 번째, 그는 겸손한 자였다. 그는 우선 자신이 아무것도 아닌 하나의 목동 출신임을 솔직하게 고백하고 거기서 다시 출발하려고 한다. 사무엘하 7장에서 나단을 통해 다윗 왕조에 대한 약속을 받을 때 내가 무엇이관대 이런 과분한 약속을 주시느냐고 감사한다. 다윗이 성막으로 들어가 주 앞에 꿇어앉아 이렇게 기도하였다. "주 하나님 내가 누구이며 또 내 집안이 무엇이기에 주께서 나를 이런 자리에 오르게 하십니까? 그런데도 주께서는 이것도 오히려 부족하게 여기시고 주의 종의 집안에 있을 먼 장래의 일까지 말씀해 주셨습니다"라고 감사한다.

네 번째, 그는 공동체와 더불어 나눌 줄 아는 사람이었다. 그로 말미암아 오병이어의 기적을 일으킨 사람이었다. 그가 길보아 전투 출정을 거부당한 후에 시글락은 아말렉 족속에게 유린당하고 모든 가족은 그들에게 포로로 잡혀갔다(삼상 30장). 지원자를 통해서 선발군을 이끌고 아말렉을 토벌하고 전리품을 가지고 돌아온다. 출전한 장병들의 반대에도 불구하고 출전하지 않은 병사들과 가족들과 그 전리품을 같이 나누고, 이스라엘 지방장로들에게도 선물을 보낸다. 이렇게 함으로써 소외되고 빚지고 감옥에 갇혔다가 나온 자들이 변화되는 역사를 일으킨 사람이었다.

다섯 번째, 그는 일이 벌어지기 전에는 많은 고심을 하고 애통해하고 최선을 다하나, 일단 일이 벌어지고 난 후에는 깨끗이 잊어버리고 다시 출발하는 습성이 있었다. 밧세바와의 사이에서 낳은 첫 아이가 사망하기 전에는 금식하면서 애통해 하면서 기도했으나 일단 사망한 후에는 목욕하고 기름 바르고 성전에 올라 예배드린 후 음식을 차려먹었다. 과거는 뒤돌아보지 말라는 성서의 증언을 여기서도 보이고 있다.

여섯 번째, 그는 무엇보다도 약속을 가지고 굳게 믿은 사람이었다. 사무엘하 7장에 보면, 다윗은 자기의 왕조가 영원히 계속될 왕조가 될 것을 약속으로 굳게 믿은 사람이었다.

일곱 번째, 다윗은 하나님께 감사할 줄 아는 사람이었다. 그는 예루살렘을 점령한 후에 자기의 작은 궁을 세우고 나서 무엇보다도 먼저 하나님의 언약궤를 모셔오려고 한 사람이었고, 그것이 뜻대로 되지 않았으나 결국은 오베드 에돔의 집으로부터 가져왔으며, 비록 거절되기는 했으나 무엇보다도 먼저 성전을 건축하려고 한 사람이었다.

2. 다윗의 계보

1) 서론

다윗－솔로몬 시대에 대한 지대한 관심에도 불구하고 다윗과 다윗 왕국 성립의 정체성(identity)이 어디에 있는지는 아직까지 확실하게 밝혀지고 있지 않다. 신명기사가에 의한 다윗 왕조 신학에 기본한 전승을 통해서 또 역대기 역사서에서 좀더 메시아화한 보고에 의해서 지금까지 알려진 바는 다윗과 솔로몬 통치의 일면만을 엿볼 수 있을 뿐이다. 신명기사가는 다윗 왕조 신학이라는 포수기적인 관점을 견지하면서도 역사적인 사실들을 완전히 감추어버릴 수는 없었기 때문이다. 이 논문에서는 다윗의 배경과 성장과정 더 나아가서는 다윗 왕국의 기틀을 마련한 다윗과 그 세력 및 신학의 기초가 객관적으로 볼 때 어디에 근거하고 있었는지를 살펴보고 규명하는 것이다. 그럼으로써 케리그마의 다윗 상을 벗어버린 역사적인 다윗 상을 회복함으로써 현실과 신앙세계라는 고리를 우리 신앙인들이 이해할 수 있게 하는 것이다. 그럼으로써 이미 오신 그리고 다시 오실 예수의 원형이 되고 있는 다윗의 실체를 좀더 구체적으로 감지해 보고 왜 메시아의 원형이 되기에는 많은 의문스러운 점들을 가졌음에도 불구하고 다윗이 메시아의 원형이 되는 위치를 차지하고 있는지를 이해해

보고자 한다.

그러나 시대적으로 더 후대에 형성된 역대기 역사가가 기록하고 있는 보고는 말할 것도 없고 이보다 훨씬 이른 신명기사가의 보고도 다윗에 관한 많은 역사적인 점들이 무시되고 있는데 이는 역사가들의 역사관과 신앙관에 기인한 것으로 보인다. 이 논문에서는 사회인류학적인(socio-anthropological) 관점을 통해서 문자화되지 못하고 행간에 숨어 있는 다른 많은 다윗의 이미지를 재구성할 것이다. 이 논문에서는 정체불명의 다윗이 이방인의 세력을 바탕으로 특히 모압과 가나안 그리고 블레셋(the Philistines)의 세력을 바탕으로 가나안 일대를 잠시 통일하나 결국 유다만의 작은 도시국가로 다시 전락하게 되는 일련의 과정과 배경도 아울러 살피고자 한다. 우선 다윗이 갈라져나온 사울의 정치구조를 살피고 나서 다윗의 가족적인 배경과 권력구조를 살펴보고자 한다. 이 논문은 다윗의 권력구조와 배경을 살펴봄으로써 가나안 남부의 유다 족속과 가나안 족속 그리고 특별히 블레셋 족속의 세력을 기반으로 일어난 인물이었음을 고찰하고자 한다.

결국 다윗은 코르시카(Corcica) 섬 출신의 나폴레옹이 위대한 프랑스를 들고 나온 것이나 오스트리아 출신의 히틀러가 위대한 독일을 주장한 것과 비슷하게 어쩌면 이들 세력의 구심점에 자리잡고 있던 유다라는 이름을 걸고 나온 가나안 남부세력들의 규합으로 이루어진 복합적인 세력들의 동력원으로 이루어졌던 것임을 밝혀보는 것이다. 다시 말하면 모압이나 여부스 족속과 같은 토착 가나안 세력과 여러 지파로 구성된 선진 해양문화인 블레셋 족속의 문명이 부딪히면서 이들 세력규합이 요단 강 동편에서 사막에서 들어온 결합이 느슨했던 여러 지파로 구성된 이스라엘이라는 지파공동체의 일부인 유다 지파를 통해서 활성화된 것임을 살펴보는 것이다.

2) 사울의 권력구조

다윗의 권력구조를 이해하기 위해서는 그의 정치생활의 첫 발판이었던 사울의 정치체제를 이해할 필요가 있다. 사무엘상 14 : 49－51에 보면 사울의 아버지는 기스이다. 기스의 동생은 넬이고 넬의 아들이 사울 군대의 사령관이었던 아브넬이다. 그러므로 사울의 오른팔은 그의 조카인 아브넬이었고 왼팔은 그의 아들 요나단이었다.[5] 이들 구조 속에 다윗이 사위라는 성분을 가지고 결합하려고 했으나 그만 실패를 하고 튕겨나오게 된다. 사울의 제사장 역할을 한 것은 사무엘이나 사무엘이 그의 지지를 다윗에게로 옮겼을 때에 사울을 위해 언약궤를 매었던 것은 실로의 아히야(Ahiah)였다(삼상 14 : 18).

아히야라는 이름이 두 번 나오는데 첫 번째는 사울을 위해서 언약궤를 맨 엘리의 증손자이고(삼상 14 : 3, 18) 두 번째 아히야는 솔로몬 치하에서 부역감독이었던 여로보암 1세에게 왕이 될 것을 선포한 아히야(Ahiah, 왕상 11 : 28－40)이다. 이 둘 사이에는 약 80년의 간격이 있으므로 학자들은 둘다 실로 출신임에도 불구하고 동일인으로 보지는 않는다. 그런데 이 두 번째 아히야는 여로보암 1세 때 매우 늙은 것으로 보아 동일인일 가능성이 있다(왕상 14 : 4). 그렇지 않다면 아마도 아버지나 할아버지의 이름을 계승해서 쓴 것 같다. 그러나 둘 다 제사장 집안에서 왔고 북쪽의 신학을 대변하고 있다는 면에서는 동일인이라고 할 것이다.

---

5) 사울의 족보에 관한 보고는 삼상 9 : 1－2; 14 : 49－51과 대상 8 : 33; 9 : 39에 나온다. 그런데 삼상 14 : 50－51은 넬은 기스의 동생으로 나오나 대상 8 : 33과 9 : 39는 넬이 기스의 아버지라고 나온다. 아마도 시대적으로 훨씬 후대인 역대기의 보고가 조금 혼선을 빚은 것 같다. 아브넬은 기스의 큰조카로서 역할을 했던 것 같다.

3) 엘리 제사장과 실로

이 아히야(Ahiah)는 엘리의 증손자로서 비느하스의 아들인 아히툽의 장남이었던 것 같다. 아히툽은 아들이 둘 있었는데 아히야와 아히멜렉(Ahimelek)으로서 아히멜렉은 예루살렘의 주변인 놉 땅으로 가서 지방성소를 지키게 되며 아히야는 실로에서 조상의 유업을 이어받아서 언약궤를 지키게 된 것 같다. 여기서 우리가 추측해 볼 수 있는 것은 큰아들 아히야에게 실로의 중앙성소에서의 대를 잇게 하고 아히멜렉은 작은아들로서 지방성소를 잇게 했던 것 같다. 왜냐하면 솔로몬 왕 때의 아히야는 아직도 실로를 지키고 있는 것으로 나타나기 때문에 실로가 망한 후에도 중앙성소로서의 요건인 언약궤는 예루살렘으로 이동되었을 망정 아직도 북쪽 신학의 중심지로 역할을 하고 있었던 것 같다(왕상 11 : 29; 왕상 19 : 1－20).

이것이 인연이 되어서 아히야는 북이스라엘의 편으로 가게 되고 아히멜렉의 아들인 아비아달은 다윗의 진영으로 들어가게 되나 결국 아도니야의 난을 계기로 남쪽 신학계열에 서 있던 사독과 나단 등의 예루살렘 토착세력에 밀려 아나돗으로 추방된다(왕상 1장). 이러한 북이스라엘의 시내 산 계약에 바탕을 둔 신학은 사무엘과 엘리의 증손자이며 언약궤를 메고 사울을 종군했던 아히야, 솔로몬 사후의 실로로부터의 선지자 아히야 그리고 시리아의 하사엘(왕하 8)이나 예후에게 기름부어 왕이 되게 한 엘리사(왕하 9) 등으로 이어지는 조건적인 계약이다. 즉 왕도 하나님의 뜻에 부합하지 않으면 예언자를 통해서 새로운 왕을 기름부을 수 있다는 신학으로 이어지며 이는 예루살렘 성전의 파괴를 예언한 예레미야(렘 7)와 나사렛 예수(마 24 : 1－2)로 이어지는 일련의 신학적인 맥락을 유지한다.

여기서 한 가지 더 지적해 볼 것은 아론으로부터 내려오는 엘리의 제사장직은 에브라임 지파에 속하는 사무엘에게 전수되지 않고 자신의 직계로 이어진 것임을 알 수 있다. 사무엘은 오히려 선견자(ro'eh)(삼상 9 : 9) 출신으로 그의 탄생설화가 후대에 실로의 엘리 전승과 결합이 되기는 했으나 원래는 독자적인 전승이었고 사울의 종이 사무엘을 인식한 것은 제사장 전승이라기보다는 산당에 거하는 잘 알려진 점쟁이로서 인식하고(삼상 9 : 15) 있는 것을 볼 때 그가 엘리 전승과는 신명기사가에 의해서 결합되었을 가능성이 짙다고 하겠다(삼상 9 : 5—14). 왜냐하면 실로에서 그의 소명 이후에 엘리 가문과는 구체적인 관계가 있는 것으로 나타나 있지 않고 사무엘은 실로에 중심을 두고 활동하는 것이 아니라 산당을 중심으로 순회하면서 활동하고 있는 것으로 나타난다(삼상 9 : 15). 또 언약궤 전승과도 별 관계를 드러내고 있지 않다.[6]

4) 다윗의 권력구조

다윗의 아버지는 이새이고 전통적으로 예루살렘의 남쪽 9km 지점에 있는 베들레헴에 터를 둔 집안이었다. 그는 자신의 양떼를 가지고 있던 것으로 보아(삼상 20 : 17) 아마도 구약성서에 나오는 "땅의 백성"(הארץ עם)이라는 지방의 유지였던 것 같다. 또 이새의 집안이 사울의 궁에까지 알려진 것이나 다윗이 수금을 탈 정도의 여유가 있는 것으로 보이는 점(16 : 14—23), 또 사울이 자기의 종자를 데리고 암나귀를 찾으러 나선 것처럼(삼상 9 : 1—25; 11 : 1—15) 다윗도 자기의 양들을 양치기에게 맡기는 데서도 드러난다(삼상 17 : 20a).

이런 면에서 기브아에 터를 둔 사울의 집안과 다윗의 집안은 서로 비슷하게 예루살렘을 향해 서로 세력을 확장해 나가고 있었다고 하겠다. 사울의 집안도 자기의 농토와 가축이 있는 집안이었고 다윗의 집안도 마찬가지였다. 사울의 집안은 기브아를 중심으로 번창했던 집안이며 다윗의 집안은 베들레헴을 중심으로 한 집안이었다.

---

6) 사무엘상 4장에서 언약궤는 엘리의 아들 홉니와 비느하스에게 관련되어 있지(11절) 그 싸움을 주도하고 있는 사무엘에게는 전혀 관련되어 있지 않다.

다윗의 권력구조를 보면 우선 다윗의 누나인 스루야의 세 아들이 다윗을 받치고 있었다. 누나의 맨 맏아들인 요압이 군사령관이 되고 둘째인 아비새 그리고 말을 들사슴처럼 잘 타다가 아브넬에게 죽임을 당한 셋째인 아사헬이 다윗 군대의 요직을 장악하고 있었다. 둘째 누나인 아비가일의 아들인 아마사는 압살롬의 난 때 그의 군 사령관직을 맡게 되나(삼하 19 : 13－히브리 성서는 14절) 압살롬이 요압에게 전사를 당한 후에 요압 대신 군사령관이 되었다가 역시 요압에게 살해당한다(삼하 20 : 9－10).

다윗의 종교적인 지도자는 먼저 사무엘이 그의 지지자이면서 선임자로서 그의 종교적인 고문이 된다. 다윗과 사무엘과의 인연은 사무엘상 16장에서 사무엘이 다윗에게 기름 붓는 것으로 시작해서 사무엘상 25 : 1에서 사무엘이 죽었다라는 말로 끝을 맺는다. 그러나 이 둘의 관계는 17장에서 사무엘이 라마에 있을 때 그리고 다윗이 사울로부터 쫓기기 시작하던 초창기에 잠시 그에게 피신한 것 외에는 별 접촉이 없었던 것으로 나타난다. 사울이나 요나단(삼하 1), 아브넬의 전사(삼하 3) 후에는 다윗이 상당 기간의 슬픔을 표시하나 사무엘의 죽음에 대해서는 아무런 언급이 없다(삼상 25 : 1). 사실 다윗이 왕으로 기름부음을 받은 것은 세 번에 걸친 것이었다. 첫 번째는 사무엘이 기름부은 것으로 사울과 이스라엘 몰래 극히 비밀리에 행해진 것이었다(삼상 16). 두 번째는 사무엘하 2 : 21에서 온 유다 백성이 헤브론에 모여 유다의 왕으로 기름부어 왕으로 삼은 것이었다. 세 번째는 아브넬이 다윗에게 조약을 체결한 후에 그가 요압에게 죽임을 당했으나 전 이스라엘이 헤브론에 와서 다윗을 기름부어 온 이스라엘과 유다의 왕으로 삼은 것이었다(삼하 5 : 3). 그러므로 사무엘의 기름부음은 다윗에게는 상징적인 의미밖에는 없었는지도 모른다. 윌슨(R. Wilson)은 사무엘을 따르는 지지파와 사울을 따랐던 지지파 그리고 다윗을 따랐던 지지파 사이에 사무엘에 대한 인식의 차이가 있었던 것으로 본다.

오히려 다윗이 피신생활을 하던 잡류들을 모으던 초창기에는 사무엘의 지지 외에는 아무런 종교적인 기구를 가지고 있지 않다가 아히멜렉의 일가족이 전멸하자 피신해 온 아비아달을 제사장 겸 종교 고문으로 두었던 것 같다(삼상 20 : 22－23). 이런 관계는 다윗이 헤브론에서 왕으로 등극해서 통치하던 시기까지 계속되나 헤브론에서의 7년 6개월 통치 후 예루살렘에 입성한 후에는 이제 사독 제사장과 나단 선지가 나타난다.

사독은 예루살렘 점령 후에도 등장하지 않다가 압살롬의 난이 일어남을 계기로 세력을 얻었던 것 같다. 사독이 맨 처음 나오는 것은 예루살렘의 장면인 사무엘하 15 : 24로서 다윗이 압살롬 군을 피해 피신할 때 아비아달과 사독이 모두 따라나섰는데 사독은 아직 구별된 성직자가 아니라 평 제사장의 역할을 하는 레위인들 가운데 있었던 것으로 나타난다. 다윗은 여기서 언약궤를 지키고 있던 아비아달에게 예루살렘으로 돌아가도록 말하지 않고 아비아달을 모시고 가도록 사독에게 명한다. 이것으로 보아 이미 공식적인 언약궤에 대한 업무는 아비아달이 보았으나 서로의 친밀한 관계는 사독과 함께 이루어지고 있었음을 추측할 수 있다. 결국 아도니야의 반란이 일어나자(왕상 1) 다윗은 결정적으로 사독을 지명하여 예언자 나단 용병대장 브나야를 솔로몬 왕 옹위의 주역으로 임명한다(왕상 1 : 32). 이렇게 사독은 다윗이 살아 있는 한에 있어서는 아비아달을 보조하는 차원에서 예루살렘의 건축된 성막과 언약궤를 돌보는 제사장적인 직책을 수행했음을 알 수 있다. 그러나 아도니야의 난을 계기로 이제 사독은 역시 성분이 불분명한 솔로몬을 기름부어(왕상 1 : 39) 정식으로 왕으로 옹립하고 예루살렘의 종교권을 장악하게 되며 아비아달이 축출되자 사독이 그 자리를 대신하게 된다(왕상 2 : 26).

5) 아비아달과 예루살렘 토착 종교세력

또 다른 제사장은 명실공히 실로에서 언약궤를 지키고 있던 엘리의 증손자 아비아달이다. 아비아달은 다윗이 사울로부터 피신생활을 하던 초창기부터 생사고락을 같이하던 인물로 다윗의 종교적인 업무일체를 수행하는 제사장이 된다. 최소한 다윗의 예언에 아비아달에 대한 저주유언은(왕상 2장) 나타나고 있지 않은 것으로 보아 그와 다윗과의 사이는 다윗과 요압과의 사이보다 훨씬 더 좋았던 것 같다. 그러나 다윗이 예루살렘 점령 후 사독의 부상으로 점차 소외의 길을 걷다가 마침내 솔로몬의 난이 발생하자 다윗의 우파이면서 생사고락을 같이한 요압과 더불어 아도니야를 지원함으로써 결국 아나돗으로 피치 못할 축출을 당하게 된다. 왜 실로가 아니고 아나돗이었는가에 대해서는 열왕기상 2 : 26에 보면 그의 밭이 거기에 있다고 한다. 이 말로 보건대 다윗은 과거 북쪽신학의 고향인 실로를 아비아달의 봉토로 주기를 꺼리고 남유다와 북이스라엘의 경계지에 있던 아나돗을 하사했던 것 같다.

아비아달은 놉 땅의 아히멜렉의 아들로서 다윗에게로 도망와서 그의 언약궤를 메는 역할을 담당한다. 언약궤를 메는 것을 볼 때에 다윗은 아직도 엘리의 후손으로 하여금 전통적인 언약궤를 메게 하고 있는 것을 알 수 있다. 또한 다윗에게 "모세의 법"(왕상 2장)을 인식시킨 것은 선견자 사무엘이라기보다는 아비아달이었던 것 같다. 그런데 우리는 아비아달의 신학적인 진앙지를 알기 위해서는 그의 가족적인 족보를 살펴볼 필요가 있다. 우선 엘리의 아들은 홉니와 비느하스였다. 이 둘은 아벡 전투에서 블레셋과의 싸움에서 사망하나 비느하스의 아들은 남아 있는 것으로 나타난다. 왜냐하면 비느하스의 아들은 아히툽이고 아히툽의 아들은 아히야와 아히멜렉이기 때문이다.

그런데 아히야는 실로에서 사울의 통치 밑에서 언약궤를 지키고 있는 것으로 보아(삼상 14 : 3, 18) 큰아들이었고 아히멜렉은 예루살렘 근처의 놉 땅에서 성소를 지키고 있는 것으로 보아서 아마도 지방성소에 파견근무를 한 것이 아니었느냐라는 추측을 가능하게 한다. 이런 연유로 해서 큰아들 아히야는 사울을 따르고(삼상 14 : 18) 예루살렘이나 다윗의 고향인 베들레헴에 더 가까운 놉 땅에 자리잡은 작은아들 아히멜렉은 사울로부터의 이탈 후부터 사울의 정적인 다윗에게 편을 들었던 것 같다. 결국 이런 연유로 해서 아히멜렉의 가족은 사울로부터 전멸을 당하고 오직 아비아달만이 다윗에게로 도망을 쳐서 다윗이 예루살렘을 점령하기 이전, 사독계 제사장이 등장하기 이전에 하나님의 언약궤를 메게 되나 결국 사독 계열의 제사장에게 강제 축출당하게 된다. 이 아히야는 사무엘상 14 : 18에 보면 실로에서 야웨의 언약궤를 메고 전쟁 중에 사울을 수행하고 있는 것으로 나타난다.

6) 제사장 사독과 예루살렘

다른 제사장은 사독이다. 사독은 오직 다윗이 예루살렘에 이주한 후에 등장하는 제사장으로서 위에서 말한 것처럼 오직 압살롬의 난에서 처음으로 나타난다. 학계에서는 예루살렘에서 살던 여부스 족의 제사장 계열의 족보에 서 있는 것으로 여겨지고 있다. 왜냐하면 창세기 14 : 17－21에 보면 멜기세덱은 제사와 정치의 직책을 함께 가지고 있는 것으로 나타나는데 여호수아서에(수 10 : 1－5) 보면 아도니세덱(Adony stedek)이 다시 예루살렘의 왕이었던 것으로 나타난다. 그런데 같은 세덱(stedek) 씨인 사독(stedek) 역시 다윗이 예루살렘으로 도성을 이주한 후에 등장하기 때문이다. 예루살렘에서 제사와 정치권을 동시에 가지고 있던 가나안 토착 세력의 추장이었던 멜기세덱의 왕통은 여호수아 시대에 아도니세덱으로 전수가 되며 다윗이 무력으로 예루살렘을 점령했을 때 멜기세덱의 제정일치의 권세는 오직 사독을 통해서 종교권만으로의 축소가 이루어졌던 것 같다. 사독은 위에서 말한 대로 다윗의 생존에는 이스라엘의 정통 제사장 가문이었던 엘리 가문의 아비아달에 의해서 언약궤가 지켜지다가 아비아달이 축출된 후에 브나야는 군사령관으로 사독은 이제 명실공히 대제사장으로 아비아달의 자리를 대신하게 된다(왕상 2 : 35).

쉴리(D.G. Schley)에 따르면 원래 세덱은 "의"를 뜻하는 개념어로서 가나안의 신을 의미했다고 본다. 그는 우가릿 문서에 나타난 Ili-aduq은 "나의 하나님은 세덱"이라는 뜻으로 아도니 체덱과 평행구를 이루며 아도니 체덱은 "나의 주인은 체덱 신이다"라는 말로 아도니－아 다시 말하면 "야웨는 나의 주인"이라는 말과 평행을 이뤘다고 지적한다. 이렇게 볼 때 "의"(체덱 혹은 세덱)라는 신의 뜻은 예루살렘의 왕통이었던 멜기세덱(나의 왕은 체덱)의 정신을 다윗이 이어받아서 평화의 도시 예루살렘에서 확립시키는 것으로 나타난다. 시편 72 : 1－7에 보면 시온의 선택과 다윗 왕조의 선택이 나타나는데 멜기세덱의 정통을 이어받은 다윗 왕조가 이루어야 할 것은 화평(Salem)의 도시에서의 의(stedekah)라고 한다. 1절과 7

절에 보면 다음과 같다.

> 하나님이여, 주의 판단력(법, mishpatim)을 왕에게 주시고 주의 의(stedekah)를 왕의 아들에게 주소서(1절).
>
> 저의 날에 의인(stadik)이 흥왕하여 평강(shalom)의 풍성함이 달이 다 할 때까지 이르리로다(7절).

시편 110편은 원래 그 삶의 정황이 왕이 즉위할 때 예언자가 선포하는 대관식 시편으로서 왕이 이어받아야 할 정신적인 정통성과 그가 받아야 할 혹은 해야 할 업적에 대한 축복문이라고 할 것이다. 여기서 보면 다윗은 예루살렘 성을 통치하던 제정일치의 가나안의 왕이었던 멜기세덱의 법통(dibrati-melkizedek)을 따라서 이루어진 것임을 확실히 하고 있으며 그 법통을 따라서 단순한 왕일 뿐만 아니라 영원한 제사장이라고 한다. 이렇게 볼 때 다윗의 법통은 무엇보다도 가나안 토착세력으로부터 뿌리 내려온 사상이며 또 그러한 법통을 이어받은 다윗 왕조는 그들의 기대에 부응하는 것이 그 의무였다고 하겠다.

7) 예언자 나단

제사장의 역할을 한 것이 사독이라면 예언자의 역할을 한 것이 나단이다. 나단은 사무엘하 7장에서 특별히 왕조신탁을 선포함으로써 다윗 왕조신학의 정당성을 부여한 인물이다. 나단은 맨 처음에 사무엘하 7장에서 아무런 가족적인 배경이나 그에 대한 소개 없이 나타난다. 그는 여기서 왕조신탁을 선포하는데 그 하나는 다윗 왕조의 영원성과 다윗 왕조가 도성하고 있는 시온 즉, 예루살렘의 선택이라는 것이다. 나단 선지자 역시 다윗의 예루살렘 점령 이전에는 나타나지 않은 예언자인 것으로 보아 그도 가나안에서 이미 존재했던 선견자(ḥozeh 혹은 Naviʾ)였던 것 같다. 왜냐하면 북왕국에서 전해 내려온 시내 산 계약은 출애굽기 19 : 3－8에 명시되어 있는 바와 같이 조건적인 반면에 나단이 선포한 계약은 고대 근동의 계약과 같이 영원한 약속의 계약이기 때문이다.

사실 많은 학자들은 나단 신탁문 그 자체가 고대 근동세계에서 온 것으로 여겼다. 예를 들면 헤르만(S. Hermann)의 경우는 고대 근동에 나타나고 있는 여러 비문들을 증거로 제시하면서 특별히 비록 가나안 땅에 들어온 후에 코페르니쿠스적인 획기적인 변화를 인정하더라도 사무엘하 7장은 그 단순한 양식과 구조적인 면에서 볼 때 "Egyptian royal novel" 에 속하는 장르라고 본다. 거기에서도 보면 왕궁과 성전의 건축은 두 개의 주된 축을 이루고 있다. 또 도무 이시다(T. Ishidah)의 경우는 이 신탁이 메소포타미아의 세계에서 온 것으로 본다. 특별히 이집트에서 발견되지 않는 예언적인 형태라는 면에서 주전 7세기 말엽에서 6세기 후반기에 신앗시리아(Neo-Assyria)의 말기에 활발하게 일어났던 예언운동에서 찾는다.

비록 그가 E 예언전승의 맥락에서 메신저 문체를 사용하면서 신탁을 전한다든가 다윗과 하나님과의 사이에서 중재의 역할을 한 점을 볼 때에 북쪽 예언자들의 신학적인 경향을 대변하나(R. Wilson) 그가 전하는 메시지는 고대 근동에서 계속되어 내려온 왕조사상 그대로이다. 귀난(M. D. Guinan)은 이런 맥락에서 멜기세덱(창 14 : 18, 시 110 : 7), 아도니세덱(수 10 : 1), 사독(왕상 1 : 8, 32), 솔로몬(삼하 12 : 24), 압살롬(삼하 13 : 1) 등은 이러한 가나안적인 왕조신학을 말해주는 말들로 본다. 또한 이러한 약속이라는 차원의 계약은 그 삶의 정황에 있어서 고대 가나안의 영주들이 충성스러운 신하들에게 봉토를 하사하는 데서 온 것으로 본다. 예를 들면 왕조신학에서 자주 나타나는(삼하 7 : 14; 시 2 : 7－8; 89 : 26－27) 아버지－아들이라는 관계도 고대근동에서는 흔히 나타난다. 이런 나단 선지는 결국 솔로몬을 등극시킨 가나안 삼인방이라고 할 수 있는 제사장 사독, 요압을 대신해서 군사령관이 된 블레셋 용병대장 브나야, 그리고 "수아의 딸" 이라는 뜻의 단어인 밧수아(혹은 밧세바)가 모두 가나안적인 배경을 가지고 있는 것을 볼 수 있고 솔로몬이라는 이름조차도 화평(살롬, 대상 22 : 9)이라는 옛 이름을 포함하고 있는 것으로 나타날 뿐만 아니라 그의 후계자 르호보암의 어머니가 된 그의 아내는 암몬 여자인 것으로 나타난다(왕상 14 : 21, 31).

이러한 고찰에서 볼 수 있듯이 왕이 하나님의 아들이라는 사상은 고대 근동의 세계에서 지배적으로 혼용되고 있던 사상이다. 이는 시편 2편에 "오늘 내가 너를 낳았다"라는 식으로 나타난다. 또 다윗의 마지막 유언에서도(삼하 23 : 5) 멜기세덱을 묘사한 것과 같은 영원한 왕조를 언급함으로써 다윗 계약을 묘사하고 있다. 이러한 다윗 왕조의 가나안적인 특징은 사울과 다윗의 관계에서도 드러난다. 사울은 다윗이 자기 대신 왕으로 기름부음을 받을까봐 극도의 예민함을 나타내는 반면 다윗은 야웨의 기름부은 자 즉 사울 왕에 대해서 여러 번 죽일 기회가 있었음에도 불구하고 최소한 부하들이 보는 앞에서 극도의 신중함을 보이고 있다는 것이다. 이는 아마도 사울은 야웨의 뜻에 부합하지 않는 자는 언제라도 처단받을 수 있다는 것을 신조로 삼는 이스라엘 백성의 고유한 시내 산 계약에 준거하고 있으니 다윗은 고대 근동사상에 기초해서 신의 기름부음을 받은 자에 대해서는 끝까지 죽일 수 없다는 가나안적인 사상을 고수해 나간다는 것이다.

특히 그는 영원한 다윗 왕조 신탁(삼하 7)을 선포함으로써 다윗으로 하여금 왕으로서의 정당성을 부여하고 신학적인 왕조의 기틀을 마련함으로써 메시아 사상의 바탕을 마련한 사람이다. 이 왕조신탁은 북이스라엘과 같은 조건적인 계약사상이 아니라 왕조와 그 왕조가 터전하고 있는 도성의 선택이라는 영원한 계약사상으로서 고대근동 혹은 가나안의 신학을 의미했다. 그는 솔로몬의 등극시 제사장 사독, 사령관 브나야와 함께 명실공히 예언자의 역할을 수행하게 된다.

8) 다윗의 집안의 내력

다윗에 있어서 이상한 것은 그의 이름이 정확히 무엇이냐는 것과 그의 어머니의 이름이 나타나지 않는다는 것이다. 학자들은 다윗이라는 이름은 아마도 왕에 대한 호칭이지 개인 이름이 아닐 것이라는 의심을 한다. 왜냐하면 사무엘하 21 : 19에서는 골리앗을 죽인 것은 야일의 아들 엘하난(Elhanan)으로 나온 반면 사무엘상 17장에는 다윗이 골리앗을 죽인 것으로 나오기 때문이다. 그래서 허니맨(Honeyman)과 같은 사람은 엘하난(Elhanan)이 본래의 이름이고 대관식 때 받은 이름이 다윗으로 본다. 다윗이라는 이름을 놓고, 마리 문서에 나타나는 다비둠(Davidum)이라는 말이 장군, 두목을 뜻하는 것에 기초를 두어 하나의 타이틀을 뜻하는 것으로 추정하는 견해가 있으나 하워드(D.M. Howard)는 이 견해 역시 바른 것으로 보지 않는다.

이런 다윗의 이름의 모호성과 관련해서 또 다른 난해한 견해는 다윗의 어머니의 이름이 나타나지 않는다는 것이다. 이스라엘이나 유다의 모든 왕들의 어머니를 기록하는 것이 신명기사가의 습관이다. 심지어 여로보암 1세의 어머니가 과부 스루야라는 것까지 밝히고 있다. 그러나 유독 다윗의 어머니만은 그 이름을 밝히고 있지 않다. 이는 다윗의 어머니의 신분이 다윗 왕의 신분에 걸맞지 않는다는 것을 시사하고 있는지도 모르겠다. 예를 들면 다윗과 마찬가지로 잡류들을 모아서 두령이 된 입다의 어머니의 이름은 나타나고 있지 않다. 또 앞에서 말한 바와 같이 요셉의 인생행로나 모습이 다윗과 비슷한 것에 근거해서 다윗의 가족을 추론해 볼 수 있다. 예를 들면 하녀들의 자식을 빼고 레아의 아들이 6명이고 라헬의 아들이 요셉과 베냐민을 모두 합하여 8명인데 다윗의 형제도 8명이다. 그런데도 이새가 다윗을 느즈막에 둔 것으로 묘사되고 있는 것과 마찬가지로(삼상 17 : 17) 요셉은 야곱이 늘그막에 얻은 막내의 모습으로 그려지고 있다(창 37 : 3). 그러므로 다윗은 아마도 자기의 형들과는 다른 이복형제였을 가능성이 큰 것으로 나타난다. 이런 모습은 요셉의 형제들이 요셉의 꿈에 대한 이야기를 듣고 그를 꾸짖는 것이나 혹은 다윗이 골리앗에 대해서 분개하고 있는 것에 대해 그의 형이 꾸짖는 맥락이 놀랄 정도로 비슷하다. 또 입다의 이복형제들이 입다를 문전박대하는 것도 비슷하게 나타난다.

다윗은 이새의 여덟째 아들로 태어난다(대상 2 : 13−17)[7]. 이새는 이 여덟 명의 아들(삼상 17 : 12) 이외에도 스루야와 아비가일이라는 두 여자

형제가 있었다. 그러나 이상한 것은 스루야의 세 아들(요압, 아사헬, 아비새)과 아비가일의 아들(아마사)은 다윗이 잡류들을 모아서 군대를 조성할 때 혹은 그 후에 군대의 주요 요직 수행자로 등장하나 다윗의 형제는 그 외모가 수려함에도 불구하고 전혀 임용되고 있지 않다는 것이다. 역대기상 2 : 13－17에 보면 다윗의 형제가 7명이 나타나는 것이 아니라 오직 6명만 나타난다는 것이다. 사무엘상 10장에는 이새가 다윗을 제외한 아들 일곱을 사무엘 앞에 보이는 것으로 보아서 이들은 아마도 다윗의 형들이었던 것 같다. 그러므로 아마도 형제들 중의 하나는 일찍 죽었든지 아니면 어떤 연유로 해서 빠져버리게 되었다는 것이다.

우리는 이러한 다윗의 족보를 필자가 제시한 확대된 신명기 역사라는 틀을 배경으로 놓고 볼 때 야곱과 요셉과의 관계를 비추어서 생각해 볼 수 있다. 왜냐하면 다윗이 다른 모든 이복형제들보다 더 총명했다라는 표현이 나오며 요셉이 집에 혼자 남아 있다가 양을 치는 자기의 형제들을 살피러 나간 것과(창 37) 다윗이 집에 혼자 남아 있다가 전장에 나가 있는 형들의 안부를 묻는 역할을 담당하게 된다. 둘 다 나이가 지긋해서 얻은 아들들이었다(창 37 : 3; 삼상 17 : 12). 또 형들로부터 똑같이 모욕스러운 경멸을 받는다(창 37 : 8; 삼상 17 : 28). 또 요셉의 형제들이 요셉이 쫓겨간 이집트로 내려간 것처럼 다윗의 형제들이 다윗이 쫓겨간 곳으로 내려가서 거기서 생명을 부지하게 된다(창 46; 삼상 22 : 1). 또 둘 다 얼굴이 잘생기고 용모가 준수하다(삼상 17 : 42).

사무엘상 16 : 12	창세기 39 : 6
그는 에돔인(붉은 자)이었고	요셉은
눈이 예뻤고	몸매가 예뻤고
외모가 좋았다	외모가 예뻤다

이런 맥락에서 볼 때 요셉의 용모가 준수하고 특별한 애정을 부여받은

7) 삼상 16 : 10은 다윗이 7형제를 둔 것으로 언급하고 있으나 세 명의 형들만을 이야기하고 있다.

것 그리고 하나님이 함께하심으로써 일어나는 무궁무진한 승승장구의 축복이 두 사람에게 있다고 하는 암시를 주고 있다고 할 것이다. 또한 다윗과 다른 형제들 사이에는 라헬과 레아의 사이에 존재하는 이복형제라고 하는 관계와 비슷한 관계가 존재하는 것이 아닌가라는 가능성을 짙게 풍기고 있다고 할 것이다.

또한 라헬이 실제로는 정실이 아님에도 불구하고 사랑을 통해서 장자의 역할을 하게 하는 것과 마찬가지로 또 밧세바가 남의 아내임에도 불구하고 사랑을 통해서 그 족보가 유전되어 나가는 것으로 나타나며 또 이런 사랑이라는 면에서 다윗의 족보는 유난히 이방적인 피를 많이 타고 난 것으로 묘사되고 있다. 우선 창세기 38장에 보면 다윗의 조상이 되는 유다의 아내는 가나안 사람 수아의 딸이었다. 유다는 나중에 며느리 다말과 다시 한자리에 들어서 다윗의 조상 베레스를 낳았다. 여기서 다말 역시 족보가 없는 가나안 인으로 나온다(창 38 : 6, 11, 13, 24; 룻 4 : 12; 대하 2 : 4). 다윗의 증조할머니인 룻 역시 모압 인이다(룻 1 : 4; 4 : 12). 그러므로 다윗이 나중에 가족을 모압 지방에 맡겨두거나 남쪽 네겝 지역에 가까운 시글락과 같은 변방에서 활동한 것이 무리가 아니었음을 짐작하게 한다.

이렇게 다윗의 할머니쪽 조상이 룻이나 다말 모두 이방인 후처 출신인 것을 생각할 때 또 다윗의 아내 중에서 가장 길게 자주 언급되는 것이 나발의 아내 아비가일과 헷 족속 우리아의 아내였던 밧세바(혹은 밧수아, 수아의 딸)인 것을 볼 때 다윗 자신도 결국은 이새의 이방인 후처의 태생이 아니었겠는가라는 생각을 가지도록 한다. 특히 그 후처는 블레셋 다섯 성읍 중에서 베들레헴에 가장 가까웠던 갓에서 온 것이 아닌가라는 추측을 하게 한다. 왜냐하면 위에서 말한 바와 같이 다윗은 자기의 부모를 모압에 맡겨놓고 자신은 갓의 왕 아기스에게 가서 그의 호위병이 되기 때문이다. 더 나아가서 자기의 누나의 아들인 요압과 동등한 지위를 이제 막 망명 온 잇대에게 주고 있는 것을 볼 때 이러한 사실을 뒷받침해 준다고 하겠다(삼하 15 : 18－21).

어떻게 어제 도착한 망명군인 잇대에게 군사령관과 동등한 지위를 줄 수 있을까? 더 나아가서 솔로몬 등극을 주도한 삼인방 중에서 군사적인 실세를 가지고 있던 블레셋 용병대장이 제단의 뿔을 잡고 버티던 요압을 쳐서 죽이고 대신해서 군사령관이 된다(왕상 2 : 28−35).

9) 밧세바

밧세바는 다윗이 왕권을 물려준 솔로몬의 어머니이다. 역대기상 3 : 5에서는 밧세바가 아미엘의 딸인 밧수아(Bathshua, בת־שוע)로 나온다. 사무엘하 11 : 4는 밧세바는 엘리암의 딸이며 헷 족속 우리아의 아내라고 명시되어 있다. 이 엘리암 혹은 아미엘은 다윗의 삼십인 용사 중의 하나로서, 아히도벨의 아들인 것으로 나타난다(삼하 23 : 34). 아미엘이 압살롬의 난 때에 계책가로서 활동했던 길로의 아히도벨의 아들(삼하 16 : 16)이라고 한다. 슐리(D.G. Schley)의 *ABD*에서는 Ahithopel은 Ahithopel이 아히(achi, 나의 형제는)와 도벨(thopel)이 합쳐진 것으로서 도벨(thopel)은 요단 강 동편 사해바다 남부의 지명으로서 모압이나 에돔 족이 지배한 지역으로 추정한다. 이렇게 보면 아히도벨은 요단 강 동편에서 온 가나안인이었는지도 모른다. 또 사무엘하에서는 밧세바는 Bath-sheba로 읽히나 역대기서에서는 Bathshua(בת־שוע) 즉 창세기 38 : 2과 역대기상 2 : 3에 나오는 유다의 아내가 된 "수아의 딸"[8]이 된다. 이렇게 밧-세바(부유한 자의 딸) 혹은 밧−수아(가나안인 수아의 딸)라는 이름으로 볼 때 아마도 밧세바는 가나안 남부에 살던 수아라는 이름의 부유한 호족집안의 딸이었고 다윗의 다른 결혼의 경우와 비교해 볼 때 밧세바와의 결혼도 나발의 아내인 아비가일과의 경우와 비슷한 정략결혼 혹은 호족병합 방법의 일환이 아니었나 하는 추측을 가능하게 한다.

원래 다윗의 결혼정책은 상당히 전략적인 데가 있는 것도 사실이다. 왕이었던 사울의 딸인 미갈과 결혼을 한다든가 부유한 갑부 나발의 아내인

8) 미국 표준성서(RSV)의 대상 2 : 3은 수아의 딸을 고유명사인 Bathshua로 번역하고 있다.

아비가일을 차지함으로써 자연히 그의 소유를 인수하게 된다는 맥락에서 이루어지는 것이었다. 밧세바는 "부유한 자의 딸"(daughter of abundance)이라는 뜻으로 볼 때 그는 확실히 어떤 부를 상징하는 그런 의미를 가지고 있었고 또 아히도벨이나 엘리암(나의 하나님의 백성)과 같은 그의 집안 인물들을 볼 때도 그의 가족의 배경은 결코 작은 집안이 아니었음이 분명하다.

창세기 38장에서 보면 유다는 수아의 딸을 아내로 삼게 되는데 수아는 가나안 인이라고 한다. 그러므로 밧세바는 결국 유력한 가나안 인의 영주에 속하는 집안 출신으로서 헷 족속의 장군인 우리아에게 결혼했던 것 같다. 결국 아히도벨의 입장에서 보면 아들 엘리암(Eliam, 삼하 11 : 3)의 딸이며 자신의 손녀인 밧세바의 남편을 죽인 개인적인 감정 때문에 반란 시에 압살롬의 편에서 다윗에 대한 보복을 노렸을지도 모른다. 이 점을 역으로 생각해 보면 아히도벨 역시 가나안 사람 수아의 문중으로 온 것이 아닌가 라는 생각을 하게 할 것이다.

10) 다윗과 블레셋 족속

다윗은 블레셋 족속과는 각별한 인연을 가지고 있다. 사실상 블레셋 족속의 힘이 아니었으면 다윗이 과연 일어날 수 있을 것인가라는 회의를 가지게 한다. 블레셋의 다섯 도시국가 중에서도 가장 베들레헴에 가까운 아기스가 왕노릇을 했던 가드의 영향을 가장 많이 받는다. 먼저 다윗이 제일 먼저 출세가도를 달리게 한 첫 시도가 된 골리앗 장군은 바로 아나킴들이 살던 도시인 가드로부터 온 것으로 보고되고 있다. 이 골리앗을 죽임으로써 다윗은 일약 사울과 요나단의 눈에 들게 되고(삼상 17) 더 나아가서 지휘관이 된다(삼상 18 : 5). 이후 그는 졸지에 백성들로부터 사울보다 우월한 자라는 인기를 얻게 되어 "사울은 천천이요 다윗은 만만이다"라는 말을 듣게 된다. 이것이 기점이 되어서 사울로부터 시기의 대상으로까지 번져나가게 된다(삼상 18).

그러나 다윗의 블레셋 족속과의 관계는 여기서 머무르지 않는다. 먼저 다윗은 자기가 죽인 골리앗의 칼을 놉 땅의 제사장 아히멜렉으로부터 받아서 일생 사용하게 된다(삼상 21 : 10). 사실 그는 이미 골리앗의 칼을 빼어 그의 목을 자르며 다른 무기를 숨겨놓았다는 이야기가 나온다(삼상 17 : 51).

그러나 이것이 행운이면서 악운의 인연이 되어서 다윗이 사울로부터 쫓기게 되자 제일 먼저 찾아간 것이 가드 왕 아기스이다(삼상 21 : 11). 거기서 골리앗을 죽인 자라는 낙인이 확인되자 잠시 그를 떠나서 독자적인 잡류 군사들을 모으기 시작한다(삼상 22 : 1－2). 성서는 이스라엘 사람을 모았다는 이야기는 하지 않고 온갖 잡류를 다 모았다고 한다. 거기서 모압 왕에게 자기의 부모를 맡아달라고 요구해서 거기에 맡기고 자신과 병사들은 유다 땅으로 들어온다. 아마도 그는 그의 증조할머니 룻에 대한 족보이야기를 빙자했을 것으로 여겨진다.

이 후에도 다윗의 주변은 친족들로 채워졌던 사울과는 달리 언제나 이방인들로 채워져 있음이 나타난다. 이들 중에 제일 먼저 나타나는 인물이 잇대이다. 잇대는 다윗이 압살롬의 난으로 말미암아 도망할 때에 다윗을 따라온 인물이다. 사무엘하 15 : 18－23에 보면 다음과 같다.

> 모든 신복이 그 곁으로 지나가고 모든 그렛 사람과 모든 블렛 사람과 및 왕을 따라 가드에서 온 육백 인이 왕의 앞으로 진행하니라 그때에 왕이 가드 사람 잇대에게 이르되 어찌하여 너도 우리와 함께 가느냐 너는 쫓겨난 나그네니 돌아가서 왕과 함께 네 곳에 있으라 너는 어제 왔고 나는 정처없이 가니 오늘날 어찌 너로 우리와 함께 유리하게 하리요 너도 돌아가고 네 동포들도 데려가라 은혜와 진리가 너와 함께 있기를 원하노라 잇대가 왕께 대답하여 가로되 여호와의 사심과 우리 주 왕의 사심으로 맹세하옵나니 진실로 내 주 왕께서 어느 곳에 계시든지 무론 사생하고 종도 그 곳에 있겠나이다 다윗이 잇대에게 이르되 앞서 건너가라 하매 가드 사람 잇대와 그 종자들과 그와 함께한 아이들이 다 건너가고 온 땅 사람이 대성통곡하며…

여기서 보면 잇대는 가드 사람임이 드러나고 아마도 망명 내지는 용병군이었음이 드러난다. 또한 그렛 사람은 크레테 인들로서 역시 외국인 용병들이며 여러 블레셋 족속들 중의 한 지파라고 할 수 있을 것이다. 사무엘하 18 : 1－5에서 보면 다윗은 군대를 셋으로 나누는데 요압과 그의 형제 아비새 그리고 잇대에게 동등하게 군대를 분배해서 공격을 시도하고 있는 것으로 나타난다. 그러므로 우리가 추측할 수 있는 것은 도착한 지 며칠 되지 않은 잇대는 외국인(נכרי)이었으나 요압 형제 못지않은 막강한 군사적인 힘을 부여받고 있다는 것이다. 그러므로 사실상 잇대는 요압 형제 이상의 신뢰를 받고 있다고 할 것이다.

이러한 다윗과 블레셋 족속인 가드의 군대와의 밀접한 우애는 솔로몬 등극시 가드의 용병군인 대장이었던 브나야(Benaiah)가 요압을 대신해서 군대 총사령관이 되고 있음(왕상 4 : 5)을 알 수 있다. 사무엘하 8 : 18; 20 : 23 등에 보면 브나야는 다시 그렛 외인부대와 블렛 외인부대의 지휘관이었다고 한다. 그렛 외인부대는 역시 크레테(Crete) 혹은 갑돌(Caphtor)에서 온 블레셋 족속을 말한다. 브나야는 여호야다의 아들이고 여호야다가 온 여갑스엘(Kabzeel, 혹은 Jekabzeel)은 유다 지파의 영역을 넘어가서 더 남쪽인 시므온 지파의 남단에 있는 네겝 지역의 도시이므로 역시 가나안적인 세력권으로 묶여 있는 곳이었다고 할 수 있을 것이다.

한동안 사울을 피해다니던 다윗은 600명이라는 용병을 이끌고 가드 왕 아기스에게 망명함으로써 시글락 성을 할당받는다. 이 성 역시 베들레헴 남쪽에 있는 성으로서 다윗의 전진기지가 되며(삼상 27 : 1－7) 다윗은 아기스 왕의 용병수비대가 되어 이스라엘 백성을 치기 위해서 출전까지 하게 된다(삼상 28 : 1－2). 다윗이 블레셋 왕의 종신호위병이 되었다는 사실은 이후에 다윗이 왕이 된 후에도 잇대나 브나야와 같은 블레셋 군 용병대장에게 유다군보다도 더 가까운 지위를 할당하고 있는 데서도 드러난다. 결국 자기 누나의 아들이었던 요압과 동등한 지위를 잇대가 가지게 되며 또 브나야가 솔로몬 등극시에는 요압의 지위를 대체하게 되는 데서도 그 친족성을 시사하고 있다고 할 것이다. 이러한 상황에서 사울은 엔도르에 있는 무당을 찾게 되며 결국 길보아 전투에서 요나단을 비롯한 다른 아들들과 함께 장렬한 전사를 하게 된다.

11) 다윗의 이방성

우리는 이렇게 다윗의 핵심세력에 대해서 살펴보았다. 우선 다윗의 자신의 이름조차도 다윗의 형제의 이름과는 다른 하나의 "두령"이라는 뜻의 명칭이었던 것 같다. 그러므로 다윗이 과연 어디에서 와서 어디로 흘러갔는지는 참으로 이해하기가 어렵다고 할 것이다. 다만 우리가 추정해 볼 수 있는 것은 다윗은 사울의 아래서 힘을 기르거나 권력기초를 다진 인물이 아니라 블레셋 족속 다시 말해서 고향인 베들레헴에서 가장 가까운 가드의 아기스 왕의 수하에서였고 또 그들의 무기와 전략 더 나아가서 그들의 병력을 다른 어느 병력보다도 더 가까이 했다는 것이다. 이는 북이스라엘의 비그리의 아들 세바가 반란을 일으켰을 당시 아마사를 통해서 유다의 병력을 동원했을 때 잘 되지 않자 아비새에게 자기의 외국인 사병 특히 블레셋 족속의 사병을 주어 토벌케 하는 데서도 드러난다. 또한 그의 족보 역시 유다의 남쪽에 위치하면서 여러 혼혈이 이루어졌음을 말해주며 그의 신학 역시 시내 산에서 모세를 중계로 해서 맺어진 조건적인 계약이라기보다는 이집트나 가나안의 제도였던 멜기세덱의 것과 같은 영원한 왕조사상에 더 깊이 의존되어 있음을 볼 수 있었다. 신명기사가가 그의 증조할머니 룻이 모압 여자라는 것을 창조해 낸 것 같지는 않다. 실제로 그가 자신은 블레셋 왕 아기스의 경호대장을 하기는 했을망정 자기의 부모를 모압 왕에게 맡긴 것은 그런 혈통적인 유대를 강하게 뒷받침하는 사실이라고 할 것이다.

사울의 경우는 정말 처음부터 장렬한 전사를 하기까지 전적으로 이스라엘을 위해서 이스라엘 병력만을 가지고 활동하게 된다. 그러나 다윗의 경우는 사울도 모르는 곳으로부터 온 인물로 결국 사울을 배신하게 되며 종국에 이르러서는 이스라엘을 대적하는 인물로 이스라엘 군과 맞서게 된다. 이와 부응해서 다윗이 압살롬의 난의 위기에 처했을 때 그를 승리로 이끌게 한 것은 블레셋 족속의 장군인 가드로부터 온 잇대였다. 잇대는 사령관이었던 요압과 동등한 지위를 향유하게 되는데 이제 이 요압도 블레셋 용병군의 대장이었던 브나야에 의해서 죽임을 당하게 된다.

제사장직도 엘리, 비느하스, 아히툽, 아히멜렉으로 이어지는 북이스라엘 제사장 혈통을 이은 아비아달이 주 제사장으로서 다윗 시대에 언약궤를 메고 있었으나 예루살렘 점령 후에는 비록 아비아달을 보조하는 위치에 있기는 했으나 사독은 다윗의 신임을 아비아달보다 더 받는 것으로 나타나며 아도니야의 난을 계기로 정식으로 그를 대신해서 대제사장이 된다. 나단 역시 다윗이 예루살렘을 점령한 후에 나타나는 예언자로서 전통적인 시내 산 계약신학을 선포하는 것이 아니라 고대근동과 가나안에서 행해지던 영원한 왕조사상을 선포한다. 이렇게 확대된 신명기사가의 견해로 볼 때 유다와 다말의 관계로 시작되는 다윗의 족보는 결코 순수한 이스라엘 족속이라기보다는 가나안의 영향력을 더 깊이 간직하고 있는 인물이라는 것을 숨기지 못하고 드러내고 있다고 할 것이다.

사무엘하 17 : 25에는 이렇게 나와 있다. "압살롬이 아마사로 요압을 대신하여 군장을 삼으니라 아마사는 이스라엘 사람 이드라라 하는 자의 아들이라 이드라가 나하스의 딸 아비갈(나의 아비가 기뻐하시다)과 동침하여 저를 낳았으며 아비갈은 요압의 어미 스루야의 동생이더라" 또, 27절에는 "다윗이 마하나임에 이르렀을 때에 암몬 족속에게 속한 랍바 사람 나하스의 아들 소비와 로데발 사람 암미엘의 아들 마길과 로글림 길르앗 사람 바르실래가"라고 되어 있다. 스루야나 아비갈은 다윗의 누이들이다. 다윗의 누이인 아비갈이 어떻게 해서 암몬 왕 나하스의 딸인지 복잡한 가족관계가 있음이 분명하다. 이런 나하스와의 인척관계 때문에 다윗은 나하스가 죽었고 첫째아들 하눈에게 조문객을 보냈고 하눈은 신하들의 조언으로 조문객을 박대해서 보낸다(삼하 10장). 그러나 하눈의 동생인 소비는 다윗이 궁지에 처했을 때 식량을 제공하고 있다. 이런 모든 맥락이 막내인 다윗의 가족관계가 매우 열려 있는 관계임을 말해주고 있다고 할 것이다. 한 가지 특이한 것은 신명기사가가 반드시 어머니쪽 족보를 밝히는 것을 좋아하나 다윗의 경우는 어머니쪽을 전혀 밝히고 있지 않다는 것이다.

그렇다면 다윗의 이러한 복잡한 족보와 여성편력의 의미는 우리 기독교인들에게 혹은 예수와 관련해서 무엇을 이야기해 주고 있는가? 만일 예수가 마굿간에서 태어나지 않고 헤롯 왕의 궁전이나 로마 황제의 궁에서 태어났다면 그가 참으로 많은 중생들로 하여금 자신이 메시아임을 고백하게 할 수 있었을까. 다윗과 같은 혼혈아적인 인물 안에서 또 다윗과 같은 야심가로서, 또 생존을 위한 여러 가지 복잡했던 결혼관 속에서 시사하는 바는 당대의 혹은 후대의 많은 하나님의 백성들도 자신이 바로 다윗과 같은 죄인일 수밖에 없다는 공감대를 다윗 안에서 발견했다고 하는 점일 것이다. 다시 말하면 그렇게 많이 죄악스러워 보이는 삶의 소용돌이 속에서도 하나님을 의지하고 끝까지 신앙을 지킨 다윗이라는 인격 안에서 블레셋 장군 잇대가 그런 것처럼 그가 자기와 비슷한 처지에 있는 곤궁한 자들을 결코 버리지 않으리라고 하는 메시아 상을 발견했다고 할 것이다.

이렇게 볼 때 역사적 예수와 재림예수의 원형이 된 다윗의 인격 안에는 벌써 그가 이방인일지라도 참으로 충성하고 따르는 자를 자기 백성으로 삼는 분이라는 예수의 세계주의(universalism)를 향한 인격을 그 자신 안에 잉태하고 있었다는 것을 알 수 있다. 비록 같은 육적인 혈통이라도 하나님의 나라를 위한 참된 신앙의 관계가 아닐 때에는 다윗의 형제가 등용되지 않은 경우와, 요압에 대한 다윗의 태도에서와 같이 오히려 저주의 대상이 될 수밖에 없다는 것을 단적으로 보여주는 대표적인 예라고 할 것이다.

이는 예수께서 고귀한 집안에서 고귀한 장소에서 태어나지 않고 이방인 지역에서 태어나서 고독하고 외롭게 가난하고 의지할 데 없는 이방인들과 더불어 짧은 삶을 살다간 예수의 인격 안에서 하나님 나라의 의와 화평을 초대 기독교인들이 잇대가 다윗에게 고백한 것과 같이 "진실로 내 주 왕께서 어느 곳에 계시든지 무론 사생하고 종은 그 곳에 있겠나이다" 라고 하는 고백을 하지 않을 수 없었던 것이나 마찬가지라고 할 것이다. 또한 이렇게 이방에서 태어난 예수의 복음이 또 다른 이방에서 태어난 사도 바울에 의해서 이방인을 위한 구원으로 전해지게 되었다는 것은 참으로 역사의 아이러니만은 아니라고 할 것이다.

3. 다윗의 참회

1) 참회시편의 삶의 정황

시편은 삶의 정황 즉 어떤 사회적 정황에서 노래되어지고 어떠한 용도로 쓰여졌느냐에 따라서 탄식시, 감사시, 찬양시, 축제시로 나뉠 수 있다. 첫 세 부류의 시편은 시의 형식에 따라서 나눌 수 있는 것이며 축제시편은 절기 때에 사용되었던 것으로 주로 내용에 따라 구별이 된 것이다. 탄식시는 사무엘하 7편과 열왕기상 8편에 나오는 다윗의 기도와 솔로몬의 기도에 나오는 것처럼 영의 탄식 즉 기도를 말한다. 네 번째로 축제시편은 이스라엘의 중앙성소 안팎에서 절기 때에 절기의 종류에 따라 혹은 같은 절기 내에서라도 기념되는 내용에 따라 사용되었던 시편의 모음집을 말한다. 한 가지 공통점은 이들 부류의 시편들은 각자의 사회적 정황에 따라서 필요에 따라서 생성되었던 것이며 그렇다 보니 그 시편이 통용되고 사용되고 있던 사회적 정황을 그대로 대변해주고 있다는 것이다.

형식에 따른 분류는 탄식시, 감사시, 찬양시로 나뉘는데 이들 시편은 탄식에서 감사로 감사에서 찬양으로 옮아가는 일련의 발전적 양상을 보이고 있다는 것이다. 그러므로 시편서의 구성도 전체 150편 중에서 앞부분에 탄식시가 약 2/3 가량이 몰려 있으며 나머지 감사시가 중간 부분에 흩어져 있고 마지막으로 갈수록 찬양의 시편으로 가서 시편 150편은 완전한 찬양의 대 송영으로 되어 있다. 물론 기계적으로 구성되어 있음을 말하는 것은 아니다. 탄식시의 삶의 정황은 대표적으로 병이나 기근, 사회적으로 왕따나 소송을 당한 경우이다. 감사시는 다윗이 온 유다라는 이름에서 잘 나타나 있는 바와 같이 어려움에서 구해줌에 대한 감사헌금시에 불려진 헌금송이나 생일, 축일, 행운 등의 감사를 표시하는 것이었다. 이런 감사 시편은, 대개 탄식시가 내가 죽겠다고 하는 일인칭이 지배적인 반면, 이인칭으로 되어서 당신이 나를 구해주었음을 표현한다. 찬양은 야웨의 이름을 찬양하라는 삼인칭으로 야웨를 혹은 그의 이름을 찬양하고 기리는 것이다.

탄식시에는 병들었거나, 왕따당했을 때의 고통이 지배적인 경우이며 혹은 기근과 유행병, 적군이 쳐들어왔을 때 등의 어려움을 극복하기 위한 때에 불리워졌다. 이들 중에 약간 지엽적으로 붙어 있는 것이 저주시편과 참회시편이다. 대적자들의 잔혹함을 저주하는 시편이 저주시편이며 시편 137편이 대표적이다. 인간에게 있어서 가장 간과하지 못하는 부분이 참회의 부분이다. 이 부분은 짐승과는 전혀 다른 하나님의 형상을 지닌 인간만이 가질 수 있는 가장 진지한 차원이라고 할 것이다.

시편 51편은 다윗이 밧세바의 남편인 우리아의 사건과 관련하여 참회하는 시편이다. 높이 올리움도 받았고, 그에 대해서 다윗은 많은 감사시편도 있었지만, 예수가 음부에까지 내려갔다가 올라온 것같이 다윗은 요단 강을 건너갔다가 다시 돌아오는 철저한 아픔을 체험한다. 다음 시편을 살펴봄으로써 예수 안에서 성육화된 다윗의 신앙적 모습 중에서 가장 아팠던 다윗의 모습을 볼 수 있을 것으로 생각해서 이 단원을 추가하는 것이 커다란 의미가 있다고 본다. 다윗의 이런 측면이 없이 이스라엘 백성을 대변하는 다윗의 참된 내면의 세계, 다른 말로 하면 이스라엘 백성들의 참회의 세계를 볼 수 없을 것이다.

한마디로 말하면 이 단원은 시편 51편을 통해서 본 다윗 상에 대한 수용사적인 측면을 살피는 분명한 의미와 위치를 가진다고 할 것이다.

이 시편의 제목은 "성가대장의 지휘에 따른 다윗의 노래로 되어 있으며 부제가 그가 밧세바와 동침한 후에 예언자 나단이 나타났을 때" (사역) 라고 되어 있다. 그러나 문제는 밧세바와 동침한 후 우리아를 죽이는 죄악까지 나아가는 데 있다. 이 시편은 참회시편이라고 한다. 이와 같은 참회 시편으로는 시편 6; 32; 38; 51; 102; 130; 143인데 이는 102와 130은 무명으로 되어 있고 나머지는 모두 신앙인의 대표적 성격이라고 할 수 있는 다윗의 기도 내지는 참회로 되어 있다. 참된 의인은 오로지 자신이 죄인임을 깨닫고 통탄하는 자만이 의인인 것이다. 시편 51편은 이렇게 다윗의 가장 깊은 참회의 부분을 스스로 통회하는 식으로 그리고 있기 때문에 이 시편에 대한 참된 이해 없이 다윗 상의 깊은 세계를 이해할 수 없을 것이다.

2) 참회시(시 51)의 구조와 예배형식

위에서 말한 바와 같이 기도문이라고 할 수 있는 탄식시의 구조를 먼저 살펴보자. 앤더슨(B. W. Anderson)은 고난 중에 하나님을 불러 모든 것을 아뢴 후에, 하나님의 구원을 체험하고 확신하는 단계를 가진 예배정황이 기도문인 이 탄식시에 잘 대변되어 있다고 본다. 이를 현대 예배상황에 적용시켜 해석하면 다음과 같다. 다시 말하면 참회의 시편세계에 묵상으로 참여하는 것은 하나의 예배행위와 같은 효과를 가진다는 것이다. 탄식시와 참회시는 약간의 차이가 있지만 시편 51편의 구조를 예배정황에 대칭시켜 보면 다음과 같다.

참회시(탄식시)	시 51편	현대 예배에서의 정황
하나님을 부름(하나님이시여)	1a	예배로의 부름
불평(호소)	3−5	일반적인 고백의 기도
신뢰의 고백	6−13	사도신경의 고백
구원을 위한 탄원	1b−2	회중기도 혹은 주기도문
구원신탁	16−19	설교
찬양하겠다라고 하는 서약	14−15	찬양시나 송영

우리는 기도를 드릴 때 먼저 하나님이여(1a절)라고 부르고 나서 구원을 위한 탄원(1b－2)을 한다. 그 다음에 바로 부족하고 딱한 처지를 먼저 말씀드리고(3－5절) 그 다음에 신뢰의 고백을 한다. 이후에 하나님의 의를 노래하고 찬양하리라고 하는 서약(14－15절)으로 끝을 맺는다. 이 후에 고백문의 형태로 하나님을 위한 참다운 제물은 상한 심령이라는 신탁과 같은 문장이 16－19절에 따라나온다.

3) 시편 51편의 사역

먼저 나온 것이 우리말 절수이고 나중에 나온 것이 히브리어 성서의 절수이다. 우리말 절수는 한글개역성서를 따라서 사용할 것이다.

0/1

성가대장의 지휘에 따른 다윗의 노래

0/2

그가 밧세바와 동침한 후에 예언자 나단이 나타났을 때

1/3

나를 돌아보소서.

한결같은 사랑(chesed)의 하나님, 자비를 베푸소서!

당신의 풍성하신 자비하심(racham)으로 나의 죄과(pasha')를 없어지게 하소서.

2/4

나의 죄악('awon)을 완전히 헹구어내시어(kabas)

나의 죄(chata'at)를 없게 하소서(tahar)!

3/5

진정으로 내가 나의 죄과(pasha)를 아오니(yada)

나의 죄(chata'at)는 언제나 나와 함께 있는 짝(neged)입니다.

4/6
오직 당신께만 내가 죄(chata'at)를 지었사오니.
당신의 눈앞에서 내가 악(ra)을 행했습니다.
5/7
내가 죄악('awon) 속에서 주조되었고
죄(chata') 속에서 나의 어머니가 나를 잉태했습니다.
6/8
보소서, 당신이 진실된 신실함을 기뻐하며
나로 하여금 은밀한 지혜를 알게 했습니다.
7/9
우슬초로 나를 순결하게 하소서,
그러면 내가 깨끗하게 될 것입니다.
나를 씻기소서
그러면 내가 희게 될 것입니다.
8/10
나로 하여금 즐거움과 환희를 듣게 하시고
당신이 부러뜨린 뼈가 기쁘게 하소서.
9/11
당신의 얼굴을 돌리시어 나의 죄를 보지 마시고
나의 모든 죄악이 없어지게 하소서.
10/12
하나님 나에게 깨끗한 마음을 창조해 주시고
내 안의 영을 새롭게 하여 깨끗하게 하소서.
11/13
당신의 면전에서 나를 저버리지 마시고
당신의 성령을 나로부터 거두지 마소서.
12/14
구원의 기쁨을 나에게 회복시키소서,
내가 당신의 관대한 영을 의지하게 하소서.

13/15
내가 범죄인들에게 당신의 길을 가르치게 하시고
그러면 죄인들이 당신에게 돌아올 것입니다.
14/16
하나님, 구원의 하나님, 나를 피로부터 구원하소서!
나의 혀가 당신의 의를 힘차게 노래할 것입니다.
15/17
나의 주여 나의 입술을 여소서!
내가 당신의 찬양을 선포하리다.
16/18
당신은 희생제사를 기뻐하지 않습니다.
그렇다면 내가 드렸을 텐데
당신은 번제 또한 즐겨하지 않습니다.
17/19
당신의 희생제사는 부서진 영혼이며
부서지고 상한 마음이며
하나님, 당신은 이를 경멸치 않습니다.
18/20
당신이 기쁘시다면 시온을 좋게 하소서!
예루살렘의 성벽을 세우소서!
19/21
그러면 당신이 의의 희생제사, 번제, 통번제를 기뻐할 것이고
그때 그들이 황소들을 당신의 제단에 올릴 것입니다.

4) 다윗 참회시편의 해독법

이 시편은 동의적 평행법으로 구성되어 있다. 이스라엘 백성은 한 번

말한 것을 반복해서 말함으로써 같은 의미를 다른 비슷한 말로 표현하여 표현코자 한 의미를 분명하게 각인시키기를 좋아했다. 그러므로 두 문장 중의 한 문장이 제대로 해독이 되지 않을 때에 첫 문장을 반복해 주고 있는 다음 문장을 살펴봄으로써 그 의미를 분명하게 인식할 수 있는 것이다. 이를 동의적 평행법이라고 한다. 특히 시편에 이들 동의적 평행법이 자주 등장하는 이유는 원래 노래의 형식으로 되어 있던 이들 시편들이 반복에 의한 운율이 필요했거나, 예배 정황에서 화답의(antiphonal) 형식으로 청중과 인도자의 교독으로 사용한 데서 기인한 것일 수 있다.

이 시편 역시 회중들이 하나님 앞에 나왔을 때 교독문의 형식으로 죄를 고백하는 참회의 시편으로 사용되었음을 배제할 수 없다. 위의 사역에서 보여진 바와 같이 이 시편은 동의적 평행법을 적용할 때에 본문이해에 훨씬 수월함을 알게 된다.

5) 다윗과 하나님의 참사랑(헤세드)

이 시편은 신학적으로 중요한 개념들을 포함하고 있다. 하나님의 변치 않는 "신의" 혹은 "공약"(commitment)이라는 뜻을 지닌 "헤세드"라는 단어로서 하나님의 속성을 정의하고 이스라엘의 하나님은 바로 그런 하나님임을 다시 상기시키고 있다. 그 하나님은 다윗 왕조를 영원한 신의로 택하신 분, 호세아가 고멜을 사랑했듯이 어떠한 잘못을 저질러도 이스라엘을 버리지 않으시는 분이다. 이런 하나님은 자기를 내어주는 분이다. 신명기에서 보면 하나님은 일단 다른 남자와 동침한 여인을 다시 아내로 데려올 수 없다고 못박고 있다(신 24 : 1−4; 렘 3 : 1). 그러나 사랑은 율법을 초월하기 때문에 사랑으로 택하신 이스라엘 백성의(신 7 : 7−8) 생명을 위해서 이미 다른 정부에게 시집간 이스라엘이 돌아오기를 명하시는 분이시다(렘 3 : 12−14). 헤세드의 사랑 때문에 자신이 내린 율법을 가장 먼저 어기신 하나님인 것이다.

이렇게 성서는 이스라엘과 하나님의 관계를 이 세상에서 가장 가까운 관계 즉 부모 자식 간의 관계와 부부간의 관계로 묘사하고 있다. 먼저 부모와 자식 간의 사랑과 같은 의미는 1b절의 풍성하신 자비라는 말로 나타난다. 이는 한 아이를 감싸서 보호하고 있는 어머니의 뱃속에서처럼 안전하게 보호한다는 의미에서 "라함"이라는 단어를 쓰고 있다. 이 단어는 히브리어로 자궁이라는 뜻인데 한없이 "가엾이 여기는 모성의 정"(compassion)이라는 뜻을 가지고 있다.

또한 모정 이상 강한 사랑은 강렬한 남녀간의 사랑이다. 부부간에는 촌수가 없다. 그래서 성서에서는 하나님이 이스라엘과 가장 가까운 부부 사이로 묘사된다. 호세아서에서는 호세아와 고멜과의 사랑, 예레미야에서는 이스라엘이 광야에서 하나님과 첫 사랑의 관계를 맺은 것으로 묘사되고 있다(렘 2장). 이러한 남녀간의 애정에는 어떤 조건이 따르지 않는다. 그런데 이렇게 하나님이 이스라엘을 택하신 것은 그들이 강해서가 아니라 사랑했기 때문이었고(신 7 : 7-8) 그 사랑 때문에 자기를 없는 것처럼 하고 당신을 내어주신다.

따라서 예수님은 우리의 신랑으로 묘사된다. 그분은 자기 백성을 사랑하시고 자기를 내어주시고 자기의 백성들이 자기의 생명을 얻게 하셨다. 그분은 보아도 보지 못하고 들어도 이해하지 못하는 우리들의 마음속에 살아계시며 은밀하게 역사하신다. 여기서 시편 기자는 하나님은 자기와 가장 가까운 하나님, 변함없는 사랑의 하나님으로 고백되고 있다.

6) 다윗과 죄

신명기 역사는 죄에 대해서 민감한 반응을 보이고 있는데 죄의 개념은 여러 가지로 나타난다. 위에서는 죄의 형태가 세 가지로 나타나는 것을 볼 수 있다. 먼저는 죄(chatta't)이고 두 번째는 죄과('awon)이다. 먼저 구약성서에서 가장 흔히 나타나는 것은 죄(chatta't)이다. 또 이와 관련해서 단순히 질적인 싫음이나 죄의 결과로 나타나는 사악함 등의 의미를 지닌 악(raa, 라아)이 있다. 이는 범죄라기보다는 악한 성질 일반을 나타낸다.

여기서 나타나는 죄는 동사가 chatta'이고 명사형은 chatta't인데, 그 기본의미는 본 마음은 그렇지 않을 수 있으나 관리가 소홀해서 저지른 실수까지 포함한다. 욥기 5 : 24에는 "네가 네 장막의 평안함을 알고 네 우리를 살펴도 잃은 것이 없을 것이며"라고 하는데 여기서 잃다는 말이 바로 이 말의 동사이다. 또 사사기 20 : 16에는 "이 모든 백성 중에서 택한 칠백 명은 다 왼손잡이라 물매로 돌을 던지면 호리도 틀림이 없는 자더라"라고 말하고 있다. 이러한 방심의 단계에서 일어날 수 있는 기본적인 의미에서의 죄는 이제 동료관계나 하나님을 향한 윤리적이고 신앙적인 실수를 의미하는 데까지 나아간다.

창세기 20 : 9는 아비멜렉이 사라를 아브라함의 누이로 잘못 알고 범할 뻔한 후에 아브라함을 불러 "네가 어찌하여 우리에게 이리 하느냐? 내가 무슨 죄를 네게 범하였관대 네가 나와 내 나라로 큰 죄에 빠질 뻔하게 하였느냐?"라고 책망하고 있다. 더 나아가 에베소서 5 : 7을 보면 "우리 열조는 범죄(chatta't)하고 없어졌고 우리는 그 죄악('awon)을 담당하였나이다"라고 하나님에 대한 범죄를 탄식하고 있다. 그러므로 이 용어는 사회적인 영역에서부터 신학적인 영역에 이르기까지 죄에 대해 가장 광범위하게 사용된 언어라고 할 것이다.

그 다음 죄과(pasha)라는 말이 있는데 이는 단순한 실수까지도 포함하는 chatta't보다는 드물게 나타난다. 이 용어는 하나님에 대한 의도적인 반항이나 거부 등을 시사하는 신학적인 죄의 의미를 지닌 단어이다. 이 단어 역시 국가나 인간들에 대한 거부를 나타내기도 하지만(왕상 12 : 19; 암 1 : 3ff.) 대부분은 하나님 자신이나 그의 거부와 관련되어서 나타나고 있다(렘 2 : 8, 29; 3 : 13 등). 예레미야 3 : 13에 보면 "너는 오직 네 죄를 자복하라 이는 네 하나님 여호와를 배반하고(pasha) 네 길로 달려 모든 푸른 나무 아래서 이방 신들에게 절하고 내 목소리를 듣지 아니하였음이라"라고 하는데, 하타아트(chatta't)가 일반적인 죄를 모두 언급한다면 파사는 개인과 국가 사이의 혹은 하나님에 대한 의도적인 배반과 도전행위를 의미한다고 볼 수 있다.

죄를 의미하는 세 번째 단어로 이 시편에 나타나고 있는 단어는 아온('awon)이다. 이 아온의 동사형은 아와로, 죄 지은 사람의 내적인 상태를 의미한다. 이는 의리를 거역한다기보다는 불량하게 행동하다는 뜻을 가지고 있다. 이사야 24 : 1을 보면, "야웨께서 땅을 공허하게 하시며 황무하게 하시며 뒤집어 엎으시고('awah) 그 거민을 흩으시리니" 하는 식으로 상당히 난폭한 행위를 묘사하는데 명사형 아온 역시 사악한 행위, 잘못된 행위를 뜻한다. 사무엘상 3 : 13을 보면 "내가 그 집을 영영토록 심판하겠다고 그에게 이른 것은 그의 아는 죄악(아온)을 인함이니, 이는 그가 자기 아들들이 저주를 자청하되 금하지 아니하였음이니라" 라고 한다. 여기서 저주를 자초하는 행위란 엘레 아들들의 방탕한 행위를 단속치 아니함을 가리킨다. 또 창세기 4 : 13을 보면 가인의 살인죄가 아온으로 묘사되어 있고, 또 창세기 19 : 15을 보면 소돔과 고모라 성의 온갖 죄악을 뭉뚱그려서 역시 아온으로 묘사하고 있다.

네 번째 동의어적으로 나타나는 죄를 나타내는 단어는 악(라아)인데 이미 말한 바와 같이 악한 성질 일반이나 죄의 결과로 흉측한 모습을 나타내는 것을 말한다. 창세기 2 : 9의 에덴 동산에 관한 이야기에서 선과 악을 알게 하는 나무가 나온다. 이는 좋음과 싫음이라고도 번역할 수 있고 복과 저주라고 번역할 수 있다. 창세기 41 : 1−4에서 보기에 좋은 (예쁜)소와 나쁜(깡마른, 악한, 고대시절에는 마른 것이 미덕이 아니고 통통한 것이 미덕임) 소 등의 대비적인 의미비교로 사용된다. 또 신명기 30 : 15−20에서 생명은 좋은 것이고 죽음은 악한 것이라고 한다. 여기서 좋은 것은 축복이며 악한 것은 저주라는 구절이 동의적 평행법으로 나온다.

그러나 죄, 죄과, 죄악, 악 등 네 가지를 엄격하게 구별해 낼 수 있는 것은 아니고 흔히 대등접속사 "그리고"(and)나 동의적 평행법 등으로 연결되어 동의적으로 쓰인다. 그러므로 여기서 나타난 시편 기자인 다윗의 심정은 하나님 앞에서 범죄함으로 말미암아 모든 면에서 병적인 징후를 나타내는 자책감을 잘 표현하고 있다.

창세기 2 : 18에서 보면 아담을 도울 하와를 가리켜 "거들 짝" 혹은 "돕는 배필"(neged)이라고 나오는데, 제3절에서 보면, "죄"는 남편과 아내의 관계에서와 같이 시편 기자 자신으로부터 뗄래야 뗄 수 없는 것으로 자신의 죄성을 고백하고 있다. 제5절에 이르러서는 시편 기자가 태어나기 이전 어머니의 뱃속에서부터 천성적으로 죄 중에 태어났음을 고백하고 있다.

7) 죄와 사망

구약성서에서는 흔히 병과 죄지음과 사망을 같은 맥락에서 생각한다. 욥기 19 : 13－22에서 욥의 친구들은 욥이 병 난 것은 죄 때문이라고 여긴다. 욥기 18장에서 욥의 친구 빌닷은 사악한 친구는 결국 병들게 되고 죽음으로 인도된다고 말하고 있다. 또 시편 38 : 3에서 시편 기자는 "죄를 지은 이 몸은 살 속까지 당신 진노 앞에 성한 데가 없다"고 탄식하고 있다. 시편 38 : 9, 11에서도 "내 모든 죄를 벗겨주셔서 미욱한 자들에게 미움을 당하지 않게 하소서… 잘못을 들어 당신께서 사람을 벌하실 때면 아름답던 몸이 좀먹은 옷처럼 삭아 떨어집니다"라고 말하고 있다. 그런데 죄의 결과로 나타나는 이 병은 흔히 죽음의 시작과 관련해서 나타난다. 시편 88 : 3－7은 다음과 같이 읊고 있다.

> 대저 나의 영혼에 곤란이 가득하며 나의 생명은 음부에 가까웠사오니 나는 무덤에 내려가는 자와 함께 인정되고 힘이 없는 사람과 같으며 사망자 중에 던지운 바 되었으며 살육을 당하여 무덤에 누운 자 같으니이다 주께서 저를 다시 기억지 아니하시니 저희는 주의 손에서 끊어진 자니이다 주께서 나를 깊은 웅덩이 어두운 곳 음침한데 두셨사오며 주의 노가 나를 심히 누르시고 주의 모든 파도로 나를 괴롭게 하셨나이다

여기서 아픈 사람은 이미 음부(쉐올, 하데스)에 내려가고 있는 것으로 묘사되고, 몸이 아프다는 것을 죽음이 시작된 징조로 보고 있다. 그러므로 로마서 6 : 23에서는 "죄의 삯은 사망이다"라고 하고, 고린도전서 15 : 56에서는 죽음의 쏘는 것이 죄라고 한다. 참고로 구약성서는 현세에서의

생명을 강조하기 때문에, 신약성서에서 많이 나타나고 있는 영생이라는 말은 나타나고 있지 않다.

8) 다윗과 죄를 씻음(용서)

다윗시의 참회시편인 시편 51편에 죄를 씻음에 대한 표현이 죄에 대한 대칭어로 나타나는데 그 표현은 여러 가지다. 우선 1절에 내 죄과를 "없어지게 하다"(개역, 도말하다)라는 말이 나오는데 이 말은 히브리어로 마카이다. 이는 내가 의도적으로 하나님께 대항하고자 하는 의식을 제거해 달라고 호소하고 있는 말이다.

창세기 6 : 7에서는 하나님이 인간을 홍수로 쓸어버렸다고 말씀하시고, 또 신명기 29 : 20에서도 사악한 자의 이름을 도말한다고 한다. 시편 51 : 11을 보면 짓궂은 행위를 뜻하는 죄악(아온)과 함께 쓰이고 있다. 이렇게 볼 때 이 말은 한 번 지워진 이상 기억조차 할 수 없을 정도로 망각의 세계로 없어진다는 개념이다.

두 번째로 나오는 용서의 의미를 지니는 단어는 카바스로서 사전(BDB)에는 "옷을 빨아서 씻다"로 설명되어 있다. 이 말을 가장 잘 설명해주는 구절은 출애굽기 19 : 10, 14에 잘 나타나고 있다(민 8 : 7). 하나님이 시내 산에 직접 강림하시기 전에, 이스라엘 백성들은 여자를 가까이 하지 않고 불순한 생각을 없앰으로써 내적으로 정결케 하고 또 옷을 빨아 입음으로써 외적으로도 정결케 한다. 그러므로 이 "빨다"라는 단어는 더러운 것을 모두 없애다 라는 의미를 지니고 있는데 이 말은 좀더 추상적으로 발전되어 부정한 것을 물로 빨아서 깨끗케 한다는 의미도 지니게 되었다. 레위기 13 : 54에는 의복이나 피부에 나타난 문둥병의 색점을 빨아서 없애다라는 의미로 사용되고 있다. 그러나 민수기 8 : 7, "너희는 의복을 빨게 하여 몸을 정결케 하고"에 보면, 이 말은 다음에 나올 "정결케 하다"라는 단어와 대등접속사로 연결되어 동의어적으로 쓰이고 있다.

세 번째 나오는 "죄를 없애다"라는 단어는 "깨끗이 제하다"라는 의미로 타헤르라는 말이 있다. 이 말은 한글개역성서에서 "정결케 하다"라는 말로 번역되고 있는데, "빨다"(wash)라는 의미의 카바스라는 단어와 동의어적으로 혹은 호환적으로 많이 나타나고 있다(레 13 : 6, 34, 58 등). 주로 문둥병과 같은 병으로부터 깨끗하다(민 8 : 7), 혹은 부정하지 않고 희생제물을 드리기에 합당하게 순수하다(레 15 : 13, 28), 혹은 도덕적으로 부끄러움이 없다(겔 24 : 13)라는 뜻이다. 에스겔 24 : 13을 보면 "너의 더러운 중에 음란이라 내가 너를 정하게 하나 네가 정하여지지 아니하니 내가 네게 향한 분노를 풀기 전에는 네 더러움이 다시 정하여지지 아니하리라"라고 한다. 이 단어의 중심 의미는 도덕적인 깨끗함이다.

이렇게 볼 때 이 세 단어의 각각의 특유한 의미 영역은 첫째 "도말하다"는 "기억치 않다"라는 뜻이고, 두 번째 "카바시"라는 단어는 생태학적인 옷이나 주거 일반의 깨끗함을 말하며, 세 번째 "타헤르"는 도덕적이고 종교적인 의미의 성결함을 의미한다. 시편 51편에서는 이러한 개념들이 서로 동의어적으로 어우러져서 하나님 앞에서 "의" 개념을 형성시키고 있으며, 특히 "진실한"(개역, 중심에), "정결", "눈보다 더 희게", "새롭게" 등의 의미로 사용되고 있다.

9) 다윗과 성령의 역사

절망의 바닥에까지 내려간 시편 저자의 심경은 시편 51 : 6－13에서 상황의 반전이 일어나고 있다. 이는 탄식시가 가지고 있는 형식적인 특징의 하나로 학자들은 비록 시편에는 뚜렷하게 제의 예언자에 대한 언급이 나타나 있지는 않더라도 제의 예언자가 회중이나 개인의 탄식이 열납되었음을 선포했던 것으로 지적한다. 그러나 존 데이 같은 학자는 이는 우리들이 고난 속에서 기도하는 중에 밀어닥치는 은혜와 믿음의 확신이라고 본다.

이는 시편 51 : 6－13에서 나타나고 있는데, 흔히 탄식시 문맥의 반전으로서 절망의 밑바닥에서 갑자기 희망을 발견하게 된다(예, 시 6 : 8ff.; 7 : 19f.; 13 : 5f. 등 참조). 이 부분에서는 죄의식에 사로잡혀 신음하고 호소하던 심령이, 이제 주의 은혜로 말미암아 새로운 희망과 죄악을 벗고 새롭게 탄생했음을 신뢰하는 구절들로 표현된다. 하나님 안에서의 진리, 지혜, 순결, 깨끗하게 씻김 등에 대한 새로운 소망이 등장한다. 이제 죄악은 없어지고 새로운 심장은 창조되며 새로운 영을 받게 된다. 10절에서 깨끗한 마음이 창조된다는 것과 새로운 영을 부여받는다는 것이 동의적인 평행법으로 나타난다. 어떤 학자(B. W. Anderson)는 여기서 무너진 예루살렘 성 개념과 함께 이어지는 그리스 시대의 이원론적인 세계관을 주목한다. 그런데 앞에서 분석한 대로 동의적 평행법으로 놓고 보면 시편 기자의 심경 전체를 이렇게 표현했는지도 모른다.

여기서는 진리와 지혜, 순결과 깨끗함, 씻기소서와 살림, 즐거움과 기쁨, 죄와 죄악, 마음과 영, 당신의 면전과 당신의 성령, 당신의 기쁨과 관대한 영, 범죄인과 죄인 그리고 하나님의 법도와 돌아옴이 각각 동의어적으로 나타나고 있다. 여기서 가장 중심 개념은 이 단락의 마지막 부분에 있는 돌아옴(shub)의 개념이라고 볼 수 있는데, 이 돌아옴의 개념은 회개를 말하는 것으로서, 영어로는 단순히 return을 의미한다. 하나님께 돌아왔을 때 얻어지는 은사를 말한다. 이렇게 돌아왔을 때 기도자 자신에게 나타나는 하나님 임재하심의 징후는 성령(holy spirit, 히 ruach qudosh) 개념으로 나타난다.

구약성서에서 영은 셀 수 있는 독립적인 개념이 아니라 주로 능력의 개념으로 나타난다. 이 영의 상징은 바람인데 보이지 않으면서도 어마어마한 힘을 발휘하고 있다는 의미에서 만들어진 상징일 것이다. 이러한 신약성서의 개념은 에스겔서의 마른 뼈 이야기(겔 37장)에 가장 잘 나타나고 있다. 공동번역에서는 이 영을 숨이라고 번역하고 있고 개역성서는 생기라고 번역하고 있는데 신 또는 영, 혹은 바람이라고 번역해도 무방할 것이다. 에스겔 37 : 9를 보면 다음과 같다.

> 또 내게 이르시되 인자야 너는 생기를 향하여 대언하라 생기에게 대언하여 이르기를 주 여호와의 말씀에 생기야 사방에서부터 와서 이 사망

을 당한 자에게 불어서 살게 하라.

이 말을 필자가 히브리어 구문을 따라서 영(바람)이라는 말로 번역해 보면 다음과 같다.

또 내게 이르시되,
예언을 영(바람, ruach)을 향해 선포하라.
예언을 선포하라, 사람의 아들아.
영(바람, ruach)에게 말하라.

주 야웨께서 이르시되,
영(바람, ruach)아 사방의 영들(바람들, ruhoth)로부터 와라.
이 살해당한 자들 위로 불어서
이것들이 살게 하라.

여기서 보면 바람과 영 혹은 생기는 서로 교환되어서 사용될 수 있으며 이러한 영(바람)의 능력은 능히 세파에 치어 죽은 자를 소생케 하는 힘이 있음을 말해준다. 이러한 성령의 보이지 않는 막대한 힘은 신약성서에서 예수님이 말씀하신 대로 보이지 않는 바람처럼 와서 인간을 변화시키고 중생을 체험케 하는 능력으로 나타난다(요 3 : 3−8).

또한 이 성령은 개개의 인격적인 개념으로 나타나기도 한다. 구약성서는 인간을 지배하는 영을 두 가지로 나누어 표현하는데 "악한 영"(ruach raah)과 거룩한 영이 그것이다. 그 징후는 신약성서에서 보고하는 현상과 비슷하다. 악한 영은 하나님의 버림을 받은 사울에게 임했던 영으로, 질투와 열등감과 절망의 영이다. 이러한 영이 임하자 사울은 질투심으로 걷잡을 수 없게 되어 다윗에게 창을 던진다든가(삼상 19 : 9−17) 사무엘로부터 자신이 죽으리라는 말을 들었을 때 너무나 낙심이 되어서 땅바닥에 쓰러지는 등의 모습을 드러낸다(마 12 : 43−45; 막 5 : 1−20; 눅 9 : 37−43). 또 거짓 예언자들에게도 임하는 거짓말하게 하는 영(왕상 22 : 22, ruach seqer, 출 20 : 17, 거짓 증거)도 있었다. 그들은 사태를 바로 파악하지 못하고 거짓 예언을 할 뿐 아니라 하나님의 의중(천상회의 개념)을 알지 못한다(왕상 22장, 미가야와 시드기야의 대결, 또 렘 28장, 하나냐와 예레미야의 대결). 오늘날에도 신앙 간증을 할 때나 혹은 말씀을 전할 때 슬쩍 과장하거나 거짓말 혹은 속이 허한 말을 하는 경우가 있음을 주목해야 할 것이다.

이에 반해서 하나님의 영은 하나님의 대언자로서의 역할을 수행하게 한다. 모든 선지자나 사사들에게 임했던 영으로 확신과 용기와 지혜가 충만한 영이다. 이러한 하나님의 영은 한 번 들어오면 영원히 머무는 것이 아니라 떠나가기도 한다. 사무엘상 16 : 14은 "여호와의 영이 떠나고 여호와로부터의 악신이 그를 괴롭게 한지라"라고 말하고 있다. 또 다윗이 악기를 탈 때 사울이 상쾌하여져 악령이 떠난다고 했다(삼상 16 : 23). 그러므로 본문에서는 시편 기자가 모든 탐심으로부터 자신을 비우고 야웨께 돌아왔을 때 솟아오르는 샘물처럼 힘을 주는 영, "야웨의 영"을 성령이라고 말하고 있다.

이러한 악령은 심하게 혹은 악하게 요동시키기도 하며(삼상 18 : 10, "하나님의 부리신 악신이 사울에게 힘있게 내리매") 야웨의 영이 함께하는 사람을 그렇지 못한 사람이 두려워한다고 한다(삼상 18 : 12, "여호와께서 사울을 떠나 다윗과 함께 계시므로 사울이 그를 두려워한지라"). 이렇게 구약성서에서는 악신도 하나님의 권세 아래 조절되는 것으로 이해된다(왕상 22 : 19－23). 우리를 약한 영이 지배하여 추한 사람이 되지 않도록 깨끗하고 상쾌한 영이 우리 안에 거하도록 노력해야 한다는 의미가 여기에 있다.

창세기 1 : 1의 "하나님의 신이 수면에 운행하시니라"는 구절을 보면 하나님의 영은 우선 창조의 원동력으로 나타난다. 없는 것을 있게 하시고 있는 것을 가지고 새롭게 창조하실 수 있는 분이다. 이러한 하나님의 영은 이제 예언자들을 통해 자신의 뜻을 역사 속에 발설하시는 분이다. 성서의 모든 예언자들은 하나님의 영을 받게 되는데 "하나님의 말씀이 혹은 영이 임하니라." 혹은 "여호와의 권능이 내게 임하니라"(겔 7 : 2)라는 말로 나타나며, 예언자로 하여금 예언하게 하기도 하고 환상을 보여주기 위해 예언자를 들어올리기도 한다(겔 3, "주의 신이 나를 들어 천지 사이로 올리시고 하나님의 이상 가운데 나를 이끌어 예루살렘으로 가서…"라고 말하고 있다).

하나님의 영은 결국 말세에 야웨께 돌아오는 모든 만민에게 하나님의 영을 부어주겠다는 요엘 선지의 예언으로 이어진다.

"그 후에 내가 내 신을 만민에게 부어주리니, 너희 자녀들이 장래일을 말할 것이며 너희 늙은이는 꿈을 꾸며 너희 젊은이는 이상을 볼 것이며 그때에 내가 또 내 신으로 남종과 여종에게 부어줄 것이며"(욜 2 : 28－29; 행 2 : 17－20).

이러한 성령의 약속은 사도행전에서 마가의 다락방에서 성취가 된다(행 2 : 17－20).

하나님의 영을 받음으로써 나타나는 징표는 본문 시편 51 : 6－13에 묘사되는 말들로 나타난다. 그 영은 진리의 영이며 지혜를 깨닫게 하는 영이다. 순결하며 깨끗한 영이다. 여기서 순결하다는 말은 죄를 짓다는 뜻을 지닌 하타 동사의 강세형이다.

히브리어 어법 중에서 특이한 것은 "배우다"(lamad)라는 동사의 강세형(limmad)이 "가르치다"라는 뜻이 된다. 여기서도 "죄를 짓다"라는 뜻의 charaa' 동사의 강세형이 왜 "죄를 깨끗케 하다"라는 뜻이 되는지는 사전에 설명되어 있지 않다. 위에 말한 바와 같이 강세형이 어떤 행위를 다시 반복하는 것을 의미한다. 그렇다면 배운 것을 다시 반복해서 말하는 것이 가르치는 것이 아닌가? 그렇다면 "죄를 지은 것을 다시 자복하다" 혹은 "죄에 대해서 희생제사를 드리다"라는 것이 그 죄를 깨끗케 하는 것이 아닌가 생각된다. 또 이러한 하나님의 영을 지니는 것은 눈보다 더 희게 씻김을 받는 것이며 상한 뼈가 다시 기뻐하는 것이다. 또 죄사함을 받았다는 것을 체험하는 것이라고 말하고 있다.

시편 51 : 12을 보면 성령은 고귀하고 관대한 영으로서 하나님 면전에 있을 때 가지는 영을 말한다. 여기서 하나님의 면전은 하나님의 성소를 말하는데 보이는 건물을 말한다기보다는 수평적으로는 하나님 백성의 공동체와 더불어 늘 교제하고 사랑을 나누며 수직적으로 하나님과 기도를 교제하는 것을 말한다. 혼자 떠돌아다니는 것이 아니라 이러한 믿음의 교제가 믿음의 반석이 된다.

10) 다윗과 "의"

시편 51 : 14−15는 탄식시의 구조에서 맨 마지막에 속하는데 하나님을 찬양하겠다는 서약이다. 14절을 보면 하나님의 구원은 하나님의 "의" 라는 개념으로 동의적으로 나타나고 있다. 구약성서의 "의"는 어떤 율법적인 의가 아니며 하나님과 바른 관계에 있는 것을 말한다. 의로움에 대한 견해는 먼저 창세기 15 : 1−6에 나타난다. 여기서 아브라함은 지식은 없고 나이는 많아서 상속자에 대한 가능성을 포기하고 있었다. 그런데 하나님이 나타나서 밖으로 끌고나가서 많은 별들을 헤아리게 하신다. 이때 아브라함은 하나님 자신에게 그렇게 많은 자손을 주실 것을 믿으니 하나님이 그것을 의로 여겼다고 한다. 여기서 아브라함은 다른 면은 전혀 문제시되지 않는다. 그는 하나님 말씀에 전적으로 동의함으로써 그것을 의라고 여긴다. 여기서는 아브라함이 하나님께 전적으로 돌아서고 있는 바로 이런 관계의 정상화가 하나님의 의라는 것이다. 또 신명기 6 : 24−25에 보면 의는 하나님으로부터 나온다는 것을 알 수 있다.

> 여호와께서 우리에게 이 모든 규례를 지키라 명하셨으니 이는 우리로 우리 하나님 여호와를 경외하여 항상 복을 누리게 하기 위하심이며 또 여호와께서 우리로 오늘날과 같이 생활하게 하려 하심이라. 우리가 그 명하신 대로 이 모든 명령을 우리 하나님 여호와 앞에서 삼가 지키면 그것이 곧 우리의 의로움(tsedekah)이니라 할찌니라.

여기서도 하나님이 우리를 살리기 위하여 의로운 계명을 주셨으니 이를 지키는 것이 우리 의로움이라고 말하고 있다. 그러므로 의는 인간이 설정한 윤리를 지키는 것이 아니라 하나님으로부터 나온 것이며 하나님을 인정함으로써 성립되는 것이라고 할 수 있다. 이 의미를 더 확실히 하기 위해서 신명기 9 : 4−5를 보면 "의"는 하나님에게만 있는 것으로 나타난다.

> 네 하나님 여호와께서 그들을 네 앞에서 쫓아내신 후에 네가 심중에 이르기를 나의 의로움을 인하여 여호와께서 나를 이 땅으로 인도하여 들여서 그것을 얻게 하셨다 하지 말라. 실상은 이 민족들이 악함을 인하여 여호와께서 그들을 네 앞에서 쫓아내심이니라. 네가 가서 그 땅을 얻음은 너의 의로움을 인함도 아니며 네 마음이 정직함을 인함도 아니요 이 민족들의 악함을 인하여 네 하나님 여호와께서 그들을 네 앞에서 쫓아내심이라…

여기서도 이스라엘의 의로 인하여 그 땅을 얻은 것이 아니라 이방민족이 악하다는 야웨의 판단에 의해서 그 땅을 얻는다. 즉, 의롭다 판단하시는 이는 하나님이신 것이다.

이러한 의는 위의 본문 2a절에 "하나님께만 시편기자가 죄를 지었다"와 또 4b에서 "하나님의 법도(길, derek)"만이 의롭다고 하는 다윗의 고백을 이해할 수 있게 한다. 그러므로 이러한 하나님의 의는 하나님의 도(길, 道)와 판단(법)과 동의적 평행법으로 쓰이고 있다.

여기 4b에서 하나님의 도와 하나님의 의가 동의적으로 평행법으로 나타나는 것처럼, 창세기 18 : 19에서도 "하나님의 길(derek)"과 "하나님의 의"는 동의 평행으로 나타난다.

> 내가 그로 그 자식과 권속에게 명하여
> 여호와의 도(길, derek)를 지켜
> 의(tsedekah)와 공도(mispat)를 행하게 하려고 그를 택하였나니

시편 51 : 13b에서 죄인들이 하나님께 "돌아온다"(shuv)라는 말과 동의어적으로 14b절에 "하나님의 의" 개념이 나타난다. 인간은 끊임없이 자기 정욕의 길을 가려고 버둥댄다. 그러나 하나님은 그가 약속하신 세계를 제시하고 있다. 이러한 인간의 이기주의와 육의 정욕과 고집셈이 바로 하나님과의 관계를 정상화하지 못하게 하는 것이다. 그러나 하나님께로 돌아올 바로 그때 그 관계는 정상화되고 하나님의 "의"는 나타난다.

이 말을 조금 더 풀어서 설명한다면, 짐승들에게는 죄의식이나 의 개념

이 있을 수 없다. 오직 하나님의 형상으로 창조된 인간에게만 그 형상을 통해 하나님 앞에서의 죄의식과 떳떳함이 있을 수 있다. 그러나 인간이 하나님의 형상을 따라 피조된 하나님의 자녀임을 잊고 하나님의 곁을 떠나 있을 때는 이러한 하나님 앞에서의 떳떳함과 자유함을 상실하게 된다. 그러므로 성서에서의 의란 오직 하나님을 아는 신앙을 통해서만 알 수 있다.

그렇다면 이제 흔히 의아하게 여겨지는 의문을 하나 해결할 수 있다. 왜 죄를 많이 짓는 죄인들이나 흉악범들보다 오히려 경건하고 의로운 사람이 더 자주 더 간절하게 회개하느냐는 것이다. 이는 참된 신앙인일수록 자신이 죄인일 수밖에 없다는 사실을 철저하게 깨닫고 통절하게 하나님께 가까이 나아가기를 염원하는 데서 기인한다고 할 수 있다. 그러므로 시편 기자는 하나님의 원하시는 제사는 희생제사가 아니라 상한 심령이고 상하고 통회하는 심령일 수밖에 없다고 고백한다(17절).

이런 사실 때문에 본문의 기자가 우연치 않게 하나님을 잊고 모든 피조물의 세계에 대해서 지배하고자 했던 자기중심적인 정욕의 길로 들어서 버린 후 그리고 그것 때문에 파탄에 이르게 되었을때 죄의식을 절감하게 된다. 통절한 제사란 모순되게도 지은 죄에 대해서 통회하는 상한 그 심령, 즉 희생양의 제사가 아니라 철저하게 부서져버린 자기중심적인 심장 자체가 하나님 중심적으로 돌아섰을 때 바로 자신의 참 존재의 의미를 말해주는 참 제사며 신앙의 의였음을 말하고 있다.

이러한 신앙의 의는 하나님이 그를 택하여 새로운 신분을 부여해 주었다는 깨달음이다. 또 그가 그토록 간절히 소망하던 그 나라를 허락한 분은 하나님이시고 그를 그 나라의 통치자로서 인정한 것은 오직 하나님 야웨로부터 온다는 신앙 그 자체였다. 그러므로 시편 기자는 오직 하나님 앞에서만 자기가 죄를 지었다고 한다. 만일 하나님을 믿는 신앙이 없었다면 또 의롭다 인정하시는 하나님이 없다면 죄가 무엇인지도 모르는 세상의 그 누구도, 다시 말하면 하나님이 어떠한 분인지를 모르는 그 누구도 시편 기자를 정죄할 수 없음을 토로한 것이다. 그가 야웨 하나님에 대한 신앙을 가지고 하나님 말씀대로 살고 하나님 나라의 질서대로 살려고 할 때 그러한 의가 나타난다. 또한 그는 이러한 죄는 참된 회개의 결단 외에 어떠한 희생제사로도 용서받을 수 없음을 토로하고 있다.

하나님이 의롭다고 인정했을 때 죄인의 심중에는 참다운 용기가 생기고 참다운 소망이 나타난다. 의로운 하나님이 돌아온 죄인의 의미를 인정하실 것을 알기 때문이다. 특히 성서 기자는 이러한 마음을 거룩한 영, 성령, 혹은 관대하고 고귀한 영이라고 고백하고 있다. 이렇게 신앙인들은 하나님 앞에 전적으로 돌아섰을 때만이 참다운 하나님의 성령이 자신에게 임함을 느낄 수 있다.

인간은 의도적이든 의도적이 아니든 타인에게 돌이킬 수 없는 죄를 지었을 때 선택의 길이 두 가지 있다. 첫째 자신의 한계를 참으로 통회하고 용서를 빌어 이전에 가질 수 없었던 더 깊고 큰 우정과 신뢰의 세계로 나아가는 것이고, 다른 하나는 영원한 반목과 질시를 계속하는 것이다. 시편 51편에서 다윗의 경우에 용서를 빌어야 할 사람은 이제 이 세상에 없다. 그러므로 생명이 붙어 있는 한에는 혹은 하나님이 살아계시는 한 자신의 죄는 천추만대에까지 계속될 것이다. 이런 상황에서 할 수 있는 일은 하나님께 자신의 잘못을 철저하게 고백하고 보상의 대책을 최대한으로 찾아보는 것이다. 그러한 통절한 심령은 보상의 대상이 없어졌을 때 이웃에 대한 사랑과 헌신으로 이어진다. 아마도 이러한 다윗의 간곡한 심정이 한때 충신 우리아의 아내였던 밧세바를 통해 낳은 솔로몬으로 하여금 자신의 왕통을 승계토록 결심을 굳히게 한 계기가 되었는지도 모른다.

이제 마지막 문단(시 51 : 16－19)에서 오직 하나님이 용서하신 후에만 죄를 완전히 사함 받았다는 감사의 표시로 통번제(전체를 다 태우는 속죄제사)를 드릴 수 있을 것이라고 말하고 있다.

11) 희생제사와 감사제사

죄를 사하는 희생제사를 번제라고 한다. 먼저 희생제사라는 용어는 생명을 바치는 것처럼 자신을 뼈아프게 희생한다는 의미를 지니고 있다. 이는 가인의 제사처럼 생명이 없는, 피가 없는 종교가 아니라 신약성서에서 과부의 동전 한 닢처럼 생명이 실린 실존적인 제사를 의미한다. 이러한 번제는 어린양의 속죄 피로 드리는 피의 희생제사이며, 그러므로 아벨의 제사이며 아브라함이 이삭을 드린 제사이며, 그리스도가 자신의 생명을 드린 보혈의 제사이다. 이런 제사는 온전히 불로 태워서 드리는 번제이다. 죄의 세력이 조금이라도 남아 있어서 오염의 여지가 있어서는 안 되기 때문이다.

이러한 참다운 피의 희생제사의 장면은 16절과 17절에 동의적 평행법으로 나타난다. 참다운 희생제사는 생명이 없는 물질이나 물건의 제사가 아니라 부서지고 찢어지도록 괴로워하는 하나님의 생명의 회개임을 말하고 있다. 여기서 부서진 영혼과 깨지고 상한 심령은 동의적인 평행법으로 나타난다.

이는 몸과 영혼의 통전적인 회개를 의미한다고 볼 수 있다. 번제는 짐승을 불에 태워드리는 제사로, 한 짐승의 생명을 불태움으로써 한 인간의 죄가 사해짐을 의미한다. 기름 부분이나 내장 부분만 태우는 경우도 있고 (레 4 : 25—35), 짐승을 통째로 태우는 경우도 있었다(레 9 : 5—11). 아마도 경미한 죄는 기름만 태움으로써 한 생명의 희생을 기념하였지만 심각한 죄는 한 짐승 전체를 모두 태워서 죄인의 죄를 정화했던 것 같다. 가격이 훨씬 저렴한 양을 사용하는 것이 관례였으나 본문에서는 황소를 번제로 바치되 기쁨의 통번제로 바칠 것을 노래하고 있다. 기름을 태우고 나머지 고기는 죄 사함을 받은 사람과 제사자들이 하나님 앞에서 나누는 친교의 제물로 사용했다.

번제를 통한 죄 사함이 있은 후에는 반드시 화목제 혹은 친교제가 있었다. 이 화목제에서는 번제를 드리고 남은 고기를 사용할 수도 있고 다른 고기를 사용할 수도 있었다. 가까운 친족과 더불어 혹은 불쌍한 과부, 고아, 이방인이나 유산을 물려받지 못한 레위인들과 더불어서 친교의 떡을 떼었다. 번제는 기본적으로 지은 죄를 도말하는 것이고 화목제는 친교의 떡을 나누는 가운데 하나님의 인자하심을 그리고 살아계심을, 생명을 바쳐서 생산한 빵을 이웃과 나눔을 통해서 나누는 것이었다. 출애굽기 19—23장까지 하나님과 계약을 맺고 난 후에 24 : 1—11에서 이스라엘 백성들은 하나님을 보면서 친교와 화목의 떡을 뗀다. 구약성서에서도 죄 사함을 위한 수직적 번제 후에는 반드시 화목제를 나누어서 이웃과의 화목을 수평적으로 도모하도록 했다. 이것은 신약성서에서 예수의 식탁교제 전통으로 이어진다. 식탁교제 속에 예수의 화해(하나님과 의)와 화평(이웃과 의)이 나타난다. 예수께서도 십자가상에서 어린양을 대신한 번제로 돌아가신 후 다시 부활하신다. 다시 부활하신 뒤에는 갈릴리 해변에 나타나셔서 제자들과 화목의 제사음식을 같이 나누는 것이다(눅 24 : 29－31; 24 : 36－43).

정리하면 번제가 드려짐으로써 사람이 깨끗해지나 텅 빈 마음으로 그냥 돌아갈 수 없다. 하나님과 그의 말씀으로 채워서 가야 되는 것이다. 이렇게 이웃과 나눔 속에서 그들은 하나님의 임재를 체험한 것이다. 신약성서에서는 예배는 번제이고 예배 후 친교식사는 화목제가 되는 것이다(신 27 : 7; 수 8 : 31; 삿 21 : 4; 삼상 10 : 8; 삼하 6 : 17, 18; 24 : 25). 바로 이 화목제 속에서 새로운 그리스도 상이 계시되며 선포된 말씀이 형상화되어서 가슴속에 품고 세상에 돌아가는 것이다. 이런 말씀이 육신이 된 그리스도의 상 없이 돌아갈 경우에는 쫓겨난 일곱 귀신이 돌아다니다가 깨끗이 청소된 옛 거주지를 보고 다시 들어간다는 이야기가 누가복음 11 : 24－26에 나타난다. 예수가 안 계시면 잡신이 그 자리를 차지하는 것이다.

여기서 나타나고 있는 자신의 죄악에 대한 다윗의 희생제사는 자신의 상하고 부서진 심령을 하나님께서 받으시기만 한다면, 자신의 모든 것을 드릴 수 있다고 하는 하나님의 의를 향한 넘치는 결단과 하나님의 의를 다시 발견한 은혜에 대한 넘치는 감동을 이 시편의 맨 마지막 부분에 표현하고 있다.

이러한 희생제사는 우리 기독교인들에게 무엇을 의미하는가? 어쩌면 짐승 한 마리가 죽었다고 해서 죄가 사해진다는 것이 우습게 여겨질지도 모른다. 그러나 고대 이스라엘인들이나 유목민들은 그렇게 믿음으로써 희생제사를 드린 후에 새로운 삶을 시작할 수 있는 것으로 믿었고 체험했다. 우리 기독교인들은 예수님이 단 한 번에 그리고 영원히 우리 죄인들을 위해서 스스로 산 제사로 드려졌음을 믿는다. 그러므로 누구든지 그를 예수의 보혈을 믿고 자기 죄가 사해졌다는 사실을 받아들이는 사람은 순식간에 그리고 순간순간 새롭게 태어나는 삶을 더 나아가서 영원한 삶을 살게 되는 것이다. 그런데 짐승 한 마리가 죽음으로써 자기의 죄가 사해졌다는 사실은 믿으면서도, 예수께서 자신의 생명을 내어주심으로써 우리들의 죄가 사해졌고 우리들 가슴속에서 체험되는 그분 사랑의 생명이 허락되었다는 사실은 믿을 수도 받아들일 수도 없는 사람은 영원히 구제불능인 것이다. 오직 참된 신앙인만이 믿음으로 살다가 믿음으로 승리하며, 믿음으로 부활할 것을 확신함으로 부활의 영광에 참여할 수 있는 것이다.

4. 다윗과 메시아

1) 시편에 나타난 메시아 다윗

구약성서의 메시아 사상은 왕으로서의 다윗 자신이나 그 후손 가운데 야웨의 이름으로 올 이상적인 왕의 상에 대한 것이다. 여기서는 사무엘하 7장에 근거를 두고 노래로 표현되고 있는 왕이 중심적인 역할을 하고 있는 왕조시편을 중심으로 그와 관련이 있는 역사서나 예언서를 살펴봄으로써 메시아 사상의 기원과 발전 그리고 신약성서와의 접목점을 살펴보고자 한다.

메시아의 성격은 왕조시편에서 잘 묘사되고 있다. 시편들의 제목의 부제로 나타나는 다윗의 시라는 말은 시편 3－9; 11 : 32; 34 : 41; 51 : 65; 68－70; 86; 101; 103; 108; 110; 122; 124; 133; 138－145에 나타나며 시편 전체의 절반 가량을 차지하고 있는데 이는 그 내용과는 관련이 없는 것으로서 훨씬 후대에 붙여진 것이다. 따라서 여기서는 이 제목에 구애받지 않을 것이다.

H. 궁켈이 분류한 왕조시편은 시편 2; 18; 20; 21; 45; 72; 89 : 47－52; 101; 110; 132; 144 : 1－11이다. 존 데이(J. Day)는 이러한 궁켈의 견해를 그대로 수용하되 이와 관련된 시편을 더 언급하고 있다. 베스터만은 시편

2; 18; 20; 21; 45; 72; 89; 101; 110; 132; 144 : 1－11로 궁켈과 거의 비슷하게 생각하며, B.W. 앤더슨은 시편 2; 18; 20; 21; 45; 72; 101; 110; 144 : 1－11; 108을 들고 있다. 여기서는 중요한 왕조시편의 토대인 시편 89편과 시편 132편을 다윗 계약 시편으로 따로 분류하고 있다. 필자의 견해로는 궁켈이나 다른 학자들의 경우를 따라서 이 두 시편을 왕조시편으로 분류해서 생각할 것이다.

2) 시편에 나타난 메시아의 삶의 정황

H. 궁켈과 C. 베스터만이 왕조시편이라고 보고 있는 시편들에는 가나안적인 토양을 배경으로 하는 멜기세덱을 통해서 암시되고 있는 메시아적인 이상향들이 이스라엘적인 것으로 전환되어, 고대 이스라엘의 독특한 메시아 사상과 삶의 정황을 담고 있다. 다음에서는 시편 2; 18; 20; 21; 45; 72; 89; 101; 110; 132; 144 : 1－11 중에서 대표적인 경우를 생각해 보고자 한다.

시편 2편은 시편 1편과 더불어 사실상 150편이나 되는 시편서의 제목과 같다. 시편 1편이 구약성서의 중심이라고 할 수 있는 토라에 관한 시편이라면, 시편 2편은 구약성서의 대망하는 이상적인 목표요 맥이라고 할 수 있는 메시아 시편이라고 할 수 있다. 시편은 2 : 6－9의 다음 구절로 미루어볼 때 왕의 등극시에서 읊어졌던 대관식 시편이었다.

> 내가 나의 왕을 내 거룩한 산 시온에 세웠다 하시리로다. 내가 영을 전하노라. 여호와께서 내게 이르시되 너는 내 아들이라 오늘날 내가 너를 낳았도다. 내게 구하라 내가 열방을 유업으로 주리니 네 소유가 땅 끝까지 이르리로다. 네가 철장으로 저희를 깨뜨림이여 질그릇 같이 부수리라 하시도다.

이 시편은 6절에서는 다윗 계약사상을 7절에서는 가나안에서 널리 알려진 풍습 중의 하나인 하나님의 아들로서의 왕 개념을 함축하고 있다. 그리고 결론부인 10절 이하에서 야웨 종교의 특징인 야웨 경외 사상이 첨가되어 나타난다. 이 시편은 그 형태로 볼 때 시편 110편과 마찬가지로 왕위 즉위식 때에 왕실 제의 예언자가 선포했던 신탁이었던 것 같다. 이 시편과 요아스의 왕위 등극시의 접촉점은 열왕기상 11 : 12에서 요아스가 즉위시에 받은 법도와 이 시편에서 이야기된 영(choq, 왕법)과의 일치점에서 나타난다.

시편 110편은 시편 2편과 마찬가지로 대표적인 메시아 시편에 속한다. 이 시편 역시 가나안적인 배경을 가지고 있는데 여기서도 왕은 하나님과의 밀접한 관계에 있다.

> 여호와께서 내 주에게 말씀하시기를 내가 네 원수로 네 발등상 되게 하기까지 너는 내 우편에 앉으라 하셨도다 여호와께서 시온에서부터 주의 권능의 홀을 내어 보내시리니 주는 원수 중에서 다스리소서… 여호와는 변치 아니하시리라 이르시기를 너는 멜기세덱의 반차를 좇아 영원한 제사장이라 하셨도다 주의 우편에 계신 주께서 노하시는 날에 열왕을 쳐서 파하실 것이라(시 110 : 1—5).

여기서 현저하게 드러나고 있는 점은 가나안 땅의 왕이요 제사장이었던 멜기세덱의 직책이 이제 이스라엘의 왕에게로 계승되었다는 것이다. 따라서 이 시편에는 고대 이스라엘 왕국시대 이전의 제도가 배어 있다. 이 시편의 7절에 있는 "길가의 시냇물을 마시고 인하여 그 머리를 드시리로다"라는 구절과 왕상 1 : 33f., 38f.에서 솔로몬이 기름부음을 받은 기혼 샘물에 대한 암시는 서로 접촉점이 된다고 할 것이다.

시편 89편과 시편 132편은 대표적인 왕조시편이면서 이른바 다윗 계약 시편인데 가나안적인 영향으로부터 독립된 야웨 종교의 일면을 보이고 있다. 특히 이 두 시편은 소위 다윗 계약 본문인 사무엘하 7장과 이와 선행해서 6장에 나타나고 있는 언약궤에 대한 이야기(6—9절)를 함께 다루고 있다.

시편 89편은 1−18절, 19−37절, 그리고 38−51절의 세 부분으로 나눌 수 있다. 첫 번째 부분이 창조시 야웨의 능력과 다윗 계약에 대해서 두 번째 부분은 사무엘하 7장에 나타나고 있는 다윗 왕조 신탁에 대해서 그리고 세 번째 부분은 그렇게 맺어진 다윗 왕조 계약을 야웨가 깨뜨린 후 이제는 폐허가 되어버린 왕조 시온에 대한 탄식으로 되어 있다. 여기서 왕조가 망한 것을 읊었다는 것은 이것이 포수기 이후에 지어진 시편이라는 뜻일 것이다. 특히 불순종하면 하나님의 채찍이 있을 것이라는 구절을 앞세우고 있는 것으로 보아 유다의 멸망이 이스라엘 백성들의 불순종에 있다는 신명기 사상과 일치한다고 볼 수 있다.

크라우스(M. J. Kraus)는 첫 번째 부분의 연대가 가나안 시대까지 올라가고, 두 번째 부분은 왕조 창립을 위해 나단 신탁이 있었던 다윗 등극시대까지 거슬러 올라가며 마지막 부분을 요시야 왕 전사와 포수기 시대로 본다. 포수기 이후 시대로까지는 내려가지 않을 것으로 보인다.

시편 132편은 포수기 이전 시온 왕조 신학의 중요한 두 주제인 다윗 왕손의 선택과 시온의 선택이라는 두 주제를 말하고 있으며(10−13절), 또 초막절과 관계가 있는 언약궤와 함께 나타난 행사도 보이고 있다. 열왕기상 8장에 보면 초막절에 솔로몬이 그 궤를 성전으로 가지고 오는데 이 초막절은 신년에 행해지던 것으로 가나안에선 왕의 등극의식이나 신년계약갱신제가 진행되었다. 그러므로 초막절 언약궤를 가지고 행진하는 야웨 왕의 즉위식이나 왕이 백성들과 계약을 갱신하는 그러한 복합적인 의미를 가지는 것이었다(왕상 8 : 1−2; 삼하 6−7장의 결합). 열왕기상 8장의 사건에 대한 역대기서의 보고서에 시편 132편의 일부가 실제로 인용되고 있다(대하 6 : 41−42; 참고, 시 132 : 8−10). 그러므로 가나안에서 전해 내려왔던 멜기세덱의 전승이나 신년 초마다 행해졌던 야웨의 제왕즉위 축제 혹은 왕과 백성들과의 계약 갱신제 그리고 여기서 행해졌던 왕들의 대관식 등에서 선포된 신탁은, 모두 이 신년 축제와 관련이 있고 이런 신년 축제야말로 메시아 사상을 담지하고 있던 삶의 정황이었음을 알 수 있다.

3) 메시아 전승과 고대 이스라엘의 축제

이스라엘이 가나안 땅에 확산되기 전에 그 땅에는 농경생활에서 유래된 세 절기가 있었다. 이러한 축제기에 그들은 지파 동맹체의 계약서를 보관하고 있던 언약궤를 둔 소위 중앙 성소라고 불리우는 지파 동맹의 중심 도시를 순례한 오랜 관습이 있었다(출 23 : 14－17; 34 : 18, 22－23; 수 24장; 삼상 1장). 이들 절기들은 모두 농경 추수가 있은 후에 풍성한 마음으로 행해졌다.

제일 먼저 행해졌던 절기는 무교절로서 보리를 추수하던 3－4월경에 경축되었는데(레 23장) 이는 나중에 유월절과 함께 기념되었다. 두 번째로 행해졌던 축제는 칠칠절이나 오순절이라고 부르는 것으로서 밀을 추수하는 5－6월경에 행해졌다. 세 번째로는 수장절 또는 초막절이라고 불리우는 것으로서 9－10월 사이에 행해졌는데 이때 포도와 올리브를 추수했다. 이들 중에서 가장 큰 행사는 바로 이 모든 과일을 추수하는 가을 축제였다. 이 축제는 특히 포도주가 곁들여 나오는 축제로 "로스 하 샤나" 로 불리우는 신년 축제가 되면서 춤과 오락으로 경축되었다(삿 21 : 19－23). 사무엘상 1 : 14－15를 보면 축제 참가자들이 포도주를 심하게 마셨다는 것을 알 수 있다. 이렇게 전통적으로 가나안에서 행해졌던 농경축제와 이를 이어받은 야웨 종교 축제 사이의 차이를 앤더슨(B. W. Anderson)은 다음과 같이 기술하고 있다.

그러나 가나안의 자연적인 축제로 시작한 것은 이스라엘의 "구속사" 면에서 근본적으로 재해석되고 변형된다. 오늘날까지 남아 있는 것으로 나뭇가지로 만들어서 포도원에 임시변통으로 세웠던 막사나 초막은 이스라엘이 천막에 살았던 광야시절을 기념하기 위한 것으로 재해석된다(레 23－43). 라틴어 불게이트는 막사나 초막인 히브리어 숙곳을 tabernacula 라고 번역하고 있는데 여기서 현재의 "회막이 유래한다. 다윗 이전 시대인 매우 초기 단계에서조차도 이스라엘 사람들은 이 축제를 야웨와의 계약을 갱신하는 때로 경축했다. 예배를 드리는 중에 야웨의 구속의 행사는 선포되었고 백성들은 이를 이스라엘의 하나님에게 그들의 충성을 재확인하는 계기로 삼았다(B. W. Anderson, 『시편의 깊은 세계』).

현대의 예배의식에도 그 흔적이 남아 있는 계약갱신 제의의 구조는 여호수아 24장을 바탕으로 다음과 같이 작성될 수 있다.

1. 예배모임의 소집
2. 역사적인 서언 : 야웨의 구원행동을 고백적으로 요약함(수 24 : 2－13)
3. 야웨에 대한 찬반을 결정하도록 요구함(수 24 : 14－22)
4. 정화 : 이방신들을 제거함(수 24 : 23－24; cf. 창 25 : 1－4)
5. 계약갱신(수 24 : 25; 출 24 : 4－8)
6. 계약법의 낭독(수 24 : 25－26)
7. 인준의식 : 축복과 저주(신 2 : 11－26; 수 8 : 30－35)
8. 회중을 해산시킴(수 24 : 28)

이렇게 볼 때 이 메시아 전통은 주로 신년 축제를 중심으로 하여 연중행사로 기념되었던 세 개의 축제에서 보존되고 계시되어 내려왔음을 알 수 있다.

4) 메시아 사상의 기원

대부분의 왕조 시편들은 아주 이상적인 왕의 모습으로 그려내고 있다. 예를 들면 그가 우주를 통치하리라는 것 등이다(시 2 : 8－9; 시 110). 이러한 왕에 대한 묘사는 근동세계의 왕들에게서도 사용되던 방식을 반영하고 있으며 이집트나 바빌론에서도 마찬가지였다. 이사야 9 : 1－7에서 히스기야에 대한 묘사는 포수기 때의 것인지는 확실치 않은데 존 데이(John Day)는 포수기 이전에 이미 이러한 왕의 이상화된 형상이 이루어진 것으로 본다.

이렇게 미래에 올 메시아 상에 대한 이미지는 시편의 왕실 이데올로기까지 거슬러 올라가는데 이스라엘의 메시아 개념은 사실상 다윗 계약에 그 뿌리를 두고 있다. 사무엘하 7장에 보면 다윗 왕조의 통치가 영원하리라는 것과 솔로몬과 하나님과의 관계가 아버지와 아들(삼하 7 : 14; 시 2 : 7–8)의 관계가 될 것을 말한다. 그러나 이런 군사적 개념 혹은 정치적인 개념뿐 아니라 종교적인 왕으로서의 왕권 개념이 근본적으로 메시아 사상에 나타나다. 이러한 사상은 이스라엘이 입성하기 전 가나안 땅의 종교와 정치제도를 대변하고 있던 멜기세덱의 제정일치의 맥락에서 유래된다.

다윗과 그의 왕손들의 제사장적인 기능은 가나안에서 행해졌던 이러한 제정일치의 전통을 이어받는 데서 나타나는데 이는 사무엘하 6 : 14, 18; 24 : 17; 열왕기상 8 : 14, 56 등에 나타난다. 사무엘하 6 : 14를 보면 왕이 에봇을 입고 제사를 주관하고 있으며 제물을 드리고 대제사장처럼 하나님에게로 나아가기도 한다(렘 30 : 21). 왕의 제사장적인 기능은 왕이 없던 시대를 배경으로 하는 에스겔서에서 보면 왕손이 예배공동체 무리들의 중심에서 주도적인 역할을 하고 있는 것이 나타난다(겔 44 : 3; 45 : 16f., 22ff.; 46 : 2ff.). 또 시편 110 : 1에서 나타나는 지상의 왕은 4절에서는 하나님의 영원한 제사장으로 나타난다.

구약성서에서 메시아는 언제나 "기름부음을 받은 자"를 뜻하는 것이었지 미래에 올 구세주를 의미하지는 않았다. 이러한 메시아 사상이 미래에 올 종말론적인 구세주로 인식한 것으로 포수기 이후였던 것으로 보인다.

히브리어인 메시아는 그리스어로는 크리스토스이며 우리말로는 그리스도이다. "기름부음을 받은 자"라는 뜻이다. 구약성서의 왕들이 기름부음을 받았음을 보이는 것은 사울, 다윗, 압살롬, 솔로몬, 북이스라엘의 요아스, 여호아하스 등이다. 제사장도 기름부음을 받은 경우가 있는데 이런 경우는 포수기 이후의 제사장들이 쓰는 문서층에서 나타난다. 아론과 그의 아들들, 그리고 사독이 기름부음을 받고(레 4 : 3, 5, 16; 6 : 22; 9 : 16; 단 9 : 25), 예언자의 경우에는 엘리사만 기름부음을 받는다(왕상 19 : 26). 그러나 실제로 엘리사에게 기름 붓는 행위가 언급되지 않은 것으로 보아 상징적인 말에 지나지 않았던 것 같다. 따라서 기름부음을 받은 사람은 왕과 제사장으로 국한된다고 볼 수 있다.

5) 메시아와 야웨의 기름부음을 받은 자

성서시대 이후 메시아라는 용어는 종말에 와야 할 왕의 개념으로 나타나지만 구약성서에서 "기름부음을 받은 자"는 일반 왕을 뜻하거나 제사장을 뜻할 뿐 어떤 종말론적인 의미를 가지고 있는 것은 아니었다. 시편에서는 메시아와 관련해서 단지 다윗 혈통에 관련해서 말하고 있다(시 2 : 2; 18 : 50=삼하 22 : 51; 20 : 6; 89 : 38, 51; 132 : 10, 17).

구약성서에는 이스라엘의 왕이 "기름부음을 받았다"라는 기사가 여러 번 나오는데 사울과 다윗 그리고 솔로몬(삼상 10 : 1; 16 : 3; 왕상 1 : 39)이 그 예이고 다윗이 기름부음을 받을 때는 야웨의 영이 그에게 내렸다고 한다.

포수기 이전에 기름 붓는다는 것은 성별의식이었고(삼상 24 : 6; 26 : 11) 이는 포수기 이후에 대제사장을 기름 붓는 것과 관련해서 분명하게 드러난다(레 8 : 12). 이는 포수기 이전의 왕들과 관련된 여러 특징들 중의 하나를 제사장들이 받아들인 것이다.

요단의 우화(삿 9 : 8, 15)는 왕에게 기름 붓는 풍습이 이미 사사시대 이전부터 가나안에 전해 내려오고 있음을 보여주고 있으며, 이러한 풍습은 바빌론 세계에서만 아니라 히타이트 왕국과 이집트에서도 행해지고 있었다.

6) 하나님의 아들로서의 왕과 메시아

시편에서 왕은 "하나님의 아들"로 나타나고 있다. 시편 2 : 7은 "내가 야웨의 명을 받아 말하노니 그가 이르시되 너는 나의 아들이라 내가 오늘 너를 낳았도다"고 말하고 있다. 시편 110편과 같은 대관식 시편에서는 왕이 신의 아들이라는 암시가 나타나고 있고 시편 89 : 26-27에서도 야웨는 다윗 왕에게 선포하기를 "그가 나에게 외칠 것이고 당신은 나의 아버지이고 나의 하나님이며 나의 구원의 반석이라 할 것"이라고 한다. 그리고 "내가 너를 첫 태생(맏아들)으로 여길 것이고, 땅의 왕들 중에 가장 높은 자로 만들 것"이라고 한다. 사무엘하 7 : 14에 나타나는 나단 신탁에는 "네가 그의 아비가 될 것이며, 그가 나의 아들이 될 것이다"라는 구절이 있다.

이렇게 근동세계 하나님의 아들로서의 왕 개념이 시편에도 나타나지만 이스라엘에서 신의 아들로서의 왕은 변형을 거쳐서 양자설로 나타난다. 다시 말하면 2 : 7에 "오늘"이라는 말이 나타나는데 이는 왕이 태어날 때부터 신의 아들이 아니라 대관식 날을 기점으로 하여 하나님의 양자 채택됨을 암시하고 있다.

7) 왕 대관시의 삶의 정황

열왕기하 11 : 12를 보면 "그 위에 왕관을 씌우고 율법(eduth)을 주고 기름을 부어 왕으로 삼으매"라고 한다. 이와 관련하여 시편 2 : 7-9에는 이렇게 되어 있다.

> 내가 영을 전하노라 여호와께서 내게 이르시되 너는 내 아들이라 오늘날 내가 너를 낳았도다 내게 구하라 내가 열방을 유업으로 주리니 네 소유가 땅 끝까지 이르리로다 네가 철장으로 그들을 깨뜨림이여 질그릇 같이 부수리라 하시도다.

여기서 보면 대관식 때는 우선 기름을 붓고, 그 다음에 하나님의 이름으로 전달되는 "명령"(choq), 즉 규례 혹은 왕법이라는 것이 있었고, 또 상징적으로 시원한 물을 마시는 행사도 있으며, 그 후에 열방을 유업으로 준다는 제의 예언자의 축복 형식의 신탁이 선포된 것으로 보인다. 이들 순서는 어느 것이 먼저인지 정확하지는 않으나 여기서 보면 왕법 전달이 먼저 있고, 다음에 축복 신탁이 있었던 것 같다.

대관식 시편과 실제의 왕 즉위식 사이에 존재하는 다른 접촉점은 시편 110 : 7에 나타난다. 시편 110 : 7을 보면 "길가의 시냇물을 마시고 인하여 그 머리를 드시리로다"라는 왕의 모습에 대한 암시가 나타난다. 이것은 솔로몬이 기름부음을 받은 기혼 샘물(왕상1 : 11ff.) 과 고대 근동 특히 바빌론에서 왕 대관식 후에 물을 마심으로써 신성한 생명을 의미했던 행사를 연결시켜 볼 수 있다.

8) 메시아의 구성 요인

왕조 시편에 나타나는 메시아 상의 구성 요소로는 대략 다음과 같은 것들이 있다.

1) 공평과 의로 통치하는 것(사 11;3—5; 시 72 : 1—4)
2) 전 세계를 통치하는 것(슥 9 : 10; 시 72 : 8—11)
3) 다윗의 후손으로부터 온다는 것(미 5 : 2; 시 89 : 20—37, 49; 132 : 11—12; 144 : 9—10)
4) 그는 야웨의 아들이라는 것(시 2 : 7), 장자(시 89 : 27)
5) 전쟁에서의 승리자(시 21 : 7—12; 132 : 18; 144 : 10—11)
6) 야웨의 우편에 앉아 있는 분으로서 "나의 주"(시 110 : 1)
7) 이들 대부분은 기름부음을 받았다는 것(시 45 : 7; 89 : 20, 또 기름부음을 받은 제사장이며 왕이라는 것(시 2 : 2; 18 : 50; 20 : 6; 89 : 38, 51; 132 : 10, 17).
8) 하나님과 다윗(혹은 그의 왕손)과의 관계는 아버지와 맏아들과의 관계라는 것

9) 하나님과 다윗(왕손)과의 관계는 계약을 맺는 사이라는 것(시 89 : 3, 28; 시 132; 삼하 7장; 겔 34 : 24)
10) 메시아는 시온 즉, 예루살렘과 관련이 있다는 것(시 132 : 13; 삼하 7장; 왕상 8장)
11) 왕은 하나님의 말씀을 받는다는 것(시 2편)
12) 왕은 하나님의 후예와 관련이 있다는 것(삼하 7 : 13; 시 45 : 17)
13) 하나님이 왕의 생명을 풍성케 한다는 것(시 132 : 15; 시 72 : 5, 6, 17; 애 4 : 20; 시 22 : 28－32; 시 118 : 27)
14) 왕이 백성들을 잘 살게 하리라는 것(시 68 : 10; 왕상 1 : 31)
15) 왕과 백성이 동일시되는 것(시 18 : 27－32, 47)

9) 하나님의 아들로서의 왕

고대 근동세계와는 달리 구약성서는 왕을 하나님과 동일시하지 않으며 기름부음을 받은 후에야 비로소 하나님의 능력이 전달되어 왕과 하나님이 함께 하는 것으로 여겼다. 이는 본질적으로 가나안 왕권의 신성이라고 하는 사사에서 기인하는데 그것이 문자적으로 이해된 것은 아니었다. 우리가 또 명심해야 할 것은 엘로힘이라는 말은 구약성서 전반에 걸쳐서 문자적으로 하나님이 아닌 범주에 대해서도 폭넓게 사용되고 있다는 것이다.

구약성서에서는 왕이 신격화되었다는 증거를 찾기 힘들다. 왕은 확실히 인간 왕이요, 야웨의 종으로 나타난다. 구약성서의 예언자들이 이 점에 대해서 전혀 공격하지 않았다는 것 역시 이런 견해를 확실히 뒷받침하고 있다. 예언자들은 여러 잘못된 행위에 대해 왕들을 비난하지만 그 왕들이 자신의 신성을 주장한 것은 결코 아니다. 오히려, 이사야 14 : 12－15와 에스겔 28 : 1ff.를 보면 자신들의 신성을 주장한 외국 왕들은 그 교만함에 대해 갑절로 비난을 받고 있다. 또 열왕기하 5 : 7을 보면 이스라엘 왕(여호람?)이 "어찌 내가 하나님이관대 능히 사람을 죽이며 살릴 수 있으랴? 저가 어찌하여 사람을 내게 보내어 그 문둥병을 고치라 하느냐?"라고 하는 구절이 있는데 이는 북이스라엘의 왕이 분명히 신적인 신분을 거절함을 나타내 준다. 다음 두 구절을 보면 왕이 하나님과의 관계에서 양자의 개념을 띠고 있다는 것을 알 수 있다.

> "내가 영을 전하노라… 오늘날 내가 너를 낳았도다"(시 2 : 7).
>
> "여호와께서 내 주에게 말씀하시기를 내가 네 원수로 네 발등상이 되게 하기까지 너는 내 우편에 앉으라 하셨도다"(시 110 : 1).
>
> 여호와는 변치 아니하시리라. 이르시기를 너는 멜기세덱의 반차를 좇아 영원한 제사장이라 하셨도다"(시 110 : 4).

이 두 시편의 역사적인 정황에 대해서는 열왕기상 1 : 33ff.에서 솔로몬의 대관식, 그리고 열왕기하 11 : 12에서 요아스의 대관식과 관련해서 나타난다. 이렇게 하나님의 아들 됨은 왕의 대관식 중에서도 기름부음을 받는 행사를 통해서 그 효과가 나타났다.

10) 메시아 시편의 연대

메시아 사상을 담고 있는 왕조시편은 어떤 시대에 창조되었다기보다는 예루살렘 토착종교로부터 시작되는 오랜 역사와 뿌리를 가지고 있다. 그러므로 그 시편의 연대 역시 다양하다고 볼 수 있다.

시편 132편은 11—12절에서 사무엘하 7장에 나타나는 다윗 계약을 말하고 있으므로 다윗 시대까지 거슬러 올라간다고 볼 수 있으며 시편 89편은 다윗의 왕관을 땅바닥에 팽개치며 하나님이 다윗과의 계약을 깼다고 말하고 있는 것으로 보아 포수기 이후의 시편이라 짐작된다.

시편 2편과 같은 것은 그 톤으로 볼 때 왕의 대관식에서 제의 예언자에 의해 신탁 혹은 축복신탁의 형식으로 선포되었던 것 같다. 그러므로 이 시편의 맥락은 확실히 포수기 이전 왕조시대에 있었던 것을 볼 수 있다. 그러나 이러한 왕조신탁이 반드시 이스라엘 혹은 유다의 왕조를 말하느냐 아니면 바빌론이나 페르시아 시대의 산물을 예배 맥락에서 도입한 것이냐는 분명히 말할 수 없다.

11) 족장시대의 메시아

족장시대의 메시아는 멜기세덱으로부터 시작하는 것으로 나타난다. 시편 110 : 4에서 "야웨는 맹세하시고 변치 아니하시리라. 이르시기를 너는 멜기세덱의 반차를 좇아서 영원한 제사장이라 하셨도다." 고 하는데 이것이 왕이 제사장이라고 언급되어 있는 유일한 구절이다. 따라서 왕직의 근원은 제정일치시대에 여부스 족의 왕이면서 제사장이었던 멜기세덱 시대까지 거슬러 올라간다고 구약성서는 보고 있다. 이 멜기세덱은 창세기 14장에 나타나는데 다윗이 예루살렘으로 입성하기 전에 있었던 여부스 족의 왕이며 제사장으로 언급되고 있는 특별한 형태의 왕이었다. 이러한 왕권은 다윗이 예루살렘을 점령한 후에 다윗 왕국으로 이뤄지게 된다.

다윗이 예루살렘을 점령한 후에는 제사와 정치가 분리되어, 정치는 왕이, 제사는 제사장이 맡게 된다. 이렇게 사사시대까지의 제정일치는 사무엘을 마지막으로 이제는 왕이 그 주도권을 가지게 되고 예언자는 하나님의 뜻을 전하는 형식으로 나뉘게 되며 제사장은 주로 제의적인 역할을 맡게 된다. 그러나 하나님의 아들로서 혹은 하나님의 "기름부음을 받은 자"로서의 의미는 예언자나 제사장이 아니라 왕을 통해서 전해진다. 이는 다윗이 아비아달을 영입하는 과정이나 솔로몬이 왕으로 등극해서 아비아달을 아나돗으로 축출하는 과정으로 유추해 볼 수 있다. 이런 맥락에서 다윗의 왕권과 멜기세덱의 왕권의 일치점에 대해서 살펴보면 다음과 같다.

1) 시편 110 : 3은 다윗 왕이 하나님 임재의 상징인 법궤를 예루살렘으

로 가지고 왔을 때 그가 "베 에봇을 입었다"라는 사무엘하 6 : 14의 말을 언급하고 있는 것으로 보인다. 에봇은 허리춤에 입는 것으로 특히 제사장이 입는 옷이었다(삼상 22 : 18; 참고, 삼상 2 : 18).

2) 제사장만이 할 수 있었던 희생제사를 왕이 드렸다는 말이 많이 나온다(삼상 13 : 9; 삼하 6 : 17－19; 왕상 3 : 4; 8 : 5, 62－62; 9 : 25; 13 : 1; 왕하 16 : 12－16). 왕하 16 : 12－13은 왕이 제사장들에게 희생제사를 드리게 했다는 혼동의 여지를 남기지 않고 왕 자신이 제단에 올라가서 번제와 소제를 드렸다고 말하고 있다.

3) 또 다윗과 솔로몬이 성소에서 축복했다는 언급이 있으며(삼하 6 : 18; 왕상 8 : 14), 제사장들이나 할 수 있는 일을 하는 것으로 묘사된다(민 6 : 22－27, 대상 23 : 13).

4) 또 히스기야나 요시야가 종교개혁에서 결정적인 주도권을 행사하고 있음도 나타내고 있다. 이렇게 볼 때 다윗 왕조의 왕은 확실히 제정일치 시대 멜기세덱의 반차를 좇았던 왕이었다.

12) 사사시대의 메시아

사무엘의 예에서 보는 것처럼 이 시대에도 제사장은 통치자로서도 활동했음을 알 수 있다. 그러나 강력한 군사력이 요구되면서 제정 분리를 요구하는 주장이 나타나기 시작했다.

이런 경우는 사사기 9 : 7－15의 요담 설화에 잘 나타나 있는데 여기서 기드온의 아들 아비멜렉이 왕이 되기 위해서 여룹바알의 아들 70명을 죽였을 때 살아 남은 요담이 이를 비유해서 말한다. 여러 나무들이 올리브, 무화과, 포도나무에게 "기름을 부어" 왕이 되기를 청하나 가시덤불만이 응락한다는 이야기다.

마찬가지로 사무엘하 2 : 4－7을 보면 유다 백성이 모여 다윗을 왕으로 기름 붓고, 사무엘하 5 : 4(대상 11 : 3)을 보면 이스라엘 백성이 와서 그를 왕으로 기름 붓는다.

13) 왕국시대의 메시아

왕국기가 되면서 사무엘하 12 : 7(시 89 : 20)에서 보는 바와 같이 가나안 토착적인 제정일치의 멜기세덱 전통과 왕조 신탁인 다윗 왕조의 영원성 그리고 왕은 하나님의 아들이라는 사상이 메시아 사상의 근간을 이루게 된다. 그러나 야웨 신앙에서 왕은 결코 신과 메시아가 혼동되어 나타나지 않는다.

통치자로 만들기 위한 표시는 기름을 부어서 성별하는 것이다. 이러한 왕으로서의 성별은 사무엘이 사울에게 기름을 붓기도 하고(삼상 10 : 1) 다윗에게 기름을 붓기도 함으로써 (삼상 16 : 12) 나타나고 있다. 이것은 이미 가나안에 이런 풍습이 있었을 말해주는 것이다.

나단은 야웨가 다윗을 왕으로 기름 부었다고 한다. 또 열왕기상 19 : 15, 16에서 엘리야는 하사엘을 기름부어 시리아의 왕으로 삼으라는 야웨의 명을 듣는다. 예후의 경우(왕하 9 : 3, 6, 12; 대하 22 : 7)에서도 엘리사를 기름 붓는 것과 관련해서 나타난다. 모든 경우는 야웨의 명령에 의해서 이루어지는 것으로, 이는 야웨의 주도권과 선택과 위탁을 의미하는 것으로 나타난다. 특히 예후의 경우에 야웨의 말씀이 내가 네게 기름을 부어 이스라엘 왕을 삼노라는 예언자 선포의 공식문구가 나타난다.

열왕기상 19 : 16에 보면 엘리야는 그의 후계자 엘리사를 기름 부으라는 명령을 듣는다. 그런데 엘리야가 엘리사에게 기름을 부었다는 이야기는 나오지 않고 오직 겉옷을 엘리사에게 던져 하나님의 영이 임하게 했다는 이야기만 나온다(왕상 19 : 19–21). 엘리사는 엘리야가 승천한 후에 엘리야가 받은 하나님의 영을 두 배나 받았다고 한다(왕하 2 : 1–14). 또 이사야 61 : 1에서도 야웨가 기름 부었기 때문에 하나님의 영이 그 위에 내렸다고 한다. 당대의 왕이 메시아여야 한다는 사상은 이사야 7장에 나와 있는 임마누엘 사상에 잘 드러나 있다.

당대의 왕의 왕들은 언제나 백성들의 기대에 미치지 못했다. 그러므로 왕에 대한 기대는 차기에 왕위를 계승할 황태자에 대한 기대로 이양되었다. 현재 왕에게서 찾을 수 없는 이상적인 기대는 풍전등화격으로 위기에 처한 아하스 왕 때에 히스기야 왕에 대한 대망에서도 나타난다. 이사야 7 : 14을 보면 현재의 왕이 타개하지 못하는 현실적인 난국을 극복할 왕으로 태어날 아이의 이름은 "임마누엘" 즉, "하나님이 우리와 함께하심"이다. 그 아이에 대해서는 "한 아기가 우리에게 났고 한 아들을 우리에게 주신 바 되었는데 그 어깨에는 정사를 메었고 그 이름은 기묘자라, 모사라, 전능하신 하나님이라, 영존하시는 아버지라, 평강의 왕이라 할 것임이라" (사 9 : 6)라고 묘사하고 있다. 이는 다윗의 뿌리 즉, 다윗 왕조로부터 돋아나올 순이며, "하나님의 영"(사 11 : 1—9; 마 3 : 16; 막 1 : 10; 눅 3 : 22; 요 1 : 32, 33)이 그 위에 있을 것이라는 것이다.

포수기 직후의 문장으로 보이는 예레미야 23 : 1—4에는 야웨께서 기존의 왕들을 상징하는 목자들에 대한 책임을 추궁한 후에 백성들을 다시 모으고 더 책임 있는 왕을 일으킬 것이라는 구절이 있다. 특히 5—6절의 "보라, 때가 이르리니 내가 다윗에게 한 의로운 가지를 일으킬 것이라. 그가 왕이 되어 지혜롭게 행사하며 세사에서 공평과 정의를 행할 것이며 그 날에 유다는 구원을 얻겠고 이스라엘은 평안히 거할 것이며, 그 이름은 야웨와 우리의 의라 일컬음을 받으리라."라는 말로 다윗을 위하여 새로운 "순"이 나올 것임을 선포한다. 그리고 그 "순"이 왕이며 그 왕이 모든 이상을 실현할 자임을 묘사한다. 이렇게 이스라엘에서 "기름부음을 받은 자"라는 뜻의 메시아는 다윗 계약의 본문인 사무엘하 7장에서 근거를 두고 있으며 현재의 왕들이 성취하지 못하는 이상들을 앞으로 계승할 왕들이 실현할 것이라는 망에서 나온다. 이러한 왕의 완전성을 한편으로는 "멜기세덱" 즉 의의 왕이라는 가나안의 왕 제도에까지 거슬러 올라가고 다른 한편으로는 다음 왕이 이런 대망을 시련할 가능성이 없을 때, 다시 말하면 나라가 망했을 때 그 재앙은 종말로 이젠 종교적인 메시아로 포수기 때에 일어나게 된다.

14) 포수기 시대의 메시아

예루살렘이 멸망한 직후에는 다시 솟아나올 군사적인 통치자로서의 메시아 상이 움트기 시작한다. 이는 사무엘하 7장에 나타나는 다윗 계약에 기초한 것으로 다윗의 뿌리에서 다시 왕통을 이을 씨가 나타난다는 것이다.

예레미야 23 : 5－6에서 보면 다윗의 순은 메시아이다. 이는 주로 다윗의 왕손인 스룹바벨을 중심으로 한 대망과 복구 운동에 기인한다.

분명하지는 않지만 에스겔서(34 : 23－24)에서도 예레미야서에서와 같은 지도자가 나타날 것을 말하고 있다.

> 내가 한 목자를 그들의 위에 세워 머물게 하리니 그는 내 종 다윗이라 그가 그들을 먹이고 그들의 목자가 될찌라 나 여호와는 그들의 하나님이 되고 내 종 다윗은 그들 중에 왕이 되리라 나 여호와의 말이니라.

15) 역대기 시대의 메시아

이는 포로귀환 이후 제2성전을 건축하려는 노력과 성전 건축 후에 나타나는 성전을 중심으로 생활한 시대를 말한다. 주로 제사장적인 문맥에 나타나 있다. “나 만군의 여호와가 말하노라. 스알디엘의 아들 내 종 스룹바벨아 나 여호와가 말하노라 그날에 내가 너를 취하고 너로 인을 삼으리니 이는 내가 너를 택하였음이니라 만군의 여호와의 말이니라.”(학개 2 : 23; (BC 520년경)

여기서 보면 “야웨의 종”으로서, 또 “인”(signet ring)으로서 다시 말하면 다윗의 후손으로서 하나님의 대권 통치자(렘 22 : 24)인 스룹바벨은 왕위를 바로 승계할 자로서가 아니라 시간적으로 좀더 기다린 후에 기름 받아야 할 자로 즉 한참 후에야 메시아와 같은 통치자가 될 것이라는 대망으로 표현되고 있다. 그럼에도 불구하고 아직 메시아라는 말은 이제 곧 등극할 정치적인 왕으로서 나타나지 종말에 나타날 종교적인 구세주로까지는 성숙되지 않고 있다.

곧 즉위해야 할 왕으로서의 정치적인 메시아 개념은 주전 약 520년경으로 추정되는 스가랴 4장에서도 나타난다.

> 여호와께서 스룹바벨에게 하신 말씀이 이러하니라. 만군의 여호와께서 말씀하시되 이는 힘으로 되지 아니하며 능으로 되지 아니하고 오직 나의 신으로 되느니라 큰 산아 네가 무엇이냐. 네가 스룹바벨 앞에서 평지가 되리라 그가 머릿돌을 내어 놓을 때에 무릇 외치기를 은총, 은총이 그에게 있을찌어다 하리라 하셨고 그 여호와의 말씀이 또 내게 임하여 가라사대 스룹바벨의 손이 이 전의 지대를 놓았은즉 그 손이 또한 그것을 마치리라 하셨나니 만군의 여호와께서 나를 너희들에게 보내신 줄을 네가 알게 하셨느니라 작은 일의 날이라고 멸시하는 자가 누구냐 이 일곱은 온 세상에 두루 행하는 여호와의 눈이라 다림줄이 스룹바벨의 손에 있음을 보고 기뻐하리라(슥 4 : 6－9).

여기서 정치적인 인물로서의 다윗의 후손임이 분명한 스룹바벨이 야웨의 기름부음을 받을 메시아적인 인물로서 등장하고 있다. 그러나 스가랴 6 : 9－12에 보면 정치적인 다윗의 후손 스룹바벨 대신에 종교적인 지도자인 여호수아가 기름부음을 받을 자로 나타난다.

> 여호와의 말씀이 내게 임하여 이르시되 사로잡힌 자 중 바벨론에서부터 돌아온 헬대와 도비야와 여다야가 스바냐의 아들 요시아의 집에 들었나니 너는 이 날에 그 집에 들어가서 그들에게서 취하되 은과 금을 취하여 면류관을 만들어 여호사닥의 아들 대제사장 여호수아의 머리에 씌우고 고하여 이르기를 만군의 여호와께서 말씀하시되 보라 순이라 이름하는 사람이 자기 곳에 돋아나서 여호와의 전을 건축하리라(슥 6 : 9－12).

스가랴 4 : 6－9에 보면 틀림없이 다윗의 아들 스룹바벨이 성전을 짓고 왕위에 오를 것으로 되어 있으나 스가랴 6 : 9－12에는 물망에 오르던 스룹바벨은 어디론가 사라지고 종교적인 인물 여호수아가 왕관을 쓰고 그가 다윗의 순으로 등장할 것이라고 말하고 있다.

이는 정치적인 독립국가로서의 꿈이 좌절되고 종교적인 힘에만 의지해서 제2성전이 건축되었을 때, 메시아에 대한 기대는 자연히 종교적인 기능을 하는 제사장적인 것으로 그 개념 영역이 바뀌어 나타난 것으로 해석된다. 왜냐하면 포수기 시대는 제사장이 성전을 중심으로 구심적인 역할을 했기 때문이다. 이 시대를 잘 반영하는 문서로서는 제사장을 기름 붓는 경우는 소위 제사장 법전에 나타나는데 이는 525년을 전후로 한 제2성전시대를 중심으로 해서 나타난 문서를 말한다.

모세가 아론을 대제사장으로 기름 붓도록 하나님의 명령을 받는다(출 29 : 7; 레 8 : 12) 거의 대부분의 경우에 아론은 그의 아들들과 더불어 기름부음을 받아야 한다고 규정되고 있다(출 28 : 41; 30 : 30; 40 : 13, 15;). 레위기 7 : 36에서는 야웨가 아론과 그의 아들들을 제사장으로 임명했다고 한다. 이렇게 기름 부어 성별한다는 것은 아론과 그의 아들이 영원히 제사장직을 수행하리라는 것을 보증하는 것이었다. 또한 제사장문서와 맥을 같이 하는 에스겔 40－48장은 새 성전을 중심으로 행세할 사독계 제사장들의 역할에 지배적인 강조를 더하고 있다.

또 페르시아 시대 후반기에 쓰여진 것으로 보이는 역대상 29 : 22에는, 이스라엘의 회중이 솔로몬을 백성의 수령으로 사독을 제사장으로 기름 붓는 모습이 나타난다. 이때에는 왕이 없었고 역대기 사가는 이러한 역사적 정황에 비추어 과거의 역사를 재해석하고 있는데 이러한 역사의 재해석은 이스라엘 백성이 아닌 회중이 왕과 제사장을 기름 붓는 중심 세력으로 등장하고 있음을 본다.

16) 마카비 시대의 메시아(그리스 시대)

이 시대의 메시아 상은 마카비서에 잘 나타나 있다. 마카비 상하서는 안티오쿠스 4세 에피파네스와의 투쟁에 그 주안점을 두고 있다. 마카비서는 맛다디아의 아들들이 수행한 역할을 주로 소개하고 있는데 그 역할은 성전을 정화시키는 일과 이스라엘의 정치적인 독립을 가져오는 것이었다. 여기에서 제사장으로서 "기름부은 자"와 정치적 지도자로서 구원자 개념이 결합된다. 이런 맥락에서 마카비상 14 : 25−48을 보면 유대인들과 제사장들은 시몬을 그들의 영원한 지도자요 대제사장으로 만든다(35, 41, 42, 47절). 후기 유대인들의 공동체 정치적인 힘을 얻게 되면서, 지도자는 다윗과 같이, 더 거슬러 올라가서는 멜기세덱과 같이 정치적이면서 종교적 지도자로 나타난다.

마카비상 14 : 35에는 유다 백성은 시몬의 애국심과 나라의 영광을 빛내려려는 갸륵한 마음을 보고 그를 자기들의 지도자로, 대사제로 모셨다. 그들은 시몬이 자기들을 공정하게 다스렸고 나라에 대한 충성심을 보였으며, 나라의 명예를 높이기 위해 전심전력한 것을 알고 있었던 것이다.

이 시대에는 이 세상을 무력으로 통치할 "인자"(Son of Man, 단 7장) 같은 존재가 나타나기도 하고 메시아가 다윗의 혈통으로부터 탄생하기도 한다.

17) 신약시대의 메시아(로마 시대)

예수 그리스도라는 말은 예수의 인성과 그리스도의 신성 즉 기름부음을 받은 자라는 말로 대변된다. 예수라는 말은 역사적인 왕으로서 구세주라는 말이고 그리스도라는 말은 제사장으로서의 직분을 나타낸다고 볼 수 있다.

이러한 통치자와 제사장으로서 예수 그리스도의 직책은 결국 멜기세덱으로까지 올라간다. 히브리서 7장을 보면 멜기세덱은 영원한 살렘 왕인 동시에 하나님의 제사자로서 아브라함은 자기 전리품의 십분의 일을 바친다(창 14 : 17－20). 이러한 "의"라는 뜻의 세덱 (혹은 사독) 가문의 시조 멜기세덱의 왕인 동시에 제사장으로서의 기능은 다윗에게 전달되고 (시 110), 다윗을 통해서 선택되고 계시된 메시아는 예언자에 의해서 예언되며, 결국 예수 그리스도 안에서 그 성취를 보게 된다. 이렇게 가나안 제정일치시대의 살렘과 멜기세덱의 통치는 역사의 우여곡절을 겪으면서 예수 그리스도를 통해서 말씀이 육신이 된다(시 110 : 4, 요 1 : 1－4). 아브라함 때의 멜기세덱이나 여호수아 때의 아도니세덱이나 다윗 때의 사독이나, 예수 때의 사두개인이나 모두 같은 사독 가문의 전통을 이은 같은 족보로 모여진다. 이들은 여부스 족 시절부터 예루살렘을 근거로 거주한 족속이었던 것으로 나타난다.

18) 참 메시아 예수의 실상

왕조 시편은 주로 왕의 대관식 시편이나 결혼식 시편 혹은 전쟁 시편 등에 나타난다. 주전 587년 이후에 예루살렘에는 왕이 존재하지 않게 되고, 이상적인 멜기세덱의 상(시 110 : 4)은 등극할 왕에 대한 현실적인 상으로부터 미래로 투사되어 계승될 왕에 대한 기대가 미래에 올 메시아 즉, 하나님의 "기름부음을 받은 자"로 종말론적 선상으로 투사된다. 이러한 미래에 올 메시아는 고대 이스라엘인들이 새로 등극할 왕에게 기대했던 요인들 즉 의와 공평과 평화를 가져올 것이라고 믿어졌다. 그러한 요인들이란, 화평과 정의와 공의와 이방민족에 대한 정복이다. 다시 말하면 "내가 세상을 이겼다"라고 하는 예수에서 성취되는 세상에 대한 승리인 것이다. 이러한 요인들은 대관식 시편(시 2; 110편 등)을 통해서 전해지고 있는 것이다.

이상에서 살펴본 바와 같이 왕조 시편은 고대 이스라엘의 메시아 희망이 솟아나온 온상이었다. 예언자들은 이런 메시아적인 희망을 채택해서 발전시킴으로써 낙심에 처한 백성에게 새로운 소망을 불어넣는다(사 9 : 1—7; 11 : 1—10; 렘 23 : 1—8; 미 5 : 2—6; 슥 9 : 9—10). 또한 고통과 고난 중에도 메시아의 고난을 바라보면서 그의 형상으로 변화되어가기를 대망한 것이다.

신약성서는 나사렛 예수 안에서 이러한 약속이 성취되었음을 선포한다. 인자 예수는 이제 하나님의 기름부음을 받은 자 즉 헬라어로 그리스도라 불리운다(마 16 : 13—20; 막 8 : 27—3; 눅 9 : 18—22). 이렇게 볼 때 시편서의 왕조시편에 나타나고 있는 메시아 상은 구약을 가로질러서 신약으로 넘어가는 하나의 신앙적 동맥을 형성하고 있다고 보겠다.

19) 오늘 우리들의 메시아

그렇다면 오늘날 우리들에게 있어서 메시아라는 말이 주는 참의미는 무엇인가? 이미 살펴본 바와 같이 우리 신앙의 조상들은 오랜 고난의 역사 속에서 위대한 메시아를 대망하면서 살아왔다. 이 메시아는 그들을 구할 수 있는 위대한 왕과도 같은 인물이었다. 또 이러한 인물에 대한 소망이 없게 된 포수기와 같은 때는 종교적인 지도자로서의 메시아를 갈망했다. 마카비 시대에는 또다시 왕과 제사장의 직책이 결합된 그러한 인물을 메시아로 기대했다. 그러나 이들이 발견한 메시아란 결국 인간적으로 보면 초라하고 불쌍하기 그지 없는 예수라는 인물에서 나타난다.

그는 가난한 목수의 아들로 태어났고 세상 사람들에게는 아버지의 출처가 불분명한 것으로 전해졌으며, 하나님의 소명을 받은 다음 메시아로서의 사명을 감당하기 위해서, 다른 사람의 죄 값으로, 혹은 최소한 다른 사람의 생명과 복지를 위해서 삼십이 갓 넘은 젊은 나이로 십자가에 매달려 수치스러운 죽임을 당했다. 우리 신앙의 조상들은 영광스런 왕에게 이러한 사명을 기대했으나, 그들은 한결같이 이러한 기대를 저버렸다. 그런데 그러한 사명은 기득권층의 특권과는 거리가 멀었던, 또 물질적으로 막강하지도 못했던 예수라는 인물이 담당한 것이다. 우리 신앙의 조상들은 그러한 예수 안에서 참으로 자기들과 함께 고통을 나누던 메시아의 모습을 분명하게 인식했다. 바로 그러한 예수 안에서 자신들의 생명을 함께 나누고 있는 하나님을 발견한 것이다. 바로 그분이 우리의 고통을 함께 나누고 우리의 생명을 같이 나누고 있는 젊은이, 참 "사람의 아들"(인자)이며 참 "하나님의 아들"이며 하나님임을 체험한 것이었다.

그렇지만 그들은 예수가 돌아가시고 난 후에도 그 사실을 깨닫지 못하다가 마가의 다락방에 모여 참담하고 비탄한 심정으로 자기들이 떠나온 옛 고향으로 낙향할 마음으로 낙심이 되어 있었다. 어떤 이는 갈릴리로 낙향하고, 어떤 이는 엠마오로, 어떤 이는 여리고로 내려가야 할 그러한 심정들이었다. 그때 그들은 돌아가신 메시아에 대한 아쉬움과 회상에 젖어 있었고 낙심 가운데 그들의 회한만을 나눈 체 헤어져야 할 판이었다. 그런데 그들이 그리스도를 그들 가운데 모셔드리고 그분에 대해서 이야기하기 시작할 때, 자기들의 지도자가 죽었다는 것과 그분이 참으로 좋은 분이었다는 것을 회상하는 도중 갑자기 그들의 가슴을 치는 충격을 받게 된다. 그들이 보기는 보아도 보지 못하던 것, 듣기는 들어도 깨닫지 못하던 것을 보게 되었고 깨닫게 된 것이었다. 세례 요한과 같이 인간의 한계로서도 이해되지 못한 것들이 깨어지고 하나님의 성령으로 거듭나기 시작한 것이었다.

성서는 이때의 광경을 "오순절 날이 이미 이르매 저희가 다 같이 한 곳에 모였더니 홀연히 하늘로부터 급하고 강한 바람 같은 소리가 있어 저의 앉은 온 집에 가득하며, 불의 혀같이 갈라지는 것이 저희에게 보여 각 사람의 위에 임하여 있더니"(행 2 : 1—3)라고 보고하고 있다. 물론 복음서 모두 예수가 돌아가시고 난 후 부활했다는 사실을 보고하고 있기는 하다. 그런데 그들이 예수를 제대로 체험한 것은 마가의 다락방에서 성령체험을 하고 나서부터이며, 이후로 제자들은 순교를 각오한 본격적인 전도활동을 시작한다.

신약시대의 신앙인들은 인간적으로 볼 때 이렇게 초라한 한 인간으로부터 어떻게 자기들의 구세주가 되는 메시아 상을 발견했을까? 어쩌면 그들은 결국 예수처럼 자기에게 주어진 사명을 감당하기 위해 전전긍긍하면서 살다가 그 속에서 자기 생명을 다 바쳐버리는 그러한 인간에서 메시아 상을 발견했는지도 모른다. 유사 이래 메시아를 갈망해 오던 신앙인들은 결국 인간이란 지기 심장을 끌어안고 자기에게 주어진 책임을 감당하면서 실존적인 삶을 살다가 죽을 수밖에 없는 존재임을 깨달았다고도 할 수 있다. 인간은 그러한 체념 속에서 하나님을 새롭게 발견하고 인간의 한계가 깨어지고 새로운 영성에 의해서 새로운 피조물로 다시 태어날 수 있다는 그리고 그것만이 인간의 한계는 새로운 영성에 의해서 극복될 수 있다는 깨달음이었다. 그렇게 해서 만난 하나님 안에서 한계를 의미하는 죄와 하나님과의 단절을 상징하는 죽음, 사망으로부터 새로운 하나님과 씨름(이스라엘, 야곱) 속에 터져나오는 생명의 탄식인 기도의 호흡을 가진 기쁨과 생명 그리고 예수와 하나가 되는 작은 메시아 됨, 혹은 그리스도의 지체됨을 깨닫게 되었다는 말일 것이다. 그렇다면, 우리는 실존적인 삶을 산 메시아된 예수에 대해 좀더 살펴볼 필요가 있다. 그분이 가지셨고 보여주셨던 참다운 의미의 한 면을 살펴봄으로써 인간의 궁극적인 의미를 찾아보고자 한다.

20) 미래의 메시아

신약성서에서 예수는 먹보이며 주정뱅이라고 비방받았다고 보고되고 있다(마 11 : 19). 예수 당시의 유대인들은 이 말을 예수를 비방하기 위해 사용했다. 그러나 마태복음의 저자는 이 말을 좀더 긍정적이면서 적극적인 메시아적인 용어로 "그는 먹기를 탐하는 자요 포도주를 즐기는 자이며, 세리와 죄인의 친구로다"로까지 확장해서 보고하고 있다. 이렇게 마태가 구체적으로 인용 보고하는 것을 보면 역사의 예수는 누구하고나 먹고 마시며 어울려주는 그러한 화해자의 역할을 했음에 틀림이 없다. 그렇다면 여기서 히브리어로 메시아, 우리말로 구세주인 예수의 생애의 참다운 면이 드러나고 있다. 아무리 부활 혹은 케리그마의 예수를 주장하는 사람들이라도 우리 신앙인이 실존 전체를 바쳐서 참다운 메시아로 고백하는 분의 가장 중심적인 단면이 이 점이란 것을 부인하지는 못할 것이다.

여기서 말하고자 하는 바는 구세주는 화해자로서 어떤 장애나, 신분, 인종, 성별, 빈부의 여하를 막론하고 누구하고나 허심탄회하게 친구가 되어주신 분이셨다는 것이다. 어쩌면 바로 이 점이 우리 신앙인들이 내적으로 가장 갈망하는 바인지도 모르겠다. 그리스도에 대한 신앙을 가지는 일, 믿음 안에서 비전을 가지는 일은 어떤 장벽을 뛰어넘어 새로운 세계를 제시해 준다는 것이다. 루즈벨트와 같은 절름발이가 가장 성공적인 대통령이 될 수도 있으며, 헬렌 켈러와 같은 소경이며 벙어리도, 베토벤이나 에디슨과 같은 귀머거리도 오히려 불가능한 세계를 가진 자보다도 더 위대하게 이루어낼 수 있음을 보여주었다는 것이다. 이것은 혼자서 이루어진 것이 아니라 이웃과의 화해를 통해서 이웃과의 화해를 위해서 이루어진 그리스도로 향한 사랑과 열정의 승리였다고 할 것이다.

이렇게 "먹고 마신다"라는 말은 유대인들이 비방조로 사용하기는 했으나 구약성서에선 화목제를 상징하는 말이었다. 이스라엘 백성은 속죄제를 드리고 난 직후에 친족들과 함께 가난한 이웃들과 함께 화목제를 드리고 먹고 마셨다. 이 말은 반목과 질시의 담을 헐어버리고 주 안에서 속죄제를 지내서 깨끗해진 마음으로 다신 반목했던 형제자매와 화목하는 것을 말했다. 바로 그렇게 하는 곳에 그리스도가 자기를 계시하심을 말하는 것이다. 제사에는 두 가지가 있다. 하나는 양을 불사르는 죄를 사하는 번제가 있고 이 제사가 있은 후에는 이웃과 가난한 자와 같이 먹고 마시는 화목제(다시 말하면 식탁교제를 통한 peace offering 혹은 fellowship offering, 히브리어 zebach shalom)가 있었다. 번제를 통해서 백지와 같이 깨끗해진 심정은 이제 나간 죄악과 귀신이 들어오지 못하도록 왕 되신 그리스도를 모셔들이는 것이다. 이러한 그리스도의 형상이 먹고 마심의 교제에서 나타난다. 이러한 교제는 이스라엘 백성이 하나님과 계약을 맺고(출 24 : 1−8) 난 후 하나님의 얼굴을 보면서 먹고 마시는 데서(출 24 : 9−11) 분명히 나타나고 있다.

야곱과 라반은 삼촌지간이지만 재산문제로 서로 다투고 반목하게 된다. 그들이 그러나 다시 만나서 같이 먹고 마심으로써 화해의 관계를 갱신한다(창 31 : 43−54).

또 출애굽기 18장에서 이드로와 모세가 번제물을 바친 후에 서로 먹고 마심으로써 새로운 우정의 관계로 들어간다. 이스라엘 백성이 시내 산에서 하나님과 피를 뿌리는 계약을 맺고 나서(출 19−24장) 옥색하늘에 계신 하나님을 보면서 먹고 마심으로써(출 24 : 9−11) 이스라엘 백성은 하나님의 백성이 되고 화해의 관계를 회복하는 것이다.

이렇게 구약성서에서 함께 먹고 마심은 바로 새로운 형제관계로서의 계약을 의미하는 것이었다. 구약성서에서 나타난 먹고 마심의 화해의 도는 예수 안에서 심화되고 영성화되어 나타난다. 마태복음 기자는 바로 이렇게 만인들의 친구가 되고 형제가 되는 임마누엘의 하나님으로서 예수를 말하고 있다. 이렇게 볼 때 우리 신앙인들은 가난하기는 했지만 만인의 친구이며, 형제가 되는 예수 안에서 자신들의 실존을 보았고 거기서 참다운 메시아를 보았다고 하겠다.

마태복음 26 : 6−13(참고, 막 14 : 3−9; 요 12 : 1−8)은 이렇게 예수의 메시아됨의 분명한 징표로서 한 여인으로 하여금 예수의 머리 위에 향유를 붓게 함으로써 극적인 효과를 더해 준다. 이런 의식이 끝난 직후에 예수는 다시 제자들과 함께 먹고 마시는 의식을 거행했다. 그러나 여기서 더 이상 같이 먹고 마시는 화해자로서의 경지를 넘어서 예수 자신이 화해의 매체요 화해의 형제가 되어 나타난다. 마태복음 26 : 26−30은 다음과 같이 보고하고 있다.

> 저희가 먹을 때에 예수께서 떡을 가지사 축복하시고 떼어 제자들을 주시며 가라사대 받아 먹으라 이것이 내 몸이니라 하시고 또 잔을 가지사 사례하시고 저희에게 주시며 가라사대 너희가 다 이것을 마시라 이것은 죄 사함을 얻게 하려고 많은 사람을 위하여 흘리는바 나의 피 곧 언약의 피니라.

여기서 예수의 몸과 피는 죄로 말미암아 가로막혔던 인간과 인간, 인간과 하나님의 담을 허물어버리는 화해의 매체됨을 말해주고 있다. 여기서 우리가 주목하는 바는 우리의 구세주며 메시아로 고백하는 또 우리가 닮으려고 하고 있는 구세주는, 이웃과 막힌 담을 허물도록 자신을 산 제물로 내어준 그러한 상(image)됨이 분명해진다. 이 말은 재물이 아무리 많아도 인간 사이의 증오가 있는 곳보다는 주님의 사랑이 깃드는 곳이 참다운 천국 됨을 분명히 입증해 준다고 할 수 있다.

III. 본문 주석

1. 전체 내용 전개

사울 가문의 종말

사무엘하 1장, 사울과 요나단이 사망했음과 다윗의 이에 대한 조가가 나온다.

다윗이 유다와 이스라엘의 왕이 됨

2장, 다윗이 헤브론에서 유다 백성들의 지지로 왕이 됨에 대해서 말한다.

3장, 아브넬과 이스보셋의 분쟁, 사울의 딸인 미갈을 다윗에게로 데려옴으로써 남북왕 혈통이 합해졌음을 말하고 있으며, 북이스라엘의 실세인 사울의 총사령관이었던 아브넬이 요압에게 죽임을 당함으로써 북이스라엘과 남유다가 사실상 합병되었음을 말한다.

4–5장, 사울의 아들이며 북이스라엘의 유약한 왕이었던 이스보셋이 시해당함으로써 남북 지파들이 완전히 통일되었음을 말한다. 5장은 북이스라엘 지파들의 장로들이 다윗을 찾아와 그를 왕으로 옹립하는 장면이 보고되고 있다(5 : 1–5). 여기엔 또 다윗이 천도를 위해 유다와 베냐민 지파의 경계에 있던 예루살렘을 정복하는 이야기도 나온다.

법궤 입성과 다윗 계약

6장, 최종적으로 법궤를 예루살렘으로 가져옴으로써 신앙적인 통일이 완성되었음을 말하고 있다. 사울의 딸에 대한 저주로 북이스라엘의 왕족맥이 완전히 차단되었음을 말한다.

7장, 법궤는 야웨의 임재를 뜻한다. 법궤가 예루살렘으로 들어옴으로써 야웨와 다윗과의 만남을 상징하고 있으며 이로 인해 다윗이 하나님과 약속을 맺는 다윗 계약이 제시되고 있다. 여기에는 성전에 대한 약속이 나오며 다윗 왕의 후사인 솔로몬에 대한 약속을 통하여 다윗 왕조에 대한 보장과 예루살렘에 야웨가 임재하심으로써 이루어지는 왕도로서의 시온사상이 제시된다.

8장, 오경에서의 족보에 해당되는 다윗의 전쟁사에 대해서 기록하고 있다. 여기까지가 다윗의 상승기류에 해당하는 부분이다.

다윗의 간교함과 죄의 잉태

9장, 다윗이 사울의 아들 요나단의 아들 므비보셋에게 호의를 베푸는 장면이 나오나 이는 요나단의 아들까지 직접 자신의 시야에 둠으로써 철저하게 사울의 후손에 대한 장악을 의미한다.

10장, 같은 의미로 암몬에게 호의를 베푼다는 명목으로 암몬 족에 대한 철저한 장악을 보여주고 있다.

11장, 헷 족속 우리아의 아내인 밧세바까지 철저하게 지배하는 다윗의 태도를 보이고 있다.

12장, 나단이 다윗에게 하나의 우화를 말한다. 우리아를 죽인 다윗의 태도에서 그의 죄의 절정에 이른다. 이러한 죄의 절정에서 이제 다윗의 상승기류는 하향곡선을 그리게 된다. 완전히 지배하려고 했으나 자신의 분신인 자신의 가정에서부터 분열이 일어난다.

압살롬의 난

13장, 이복형제인 압살롬과 암논 사이의 분열을 그리고 있는데 이의 매체가 되는 것이 압살롬의 누이 다말을 암논이 겁탈하는 장면에서 나타난다.

14장, 압살롬이 아람에서 돌아오는 이야기다.

15장, 압살롬의 반란을 말한다.

16장, 압살롬의 반란은 다윗이 장악하려고 했던 므비보셋과 같은 저항 세력임을 말한다.

17장, 아히도벨과 후새의 대결에서 다윗의 책사인 후새가 승리함을 말한다.

18장, 요압이 조카 압살롬을 죽이고 다윗의 미움을 사는 장면이 나온다.

19장, 다윗이 요단 강을 건너 다시 도성에 돌아옴을 말한다.

20장, 비그리의 아들 세바가 북이스라엘을 배경으로 다윗에게 반역함을 말한다.

21장, 북이스라엘 반란세력의 근거인 사울의 후손을 마지막까지 처형하는 장면이 나온다. 이러한 사울의 후손의 끊임없는 저항은 16장과 그 이전부터 줄기차게 진행된다.

결론 : 신앙인 다윗의 승리

22장, 다시 한번 승리의 노래가 다윗의 이름으로 나오고

23장, 다윗의 유언과 그의 용사들의 이름이 나온다. 이 역시 오경에서 족보(톨레돗)의 역할을 하는 것으로 역사의 다음 단계와의 분리를 의미한다.

24장, 다윗이 자기 백성을 더 철저하게 장악하기 위한 인구조사를 하고 그것이 잘못된 것으로 인식되어 하나님의 징벌을 당한다.

길보아 전투에서 사울과 그의 아들 요나단이 전사함으로써 사울 왕조가 완전히 종말을 고했다는 이야기를 사무엘상 31장에서 말하고 있다. 사무엘상에서 다윗이 왕이 되기 이전까지의 역사를 기록하고 있다면 사무엘하에서는 다윗이 헤브론에서 왕이 된 이후의 역사를 다루고 있으며 더 나아가서 칠년 후 예루살렘으로 천도해서 어떻게 그의 왕위를 굳히게 되었는지에 관한 것과 솔로몬에게 왕권이 전수되기 직전까지의 역사를 다루고 있다.

신명기사가의 문제는 이전 역사단락의 끝에서 서술한 내용을 다시 한번 반복한 후에 그 끝부분을 더 발전시켜 전개해나가는 방식이다. 그러므로 이 첫 장에서는 사무엘하 31장에서 한 내용을 다시 반복해서 말하고

난 후에 제2장에서 본격적으로 다윗 왕국에 대한 내용을 발전시켜 나가고 있다. 이는 창세기 1 : 1a에서의 삼라만상이 어떻게 창조되었는지를 말한 후 맨 마지막에서 인간의 창조를 말하고 그 인간의 창조에 관한 내용을 화두로 삼아서 창세기 2 : 4b에서 다시 하나님이 태초에 천지를 창조했다는 창세기 1 : 1a를 반복한 후에 1장의 맨 마지막에서 한 말을 반복한 후에 인간에 대한 이야기를 더 세부적으로 전개시켜 나가고 있는 것과 마찬가지라고 할 것이다.

2. 사울의 전사소식과 아말렉 전령(1 : 1–16)

¶ 본문

1 사울의 죽은 후라 다윗이 아말렉 사람을 도륙하고 돌아와서 시글락에
서 이틀을 유하더니 2 제 삼일에 한 사람이 사울의 진에서 나왔는데 그
옷은 찢어졌고 머리에는 흙이 있더라 저가 다윗에게 나아와 땅에 엎드려
절하매 3 다윗이 저에게 묻되 너는 어디서 왔느냐 대답하되 이스라엘 진
에서 도망하여 왔나이다 4 다윗이 가로되 일이 어떻게 되었느뇨 너는 내
게 고하라 저가 대답하되 군사가 전쟁 중에서 도망하기도 하였고 무리 중
에 엎드러져 죽은 자도 많았고 사울과 그 아들 요나단도 죽었나이다 5 다
윗이 자기에게 고하는 소년에게 묻되 사울과 그 아들 요나단의 죽은 줄을
네가 어떻게 아느냐 6 그에게 고하는 소년이 가로되 내가 우연히 길보아
산에 올라보니 사울이 자기 창을 의지하였고 병거와 기병은 저를 촉급히
따르는데 7 사울이 뒤로 돌이켜 나를 보고 부르시기로 내가 대답하되 내
가 여기 있나이다 한즉 8 내게 이르되 너는 누구냐 하시기로 내가 대답하
되 나는 아말렉 사람이니이다 한즉 9 또 내게 이르되 내 목숨이 아직 내
게 완전히 있으므로 내가 고통에 들었나니 너는 내 곁에 서서 나를 죽이
라 하시기로 10 저가 엎드러진 후에는 살 수 없는 줄을 내가 알고 그 곁에
서서 죽이고 그 머리에 있는 면류관과 팔에 있는 고리를 벗겨서 내 주께

로 가져왔나이다 [11] 이에 다윗이 자기 옷을 잡아 찢으매 함께 있는 모든
사람도 그리하고 [12] 사울과 그 아들 요나단과 여호와의 백성과 이스라엘
족속이 칼에 죽음을 인하여 저녁때까지 슬퍼하여 울며 금식하니라 [13] 다
윗이 그 고한 소년에게 묻되 너는 어디 사람이냐 대답하되 나는 아말렉
사람 곧 외국인의 아들이니이다 [14] 다윗이 저에게 이르되 네가 어찌하여
손을 들어 여호와의 기름부음 받은 자 죽이기를 두려워하지 아니하였느
냐 하고 [15] 소년 중 하나를 불러 이르되 가까이 가서 저를 죽이라 하매 그
가 치매 곧 죽으니라 [16] 다윗이 저에게 이르기를 네 피가 네 머리로 돌아
갈찌어다 네 입이 네게 대하여 증거하기를 내가 여호와의 기름부음 받은
자를 죽였노라 함이니라 하였더라

¶ 개요

사무엘하 1장은 크게 두 부분으로 나뉘어져 있다. 1－16절의 이야기 부분과 17－27절의 다윗의 주군이었던 사울과 친구였던 요나단의 죽음에 대한 조가이다. 1－16절은 비교적 통전적인 이야기이다.

A. 1－4절에서 아말렉 군인의 사울 전사 소식

B. 5－10절에서는 사울과 아말렉과의 대화

A′. 11－16 결론부에서는 다윗이 아말렉 군인을 치는 장면이다.

이렇게 사울의 사망 보고를 중심으로 아말렉의 이야기가 A와 A′에 대칭적 구조를 가진다.

신명기 역사서는 M. 노트가 지적한 대로 소위 요약연설문이라는 요약문을 문학적인 연결고리로 해서, 많은 이야기들의 문맥이 일탈될 수 있는 역사를 일관되게 이어나가고 있다. 이러한 요약연설문은 회상과 전망이라는 양면을 가지고 압축되어 있다. 사무엘상 12장과 같이 이전의 역사를 회상하는 미괄식 형식으로 직전 역사를 요약하고 직후에 전개될 문맥을 두괄식의 형태로 요약해주고 있다. 그러다 보니 회상은 과거의 역사와 중첩되는 듯이 보이고 미래를 전망하는 역사는 이 연설문 이후에서 더 상세하게 서술되면서 전개되고 있다. 이는 신명기 1－4장이 광야 여행을 요약

하고 30—34장이 여호수아에서부터 열왕기하까지를 전망하는 형식으로 조립하고 있는 데서도 드러나고 있다(장일선, 『신명기』, 대한기독교서회, pp. 70f.).

그러므로 서론격인 사무엘하 1장은 사무엘상에서 전개되고 있던 다윗이 사울에게 쫓기던 이야기를 종결시키는 장이다. 다시 말하면 사울의 왕권이 사울과 그 장자인 요나단이 전사함으로써 완전히 종결되었음을 천명하고 있다. 이렇게 볼 때 사무엘하 2장은 이제 다윗이 오랫동안 끌던 사울과의 전쟁을 끝내고 드디어 합법적인 왕이 되었음을 말하고 3장에서는 사울의 수장이었던 사촌 아브넬 장군까지 종결되었음을 말해주고 있다. 그러므로 사무엘하 1장은 사무엘상에서 진행되었던 긴 이야기를 시의 형태로 요약하는 장이라고 할 것이다.

¶ 주석

1—4절은 다윗이 쳐부순 바 있는 아말렉 군의 한 사람이 이스라엘의 마지막 전황을 전하는 장면이다. 아말렉 사람의 이름은 나오지 않는다.

1 절은 언제였는지를 말한다. "사울이 죽은 후였다"라는 말이 나온다. 이는 새로운 단락을 시작하는 문학적인 장치이다. "예수께서 어느 곳을 지나가실 때에"라든가, "사사들이 통치하던 때"라든가 하는 시간을 목록화하기 위한 장치이다.

2 절에서 그 날짜도 삼 일째 되던 날이라고 성경적 숫자를 말한다. 성경에서 삼이라는 숫자는 일종의 완전수이다. 창세기 1장에서 하늘 땅 바다가 삼층으로 되어 있다. 창세기 6—9장에서 노아의 방주와 솔로몬의 성전도 삼층으로 되어 있다. 그리스도께서 삼일 만에 부활한다. 인간도 하나님의 영(생기, 네쉬마)과 생령(네페쉬)과 육(바사르)으로 구성되어 있다. 이러한 삼의 숫자는 신약에서 성삼위일체라는 개념으로 도입된다. 왜냐하면 창세기 1 : 26에서 하나님은 "우리의 형상대로"라는 말로 우리라

는 복수어로 나타나고 있기 때문이다. 인간을 위한 하나님의 형상은 단수의 형상이 아니라 사회성을 드러내는 복수의 형상이고 이는 교회의 복수의 형상 혹은 그리스도의 지체개념으로 도입된다고 할 것이다.

아말렉은 야곱의 형이며 원수인 에서의 손자로서 에돔 족의 한 종족이며, 사무엘상 15장에서 사울이 아말렉 족속과 싸워서 그들의 왕 아각만을 남기고 모두 살해한다. 사울이 왕 아각과 모든 좋은 짐승들만을 남기고 나머지는 칼로 쳐 죽인 것이 야웨의 눈에 거슬려 그만 사무엘을 통하여 사울을 왕으로 택함을 후회하며 그가 아말렉으로 인하여 야웨로부터 버림을 받는다. 유명한 "순종이 제사보다 낫다"라는 말을 낳게 한 장본인이 아말렉이고 사울을 파멸의 구렁이로 쳐넣은 것이 아말렉이다. 결국 사울 자신이 그 아말렉으로 인하여 죽임을 당했음을 성경은 진술한다. 사울의 첩 리스바를 통해 낳은 사울의 자손이 여부스 족의 원성이라는 이름으로 다윗에게 몰살당하는 경우와 같다.

아말렉은 언제든지 하나님의 능력을 보이기 위한 하나의 수단으로 등장한다. 신앙 없는 자의 숙명적 운명을 보인다. 열방의 세력이며 이방의 세력임을 상징한다. 다시 말하면 이방의 세력을 상징하는 것이다. 우리의 기도와 신앙이 깨어 있으면 세상을 이길 수 있고 잠들어 있으면 세상 풍파에 밀려 패배할 수밖에 없음을 말한다. 우리가 잘 아는 출애굽기 17 : 8–16의 이야기이다. 여기서 모세의 팔이 들리면 이스라엘이 이기고 내리면 이스라엘이 지는 사건이 일어난다. 그러므로 아론과 훌이 모세의 팔 아래에 돌을 가져다 받쳐놓고 결국 그 전쟁을 승리로 이끈 이야기이다. 그래서 이곳의 이름을 "야웨 닛시"라고 이름했다는 이야기가 나온다. "야웨 닛시"라는 말은 야웨가 나의 지팡이 혹은 기적이라는 뜻이다.

사무엘상 30장에서는 다윗과 아말렉과의 전투기록이 있다. 다윗이 블레셋 왕 아기스를 도와 사울을 치려고 시글락 성을 비운 사이에 아말렉 족이 와서 다윗의 아내와 여자들과 어린 것들을 노략해간 사건이다. 야웨께 물은 후에 추격하여 모든 것을 되찾아온다.

사울이 죽은 후의 새로운 상황에 대해서 전개하려는 의도를 가지고 있다. 사무엘하 1 : 1b에서는 다윗이 아말렉을 치고 돌아왔다는 말이 나온다. 이는 다음에 계속될 문장에서 사울을 쳐 죽인 아말렉 병사의 사형과 관련된 암시문구로 아말렉 병사가 사울의 목을 벰으로써 스스로의 목도 베임을 당할 것이라고 하는 암시이다. 1절에서는 다윗이 이틀을 묵은 후에 일이 벌어졌다는 막연하나마 좀더 구체성을 주기 위한 숫자개념이 나타난다. 이는 출애굽기 1 : 1에서도 나타나는 바와 같은 도식적인 문체이며 저자의 문학적인 관습이라고도 할 것이다. 출애굽기 1 : 1은 시내 산 단화를 새롭게 시작하는 도입구로서 "이스라엘 자손이 애굽 땅에서 나올 때부터 제삼월 곧 그때에 그들이 시내 광야에 이르니라"라고 같은 성경적 삼의 숫자를 문학적 장치로 사용하고 있다. 신약성서도 같은 문학적인 장치를 사용하고 있는데 예를 들면, "이 일이 있은 후에 그 곳을 떠나 길을 가시다가 레위라는 세관을 보시고…"(막 5 : 27), "그 무렵 사람들이 또 많이 모여들었는데…"(막 8 : 1)와 같은 용어들을 사용하고 있다.

2-**4** 절에서는 사울 진영으로부터 아말렉 병사가 찾아왔음을 말하고 있다. 3절에 다윗이 사울 진영의 진상을 확인하는 말이 나오고 4절은 다시 한 번 사울과 요나단이 전사했음을 아말렉 병사의 입으로 확인하는 말이 나온다. 1—4절은 작은 소단락을 이루고 있다. 이는 소위 인클루지오의 문체로서 1절에서 저자가 한 말을 다시 한 번 병사 자신의 말로 반복하고 있다. 성서의 문체는 소위 두괄식 문체로서 한 단락을 시작한 문두에서 요약적인 말을 하고 그 다음엔 저자가 내린 문두 요약문의 경과를 설명하는 형식으로 되어 있다. 이는 창세기 1 : 1에서 하나님이 천지를 창조하시니라 라는 저자의 정의 내지는 요약문이 나오고 창세기 1장 전체를 통해서 그 요약문의 경과를 설명하고 있는 것과 같다고 할 것이다.

5-**10** 절에서는 사울과 다윗이 죽었다는 1—4절 단락의 경과를 더 세부적으로 설명한다.

5 절에서 다윗은 사울과 요나단이 죽은 경위에 대해서 상세하게 묻고 아말렉 병사는 이에 대해 상세하게 상황을 보고하는 형식으로 되어 있다. 사울은 더 이상 자신을 버틸 수 없어 아말렉 병사로 하여금 자신의 목을 쳐줄 것을 부탁했다는 것이다. 여기서 사울은 스스로 목숨을 끊은 것이

아니라 수하 장수 중의 산하에 있는 자신이 잘 알지 못하는 병사로 하여금 목숨을 끊게 했다는 것이다. 신앙으로부터 버림받은 자는 신앙적 족보를 통한 말씀이 없고 신들림만이 있는 무당에게 갈 수밖에 없으며, 신앙이 없는 이방 백성에게 목 베임을 당할 수밖에 없다는 것이다. 여기서 요나단의 이야기는 나타나지 않는다. 아말렉 족이 왕으로 기름부음을 받은 자를 친다는 것이 죄인 것을 아는지 모르는지 언급이 없다.

사사기 9 : 54에서 사울과 같은 죽음에 대한 언급이 있다. 기드온의 세겜 여인 첩의 아들 아비멜렉에 관한 이야기다. 그가 성루에서 여자가 던진 연자맷돌에 맞아 죽게 되자 자신의 무기 당번에게 자기를 쳐서 죽이라고 명한다. 여인이 던진 연자맷돌에 죽었다는 사건은 부끄러움으로 기록되기 때문이었다. 이렇게 타인에게 처형을 부탁했던 것 역시 악인에 대한 하나님의 보상방법이었다.

11 – **16** 이에 대해서 다윗은 재앙을 당했을 때 하는 행위 즉 옷을 찢고 단식한다. 심지어 이를 본 부하들조차 옷을 찢고 금식하며 통곡했다는 것은 탄식하는 공동체의 정황 즉 공동체 탄식시의 삶의 정황이다. 이런 행위는 성서에서는 공동체 시편의 삶의 정황으로서 국가적인 혹은 어떤 마을의 공동체가 공동체적인 재앙을 당했을 때 행하는 즉각적인 행위이다(창 37 : 34; 삼하 13 : 31). 참으로 이해하기가 힘든 정황이다. 다윗은 아기스의 경호원으로 사울과 이스라엘을 치기 위해서 출전을 자원한 적도 있던 사람이다. 어떻게 이런 비탄의 정경이 벌어질 수 있단 말인가. 그런데 다윗은 연기를 잘하기는 한다. 블레셋 아기스 왕이 그를 알아보려고 할 때 그는 즉시 미친 짓을 할 수 있었던 사람이었다. 자신을 자유롭게 통제하고 조절할 수 있는 인품이었음을 알 수 있다. 이렇게 보면 압살롬의 죽음을 통곡한 다윗의 비탄 역시 새로운 각도에서 조명되어야 한다. 다윗의 입장에서 보면 왕권을 유지하기 위해서 자신의 친자를 죽인 인물로 알려질 수 있었기 때문이다. 그렇게 되면, 다윗은 정말 어떻게 해볼 도리가 없는 피도 눈물도 없는 인물이라는 비난을 받을 수 있다. 사울과 그 자식을 몰살시킨 살인자, 자기의 충신의 아내를 빼앗은 악랄한 자, 자신의 아들과도 권력 투쟁을 하며 자신의 자식을 죽인 자 등이다.

12 이런 정황은 탄식시의 정황이다. 이러한 정황들은 진정 슬픔에 의한 것이 아닐 수 있다. 이런 의식은 우리나라의 초상집에서 곡하는 것 모양으로 관습적으로 나라나 개인 집에 상을 당했을 때 많은 사람들이 재난을 당했을 때 행하는 행위였다. 다윗은 나라에 어떤 비극적인 일이 있을 때 그것에 대한 비난이 잘못 착륙하지 않도록 최선을 다 기울이는 것으로 나타난다. 그러므로 이런 다윗의 행위가 진정 슬픔에 의해서였느냐 형식적 정치적 행위였느냐의 문제는 이차적인 문제이다. 우선적으로 나라의 지도자로서 장인과 그 가족 및 한 나라의 왕에 대한, 기름부음을 받은 자에 대한 예의라고 할 수도 있는 것이었다. 적대적이지 않은 남북한, 혹은 남북 이스라엘 간의 예의와도 같은 것이다.

13 다윗은 사울의 사위로서 피의 보복자(고엘)로서 아말렉 인을 죽일 수 있는 근거가 있을 수 있었다. 피의 보복자는 살해당한 자의 가장 근친이 살인자를 찾아서 보복을 하는 것이다. 창세기 4장에서 가인과 아벨의 경우는 부모가 가장 근친이 된다. 그러나 그 부모는 자식을 죽일 수는 없었다(삼하 14장에서 지혜여인의 두 아들 이야기 참조). 그러므로 하나님이 대신 피의 보복자로 등장하기 때문이다.

14 야웨의 기름부음(야웨의 메시아)을 받은 자라는 말은 구약성서에 여러 번 나타나는데 예레미야애가 4 : 20을 제외하고 모두 사무엘서에 나타난다. 기름부음을 받는 행위는 왕이 되는 행위로서 하나님과의 양자관계적인 의미를 지닌다(삼하 24 : 11; 26 : 9, 11, 23; 삼하 19 : 22[히브리어 성서]). 왕관을 쓰는 순간 왕이 되고 그는 하나님의 양자된 아들로서의 특권을 가진 것이다. 인간 즉 사람의 아들(인자)로서 하나님의 아들 되셨던 그리스도에 대한 예시이다.

15 결국 아말렉 인은 쳐죽임을 당한다. 다윗에게 있어서 왕의 몸에 손을 대서는 안 된다는 것이 그의 가장 큰 신조 중의 하나였던 것 같다. 끊임없는 사울의 추적과 죽일 기회가 있었음에도 불구하고 사울의 몸에 손을 대지 않는다. 결국 이런 왕 즉 메시아에 대한 존중 사상은 다윗 왕조 신

학의 가장 큰 이념적 주춧돌이 된다. 그래서 북쪽과는 달리 남쪽에서는 왕조가 한 번도 바뀐 적이 없다.

16 이 일이 피의 보복과 관련이 있음을 암시하는 구절은 피라는 말이다. 머리는 죄나 영광을 들이고 내는 곳으로 여겨졌다. 기름도 머리에 부어서 왕으로 삼고 안수도 머리에 하면 죄가 어린양에게로 옮겨가는 것으로 여겼다. 즉 머리에 손을 얹어서 그 죄가 죄인으로부터 어린양에게로 이전되도록 하는 것이다. 머리는 몸 중에서 가장 치명적인 부분으로 간주되었고(삿 9 : 53), 사람을 세는 단위로 여겨지기도 했다(삿 5 : 30; 출 16 : 16; 민 1 : 2). 머리를 숙이는 것은 수치였고(레 2 : 10), 일으키는 것은 회복을 의미했다(창 4 : 20; 시 3 : 3). 일반적으로 통치하거나 지배하는 가장 높은 위치를 의미했다(창 8 : 5; 11 : 4; 삿 11 : 8; 사 2 : 2; 9 : 14; 미 2 : 13).

¶ 메시지

사무엘하 1장에는 주요 등장인물로 아말렉 족과 다윗이 실물로 나오고 사울과 요나단이 보고되는 인물로 나온다. 이 두 인물 중에서 사울의 마지막 죽음의 과정이 상세하게 나오고 있다. 아말렉 병사는 자기가 한 짓이 자랑스러운 짓인 줄로 알고 상이나 받을 것으로 생각하고 상세하게 다윗에 보고함으로써 어쩌면 기쁜 소식일 것이라고 믿었으나 오히려 자신의 생명을 단절시키는 재앙을 불러왔음을 말해주고 있다. 우리는 흔히 자신이 한 짓이 자랑스러운 일인 것처럼 자신을 떠벌리나 그것은 성서적으로 보아서는 오히려 미련한 짓일 수 있음을 말해주고 있다. 아말렉은 분명히 명분상 옳은 일로 믿었다. 사울은 상처 때문에 빨리 죽었으면 하는 정황에 있었고 그의 생명을 끊어주는 것은 어쩌면 선한 일일 수 있었고 아말렉 병사는 그렇게 믿고 그렇게 결행을 했을 것이다. 그러나 다윗은 노련한 사람으로서 오히려 그를 죽임으로써 자신의 대의명분을 세우는 계기가 되었다. 히스기야가 바빌론 사절단에게 자신의 보고를 모두 보여

주었던 것은 어쩌면 솔직한 일이었다. 그러나 그러한 영광이 바빌론과의 국제 조약관계에서 도움이 될 수도 있다고 믿었다. 그러나 그런 그의 순진한 생각은 오히려 유다의 완전한 패망을 자초하는 결과를 초래했다. 신앙을 가진다는 것은 무조건 자신의 생각에 순진함을 뜻하는 것은 아니다. 신약성서에서 예수가 말씀하신 것처럼 비둘기처럼 온순하되 뱀처럼 지혜로워야 될 것을 가르치고 있다.

성서는 또한 비극을 다루고 있다. 자신으로서는 어쩔 수 없는 비극, 이 비극이 사울의 비극이었다. 그는 사무엘과 관계에서 미묘한 관계를 유지했다. 제사와 정치 즉 제정일치 시대로부터 왕정시대로 시대적 전환기를 맞으면서 막대한 정치적 군사적 권력이 사무엘로부터 사울로 이동되고 있었다. 얼핏 보기에는 사상적, 신앙적인 힘이 덜 매력적인 것으로 보이고 덜 힘이 강해보이는 것이다. 그러나 언제나 승리는 신앙의 승리로 이어진다는 것이 성서의 결론이다. 매력적인 에서와 신앙적인 약골 야곱 사이의 대결은 결국 신앙인의 승리로 종결을 이루게 되고 결국 여기서도 에돔 족의 한 지파였던 아말렉은 그렇게 죽임을 당하는 것이다.

이런 정황에서 블레셋과의 전투에서 사울은 사무엘의 제사권 즉 종교적인 권리를 침범하는 사태를 범하게 된다. 이런 정황은 어쩌면 사무엘 자신이 자신의 명분을 위해서 고안한 것인지도 모른다. 왜냐하면 그는 칠일이 지났음에도 불구하고 지내야 할 제사를 위해서 나타나지 않았고 나무 뒤에 숨어서 계속 관찰하고 있었다. 막 제사를 마치자, 코너에 숨어 있던 교통경찰이 나타나는 모양으로 나타난 것이다. 우리의 심정을 숨어서 살피고 계시는 것이 하나님이시다. 우리가 기뻐하거나 제정한 제사가 아닌 하나님이 제정하고 기뻐하는 제사를 드려야 하는 것이다. 사울이 사무엘의 제사권을 침해하여 제사를 마치자마자 사무엘은 사울과의 관계이탈을 위한 명분을 찾아서 그를 떠나 다윗에게로 가서 왕권을 다윗에게 이양한다. 성서는 잠언에 나타나고 있는 것처럼 단순한 경구만을 반복하지 않는다. 하나님을 두려워하여 늘 깨어 있고 기도하는 자만이 하나님의 바른 인도하심을 받을 수 있음을 말한다.

둘째로, 다윗의 입장에서 보면 아말렉 족이 가져온 사울의 죽음에 대한 어쩌면 반가웠을 그 소식에 반가워 뛰지 않았다. 그는 야웨의 기름부은 자를 살해한 그의 머리를 자른다. 어쨌든 아말렉 족은 사무엘상 30장과 사무엘하 8장에 나타나 있듯이 그에게 피해를 입힌 원수의 일족이었다. 다만 그 경우를 한 번 더 숙고해서 현명하게 처리함으로써 백성들로부터 하등의 오해의 소지를 없앤 고도의 정치적인 혹은 신앙적인 역량을 발휘하게 된다. 이런 일은 아브넬의 죽음 시에도 반복해서 나타난다. 아는 길도 한 번 더 하나님의 뜻을 물어보는 신앙적 모범을 다윗을 통해서 보여주고 있다고 할 것이다. 이 후에 아무런 오해 없이 온 이스라엘이 헤브론에 있는 다윗에게 와서 다윗을 온 이스라엘의 왕으로 삼게 된다.

셋째로, 아말렉 군인은 아마도 자기가 사울의 죽음을 알리면, 더구나 다윗의 정적이었던 사울의 죽음을 알리면 상을 받을 줄 알았으나 오히려 죽음을 당한다. 우리는 흔히 원수가 기뻐할 것이라고 생각해서 행한 행위가 소위 정당한 행위처럼 보인다고 말할 수 있다. 그러나 그런 경우는 오히려 죽음이나 불행을 초래할 수 있음을 명심할 필요가 있다. 아말렉 군은 사울을 보아도 고통당했으므로 쳐 죽일 수 있었고 또 그것은 다윗에게 기쁜 소식이 될 것으로 여겼다. 그러나 그런 경우는 오히려 그 자신이 그런 악행을 보복당할 수 있음을 말한다. 만일 우리라면 어떨까? 단지 죽음만을 알렸을 것인가? 아니면 아예 죽음조차도 알리지 말았어야 할 것인가? 그는 여기서 한 번 더 나아가서 자기가 쳐 죽였음에 대해서 말하고 있다. 그는 그 소식을 다윗이 아닌 자신들이 속한 사울의 잔여 왕실에게로 가져가야 했는지도 모른다. 이러한 형벌은 사울의 아들 이스보셋의 머리를 자른 레갑과 바아나에게도 동일한 패턴으로 나타났다. 그들은 상을 기대하면서 이스보셋의 머리를 가지고 다윗에게 갔으나 오히려 그들 자신의 목이 베임을 당한다(삼하 4 : 1—12).

넷째로, 때로 인간적으로 가장 납득할 만한 것이 하나님의 뜻에 부합하지 않을 수 있다. 아말렉 군인은 인간적으로 볼 때는 전혀 하자가 없는 사람이었던 듯하다. 그러나 그는 쳐 죽임을 당했다. 참으로 인간적으로, 인간의 지식이나 지성으로 이해할 수 없다. 그는 사울이 고통스러우니 죽여 달라고 하는 명령에 순종했을 뿐이다. 어떻게 상관의 명령을 거절할 수 있단 말인가? 그 다음에 그의 죽음을 왕의 사위인 다윗에게 알렸다. 자신이 갈 곳이라고는 자기가 섬기던 주인의 사위한테 가는 것이 옳다고 여겼을 것이다. 또, 다윗은 사울의 원수이기도 했으므로 오히려 그에게서 상을 받을 수 있을 것으로 기대했는지도 모른다.

누가 생각하든지 원수 사울의 사망 소식을 알리는 것은 "수고했다!"라는 말로나마라도 보답을 받을 기대감을 가질 수 있었다. 그러나 그는 쳐 죽임을 당했다. 전도서는 말한다. 여호와를 경외하는 것이 지혜의 근본이다. 경외라는 말은 두려워한다는 말 즉 두려움으로 살핀다는 말이다. 우리나라 말에 "돌다리도 두드려보고 건너라"는 말이 있다. 하나님을 두려워하며 그의 뜻을 살피는 것이 지혜의 근본이다. 고대 근동에 만연되어 있던 보상의 법칙이 야웨 종교와 기독교 신앙에서 큰 변화를 겪게 된다. 야웨 신앙에서 야웨의 주권이 강조된다. 웃사는 넘어지는 언약궤를 잡을 수밖에 없었다. 그러나 그는 쳐 죽임을 당했다. 고린도전서에서 사도 바울은 말한다. 하나님의 약한 것이 인간의 강함보다 강하며, 하나님의 미련한 것이 인간의 지혜보다 지혜롭다(고전 1 : 25). 예수께서 말씀하신 바와 같이 인간에게 보이는 모든 불행은 오히려 하나님의 영광을 드러내기 위한 것일 수 있고, 인간의 눈에 위대해 보이는 것은 바리새인과 같이 소경됨으로 기인될 수가 있는 것이다.

3. 사울과 요나단에 대한 조가 (1 : 17—27)

이로 말미암아 그 아말렉 인은 그 자리에서 처형을 당하고 다윗은 나름대로의 새로운 국가 원수로서 그리고 사울 왕의 사위로서 형식을 갖추어 사울 왕과 요나단에 대해서 조가를 지어 조의를 표한다. 왕권계승 및 권위 강화의 한 수단이다.

¶ 본문

17 다윗이 이 슬픈 노래로 사울과 그의 아들 요나단을 조상하고 18 명령
하여 그것을 유다 족속에게 가르치라 하였으니 곧 활 노래라 야살의 책에
기록되었으되 19 이스라엘아 네 영광이 산 위에서 죽임을 당하였도다 오
호라 두 용사가 엎드러졌도다 20 이 일을 가드에도 알리지 말며 아스글론
거리에도 전파하지 말지어다 블레셋 사람들의 딸들이 즐거워할까, 할례
받지 못한 자의 딸들이 개가를 부를까 염려로다 21 길보아 산들아 너희
위에 이슬과 비가 내리지 아니하며 제물 낼 밭도 없을지어다 거기서 두
용사의 방패가 버린 바 됨이니라 곧 사울의 방패가 기름부음을 받지 아니
함 같이 됨이로다 22 죽은 자의 피에서, 용사의 기름에서 요나단의 활이
뒤로 물러가지 아니하였으며 사울의 칼이 헛되이 돌아오지 아니하였도

다 [23] 사울과 요나단이 생전에 사랑스럽고 아름다운 자이러니 죽을 때에
도 서로 떠나지 아니하였도다 그들은 독수리보다 빠르고 사자보다 강하
였도다 [24] 이스라엘 딸들아 사울을 슬퍼하여 울지어다 그가 붉은 옷으로
너희에게 화려하게 입혔고 금 노리개를 너희 옷에 채웠도다 [25] 오호라 두
용사가 전쟁 중에 엎드러졌도다 요나단이 네 산 위에서 죽임을 당하였도
다 [26] 내 형 요나단이여 내가 그대를 애통함은 그대는 내게 심히 아름다
움이라 그대가 나를 사랑함이 기이하여 여인의 사랑보다 더하였도다 [27]
오호라 두 용사가 엎드러졌으며 싸우는 무기가 망하였도다 하였더라

¶ 개요

본 단락은 다윗이 전사한 사울과 요나단을 위해 지은 탄식의 노래로 되어 있다. 이런 탄식의 노래에는 장송곡도 포함되어 있다. 이 노래는 원래 당시 사회에서 널리 불려지던 장송곡이 사울과 요나단을 위한 탄식시로 변형된 것으로 본다. 이 노래가 원래 다윗이 지었느냐 아니냐의 논란은 큰 이슈가 되지 못한다. 왜냐하면 원래 다윗은 그의 시적 재질로 말미암아 시편 전체가 그에게 돌려지고 있기 때문이다.

17－18절은 조가에 대한 서론적 설명이다. 19－27절까지는 다윗이 사울과 요나단에 대해 읊은 조가가 나온다. 노래에는 사울과 요나단의 생애를 특징지을 만한 구절은 나타나지 않는다. 흔히 나타날 수 있는 영웅들의 허무한 죽음을 읊는 시이다. 19절에서는 사울과 요나단을 이스라엘의 영광으로 묘사한다. 조가를 시작하는 19절과 마지막절인 27절이 모두 용사들은 쓰러졌구나로 시작해서 같은 문장으로 끝나는 인클루지오의 형식으로 이 조가는 원만한 통전성을 이루고 있고 이 둘을 연결시키는 같은 구절이 25절에 나오고 있다. 또한 21절에서는 사울의 방어(방패) 그리고 22절에서는 요나단의 공격이 나오고 23절에서는 사울과 요나단이 함께 나오고 있으며 24절에서는 사울, 25－26절에서는 요나단에 대한 서술이 나온다. 이 조가의 배경은 블레셋과의 전투인데 블레셋이라는 말이 20절에 나오고 블레셋 성읍이 두 개가 같이 나오고 21절에는 길보아라는 지명

이 나온다. 이러한 통전적인 구조를 볼 때 이 조가는 사울과 요나단이 블레셋 군과 전쟁을 벌이고 죽은 전승을 어느 정도 간직하고 있으며 이들 전승을 바탕으로 탄식시의 형태로 작시된 것으로 보인다. 특히 이 시편에는 사울과 요나단에 대한 부정적인 입장이 드러나지 않고 이스라엘 군의 군인정신에 대한 사기를 담고 있으므로 심지어 사울과 요나단이 후대 신명기사가의 이스라엘의 민족정신의 표본으로 기록되고 있다.

¶ 주석

17 절에서 이 조가의 제목이 나온다. 시편에서도 첫 절은 대개 제목이 나온다. 예를 들면 시편 3편에 "다윗이 압살롬에게 쫓길 때 읊은 시(탄식시)", 혹은 시편 51편에 "다윗이 밧세바 사건 후 나단의 질책을 받고 나서 지은 시" 등과 같은 것이다. 사울과 그의 아들에 관한 것이다. 슬픈 노래나 조가는 기나라고 하는 같은 의미의 장송곡이라는 뜻의 단어이다. 아벨의 형 가인이나 겐 족과도 철자가 통한다. 쫓기던 다윗이 자신을 끈질기게 쫓던 사울을 떠나보내는 마음, 친구 요나단을 떠나보낸 마음을 읊은 것이다. 요나단은 야웨가 공급하셨다는 뜻이다. 자기를 괴롭히던 사울도 떠나고 야웨가 준 것과 같은 친구 요나단도 떠나는 것이다. 주변 사람이 떠나면 자신이 떠날 것도 생각하는 법이다. 그 부딪힘 속에서 장송곡이 탄생한다. 다윗은 원래 시인이었으므로 이 시는 밀접하게 사울 요나단 관련 전승에 대한 암시를 보인다.

18 활의 노래라는 말과 야살의 책이라는 말에 대해서 생각해보자. 활이라는 말 케쉐트의 어원은 코쉬라는 말에서 온다. 코쉬라는 말은 휘다라는 뜻이다. 왜 활의 노래(케쉐트)라고 했는지는 알려져 있지 않다. 아마도 본문 중 22절에서 요나단의 활(케쉐트) 이야기와 연관이 되어서 활이라는 말로 노래했는지도 모른다. 다윗은 요나단의 화살 덕택에 살아난 사람이다(삼상 20 : 20). 요나단의 활을 그가 절절히 기억했는지도 모른다. 그리고 이 장송곡의 제목을 케쉐트(활)라는 시제로 푼 것이라고도 할 것

이다. 사무엘상 2 : 4에 보면 용사와 활은 밀접한 관련이 있는 것으로 활은 용사라는 말을 대변하는 단어일 수 있다. 그렇게 보면, 케쉐트(활)라는 말은 "용사"라는 말과 같다고 할 것이다.

야살의 책이라는 뜻은 "의로운 자에 관한 책"이라는 뜻이다. 주로 영웅적 인물들의 업적을 기리는 책으로 알려져 있으나(수 10 : 13) 더 이상 추적은 불가능하다. 왜 다윗의 적에 대한 노래를 유다 백성에게 가르쳤는지는 알 수 없다. 그러나 이 당시에 다윗은 유다만의 왕이었으므로 유다 백성에 관한 한 그의 통치력이 작용하고 있다고 볼 수 있다.

19 19절과 27절이 본 장송곡이다. 이 처음과 끝은 "두 용사가 엎드러졌다"는 구절을 반복함으로써 시종(始終) 대칭을 이루고 있다. 비록 사울 왕조가 단막극으로 끝이 났지만, 아마도 사울의 죽음을 기뻐했을지라도, 다윗은 사울의 단점을 언급하지 않고 그의 영광을 칭송한다.

20 절에서는 블레셋의 다섯 성에 속하는 갓과 아스클론이 나온다. 갓은 다윗과 밀접한 관련을 맺은 성이다. 갓은 골리앗이 나온 성이고 다윗이 주군으로 모신 아기스 왕이 통치하던 성이다. 요나단의 반란 시에 갓 출신의 외인 장수 잇대가 자신의 용병부대를 이끌고 와서 피신하는 다윗을 호위한다. 이렇게 다윗과 블레셋과는 상당히 밀접한 관련을 가지고 움직이게 된다. 가드의 아기스 왕의 경호부대장으로 생존해온 다윗은 아무래도 그들의 눈치를 아직 보고 있어야 했음을 나타내고 있다. 블레셋 도성 가드에도 말하지 말며 에스그론에서도 선포하지 말라고 언급되고 있다. 다윗의 지역은(헤브론) 이들과 멀지 않을 뿐만 아니라 그의 분위기가 알려지기를 원치 않았기 때문이다.

21 절에서는 길보아라는 구체적인 지명과 사울이라는 인명을 거론해서 이 시와 역사적인 사건과의 전승관계를 연결해 주고 있다. 길보아의 뜻은 "길이" "우물"이라는 뜻이고 "보아"가 "거품을 내며 솟구치는"이라는 뜻이다. 즉 "땅에서, 솟구치는 우물"이라는 뜻이다. 땅에서 솟아나는 우물은 땅속 깊은 원시수가 땅이 갈라진 틈으로 솟아나오는 것으로 여겼

다. 여성의 자궁 원시수 안에 아기가 들어 있는 것과 같은 형태다. 그 원시수 속에 죽은 영혼들이 저장 내지는 내려가서 갇혀 있는 것으로 여겨졌다. 여기에 산의 이미지가 겹친다. 산은 그 뿌리를 혼돈의 원시수 속에 두고 하늘의 휘장을 바치고 있는 것으로 여겨졌다. 이러한 고대 사고를 배경으로 이해할 때 마지막 격전지의 운명론적인 색깔을 짙게 채색하고 있다고 할 것이다. 특히 사무엘이 음부에서 연기처럼 올라왔다는 배경과 더불어 사무엘이 사울에게 선포한 것처럼 내일 네가 너의 아들과 함께 음부(쉐올, 땅속의 혼 저장소)에 있게 됨을 암시하고 있다.

22 절에서는 요나단의 활과 사울의 칼이 나오고 사울과 요나단이 부자지간임을 함께 언급하고 있다. 이 구절은 그러므로 순수하게 사울과 요나단과의 전승을 가지고 있는 것으로 보인다. 용사와 활의 관계를 묘사하는 이 구절은 사무엘상 2 : 4에 용사의 활은 꺾이고 라는 말로 비추어볼 때 매우 상투적인 어구에 요나단의 활동이 결합된 듯하다. 그러나 요나단과 활의 관계는 사무엘상 20 : 20이하에 나오고 있으므로 요나단이 활을 잘 쐈다는 사실은 사실적인 전승인 듯하다.

23 독수리의 날개와 사자의 몸은 빠르고 강함을 상징하며, 언약궤 위에 새겨져 있는 세라빔의 형상이다. 그 얼굴은 사람의 형상으로 나타난다. 이는 인간의 이상이기도 하고 하나님의 능력을 나타내는 상징이기도 하다. 하나님은 보이지 않는다. 인간은 말로 표현하고 싶고 형상을 빌어 찬양하고 싶은 것이다.

24 – **25** 절은 다시 요나단을 풀어서 설명해주고 있다. 24절에서 사울에게 주홍색 옷을 입혀주었다는 사실은 요셉에게 입혀주었던 특별한 옷이나 여호야긴에게 입혀주었던 특별한 옷 등으로 볼 때 다윗이나 사울 당시 혹은 그 이전부터 사랑하는 정도의 구별을(혹은 관료의 직위 구별) 최소한 복식에 따라 차등을 두었음을 알 수 있다.

26 절은 확실히 사무엘상 20 : 20이하에서 나오고 있는 다윗과 요나단

의 관계를 말해주고 있다. 결국 여기서 요나단과 다윗은 야웨의 이름으로 서로의 우정을 서약하고 후손에 대한 보장까지 서약한다. 여기서 요나단은 자기가 끊겨질 것이며 다윗의 가문으로 요나단의 이름이 이어질 것을 말하고 있다(삼상 20 : 15－17). 그리고 그의 믿음대로 이루어지게 된다.

27 절은 이 장송곡의 시작인 19절에서 두 용사가 엎드러졌다는 말을 반복함으로써 인클루지오(시의 첫 구절을 마지막에서 반복하는 형식을 취하는 것)의 방식으로 이 시를 마무리 짓고 있다. 이로써 두 용사뿐 아니라 그의 남긴 씨들까지 엎드러지는 결과가 된다.

¶ 메시지

첫째로, 다윗은 대의명분을 분명히 한 사람이었다. 비록 그가 사울에게서 시련을 당했을지라도 조가를 지어서 그들의 공헌을 칭송한다. 어쩌면 마지막 길보아 전투에까지 출전한 다윗이 자신을 쫓던 사울과 그 후계자인 요나단이 죽었을 때에 기념을 안할 수도 있고 그저 수수방관할 수도 있었다. 그러나 다윗은 깍듯이 예의를 갖추어 조가까지 지어서 장례를 치르고 그를 기념한다. 그러므로 이를 통해서 자연스럽게 북이스라엘 백성들이 사울의 후계자 구도로 다윗을 따르도록 유도하고 있는 것이다. 많은 사람들이 이런 경우를 통해서 오히려 북이스라엘에 대해서 적대적인 감정을 드러낼 수가 있었다. 그러나 다윗은 이러한 절차를 밟으면서 남북이스라엘의 통합감정을 유도하고 있다.

둘째로, 다윗은 기도와 예배의 사람이었다. 하나님은 자기 백성을 결국 구원하고야 만다는 것을 그의 삶 속에서 믿었던 사람이다. 다윗의 족보가 여러 민족적 혼합된 사회계층적 배경을 가지고 있다고 할지라도 하나님은 결국 그를 구하고야 말았다. 하나님이 왜 그런 과정을 겪게 했는지는 우리로서는 이해할 수 없다. 신명기사가는 다윗이라는 인물(character)을 통해서 신앙인의 전형적 성격을 부각시키고자 한다. 물론 그도 인간의 아들(이새의 아들이란 존재의 아들이라는 뜻이다) 즉 다시 말하면 인자로서 인간의 유혹과 실수를 거쳐간다. 그의 신앙적 성격에는 예배와 기도하는 모습이 있다. 사무엘하 7장에서 잘 나타나고 있지만 그는 여러 곳에서 기도와 예배의 모습을 보이고 있다. 이는 믿음의 조상인 족장들에게서도 공통적으로 묘사되고 있는 성격이다. 또한 다윗은 하나님께 무엇이든지 물어서 결정하는 것으로 나타난다(삼하 2 : 1－4). 결국 다윗은 야웨의 임재와 말씀의 상징인 언약궤를 모시고 성막에서 나단을 통한 약속에 감사드리고, 성막이 아닌 성전을 건축하려고 하고, 사무엘하 22－23장에서 감사의 기도를 드린다. 사무엘하 24장에서 성전의 터인 아라우나의 타작마당까지 준비해 놓은 것으로 묘사되고 있다.

이에 반해서 사울의 경우는 감사의 경우도 거의 나타나지 않으며, 기도의 경우도 나타나지 않는다. 제단을 쌓는 것은 오히려 순종을 거역하면서 쌓는 것으로 부정적 제단을 쌓고 결국 엔도르의 무당을 찾는 것으로 그의 종말을 맺는다.

세 번째 사울은 야웨로부터의 약속을 받아내지 못했으나 다윗은 야웨로부터 왕조에 대한 약속을 받아낸 사람이었다(삼하 7장). 그러다 보니 자신이 신봉하는 교리를 끝까지 관철시킨 사람으로 나타난다. 물론 사무엘하 7장이 다윗 통치 후대에 더 단단하게 조립되었을 수 있다. 그러나 그것은 하루아침에 생겨난 것이 아니라 신앙과 더불어 생겨난 것이었다. 결국 약속이 없던 사울은 약속을 가지고 있던 다윗에 대한 불안에 시달리다가 전사를 하게 되고 사무엘상 20장에 보면 그의 그런 불신앙 혹은 회의주의는 그의 아들 요나단에게까지 이어지는 것으로 나타난다.

네 번째로 다윗은 인간적인 세상에 매이기보다는 하나님의 뜻을 행하는 것에 매여 있었다. 그는 그와 관련이 있고 어쩌면 세상적으로는 신세를 진 모든 열방들을 나중에는 차례로 물리치거나 멸망 혹은 복속시킨다. 암몬 왕 하눈과의 호의적 관계는 결국 그의 아들 대에 암몬을 토벌하는 것으로 나타나며, 모압 족에게 피신한 적이 있었으나 역시 일정 수 이상의 모압 군인들을 모두 죽인다. 사울의 가족도 두 다리를 모두 저는 므비보셋 외에는 모조리 처형한다. 또 블레셋의 경호대장이었던 그가 블레셋 군을 모두 멸절시켰다고는 나오지 않으나 그들과의 전쟁을 통해서 그들을 제압한다. 이는 과거의 구습이라는 차원으로 이해할 수밖에 없다. 다윗은 언제까지나 노련한 사람이었다. 그가 블레셋과의 관련된 부분을 노래하면서 역시 블레셋의 도시인 가드나 에스글론에 알려지지 않게 하라는 미묘한 표현을 잊지 않는다. 이러한 성격은 예수가 자신을 찾아온 모친과 형제자매들을 향해 누가 내 모친이며 자매며 형제냐고 반문한 후 제자들을 가리키며 이 사람들이 내 모친이며 자매라고 하는 말과 상통하는 말이다.

4. 다윗의 헤브론 입성(2 : 1－4a)

¶ 본문

1 그 후에 다윗이 여호와께 물어 가로되 내가 유다 한 성으로 올라가리
이까 여호와께서 가라사대 올라가라 다윗이 가로되 어디로 가리이까 가
라사대 헤브론으로 갈찌니라 2 다윗이 그 두 아내 이스르엘 여인 아히노
암과 갈멜 사람 나발의 아내 되었던 아비가일을 데리고 그리로 올라갈 때
에 3 또 자기와 함께한 종자들과 그들의 권속들을 다 데리고 올라가서 헤
브론 각 성에 거하게 하니라 4a 유다 사람들이 와서 거기서 다윗에게 기
름을 부어 유다 족속의 왕을 삼았더라

¶ 개요

1－4a는 하나의 통전적인 이야기 단원이다. 1절과 4a는 "헤브론으로" 라는 말과 "거기서… 왕을 삼았더라" 라는 대칭적 구조문에 의해서 독립된 구문을 이룬다. 그 내용은 "야웨께 올라가리이까" 라고 물으니 "헤브론으로 가라!" 하여 헤브론으로 가서 왕이 되었다는 구조이다. 이 구조문은 모두 모종의 동의적 평행법으로 이루어져 있다.

1절만은 점층적 평행법이다. "갈까요 말까요? 가라! 어디로 갈까요? 헤브론으로 가라!"

2절에서는 누구와 누구의 형태 즉 아히노암과 아비가일을 데리고 간다는 형태이고

3절에서는 종자들과 권속들을 데리고 갔다는 형태이며

4a절은 동의적 점층법이다 : "거기에서(헤브론) 다윗에게 기름을 부어, 유다 족속의 왕이 되었다."

¶ 주석

1 오경과 신명기 역사의 저자는 똑같이 신앙인 조상들의 특징을 묘사하기 위해서 하나의 코드를 사용하는데 그것이 "야웨께 물었다" 이다. 아브라함이 물었다, 모세가 물었다, 야곱이 물었다 등 모두 하나님께 묻는다. 악인의 경우는 절대로 묻지 않는다. 반란자 고라와 같은 사람들은 하나님의 뜻을 묻지 않는다. 압살롬도 묻지 않는다. 사울도 거의 묻지 않는다. 솔로몬은 묻거나 대화한다. 아담은 최소한 대화하나 타락 후이다. 이외의 거의 다른 사람들은 야웨의 뜻을 묻지 않는데 이것이 악한 왕이냐 아니냐를 판단하는 기준이다. 여기서 물었다는 통로는 아마도 제사장들의 움밈이나 둠밈이었을 것이다. 놋 땅에서 엘리와 아히둡의 자손인 아비아달 계통의 제사장이었을 것이다. 사독 제사장은 예루살렘의 제사장 계열이었던 것으로 여겨진다. 메시아 편에서 말한 것처럼 사독 가문의 제사장 집안은 멜기세덱으로부터 시작하여 아도니세덱(세덱은 히브리어로 체덱이고 체덱, 수 10 : 1) 그리고 사독 신약시대의 사두개인 계통으로 이어지는 여부스 족 시절부터의 제사장 집안으로 추정된다. 그렇다면 홍해의 출애굽 구속사신앙과 시내 산에서의 계약신앙으로부터 발원되는 야웨 신앙으로 가나안 토착종교의 회심 내지는 전환이라고 할 것이다. 한국의 산기도원이 바로 야웨 신앙과 전통적인 산사 전통 및 샤머니즘을 통한 토속종교와의 만남을 보여주는 것이라고 할 것이다.

2 이스르엘은 "하나님이 씨를 뿌리다"는 뜻이며 아히노암은 나의 형제는 기쁨(나암)이다라는 뜻이다. 여기서 이스르엘은 북쪽 이스르엘 평지가 아니라 남쪽 갈멜과 유타(수 15 : 55—56) 가까이에 있는 지명으로 보인다. 다른 아히노암은 아히마즈의 딸 사울의 아내이다. 사울이 죽은 후에 그를 데려다가 결혼까지 했다는 것은 아직 시간적으로 촉박하다. 다윗의 아내 아히노암은 암논(이루다)을 낳았으나 압살롬에 의해서 살해를 당한다. 아비가일은 남유다의 갈멜 사람 나발의 아내였다가 나발이 죽은 후에 다윗에게 영입된 아내다. 아비가일은 "나의 아비가 기뻐하시다"는 뜻이다. 아비가일도 길르압과 같은 자식을 낳았으나 이렇다 할 왕자로서의 역할을 한 것으로 나타나지 않는다. 이런 인물들이 고려의 창건자 왕건과 같이 다윗의 남유다에 있어서의 지역적 호족세력을 형성했던 것으로 보인다.

3 헤브론 각 성이라는 말은 헤브론과 그 주변 성읍을 말한다. 다윗과 그와 함께한 사람들이 가족과 함께 헤브론을 중심으로 한 성에 거했음을 말한다. 헤브론의 입성은 네 가지를 생각해 볼 수 있다. 두 아내를 통한 호족세력의 규합; 나발의 경우에서 보이는 것처럼 헤브론 남쪽에 거하면서 군사적인 병합; 장로들에게 너그러운 선물 등의 호의적 행위; 마지막으로 사무엘하 5 : 3에서 나타나고 있는 바와 같이 계약 즉 연맹에 의한 왕 추대(기름부음) 등이다. 헤브론은 아브라함 이후로 유다 부족의 종교적 정신적 중심지였다.

4a 비록 사무엘상(16 : 1—13)에서 다윗이 사무엘로부터 기름부음을 받았으나 여기서 다시 기름부음을 받는다. 대개 학자들은 사무엘로부터의 기름부음을 받은 것은 야웨의 기름부음으로서 제사장으로부터 받은 것이고 여기서 다시 기름부음을 받은 것은 사람들로부터 왕의 지위를 확인하는 기름부음이었을 것으로 본다. 예수도 키와 지혜가 자라가면서 하나님과 사람들 앞에서 사랑을 받았다(눅 2 : 52)는 말이 있는 것처럼 여기서도 수직적인 차원과 수평적인 인정의 차원이 있었던 것으로 본다. 예를 들면, 압살롬은(삼하 19 : 10) 사람들로부터는 기름부음을 받았으나 야웨

로부터 기름부음을 받았다는 기록은 남기고 있지 않다. 또 설령 기름부음을 받았을지라도 계약관계가 깨진 공동체에 대한 살인은 전쟁개념으로 이해되어 처벌되지 않았다. 예를 들면 전쟁에서 적군을 죽인다고 해도 살인 죄에 적용되지 않았다. 왜냐하면 같은 공동체 혹은 계약공동체의 일원으로 간주되지 않았기 때문이다. 그러므로 비록 요압이 압살롬을 쳐죽였을지라도 아말렉과 같은 처벌은 받지 않을 뿐더러, 그러한 이유를 성서는 달고 있지 않다. 오히려 야웨의 이름으로 요압이 울고 있는 다윗을 책망하는 것을 볼 때 계약관계를 깨뜨린 압살롬은 당연히 형벌을 받아야 했다는 것이 행간에 그 의미가 있다고 할 것이다.

다윗이 헤브론과 그 주변 성읍들을 중심으로 왕으로 옹립될 수 있었던 것은 그의 아내들의 지역적 배경과 또 다윗이 전쟁에 나갈 때마다 그 노략물을 선물했던 헤브론 일대 남유다 호족들에게 너그럽게 베푼 선물 등이 위력을 발휘했을 것으로 볼 수 있다(삼상 30 : 26－31).

¶ 메시지

첫째, 다윗은 무슨 일이 있을 때마다 야웨께 물었다. 우선 가능성을 물었고 그 가능성이 확인된 뒤에는 구체적으로 어느 장소로 움직여야 하는지를 물었다. 다른 비신앙적인 인물로 묘사된 사람들, 특히 사울이라든가 기드온의 아들 아비멜렉 등은 하나님의 의중을 묻지 않는다. 성경적 인물들의 특징은 하나님께 묻고 그가 지시하는 곳으로 이동할 뿐만 아니라, 그렇게 움직였던 장소에 하나님의 제단을 쌓았다는 말이 나온다.

다윗은 언제나 야웨께 묻고 결정한다. 그리고 기도하고 감사한다. 제단을 세운다. 이것이 신명기사가가 다윗을 묘사하고 있는 주요 강조점이다. 이에 반해서 다른 비극적인 인물들은 야웨의 견해를 경시하거나 전혀 도외시한다. 사울의 견해는 야웨의 대변자인 사무엘의 말을 듣지 않고 제사를 지낸다든가 헤렘법을 자기의 눈에 좋은 대로 해석해서 제대로 시행하지 않는다. 그는 청종 즉 듣고 순종하지 않는 것이다. 압살롬은 사람들의 마음은 빼앗으나 야웨에게 묻고 따르지 않는다. 인간적인 지혜자인 아히도벨의 견해를 존중하다가 결국에는 다윗이 보낸 후새에 의해 멸망을 고하고 만다. 요압도 충실한 다윗의 신하였으나 결코 그가 이름(명색) 외에는 야웨를 신중하게 찾는 모습으로 그려지고 있지 않다. 하나님이 아브라함과 이삭과 야곱의 무덤 즉 막벨라 동굴이 있는 헤브론으로 가라고 한다.

두 번째로, 다윗은 비록 블레셋 왕 아기스의 경호대장 노릇을 하고 있었지만(삼상 27 : 2－7) 내적으로는 야웨 하나님을 섬겼고, 꾸준히 유다 남부의 세력을 규합하면서 새로운 왕권수립에 대한 바탕을 마련하고 있었다. 위에서 말한 대로 유다 남부 호족세력을 대표하는 두 아내를 얻었고 그 아내들을 통해서 그 집안의 유산도 인수했을 것으로 보인다. 그는 단지 이런 결혼에 의해서뿐만 아니라 싸움에 나가서 노략물을 거둘 경우에는 그것을 나누어 유다 헤브론 일대의 지역호족들과 그 노략물을 공유함으로써 지방민들의 마음을 살 수 있었다. 결국 그들이 와서 다윗을 왕으로 기름붓는다.

세 번째로, 다윗은 예수와 같이 하나님과 사람 앞에서 균형 잡힌 신앙생활을 했다는 것이다. 그는 하나님 앞에서와 사람 앞에서 똑같이 존경받고 사랑을 받는 그런 인물이었다. 사무엘로부터 야웨의 기름부음을 받고(삼상 16 : 1－13) 또 사람들로부터도 기름부음을 받아서 왕으로 옹립된다. 이렇게 성서는 둘 중의 하나만을 강요하지 않는다. 웨스트민스터 신조에도 예수의 신성과 인성을 똑같이 인정하고 있는 바와 같은 것이다. 또 구약성서는 일반적으로 지상에서의 생명과 복지와 장수를 강조하는 반면(신 30 : 15－20), 신약성서에서는 영생을 강조한다(요 3 : 18). 또 구약성서는 세상에서의 물질적 축복을 강조하지만 신약성서에서는 심령이 가난한 자가 누릴 축복에 대해서 말한다(마 5 : 1－12). 예수도 하나님의 것은 하나님에게, 가이사의 것은 가이사에게라고 말함으로써 양자의 수직 수평의 균형을 언급한 바 있다.

5. 다윗이 길르앗에 보낸 격려문(2 : 4b－7)

¶ 본문

4b 혹이 다윗에게 고하여 가로되 사울을 장사한 사람은 길르앗 야베스
사람들이니이다 하매 5 다윗이 길르앗 야베스 사람들에게 사자들을 보내
어 가로되 너희가 너희 주 사울에게 이처럼 은혜를 베풀어 장사하였으니
여호와께 복을 받을찌어다 6 너희가 이 일을 하였으니 이제 여호와께서
은혜와 진리로 너희에게 베푸시기를 원하고 나도 이 선한 일을 너희에게
갚으리니 7 이제 너희는 손을 강하게 하고 담대히 할찌어다 너희 주 사울
이 죽었고 또 유다 족속이 내게 기름을 부어 저희의 왕을 삼았음이니라

¶ 개요

장면이 바뀌어 북이스라엘의 동향을 보고한다. 이후에 8절 이하에서부터는 북쪽과 남쪽의 대결이 시작되고 결국 북이스라엘의 쇠락으로 치닫게 된다. 베냐민 족속의 기브아와 유다 점령지구인 헤브론은 그리 먼 거리는 아니기 때문에 사울이 죽어서 예루살렘과 그 인접 일대의 지배권을 다윗에게 빼앗기자 요단 강 동편 마하나임 지역으로 이스보셋과 아브넬

이 건너간다. 이때 다윗이 이들의 권력기반인 야베스 길르앗 사람에게 말한다. 4a이 들어가는 서론이고 7절이 결론적인 말이다.

4a−7절은 다윗 특유의 문장 스타일이며, 신명기사가를 통해서 표현된 표현법이다. 다시 말하면 "네가 오늘 사망의 길을 택하든지 죽음의 길(신 30 : 15−20)을 택하든지" 하라는 것이다. 그러나 거역하지 말고 생명의 길을 택하라는 것이다. 이것이 랍사게를 통해 이스라엘 백성에게 구사된 역사가의 표현이다(왕하 18 : 32; 사 36 : 11−22). 창세기 2장에서도 동산의 중앙 한가운데에 생명나무와 사망의 나무 선악과가 있었다. 성경은 오늘날 우리에게도 생명의 길을 택하든지 죽음의 길을 택하든지 하라는 선택을 놓고 있다. 여기서 선(tov)이라는 말은 복이라는 말이다.

¶ 주석

4b 전반부는 장면전환 문학장치이다. 보고자가 누구인지 어디에서인지 구체적인 장면 설정이 되어 있지 않다. 민수기 26 : 29에 보면 길르앗은 막길의 아들이고 막길은 므낫세의 아들이다. 므낫세는 아람인 소실로부터 막길을 낳았다. 길르앗은 므낫세의 손자이면서 막길의 아들로서 용사였고 요단 강 동편에서 큰 세력을 형성했다. 길르앗은 돌무덤이라는 뜻이고 야베스는 마른 메마른 등의 의미이다. 길르앗 야베스는 길르앗의 마른 땅, 돌무더기 땅이라는 뜻이다.

길르앗은 신약성서(마 5 : 1; 눅 8 : 26)에서 군대귀신 들린 사람이 예수를 만난 곳이며, 야곱이 운명의 하나님과 싸워 이긴 얍복 강이 관통하는 지역이다. 지역적으로는 요단 강 상류 동쪽 건너편을 말하며 요단 강 중간지대 동편에 살던 암몬 족의 땅 이북쪽을 말한다. 이 지역을 구성하는 주요 성읍은 라못 길르앗, 야베스 길르앗, 미스바, 마하나임 숙곳 등이다.

길르앗은 또 밖에 있는 집 밖 기생으로부터 사사 입다를 낳고 이를 통해서 입다는 다윗과 같이 잡류들을 모아서 하나의 왕국인 암몬 족을 물리친다(삿 11 : 32−33; 12 : 4). 입다는 쫓겨났지만 나중에 길르앗 집안의 두목이 될 뿐더러 이스라엘의 사사가 된다.

5 － 6 이후에 야베스 길르앗과 베냐민 기브아 사이에 하나의 큰 유대가 형성된다. 암몬 족 나하스가 길르앗에 쳐들어와서 오른쪽 눈을 빼겠다고 할 때에 사울이 길르앗 사람을 구해준다(삼상 11 : 11). 이것이 인연이 되어서 사울은 왕이 된다. 선한 일이란 이런 일이 있은 후 사울과 그 아들들의 죽은 시체를 블레셋 벳산 성벽으로부터 길르앗으로 가져와서 불에 태우고 그 뼈를 예의를 갖추어 매장하고 칠일간 단식한 것(삼상 31 : 11－13)을 의미한다.

7 다윗이 길르앗 백성들에게 보낸 전갈이다. 이는 단순한 안부로 볼 수 있고 힘의 대결을 포함하는 위협이 들어있는 말일 수도 있다.

¶ 메시지

여기서 나타나는 메시지는 사울과 야베스 길르앗 사이의 유대와 의리이다. 암몬 왕 나하스가 길르앗 백성들의 눈을 빼겠다고 했을 때 아무도 도울 사람이 없었다. 이때 사울은 마음에 강한 감동이 있어서 야베스 길르앗을 돕는다. 이로 인해서 사울은 왕이 된다.

그는 끝까지 다윗과 같이 믿음을 지키지는 못했으나, 원래 사랑하는 마음을 가지고 있었다. 그는 가진 자의 위치에 있을 때 선을 베풀었다. 그가 믿음을 잃어 전사했을 때 아무도 그를 감히 살피려는 사람이 없었으나 자기가 심었던 복이 그를 찾았다. 야베스 길르앗 사람들이 32킬로나 되는 먼 길을 밤을 도와서 그 시체를 찾아다가 매장하고 칠일을 단식한다. 누구든지 선을 심을 때는 돌아올 것을 바라며 심지 않도록 하는 것이 야웨 신앙의 전통이다. 하나님은 심겨진 선을 복으로 돌리시는 분이다. 후일 다윗이 길르앗까지 통치하게 되었을 때 사울과 그 아들들의 뼈를 가져다가 기브아에 있는 그 가족묘에 합장한다(삼하 21 : 10－14). 심은 선에 대한 보상은 하나님이 해주신다고 하는 것이 신명기사가의 신앙이며 신학이다.

6. 사울의 계승자 이스보셋의 등극(2 : 8-11)

¶ 본문

8 사울의 군장 넬의 아들 아브넬이 이미 사울의 아들 이스보셋을 데리
고 마하나임으로 건너가서 9 길르앗과 아술과 이스르엘과 에브라임과 베
냐민과 온 이스라엘의 왕을 삼았더라 10 사울의 아들 이스보셋이 비로소
이스라엘 왕이 될 때에 나이 사십세며 두해 동안 위에 있으니라 유다 족
속은 다윗을 따르니 11 다윗이 헤브론에서 유다 족속의 왕이 된 날 수는
일곱해 여섯달이더라

¶ 개요

이 본문은 사울 죽음 후의 북이스라엘의 전황을 이야기해주고 있다. 비록 왕 사울은 죽었으나 아브넬은 죽지 않았다. 그가 사울의 아들 이스보셋을 데리고 요단 강 동편 마하나임 요새로 가서 후속 정부를 세운다. 베냐민 기브아쪽의 장악력을 잃은 탓이다. 솔로몬 이후 분립왕국에서 쓰여지는 연대표가 여기서 이미 시작되고 있다. 즉 북이스라엘 왕 몇 년에 남유다 왕 누가 등극하고 남유다왕 몇 년에 북이스라엘 왕 누가 등극했는지

를 비교해서 말하는 것이다. 그러므로 열왕기와 사무엘서는 같은 저자에 의해 기록되었음을 추정 가능케 한다.

이스보셋 정부의 새로운 실세는 이렇게 되어서 아브넬이 되었다. 결국 아브넬이 무너지면서 북이스라엘도 무너지게 되는 것이다.

12－32절은 요압과 아브넬 사이의 전쟁이며 남유다와 북이스라엘 사이의 전쟁보고이다. 이 이야기는 세 부분으로 나뉜다.

첫째는, 12－17절에 있는 이야기로 뽑힌 장정들이 서로 어떻게 싸웠는지를 보고하는 끔찍한 이야기이다. 쌍방이 모두 죽음으로 끝이 난다는 이야기다.

18－23절은 어떻게 요압의 막내 동생 아사헬이 아브넬에게 죽임을 당하는지를 말하고 있다. 하나의 통전적인 극적인 이야기이다.

24－32절은 아사헬이 죽은 후에 아브넬과 요압 사이에 어떻게 전쟁이 종결되었는지를 말해준다. 북이스라엘의 완패를 보고하고 있다.

이 세 토막의 이야기는 서로 연결되어서 서론과 본론과 결론부를 형성하는 하나의 통전적 이야기를 구성하고 있다. 그러면서 아브넬이 요압에게 죽임을 당할 것이라는 것을 암시하고 있다.

3 : 1은 2 : 12－32까지의 요약문이다.

¶ 주석

8 넬이라는 이름은 "빛 등불" 이라는 뜻이고 아브넬은 "넬(등불)의 아들, 즉 아버지가 넬인 사람" 이고, 사울은 "의심, 혹은 지옥" 이라는 뜻이며, 이스보셋은 "부끄러움의 인간", 마하나임은 "쉼터" 라는 뜻이다. 사울의 사령관이었던 아브넬(사울과는 사촌간)은 살아남아서 사울의 아들 이스보셋을 데리고 강 건너편 마하나임으로 가서 거기서 정도한다. 아마도 길르앗이 이를 배려해 준 것 같다. 이로써 사울과 더불어 실전의 경륜을 쌓은 아브넬이(삼상 17 : 55; 20 : 25; 26 : 5) 실세가 되고 이스보셋은 그 이름에서 나타나는 바와 같이 왕으로서의 명색만을 유지한다.

9 여기서 아술은 아세르 지파를 말한다. 유다 지파를 뺀 모든 지파가 아직도 잘 정비가 되지는 않았으나 명실공히 베냐민 지파의 사울의 아들을 이스라엘의 왕으로 삼고 있다. 아마도 다윗을 아직도 제대로 받아들이지 못하고 있었던 듯한 모습을 보인다. 오직 유다 지파만 다윗을 따랐다고 한다. 이는 다윗의 종잡을 수 없는 행보 때문이기도 했을 것이다. 말하자면, 사울을 왕으로 모시다가 튕겨져 나갔고, 가족은 모압 족에게 맡겼으며, 막내 누이 아비가일은 암몬 족 나하스의 딸로 불리고 있었으며, 자신은 블레셋 족속 아기스의 경호대장까지 하다가 이스라엘을 제적하려는 전장에까지 출정코자 했음도 알려져 있었기 때문이었다. 유다 지파 외에는 다윗에 대한 의구심으로 가득차 있었고 나중 솔로몬 이후 르호보암 시대에도 이런 반발심은 솟아나서 우리가 다윗의 집안과 무슨 관련이 있느냐라는 말로 갈라서게 된다.

10 북이스라엘 왕에 대한 전통적인 치적 문구(regnal formulae)가 나타난다. 누구의 아들이며, 어미는 누구였으며가 빠지고 있다. 나이는 몇 세에 등극했으며, 몇 년을 치적했으며, 그가 악 혹은 선을 행했다는 말은 생략되어 있다. 아직도 온 이스라엘이 그를 따랐다고 한다. 신명기사가는 연대나 족보를 새로운 국면으로 바꾸는 경계로 사용한다. 창세기에서는 족보가 이전 이야기를 종결짓고 새로운 다음 세대를 열어가는 칸막이 역할을 한다.

11 헤브론은 막벨라 동굴이 있는 곳으로 아브라함의 주 거점지였고 유다 지파의 주 거점지였다. 헤브론은 가나안 입성시 여호수아가 차지한 곳이다. 베냐민의 주 거점지인 기브아에서 조금 멀리 떨어진 곳이나, 아브넬과 이스보셋이 죽었고 다윗이 힘을 더 길러 북이스라엘을 통합한 후에는 예루살렘으로 수도를 옮기게 된다. 헤브론에서 삼십 세에 등극하여 7년을 통치했고 예루살렘으로 천도해서 삼십삼 년을 통치함으로써 도합 사십 년을 통치한다. 아마도 이스보셋이 이년을 통치하고 죽은 것을 감안할 때에 다윗은 헤브론에서 유다의 왕으로 이 년을 통치했고 유다와 이스라엘의 왕으로 오 년을 통치한 것 같다. 이 40이라는 숫자는 10절에서 이

스보셋이 왕위 등극할 때의 나이이며, 이스라엘이 광야생활을 한 연수이며, 예수가 광야에서 금식한 날수인 40과도 통하는 숫자이다.

¶ 메시지

제3장에서 나타나는 신명기사가의 신학이 여기서도 드러난다. 신앙이 있고 야웨를 의지하는 사람은 날이 갈수록 더 강해지고, 신앙이 없고 의심하는 자, 야웨를 의지하지 않는 자는 사울의 집안과도 같이 점점 약해져 간다는 것이다. 위 본문에서 일정한 패턴이 나타난다. 사울의 집안은 기브아로부터 르우벤이나 롯과 같은 부정한 지파가 거주하는 동쪽 심판의 땅을 상징하는 요단 강 동편(아담과 가인 등도 마찬가지로) 돌밭으로 옮겨가는 반면, 다윗은 헤브론에서 화평의 도시, 축복의 도시 예루살렘으로 상승해 나아간다.

7. 아브넬과 요압의 전쟁(2 : 12—3 : 1)

¶ 본문

12 넬의 아들 아브넬과 사울의 아들 이스보셋의 신복들은 마하나임에서
나와서 기브온에 이르고 13 스루야의 아들 요압과 다윗의 신복들도 나와
서 기브온 못가에서 저희를 만나 앉으니 이는 못 이편이요 저는 못 저편
이라 14 아브넬이 요압에게 이르되 청컨대 소년들로 일어나서 우리 앞에
서 장난하게 하자 요압이 가로되 일어나게 하자 하매 15 저희가 일어나
그 수효대로 나아가니 베냐민과 사울의 아들 이스보셋의 편에 열 둘이요
다윗의 신복 중에 열 둘이라 16 각기 적수의 머리를 잡고 칼로 적수의 옆
구리를 찌르매 일제히 쓰러진지라 그러므로 그곳을 헬갓핫수림이라 일
컬었으며 기브온에 있더라 17 그 날에 싸움이 심히 맹렬하더니 아브넬과
이스라엘 사람들이 다윗의 신복들 앞에서 패하니라 18 그곳에 스루야의
세 아들 요압과 아비새와 아사헬이 있었는데 아사헬의 발은 들노루 같이
빠르더라 19 아사헬이 아브넬을 좇아 달려가되 좌우로 치우치지 않고 아
브넬의 뒤를 좇으니 20 아브넬이 뒤를 돌아 보며 가로되 아사헬아 너냐
대답하되 내로라 21 아브넬이 저에게 이르되 너는 좌편으로나 우편으로
나 치우쳐서 소년 하나를 잡아 그 군복을 빼앗으라 하되 아사헬이 치우치
기를 원치 않고 그 뒤를 좇으매 22 아브넬이 다시 아사헬에게 이르되 너

는 나 쫓기를 그치라 내가 너를 쳐서 땅에 엎드러지게 할 까닭이 무엇이
냐 그렇게 하면 내가 어떻게 네 형 요압을 대면하겠느냐 하되 23 저가 치
우치기를 싫어하매 아브넬이 창 뒤끝으로 그 배를 찌르니 창이 그 등을
꿰뚫고 나간지라 곧 그곳에 엎드러져 죽으매 아사헬의 엎드러져 죽은 곳
에 이르는 자마다 머물러 섰더라 24 요압과 아비새가 아브넬의 뒤를 쫓아
기브온 거친 땅의 길 가 기아 맞은편 암마산에 이를 때에 해가 졌고 25 베
냐민 족속은 함께 모여 아브넬을 따라 한 떼를 이루고 작은 산꼭대기에
섰더라 26 아브넬이 요압에게 외쳐 가로되 칼이 영영히 사람을 상하겠느
냐 마침내 참혹한 일이 생길 줄을 알지 못하느냐 네가 언제나 무리에게
그 형제 쫓기를 그치라 명하겠느냐 27 요압이 가로되 하나님이 사시거니
와 네가 흔단의 말을 내지 아니하였더면 무리가 아침에 다 돌아갔을 것이
요 그 형제를 쫓지 아니하였으리라 하고 28 나팔을 불매 온 무리가 머물
러 서고 다시는 이스라엘을 쫓아가지 아니하고 다시는 싸우지도 아니하
니라 29 아브넬과 그 종자들이 밤새도록 행하여 아라바를 지나 요단을 건
너 비드론 온 땅을 지나 마하나임에 이르니라 30 요압이 아브넬 쫓기를
그치고 돌아와서 무리를 다 모으니 다윗의 신복 중에 십 구인과 아사헬이
궐이 났으나 31 다윗의 신복들이 베냐민과 아브넬에게 속한 자들을 쳐서
삼백 륙십명을 죽였더라 32 무리가 아사헬을 베들레헴에 있는 그 아비 묘
에 장사하고 요압과 그 종자들이 밤새도록 행하여 헤브론에 이를 때에 날
이 밝았더라

3:1 사울의 집과 다윗의 집 사이에 전쟁이 오래매 다윗은 점점 강하여
가고 사울의 집은 점점 약하여가니라

¶ 개요

본문은 세 부분으로 되어 있다. 1−7절은 다윗이 어떻게 헤브론에서 유다 지파의 지지를 얻어 왕이 되었는지를 말한다. 8−11절까지는 사울의 사령관 아브넬이 어떻게 사울의 아들 이스보셋을 왕으로 옹립하고 요단

강 건너편 마하나임에서 북이스라엘의 명맥을 이어갔는지를 말하고 나서, 사무엘하 2 : 12－3 : 1까지는 이 두 세력의 충돌을 말하고 있다. 이 두 세력의 충돌은 요압과 아브넬로 대표된다.

요압과 아브넬이 기브온 연못가에서 충돌하는 장면이 연출되고 여기서 아브넬이 쫓겨가는 장면이 나온다.

12－32절에서는 요압의 셋째동생 아사헬을 아브넬이 죽이게 되고 이것이 표면상의 화근이 되어 아브넬이 요압에게 살해되는 장면으로 이어진다. 이렇게 사무엘서의 저자는 원인과 결과, 예언과 성취라는 보상의 법칙의 원칙 아래에서 자신의 사관을 전개시키며 깊은 뉘우침에 하나님의 자비하심을 곁들인다. 3 : 1은 2 : 12에서 시작된 아브넬과 요압과의 전쟁 결과가 어떻게 진행되고 있는지를 말한다.

¶ 주석

다윗이 시글락 성에서 블레셋 족속의 가드 왕 아기스의 경호대장을 하면서 지내다가 사울이 길보아 전투에서 블레셋 군에게 전사하자 쫓는 자가 없어졌으므로 다윗이 아기스의 그늘을 벗어나서 오랜 숙원이던 아브라함 이후 유다 지방의 중심지였고 막벨라 동굴로 인하여 신앙의 중심지였던 헤브론으로 올라간다. 여기서 오랫동안 다윗의 보호 아래 있던 지방 장로들의 추대로 유다의 왕이 된다. 이쯤해서 다윗은 이미 블레셋 군으로부터 전술과 전략 및 철기문화를 통한 무기 등을 충분히 갖춘 상태여서 블레셋 다섯 도시국가를 제외하고는 자신감을 갖춘 상태가 된다. 비록 길보아 전투에서 사울에 대항해서 전투에 참석하지는 않았지만 직접 블레셋 군의 대열에 참석해서 그의 충성심을 보인 후이므로 다윗은 후방으로부터의 두려움도 없는 상태가 되었던 듯싶다. 또 블레셋 군에는 나중에 압살롬의 난에서 도와줄 잇대 장군과 같은 혈맹친구도 있었던 것으로 나타난다. 잇대는 다윗에게 망명한 가드의 블레셋 장수이고 압살롬과의 전투에서 삼분의 일의 군대를 담당하는 사령관이었다(삼하 15 : 17－23; 18 : 4).

이러한 자신감은 2 : 7에 나타나고 있는 다윗이 길르앗 야베스 족속에게 한 말에서 드러난다. "이제 너희는 손을 강하게 하고 담대히 할찌어다. 너희 주 사울이 죽었고 또 유다 족속이 내게 기름을 부어 저희의 왕을 삼았음이니라."

이때 다윗은 또한 토착세력으로부터의 충분한 재력과 정신적인 지원을 얻고 있었던 것 같다. 다윗은 이스르엘 여인 아히노암과 나발의 아내였던 아비가일을 데리고 올라간다. 나발은 유다 남쪽에서 제법 막강한 호족이었으나 다윗의 군사력에 저항했다가 사망했고 이로 인하여 나발의 집과 재산은 물론 나발의 아내 아비가일까지 다윗에게 속하게 됨으로써 다윗은 이를 통하여 유다 남부에서 충분한 지지발판을 얻고 있었음을 알 수 있다. 아히노암은 다윗의 첫째 아들 암논의 어머니로서 압살롬의 여동생 다말을 겁탈함의 결과로써 압살롬에게 죽임을 당한다. 특히 아히노암은 시글락에서 아말렉 족속에게 잡혔다가 구출된 경력을 보고하고 있는 것으로 보아 이미 암논의 부정성을 예시하고 있다.

12－**17** 다윗의 사령관 요압과 이스보셋의 사령관 아브넬 사이의 전투에 대해서 말하고 있다. 이는 단적으로 사울 왕가의 몰락에 대한 배경을 말함과 동시에 요압의 막내동생 아사헬과 아브넬과의 전투이야기의 배경이 된다. 또 아사헬과 아브넬과의 전투는 후에 아브넬의 몰락의 원인을 제공하기도 한다. 아사헬은 비록 발은 빠르나 상대가 되지 않는 아브넬을 추격하다가 그만 죽임을 당하고 만다.

12 아브넬은 넬의 아버지(즉 아버지를 몰라보는 사람), 혹은 넬이 아버지인 사람이라는 뜻이다. 마하나임은 사울 사망 후의 북이스라엘의 수도로서 압살롬의 난 시에 다윗이 이(수도를 정하여) 피난 세력을 결집한다. 기브온은 베냐민 지파에 속하는 레위 인 도시이다. 기브온은 언덕, 혹은 고개(재)라는 뜻으로 여호수아 당시에 히위 족속이 살던 땅이다(수 9－10장).

13 우물은 흔히 생명의 출처로 여겨진다. 모세는 십보라를 우물가에서 만나고, 아브라함의 종 엘리에셀은 리브가를 우물에서 만나고, 야곱도 라헬을 우물가에서 만난다. 이 우물가가 생명의 투쟁지이다. 사마리아의

여인은 야곱의 우물에서 그리스도를 만난다.

14 - **16** 장난은 게임을 말한다. 혹은 웃게 하자라는 뜻이다. 아브넬이 제의하고 요압이 동의해서 베냐민 편에서 열둘, 유다 편에서 열둘이 나와 겨룬다. 열둘은 열두 부족을 말한다. 결국 머리를 서로 움켜잡고 옆구리를 찔러서 죽인다. 그 결과 함께 넘어져서 죽었다고 한다. 그리고 이곳의 이름을 헬갓핫수림 "증오의 벌판"으로 남긴다. 옆구리를 찌른다는 증오의 말로 그리스도의 옆구리를 찌른다는 개념으로 나타난다. 그러나 그리스도의 경우는 여기서처럼 검(hereb)이 아니라 창이다. 같은 민족끼리의 증오는 함께 망한다는 개념을 싣고 있다.

17 아사헬의 이야기를 도입하는 전환절이다. 어떻게 열두 명씩으로 시작된 전쟁이 나머지 군인들을 열광시켰고 다시 전쟁으로 번지게 되었는지를 생략한다. 그리고 막바로 발이 빠른 아사헬이 힘과 경륜의 아브넬을 공략하는지를 보인다.

18 다윗의 누이인 스루야가 소개되고 그의 세 아들이 소개되며 아사헬이 누구인지를 말한 후 그는 발이 빠른 자였다고 한다. 보통 수천, 수만 명을 거느린 장군들이라면 말을 타는 것이 보통일 것이나 여기서는 전차나 말 이야기가 안 나오고 도보로 하나는 좇고 다른 하나는 좇겼다고 하는 배경을 말한다.

19 아사헬은 자기의 발 빠른 것만 믿고 다른 힘이나 경륜, 싸우는 기술 등은 고려하지 않는다. 성서의 기자는 하나를 잘한다고 너무 빨리 달리거나 분수를 넘어가지 말도록 경고하고 있다.

20 - **22** 아브넬은 발빠른 아사헬이 추격하여 창끝이 뒤통수에 닿을 둥 말 둥 하는 데도 여유가 있다. 북이스라엘의 사령관으로서 인간관계를 생각하는 것이다. 아사헬의 형 요압과의 나중 관계를 생각하는 것이다. 20—22의 세 절 사이에 세 번의 경고적 대화가 오고간다. 엄청난 스피

드의 시간 속에서도 이들 전쟁의 사람들은 아직 여유를 즐기는 것이다. 23절에서 아사헬이 창끝에 찔려 엎드러지고 24절에서 해는 진다.

23 아브넬이 아사헬을 창으로 배(호메쉬)를 쳐서(나카) 죽였다(모트). 아브넬이 아사헬을 죽인 방식으로 배를 쳐서 죽였다는 똑같은 단어를 사무엘하 3 : 27에서 반복하고 있다. 그리고 그것이 아사헬에 대한 요압의 복수였음을 명기한다. 원래 구약의 법에는 동태 복수법이라는 것이 있다. 눈에는 눈, 이에는 이라는 것이다.

여기서 요압의 행위는 피의 보복자로 간주되어 그의 죄를 면할 수 없다. 왜냐하면 피의 복수자는 계약공동체 안에서 이루어지는 것이지 전쟁에서 이루어지는 것은 아니기 때문이다. 아브넬은 전쟁에서 죽였기 때문에 무죄한 반면, 아브넬은 다윗과의 계약을 맺고 계약관계에 있는 그를 죽였으므로 요압은 살인의 죄가 있는 것이다. 후에 제단의 뿔을 잡으나 솔로몬에게 죽임을 당한다.

24 − **25** 은 종결부로의 전환절이다. 그들이 기브온 광야 입구에 있는 기아흐(giach)에 이를 때에 해가 졌다고 한다. 기아흐는 히브리어 철자로는 기혼과 같은 단어로 "터져나오다"는 뜻이다. 베냐민 지파의 기브온 가까이에 있는 곳의 지명으로 샘이 있었던 곳인 듯하다. 암마는 일의 기초 시작을 말한다. 긴 광야 길의 시작이 아브넬의 앞에 놓여 있었다. 여기서의 산은 언덕 혹은 고개이다. 암마 재(고개) 위에 이르렀다는 말이다. 그 이후로는 광야가 펼쳐지는 형국이다.

26 − **27** 아브넬의 입에서 형제라는 말이 나온다. 여기에서도 족장시대의 형제들과 같이 형제개념이 나온다. 그러나 이들 형제는 영원히 화해할 수 없는 형제들인 것이다. 사도 바울의 견해에 따르면, 내 안에 두 세력이 있다고 한다. 두 형제가 있는 것이다. 하나는 영의 세력을 따르고 다른 하나는 육의 세력을 따른다(롬 7 : 24).

28 − **30** 나팔을 불어서 전투 종결을 알린다. 29절에서 아브넬은

요단을 건너 마하나임으로 건너가고 요압은 군을 거느리고 예루살렘으로 돌아온다.

31 절에서 요압편에서 아사헬을 포함해서 20인 인명 손상이 있었으나 아브넬의 군사는 삼백육십 명이나 죽는다. 결국 아사헬과 12명을 빼면, 7명을 잃었다는 이야기인데 7명이 삼백사십팔 명을 죽인 셈이 된 것이다.

32 성서의 원칙은 언제나 밤이 되며 아침이 된다는 직관적인 생각을 가진다. 어둠 가운데 빛이셨다고 하는 것이 창조의 원리이다. 하나님의 계시를 받기 위해서는 하루 저녁을 묶거나 어둠 속에서 계시가 된다. 유다와 다윗의 앞길에 서광이 있음을 암시한다.

3:1 － **2** 2장을 요약하면서 3장을 위한 서론이기도 하다. 이는 3 : 2에서부터 시작되는 다윗 가족의 번영을 "낳고 낳고"의 형태로 기술하는 데서 드러난다.

¶ 메시지

제2장에서는 다윗이 오랫동안 기도하고 공을 들였던 유다 남부지방의 지지를 얻어서 결국 왕이 되는 장면을 묘사하고 있고 하나님이 그의 기도를 들으셨음을 말해주고 있다. 이제 점차로 온 이스라엘을 통일해 나가는 장면으로 나가고 있다. 2장과 3장의 연결은 아사헬(하나님이 하신다) 스토리(삼하 2 : 17－23)를 통해서 아래와 같이 연결되고 있다.

아사헬 스토리의 문학적 구조는 17절 전반부의 "그날에 격전이 벌어졌다"로 시작되고, 23절에서 "그들이 섰다"로 끝이 난다. 이 두 구절이 인클루지오의 방식으로 이 이야기를 묶고 있다. 이 이야기에는 등장인물이 두 사람이 나온다. 요압의 막내 아사헬과 아브넬이다. 아사헬 스토리를 통해 본문기자가 전하고 싶은 메시지는 다음과 같이 유추해 볼 수 있다.

첫째, 하나님이 사람에게 각자의 재능을 주었다. 그러나 그 재능은 한계가 있는 재능이다. 아사헬에게는 빨리 달리기 내지는 말을 잘 타는 재능을 주었다. 그러나 아브넬은 달리기에는 분명히 뒤지고 있음을 말하고 있다. 그는 힘과 지략과 전투 경험에 있어서 아사헬과는 비교될 수 없었다. 여기서 분명히 아브넬은 "너는 네 분수로 돌아가지, 네가 발이 빠르거나, 말을 잘 탄다고 해서 다른 것도 잘 할 수 있다고 생각하지 말아라"라는 경고를 한 것이다. 결국 아사헬은 발이 빠르면 싸움도 잘하는 줄로 착각하다가 그만 아브넬의 창에 맞아서 사망하고 만다. 달리기를 잘한다고 힘이 센 것도, 머리가 좋다는 법도 없다. 단지 달리기를 잘할 뿐이다. 다른 사람과 합해서 그리스도의 온전한 지체를 이루어야 한다는 것이 우리들 교회의 모습인 것이다.

둘째, 두 번째는 인간의 탐심에 대해서 말한다. J. van 시터즈와 그리스 문학과 연결을 추구하는 학자군은 구약문학이 고대 그리스 문학과 대동상이하며, 이러한 비극의 기원은 인간의 더 갖고자 하는 탐심에서 기인하는 것으로 본다. 사도 바울이 인간의 욕심이 잉태하여 죄가 되고 죄가 성장하여 사망에 이른다고 정의한 것처럼 바로 이런 경우가 아사헬을 통해서 이루어진 것으로 본문은 묘사하고 있다. 아사헬이라는 이름은 "하나님이 하신다."라는 뜻이다. 인간은 유혹에 빠지는 존재다. 인간은 자기가 누구인지를 잠시 잊을 수 있는 피조물이다. 그는 순식간에 자기의 본분을 잃는다. 그리고 악의 길을 추적한다. 좌로나 우를 보았더라면 자신의 좌표를 파악할 수 있었을 텐데 바리새인과 같이 자신의 아집이라는 소경의 늪에 빠져 있다가 죽임을 당한 것이다. 그 옹고집을 풀어야 할 것에 대하여 하나님은 아브넬을 통해서 돌이키도록 반복적으로 말한다. 그는 돌이키지 않고 교만과 고집의 극도를 달린다. 심판을 받기 전에 이러한 경고성 메시지가 여러 번 뜬다. 그리고 다음에 심판이 온다. 그러나 그는 듣지 않았다. 세례 요한이 여인이 낳은 인간으로서는 가장 큰 자일 수 있었지만 하나님의 세계를 생각하는 하나님의 자녀의 가장 약한 자도 그보다는 큰 자인 것이다. 왜냐하면 하나님의 자녀는 하나님의 큰 뜻에 마음이 열려 있고, 영안이 열려 있고, 신앙이 없는 인간의 머리는 자기 안에 갇힌 고집과 아집의 존재일 수밖에 없기 때문이다(마 11 : 2−6). 그리고 곧 그에게 하나님의 심판이 닥친 것이다.

셋째로, 구약성서에는 "피의 값은 피가 갚아야 한다"는 원칙이 있다. 피는 생명이기 때문이다(창 9 : 6). 여기서도 아브넬은 자기가 아사헬을 죽이면, 가장 가까운 피의 대속자인 그의 형 요압이 그에게 피 갚음을 할 것을 알고 있었다. 그리고 결국 그 피 갚음은 바로 다음 장인 3장에서 이루어지고 있다. 이는 피 갚을 자가 없을 때에는 창세기 4장에서는 하나님이 대신 그 피의 울부짖음의 소리를 듣고 갚아주신다는 개념이다. 고대에는 가장 가까운 친척이 사망한 남자의 아내도 돌보아야 하며 피 갚음도 해주어야 하는 것으로 나타난다. 현대 기독교에서는 인간의 육적인 형제, 친척관계로 설명되는 것이 아니라 주 안에서 한 형제자매 되는 것으로 나타난다. 그러므로 원수 갚는 일은 영적인 형제자매가 할 것이 아니요 영적인 형제의 몸이 되고 머리가 된 그리스도나 하나님이 하시는 것으로 정의될 수 있다(롬 12 : 19). 결국 이 이야기는 어떻게 아브넬이 아사헬의 장형 요압에게 죽임 즉 피의 값을 갚았는지를 설명해주고 있다. 사람은 결국 심는 대로 거두는 존재인 것이다(갈 6 : 7—8).

8. 다윗의 헤브론 가족(3 : 2－5)

¶ 본문

[2] 다윗이 헤브론에서 아들들을 낳았으되 맏아들은 암논이라 이스르엘
여인 아히노암의 소생이요 [3] 둘째는 길르압이라 갈멜 사람 나발의 아내
되었던 아비가일의 소생이요 세째는 압살롬이라 그술 왕 달매의 딸 마아
가의 아들이요 [4] 네째는 아도니야라 학깃의 아들이요 다섯째는 스바댜라
아비달의 아들이요 [5] 여섯째는 이드르암이라 다윗의 아내 에글라의 소생
이니 이는 다윗이 헤브론에서 낳은 자들이더라

¶ 개요

2－5절, 사울의 집과 다윗의 집, 여기서 집은 문중을 말한다. 대개는 삼사대가 모여 사는 대가족 공동체를 말한다. "다윗은 점점 강하여가고 사울의 집은 점점 약하여가니라"라는 말은 신명기사가가 즐겨 쓰는 구절이다(창 25 : 23; 30 : 41, 42; 49 : 26; 민 13 : 31;22 : 6; 신 1 : 28; 삿 14 : 18; 삼하 1 : 23; 13 : 14; 왕상 20 : 23; 20 : 25). 이 후에는 다윗이 헤브론에서 아들을 얻은 아내와 맏이의 이름을 소개하고 있다. 여기서 주목해 볼 수

있는 것은 나중에 서로 분쟁하는 암논과 압살롬은 모두 북쪽 출신들이었다는 것이다. 하나는 아람 출신이요 다른 하나는 이스르엘 출신이고 맨 나중에 다윗의 애첩을 요구하는 아도니야도 넷째 여인인 학깃의 아들로 나타나고 있다. 다윗이 아들을 계속 낳는다는 것은 다윗의 집안이 점점 더 강해져감을 말한다. 이에 대조적으로 사울의 집안은 계속된 죽음이 보고되고 점차로 아브넬에게로 넘어가게 된다.

¶ 주석

2 다윗의 첫 아들은 암논이다. 아멘이라는 단어와 관련이 있는 이 말은 신실한, 혹은 이루다라는 의미이다. 암논은 제일 먼저 압살롬의 여동생을 강간한 잘못으로 죽임을 당한다. 두 번째가 압살롬이 죽임을 당하고 학깃의 아들 아도니야도 결국 죽임을 당한다. 아히노암은 아마도 갈멜 여인으로서 나발의 아내 아비가일과 비슷한 동네에서 살았던 것 같다. 아히노암은 "나의 형제는 기쁨이다"는 뜻이다. 이미 밝힌 대로 북이스라엘의 이스르엘 평지가 아닌 남유다의 이스르엘이다.

3 아비가일은 "나의 아비는 기뻐하다"라는 뜻이다. 길르압은 "전적으로 아버지시다"는 뜻이고 역대상에는 "다니엘"로 나온다(대상 3 : 1). 일찍 죽었는지 이후의 사건에 등장하지 않는다. 셋째는 그술(아람) 왕 달매의 딸 마아가의 아들이다. 학자들은 아비가일과 아히노암이 유다 남부의 다윗의 토족세력을 제공했고 마하나임 바로 북쪽에 있던 그술 왕 달매와의 결혼 동맹은 사울의 아들 이스보셋을 정치적으로 매우 압박했을 것으로 본다. 마아가의 아들은 압살롬이다.

4 넷째는 학깃이 낳은 아들 아도니야이다. 학깃은 "축제중에 태어나다라"는 뜻이다. 암논, 압살롬, 아도니야가 나중에 대권 순위 안에 있다가 무산되어 죽임을 당하는 경우이다. 그 다음은 스바댜의 아들 아비달인데 별 의미가 없다. 스바댜는 "야웨가 판단하셨다"라는 뜻이고, 아비달은

"나의 아비가 보호이시다"라는 뜻이다.

5 여섯째는 이드르암인데 이는 "나머지, 여분" 등의 뜻이다. 에글라는 송아지라는 뜻이다. 이렇게 해서 여섯 아내로부터 헤브론에서 얻은 아이들은 사실상 왕권 대열에 들지 못하고 일찍 사망하게 된다. 헤브론은 연합 동맹이라는 듯이며, 레위 인들의 도시이면서 도피성으로 지정된 곳이기도 하다.

¶ 메시지

이 이야기는 크게 두 가지 관점에서 살펴볼 수 있다. 하나는 믿음이 있었던 다윗의 가문은 점점 강성해지는 반면 의심이 있었던 사울의 가문은 점점 더 쇠약해지는 국면을 묘사한 것이다. 이렇게 볼 때 3 : 1에 나타나고 있는 두 집안에 대한 정의는 전체를 요약한 것이고 이에 대한 서술이 그 이하라고 할 것이다. 3 : 1에 대한 그 첫 징표가 하나님이 베풀어주신 축복이다. 축복은 생육하고 번성하는 것이다(창 1 : 23, 28). 다윗의 집이 강성해졌다는 표시로서 그가 아들들을 낳았다는 보고를 여기에 보고하고 있는 것이다.

그러므로 첫째는 믿음의 사람은 강성해지고 의심의 사람은 날로 약해지고 결국 패망할 수밖에 없음을 말하는 것이다.

두 번째로는 인간적인 뜻에 의한 것은 패망할 수밖에 없다는 것이다. 여기서 태어난 다윗의 아들들이 왜 모두 죽을 수밖에 없었는지에 대한 이유는 구체적으로 밝히고 있지는 않다. 여기까지는 믿음이 있는 한에는 하나님이 축복하신다는 것까지만을 보고하고 있다. 그러나 밧세바 사건 후에 야웨 하나님은 예언자 나단을 통해서 그 집안이 망할 것이라고 말하고 있다. 그가 믿음이 있는 한에는 하나님은 약해보이는 것들로 다윗을 축복하셨다. 다윗의 아내들을 보면 모두 대단한 집안의 사람도 아니고 이미 결혼한 경력이 있는 여인들이 대부분이다. 이전 남편으로부터의 자식에 대해서는 전혀 언급하고 있지 않다. 그러나 그들로 하나님은 다윗을 축복하신 것이다.

세 번째로, 인간적으로 커 보이고 대단해 보이는 것은 하나님 앞에서는 아무것도 아닐 수 있다는 것이다. 욥의 사건에서와 같이 그 많은 재산과 자녀들조차 순식간에 사라질 수 있다는 것이다. 이렇게 많은 다윗의 자녀들은 어느 순간에 그가 곁길로 나갔을 때 순식간에 상실되어 버리고 마는 것이다. 그것도 고통 없이 문제나 시련 없이 그러는 것은 아니다. 이렇게 볼 때 하나님은 겉을 보시는 하나님이 아니라 그 중심을 보시는 하나님이다.

9. 아브넬의 투항(3 : 6—39)

¶ 본문

6 사울의 집과 다윗의 집 사이에 전쟁이 있는 동안에 아브넬이 사울의
집에서 점점 권세를 잡으니라 7 사울에게 첩이 있었으니 이름은 리스바
요 아야의 딸이더라 이스보셋이 아브넬에게 이르되 네가 어찌하여 내 아
버지의 첩을 통간하였느냐 8 아브넬이 이스보셋의 말을 매우 분히 여겨
가로되 내가 유다의 개 대강이뇨 내가 오늘날 당신의 아버지 사울의 집과
그 형제와 그 친구에게 은혜를 베풀어서 당신을 다윗의 손에 내어주지 아
니하였거늘 당신이 오늘날 이 여인에게 관한 허물을 내게 돌리는도다
9 여호와께서 다윗에게 맹세하신 대로 내가 이루게 아니하면 하나님이 아
브넬에게 벌 위에 벌을 내리심이 마땅하니라 10 그 맹세는 곧 이 나라를
사울의 집에서 다윗에게 옮겨서 그 위를 단에서 브엘세바까지 이스라엘
과 유다에 세우리라 하신 것이니라 하매 11 이스보셋이 아브넬을 두려워
하여 감히 한 말도 대답지 못하니라 12 아브넬이 자기를 대신하여 사자들
을 다윗에게 보내어 가로되 이 땅이 뉘 것이니이까 또 가로되 당신은 나
로 더불어 언약하사이다 내 손이 당신을 도와 온 이스라엘로 당신에게 돌
아가게 하리이다 13 다윗이 가로되 좋다 내가 너와 언약하려니와 내가 네
게 한가지 일을 요구하노니 나를 보러 올 때에 위선 사울의 딸 미갈을 데

리고 오라 그렇지 않으면 내 얼굴을 보지 못하리라 하고 14 사울의 아들
이스보셋에게 사자들을 보내어 이르되 내 처 미갈을 내게로 돌리라 저는
내가 전에 블레셋 사람의 양피 일백으로 정혼한 자니라 15 이스보셋이 보
내어 그 남편 라이스의 아들 발디엘에게서 취하매 16 그 남편이 저와 함
께 오되 울며 바후림까지 따라 왔더니 아브넬이 저에게 돌아가라 하매 돌
아가니라 17 아브넬이 이스라엘 장로들에게 말하여 가로되 너희가 여러
번 다윗으로 너희 임금 삼기를 구하였으니 18 이제 그대로 하라 여호와께
서 이미 다윗에 대하여 말씀하시기를 내가 내 종 다윗의 손으로 내 백성
이스라엘을 구원하여 블레셋 사람의 손과 모든 대적의 손에서 벗어나게
하리라 하셨음이니라 하고 19 아브넬이 또 베냐민 사람의 귀에 말하고 이
스라엘과 베냐민의 온 집이 선히 여기는 모든 것을 다윗의 귀에 고하려고
헤브론으로 가니라 20 아브넬이 종자 이십인으로 더불어 헤브론에 이르
러 다윗에게 나아가니 다윗이 아브넬과 그 함께한 사람을 위하여 잔치를
배설하였더라 21 아브넬이 다윗에게 고하되 내가 일어나 가서 온 이스라
엘 무리를 내 주 왕의 앞에 모아 더불어 언약하게 하고 마음의 원하시는
대로 모든 것을 다스리시게 하리이다 이에 다윗이 아브넬을 보내매 저가
평안히 가니라 22 다윗의 신복들과 요압이 적군을 치고 크게 노략한 물건
을 가지고 돌아오니 아브넬은 이미 보냄을 받아 평안히 갔고 다윗과 함께
헤브론에 있지 아니한 때라 23 요압과 그 함께한 모든 군사가 돌아오매
혹이 요압에게 고하여 가로되 넬의 아들 아브넬이 왕에게 왔더니 왕이 보
내매 저가 평안히 갔나이다 24 요압이 왕에게 나아가 가로되 어찌 하심이
니이까 아브넬이 왕에게 나아왔거늘 어찌하여 저를 보내어 잘 가게 하셨
나이까 25 왕도 아시려니와 넬의 아들 아브넬의 온 것은 왕을 속임이라
왕의 출입하는 것을 알고 모든 하시는 것을 알려 함이니이다 하고 26 이
에 다윗에게서 나와서 사자들을 보내어 아브넬을 쫓아가게 하였더니 시
라 우물 가에서 저를 데리고 돌아왔으나 다윗은 알지 못하였더라 27 아브
넬이 헤브론으로 돌아 오매 요압이 더불어 종용히 말하려는 듯이 저를 데
리고 성문으로 들어가서 거기서 배를 찔러 죽이니 이는 자기의 동생 아사
헬의 피를 인함이더라 28 그 후에 다윗이 듣고 이르되 넬의 아들 아브넬
의 피에 대하여 나와 내 나라는 여호와 앞에 영원히 무죄하니 29 그 죄가

요압의 머리와 그 아비의 온 집으로 돌아갈찌어다 또 요압의 집에서 백탁
병자나 문둥병자나 지팡이를 의지하는 자나 칼에 죽는 자나 양식이 핍절
한 자가 끊어지지 아니할찌로다 하니라 30 요압과 그 동생 아비새가 아브
넬을 죽인 것은 저가 기브온 전쟁에서 자기 동생 아사헬을 죽인 까닭이었
더라 31 다윗이 요압과 및 자기와 함께 있는 모든 백성에게 이르되 너희
는 옷을 찢고 굵은 베를 띠고 아브넬 앞에서 애통하라 하니라 다윗왕이
상여를 따라 가서 32 아브넬을 헤브론에 장사하고 아브넬의 무덤에서 소
리를 높여 울고 백성도 다 우니라 33 왕이 아브넬을 위하여 애가를 지어
가로되 아브넬의 죽음이 어찌하여 미련한 자의 죽음 같은고 34 네 손이
결박되지 아니하였고 네 발이 착고에 채이지 아니하였거늘 불의한 자식
의 앞에 엎드러짐 같이 네가 엎드러졌도다 하매 온 백성이 다시 그를 슬
퍼하여 우니라 35 석양에 뭇 백성이 나아와 다윗에게 음식을 권하니 다윗
이 맹세하여 가로되 내가 해 지기 전에 떡이나 다른 것을 맛보면 하나님
이 내게 벌 위에 벌을 내리심이 마땅하니라 하매 36 온 백성이 보고 기뻐
하며 왕이 무슨 일을 하든지 무리가 다 기뻐하므로 37 이 날에야 온 백성
과 온 이스라엘이 넬의 아들 아브넬을 죽인 것이 왕의 한바가 아닌줄을
아니라 38 왕이 그 신복에게 이르되 오늘 이스라엘의 방백이요 또는 대인
이 죽은 것을 알지 못하느냐 39 내가 기름부음을 받은 왕이 되었으나 오
늘날 약하여서 스루야의 아들인 이 사람들을 제어하기가 너무 어려우니
여호와는 악행한 자에게 그 악한대로 갚으실찌로다 하니라

¶ 개요

3장의 구조는 1절에서 결론을 말하는데 이는 창세기 1장의 구조와 같다. 1절에서 다윗의 집은 점점 강해져가고 사울의 집은 점점 약해져갔다는 것이다. 신앙적으로 말해서 하나님을 의지하는 다윗의 집안은 점점 강해져가고 무당을 찾았거나 사무엘의 말을 듣지 아니한 사울의 집안은 점점 약해져 갔다는 말을 하고 있다. 2-10절에서 불난 집에 부채질하는 식으로 사울의 집안에는 문제가 생겼다. 바로 가장 근본적인 문제로서 사울

의 어린 첩을 아브넬이 범한 것이다. 이는 왕실의 권위에 관한 문제로 사울의 아들 이스보셋의 관점에서는 매우 참기 힘든 상황이었을 것이다. 이에 대해서 이스보셋은 나무라고 나무람을 들은 아브넬은 다윗에게 귀의하기로 결정한다. 이것이 결국은 두 사람 모두 사망의 올무에 걸리는 운명을 초래한다.

이에 반해서 다윗은 계속해서 아들을 낳는다. 그러나 다윗이 낳은 아들들은 예루살렘에서 낳은 아들들과 헤브론에서 낳은 아들들이 구별된다. 헤브론에서 30세에 등극해서 37세까지 통치하는데 여기서 나은 아들들은 결국 죽음의 자식들이 된다. 여기서 낳은 아들들 중에서 현저한 이름이 암논과 압살롬, 그리고 아도니야이다. 그런데 이들은 모두 서로간에 죽임을 당한다. 암논은 다말을 범해서 압살롬에게 죽고, 압살롬은 헤브론에서 압살롬의 난을 일으켜서 죽고, 아도니야는 아버지의 어린 애첩 수넴 여인을 탐내다가 솔로몬에게 죽임을 당한다. 특별히 압살롬은 아비의 첩들을 백주에 범하는 불경죄를 범한다. 이렇게 보면 모두 연인을 둘러싸고 죽임을 당하는 이야기가 되기도 한다.

11－19절까지는 다윗과 아브넬 사이의 정치적 거래를 말하고 있다. 아브넬이 다윗에게 투항하는 대신 모종의 권력을 부여받는 조건을 내세우려던 계획이었던 것 같다. 그러나 이러한 대면을 위한 조건으로 다윗은 사울의 딸이며 자신의 처였던 미갈을 요구한다. 미갈이 이미 다른 남자인 발디엘에게 결혼한 사이이므로 다시 데려올 수 없는 것이 신명기 23장에 나와 있는 규정이지만 다윗은 이를 강행한다. 그러나 이제 약자의 편에 선 아브넬은 미갈을 그녀의 두 번째 남편인 발디엘에게서 취해서 다윗에게 데리고 온다.

20－39장까지는 아브넬이 요압에게 살해당하는 장면을 등장시키고 있으며 이후로 다윗이 아브넬의 죽음을 애도하는 장면이 나온다. 요압으로서는 자신의 위치를 아브넬의 위치 아래에 둘 수 없었기 때문인 것으로 이해된다. 이런 경우는 나중 압살롬의 난 때 사령관직을 맡은 아마사가 사령관으로 임명되었으나 사망당하는 것과 같다.

3장은 네 부분으로 되어 있다. 1－5장은 다윗의 아내와 그 소생 아들에 관한 것이다. 총 여섯 명의 아내로부터 6명의 아들을 얻는 것으로 되어 있으나 아마도 맏아들만을 기록한 것 같다. 딸들과 차남은 본문이 늘어지므로 분량 때문에 생략한 듯하다. 압살롬의 누이 다말이 나타나지 않고 있다.

두 번째 이야기는 6-21절로 이어지는 이야기다. 이 단화는 아브넬이 다윗에게 투항하는 장면과 이로 말미암아 온 이스라엘을 다윗에게 병합시키는 과정을 말하고 있다. 이 이야기는 다시 두 부분으로 나뉘어진다. 왜 아브넬이 사울의 아들 이스보셋과 괴리가 생기게 되었느냐는 사유(6-11)와 다윗이 아브넬에게 투항을 수락하는 대신 요구하는 조건을 제시하는 장면이다(12-21). 투항을 허락하는 데는 무조건적인 투항이라기보다는 모종의 감투라든가 권력 안배의 복선이 있었던 것 같다. 그러므로 다윗이 한때 자신의 아내이기도 한 사울의 딸 미갈을 데려오도록 한다. 미갈은 이미 다른 장군에게 주어졌으나 이를 무시하고 미갈을 데려오도록 한다. 이렇게 볼 때 3장은 다음과 같은 구조로 되어 있다.

3 : 1, 서두, 사울의 집과 다윗의 집 사이에 오랜 전쟁이 있었고 사울 집안의 쇠약을 말한다.

3 : 2-5, 다윗이 헤브론에서 얻은 아들들과 아내들의 이야기

3 : 6-11, 아브넬이 이스보셋과 사울의 어린 후궁을 중심으로 나타나는 갈등을 말한다.

3 : 12-21, 다윗이 아브넬과의 계약조건으로 미갈을 부르는 이야기

3 : 22-27, 요압이 아브넬을 죽이는 이야기

3 : 28-39, 다윗이 자신의 무죄를 입증하는 이야기

이렇게 볼 때 이 단화의 서두는 사울의 집과 다윗의 집 사이의 전쟁에 관한 이야기로 되어 있으나 그 알맹이는 여인에 관한 이야기이다. 다윗이 헤브론에서 여섯 명의 아내로부터 어떤 아들들을 얻게 되었는지에 대해서와 아브넬이 사울의 애처되었던 여인을 탐내다가 결국 죽음을 자초하게 되었던 이야기, 그리고 다윗이 자신의 왕권 정통성을 위해서 이미 다른 남자한테 시집 간 미갈을 강제로 데려오는 이야기 등을 통해서 여인들과 얽힌 복선을 집요하게 추적하고 있다고 할 것이다.

¶ 주석

6 – **11** 이 단락에서는 어떻게 아브넬이 다윗에게 투항하려다가 죽임을 당했는지를 보이면서 북이스라엘이 다윗 산하에 들어오게 됨으로써 통일왕국을 이룸을 말해주고 있다. 이러한 통합과정에 관한 저자의 의도는 10절에서 아브넬의 입을 통하여 진술된 "브엘세바에서 단에게 이르기까지"라는 구절을 통해서도 분명히 드러난다. 여기서 저자는 두 가지 이유를 든다. 하나는 아브넬이 요압의 셋째 아사헬을 어쩔 수 없이 죽일 수밖에 없었다는 점 그리고 그것이 결국 화근이 되었다는 점이며, 두 번째는 그보다는 더 내적으로 아브넬이 사울의 젊은 애첩(아야의 딸 리스바)을 요구했다는 점이다. 사울이 리스바에게서 얻은 두 아들은 나중에 다윗에게 죽임을 당한다(삼하 21장).

이 애첩 혹은 여인 때문에 패망하는 경우는 제일 역사가(창세기로부터 열왕기하까지)의 저자의 쓰디쓰게 맺힌 점으로 하나의 필연적인 맥을 이룬다. 제일 역사가는 여인과 남자의 운명의 패망을 매우 주의깊게 주시하고 있다. 대표적인 예가 하와며, 밧세바며, 아도니야가 요구했다가 목숨을 잃은 다윗의 어린 첩 수넴 여인, 다말을 건드렸다가 죽임을 당한 암논 등 헤아릴 수가 없다.

여기서 북이스라엘 왕국의 멸망의 불씨의 발단은 다름 아닌 사울의 첩 리스바를 아브넬이 불법적으로 취한 것에서 발단이 된다. 이전 왕의 아내를 취한 것은 왕의 정통성을 취해가는 것과 같기 때문이다. 아도니야가 그랬고 압살롬이 그랬고, 야곱의 첫째 아들 르우벤도 같은 범주에 들어서서 요단 강 서쪽 가나안 땅에 들어오지 못한다. 신명기 23 : 1에 아비의 치맛자락을 들출 수 없다라는 말은 바로 아비의 아내를 범할 수 없다는 말이다. 이것의 패턴은 수넴 여인을 요구한 아도니야의 사망 사건과 구조적으로 일치한다.

아브넬이 북이스라엘에서 점점 실세가 되어가는 과정을 보이고 있으며 35－39절에서는 요압이 남쪽에서 실권을 굳혀가고 있음을 보이고 있다. 대칭적이다. 여기서 나타나고 있는 대칭구조는 요압과 아브넬이 실세를 굳혀가고 있음 외에도 사망한 왕의 애첩을 요구했다가 죽임을 당하는 경우이다. 아도니야의 경우도 아버지의 첩을 아들이 요구할 수 없는 경우였고, 아브넬의 경우도 비록 사촌 형이지만 왕의 첩을 사촌이며 사령관인 아브넬이 요구한다는 것은 왕권의 이양을 뜻하는 것이므로 있을 수 없는 일이었다. 이 두 경우가 복합적으로 나타나는 것은 압살롬의 경우이다. 압살롬의 경우 아비의 첩을 백주에 범함으로써 왕권의 이양과 자식이 아버지의 첩과 눕는 이율배반의 경우이다. 결국 압살롬이 죽임을 당하는데 이는 하나님의 이름으로 처단된다. 하나님이 아히도벨의 계략을 무산시킴으로써 그런 악을 이스라엘에서 제거했다고 보는 것이 신명기사가의 견해인 것으로 보인다. 북이스라엘과 남유다 관계의 이러한 대칭은 창세기의 족장설화에서는 형제간의 알력으로 묘사된다. 물론 신명기 역사에서도 이런 형제간의 알력은 여실하게 드러난다.

12 – **21** 아브넬과 다윗 사이에 계약이 이루어졌음을 보이는 단원이다. 11절은 이스보셋이 힘이 없으므로 "아무 말도 못하느니라"라는 말로 끝이 나고 다음 단락인 12절에서 아브넬이 자기를 대신하여 사자를 다윗에게 보내는 것으로 시작하여 21절에서 "저가 평안히 가니라"라는 말로 끝을 맺고 있다.

22 – **27** 다윗의 사령관 요압이 어떻게 아브넬을 살해하는지를 보이고 있다. 여기서 신명기사가는 그 이유가 요압의 동생 "아사헬의 피를 인함이었더라"라는 구절로 그 죽음의 이유를 설명하고 있다. 이것 역시 신명기사가의 사관에 기인하는 것으로 피는 피로 상쇄될 수 있다고 하는 개념을 그 안에 가지고 있다고 할 것이다. 요압은 여기서 한번 강권적인 자기 권력을 행함으로써 다윗으로부터 비난을 받게 되고 나중에 압살롬을 죽임으로써 이 업보를 더욱 쌓게 되며 압살롬의 사령관이었던 아마사를 죽임으로써 다시 한번 치명적인 다윗의 미움을 사서 결국 다윗의 유언을 통해서 솔로몬 때에 죽임을 당하게 된다.

28 – **39** 이 장의 마지막 단락으로서 다윗이 자기가 아브넬을 죽인

것이 아님을 남유다와 북이스라엘에게 공적으로 시위하는 장면이다. 마치 빌라도가 유대인들에게 예수를 넘기고 자기의 손을 씻은 것이나 마찬가지라고 할 것이다. 그러나 이로써 요압의 내부권력 구조가 전혀 변했다는 구절이 없는 것으로 보아 요압과 다윗 사이에서 아브넬의 문제 해결을 위해 적당한 선에서 대의명분상 역할 분담하는 것으로 타협을 보았거나 아니면 정말 요압의 힘이 너무 강해졌다거나 둘 중의 하나일 것이다. 그러나 이때 벌써 다윗의 힘이 그렇게 약해졌던 것 같지는 않다. 다윗의 정당성은 오직 밧세바 사건 후에 그리고 그로 인해 충신 우리아가 죽임을 당한 후에, 정말 요압과 같이 자기 목숨을 걸고 물을 길어오고 또 암몬 성을 다 점령하고도 입성하지 않았던 강직성 앞에서 많이 약화되었을 것으로 보인다. 39절에서 보면 11절에서 이스보셋이 한 말과 대동소이한 다윗의 말로 3장을 종결짓고 있다. "내가 기름부음을 받은 왕이 되었으나 오늘날 약하여서 스루야의 아들인 이 사람을 제어하기가 너무 어려우니 여호와는 악행한 자에게 그 악한 대로 갚으실찌로다 하니라."

¶ 메시지

이러한 서술은 위에서 말한 대로 2—5절은 다윗의 집안은 자꾸 왕자들을 낳아서 강성해지는 국면을 묘사하고 있다.

이에 반해서 6—11절까지는 사울의 집안이 어떻게 약해져가는지를 보이고 있다. 우선 이스보셋이라는 말 자체가 부끄러움의 자식이라는 말이다. 거기다가 사울의 어린 처를 아브넬이 범하므로 사울의 권위가 이스보셋에게 가는 것이 아니라 아브넬에게로 전해지는 모습으로 진행된다. 또 사울의 왕권은 약해져가고 아브넬이 실세로 등장하게 되는 모습을 보이고 있다.

둘째, 여자는 집이나 자신을 입신하는데 중요한 구실을 한다는 것이다. 되지 않는 집안에는 질서가 없다는 것이다. 성서는 여자는 갈비뼈와 같이 소중한 것이고 또 남자로 하여금 즐거움과 의미를 주기도 하지만, 여자로 인하여 고초당할 수 있음을 반복해서 경각시키고 있다. 하와를 들어서 이야기함으로 에덴 동산에서 추방당하도록 말하고 있다. 다윗도 밧세바로 인하여 많은 고초를 당했다. 아브넬도 사울의 첩 그것도 사울의 자식이 있는 첩을 범함으로써 결국 자신의 죽음으로 내닫게 된다. 아도니야도 다윗의 어린 첩을 요구했다가 죽임을 당한다.

셋째로, 아브넬과 같은 선택의 경우는 두 가지의 교훈을 말해준다. 첫째는 자기의 주군이라고 하는 하나님의 기름부은 자를 다윗은 끝까지 죽이지 않는 것에 반해서 아브넬은 자기의 주군을 버리고 타 주군에게 갔을 때 그에게 오직 죽음밖에 남아 있지 않다는 것이며 두 번째 교훈은 주군의 처든지 첩을 탐하는 자는 죽음을 당할 수밖에 없다는 것이다. 왕이 죽은 후에 그의 후처를 요구하는 것은 왕의 권위를 요구하는 것이다. 그러므로 왕의 처나 후처를 범하려고 했거나 범한 자는 죽임을 당한다. 아브넬이 그 한 예이고, 압살롬이 그 예이며, 아도니야도 다윗의 어린 첩 수넴 여인을 요구했다가 솔로몬에게 죽임을 당한다.

10. 이스보셋의 죽음과 사울 왕국의 최후 (4 : 1－12)

¶ 본문

1 사울의 아들 이스보셋이 아브넬의 헤브론에서 죽었다 함을 듣고 손맥
이 풀렸고 온 이스라엘이 놀라니라 2 사울의 아들 이스보셋에게 군장 두
사람이 있으니 하나의 이름은 바아나요 하나의 이름은 레갑이라 베냐민
족속 브에롯 사람 림몬의 아들들이더라 브에롯도 베냐민 지파에 속하였
으니 3 일찍 브에롯 사람들이 깃다임으로 도망하여 오늘까지 거기 우거
함이더라 4 사울의 아들 요나단에게 절뚝발이 아들 하나가 있으니 이름
은 므비보셋이라 전에 사울과 요나단의 죽은 소식이 이스르엘에서 올 때
에 그 나이 다섯살이었는데 그 유모가 안고 도망하더니 급히 도망하므로
아이가 떨어져 절게 되었더라 5 브에롯 사람 림몬의 아들 레갑과 바아나
가 행하여 볕이 쬘 때 즈음에 이스보셋의 집에 이르니 마침 저가 낮잠을
자는지라 6 레갑과 그 형제 바아나가 밀을 가지러 온체하고 집 가운데로
들어가서 그 배를 찌르고 도망하였더라 7 저희가 집에 들어가니 이스보
셋이 침실에서 상 위에 누웠는지라 저를 쳐 죽이고 목을 베어 그 머리를
가지고 밤새도록 아라바 길로 행하여 8 헤브론에 이르러 다윗왕에게 이
스보셋의 머리를 드리며 고하되 왕의 생명을 해하려 하던 원수 사울의 아
들 이스보셋의 머리가 여기 있나이다 여호와께서 오늘 우리 주 되신 왕의

원수를 사울과 그 자손에게 갚으셨나이다 [9] 다윗이 브에롯 사람 림몬의
아들 레갑과 그 형제 바아나에게 대답하여 가로되 내 생명을 여러 환난
가운데서 건지신 여호와의 사심을 가리켜 맹세하노니 [10] 전에 사람이 내
게 고하기를 사울이 죽었다 하며 좋은 소식을 전하는 줄로 생각하였어도
내가 저를 잡아 시글락에서 죽여서 그것으로 그 기별의 갚음을 삼았거든
[11] 하물며 악인이 의인을 그 집 침상 위에서 죽인 것이겠느냐 그런즉 내가
저의 피흘린 죄를 너희에게 갚아서 너희를 이 땅에서 없이 하지 아니하겠
느냐 하고 [12] 소년들을 명하매 곧 저희를 죽이고 수족을 베어 헤브론 못
가에 매어달고 이스보셋의 머리를 가져다가 헤브론에서 아브넬의 무덤
에 장사하였더라

¶ 개요

3장에서 북이스라엘의 실세인 아브넬의 죽음으로 일단락을 지었다면 이제 명목상 왕이었던 이스보셋(수치의 사람)이 어떻게 죽임을 당하고 북이스라엘이 어떻게 구체적으로 다윗에게 병합되는지를 밝히고 있다. 레갑과 바아나에 의해서 이스보셋이 머리를 잘려서 다윗에게 상납되는데 오히려 이 둘은 다윗에 의해서 참수를 당하고 만다. 레갑의 아들 요나단의 교훈을 중시했던 레갑 지파와 구체적으로 어떻게 관련이 있었는지는 알 수 없으되 가인의 후손은 미디안 족속의 일부였던 겐 족과 관련이 있고 레갑 족은 이 겐 족의 후손인 것으로 나타난다. 레갑 족들이 야웨 신앙의 전수자로서 모세가 미디안 족으로부터 원시 야웨 신앙을 가져온 이후 상당한 신앙적 열성을 보인 것으로 나타난다. 예후의 반란 때(왕하 9장)에 예후는 신앙적 후견인으로서 레갑 족의 지지를 받게 되며 또 예레미야 35장에 가면 이스라엘의 신앙적 열성의 모형이 이 레갑 족이 고수하고 있던 신앙공동체에서 나타난다.

이들은 놋 땅에서와 같이 유랑생활을 하며 집도 짓지 않고 포도주도 마시지 않으면서 신앙공동체 생활을 했던 사람들이다. 예후와 손을 잡고 잔인한 신앙혁명을 일으킨 것을 볼 때 레갑이 이스바알(바알의 사람)이라고

도 불렸던 이스보셋의 머리를 잘랐던 것은 단순한 거사가 아니었고 사상적 혹은 신앙적 배경을 가지고 행했던 것으로 여겨진다. 이 이야기의 패턴은 길보아 전투에서 죽어가던 사울의 머리를 가져왔던 아말렉 족속을 다윗이 처형했던 것과 같은 패턴을 유지하고 있다. 더 나아가서 다윗이 어떤 일이 있어도 사울을 죽이지 않았던 패턴과 사상적 구조가 일치되고 있다. 이로 인해서 다윗 왕국은 잠시 왕위에 있던 아합의 딸 아달리야를 제외하고는 한 번도 다윗 계열의 왕이 바뀌지 않게 된다.

이 4장의 의미는 이제 다윗이 숙원이던 북이스라엘을 병합했다는 점을 부각하고 있다는 것이다. 이는 오랜 문제에도 불구하고 고려의 왕건이 신라를 병합해 나가는 과정과 같다고 할 것이다. 12절에서 "이스보셋의 머리를 가져다가 헤브론에서 아브넬의 무덤에 장사하였더라"는 말로 이 장을 마치고 있다. 여기서 문제가 많은 실세 아브넬과 명목상의 왕이었던 이스보셋은 다윗의 왕도가 된 헤브론에 매장됨으로써 사실상 사울의 왕조가 일단락되었음을 말한다.

¶ 주석

1절에 이스보셋이 아브넬의 죽음으로 넋이 떨어졌다는 서두로 시작해서 12절 그가 죽어서 헤브론에 매장되었다 라는 말로 결론을 맺게 된다. 이는 나발이 다윗이 온다는 말에 넋이 떨어졌고 이를 통해서 죽었다 라는 문장 패턴과 같은 말이다. 여기서는 그 과정으로서 삽화 두 개를 삽입하고 있다.

[1]－[8] 첫째 이야기는 1－8절까지로 어떻게 바아나와 레갑이 이스보셋을 죽였는지를 보고하고 있다. 이 둘은 림몬의 아들로서 형제간인 것으로 나타난다. 바아나가 무슨 뜻인지는 분명치 않다. 아마도 베이트를 전치사로 간주하여 "곤궁에서"라는 말의 상징인지 모른다. "림몬"은 사사기 20 : 45, 47 등에서 보면 절벽이라는 뜻이다. 이 세 단어의 뜻을 조화시켜 생각해 보면 "곤궁에서 절벽을 타는 자"라는 뜻이 될 것이다. 이 두

형제는 이방인으로서 베냐민 지파에 복속된 집안을 일으키려고 절벽을 타다가 추락한 격이 된다. 특히 이들은 브에롯 출신이다. 브에롯은 연못이라는 뜻 혹은 무덤이나 물구덩이 등을 의미한다. 이렇게 보면 이들에 대한 신명기사가의 적대감이 잘 묘사되고 있다고 할 것이다. 위에서 이야기한 대로 이스보셋은 이스바알 즉 바알의 사람이란 이름으로 이름 지어진 것으로 보아 당시의 토착종교인 바알과 관련해서 이름을 지었던 것 같고 개혁파였던 야웨 열성신자인 레갑이 중심이 되어 이스보셋을 죽였던 것 같다. 이스보셋은 실세였고 군사령관이었던 5촌격인 아브넬이 죽음으로써 상당히 낙심되었던 것 같다. 그럼에도 불구하고 낮잠을 잔 것으로 보아 병중이었거나 한심할 정도로 태만한 인물이었던 것 같다. 성서에서의 잠은 대개 정사적 태만을 의미한다. 이로써 북이스라엘의 왕손이 단절되었음을 보이고 있고 사울의 씨가 사실상 단종되고 다윗의 집안이 승승장구하게 되었음을 보이고 있다. 사울의 아들 이스보셋은 요나단의 아들 므비보셋하고 평행하게 지어졌다. 므비보셋은 므립바알(부끄러움의 입으로부터, 혹은 후자 바알의 입으로부터)이라는 말로부터 온 것으로 서로 평행으로 작문되어 있다. 다윗이 두목이라는 뜻으로 알려진 것으로 보아 이는 신명기사가의 의도가 들어간 것임에 틀림없다.

9—**12** 이 이야기의 후반부인 둘째 이야기는 다윗이 이들을 처형하는 장면이 나온다. 이들의 처형은 다윗이 사무엘하 1장에서 사울을 죽였던 아말렉 족을 처형하던 것과 동일한 패턴을 적용시킴으로써 다윗이 의로운 인물이었음에 손을 들어주는 저자의 의도가 진하게 나타나 있다고 할 것이다. 다윗이 레갑과 바아나에게 행한 뜻은 너희와 같이 신의 없는 놈들이 내 밑에 들어온들 무슨 덕이 되겠느냐 라는 뜻이었다. 다른 한편으로는 북이스라엘 지파에 대한 자신의 무죄함 혹은 무혐의에 대한 홍보효과를 기대했다고 볼 것이다.

이 4장에서는 부끄러움의 자식이라는 이름을 가진 이스보셋의 무능력함과 아브넬의 주인 없이는 아무것도 못하는 성격을 잘 보여주고 있다. 이스보셋은 원래 이스바알로 바알의 사람이라는 뜻으로 사무엘하 저자는 이 뜻을 "부끄러움의 자식"이라는 뜻으로 말을 바꾸어버린 것 같다. 이는 나발이라는 아비가일의 남편 이름에서도 잘 나타나 있다. 누가 나발 즉 바보라고 이름을 지을 것인가. 그 원래의 이름은 알 수 없다. 다만 이스보셋의 경우 에스바알(대상 8 : 33; 9 : 39)이라는 이름이 나오고 있으므로 신명기사가가 바꾼 것임을 미루어 짐작할 수 있다.

여기서 보면 무슨 이유 때문인지 이스보셋은 신명기사가가 이름을 바꾸기에 적합할 정도의 인물로 묘사되고 있다. 그는 전쟁에 한 번도 출전하고 있지 않은 것으로 나타난다. 이는 이스라엘 후대의 왕들이 모두 전쟁터에서 전사하거나 혹은 그 부상으로 죽는 경우와는 대조적인 태도로 나타난다. 두 번째는 아브넬이 죽었다는 소리를 듣고 맥이 풀렸다 라는 말이 나오고 세 번째로 그럼에도 불구하고 모종의 조치를 취하지 않고 낮잠을 자다가 시해당하는 이야기로 그려지고 있다. 참으로 나발만큼이나 눈치가 없고 한심하면서 태만한 성격으로 그려지고 있다. 결국 그는 부끄러운 죽음을 당하는 것으로 나타난다.

사무엘하 4장은 사울의 아들 이스보셋이 아브넬이 헤브론에서 죽었다는 말을 듣고 손에 맥이 풀렸다라는 이야기가 1－4절까지 있고, 5－12절까지는 레갑과 바아나가 한낮에 이스보셋이 낮잠을 자고 있을 때 그를 죽이고 다윗에게 왔으나 다윗이 이들을 능지처참했음을 말하고 있다.

이 두 문단은 관련이 없는 것이 아니라 첫 문단에서 레갑과 바아나의 배경을 설명하고 있는데, 정치적 배경과 부족적 배경이다. 정치적 배경은 북이스라엘을 받치고 있던 아브넬이 남유다로 가서 모종의 타협을 이루어낼 것을 기대했던 것으로 나타나고 있다. 이스보셋을 가지고는 불가불 다윗의 공격을 받아 함락될 것으로 여겼던 것 같다. 본문에서는 배신한 아브넬이 죽어서 잘 되었다는 것보다는 몹시 맥이 풀리고(raphah) 당황했다(bahal)라는 말을 하고 있다. 이러한 어수선한 상황에서 레갑과 바아나가 나타나게 되었음을 말하고 있고 이들의 배경이 어떻게 되는지를 설명하고 있다. 우리는 이러한 맥락에서 구약성서가 다시 케리그마라는 사실을 염두에 두고 이 이야기를 풀 필요가 있다.

레갑이라는 말은 "말이나 기타의 것을 올라타는 자"라는 뜻이고 바아나는 "고통의 아들"이라는 뜻으로 유추될 때, 바아나는 문제를 일으키고 레갑은 말을 탄 자와 같이 달려 다윗에게 왔음을 함축하는 말일 것이다. 혹은 레갑이 올라타다라는 말은 상위자를 함부로 올라타다라는 말인 것으로 해석될 수 있다. 3절에서 이들이 부끄러움의 자식, 혹은 부끄러움을 잘 타는 소심한 사람이라는 뜻의 이스보셋(부끄러운 자식)을 죽이고 도망했다는 말이 나오고 4절에서 이렇게 됨으로 이제 사울 가문의 남은 자는 요나단의 자식뿐인데 그것도 다리를 저는 불구 아이였다는 뜻을 강하게 함축한다. 이는 5 : 6에서 예루살렘 성과 관련하여 소경이나 절름발이가 모독적으로 쓰이고 있는 의미의 맥락을 지니고 있다고 할 것이다.

두 번째 문단에서 5–8절까지는 레갑과 바아나가 어떻게 이스보셋을 죽였는지를 말하고 있으며 9–11절에서 이들의 처사에 대한 다윗의 처벌이 나오고 12절 마지막 절에서 이스보셋을 특별히 왕으로 대우하지 않고 일개 장군인 아브넬의 가족과 함께 매장하는 것으로 종결짓는다. 이는 미갈 역시 다윗으로부터 핀잔을 받을 때 왕의 딸로서보다는 신하장군의 신분으로 취급됨을 말해준다고 할 것이다.

레갑과 바아나는 그 신분이 베냐민 족속이고 게릴라전의 침투조의 수장들이었던 것 같다. 저자는 이들이 베냐민 족속이며 이스보셋의 수하에 있던 자들이었으나 더 이상 희망이 없었을 뿐만 아니라, 여호수아 9 : 17에 보면 브에롯은 원래 가나안 토착민의 성읍이었고 기브온, 그비라와 기럇여아림을 치지 않아야 했던 것을 사무엘하 21 : 2–5에서 보면, 사울이 열심이 있으므로 기브온 족속을 죽이려고 했으므로 브에롯 족속도 핍박을 했던 것에 대한 남아 있던 앙금이 분출된 것이라고 추측된다(David A. Dorsey, "Beeroth," *ABD*, Vol. 1, p. 646).

¶ 메시지

이곳에서는 다음과 같은 교훈을 얻을 수 있을 것이다.

첫째로, 이스보셋은 이름에 걸맞게 매우 부끄러움의 자식이었다는 것이다. 그는 스스로의 왕권을 지켜나가지 못하고 다윗처럼 하나님보다는 인간적인 배신의 마음을 가진 아브넬에게 온통 의지하고 살았다는 보고에서 드러난다. 하나님을 의지하지 않는 것이다. 그의 수호신 역할을 했던 아브넬이 요압에게 살해당하자 운명론적으로 따라서 살해를 당하는 것으로 나타난다. 성서는 다윗과 같이 하나님을 의지하지 않고 인간을 의지하는 자는 패망할 수밖에 없음을 말한다.

둘째로, 이스보셋은 게으름의 상징이었다는 것이다. 백주에 낮잠을 자다가 그만 백혈구와 같이 자기 자신의 몸을 위해서 싸워야 할 게릴라에 의해서 자기가 죽임을 당한다. 시편에서도 나타나는 바와 같이 게으름뱅이는 "자자 좀더 자자"라는 식으로 계속 잠을 잔다. 다윗도 낮잠을 자고 나서 시원한 저녁에 에덴 동산과 같은 옥상을 거닐다가 밧세바와의 관계로 실족하게 된다.

셋째는, 여기서도 레갑과 바아나는 기름부음을 받은 자를 죽인 죄목으로 사형을 당한다. 이는 신명기사가에게는 가장 큰 덕목 중의 하나로 하나님의 기름부음 받은 자를 범하는 자를 엄중한 벌로 다스렸음을 말해주고 있다. 다윗은 어떤 어려움을 당한 경우에라도 기름부음을 받은 자인 사울의 목숨을 해하지 아니했다. 기름부음을 받은 자란 메시아를 의미하고 곧 그리스도, 우리 안에 있는 왕을 떠나지 아니했음을 의미한다고 할 것이다.

11. 다윗의 통일왕국(5 : 1—5)

¶ 본문

[1] 이스라엘 모든 지파가 헤브론에 이르러 다윗에게 나아와 말하여 가로
되 보소서 우리는 왕의 골육이니이다 [2] 전일 곧 사울이 우리의 왕이 되었
을 때에도 이스라엘을 거느려 출입하게 한 자는 왕이시었고 여호와께서
도 왕에게 말씀하시기를 네가 내 백성 이스라엘의 목자가 되며 이스라엘
의 주권자가 되리라 하셨나이다 하니라 [3] 이에 이스라엘 모든 장로가 헤
브론에 이르러 왕에게 나아오매 다윗왕이 헤브론에서 여호와 앞에서 저
희와 언약을 세우매 저희가 다윗에게 기름을 부어 이스라엘 왕을 삼으니
라 [4] 다윗이 삼십세에 위에 나아가서 사십년을 다스렸으되 [5] 헤브론에서
칠년 육개월 동안 유다를 다스렸고 예루살렘에서 삼십 삼년 동안 온 이스
라엘과 유다를 다스렸더라

¶ 개요

이스보셋이 죽은 후에 북이스라엘 지파의 사람들이 다윗에게로 온다. 이는 다윗의 통치를 단지 5장뿐만 아니라 다윗 통치 전체를 요약한다고

할 것이다. 한마디의 군더더기도 없이 다윗 통치 전체를 정당화하는 요약문이라고 할 것이다. 북이스라엘 지파도 골육이다. 왕의 사위된 사람으로 이스라엘을 이전 사울 아래서 통치한 사람이다. 그러므로 언약을 세워서 기름 부어서 그들의 왕으로 삼았다는 것이다. 그리고 열왕기서에 나타나는 왕의 치적문구 공식문을 4−5절에 삽입하여 결론을 맺는다. 이 후는 이에 대한 서술이다. 이러한 서술 공식에 어긋나는 것은 신명기 역사에 있어서는 악인 것이다. 이제 열왕기 시대에 여로보암을 통해 발생하는 분리왕국은 그러므로 악이고 그 악을 시작으로 이어지는 북이스라엘의 모든 왕(19왕)은 모두 악을 행한 것이 된다. 왜냐하면 자신들이 기름 부어 세운 왕을 따르지 않았고 다른 왕을 따랐기 때문이다.

유다 사람들에 의해 다윗이 헤브론에서 왕이 된 후에 다시 북이스라엘 지파에 의해서 왕으로 추대되어 명실공히 통일왕국으로 이스라엘 전체를 신앙적으로 정치적으로 규합하는 장면이다. 이 단락에서는 신명기사가의 특징인 골육과 신앙 이데올로기 두 차원에서 북이스라엘 백성들은 다윗에게 동조한다. 이는 룻기에서 "당신의 백성이 나의 백성이요 당신의 하나님이 나의 하나님이다"라는 말과 여호수아 24장에서 강 건너로부터 같은 백성으로 왔으니 "당신의 하나님을 우리도 따르겠다"라고 하는 전형적인 신명기 역사적 문구의 패턴을 따르고 있다고 할 것이다.

¶ 주석

1 이스보셋과 그 실세 아브넬이 죽은 후에 이제 명실공히 후임자 순위는 다윗에게 떨어진다. 여기서 다윗의 정당성을 두 가지로 호소한다. 첫째는 혈연이다. "보소서, 우리가 당신의 뼈붙이요 당신의 살붙이입니다." 매우 간결하면서도 신명기 역사적인 전형적인 표현이다. 헤브론은 막벨라 동굴이 있는 곳이며 약속이 있는 곳이다. 살과 뼈라는 말은 창세기 2장에서 살 중의 살이요 뼈 중의 뼈라는 말이 나온다. 이는 한 몸, 혹은 한 몸에서 나온 존재라는 뜻이다. 살은 흙에서 오고, 뼈는 살에서 온다. 그런데 뼈 중에서 가장 중요한 뼈가 갈비뼈라는 뜻이다. 한 뼈에서 왔고 한

무덤 아브라함의 무덤으로 돌아가리라는 의미이다. 이런 표현은 룻이 나오미에게 한 표현과도 같다. 두 번째는 2절에 나와 있는 정치적인 정당성을 들고 나오고 있다. 사실 리스바를 통해서 낳은 사울의 아들들이 있고 요나단의 아들인 므비보셋도 있었으나 북이스라엘 백성들은 도저히 그 세력을 가지고는 북이스라엘의 힘을 규합하기 힘들다고 보았던 것 같다. 신라가 고려 왕건에게 왕권을 이양하는 식이라고 할 것이다.

2 2절에서는 1절에서 혈연을 왕 삼음의 이유로 들었다면 2절에서는 정치적인 이유이다. "예부터 사울의 사위로서 지휘자로서 사울 밑에서 그들을 지휘했다는 것이다. 지난날에 사울이 왕이었을 때 당신이 이스라엘을 내고 들였습니다. 그리고 야웨가 말했습니다. 네가 나의 백성과 이스라엘을 목양할 것이라. 네가 이스라엘의 지도자가 될 것이라." 여기서 지도자란 왕을 말한다. 사실 목자가 되고 영원한 통치자가 되리라고 한 직접적인 계시는 사무엘하 7장에 가서야 나타난다.

3 이스라엘의 모든 장로들이 헤브론에 있는 왕에게 왔다. 그리고 왕과 더불어 헤브론 야웨 앞에서 계약을 맺었다. 그리고 다윗에게 기름을 부어 이스라엘의 왕으로 삼았다. 헤브론의 다윗은 유다인들에 의해서 왕으로 추대되었다. 그러나 사울이 죽은 후에 일부가 이스보셋을 따르고 일부 북이스라엘 지파는 다윗에게 온 것으로 보인다. 그러나 이스보셋이 죽은 후로 북이스라엘의 대부분의 장로들이 다윗에게 와서 북이스라엘과 다윗 왕과의 사이에 해야 될 일들에 대해서 계약을 체결한 것 같다. 그러나 압살롬의 난 이후에 있었던 시므이 혹은 세바의 난과 같은 반란으로 볼 때 완전한 의견의 일치를 본 것 같지는 않다. 결국 이러한 균열은 여로보암 1세 때까지 가서 솔로몬 사후에 왕국이 분리되게 된다.

여기서 "기름 부었다"는 말은 양 차원의 기름부음이 있었음을 암시해준다. 다윗은 소년 때에 사무엘로부터 기름부음을 받았다(삼상 16 : 13). 그러나 여기서 이스라엘 백성은 다시 그에게 기름을 부어서 그들의 왕으로 삼는다. 이렇게 보면 기름부음의 단계에서 이 단계가 있음을 보이고 있다. 일 단계는 실존적 단계라고 할 것이다. 사무엘이 기름 부을 때는 가족 이외에는 알려지지 않았다. 그러나 이제 공적인 기름부은 자가 되기 위해서 이스라엘 백성과 계약을 체결하고 공적인 기름부은 왕이 되는 것이다. 이는 베드로가 그리스도임을 사적으로 고백했으나 아무에게도 말하지 말라고 예수께서 상기시킨다. 그러나 마가의 다락방에서 재차 공적으로 성령의 세례를 받음으로써 그들이 그리스도를 공적으로 증거하는 것과 같다고 할 것이다.

사울의 경우도 두 번 기름부음을 받은 것으로 여겨진다. 사무엘상 10 : 1에서 사무엘이 사울에게 사적으로 기름부어 왕을 삼는다. 그러나 이스라엘 사람들 대부분은 암몬 왕 나하스를 쳐서 그의 실력이 입증되기 전까지 그를 왕으로 인정하지 못한다. 오직 야베스 길르앗을 위해서 암몬 왕 나하스를 친 후에야 백성들이 11장에서 왕으로 임명한다. 이런 맥락에서 볼 때 다윗은 도합 세 번 기름부음을 받은 것처럼 여겨진다. 사무엘로부터 첫 기름부음(삼상 16 : 13), 두 번째로는 헤브론에서 유다 백성들로부터의 기름부음(삼하 2 : 4), 세 번째로 헤브론에서 온 이스라엘과 더불어 받은 기름부음(삼하 5 : 3) 등이 있다고 할 것이다. 한 번 더 추가될 수 있는 경우가 있다. 사무엘상 22 : 1－2에서 다윗이 사울을 피해 도망다닐 때 아둘람 동굴에서 다윗의 가족과 빚지고 허덕이는 자들이 그를 장관 삼은 일이 있었다. 이때도 그를 기름 부었는지는 모른다. 그러나 기름부음을 받았다는 말은 나오지 않는다. 이러한 기름부음은 신약성서에서 중생의 체험과도 같다고 할 것이다. 하나님의 사명자로서의 자신의 기름부음을 깨닫는 것이다. 그리고 일생 그 직책을 헌신할 것이다. 그러나 공적으로 또 성직자로서 새롭게 기름부음을 받을 때에 공적인 기름부은 자로 여김을 받을 것이다.

4 다윗이 삼십에 왕위에 올라서 사십 년을 다스렸다. 이는 예수가 나이 삼십에 공생애를 시작했다는 견해로 이어지게 되며 사십 년이라는 세월은 광야생활을 의미한다. 광야생활이란 이스라엘의 전통적인 사고방식에서 보면 20－60살까지의 한 성인 남자의 활동기간을 말한다. 이러한 연대적인 마무리는 오경 내에서는 족보형식으로 나오며 신명기 역사에서는 이러한 연대나 유언의 형식으로 나온다.

공자도 “삼십에 입지하고”라는 말을 한 것처럼 인생의 나이 삼십 세는 성서에서도 매우 중요한 공적인 생활을 하기에 적합한 나이로 여겨졌다. 예수의 삼십 세 공생애 패턴으로 이어진다. 이 나이는 레위 인이 성전에서 하나님을 섬길 수 있는 나이였으며(민 4 : 3; 대상 23 : 3) 요셉이 이집트의 총리로 나아갈 때의 나이였고(창 41 : 46), 예수님이 공생애를 시작한 나이였다(눅 3 : 21－23).

5 헤브론에서 7년 6개월을 유다를 통치했다. 그리고 예루살렘에서 이스라엘과 유다를 33년간 다스렸다. 7년이라는 숫자도 완전 숫자이다. 야곱이 칠년을 두 번 일해서 레아와 라헬을 얻고, 첫 7년 후 7일을 더 일해서 선급으로 라헬을 먼저 받게 된다. 4－5절은 제일역사에 자주 나오는 족보형식의 문체가 다시 등장한다. 헤브론에서 77년 예루살렘에서 33년이라는 둥근 숫자와 완전수가 등장한다. 이는 야곱이 두 7년을 레아와 라헬을 위해서 보냈고 6년을 자신의 재산을 위해서 보냈으며 합해서 20이라는 둥근 숫자가 이루어지는 것과 같고 21년째 또 다른 희년이 되는 해에 이제 고향으로 돌아온다는 개념과 같은 맥락을 유지하고 있다고 할 것이다. 이런 연대기적 기술은 신명기 역사적인 표현으로 열왕기상 15 : 9, 10; 16 : 29; 열왕기하 3 : 1; 12 : 1; 13 : 1; 14 : 2, 23; 15 : 27 등에 나타난다.

¶ 메시지

첫째는 승리는 오랜 인내의 상급이라는 것이다. 다윗은 유대땅 작은 고을 베들레헴에서 목동으로 태어났다는 신명기 역사의 보고이다. 그는 하나님의 섭리 가운데서 그를 믿는 신앙으로 야웨의 이름으로 골리앗을 물리치게 된다. 모든 사람이 모두 불가능이라고 생각하지만 그는 야웨의 이름으로 그를 물리치고 그가 쓰던 칼을 일생 동안 사용하게 된다. 어려움을 물리쳤을 때 따르는 상급이라고 할 것이다.

그러나 그 후에 그는 그의 용맹과 기지로 장수의 출중함을 보여 사울에게 위협적인 존재가 된다. 그리고 광야로 도피의 생활을 계속한다. 많은 정치인들의 망명생활과도 비유가 될 수 있을 것이다. 그러나 그는 약한 자들의 편에 섰다. 그래서 빚지고 약하고 속이 허한 자들을 살폈다. 그리고 그들의 장관이 된다(삼상 22 : 1–2).

이 후에 그는 두루 세상살이를 거치게 된다. 모압에게 가서 가족을 맡기기도 하고 심지어 이스라엘의 대적자라고 하는 블레셋 군의 경호대장 노릇까지 한다. 그러나 그는 한결같이 하나님을 의지하고 자기 백성을 사랑한다. 시글락 성에서 블레셋 군의 수종을 들 때에 아말렉 족을 물리치고 탈취한 전리품을 유다 남부 장로들에게 두루 나누어주는 일까지 한다. 이런 공유정신을 통해서 그는 헤브론으로 입성할 때 유다 지파 장로들로부터 먼저 왕으로 기름부음을 받는다.

그리고 마지막으로 사울과 조나단이 사망하고, 이스보셋과 아브넬이 사망하자 자연스럽게 북이스라엘 사람들로부터도 왕으로 기름부음을 받게 된 것이다. 그러나 이런 그의 앞길에 아직도 많은 해야 할 일이 남는다. 예루살렘에 정도해서 천년사직의 기초를 닦는 일과 하나님의 언약궤를 회복해서 보관할 예루살렘 성전을 짓는 일이다. 언제나 그의 삶 속에서는 일관성이 있다. 상황은 바뀌어도 그가 섬기는 분과 이루고자 하는 일에는 변함이 없었다. 이러한 맥락은 어려워도 견디며 샘을 팠던 이삭과도 통하는 것이며, 오랜 세월을 속임을 당하면서도 실망하지 않았던 야곱과도 통하며, 노예생활과 감옥살이를 거쳤던 요셉과도 통하는 신앙의 승리를 말하는 것이다.

이러한 양 차원적 기름부음은 말씀이 육신이 되어야 함을 말하는 것이기도 한다. 야고보 선생이 행함이 없는 믿음은 죽은 믿음이라고 한 것같이 실존적 단계의 믿음은 행함으로 나타내져야 하고 말씀이 육신이 된 것처럼 말씀이 역사화될 때에 참된 세상을 이긴 신앙과 그를 통한 부활의 신앙이 완성된다고 할 것이다.

유다 사람들에 의해 다윗이 헤브론에서 왕이 된 후에 다시 북이스라엘 지파에 의해서 왕으로 추대되어 명실공히 통일왕국의 왕이 되는 장면이다. 이 단락에서 북이스라엘 백성들은 다윗에게 동조하는데 신명기사가의 특징인 골육과 신앙 이데올로기 두 차원으로 나타난다. 이는 위에서 말한 대로 룻기에서 "당신의 백성이 나의 백성이요 당신의 하나님이 나의 하나님입니다"라는 말과 여호수아 24장에서 강 건너로부터 같은 백성으로 왔으니 당신의 하나님을 우리도 따르겠다고 하는 패턴을 따르고 있다고 할 것이다. 영육간에 잘됨을 기독교는 추구한다. 이는 그리스도(영으로 기름부음을 받으신 분) 예수(육) 안에서 성취된다.

인생은 한계가 있고 계획될 수 있다는 것이다. 헤브론에서 7년, 예루살렘에서 33년이라는 둥근 숫자와 완전수가 등장한다. 이 둘은 합해서 인생 40년(20—60), 광야생활 40년이라는 숫자를 형성한다. 이는 야곱이 두 7년을 레아와 라헬을 위해서 보냈고 6년을 자신의 재산을 위해서 보냈으며 합해서 20이라는 둥근 숫자가 이루어지는 것과 같고 21년째 또 다른 희년이 되는 해에 이제 고향으로 돌아온다는 개념과 같은 맥락을 유지하고 있다고 할 것이다. 여기서 나타난 다윗의 70인생은 그의 통치가 신앙 안에서 수립된 하나님의 계획되고 예정된 대로 진행되었음을 보이는 것이다. 모세는 인생을 70으로 계산하고 길어야 80이라고 서술하고 있다(모세의 시편 90 : 10). 그러나 모세는 120세를 살았다. 천년이 하루 같은 하나님의 나라에서는 일 년이라도 10년처럼 사는 것이 신앙인들의 삶인 것이다. 당시 평균 수명보다 세 배 네 배 이상의 삶을 산 것이다.

12. 다윗의 예루살렘 점령(5 : 6—16)

¶ 본문

6 왕과 그 종자들이 예루살렘으로 가서 그 땅 거민 여부스 사람을 치려
하매 그 사람들이 다윗에게 말하여 가로되 네가 이리로 들어오지 못하리
라 소경과 절뚝발이라도 너를 물리치리라 하니 저희 생각에는 다윗이 이
리로 들어오지 못하리라 함이나 7 다윗이 시온 산성을 빼앗았으니 이는
다윗성이더라 8 그 날에 다윗이 이르기를 누구든지 여부스 사람을 치거
든 수구로 올라가서 다윗의 마음에 미워하는 절뚝발이와 소경을 치라 하
였으므로 속담이 되어 이르기를 소경과 절뚝발이는 집에 들어 오지 못하
리라 하더라 9 다윗이 그 산성에 거하여 다윗성이라 이름하고 밀로에서
부터 안으로 성을 둘러 쌓으니라 10 만군의 하나님 여호와께서 함께 계시
니 다윗이 점점 강성하여 가니라 11 두로 왕 히람이 다윗에게 사자들과
백향목과 목수와 석수를 보내매 저희가 다윗을 위하여 집을 지으니 12 다
윗이 여호와께서 자기를 세우사 이스라엘 왕을 삼으신 것과 그 백성 이스
라엘을 위하여 그 나라를 높이신 것을 아니라 13 다윗이 헤브론에서 올라
온 후에 예루살렘에서 처첩들을 더 취하였으므로 아들과 딸들이 또 다윗
에게서 나니 14 예루살렘에서 그에게서 난 자의 이름은 삼무아와 소밥과
나단과 솔로몬과 15 입할과 엘리수아와 네벡과 야비아와 16 엘리사마와

엘랴다와 엘리벨렛이었더라

¶ 개요

6－10절은 이제 예루살렘을 어떻게 점령해서 정도로 정하게 되었는지를 말한다. 여기서 저자는 모든 것의 순서를 질서정연하게 정리하고 있다. 이렇게 도성을 정한 후에 6장에서는 이제 중앙성소로서의 필수 요건인 법궤를 예루살렘으로 모셔오게 된다.

여기에서 나타나는 절름발이와 소경은 신약에서 앉은뱅이와 소경으로 무능력과 죄악을 상징한다. 여기서 보면 여부스 족은 앉은뱅이와 소경도 다윗을 물리칠 수 있다는 교만의 개념으로 나타나며 다윗은 이러한 교만을 꺾는 하나님의 대리자의 개념으로 나타난다. 이는 나발의 경우에서도 나발은 다윗을 건달 취급하며 교만의 형식으로 나타나고 다윗은 이를 즉시 응징하는 개념으로 나타난다. 9절에서는 흙담(밀로) 안쪽으로 다시 성곽을 둘러쌓아서 그 요새가 더 튼튼해졌다는 이야기와 하나님이 함께 계시므로 그의 세력이 날로 더 강해졌다는 말을 하고 있다.

11절과 12절은 이제 다윗 성을 튼튼하게 한 후에 그의 궁을 짓는데 두로의 왕이 송백과 목수 및 석수를 딸려 보냈다는 이야기를 하고 있다.

후기로서 13절과 14절은 다윗이 예루살렘에서 낳은 아들들을 말한다. 여기서는 솔로몬을 포함한 2장 이후에 되어질 밧세바와의 사건 이후의 결과로 이루어진 아들들의 이름도 미리 밝히고 있다. 17－25에서는 다윗이 두 번 숙적인 블레셋의 침입을 받았으나 모두 물리쳤다는 이야기를 하고 있다. 이로써 다윗은 요새인 예루살렘에 세속적으로는 완전한 군사적 정치적 기반을 구축했음을 말한다.

¶ 주석

6 예루살렘은 화평(살렘)의 도시(이르)라는 이름으로 가장 잘 알려져 있다. 해발 820미터 고지에서 기혼 샘물이 솟아나고 실로암 연못을 이룬다. 주변에서 가장 높은 고지에서 생수가 솟아나므로 예부터 거룩한 성지로 알려져 있고 높은 산 위에 있으므로 전략적으로도 매우 유리한 요새의 역할을 해내는 도시다. 여부스 족이 말한 장님과 절뚝발이도 너를 지켜낼 것이라는 장담은 가나안 민족 특유의 죄악을 드러내고 있다. 하나님을 의지하지 않고 자신들의 생각으로 완벽하리라고 하는 자만이다. 사실 가나안 족속들이 특별히 악을 행한 것이 없다. 그들은 단 족속의 이동에서 보는 것처럼 그저 안심하고 하나님을 두려워함이 없이 나태하게 산 것이다. 그리고 결국 이스라엘 백성들이 왔을 때 굴복하고 만 것이다.

여부스라는 말은 짓밟히다, 낙심하다 라는 등의 의미다. 예루살렘의 옛 이름이다(사 19 : 10, 11; 대상 11 : 4, 5). 여부스는 함의 아들인 가나안의 셋째아들이다(창 10 : 16; 대상 1 : 14). 예루살렘(아마도 여부스 족)의 첫 왕은 멜기세덱이다(창 14장). 그 다음은 아도니세덱이다(수 10 : 1). 여부스 족은 성전에 남아 있도록 허락되나 결국 유다에 흡수되고 만다(삿 1 : 21; 19 : 11). 사사기 1 : 21에 "베냐민 자손은 예루살렘에 거한 여부스 사람을 쫓아내지 못하였으므로 여부스 사람이 베냐민 자손과 함께 오늘날까지 예루살렘에 거하더라" 라고 말하는 점으로 미루어볼 때 예루살렘의 여부스 족은 힘의 균형상 베냐민 족 즉 사울 왕 소관의 관할권에 속해 있던 것을 이스보셋과 아브넬이 요단 강 동편으로 물러가고 다윗의 세력이 강성해짐에 따라 다윗의 세력권으로 들어온 것으로 여겨진다.

7 그럼에도 불구하고 다윗이 시온의 요새를 점령했다. 그것이 다윗의 도성이었다. 여기서 보면 환경을 극복하지 못하고 보이는 환경의 예속물에 불과한, 또 보이는 것을 방패로 삼아서 교만한 심정을 표현한다. 즉 보이는 것은 없어지고 보이지 않는 세계가 이제 곧 새로운 세계로 드러날 것임을 말한다. 결국 보이는 세계와 보이지 않는 세계 그러나 믿음의 세

계와의 대결을 말한다. 그리고 믿음 세계의 승리를 말한다. 믿음 세계는 다윗과 같이 공격적인 신앙을 말하는 것이다. 문제는 "그럼에도 불구하고" 이다. 인간적으로는 극복하기 어려운 것 같으나 신앙은 그것을 가능하게 해주는 것이다.

8 "그날에 다윗이 말했다. 누구든지 수로를 타고 올라가서 여부스를 치는 자, 그런데 그가 수로를 타고 올라가서 장님과 절뚝발이를 칠지라." 다윗은 그들을 싫어한다. 그러므로 그들이 말했다. "장님과 절름발이는 그 궁에 오지 못할 것이라." 이는 높은 절벽 위의 직책에 앉아서 자기 편견과 교만에 치우쳐 있는 세상적 사람을 말한다. 그들은 보려고, 눈을 떠 보려고도 하지 않으며, 일어나 걸어보려고 하지 않는 사람들이다. 걸어도 절뚝거리며 걷는 사람들이다. 예수가 이들의 눈을 뜨게 하고 걷게 해주는 맥락으로 신약성서에서 이어진다.

9 다윗이 그 성을 요새라고 표현한 것을 보면 침입하기가 어려운 곳이었다. 예루살렘은 지중해에서 수평으로 50km 동쪽이며 사해의 복단으로부터 30km 남쪽에 위치한 높이 820m의 고지 위에 있다. 동쪽은 기드론 골짜기, 서쪽은 힌놈 골짜기, 남쪽 역시 깊은 힌놈 골짜기라 불리는 치즈 골짜기라 불리는 골짜기 위에 있는 요새이다(IDB). 그리고 그것을 다윗의 도성이라고 불렀다. 다윗의 밀로(흙벽)의 안쪽에 둘러가면서 성벽을 세웠다. 다윗은 그것을 싸워 점령해서 든든한 요새며 영원한 하나님의 도성으로 만들었다.

10 다윗이 점점 더 커가고 만군의 하나님이 그와 함께 있었다는 표현 역시 신명기 역사적인 표현이다. 야웨 하나님은 전투의 신이다. 군대의 하나님이라고 한다. 이러한 군대를 호령하는 하나님은 거라사 지방에 군대귀신을 들린 사람의 귀신을 내쫓으시는(눅 8 : 26) 군대의 하나님이다. 그는 하나님이 함께함은 신앙을 의지했음을 말한다. 요셉과 함께한 하나님, 야곱과 함께한, 모든 신앙인과 함께한 하나님은 그들을 점점 더 커지게 하고 지혜롭게 하고, 담대하게 하는 것이 신명기사가의 신앙적 원

리이다. 만군의 하나님은 자연신처럼 쳇바퀴처럼 돌아가는 죽어 있는 하나님이 아니라, 침노하는 하나님(마 11 : 12), 인격적인, 질시하는(출 20 : 5; 출 34 : 14; 신 6 : 15; 민 25 : 11) 감정이 있는 하나님이다.

11 두로의 왕 히람이 사자와 함께 백향목과 목수와 성벽을 위한 석수를 다윗에게 보내어 그들로 하여금 다윗을 위해서 궁을 짓게 한다. 히람은 고귀한 자라는 뜻이다. 솔로몬 시대에도 두로 왕 히람은 동명이인인 목수 히람을 다윗에게 보낸다. 히람은 납달리 자손 과부의 아들이며 아비는 두로 사람이다. 그는 솔로몬 궁과 성전을 짓는다. 두로라는 뜻은 바위 혹은 요새라는 뜻이다. 페니키아(베니게)의 두 천혜의 요새 항 중의 하나이다. 다른 하나는 사렙다 여인이 살던 남쪽의 시돈이다.

예수는 목수의 아들로 오셨다. 그래서 하나님의 나라를 건축하는 영적인 목수가 되셨다. 그는 세상의 권세가인 세상의 목수들이 버린 돌이었다. 그 돌이 하나님 나라를 바치는 모퉁잇돌이 되었다. 신앙인은 하나님이 자신의 나라를 위한 목수를 보내주심을 믿는다.

12 야웨께서 다윗을 이스라엘의 왕으로 세워주신 것과 그의 백성 이스라엘을 위해서 그의 왕국을 세우시는 것을 다윗이 깨닫게 되었다는 것이다. 이는 다시 말하면, 다윗 자신이 하나님과 그 백성을 위해서 일할 때 하나님이 그의 길을 축복하시고 강하게 하심을 알게 되었다는 것을 말한다. 그 반대가 아니라는 것이다.

13 다윗이 헤브론에서 온 후에 예루살렘에서 더 많은 후궁과 빈을 더 들이고 왕자와 공주들을 더 낳았다는 말은 창세기 1장에서 선포된 생육하고 번성하라고 하는 하나님의 축복을 받았다는 말이다. 후궁과 빈은 열매 맺고 충만한 축복을 의미한다. 그리고 왕자와 공주가 태어났다. 예루살렘에서 그의 씨가 더 번창함을 말하고 있다.

14 이들이 예루살렘에서 그에게 태어난 아이들의 이름이다. 삼무아, 소밥, 나단, 솔로몬이다. 여기서 솔로몬의 탄생이 아직 이루어지지 않은

단계에서 솔로몬에 대한 이야기를 하는 것으로 보아 이 이야기가 연대기적으로 정렬되지 않고 미리 열거한 것을 알 수 있다.

15 입할은 히브리어로 이브하르이고, "그가 선택할 것이다"라는 뜻이며 엘리수아는 "하나님은 구원이시다"라는 뜻이고 네벡은 "싹을 내다"는 의미이며, 야비아는 "빛나다"라는 의미이다.

16 엘리사마는 "하나님이 들으셨다"라는 뜻이며," 와 엘랴다는 "나의 하나님이 아신다"는 뜻이다. 엘리벨렛은 "하나님은 구원이시다."라는 뜻이다.

¶ 메시지

오늘 본문은 예루살렘을 점령하는 이야기이다. 여기서 두 가지 입장을 볼 수 있다. 첫째 여부스 족은 마음이 교만해서 소경과 절름발이라도 다윗쯤은 막아낼 수 있다고 생각했다. 그러나 이러한 방심과 교만 앞에 하나님의 징계를 받게 된다. 그러나 여부스 족을 완전히 없앴다는 말이 나오지 않은 것으로 보아 흡수된 것으로 본다. 멜기세덱, 아도니세덱, 사독, 사두개 인으로 흐르는 사독 족보는 바로 이 여부스 계열인 것으로 학자들은 생각한다. 세덱 혹은 사독이라는 뜻은 의(righteousness) 사상인데 이는 이스라엘 신앙에도 영향을 미치게 된다.

이에 반해서 다윗은 그 견고한 예루살렘 성과 여부스 족을 오히려 소경과 절름발이로 여겼다. 그들은 현실을 제대로 파악하지 못하고 바로 대처하지 못한 절름발이며 소경이었다. 이는 신약성서에서 제대로 율법을 행하지도 못하고 율법에 갇혀서 현실을 파악하지도 못한 바리새인들을 향해 앉은뱅이며 소경이라고 말한 것과 같다. 신명기사가는 한마디로 말하면 실학에 기초를 둔 신앙가였다. 예루살렘 성은 지극히 높은 자의 신을 섬기는 귀족주의의 신을 섬기는 도시였다. 결국 다윗이 시온 성을 점령하고 그곳을 더욱 견고하게 만들어서 하나님의 도성 예루살렘으로 만든 것은 예수 그리스도께서 사탄의 세력을 물리치고 하나님 나라와 교회의 머리가 되신 것과 같다.

다윗이 영토를 확장하자 두로의 왕 히람이 다윗에게 모든 건축을 가능하게 하는 물자와 기술자를 보낸다. 존 브라이트에 의하면 다윗은 주전 1000－961년까지 통치하게 되었고 히람은 주전 969－936년까지 통치한 것으로 되어 있다. 이렇게 보면 다윗의 건축 사업은 그의 통치 말기에 있었던 일이며 솔로몬에게 이어져 왕성한 건축이 이루어졌던 것으로 보인다.

아들은 힘의 상징이다. 다윗은 헤브론에서 여섯 아들을 낳은 것으로 되어 있고 나머지는 예루살렘에서 낳은 것으로 알려졌으며 여기에 소개된 아들들 말고 첩으로부터 낳은 아들이 더 있음을 말하고 있다(대상 1－9). 그러나 이런 아들들에 의해서 다윗은 많은 환난을 당하며 마침내 헷 족속(현 터키) 출신의 장수 우리아의 아내 밧세바로부터 얻은 막내아들 솔로몬에게 그 보좌가 이어진다. 그의 결혼에 있어서 특이한 점은 그의 통치 초기에 다른 사람의 아내들이 그의 아내로 들어오게 되었다는 것이다. 물론 토착세력과의 규합과 지지를 위한 정치적인 것일 수 있으나 결국 이것도 그의 왕실 가족을 핍절케 하는 원인이 되었다.

13. 다윗과 블레셋과의 전쟁(5 : 17−25)

¶ 본문

[17] 이스라엘이 다윗에게 기름을 부어 이스라엘 왕을 삼았다 함을 블레
셋 사람이 듣고 다윗을 찾으러 다 올라오매 다윗이 듣고 요해처로 나가니
라 [18] 블레셋 사람이 이미 이르러 르바임 골짜기에 편만한지라 [19] 다윗이
여호와께 물어 가로되 내가 블레셋 사람에게로 올라가리이까 여호와께
서 저희를 내 손에 붙이시겠나이까 여호와께서 다윗에게 말씀하시되 올
라가라 내가 단정코 블레셋 사람을 네 손에 붙이리라 하신지라 [20] 다윗이
바알브라심에 이르러 거기서 저희를 치고 가로되 여호와께서 물을 흩음
같이 내 앞에서 내 대적을 흩으셨다 하므로 그곳 이름을 바알브라심이라
칭하니라 [21] 거기서 블레셋 사람들이 그 우상을 버렸으므로 다윗과 그 종
자들이 치우니라 [22] 블레셋 사람이 다시 올라와서 르바임 골짜기에 편만
한지라 [23] 다윗이 여호와께 묻자온대 가라사대 올라가지 말고 저희 뒤로
돌아서 뽕나무 수풀 맞은편에서 저희를 엄습하되 [24] 뽕나무 꼭대기에서
걸음 걷는 소리가 들리거든 곧 동작하라 그 때에 여호와가 네 앞서 나아
가서 블레셋 군대를 치리라 하신지라 [25] 이에 다윗이 여호와의 명대로 행
하여 블레셋 사람을 쳐서 게바에서 게셀까지 이르니라

¶ 개요

5장은 다윗이 헤브론에서 통일왕국의 왕이 된 후에(삼하 5 : 1－5), 어떻게 예루살렘을 정복해서 왕도로 삼았는가 하는 이야기(삼하 5 : 6－10)와 예루살렘에 정도한 후에 당시의 가장 강력한 힘을 발휘하고 있던 페니키아(베니게)와의 관계(11－12절) 그리고 예루살렘에 정도한 후에 아이들을 더 낳았다는 이야기(13－16), 그리고 사울을 왕으로 하는 이스라엘 군을 멸망시킨 블레셋 군을 물리쳤다는 이야기(17－25)가 나온다. 이렇게 되어서 다윗은 완전히 왕권과 왕도를 확립한 왕으로 나타나고 있다. 17－25에서는 다윗이 두 번 숙적인 블레셋의 침입을 받았으나 모두 물리쳤다는 이야기를 하고 있다.

¶ 주석

17 블레셋 사람들이 그들이(이스라엘 사람들이) 다윗을 이스라엘의 왕으로 기름 부었다는 소리를 들었다. 그때 모든 블레셋 사람들이 다윗을 찾아서 올라왔다. 다윗이 듣고 요새로 내려갔다. 이때까지는 아직 블레셋 군의 신하의 위치에 있었으므로 그가 모반을 해서 왕으로 기름부음을 받고 예루살렘에 정도하려고 하는 것을 들었을 때에 블레셋 군이 다윗을 침공하는 것이 당연했을 것이다. 14절의 관점에서 볼 때 블레셋의 침공시기가 예루살렘 점령 전후의 어느 시기였는지 분명치 않다.

18 블레셋 사람들이 와서 르비임 골짜기에 진을 쳤다. 르비임이라는 말은 "치료하다", "유령", 창세기 15 : 20; 여호수아 17 : 15 등에는 아나킴과 같은 "거인"들을 말한다. 블레셋 군이 거기에 진을 쳤다는 말은 그들 자신의 세력이 아나킴이나 골리앗과 같은 막강한 세력의 유령과 같은 존재였음을 말하는 것이며, 거기서도 야웨와 함께할 때 야웨에 대한 신앙이 그들을 깨끗이 물리쳐서 치료했음을 함축하는 이중적 의미를 지

닌 단어라고 할 것이다. 이는 신약성서(마 22 : 7; 막 5 : 9, 15; 눅 8 : 30 등)에서 귀신들린 사람의 귀신이 군대였다는 문맥으로 이어진다. 우리의 삶 속에서 수많은 불가능, 장애, 우리를 짓누르는 스트레스 등이 있다. 이는 아무리 예루살렘과 같은 요새에 거한다고 해도 나타나는 것이다. 오직 야웨에 대한 신앙만이 여호수아, 다윗과 같이 물리칠 수 있음을 성경이 증언하는 것이다.

19 다윗이 야웨게 물었다. "제가 블레셋 사람에게 올라갈까요? 그들을 제 손에 넘겨주시겠습니까?" 야웨께서 다윗에게 대답하셨다. "올라가라. 내가 진정으로 블레셋 군을 네 손에 넘겨주리라." 특히 누가복음 21 : 20은 같은 맥락에서 신앙적으로 깨어 있지 못할 때 "예루살렘이 군대에 에워싸이는 것을 보거든 그 멸망이 가까운 줄을 알라"고 예수께서 말씀하시는 문맥으로 이어진다. 하나님께서는 신앙의 사람들에게 올라가라고 말씀하신다. 올라간다는 말은 "내려간다"는 말과 상징적인 반대이다. 예수의 제자들이 신앙적 냉각으로 엠마오로 내려가다가(눅 24 : 13－35) 예수를 만난 후에 다시 마음이 뜨거워져서 예루살렘으로 올라가게 된다. 유다 사람 하나가 예루살렘에서 많은 신앙적 자산을 가지고 세상으로 내려가다가 강도를 만난 후에 사마리아 인의 모습으로 찾아오신 참 친구 되신 예수(눅 10 : 30－36)를 만난 후에 치유함과 위로함과 참 안식을 얻는다.

20 다윗이 바알브리심(바알이 깨지다)에 와서 그들을 치고 난 후 야웨께서 내 앞에서 나의 대적자를 쏟아지는 홍수처럼 물리치셨다고 말한다. 그래서 그가 그 장소를 바알브리심이라고 불렀다. 바알 신앙을 가졌던 사람들을 물리침으로 그들의 세상적이며, 자연신앙적인 종교관을 물리쳤음을 말한다.

21 무상은 문자 그대로 생명력이 없는 역사하는 능력이 없는 모든 사상이나 세계관 현상과 물질세계를 말한다. 그들의 정신적 콤플렉스에서 완전히 벗어남을 말한다. 여기서 우상은 아차브이다. 이는 역대기에서는 하나님 혹은 신들(gods)로 나와 있다. 대개 이방종교나 우상을 뜻하며

금속으로 만들어진 것으로 나타나며 pesel이라는 개념과 동의적으로 쓰인다.

22 블레셋 군은 끈질기게 이스라엘을 대적한다. 쫓겨난 악몽, 귀신은 아무리 청소를 해도 그리스도를 우리 마음의 주인으로 왕으로 모셔 들이지 아니하면, 그들은 다시 돌아온다. 쫓겨난 일곱 귀신이 나가서 밖을 헤매다가 갈 데가 없어 깨끗이 치워진 옛집으로 다시 돌아온다(마 12 : 43－45)는 신약성서의 예시가 되는 이야기다.

23 다윗이 야웨께 물었다. 그가 대답했다. "이번에는 올라가지 말아라. 그들의 뒤편을 포진해라. 그들에게 뽕나무 숲 맞은편으로 해서 가라." 사울은 묻지 않고 전장에 나가고 제사를 드린다. 그래서 "순종이 제사보다 낫다"라는 충고를 사무엘로부터 듣는다. 그러나 다윗은 묻고 바울도 묻는다. 신앙인은 아브라함처럼 처소를 옮길 때 새로운 선택을 해야 할 때 묻는다. 귀신은 언제나 정면대결해야 할 상대는 아니다. 때로는 뱀과 같이 지혜롭고 비둘기같이 온순해야 하는 것이다. 24절에 나온 바와 같이 하나님의 목소리를 듣고 나서 행하는 것이다.

24 "뽕나무 숲의 꼭대기에서 행진하는 소리가 들리면, 그때 동작을 취해서 네 앞에 있는 블레셋 군을 쳐라." 신약성서 삭개오는 뽕나무에 올라갔을 때에 예수님의 음성을 들었다. 뽕나무라는 말은 그 말뜻이 히브리어로 바카라고 하는데 이는 "애통하다"라는 뜻이다. 산상수훈에도 "애통하는 자는 복이 있나니 천국이 저희의 것임이요"라는 말에서도 나타나는 것처럼 애통하는 자가 기도의 응답을 받고 세상에서 승리하는 것이다. 이는 사무엘의 어머니 한나로부터(삼상 1장) 나타나는 바와 같이, "지성이면 감천이다"라는 우리나라 말과 같이 간절히 간구하는 자는 응답을 얻으리라고 하는 것이 신명기사가의 신앙이다. 이는 재판관에게 계속적으로 탄원하는 억울한 과부에게서도 나타난다(눅 18 : 2).

25 다윗이 야웨가 명한 대로 그렇게 했다. 그가 게바에서 게셀에 이

르기까지 쳤다. 게바라는 말은 "힘이 센" 혹은 "힘센 장정"이라는 뜻이고, 게셀이라는 말은 "잘라 없애다"라는 말이다. 힘세어 보이는 모든 세력도 완전히 극복하고 승리했음을 말하는 것이다. 특별히 다윗이 "야웨께서 명한 대로 그대로 했다"는 말이 나온다. 사울은 사무엘이 한 말을 그대로 순종치 않았다. 그러나 다윗은 그대로 했다. 예수의 포도주 비유에서 예수의 어머니 마리아는 하인들에게 말한다. "무슨 말을 하든지 그대로 행하라." 그리고 그들은 그대로 행했다. 그리고 그 결과 가장 좋은 포도주 맛, 인생의 맛, 감사의 맛을 알게 되었다.

¶ 메시지

첫째는, 다윗은 사색가가 아닌 사변가로서 다윗은 승리자였다. 다윗은 원래 목동이었다. 그가 학문을 했다고 하는 보고는 없다. 그러나 그가 하나님을 알게 되고 하나님이 함께 하시면 누구보다도 더 크게 될 수 있다는 것을 알게 되었다. 다윗은 오히려 책보다는 묻고 실행하는 타입이었다. 바리새 인과 같이 문자에 매이기보다는 문자를 넘어선 세계에 대한 신앙과 실천을 신명기사가는 강조하고 있다. 신명기사가에게 있어서 "읽어라"보다는 "청종하라"(듣고 순종하라)가 중시되고 있다. 참고로 신앙의 사람들은 학력의 고하가 문제가 아니라 신앙의 굳건함이 문제였다. 미국에서 역사 이래 가장 위대한 사람에 대한 조사가 있었는데 예수가 270점을 맞아서 가장 위대한 사람이 되었고 그 다음이 아브라함 링컨이 170점을 맞아서 두 번째로 위대한 사람이 되었다고 한다. 아브라함은 신앙의 사람이었고 다윗과 같이 무학자였다. 그는 매일 매일 기도하고 성경을 빠지지 않고 읽은 사람이었다. 예수도 무학자였으며 예수의 아버지는 목수였기 때문에 그는 그 목수 일을 도울 수밖에 없었다. 그러나 그가 성전에서 랍비들과 논쟁할 때에 누구보다도 현명한 사람이었다. 다윗이 공부를 했다는 구절은 성서에 나타나지 않는다. 그는 싸우는 용사였지 앉아서 사색하는 사람은 아니었다. 그가 그나마 글을 쓸 줄 알았다고 하는 것은 우리아의 손에 쥐어준 그 자신을 죽이라고 하는 편지였다. 그런 글을 남에게 의지해서 썼을 리는 없다.

두 번째는, 다윗은 물음에 대한 순종의 사람이었다. 물어서 올라가야 할 때는 올라가고 올라가지 말아야 할 때는 올라가지 않는다. 또 지극히 갈망하는 사항에 대해서는 뽕나무이야기에서 나오는 것처럼 애통할 정도로 간구하는 사람이었다.

세 번째, 다윗은 약속을 언약으로 받아들인 언약의 사람이었다. 대개 언약을 잘 지키는 사람은 성공한 사람이며 성공한 사람은 언약을 지키는 사람이다. 약속 없는 언약은 빈 통과 같다. 언약지키는 사람도 약속을 이룬다. 야웨 신앙이나 기독교는 다름 아닌 언약의 종교이다. 하나님은 보이지 않으신다. 그러나 보이지 않는 분과 계약관계 속에서 사는 것이 신앙인들이다. 이러한 언약은 이스라엘 백성들이 노예였을 때 맺어진 것이다. 그들은 노예들이었다. 그러나 노예들이 보이지 않는 하나님과 계약을 맺고 그 맺은 것을 지킬 때에 하나님이 축복하시고 그들이 원하는 바를 들어주셨다는 것이다. 그러나 그 언약을 깨뜨렸을 때에 그들은 형벌을 받게 되는 것이다.

성서에 위대한 인물들은 모두 이런 계약을 맺었다. 아브라함이 계약을 맺었다. 모세가 계약을 맺었다. 다윗이 계약을 맺었다. 예수께서도 이러한 언약을 육과 피를 상징하는 포도주와 빵을 근거로 계약을 세우셨다.(마 26 : 28; 눅 1 : 72; 22 : 20; 고전 11 : 25; 고후 3 : 6) 오늘 우리는 약속만 가지고 있는가? 계약도 가지고 있는가? 계약은 실천을 말한다. 약속을 받으면 백성된 편에서도 지켜야 할 계약의 규정이 있는 것이다. 오늘을 사는 우리들도 모두 약속과 은혜의 하나님만 기억할 것이 아니라 실천과 심판을 뜻하는 계약정신도 가져야 함을 말해주고 있다.

14. 다윗 성에 언약궤를 가져옴(6 : 1－23)

¶ 본문

1 다윗이 이스라엘에서 뺀 무리 삼만을 다시 모으고 2 일어나서 그 함
께 있는 모든 사람으로 더불어 바알레유다로 가서 거기서 하나님의 궤를
메어 오려 하니 그 궤는 그룹들 사이에 좌정하신 만군의 여호와의 이름으
로 이름하는 것이라 3 저희가 하나님의 궤를 새 수레에 싣고 산에 있는
아비나답의 집에서 나오는데 아비나답의 아들 웃사와 아효가 그 새 수레
를 모니라 4 저희가 산에 있는 아비나답의 집에서 하나님의 궤를 싣고 나
올 때에 아효는 궤 앞에서 행하고 5 다윗과 이스라엘 온 족속이 잣나무로
만든 여러가지 악기와 수금과 비파와 소고와 양금과 제금으로 여호와 앞
에서 주악하더라 6 저희가 나곤의 타작 마당에 이르러서는 소들이 뛰므
로 웃사가 손을 들어 하나님의 궤를 붙들었더니 7 여호와 하나님이 웃사
의 잘못함을 인하여 진노하사 저를 그곳에서 치시니 저가 거기 하나님의
궤 곁에서 죽으니라 8 여호와께서 웃사를 충돌하시므로 다윗이 분하여
그곳을 베레스웃사라 칭하니 그 이름이 오늘까지 이르니라 9 다윗이 그
날에 여호와를 두려워하여 가로되 여호와의 궤가 어찌 내게로 오리요 하
고 10 여호와의 궤를 옮겨 다윗성 자기에게로 메어 가기를 즐겨하지 아니
하고 치우쳐 가드 사람 오벧에돔의 집으로 메어 간지라 11 여호와의 궤가

가드 사람 오벧에돔의 집에 석달을 있었는데 여호와께서 오벧에돔과 그
온 집에 복을 주시니라 12 혹이 다윗왕에게 고하여 가로되 여호와께서 하
나님의 궤를 인하여 오벧에돔의 집과 그 모든 소유에 복을 주셨다 한지라
다윗이 가서 하나님의 궤를 기쁨으로 메고 오벧에돔의 집에서 다윗성으
로 올라갈쌔 13 여호와의 궤를 멘 사람들이 여섯 걸음을 행하매 다윗이
소와 살진 것으로 제사를 드리고 14 여호와 앞에서 힘을 다하여 춤을 추
는데 때에 베 에봇을 입었더라 15 다윗과 온 이스라엘 족속이 즐거이 부
르며 나팔을 불고 여호와의 궤를 메어 오니라 16 여호와의 궤가 다윗성으
로 들어올 때에 사울의 딸 미갈이 창으로 내다보다가 다윗왕이 여호와 앞
에서 뛰놀며 춤추는 것을 보고 심중에 저를 업신여기니라 17 여호와의 궤
를 메고 들어가서 다윗이 위하여 친 장막 가운데 그 예비한 자리에 두매
다윗이 번제와 화목제를 여호와 앞에 드리니라 18 다윗이 번제와 화목제
드리기를 마치고 만군의 여호와의 이름으로 백성에게 축복하고 19 모든
백성 곧 온 이스라엘 무리의 무론 남녀하고 떡 한개와 고기 한 조각과 건
포도떡 한덩이씩 나눠주매 모든 백성이 각기 집으로 돌아가니라 20 다윗
이 자기의 가족에게 축복하러 돌아오매 사울의 딸 미갈이 나와서 다윗을
맞으며 가로되 이스라엘 왕이 오늘날 어떻게 영화로우신지 방탕한 자가
염치 없이 자기의 몸을 드러내는 것처럼 오늘날 그 신복의 계집종의 눈
앞에서 몸을 드러내셨도다 21 다윗이 미갈에게 이르되 이는 여호와 앞에
서 한 것이니라 저가 네 아비와 그 온 집을 버리시고 나를 택하사 나로 여
호와의 백성 이스라엘의 주권자를 삼으셨으니 내가 여호와 앞에서 뛰놀
리라 22 내가 이보다 더 낮아져서 스스로 천하게 보일찌라도 네가 말한바
계집종에게는 내가 높임을 받으리라 한지라 23 그러므로 사울의 딸 미갈
이 죽는 날까지 자식이 없으니라

¶ 개요

6장에서는 정치적인 안정을 꾀한 후에 이제 종교적인 안정을 위해서 법궤를 가져오는 장면이다. 이는 출애굽기 40장에서 성막 건축을 마친 후에

언약의 돌판을 언약궤에 모셔서 지성소에 안치한 것과 같은 순서라고 할 것이다.

웃사라는 이름은 "힘"이라는 뜻이고 아효라는 이름은 "그의 형제"라는 뜻이다. 여기서 웃사는 언약궤가 기우뚱거릴 때 손을 잘못 뻗쳐서 그것을 대었을 때 그만 야웨로부터 힘이 나와 그를 침으로써 그가 죽었다. 베레스웃사란 "힘을 발함"이라는 뜻이다.

8—11절까지는 오벧에돔의 집에 언약궤를 석 달 동안 모셔두는데 그 집이 복을 받았다는 이야기다. 하나님의 말씀은 순종하는 사람에게는 축복이며, 거스르는 이방종교에 대해서는 심판이다. 오벧에돔이라는 말은 에돔의 종이라는 말도 되지만 순종의 사람이라는 뜻도 된다. 언약의 말씀 즉 하나님의 말씀에 대한 순종으로 축복에 관해서 말하고 있다. 언약궤를 모시고 올 때 온갖 찬양대가 동원된다. 언약궤가 오기 전에 찬양대가 먼저 구성이 된다는 것은 우리가 유념해 볼 필요가 있다. 교회를 개척하기 전에 성가대가 조직이 되었던 셈이다. 예루살렘이 지파동맹의 구심점이 되는 순간이다.

16—23절은 미갈이 어떻게 다윗의 왕비의 역할을 못하게 되었는지를 설명하면서 다윗이 어떤 면에서 정결치 못한 미갈과 더 이상 부부의 연을 맺지 않았다는 것을 보여주고 있다. 다윗이 야웨 앞에서 춤을 추는 것을 보고 경망히 굴지 말라는 말로 인하여 이후로 왕비로서의 실격된 신분을 말하고 있다. 6장은 미갈이 결코 다윗의 자식을 낳지 못했다는 말과 함께 이러한 정황을 말해주고 있다.

¶ 주석

1 다윗이 다시 한 번 이스라엘의 선택된 사람들을 소집했다. 신명기 사가는 선택사상을 강조한다. 이스라엘 백성을 선택해서 이집트로부터 출애굽하게 한 후 제사장의 나라와 특별한 보물의 백성이 되게 한다(출 19 : 3—8). 다윗을 선택해서 자기 백성의 등불이 되게 한다. 삼만 명이었다. 삼십인 부대가 일천이 되었던 셈이다. 삼십인 부대의 기초는 삼용사

가 지휘를 했다(삼하 23 : 8－17). 기드온은 삼백 명을 뽑았다. 베냐민 지파의 중심지역에 있던 야웨의 궤를 가져오는데는 싸울 수 있는 군사가 필요했던 것 같다.

2 "바알레유다로 가서"라는 말은 "유다의 지주들과 함께"라는 말로 해석할 수 있다. 바알이라는 말은 주인 혹은 장정이라는 뜻이기 때문이다. 언약궤는 만군의 야웨라는 이름으로 불렸고 그 위에는 게루빔이 있었다. 여기서 유다의 바알레는 지명으로보다는 유다의 지주 혹은 장정으로 해석하는 것이 더 자연스럽다.

3 그들이 하나님의 언약궤를 새 마차(송아지 마차) 위에 실어서 날랐다. 레위 인들의 임무는 민수기 7 : 8－9, 여호수아 3 : 1－6에 보면 마차에 언약궤를 실어 나르는 것보다 레위 인들이 직접 어깨 위로 메는 것이었다. 그들이 그것을 언덕에 있는 아비나답의 집으로부터 가져오는데 아비나답의 아들 웃사와 그의 형제(아효)가 그 새 마차를 몰았다. 성경은 언제나 새로움에 대한 것이 있다. 이스라엘 백성이 출애굽기 19장에서 하나님과 계약을 맺기 전에 새 옷을, 아니면 옷을 빨아서 새 옷과 같은 옷을 입는다. 신약성서에서 새 술은 새 부대에라는 말이 있다. "누구든지 그리스도 안에 있으면 새로운 피조물이라, 이전 것은 지나갔으니 보라 새것이 되었도다." 새 하늘과 새 땅에 대해서 말한다. 하나님 나라는 보지 않는 곳에서 오는 새로운 세계이고 믿음으로 말미암아 창조되어야 할 세계인 것이다(히 11 : 1－3).

4 그들이 그것을 언덕 위에 있는 아비나답의 집으로부터 하나님의 궤를 싣고 나오는데 그의 형제(아효. 히브리어에서는 아히오이다. "아히"가 형제이고 "오"가 "그의"라는 뜻이다)가 언약궤의 앞에 있었다. 왜 하나님이 진노했는지에 대한 이유는 분명치 않다. 다만 관습상 언약궤는 3절에서 언급된 대로 황소마차에 싣는 것보다는 성별되고 지정된 레위 인이 직접 어깨에 메는 것이었다. 아비나답은 선동의 아버지라는 뜻으로 나답은 "선동하다, 자의적으로 드리는 제물"이라는 뜻이 있다. 언덕이라는

말은 가바라는 히브리어인데 대개는 산당이 있는 곳이었다.

5 다윗과 이스라엘의 모든 집이 야웨의 앞에서 모든 잣나무로 만든 악기와 수금과 비파와 소고와 양금과 제금으로 즐거워했다. 야웨의 집은 성막에서 시작되었다. 성막이라는 말은 천막을 의미한다. 흔히 천막교회로부터 시작하는 교회가 많다. 천막을 깁는 일은 바울과 아굴라가 하는 일이었다(행 18장). 그들은 천막을 기우면서 고린도에서 하나님 나라를 확장해나갔다. 악기는 신을 초대하는 기구의 역할을 했다. 다윗의 현금에 사울의 악신이 떠나갔고, 예언자들은 흔히들 악기를 타면서 신을 체험하는 초혼의 경험을 했다. 사무엘상 10 : 5에 의하면, 예언자들의 무리들이 거문고를 뜯고 소고를 치며, 피리를 불며, 수금을 뜯을 때에 야웨의 신(거룩한 영)이 사울에게도 급작스럽게 내렸던 것으로 나온다. 음악과 함께 하나님의 영이 임함을 말해주는 대목이다.

6 그들이 나곤의 타작마당에까지 이르렀을 때에 마차를 끄는 황소가 비틀거렸고 웃사가 하나님의 궤를 잡으려고 손을 뻗었을 때에 그가 하나님의 침을 당한다. 나곤이라는 말은 치다는 뜻이다. 나곤의 타작마당에서 하나님의 궤를 자의적으로 통제하려고 했던 아비나답을 친 것이다. 또한 거룩한 물건에 함부로 손을 대는 것은 하나님의 진노를 사는 것으로 되어 있다(삼하 6 : 7; 대상 13 : 10; 15 : 13). 웃사(uzzah)라는 말 자체가 황소고집, 완력 등의 의미가 있다. 인간의 고집은 하나님의 진노를 사는 것이다.

7 웃사를 향해 하나님의 진노가 발해서 웃사가 하나님의 궤 옆에서 죽는다. 나곤(나콘, 치다라는 뜻)의 타작마당에서 하나님의 진노로 타작을 당한 셈이다.

8 야웨께서 웃사를 친 것 때문에 마음이 상했다(하르)라는 말은, 근심했다는 뜻이 아니라 화가 났다는 말이다. 자신은 최선을 다해서 모시려고 했으나 잘 되지 않을 때가 있다. 성경의 사무엘하, 또는 다른 곳에서 이 사건에 대한 신학적인 서술이 이루어지지 않고 있다. 그래서 그가 그곳을

"웃사를 친 곳"(고집통을 친 곳이라는 뜻) (베레스 웃사)이라고 불렀다. 오늘날까지 그렇게 전해진다. "오늘까지"라는 말은 보고의 이중성을 말해주고 있다. 사건이 일어난 시간과 이 말씀이 기록되거나 선포된 때를 말한다. 다시 말하면 설교된 때를 말하는 것이다. 성서는 이렇게 해석된 선포를 포함한다.

9 – **10** 다윗이 그날에 야웨를 두려워해서 이방인인 오벧에돔의 집에 유숙시킨다. 오벧에돔은 가드 사람으로서 블레셋 족속을 말한다. 그렇게 되면 오벧에돔은 다윗의 통치지역 내의 이방인인 셈이다. 오벧에돔은 에돔을 섬기는 자 혹은 에돔의 종이라는 뜻이다. 그렇게 되면, 에돔은 신이 되는 셈이고 에돔은 아담으로 읽힐 수 있기 때문에 아담을 신으로 섬기는 사람 혹은 아담을 좇아서 섬기는 사람이라는 뜻도 된다. 오벧에돔은 순종의 사람이었다. 야웨의 궤가 포도원지기의 집에 석 달 동안 체류했다. 그리고 야웨가 오벧에돔과 그 집을 축복했다. 오벧에돔이라는 뜻은 섬기는 사람이라는 뜻도 된다. 혹은 사람의 종, 사람을 섬기는 사람이라는 뜻도 될 것이다. 오벧이라는 말은 일하다 혹은 종이라는 뜻이고 에돔이라는 뜻은 아담이라는 뜻과 같고 아담이라는 뜻은 황토 흙이라는 뜻도 되기 때문이다.

11 야웨의 궤가 가드 사람 오벧에돔의 집에 삼 개월 동안 있었다. 야웨가 오벧에돔과 그의 온 집안을 축복했다. 야웨의 말씀이 깃드는 곳에 주님의 축복이 깃든다. 주님의 말씀은 어느 가능성 없는 구석에 박혀도 그곳을 변화시키는 힘이 있다. 말씀이 깃드는 곳에 사도 바울이 갇혔던 옥문도 열리는 역사가 일어나는 것이다. 가드는 골리앗의 고향이며 블레셋 다섯 도시국가의 하나이다. 여기에 블레셋 왕 아기스가 통치하고 있었고 다윗은 이 아기스의 경호대장 노릇을 했다. 일단 유사시 이스라엘을 대항해서도 싸워야 했다. 오벧에돔이 이스라엘 사람이었는지 블레셋 사람이었는지는 분명치 않다. 그 영역이 블레셋 영지였으므로 그도 역시 블레셋 족이었던 것으로 보인다(*IDB* III, 579). 말씀이 이방으로 전해지고 이방인을 위한 하나님, 회심한 이방인을 위한 하나님 됨도 이스라엘인과

동일하게 축복하시는 하나님임을 말해주고 있다.

12 언약궤가 머문 집인, 오벧에돔과 그에 속한 모든 것들을 축복했다는 소리가 들렸다. 다윗이 내려가서 기쁨으로 하나님의 궤를 다윗의 도성으로 가지고 올라왔다. 언약궤는 세 가지 큰 의미가 있다. 하나님이 함께 하신다고 하는 임마누엘의 사상이다. 누구든지, 어디에 처해 있든지, 어떤 형편에 처해 있든지 하나님이 함께하시는 곳에 하나님의 축복이 임하는 것이다. 하나님의 언약 즉 약속의 표징이었다. 지상에서 가장 존경받는 제사장의 나라, 가장 귀함을 얻는 보물과 같은 약속이다. 언약의 궤가 있는 곳에 복음의 소리가 있다. 언약이라는 말은 하나님과 계약을 맺고 구름기둥과 불기둥과 같은 안내천사가 되는 말씀인 것이다. 이는 신앙의 선조들의 체험을 통해 하나님이 내려주신 축복의 말씀, 몽학선생의 말씀, 말씀이 육신이 된 그리스도의 형상인 것이다. 복받았다는 소리가 복음인 것이다. 그럴 때 사람들은 하나님의 말씀을 영접하게 된다. 우리가 하나님의 말씀으로 인하여 복받았다는 소식을 다른 사람들이 들을 때에 그들 역시 하나님의 언약궤를 모셔들일 것이다.

13 언약궤를 멘 사람들이 여섯 걸음을 뗄 때마다 소와 살진 송아지로 제사드렸다. 우리나라에서 삼보일배라는 말과 같은 말이라고 할 것이다. 이는 감사의 예물이었다. 여섯 걸음을 떼고 일곱 번째 그들은 감사의 예물을 드렸다. 6일 동안 일하고 7일째 안식을 취하고 하나님을 경배하고 하나님이 하신 창조의 역사와 구속의 역사를 기억하는 것이다. 매 순간 감사할 때 하나님은 더 큰 축복과 기쁨을 주시는 것이다.

14 – **15** 다윗이 온 힘을 다해서 야웨 앞에서 춤을 추었다. 거친 모시 에봇으로 번역된 말은 양털조끼를 말한다. 입었다는 표현보다 둘렀다는 표현이 나을 것 같다. 이런 점은 현대의 가운과 같은 역할을 하지 않았나 싶다. 다윗과 온 이스라엘이 야웨의 궤와 함께 소리치며 나팔을 불며 올라갔다. 찬양은 단지 목소리로만 하는 것이 아니다. 목소리로 찬양한다. 박수 치며 찬양한다. 현악기로 찬양하고 타악기로 찬양하고 관악기로

찬양한다. 춤을 추며 찬양하는 것이다(시 150편). 하나님을 찬양하는 데는 모든 것을 다 동원하여 찬양하는 것이다.

16 야웨의 궤가 다윗의 도성에 왔을 때 사울의 딸 미갈이 창문을 통해서 내다보았다. 그리고 야웨 앞에서 뛰면서 춤을 추는 다윗 왕을 보았다. 그리고 마음속에서 경멸했다. 체신이라고 하는 인간이 만든 상이 허상일 때 바로 인간은 참된 창조력과 생기를 잃어버리게 된다.

17 그들이 야웨의 궤를 가져왔고, 그것을 다윗이 친 성막의 중간에 있어야 할 자리에 안치했다. 다윗이 번제와 화목제를 야웨 앞에 드렸다. 화목제란 번제 후에 있는 것으로 주기도문에 "거룩한 공회(교회)와 성도가 서로 교통하는 것과"에 함축되어 있는 말이다. 이어서 "죄를 사하여 주시는 것과"는 번제에 해당한다. 죄를 씻는 번제 후에는 언제나 희생제사를 드리는 것이다. 예수께서 십자가에 돌아가심이 바로 번제에 해당하며 갈릴리 호수가에서 물고기를 구워 같이 나눔이 바로 화목제이며 마가의 다락방에서 제자들에게 성령의 내림이, 또 예수의 요단 강에서의 세례 받을 때에 내렸던 비둘기 같은 성령이 내림은 하나님 영의 인치심을 말한다.

18 다윗이 번제와 화목제 드림을 마쳤을 때, 만군의 여호와의 이름으로 그 백성을 축복했다. 멜기세덱 이후 제정(제사와 정치)일치의 시대가 사무엘 시대까지 끝이 나고 사무엘 이후에 사울이 정치와 군사활동을 맡았으나 실패하고 다윗이 정치를 이어받았으나 사무엘이 없는 즉 제사장이 없는 상황에서 선택된 왕이 하나님의 기름부음을 받은 자로 제사장권도 일시적으로 위임받았던 것으로 이해된다. 이러한 경우는 우리가 "메시아" 부분에서 살펴본 대로 마카비 시대에도 한시적으로 발생하게 된다.

19 그가 모든 백성과 모든 이스라엘 민중에게 남녀 불문하고 각각에게 빵 하나씩과 롤케이크 하나와 건포도빵 하나씩을 나누어 준다. 정확한 형태는 모른다. 모든 백성들이 각각 그의 집으로 돌아갔다. 여기에서 빵과 포도주의 의미가 시사되어 있다.

20 다윗이 그의 집을 축복하기 위해서 돌아왔다. 사울의 딸 미갈이 다윗을 만나기 위해서 나왔다. 그녀가 말했다. "오늘 이스라엘의 왕이 얼마나 처신을 잘했는지요? 왕의 신복들의 여종들 앞에서 옷을 벗어제끼고 가관도 아니더군요." 여기서의 옷은 단지 입는 옷만을 뜻하는 것이 아니고 자신이 입고 있는 인간들이 씌워준 모든 교만의 허울을 말하는 것이다. 인간은 원초적으로 하나님의 피조물이다. 거기에 자존심을 덧입혀서 자존심 때문에 고집부리고 자살하고 비난하는 행위 등은 참다운 종교적 행위가 아니라고 할 것이다. 이러한 옷의 의미는 신약에서 예수의 옷에 손을 댄 혈루증 걸린 여인이 치료되는 의미로 이어지며, 예수가 세상적 수의를 벗고 부활한 영체로 하나님께 올라가는 데서 절정에 이른다고 할 것이다. 예수가 부활시에 벗어놓은 수의는 세상이 그에게 뒤집어씌웠던 모든 허울과 저주와 죄악의 못을 의미한다. 세상을 보지 않고 그리스도만을 바라보는 사람에게 그리스도와 함께 새로운 피조물이 되는 특권이 주어지는 것이다.

21 지도자는 다른 사람이 할 수 없는 용의주도함이 필요하다. 내가 야웨의 면전에서 기뻐하리로다. 미갈은 아직도 세상적인 옷을 입기를 원했다. 그러나 세상적 인간적 허울을 뒤집어 쓰고는 참된 찬양이 이루어질 수 없는 것이다. 아담이 옷을 입지 않았을 때는 하나님과의 소통이 이루어졌으나 죄악의 결과로 가죽옷을 입을 수밖에 없었을 때 하나님과의 대화는 단절되는 것이다.

22 다윗은 하나님을 찬양하기 위해서, 그의 영광을 드러내기 위해서는 "내가 이보다 더 경박하게 굴며, 나의 눈에 이보다 더 천박하게 되리로다."라고 말하면서 더 낮아지고 더 깨어질 수 있음을 말한다. 인간의 허울이 있을 때 하나님과의 참된 화해는 이루어질 수 없다. 예수의 마지막 속옷을 나누었다는 데서 참된 하나님과의 화해자가 그리스도였음을 시사한다고 보겠다.

23 사울의 딸 미갈에게 그녀가 죽는 날까지 아이가 생기지 않았다.

하나님 안에 있지 않고는 참된 생명의 거듭남과 탄생은 있을 수 없는 것이다.

¶ 메시지

이 장은 그 기본의미가 인간의 영광과 하나님의 영광의 대조를 보이고 있다. 인간측에서는 계속적인 힘의 논리를 주장하고 있고 하나님의 보이지 않는 영광과 대조적인 개념으로 등장되고 있다. 힘의 논리를 나타내는 개념으로는 "누가 하나님과 같으랴"라는 "누가 하나님의 뜻을 대적하랴?"라는 뜻을 가진 미갈이라는 이름과 인간의 힘을 나타내는 웃사, 그리고 황소가 나타내는 마차 등으로 나타낸다.

통치하려는 자가 복을 받는 것이 아니라 섬기는 자가 복을 받는다는 개념은 오벧에돔의 집에 대한 하나님의 축복에서 나타난다. 하나님이 함께하면 복을 받고 날로 강성해진다는 개념이 일관성 있게 신명기 역사에 반복적으로 등장하고 있다. 다윗이 여종들의 앞에서 옷을 벗고 춤을 춘 것과 더불어 카보드(영광)라는 개념이 등장한다. 야웨 앞에서 인간의 카보드를 옷을 벗어버리듯이 벗어버리면 하나님이 그를 선택하시고 하나님의 영광에 이르는 왕의 위치로 선택하실 것이라는 것이다. 여기서 나타나는 구절은 제자들이 마지막 때에 그리스도의 좌편과 우편에 앉게 해달라고 했을 때 섬기는 자가 지도자가 될 것이라는 말씀으로 재해석되고 종합된다고 할 것이다. 그리스도는 이러한 다윗의 견해와 같은 맥락에서 나는 섬기기 위해서 왔지 섬김을 받기 위해서 온 것이 아니라고 말한다.

여기서 주는 메시지는 여호와를 인하여 지극히 기뻐하고 지극히 낮아질 수 있음을 말하고 있다. 이렇게 볼 때 이 장에서는 세 가지 점을 말해주고 있다고 할 것이다.

첫째로, 야웨의 말씀은 비록 제사장이라고 할지라도 함부로 건드릴 수 없다. 하나님의 주권을 인간이 건드릴 수 없음을 말한다. 하나님의 언약궤에 손을 댄다는 것 다시 말해서 인간적이고 세속적인 생각으로 언약궤를 조정할 수 없음을 말하고 있다. 이는 제4계명에도 하나님의 이름을 망령되이 일컫지 말라고 한 것처럼 하나님의 말씀은 언제나 경외의 대상인 것이지 인간의 힘으로 능력으로 할 수 있는 것이 아님을 보여준다. 하나님의 말씀을 경망히 여기는 사람을 보라. 그들의 열매가 어떤지를 보라. 하나님의 말씀은 일정한 절차와 형식을 받아서 하나님의 말씀으로 존경되어야 하는 것이다.

신앙이 아직 어린 사람일수록 무엇인가를 아는 것처럼 생각하고 하나님을 아는 것처럼 행동하나 하나님은 영원히 경외의 대상인 것이다.

둘째, 하나님의 말씀을 항상 자신의 마음에 모시고 사는 사람은 복을 받는다는 것이다. 오벧에돔이라는 뜻은 "섬김의 사람"이라는 뜻이다. 늘 하나님의 말씀을 하나님을 섬기는 마음으로 사는 사람은 복을 받는다. 누구든지 하나님을 모시고 사는 사람은 복을 받는다. 다윗도 비록 그가 목동의 어린아이였으나 주님을 기뻐할 때 그가 복을 받게 된 것이다. 섬긴다는 말은 경작한다는 말이다. 이는 몸으로 섬긴다는 말이다.

셋째, 하나님 앞에서 가장 낮아질 때 오히려 그를 낮추시는 것이 아니라 높이시는 하나님이라는 것이다. 하나님 앞에서 다윗이 옷을 벗은 것처럼 자신을 온전히 허심탄회하게 낮추고 비울 때 하나님의 기쁨이 임하신다는 것이다. 다윗은 왕이었지만 자신이 왕의 위치까지 오르도록 죽지 않고 살게 해주신 하나님이 너무도 기뻐서 참을 수가 없었다. 하나님 앞에서는 아무런 가식이 없고 어린아이같이 됨을 말한다. 이렇게 하나님 앞에서 기뻐하는 신앙을 말한다. 하나님을 기뻐하는 자신의 모든 것을 다 바쳐서 기뻐하는 사람은 하나님의 뜻에 합당한 사람인 것이다.

이에 반해서 미갈은 아직도 인간적인 체면이라는 감옥에 안주해 있는 사람이었다. 자존심을 가지고 있는 사람이었다. 다윗은 폭풍우를 만난 배의 선장이 뱃속의 세상짐을 바다에 훌훌 던져버리는 것처럼, 하나님의 세계로 나아갈 수 있었던 사람이다. 다윗은 신앙의 경지를 터득한 사람이고 미갈은 아직 하나님을 완전한 마음으로 영접할 수 없는 사람이었다. 하나님은 아브라함과 같이 온전히 낮아진 사람, 자신을 낮추는 사람에게 그의 복을 주시는 것이다.

15. 다윗 왕조 신탁(7 : 1—17)

¶ 본문

[1] 여호와께서 사방의 모든 대적을 파하사 왕으로 궁에 평안히 거하게
하신 때에 [2] 왕이 선지자 나단에게 이르되 볼찌어다 나는 백향목 궁에 거
하거늘 하나님의 궤는 휘장 가운데 있도다 [3] 나단이 왕께 고하되 여호와
께서 왕과 함께 계시니 무릇 마음에 있는 바를 행하소서 [4] 그 밤에 여호
와의 말씀이 나단에게 임하여 가라사대 [5] 가서 내 종 다윗에게 말하기를
여호와의 말씀이 네가 나를 위하여 나의 거할 집을 건축하겠느냐 [6] 내가
이스라엘 자손을 애굽에서 인도하여 내던 날부터 오늘날까지 집에 거하
지 아니하고 장막과 회막에 거하며 행하였나니 [7] 무릇 이스라엘 자손으
로 더불어 행하는 곳에서 내가 내 백성 이스라엘을 먹이라고 명한 이스라
엘 어느 지파에게 내가 말하기를 너희가 어찌하여 나를 위하여 백향목 집
을 건축하지 아니하였느냐고 말하였느냐 [8] 그러므로 이제 내 종 다윗에
게 이처럼 말하라 만군의 여호와께서 이처럼 말씀하시기를 내가 너를 목
장 곧 양을 따르는데서 취하여 내 백성 이스라엘의 주권자를 삼고 [9] 네가
어디를 가든지 내가 너와 함께 있어 네 모든 대적을 네 앞에서 멸하였은
즉 세상에서 존귀한 자의 이름 같이 네 이름을 존귀케 만들어 주리라
[10] 내가 또 내 백성 이스라엘을 위하여 한 곳을 정하여 저희를 심고 저희

로 자기 곳에 거하여 다시 옮기지 않게 하며 악한 유로 전과 같이 저희를
해하지 못하게 하여 11 전에 내가 사사를 명하여 내 백성 이스라엘을 다
스리던 때와 같지 않게 하고 너를 모든 대적에게서 벗어나 평안케 하리라
여호와가 또 네게 이르노니 여호와가 너를 위하여 집을 이루고 12 네 수
한이 차서 네 조상들과 함께 잘 때에 내가 네 몸에서 날 자식을 네 뒤에
세워 그 나라를 견고케 하리라 13 저는 내 이름을 위하여 집을 건축할 것
이요 나는 그 나라 위를 영원히 견고케 하리라 14 나는 그 아비가 되고 그
는 내 아들이 되리니 저가 만일 죄를 범하면 내가 사람 막대기와 인생 채
찍으로 징계하려니와 15 내가 네 앞에서 폐한 사울에게서 내 은총을 빼앗
은것 같이 그에게서는 빼앗지 아니하리라 16 네 집과 네 나라가 내 앞에
서 영원히 보전되고 네 위가 영원히 견고하리라 하셨다 하라 17 나단이
이 모든 말씀과 이 모든 묵시대로 다윗에게 고하니라

¶ 개요

사무엘하의 구조는 다음과 같다.
A. 도입구 : 들어가는 문학장치(어떻고 어떠한 때)(1절)
B. 서론 : 하나님을 위한 백향목 집을 구상함(2－3절)
C. 다윗에 의해 지어질 백향목집(4－5절)
D. 역사를 주관하는 야웨의 주권(6－11a)
C′. "그"가 지은 집("야웨" 11b, 그리고 "다윗의 자손" 13a)
B′. 결론(13b－16) : 영원한 집, 즉 다윗 왕조를 허락 받음
A′. 맺는 말 : 이 모든 말씀을 고하니라(17절)

다음과 같은 문맥상의 흐름을 살펴보면 저자의 신앙적 의도를 알아낼 수 있다.

A. 실례를 듦 － 다윗이 야웨를 위해 지으려던 보이는 집(성전)
B. 백향목 집을 초월해 있는 야웨의 초월성

C. 과거와 미래의 역사를 주관하는 야웨의 주권
B′. 다윗의 자손에게 약속된 야웨의 집(성전)
A′. 하나님이 지어줄 다윗의 영원한 집(왕조)

이 문단의 개요는 다윗이 하나님의 집을 자기가 사는 집을 지은 것과 같은 백향목으로 지으려고 했다. 그러나 하나님은 그것은 더 후대에 가서 할 일로 거절하고 그 대신 그 뜻을 가상히 여겨서 영원한 왕조를 일으켜 주겠다고 약속한다. 그리고 이러한 약속은 반드시 이루어질 것이라고 강조하는 중심어가 "C" 부분에 나온다. 이것은 사무엘하 저자의 핵심신앙이기 때문이기도 하다.

¶ 주석

1 왕이 이제 그의 집에 거할 수 있게 되었다. 왜냐하면 야웨가 그에게 모든 적들보다 더 호의를 주셨기 때문이다. 이는 지금까지 다윗이 전장에서 유리하던 것과 대조적으로 나타나고 있다. 원문에는 대적자들을 파했다는 말은 나오지 않고 창세기 3장에서 뱀이 다른 짐승보다 더 간교했다는 것과 같이 히브리어 비교급 전치사 맴(mem, from 혹은 than의 뜻)을 써서 대적자들보다 더 호의를 베풀었다는 개념으로 나온다.

시점이 정확하게 언제인지 분명치 않다. 단지 주변 대적자들을 다 파한 후의 어느 시점으로 도입구를 설정한다. 다윗 계약 더 정확히 말해서 다윗의 왕조 약속을 언제 받았느냐 하는 것을 구체적으로 도입하기 위해서이다. 이러한 신탁은 다윗이 사무엘로부터 기름부음을 받을 때에 받을 수도 있고, 아둘람 동굴에서 세리와 죄인들의 장관이 될 때 받을 수도 있고, 헤브론에서 유다 족속의 왕으로 기름부음을 받을 때도 있을 수 있고, 또 이스라엘의 왕으로 추대받을 때도 있을 수 있는 것이 전통적인 주변 왕국의 사례였다. 그러나 신명기사가는 이런 기회를 다 접고 전 이스라엘의 왕이 된 후에 그리고 주변의 대적자를 다 파한 후의 일이라고 명시하고 있다. 주변의 적은 더 이상 가나안 토착세력은 아니다. 현재로서는 블레셋 군과 북이스라엘의 아브넬과 이스보셋의 척결이다. 예루살렘을 점령하고 법궤를 모셔들인 후(6장) 이제 나단을 통한 신탁을 통해서 영원한 왕조에 대한 약속을 받는 장면이다.

이 단계까지 다윗은 이루어야 할 일을 모두 이룬다. 사울과 요나단의 죽음을 확인하게 되고 아브넬과 이스보셋이 죽게 되고, 정통성 주장에 힘이 될 만한 미갈을 다시 빼앗아오고, 다윗 도성이라 이름을 고쳐 왕도로서 정도시킬 뿐만 아니라, 법궤를 들여서 명실공히 예루살렘을 열두 지파의 연맹 중심성소인 암픽티오니 전통에 따른 중앙성소로의 위치로 확립한다. 일절에서 모든 대적이란 주로 사울 가문의 문제를 해결한 것(1－4장), 다윗 성의 역할을 한 예루살렘 성을 여부스 족으로부터 탈취한 것과 블레셋 군을 한번 물리치고(5장) 법궤를 다시 찾아 예루살렘에 안치한 것 등이다. 예언자를 통한 신탁 확립 후에 명실공히 다윗 왕조는 정치적으로나 신앙적으로나 이제 굳게 서게 된다. 홍수가 걷힌 후에 노아의 실수처럼 이 후에 밧세바 사건이 발생한다. 이에 대한 심판으로 압살롬의 난 진압 후, 사울의 잔당을 척결하고, 블레셋과 모압과 암몬을 진압하는 일이 남아 있게 된다.

그러나 창세기 1 : 1에서 나타난 패러다임과 같이 신명기사가의 역사 기술 방법은 먼저 전 역사의 결과를 한 문장이나 문단으로 요약하고 나머지를 서술해 나가는 방식이다. 그러므로 사실 사무엘하에 나타나고 있는 모든 역사가 이루어진 후 그 결과를 문단의 맨 앞에 내어놓아 요약했을 것으로 보는 것이 더 타당성이 있다. 그러므로 이런 왕조 신탁은 다윗의 등극 초기에 이루어진 것이 아니라 여러 단계를 거친 후 왕권이 안정된 후인 그의 통치 말기에 이루어진 것이라고 할 것이다.

2 절에서 다윗은 그의 집에 거할 때 그의 대변인(나비, 예언자) 나단을 부른다. 나단이라는 말은 “주다” 혹은 “수여하다”는 뜻이다. 나비는 대변인을 말한다. 여기서는 출애굽기 5장에서처럼 야웨의 대변인으로 나오지 않고 다윗의 대변인으로 나온다. 여기서 2장의 주제어가 나온다. 나의 집 그리고 야웨의 집, 다시 말하면 나는 돌집에서 사는데 야웨는 “천막 혹은 천막의 휘장 가운데 거한다”는 개념으로 나온다. 나의 집은 단단한

데 야웨의 집은 유리하니 야웨의 집도 고정이 되어야 한다는 것이다. 이렇게 되자 다윗의 집도 고정이 되고 야웨의 집도 고정이 되어야 한다는 것이다. 야웨 임재의 상징은 언약궤이다. 이렇게 운을 띄우자 나단이 말한다. "당신의 마음대로 하십시오. 왜냐하면 야웨가 당신과 함께 있기 때문입니다." 마음은 물론 심장을 나타낸다. "당신과 함께 하다"라는 말은 "야웨가 동행하다"라는 것을 뜻하는 상투어이다. "야웨가 동행하다"(함께 걷다)라는 말과 같다.

휘장 가운데 있다는 말은 천막 가운데 있다는 말이다. 그런데 휘장은 장막(오헬, 6 : 17)이 아니라 예리아(curtain－tent)로 되어 있다. 역대기상 17 : 1은 복수형 예리오트로 되어 있다. 오헬(장막)과 예리아(휘장)는 (아 1 : 5; 렘 4 : 20; 10 : 20; 49 : 29; 합 3 : 7) 등에 동의적으로 사용되었는데 출애굽기 26 : 1과 36 : 8에 따르면, 성막은 열 개의 예리오트(아마도 칸막이)로 되어 있다고 나와 있다. 이런 사막시대의 전통이 반영되어 있어서 휘장이 하나님의 궤를 가리고 있었던 것으로 나타난다(대상 17 : 1). 대부분의 장막은 염소가죽으로 되어 있다. 이사야 40 : 22에서 휘장은 하늘에 대한 묘사이다. 야웨가 하늘을 휘장과 같이 펼친다(시 104 : 2).

신약성서에서 휘장은 지성소를 가리고 있는 것으로 나온다. 지성소에는 하나님이 임재해 계신 것이다. 히브리서에서 지성소를 덮고 있는 휘장은 그리스도의 몸을 상징한다(히 10 : 20). 그리스도의 몸이 찢어지면서 기독교인들도 지성소로 들어갈 수 있게 된다.

앤더슨은 언약궤가 휘장에 보관되어 있는 것으로 보아 언약궤가 가나안식 성소에 보존되어 있다고 보지 않는다(앤더슨 117). 농경사회의 정착풍습과는 달리 유목생활을 한 이스라엘 백성들의 하나님을 모시던 전통은 광야에서의 성막 전통을 이은 것으로 보인다. 다윗 자신의 백향목 궁전은 열왕기상 6 : 9, 15에 보면 석조 구조물에 백향목 들보와 내장재를 백향목으로 붙여서 만들어졌다. 이는 6절에 야웨가 회막과 장막에 거했다라는 전승개념과 연상개념으로 나타난다.

3 3절과 4－5절 사이의 격차가 나타난다. 어떤 학자는 다른 두 전승의 결합이라고 본다. 그러나 이는 사도 바울에게 이어져서 "사람의 말",

“하나님의 말” 개념으로 이어진다(살전 2 : 13). 이 자신의 견해와 하나님의 말씀을 구별한 것처럼 인간적 생각과 하나님의 생각과의 차이를 말하면서 이 둘을 구별 짓는 신명기사가의 신학적 틀이라고 할 것이다. 이것이 바울에게 이어진 것이다. 여기서 신명기사가의 거짓 예언자의 개념이 나온다. 참 예언자 모세나 이사야나 예레미야 등과 같이 하나님이 그 입에 말씀을 넣어준 예언자를 말한다. 거짓 예언자는 자신의 말을 말하는 자로서 이루어지지 않는 예언을 말한다.

– 참 선지자 : 신명기 18 : 18, “내가 그들의 형제 중에 너와 같은 선지자 하나를 그들을 위하여 일으키고 내 말을 그 입에 두리니 내가 그에게 명하는 것을 그가 무리에게 다 고하리라.” 예를 들면, 모세, 이사야, 예레미야, 미가야 등
– 거짓 선지자 : 신명기 18 : 20, “내가 고하라고 명하지 아니한 말을 어떤 선지자가 만일 방자히 내 이름으로 고하든지 다른 신들의 이름으로 말하면 그 선지자는 죽임을 당하리라 하셨느니라.” 예를 들면 하나냐(렘 28장), 시드기야(왕상 22)

4 밤은 혼돈과 깊음, 시련의 시기를 뜻하며, 하나님의 계시는 빛을 말한다. 밤은 혼돈과 공허를 말하지만 계시의 때임을 상징적으로 말하고 있다. 발람, 사무엘, 아브라함 등 모두 밤에 계시를 받는다. 어둠이 하나님과 만나는 시기다. 잠언 29 : 18에 보면 “묵시가 없으면 백성이 방자히 행하느니라”라는 말이 있듯이 계시가 없으면 혼돈이 있다. 사사시대에 하나님의 계시가 없으므로 사람들이 자기 눈에 좋은 대로 행하고 범죄의 악순환이 반복되게 된다. “이르기를”이라는 두 독립구문이 나타난다. “그 밤”이라는 단어가 시간적인 전환과 상황의 전환을 하는 전환구의 역할을 하고 있다. 밤은 대개 계시의 현장과 시점으로 등장한다. 아브라함이 깜깜한 밤에 계시를 받는다(창 15장). 발람이 밤에 계시를 받는다(민 22–24장). 성서적 해석은 항상 밤은 빛을 위한 전제조건이다. 창세기 1장에서 “밤이 되며 아침이 되니 첫째 날이다”라고 한 것처럼 어둠에서 시작하여 빛으로 끝나는 것이 하나님의 창조의 원리이다. 빛은 밤에서 나온다. 흑

암 중에 있던 백성들이 빛을 볼 것이다. 흑암 중에서 밤중에 목동들이 별을 따라서 오고 동방박사들이 밤에 별빛을 따라서 예수의 탄생을 향해 온다. 사무엘도 밤에 하나님의 목소리를 듣는다. 현재는 어두우나 곧 빛이 비추일 것이다. 시련의 시기가 바로 훈련의 시기이며 새로운 세계가 밝기 전의 세계 즉 계시가 내리는 시기인 것이다.

5 "코 아마르 야웨!"(thus says Yahweh)는 "야웨께서 이르시되"라는 공식문구이다. 3절이 나단 자신의 인간적인 생각과 말이라면, 5절은 메신저 공식문구(코 아마르 야웨, 야웨께서 가라사대 혹은 말씀하시고)를 삽입하여 바로 야웨가 직접 예언자의 입에 넣어준 말임을 보증하고 있다. 3절이 인간 나단의 말이라면, 6절 이하에 나오는 야웨의 말씀은 바로 하나님이 전하라고 주신 말씀인 것이다. "다윗 네가 나의 집을 건축하려고 하느냐?" 예언자 공식문구가 나온다. 예언자가 왕 되신 하나님의 말씀을 사신들이 왕의 말을 전하는 것처럼 대언자로 그대로 전하는 것이다.

여기서 나단은 야웨 말씀의 전달자가 된다. "가라! 그리고 말하라!" 나의 종 다윗에게 네가 나를 위하여 나의 거할 집을 건축하겠느냐?라고 말하라는 것이다. 세상의 목수 건축가였던 예수는 성령이 비둘기같이 내림을 받은 후에는 하나님 나라의 건축가 되심과 모퉁잇돌이 되신다. 하나님의 집은 교회다. 교회는 외형적인 집만을 의미하는 것이 아니라 불리움을 받은 사람들의 회중 즉 모임을 말하는 것이다. 교회를 이루려고 하는 사람은 하나님이 그의 집을 지어주심을 말한다. 이는 멜기세덱을 시초로 하는 믿음의 족보를 말한다. 멜기세덱이라는 말은 의의 왕을 말하는 것이고 의는 시대를 따라 변하는 인간적인 도덕을 말하는 것이 아니라 창세기 15 : 6, "아브라함이 야웨를 믿으니 야웨께서 이를 그의 의로 여기시고"에서 말한 바와 같이 하나님을 인정하고 믿는 것이다. 세상적인 표현으로 말하자면 하나님과의 신의를 지키는 것이다. 다윗은 흩어진 야웨 종교를 국교화해서 믿음의 공동체를 다시 말하면 교회를 이루고 확장한 사람이다.

6 절에서는 전달내용을 말한다. "나는 내가 이스라엘 자손들을 이집트로부터 데리고 올라올 때부터 지금까지 집에 거하지 않았고 천막과 성

막에서 걸었다." 여기서 정적인 용어인 be 동사가 나오지 않고 걸었다(walk)는 동적인 동사를 사용하고 있다. 야웨는 그냥 정적인 분이 아니고 행하시는 분으로 나타난다. 이 말이 바로 동행하다는 말이다. "임했다, 함께 했다"는 말이 있고 임한 후에 같이 행동했다는 말이다. 나단을 통해서도 말한다. "가라 그리고 말하라. 나는 집에 갇혀 있는 존재가 아니다." 인생의 어느 한 단계에서 머무르는 분이 아니다. 계속해서 인도하시고 움직이시는 하나님이다. 이는 임재의 상징인 구름기둥 불기둥에서 나타난다. 포수기 이전의 예언자들을 통해서 말씀하신 것같이 밝은 날에는 천둥을 머금은 심판의 구름기둥으로, 암흑의 포수기 때의 예언자들을 통해 말씀하신 것같이 흑암의 때에는 빛으로, 별빛과 달빛으로, 혹은 불기둥으로 인도하시는 분이다. 에녹과 같이 행동하심으로 그가 죽임을 당하지 않고 들려 올라가게 한다. 누구든지 그리스도 안에 있으면 새로운 피조물이라.

7 여기서 한 부족을 택해서 다른 부족들을 양육했다는 개념이 나온다. 이는 물론 유다 지파일 수 있으나 요셉 지파일 수도 있을 것이고 그 이후 사울을 배출한 베냐민 지파를 뜻하는 것일 수 있다. 백향목은 가나안에서 자라는 가나안 농경사회적 개념이고 정착개념이다. 신명기 십계명의 안식일을 지켜야 하는 이유에서 잘 나타나고 있는 바와 같이 구속의 개념이다. 정착과 고착의 개념이 아니다. 성막은 움직임의 상징이다. 이러한 이동 개념은 아브라함, 이삭, 야곱, 모세, 그리고 다윗에게서 나타난다. 이 개념은 바로 바울의 신앙에게로 이어진다. "내가 선한 싸움을 싸우고 나의 달려갈 길을 마치고 믿음을 지켰으니 이제 후로는 나를 위하여 의의 면류관이 예비되었으므로 주 곧 의로우신 재판장이 그 날에 내게 주실 것이니 내게만 아니라 주의 나타나심을 사모하는 모든 자에게니라"(딤후 4 : 7—8).

8 절에서 그러므로 너는 나의 종 다윗에게 이르기를 내가 너를 양 가운데의 거처로부터 취하여 나의 백성 이스라엘의 지도자가 되도록 했다. 양을 쫓음으로부터 나의(하나님) 백성 위에 이스라엘 위에 지도자로 세우셨다는 말이다. 지도자라는 말 나기드라는 말의 동사원형 나가드(nagad)

는 말하다라는 뜻이며 나기드는 사역형으로 말하게 하다라는 뜻이다. 또 전치사로서 맞은편의 라는 뜻이다(출 19 : 1). 아담의 배우자(마주보는 파트너), 돕는 파트너라는 라는 뜻이다. 선택한 백성들을 치기 위해서 하나님의 대변자 내조자의 의미를 가지고 있다고 할 것이다.

9 이 절에는 세 가지 축복이 나타난다. 첫째로 임마누엘 신앙의 반복이다. 어디를 가든지 내가 너와 함께 하시는 하나님은 요셉을 구덩이에서, 감옥에서 구하시고 다니엘을 용광로에서 구하시는 하나님이다. 모든 원수들을 이기게 하는 하나님이다. 다윗을 통해서 여호수아를 통해서, 입다를 통해서 승리하신 하나님은 예수를 통해서 세상을 이기고 승리하게 하시고 사망권세를 이기신 분에게서 완성된다. 세 번째로 머리가 될지언정 꼬리가 되지 않게 하겠다는 신명기 28 : 13(머리가 되고 꼬리가 되지 않게 하시며…)는 약속이 다윗의 이름을 지상에서 가장 위대하게 만들어 주겠다는 것이다. 야웨를 찬양하는 것보다 야웨의 이름을 찬양한다(시 8편). 야곱의 아들들의 이름(예: "야웨를" 찬양하다)과 다른 이름들(예: 드보라는 벌처럼 날아서 쏘다, 나발은 바보, 이스보셋은 부끄러운 자, 므비보셋은 말뿐인 부끄러운 자)은 모두 뚜렷한 의미를 가지고 지어졌다. 아담이 그 다스리는 것들의 이름을 지었다라고 다스림의 상징을 말했으며 아담(흙에서 왔으니 흙으로)과 하와(생명의 어머니)라는 이름을 지어준다. 우리는 야웨의 이름을 찬양하고 그리스도의 이름으로 맹세하고 기도한다. 이렇게 볼 때 이름은 존재에 임재하고 있는 영의 대변자다.

하나님이 함께하시면, 무슨 일을 하든지 형통할 것이며, 야웨 앞에 다른 신이 없을 것처럼(제1계명) 다윗의 앞에도 다른 어떤 대적자도 없을 것이며, 여호와의 이름이 위대한 것처럼 다윗의 이름도 위대하게 만들겠다는 말이다.

10 내가 한 장소를 마련해 줄 것이며 내가 그 백성을 심어서 그들 자신이 스스로를 통치하면서 살 것이며 흔들리지 않고 악한 자들이 처음처럼 더 이상 압제하지 않을 것이며, 여기서 한 장소란 흔히들 신명기 역사에서 예루살렘을 의미하는 것으로 생각한다(E. W. Nicholson). 이러한 야

웨가 택한 곳이라는 의미는 12지파의 중앙성소를 말한다. 이 중앙성소에는 법궤가 있는 곳이었다. 노트의 암픽티오니 동맹설(그리스식 지파동맹설)에 따르면, 이곳에서 계약 갱신이 이루어지며(수 24장), 절기 때마다 순례가 이루어지며, 신년에 절기 행사로 하나님의 계약법이 선포되는 곳이었다. 또 소사사들이 내려와 행정적 임무를 처리하던 곳이었다. 이 중앙성소는 먼저 길갈로 들어온 법궤가 벧엘로, 세겜으로 갔다가 엘리 제사장 시절에는 실로에 있다가 블레셋과의 관계에서 법궤를 빼앗겼다가 20년이 지난 후에 오벧에돔의 집을 거쳐서 최종적으로 다윗이 정도한 예루살렘에 안치된다. 법궤는 성전파괴 후 어디로 갔는지 행방불명이 되며, 신약성서에 와서 예수는 사마리아에서도 예루살렘에서도 아닌 신령과 진정으로 예배하는 곳이 바로 하나님이 임재하는 곳이란 의미로 법궤의 의미가 영성화(spiritualization) 내지는 보편화(universalization)된다.

11 "내가 사사들에게 내 백성을 통치하도록 한 것처럼 내가 너로 하여금 모든 적으로부터 쉬게 할 것이며 야웨가 말씀하시기를 야웨가 너를 위해서 하나의 집을 지어줄 것이다"라는 말이다. 여기서의 집(바이트)이란 벽돌집을 의미하며, 이 벽돌집은 성전과 같이 튼튼하면서도 성막과 같이 움직이는 것이 아닌 집을 의미한다."라는 말이다. 더 나아가서 마찬가지로 영성화된 의미는 왕조를 만들어 주겠다는 말이다. 이는 그리스도 안에서 참된 영성화된 왕국으로 드러나게 된다.

12 "네 수한이 찼을 때 네 열조와 함께 누울 것이며 너의 죽은 후로 네 씨를 확립시키리니 그가 왕국을 굳건히 할 것이라"는 뜻으로서, 11절의 문중이라는 말은 이제 12절에서 완전히 왕국이라는 말로 확실하게 드러난다.

13 "내 이름을 위한 집"이라는 말은 신명기사가의 성명신학을 말해주는 것이다. 하나님의 성전은 하나님 자신이 거하기보다는 하나님의 이름이 기념되게 하기 위한 것이다. 학자들은 이러한 성명신학이 신명기 역사(혹은 신명기에, 12 : 5, "여호와께서 자기 이름을 두시려고 너희 모든

지파 중에서 택하신 곳인 그 거하실 곳으로 찾아가서")에 후대에 타협적으로 흘러들어간 것으로 본다.

원래 예루살렘 성전은 고대 가나안에 만연되어 있던 만신전과 같은 개념으로 예루살렘 성전에 하나님이 거하시는 것으로 여겨졌다. 특별히 하나님은 지성소의 휘장 뒤에 있는 언약궤의 뚜껑에 새겨져 있는 그룹(cherubim) 날개 위에 임재해 계신 것으로 여겨졌다. 그러나 북이스라엘이 멸망한 후(722/1) 많은 북이스라엘 선지자와 피난민들이 남쪽으로 내려오게 되었다. 이때 그들은 하나님이 단과 벧엘이 아닌 예루살렘 성전에만 임재해 있다는 개념에 전적으로 동조할 수 없었다. 왜냐하면 자신들의 하나님은 북쪽 성전에도 임재해 계신 분으로 믿어왔기 때문이었다. 그래서 이들이 타협적으로 생각한 것이 바로 이 성명신학이었다. 하나님은 하늘에 계시고 오직 그의 이름만 하나님의 이름으로 맹세하고 기념하도록 성전에 두셨다는 사상이다. 이렇게 볼 때 이 성명신학의 기원은 북쪽이라고 할 것이다. 그런데 주전 587/6년에 성전이 무너지면서 이 성명신학이 더욱 힘을 얻게 되었다고 본다. 왜냐하면 하나님이 임재해 계신 예루살렘 성전이 예루살렘 함락시에 성전이 돌 하나에 돌이 첩놓이지 않도록, 그 근본까지 훼파되어 버렸기 때문에 시온 성전과 다윗 왕조라는 두 신학적 기초 위에 살았던 유다 백성 뿐만 아니라 선지자들조차도 이런 현상을 이해할 수 없었다(시 137). 왜냐하면 하나님이 지성소에 임재해 계신다면 다윗에게의 약속 속에 세워진 야웨의 집이 무너질 리가 없기 때문이다. 그런데 무너졌다. 무기력한 하나님이거나 아니면 하나님이 거기에 계시지 않았기 때문이라는 둘 중의 하나의 이유에 기인하는 것으로 이해되었다. 결국 하나님의 이름만이 성전에 계신다고 하는 성명신학의 강화로 나아가게 되었다. 그러므로 이제는 더 이상 야웨 하나님에게 직접 맹세하기보다는 하나님의 이름으로 맹세하고 기도하는 사태로 나아가게 되었다(왕상 8 : 29－30; "주께서 전에 말씀하시기를 내 이름이 거기 있으리라 하신 곳, 이 전을 향하여 주의 눈이 주야로 보옵시며 종이 이곳을 향하여 비는 기도를 들으시옵소서"). 이러한 성명신학은 결국 살아계신 하나님의 이름으로 라는 개념에서 그리스도의 이름으로 기도한다라고 하는 개념으로 신약성서와 주기도문에서 성취된다고 할 것이다. 이렇게 볼 때 이 개념의 발전은 다음과 같다. 하나님 자신 → 하나님의 천사 → 하나님의 이름 → 하나님의 대언자 → 그리스도 → 그리스도의 이름(하나님의 본체는 하늘에 계시고 이름만을 둔 무너진 성전과 같이 십자가에 그리스도는 하늘에 계시지만 육신이 못박히시므로 그의 이름으로 명하여 귀신을 쫓고 병을 치유한다).

그리하여 야웨의 이름([없는 데서라도] 있게 할 것이다)을 위해서 그 이름으로 기도하고 맹세할 때 그 능력으로(왕상 8 : 29) 다윗(으뜸, 혹은 사랑[*IDB*, *ABD*])이라는 이름을 만천하에 드러내겠다는 것이다. 여기서 하나님 자신이라기보다는 하나님의 임재를 대변하는 이름이 하나님의 전에 거할 것이라고 한다. 또 하나님의 보좌를 위해서라도 그가 선택한 다윗의 보좌를 높이겠다는 것이다. 선택된 백성을 위한 통치는 다윗을 통하여 이루어진 것처럼 그리스도를 통하여 통치된다.

14 "내가 그의 아비가 되고 그는 나의 아들이 될 것이다"는 하나님의 영이 거하는 사람은 그의 자녀가 되는 권세를 주신 것이다. 여기서 하나님을 예수와 같이 아바 아버지라 부를 수 있는 특권이 생기는 것이다. 그래서 그가 죄를 범하면, 내가 사내들의 막대기로 치고 사람의 자손들이 채찍질할 것이다. 고대 근동에서 절대 왕권을 가졌던 왕들은 하나님으로 섬겨졌다. 이집트의 파라오가 그랬고 바빌론의 왕 역시 성육화한 마르둑 신으로 여겨졌다. 이스라엘에서의 왕은 날 때부터 왕이 되는 것이 아니라 세자로 있다가 왕관을 쓰는 순간 하나님의 아들로 양자가 된다는 양자설이 된다. 시편 2편은 "내가 오늘 너를 낳았도다!"라고 말하고 있다. "오늘 너를 낳은 날은 다름 아닌 왕관을 선왕으로부터 받은 날"인 것이다. 그때에 하나님의 영은 기름부음과 동시에 임하는 것으로 여겨졌다. 하나님의 자녀로 된다는 말은 바로 그의 특권을 받는다는 말이다. 그가 원하는 것을 하나님이 이루어준다는 말이다. 여기에서 아들이라는 말이 정식으로 나온다.

오늘날의 이 개념은 그리스도(메시아, 기름부음을 받은 자, 왕, 하나님의 아들) 안에서 새로운 피조물 즉 새로운 족보를 가지게 되는 것과 같다. 교회는 그리스도의 몸이고 교회의 머리는 그리스도이다. 몸 된 교회의 아버지는 하나님인 것이다. 그러므로 신약성서에서 보면, 예수께서 자기를 찾아오신 모친과 누이와 형제들을 향해, "누가 내 모친이며 자매며 형제이냐"고 물으시고 제자들을 가리키며 "이들이 내 모친이며 자매며 형제다"(마 12 : 46－50)라는 말로 그 사상적 맥락이 이어져 내려간다.

15 여기서 은총이라는 말은 한없는 자비로 번역되는 헤세드를 말한다. 이 단어의 근본의미는 신의 혹은 공약을 말한다. 하나님의 신의(헤세드, 공약, 자비)는 "내가 네 앞에서 거두어버린 사울로부터 거둔 것처럼 중단되지 않을 것이다." 구약성서의 계약 구조를 보라. 언제나 첫 번째 하나님과의 신의는 인간 편에서의 잘못으로 인하여 좌절된다. 그러나 하나님은 자신의 신의를 회복하기 위해서 다시 그의 신의를 회복한다. 다시 말하면 왕 제도 자체로 보면, 사울에게서 실패한 왕 제도는 다윗에게서 새롭게 정착된다. 다윗 왕가 자체로 보면 다윗의 성전 건축 실패는 솔로몬에게서 이루어지고 왕권의 확립이 이루어지는 것으로 사무엘하 7장의 계약구조는 되어 있다.

16 "이는 내가 너의 왕조와 너의 왕국을 확립할 것이며 너의 보좌도 영원히 확립될 것이다"로 재번역될 수 있다. 이렇게 보면 왕조, 왕국, 보좌가 삼중으로 평행구를 이루고 있다. 하나님의 이름을 위해서 다윗의 왕국과 보좌는 확립될 것이다. 집은 왕조를 말하며, 왕국은 영토와 세력 및 주권을 말하며, 보좌는 통치자를 말한다. 누구의 통치를 받아야 하는가? 하나님의 통치가 이루어져야 하고 하나님의 완전한 통치가 그리스도 안에서 이루어진 것이다.

17 말씀(다바르)과 묵시(하존, 묵시 비전)가 역시 동의적 평행으로 반복되어 있다. 말씀이 바로 보여주신 환상 혹은 묵시인 것이다. 예언자의 비전과 환상은 이제 약속으로 굳어지게 되며, 계약으로 만들어져 결국 반드시 이루어지게 된다.

¶ 메시지

이 본문에서 한 가지 하나님의 특성이 두 가지 하나님의 역사로 나타난다. 하나는 하나님은 정착의 하나님이 아니라 사막에서 성막 안에서 거주하는 이동하시는 하나님이다. 이 이동은 목표가 없는 이동이 아니라 젖과 꿀이 흐르는 가나안 땅으로의 이동이다. 다른 하나는 다윗의 이동이다. 다윗은 목동이었으나 하나님이 택하셨다. 그리고 그를 이스라엘의 지도자가 되게 하셨다. 이 둘은 합하면, 구속사의 하나님인 것이다. 그러한 구속사의 하나님은 이제 영원한 약속으로 그의 보좌를 즉 왕조를 확립하신다.

첫째, 그는 이스라엘을 이집트의 노예의 굴레로부터 이끌어 젖과 꿀이 흐르는 약속의 땅으로 인도하시는 분이다. 이 약속의 땅은 하나님의 나라이다. 하나님의 나라는 바로 예수가 오셔서 그의 나라, 즉 하나님의 나라를 선포하심으로써 이루어진, 이루어질 나라인 것이다.

둘째, 다윗을 목동으로부터 하나님 백성의 지도자가 되는 자리까지 이끌어내셨다. 기독교인은 하나의 개체로서 한 자리에 머무는 것을 말하는 것이 아니다. 그는 왕의 자리까지 그리스도의 형상을 닮는 자리까지 나아가는 것이고 변화되는 것이다.

셋째, 이러한 그의 나라와 그리스도 상으로의 변화는 이제 번복될 수 있는 것이 아닌 영원한 약속이다. 비록 인생의 막대기로 다시 말하면 외적의 침입으로 말미암아 시련은 있을지언정 그 약속은 번복되지 않는 것이다. 이러한 영원한 약속은 무지개를 통한 영원한 노아와의 계약이며, 할례를 통한 아브라함과의 영원한 약속이다. 이 영원한 약속 때문에 포수기로 말미암아 사멸할 수밖에 없던 유대 공동체는 새로운 생기로 결집을 창출하게 된다(마 1 : 1; 행 13 : 22－23; 히 1 : 5).

16. 다윗의 기도(7 : 18－29)

¶ 본문

18 다윗왕이 여호와 앞에 들어가 앉아서 가로되 주 여호와여 나는 누구
오며 내 집은 무엇이관대 나로 이에 이르게 하셨나이까 19 주 여호와여
주께서 이것을 오히려 적게 여기시고 또 종의 집에 영구히 이를 일을 말
씀하실뿐 아니라 주 여호와여 인간의 규례대로 하셨나이다 말씀하셨사
오니 주 여호와여 이것이 어찌 인간의 규례리이까 20 주 여호와는 종을
아시오니 다윗이 다시 주께 무슨 말씀을 하오리이까 21 주의 말씀을 인하
여 주의 뜻대로 이 모든 큰 일을 행하사 주의 종에게 알게 하셨나이다 22
여호와 하나님이여 이러므로 주는 광대하시니 이는 우리 귀로 들은대로
는 주와 같은 이가 없고 주 외에는 참 신이 없음이니이다 23 땅의 어느 한
나라가 주의 백성 이스라엘과 같으리이까 하나님이 가서 구속하사 자기
백성을 삼아 주의 명성을 내시며 저희를 위하여 큰 일을, 주의 땅을 위하
여 두려운 일을 애굽과 열국과 그 신들에게서 구속하신 백성 앞에서 행하
셨사오며 24 주께서 주의 백성 이스라엘을 세우사 영원히 주의 백성을 삼
으셨사오니 여호와여 주께서 저희 하나님이 되셨나이다 25 여호와 하나
님이여 이제 주의 종과 종의 집에 대하여 말씀하신 것을 영원히 확실케
하옵시며 말씀하신대로 행하사 26 사람으로 영원히 주의 이름을 높여 이

르기를 만군의 여호와는 이스라엘의 하나님이라 하게 하옵시며 주의 종
다윗의 집으로 주 앞에 견고하게 하옵소서 27 만군의 여호와 이스라엘의
하나님이여 주의 종에게 알게 하여 이르시기를 내가 너를 위하여 집을 세
우리라 하신고로 주의 종이 이 기도로 구할 마음이 생겼나이다 28 주 여
호와여 오직 주는 하나님이시며 말씀이 참되시니이다 주께서 이 좋은 것
으로 종에게 허락하셨사오니 29 이제 청컨대 종의 집에 복을 주사 주 앞
에 영원히 있게 하옵소서 주 여호와께서 말씀하셨사오니 주의 은혜로 종
의 집이 영원히 복을 받게 하옵소서 하니라

¶ 개요

18, 서론, 야웨를 부름
19－24, 하나님이 베푼 과거의 감사
25－27, 주의 약속대로 이루어주심을 원하는 간구
28－29, 결론, 감사의 탄원 내지는 야웨에 대한 신뢰

이렇게 볼 때 이 기도문은 탄원시와 감사시가 합해져 있는 형태의 탄원시라고 할 것이다. 한마디로 과거에 감사한 것과 약속대로 이루어주심을 간구하는 탄원시의 형식의 기도문이라고 할 것이다. 포수기 때의 저자는 아마도 다윗의 감사의 기도를 다시 부여잡고 새로운 다윗 왕국의 복원과 메시아의 오심을 탄원하는 기도의 양식으로 다윗의 원래의 기도문을 약간 "오늘날"(포수기 당시)의 형편에 맞는 설교문으로 윤색한 것으로 보인다.

¶ 주석

18 절부터는 이제 다윗의 기도가 시작된다. 다윗의 기도 문단은 다윗 왕이 와서 야웨의 면전에 거하면서 말했다. "나의 주여 내가 누구관대 또 내 문중(바이트)이 무엇이관대 여기까지 데려오셨습니까?" 나(아노키)와

내 집(베이티)이 동의적 표현으로 반복되면서 또한 그 범위가 확장되고 있다. 다윗이 가진 자아정체는 신앙인으로 분명하다. "내가 무엇이관대"라고 분명히 하고 있다. 이러한 문체는 시편 8 : 5에 "사람이 무엇이관대 어떻게 어떻게 해주십니까?"라는 구절로 더욱 확장되어 인류 전체에로 나아간다. 공동번역에서는 여기서 우클리브카(uklibka, 당신의 마음[심장]에 따라서) 본문을 "당신의 개와 같은"으로 잘못 번역되어 있다. 물론 신명기사가가 생각할 때 다윗 본인이 자신을 그렇게 여겼다고 생각했는지 모른다. 신명기사가는 골리앗을 통해서 골리앗 자신을 개로 묘사하고 있기 때문이다(삼상 17 : 43, "나를 개로 여기고"). 신명기사가가 사람에 대한 낮춤의 표현으로 개라는 표현을 사용한다(삼상 24 : 14, 내가 죽은 개나 벼룩을 좇음이니이다; 사무엘하 3 : 8, 내가 유다의 개 대강이뇨). 사무엘하 저자의 개에 대한 이미지를 분명하게 보여주고 있다.

이러한 낮춤의 표현은 "마른 막대기만도 못한"이라는 표현으로 신약성서의 바울에게로 전해진다. "내가 무엇이관대"가 아닌 사람은 자그마한 자존심 때문에 자살하고 목매달고 약을 털어넣는 것이다. 자신을 낮추는 사람은 부활할 수 있다. 가장 밑바닥까지 자신을 낮추는 사람은 하나님이 자신에게 베풀어준 한없는 사랑을 깨닫는다. 그리고 언제나 다시 출발할 수 있는 것이다. 키에르케고르가 말한 것처럼 완전한 절망은 새로운 희망의 출발점이다. 여기서 야쉬브라는 말은 개역에서처럼 앉아서라는 말보다는 체류하다, 들르다 등의 이동과 멈춤의 의미를 가지고 있는 단어이지 앉거나 무릎을 꿇거나 하는 몸 동작을 의미하는 단어가 아니다.

19 이 본문을 다시 번역하면 다음과 같다. "이것은 아직 작은 것입니다. 당신은 또한 당신의 종의 집에 먼 훗날에 일어날 일까지 말했습니다. 이것이 사람이 가야 할 법도(토라)입니다. 야웨, 나의 하나님!" 이것은 현재의 상태를 찬양하기보다는 현재는 작고 보잘것없으나 미래에는 크게 될 것이라고 하는 대망과 탄원의 말이다. 여기서 "아직은 작은 것입니다"에서 작은이라는 말은 까탄(qatan)이라는 골리앗 스토리에서 다윗은 작은 자다(삼상 16 : 11; 17 : 14, 개역, 말째)라는 말이나, 하나님과 함께할 때 큰 자라는 말이다. 다윗이 그 형제들 중에서 제일 작은(qatan) 아이라

는 단어에서 암시되듯이 지금은 작지만 미래에 크게 해 달라고 하는 대망과 반드시 그렇게 될 것이라고 하는 믿음이 동아줄 모양으로 꼬여져(intertwine) 있는 단어라고 할 것이다.

종의 집은 종의 문중을 말한다. 종은 섬기다와 노동하다라는 두 가지 뜻이 있다. 바빌론의 에뉴마 엘리쉬 신화에는 신들을 섬기기 위해서 인간이 창조되었다. 이집트에서 히브리 백성들이 그들의 종이었다. 하나님을 섬기는 백성의 문중을 말한다. 이는 교회라는 이름으로 그 의미가 확산된다. "영구히 이를 일"이라는 말은 "먼 훗날에"(르메라호크)라는 한 단어의 말을 풀어쓴 말이다. 라호크 라는 말은 멀리서, 아득한 이라는 말이다. 이 말씀은, 이 법도는 다른 법이 대치할 수 없는 언젠가는 이루어질 일이라는 것이다. "인간의 규례"라는 말은 "아담의 토라"라는 말로 되어 있다. 장기적인 안목을 가진 사람이라면 누구나 길이며 생명이며 진리가 되는 법도(토라)를 말한다. 규례라는 말 즉 토라라는 말을 쓴 것은 토라야말로 바로 길이며 진리이며 생명이 되는 길이며 이 법도는 결국 말씀이 육신이 되실 그리스도를 말하는 것이다. 말씀이 없이 올바른 인간도 없는 것이다.

20 이 말은 "무엇을 다윗이 덧붙이리이까? 당신이 당신의 종을 압니다."라는 말로 번역될 수 있다. 결국 "네가 나를 사랑하느냐"라는 말에 반복해서 고백하고 있는 베드로의 고백과 같다. "당신이 아십니다(야웨). 나의 주님." 안다(야다)라는 말은 체험한다는 말이다(아담이 이브를 알았다, 가인이 그 아내를 알았다, 호세아가 그 고멜을 알았다). 알게 되고 난 후에 잉태가 이루어지고, 생명의 아이를 낳게 된다. 욕심이 잉태하여 죄가 되고 죄가 장성하여 사망에 이르느니라 라고 하는 것처럼 알므로 잉태하게 되고 그 결실이 현실로 나타나게 되는 것이 하나님의 법칙이다. 하나님이 함께 하신다는 말이다. 동행하신 하나님이 오죽 다 잘 아신다라는 말이다. 임마누엘의 신앙이며 그리스도 안에서 하나님은 인간과 더불어 고난과 감격을 함께 겪으시는 분인 것이다.

21 "당신이 한 약속을(바－아브르 드바르－카) 위하여, 당신의 뜻

(크−레브−카, 마음, 심장)을 따라서 당신의 종으로 하여금 깨닫도록 하기 위하여 당신이 이런 모든 큰일을 하셨습니다"로 번역된다. 종에게 알게 하셨다라는 말은 사역형이다. 깨닫도록 하기 위해서라고 번역된다. 여기서 공동번역은 크게 오역하고 있다. "당신의 뜻을 따라"(심장을 따라, 크+레바브)를 케레브(개)로 오역하고 있고 약속(디베르)을 말씀으로 번역하고 있고 "위하여"를 단지 "인하여"라고 번역하고 있다. "주의 약속을 위하여, 주의 뜻대로"라는 말은 "그의 나라와 그의 의를 구하라 그리하면 이 모든 것을 더하시리라"라는 말로 신약성서에서 승화된다. 여기서 큰일이란 기적과 표적이라는 말로 대변될 것이다.

22 − **23** 은 하나님과 이스라엘의 특별한 관계에 대해서 말하고 있다. 이는 24절로 계속된다. 하나님과 같은 신이 없는 것처럼 하나님이 선택한 백성과 같은 백성도 있을 수 없는 것이다(신 4 : 7, 32−38). 야웨가 다른 누구나 다른 신과 비길 수 없다는 것은 이스라엘 백성이 다른 어떤 백성과 비길 수 없는 것과 같이 유일무이하고 가장 으뜸이 되는 하나님 개념으로 구약성서에서 반복적으로 나온다(신 3 : 24; 4 : 35; 시 86 : 8; 89 : 6; 113 : 5).

24 "내가 그들의 하나님이 되고 그들은 내 백성이 된다"라고 하는 표현은 계약적인 언어로 출애굽기 6 : 7; 레위기 26 : 12; 에스겔 11 : 20; 37 : 27 등에 나타난다. "당신이 당신을 위하여 당신의 백성 이스라엘을 영원한 백성이 되도록 확립했고 당신 여호와는 살아계시고 그들의 하나님입니다." 하나님은 살아계신 하나님이다. 왜냐하면 그와의 대화를 통해서 그의 선택된 백성을 변화시키는 분이기 때문이다. 이런 관계는 영원히 계속되는 관계로서 르 올람이라는 말이 반복되고 있다(이 기도문 중에서 6번). 다윗과 맺은 관계는 영원히 깨어지지 않고 지켜질 것임을 상기시키는 말이다.

25 "이제 하나님 야웨 당신이 당신의 종에게 그의 집을 영원까지 세우겠다고 말씀하셨습니다." 다윗의 집은 멜기세덱의 전통(order, 다바르,

시 110 : 4)을 따른 믿음의 족보이며 왕조이다. 믿음의 족보는 특징이 혈육의 전통으로부터 나온 것이 아니라 멜기세덱의 기원과 같이 그가 어디로 와서 어디로 가는지 알 수 없는 바람과 같은, 성령의 은혜를 말하는 것이다. 예언자의 선포와 비전은 이제 약속으로 현실로 나타나게 된다.

26 "당신의 이름 위대하게 되소서. 이스라엘의 만군의 하나님은 야웨입니다. 당신의 종 다윗의 보좌가 굳건히 서게 하소서." 야웨라는 이름의 뜻은 비동사의 사역형으로 있게 하시는 분, 즉 없는 데서 있게 하시는 분으로 창조주 하나님을 뜻한다. 전혀 없는 곳, 불가능한 곳에서 믿음으로 말미암아 생기게 하시는 하나님이시다. 그러므로 그가 창세기 2장에서 "생기를 코에 불어넣으시므로 인간이 생기가 있게 되어 생령이 된지라"라고 말하고 있다. 에스겔 37 : 1–14의 마른 뼈 이야기에서도 죽은 뼈다귀, 마른 뼈다귀들이 근육과 살이 생기고 생기를 불자 생명을 얻게 된다. 신앙이 없이는 생기도 생명도 없는 것이다.

27 여기서 귀를 열었다는 것은 말씀을 들었다는 것을 말한다. 듣다(쉐마, 4 : 1–8)라는 말을 개역성서는 청종이라는 말로 가장 적합하게 번역하고 있다. 듣고 순종함, 듣고 행함을 말하는 것이다. 듣고 행함이 분리적인 것이 아니라 거의 동시적임을 나타내는 단어이다. 이러한 청종의 종교임은 유대인의 기도문인 쉐마(신 6 : 4–9)에도 "들어라 이스라엘아"라고 잘 말하고 있다.

28 "당신은 나의 주이십니다. 당신은 야웨 하나님입니다. 당신의 말씀은 진실되고 당신이 이 복된 말씀을 하셨습니다." 다윗의 신앙고백이다. 나의 주(아도나이)는 내가 아니라 하나님임을 말한다. 자신을 지칭하기를 주의 종, 수종드는 종이라고 표현하고 있음도 다윗의 종교관을 말한다. 내가 하고 싶은 것을 하는 것이 아니라 하나님 중심으로 산다는 말이다. 야웨는 창조주, 주의 말씀은 진리(에메스)됨이며, 말씀이 복(goodness, *tov*) 됨을 말한다. 복 부분에서 말한 바와 같이 복이라는 말은 생명력이라는 뜻으로 생명 자체와 번성을 의미한다. "하나님이 축복하여

가라사대 생육(열매 맺음)하고 번성하라" 하고 말하는 데서 복의 근본의미가 드러난다.

29 "이제 일을 시작하십시오. 그리고 당신 종의 집을 축복하사 당신 앞에서 영원까지 계속되게 하소서." 믿음으로 시작된 약속의 집은, 왕조는 결국 그리스도를 통한 영원한 왕조가 된다. 그리스도 안에 거하는 자마다 그리스도와 함께 영원히 왕 노릇하는 것이다(계 20 : 6; 22 : 5). 그리고 당신의 축복이 당신 종의 집에 영원토록 내리게 하소서. 다윗의 집이 생명이 끊이지 아니하며, 번성되기를 기도하는 것이다.

¶ 메시지

사무엘하 7장은 크게 두 부분으로 나뉜다. 나단 신탁과 다윗의 기도이다. 다윗의 기도는 대체로 나단 신탁을 확인하고 있다. 나단 신탁은 서론과 결론 그리고 본문으로 나뉜다. 1－3절은 서론으로 다윗의 의도를 말하고 17절은 다윗이 이 모든 신탁이 말씀을 다윗에게 전했다는 말로 끝을 맺는다.

신탁 본문의 주제는 "네가 나의 집을 지어주려고 하느냐? 내가 너의 집을 지어주되 영원한 집을 지어주겠다"는 것이다. 그러나 이런 집은 지금 지을 집이 아니다. 다윗의 후손에게 줄 집이다. 이러한 약속은 아브라함의 약속과 그 패턴을 같이한다. "너에게 이 땅을 기업으로 주겠다. 그러나 지금은 아니다. 이집트에서 400년간의 옥고를 치른 후에 주겠다." 이러한 약속은 이제 다윗에게 구속사적으로 한 단계 더 나아간다. 땅을 차지했으므로 이제 영원한 집을 주겠다는 것이다. 이렇게 다윗에게 주어진 후손과 영원한 집에 대한 약속은 여기서도 아브라함 계약에서와 마찬가지로 구속사적으로 얽혀 있다. 다윗은 떠돌이 목동이었다. 그러나 그를 믿는 백성에게 하나님은 다윗과 같이 왕과 같은 위치로 만들어준다는 것이다. 뿐만 아니라 영원한 가문을 왕조를 만들어주겠다는 것이다.

사실 구약성서에는 내세에 관한 개념이 뚜렷이 나타나고 있지 않다. 그러나 하나님의 약속으로 주어지고 있는 영원한 집을 지어주겠고 내가 그의 아비가 되겠다고 하는 약속은 분명 내세에 대한 의미가 내포되어 있다고 할 것이다. 이는 “영접하는 자 곧 그 이름을 믿는 자들에게는 하나님의 자녀가 되는 권세를 주셨으니”(요 1 : 12). 여기서 말하는 하나님의 집은 성전으로 그리스도의 부활을 의미하는 데까지 발전된다. 본문은 다윗이 많은 실수에도 불구하고 하나님이 그를 높이 올리신 이유에 대해서 말씀하신다.

다윗은 원래 그렇게 큰 궁전에서 산 것이 아니었다. 다윗 성은 조그마한 성으로 알려져 있다. 그러나 이제 다윗은 야웨 신앙을 가지고 사니까 하나님이 그를 높은 왕의 자리까지 올려주시고 주변의 대적자들을 모두 물리쳐주셨다.

보통 사람 같으면 올챙이 적 생각하지 않는다는 말이 있는 것처럼 자기가 조금 잘되면 하나님이 어디 있느냐라는 식으로 다 자기가 잘나서 잘된 줄 안다. 그래서 신명기에 보면 네가 조금 잘되면 절대로 네 잘난 맛에 잘된 것으로 생각지 말라고 말하고 있다.

그런데 다윗은 자신이 세상적으로 섰다고 생각할 때 스스로 하나님을 모실 생각을 한다. 그리고 하나님의 뜻을 제대로 섬길 전을 건축할 생각을 한다. 성전을 건축한다는 것은 모든 종교전승과 관련된 성직자들로 하여금 하나님의 뜻을 전달하는 곳을 만들려는 것이었다. 그리고 야웨 계시의 근원인 언약궤를 모시려고 하는 것이다. 이는 오늘날 하나님의 교회를 말하는 것이며 하나님의 말씀을 중심으로 사는 것을 말한다.

우리들은 언제나 하나님을 먼저 생각하는 습관이 없고 우선 인간적인 것만을 생각하는 경우가 있다. 하나님은 나그네와 함께하고 교회와 함께 한다. 그런데 다윗은 하나님을 먼저 생각한 것이고 하나님의 뜻을 알 수 있는 장소를 생각한 것이다. 성전에는 하나님을 찬양할 수 있는 시설이 있고 성전에는 하나님의 말씀을 읽을 여러 자료들이 있고 성전에는 하나님의 뜻을 살필 종교적인 지도자가 있고 성서적 교사가 있는 것이다.

이렇게 하나님을 먼저 생각하고 성전을 지으려고 할 때 하나님은 그에게 축복을 허락하신다. 아브라함이 자기의 가장 소중한 것을 오히려 없는 것처럼 하고 헌신할 때 그에게 하늘의 축복을 허락한 것처럼 다윗에게도 축복을 허락한 것이다. 다윗이 받은 축복을 헤아려보자.

첫째, 다윗이 하나님의 집을 지으려고 하자 하나님이 다윗의 집을 견고하게 지어주신다. 여기서의 집은 영원한 왕조를 지어주시는 것이다. 여기에 네가 대접 받고자 하는 대로 대접하라(마 7 : 12; 눅 6 : 31)라고 하는 축복의 황금률이 있는 것이다. 다윗은 가시적이며 일시적인 집을 지어주고자 했다. 그러나 하나님은 그 마음을 가상하게 생각하여 영원한 집을 허락한 것이다. 신앙이 견고한 집안은 아무리 큰 집안이라 해도 그 안에 내적인 하나님 나라의 질서가 있기 때문에 그 안에서 모든 질서가 우러나온다. 그러므로 모든 질서가 그 집안과 후손을 통해서 이루어져 나가는 것이다.

두 번째는 주변의 원수를 깨끗하게 청소해 주신다. 하나님을 믿는 신앙이 있는 사람은 언제나 그 주변이 평안하다. 그러나 하나님을 믿지 않는 세상사람들은 언제나 불평과 불만과 맘에 들지 않는 사람들로 가득 차 있다. 하나님을 믿는 사람은 만사가 형통하게 되는 것이다. 왜냐하면 그의 가치관과 내적인 질서가 분명히 서 있기 때문이다. 세상사람들은 자기 꾀에 자기가 빠진다. 자기 꾀를 세우더라도 하나님의 질서 위에서 자기 꾀를 세울 때에 하나님이 도우시는 것이다. 하나님의 말씀 위에 세운 집이 반석 위에 세운 집이다(시 42 : 9).

세 번째 자기의 이름을 떨치게 해주신다. 하나님을 섬긴다는 것은 하나님의 뜻을 행하는 것이고 많은 고난받는 백성을 살피는 것이다. 다윗은 귀족들 몇몇을 살핀 사람이 아니었다. 세리와 죄인까지 살핀 사람이었다. 다시 말하면 민중을 살핀 사람이었다. 민중을 살핀다니까 민중 속에 풍덩 빠져들어가 허우적거리는 것이 아니다. 그들을 위해 섬기고 선도하는 것이다. 이런 사람은 낮은 사람들로 인하여 그 이름이 떨치게 되는 것이다.

낮은 목동 다윗을 높은 보좌로, 낮은 요셉을 높은 자리로 옮기시는 분이시다.

네 번째로, 자신의 뜻을 이어갈 후계자를 주신다. 자신만을 위한 왕들은 자신의 나쁜 습관만 전수해 내려간다. 그러나 백성을 살피고 하나님 앞에서 바로 선 삶을 사는 사람들은 그 자손들이 그러한 좋은 습관을 배워나가서 자기가 섬기던 혹은 세웠던 그 뜻을 전수해서 그 왕조와 가문이 든든히 서게 한다. 믿음이 좋은 집안은 그 아이들이 모두 훌륭하게 되는 것을 볼 수 있다. 만일 무엇인가가 잘못되었다면 그것은 신앙이 잘못된 것이다. 왜냐하면 그 열매를 보아 나무를 알 수 있기 때문이다.

17. 다윗의 전쟁(8:1-14)

¶ 본문

[1] 이 후에 다윗이 블레셋 사람을 쳐서 항복 받고 블레셋 사람의 손에서
메덱암마를 빼앗으니라 [2] 다윗이 또 모압을 쳐서 저희로 땅에 엎드리게
하고 줄로 재어 그 두 줄 길이의 사람은 죽이고 한 줄 길이의 사람은 살리
니 모압 사람이 다윗의 종이 되어 조공을 바치니라 [3] 르홉의 아들 소바
왕 하닷에셀이 자기 권세를 회복하려고 유브라데강으로 갈 때에 다윗이
저를 쳐서 [4] 그 마병 일천 칠백과 보병 이만을 사로잡고 병거 일백승의
말만 남기고 그 외의 병거의 말은 다 발의 힘줄을 끊었더니 [5] 다메섹 아
람 사람들이 소바 왕 하닷에셀을 도우러 온지라 다윗이 아람 사람 이만
이천을 죽이고 [6] 다메섹 아람에 수비대를 두매 아람 사람이 다윗의 종이
되어 조공을 바치니라 다윗이 어디를 가든지 여호와께서 이기게 하시니
라 [7] 다윗이 하닷에셀의 신복들의 가진 금방패를 빼앗아 예루살렘으로
가져오고 [8] 또 하닷에셀의 고을 베다와 베로대에서 매우 많은 놋을 빼앗
으니라 [9] 하맛왕 도이가 다윗이 하닷에셀의 온 군대를 쳐서 파하였다 함
을 듣고 [10] 그 아들 요람을 보내어 다윗왕에게 문안하고 축복하게 하니
이는 하닷에셀이 도이로 더불어 전쟁이 있던 터에 다윗이 하닷에셀을 쳐
서 파함이라 요람이 은 그릇과 금 그릇과 놋 그릇을 가지고 온지라 [11] 다

윗왕이 그것도 여호와께 드리되 저가 정복한 모든 나라에서 얻은 은금
12 곧 아람과 모압과 암몬 자손과 블레셋 사람과 아말렉에게서 얻은 것들
과 소바 왕 르홉의 아들 하닷에셀에게서 노략한 것과 같이 드리니라
13 다윗이 염곡에서 에돔 사람 일만 팔천을 쳐죽이고 돌아와서 명예를 얻
으니라 14 다윗이 에돔에 수비대를 두되 온 에돔에 수비대를 두니 에돔
사람이 다 다윗의 종이 되니라 다윗이 어디를 가든지 여호와께서 이기게
하셨더라

¶ 개요

다윗이 야웨 하나님으로부터 약속을 받은 후에는 어디를 가든지 주변 대적자들을 물리치게 된다.

우선 사울이 죽은 후에 다윗은 자신이 몸을 의탁했던 블레셋 군을 친다. 그리고 그들을 점령한다. 그리고 다윗이 그들의 권력의 중심부를 차지하게 된다. 그 다음에 모압을 쳐서 반항의 여지가 있는 자는 모두 쳐 죽인다. 다윗이 또 하닷에셀을 친다. 하닷에셀은 소바 왕 르홉의 아들이었다고 한다. 이름으로 풀이하자면 하닷에셀은 바알 신의 도움이며 소바 왕 르홉은 많은 군대를 뜻한다. 다윗이 자연신을 물리치고 많은 재물도 얻고 이름을 얻었음을 말한다. 1−2절에서 다윗이 블레셋과 모압을 장악했음을 말한 후 3−8절까지 주로 하닷에셀과의 전쟁 성과에 대해서 말한다.

9−10절에서 하닷에셀의 대적자였던 도이가 화평과 축복을 가져왔음을 말하고 11−12절에까지는 모든 노략물을 성결케 해서 하나님께 바쳤음을 말한다.

13−15절에서는 다윗의 업적을 다시 한번 결론적으로 칭송한다. 이러한 칭송의 이유는 그가 모든 노략물을 야웨 앞에서 성결케 했기 때문인 것으로 나타나며 이로 인하여 그가 정의롭게 통치했음을 말한다.

16에서 마지막 18절까지는 다윗의 관료들에 대해서 말한다.

¶ 주석

1 "이 후에"는 다윗이 하나님의 약속(7 : 11)을 받은 후에라는 말이다. 이것은 언제든지 다른 장면을 도입하기 위한 시간적 도입구이다. 다윗이 블레셋 군을 쳤고 그들을 정복했다. 그리고 블레셋 군으로부터 완전한 통제를 받아냈다. 역대기상 18 : 1에는 "가드와 그 동네(주변 성읍)"라고 나온다. 히브리어로 메데그 하아마(metheg ha-amah)는 "참된 통제" 정도로 번역할 수 있다. 이는 *BDB*에서 영어번역으로 "수도에 대한 집권"(authority of mother city)으로 되어 있다. 이는 메데그 하아마라는 명칭이 블레셋을 부르는 별도의 명칭이 아니라 블레셋 군의 중심이 되는 도시를 빼앗았다는 의미일 할 것이다.

2 작은 자는 살리고 큰 자는 죽였다는 것이다. 사무엘상 22 : 3–4에 보면 다윗은 모압에게 자신의 가족을 맡기는 일까지 했다. 그러나 왕권을 확립한 후 그들을 엄하게 정복한다. 다윗이 에돔을 치고 나서는 그들을 모두 쳐죽임으로써 모압 인들보다 더 심하게 다루었다(왕상 11 : 15–16). 모압은 다윗의 할머니 룻의 고향이며 사울에게 다윗이 쫓기던 시절에 다윗의 가족을 부양해준 일조차 있었다. 모압은 아브라함의 조카 롯과 큰 딸과의 사이에서 난 자식이다. 그들이 다윗의 종이 되어 선물을 바쳤다. 모압이라는 뜻은 "아버지로부터"라는 뜻이다. 성서에서는 아버지 혹은 아비라는 말이 이름에 자주 사용되었다. 아브넬은 "넬이 아비"라는 뜻이고 요압은 "야웨가 아버지"라는 뜻이다. 압살롬은 "화평이 아버지"라는 뜻이다.

3 하닷에셀의 영토는 헬몬 산 남쪽 아래이며 암몬의 북쪽 영역이었던 것으로 추정된다. 그는 소바의 왕 르홉의 아들이었다. 그가 나왔음은 하수의 장악력을 회복하기 위해서였다. 하닷에셀은 폭풍우의 신 하닷이 도움이라는 뜻이다. 다른 말로 하자면 자연신앙의 신인 폭풍우를 야웨 신앙이 물리쳤음을 말한다. 르홉이라는 뜻은 넓다, 방탕하다, 명사로는 창

녀라는 뜻이 있다. 이렇게 보면 소바는 거품, 하닷에셀은 자연신 폭풍우, 소바는 거품이라는 뜻이고 르홉도 창녀라는 뜻으로 야웨의 신앙에 비해서 자연신은 창녀이며 거품일 수밖에 없다는 뜻이다.

4−**5** 일천 칠백 전차와 이만 명의 보병, 일백 전차 등의 숫자는 모두 둥근 숫자로서 정확한 개념이라기보다는 백 단위의 숫자이다. 하닷에셀, 하닷은 천둥 혹은 비 오는 날을 말한다. 바알과 마찬가지로 날씨 신이며 비의 신이다. 소바의 왕 하닷에셀이 돕기 위해서 왔다. 다윗이 아람에서 이만 이천 명을 쳤다. 소바의 동사형 차바는 "부풀은 거품"이라는 뜻이다.

6−**7** 아람의 다메섹에 수비대를 두었고 그들이 조공을 가져왔으며 그가 어디를 가든지 그를 구해주었다. 신명기사가가 생각하는 신앙인의 상이며 힘이다. 시편 2편의 개념과도 통하며, 창세기 1 : 28에 나오는 땅에 충만하고 정복하라는 개념과도 같은 것이다. 그리스도에게 와서 세상을 이겼다는 개념과 유대와 사마리아와 땅 끝까지 정복하라는 개념으로 나온다. 하닷에셀의 심복들이 가졌던 금 방패는 왕실 행사용 방패라기보다는 군사적 목적의 화살통을 의미하는 것으로 여겨진다(아 4 : 4; 삼하 8 : 7; 왕하 11 : 10; 렘 51 : 11; 스 27 : 11; 대상 18 : 7; 대하 23 : 9).

8 비록 이때는 이미 시기적으로 철기시대였지만 아직 청동이 주 철기용품으로 사용되었다. 골리앗의 무장과 무기는 창 끝만을 제외하고는 모두 청동(놋)으로 되어 있었다. 바타흐(베다)라는 뜻은 "신뢰"라는 뜻이고, 베로타이(베로대)의 동사인 바라는 "먹다"라는 뜻이다. 문학적으로 하닷에셀의 두 근거지인 베로타이와 바타흐는 신뢰를 먹어치우는 배신의 터라는 뉘앙스를 표현한다고 볼 수 있다. 이는 야웨라는 이름이 없는 곳에서 있게 하시는 분, 생기(네쉬마 혹은 루아흐)를 불어넣어 생기게 하시는 분이라는 뜻과는 대조적인 의미를 가진다고 할 것이다.

9 하맛의 왕 도이가 다윗이 하닷에셀의 모든 요새를 꺾었다는 것을 들었다. 군대라는 말은 요새나 기백을 의미한다. 하맛은 다마스커스(다메섹)로부터 북쪽 190km에 있는 왕국의 수도로서 북이스라엘과 북쪽으로 인접해 있는 분쟁지역이었다. "인접해 있다"는 뜻이다. 도이는 조롱하다라는 뜻이다. 하닷에셀은 "하닷이 도움이다"라는 뜻이다.

10 도이가 그의 아들 요람(여호람, 야웨는 높으신 분이다)을 왕 다윗에게 보내서 평화의 안부를 물었고 축복했다. 왜냐하면 전쟁의 사람인 도이가 하닷에셀과 전쟁을 했고 그를 쳤기 때문이다. 요람이 은그릇과 금그릇과 청동그릇을 가져왔다. 도이라는 뜻은 "조롱하다" "방황하다", "잘못을 저지르다" 등의 의미를 가지고 있다. 요람은 "야웨는 고귀하다", 혹은 "지고하다"라는 뜻이다. 하맛은 욕구 혹은 탐닉이라는 뜻이다.

11 다윗이 이들을 성결케 해서 여호와께 가져왔고 또한 그가 정복한 열방으로부터 가져온 금과 은을 성결케 했다. 성결이란 말은 구별하다라는 말로 선택의 의미를 지니고 있다. 신약에서는 그리스도의 임재에 따른 내적인 변화를 의미하나 구약에서는 오직 외적인 의식이 성결 판단의 기준으로 작용했다. 기름 붓거나 안식일을 지킴(창 2 : 3)으로 거룩하게 되었다(출 29 : 37, 성막, 번제를 드리고 기름을 부음, 거룩하게 된 제단을 만짐으로 거룩하게 됨), 포로된 여인은 머리를 밀고 손톱을 깎고 한 달 동안 거함으로 거룩하게 되는 것으로 여겨졌다(신 21 : 12－13). 레위기 8 : 30은 아론의 옷에 제물의 피를 뿌리거나 기름을 부음으로 거룩하게 했다. 아마도 군사장비도 이런 의식을 거쳐서 성결하게 된 것으로 보인다.

12 아람으로부터, 모압으로부터 그리고 암몬으로부터 그리고 블레셋으로부터 아말렉으로부터 그리고 소바 왕 르홉의 아들 하닷에셀의 노략물로부터 온 모든 것들을 그렇게 했다. 아람은 다윗의 형 나홀의 손자이다(창 22 : 21). 그리스어 역에서 마태복음 1 : 3에서 아람은 람으로 번역되어 있으므로 그 원형을 찾기가 힘들다. 그리스어 역이 람으로 보고 번역했다면 그것은 고귀한이라는 뜻이다.

13 － **14** 그가 아람 군 일만팔천 명을 소금골짜기에서 치고 나서 돌아올 때 다윗이 그의 이름을 날렸다. 그가 에돔 곳곳에 수비대를 두었다. 그리고 모든 에돔이 다윗에게 종이 되었고 다윗이 어디를 가든 야웨께서 그를 구해주었다. 에돔은 에서의 후손을 말한다. 황토라는 뜻으로 붉다는 뜻이다. 6－7절에 나오는 형통했다는 표현의 반복이다.

¶ 메시지

사무엘하 6장에서 언약궤를 가져오고 사무엘하 7장에서 다윗이 나단을 통하여 다윗 왕조의 약속을 받는다. 사무엘하 8장에서는 다윗이 약속 받은 대로 주변 국가들을 완전히 제압하는 형태로 나타난다. 우선 가장 가까운 할머니 룻의 친정인 모압을 친다. 그 다음이 레바논 동쪽의 소바이며 그 다음은 그 북쪽인 아람이다. 시편 2편에 나오는 것처럼 다윗은 어디를 가나 승리하는 것으로 나타난다. 남쪽으로는 사해바다 주변에 살고 있는 에돔을 치고 거기에 수비대를 둔다. 에돔을 정복함으로써 주변을 완전히 정리한다. 그 다음에는 자신의 행정을 정리한다. 요압은 사령관이 되고 여호사밧이 사관이 되며 외인부대인 그렛 부대와 블레셋은 브나야가 관할한다. 제사장직은 아비아달과 사독이 관장하고 다윗의 아들들도 대신이 되었다라고 하는 말이 나온다. 이로 인하여 다윗은 대외적으로 안정하고 내적으로 제사장 조직과 행정직을 완비하게 된다. 이는 멜기세덱이 제사와 정치를 관장한 것같이 다윗도 멜기세덱의 전통을 이어받아 거룩한 제사장이며 살렘 왕이 된 것이다.

이와 관련해서 다윗은 가나안 토착세력과 이스라엘 백성과의 관계를 야웨 신앙의 이름으로 잘 융합하게 되는데 사독 계열을 가나안 계열로부터의 종교전통을 계승케 하며 아비아달로 하여금 북이스라엘을 통해서 전수된 야웨 종교의 전통을 관할하게 한 것 같다. 그 자신도 한편으로는 사울과 사무엘로 이어지는 야웨 종교와 정치의 전통을 이어받으며 멜기세덱으로부터(시 1편, 110편) 종교와 정치를 접목시키고 있다. 여기서 사독이 아히툽의 아들로 이어지나 사독은 멜기세덱과 아도니세덱(수 10 :

3) 그리고 신약에서 사두개 인으로 이어지는 일련의 맥락을 형성하고 있는 가나안 신 사독을 섬겼던 토착민 세력의 종교였던 것으로 학자들은 추정하고 있다. 멜기세덱은 결코 야웨 종교의 제사장일 수는 없고 가나안 종교의 제사장이며, 히브리어로 의라는 개념을 가진 사독은 멜기세덱이나 아도니세덱 등도 같은 히브리어 단어 세덱을 가지고 있기 때문에 특히 예루살렘에서 세덱의 신을 섬긴 것이 아닌가 추정된다. 이는 전통적인 가나안 토착종교 혹은 바알과 같은 자연종교는 아니나 아마도 아브라함을 부르셨던 하나님(야웨 신이 아닌)의 부르심에 의한 중간적 단계의 신앙의 제사장으로 보여진다.

사무엘하 7장에서 다윗은 나단 선지를 통해서 전해진 계약을 믿는다. 그는 또 감사한다. 이렇게 했을 때, 다시 말하면 우리가 하나님의 약속을 믿고 나아갈 때 하나님은 그의 길을 형통하게 해 주신다. 여기서 왜 하필 블레셋 군을 먼저 등장시켜 그들을 제압했는지를 살펴볼 필요가 있다. 블레셋 인이라는 말은 파라쉬라는 동사에서 온 말이다. 이 동사는 슬픔의 행위를 말한다. 미가 1 : 10; 에스겔서 27 : 30 등에서 "재를 뿌리며 슬퍼하다, 근심하다"라는 뜻이 있다. 그러므로 하나님의 약속을 믿는 자는 슬픔과 근심이 없어짐을 알 수 있다. 블레셋 군은 원래 바다 건너서 그리스에서 온 문명인들이었다. 그들은 바다를 직접 건너오기도 했고 이집트로 가서 그들과 일전을 벌이고 올라온 자들 그리고 세 번째는 트로이로 가서 트로이 목마전쟁을 일으키고 힛타이트 제국을 붕괴시키고 남하한 무리들의 세 부류로 나눌 수 있다. 이들이 사무엘상 13장에 보면 히브리 문명인들에게 철기문명을 전해 준 자들이었다. 이들과 싸우면 언제든지 이스라엘 백성은 나가떨어지고 결국 사울과 요나단까지 이들에게 목숨을 잃고 말았다.

문명은 우리들에게 슬픔을 남겨준다. 문명이란 말은 환경창조라는 말이다. 문명은 문화와 문명이 합한 단어이다. 문화는 영어의 culture, 경작하다라는 뜻에서 나왔으며 문명, civilization은 시민(civilis)이라는 말에서 나왔다. 이렇게 볼 때 사람들이 모여서 경작해 낸 것이 문명이라고 할 것이다. 생태 문명의 정도가 낮을수록 환경창조의 정도가 낮은 것을 알 수 있다. 모든 짐승의 세계는 인간의 세계보다 생태 환경을 창조해 내는 능력이 현저하게 떨어진다. 그들은 단지 그곳에 적응을 할 뿐이다. 한때 혹은 지금도 여성이 몹시도 경시되고 있는 면이 있었다. 왜냐하면 시대적 조류에 의해서 여성에겐 생태 환경의 창조보다는 적응에 더 적합한 여건이 주어져왔다. 이제는 달라졌지만, 역사적으로 볼 때 남성이 더 환경 창출 역할을 해냈기 때문이다. 이코노미라는 말은 환경이라는 말과 다스리다(nomos)라는 말의 합성어로, 환경을 다스린다는 말은 바로 경제를 다스린다는 말이 된다. 생태 환경이라는 말은 이제 이코노미(경제)라는 말로 대변된다. 하나님은 믿는 자의 환경을 변화시켜 주신다.

이렇게 다윗은 자기에게 주어진 약속을 믿었을 때에 하나님께서 근심과 걱정을 먼저 제하셨다. 여기서 보면 블레셋 군의 중심도시를 장악했다고 한다. 이는 근심과 걱정의 근본적인 싹을 제거했음을 말한다.

두 번째는 모압을 점령해서 일정한 크기 이상의 모압 남자들을 모조리 멸절시켰다고 한다. 모압은 "아버지로부터"라는 뜻이다. 육신의 정욕으로부터라는 뜻이라고 할 것이다. 이는 창세기 12 : 1에서 야웨 하나님이 말씀하신 내 고향 본토 친척을 떠나라는 말을 하고 있는데 이는 정욕으로부터 떠나야 함을 말한다. 족장시대에 한 아버지로부터 온 형제가 언제나 신앙과 꿈을 가진 형제를 핍박하는 것을 보이고 있다. 아브라함의 큰아들 이스마엘이 신앙의 자식 이삭을 조롱하고, 야곱의 육신의 형 에서가 야곱을 쫓아내고, 요셉의 형제들이 꿈을 가진 요셉을 쫓아내고, 자신들을 돕고 구출하려고 하는 모세를 모세의 동족인들이 배반한다. 결국 예수를 못박는 것은 예수의 동족인 유대인들인 것이다. 이것은 신약성서(마 12 : 48－50)에서 "누가 내 참된 모친이며 형제며 자녀이냐"라는 논쟁으로까지 발전된다고 할 것이다.

"누구든지 하늘에 계신 내 아버지의 뜻대로 하는 자가 내 형제요 자매요 모친이니라"라는 말에서 나타나 있는 바와 같이 그가 육신적인 한계를 벗어났음을 말한다.

세 번째로, 다윗은 하닷에셀을 쳤다. 하닷에셀이란 하닷 신으로부터의 도움이라는 뜻이다. 폭풍우의 신 하닷의 도움을 끊었다는 말이다. 폭풍우의 신은 바알의 다른 이름으로 날씨 신이며 환경 신이었다. 여기서도 분명히 나타나고 있는 바와 같이 하나님은 약속의 하나님이며 창조의 하나님이며 미래의 하나님이다. 주어진 환경 그 자체가 신이 아닌 환경을 일구어나가게 하는 창조의 신이다. 여기서부터 3−12절까지 모두 하닷에셀의 신에 대해서 말하고 있다. 결국 다윗은 환경의 신을 이겼다는 말이다. 그리고 새로운 환경을 야웨의 이름으로 만들어냈다는 말이다.

여기서 우리는 진정 다윗을 통하여 그리스도 그 자체를 만나지는 않을지라도 인간으로서 자기의 주어진 환경을 딛고 승리하는 다윗의 모습 즉 메시아로서의 모습을 볼 수 있다. 우상이란 주변에서 막연하게 믿고 있는 보이는 현상을 말한다. 다윗은 이런 의미에서 고대사회에 만연했던 자연신 즉 날씨의 우상을 깨뜨린 장본인이라고 할 것이다.

18. 다윗의 장관들(8 : 15−18)

¶ 본문

15 다윗이 온 이스라엘을 다스려 모든 백성에게 공과 의를 행할쌔 16 스
루야의 아들 요압은 군대장관이 되고 아힐룻의 아들 여호사밧은 사관이
되고 17 아히둡의 아들 사독과 아비아달의 아들 아히멜렉은 제사장이 되
고 스라야는 서기관이 되고 18 여호야다의 아들 브나야는 그렛 사람과 블
렛 사람을 관할하고 다윗의 아들들은 대신이 되니라

¶ 개요

다윗의 내적 구조를 말하고 있다. 다윗은 메시아로서 율법과 의를 행했다라는 말이 15절에 나오고 이런 관점에서 그의 내각을 소개한다.

16. 군대사령관과 역사기록자
17. 제사장과 서기관을 소개한다.
18. 외인부대를 소개한다.

¶ 주석

15 다윗이 남북 모든 이스라엘 부족을 통괄하는 통일왕국을 이루었다는 것이다. 그리고 그가 공과 의로 다스렸다는 것이다. 공이라는 말은 민법(mishpat)을 의미하며 주로 계약책에 나온다. 의(츠다카)는 윤리적 의보다는 하나님을 믿고 행하는 신의를 말한다(창 15장). 민법은 보상의 법을 말한다. 그 형식은 "어떻게 하면, 어떻게 보상하라"는 형식으로 되어 있다.

16 다윗의 누나 스루야의 아들 삼형제중 맏이가 되는 요압이 군대장관이 되어 제일 중요하고 실세임을 보이고 있고, 역사 기록자가 소개된다. 사관(마즈키르)은 아힐룻의 아들 여호사밧이 된다. 아힐룻은 "형제가 태어났다"는 뜻으로 정확하게 어떤 족보 계열인지는 밝혀져 있지 않다(왕상 4 : 3; 대상 18 : 15). 여기서 사관은 17절의 서기관(소페르)과는 차이가 있다. "기억하다"라는 뜻의 마즈키르(사관, 영어 recorder)는 문자 그대로 역사를 기록하는 사람이었던 것 같다. 이에 반해서 서기관은 대외 조약 등의 관계와 내무 행정 등을 처리하는 직책이었다.

17 아히둡(나의 형제가 복이다)은 실로의 제사장 엘리의 아들 아히멜렉의 아들이다. 아히멜렉(나의 형제가 왕이다)은 놉에서 다윗에게 먹을 것과 진설병을 주었다고 하여 사울로부터 일가족이 몰살당한다. 아비아달(나의 아버지는 풍성한 분)만이 살아남아서 다윗에게 피신하여 제사장이 된다. 솔로몬 때에 아도니야 편에 가담했다가 솔로몬에 의해 아나돗으로 축출당하며, 북왕국 멸망 후 아나돗 가문에서 나온 예레미야까지 이어지는 것으로 추측된다.

여기서는 아히멜렉이 제사장이며 아비아달의 아들로 나온다. 그러나 다른 명단인 20 : 23−26에서 보면 사독과 아비아달이 제사장이라고 말하면서 구체적으로 스토리 속에 얽혀 있다. 그러므로 그쪽 이야기가 더 신빙성이 있어 보인다(참조. 삼하 5 : 24, 35; 19 : 11).

스라야(야웨가 지도자이다)는 왕실 서기관의 대표적 직책이었으며 현대적 용어로 미국의 국무장관(국무총리)과 같은 역할을 했던 것 같다. 열왕기하 22 : 8에 보면 대제사장 힐기야가 사반에게 율법책 발견을 보고한 것으로 보아 제사장 업무의 범위까지 관할한 것으로 보인다.

18 여호야다(야웨가 아신다)의 아들 브나야(야웨의 아들)는 그렛 사람과 블렛 사람을 관할했다고 한다. 그렛 사람은 크레테 사람으로 해양족인 블레셋 족을 의미하며 블렛도 역시 블레셋의 약자인 듯하다. 다시 말하면 블레셋 족속을 관할했다고 한다. 블레셋 족은 다윗이 시글락에 있을 때 경호대장으로 섬겼던 왕이며 위기시마다 다윗을 도운 군사적 배경이 된 다윗의 친위대이다. 왜 유대 족을 친위대로 쓰지 않고 블레셋 족을 용병이며 친위대로 썼는지는 분명치 않으나 야웨 종교의 세계화를 위한 하나님의 섭리라고도 할 것이다. 예루살렘 점령시나 압살롬의 난 진압 시에 이들이 결정적인 역할을 한다. 본문에서도 외인부대를 핵심세력 중의 하나로 등장시키고 있는 것을 볼 때에 이 외인 용병부대가 다윗 부대의 중요한 위치를 차지하고 있음을 알 수 있다. 다윗이 자기가 섬겼던 가드로부터 온 골리앗의 칼을 사용했던 것으로 볼 때 그의 실전적 세력은 블레셋의 힘이었다고 해도 과언은 아닐 것이다. 이는 아마도 이방세력에 복음을 전하는 바울과 예루살렘에 체류했던 소위 기둥과 같은 사도들의 역할과도 비교될 수 있을 것이다.

"다윗의 아들들은 대신이 되니라"는 말에서 대신은 히브리 어로는 코헨 즉 제사장이라는 말이다. 왜 한글 개역이 제사장을 대신이라고 번역했는지는 분명치 않으나 다윗의 아들들이 레위 인만이 될 수 있는 제사장까지 겸했다는 것은 이해하기 힘들다. 다만 기름부음을 받는 자는 멜기세덱에서 볼 수 있는 것처럼 제사장이며, 왕이 받을 수 있었다. 이 두 기능은 제정일치 시대에 한 사람에 의해 수행되다가 사무엘 시대에 와서 군사적 혹은 정치적인 역할이 사울에게로 분리되고, 이러한 분권이 다윗에게 이어져 내려간다. 그러므로 다윗이 기름부음을 받았으므로 그 아들들 역시 제사장이 될 자격이 있었던 것 같다. 어쨌든 사무엘 역시 레위 인이 아니라 베냐민 족으로부터 온 제사장이며 예언자, 사사였다.

¶ 메시지

다윗은 여러 가지 부정적 차원의 성격을 가지고 있었고, 또 잘못된 실족을 한 것도 사실이며 때로는 잔인하거나 야비하게 보일 수 있는 면을 발휘하기도 한다. 그러나 하나님에 대한 그의 신앙은 일관된 것이었고 매우 심한 형벌을 받았음에도 불구하고 그대로 야웨의 신앙을 고수한 사람이었다. 그에게 와서 하나님, 혹은 지역신의 개념은 이제 야웨 신으로 통일을 이루게 되고 야웨 신의 성막을 예루살렘에 안치함으로써 명실공히 야웨 종교를 국교화한다. 야웨 종교는 주로 유다의 남쪽에서 그 근간을 준 세력으로 발흥한 것으로 다윗을 통해서 통일왕국의 국교가 되고 세계로 뻗쳐 나가는 근간을 마련하게 된다. 5 : 14－16에서 명명된 다윗의 아들들의 이름이 야웨라고 하는 신명을 하나도 가지지 않은 것을 볼 때 예루살렘 여부스의 토착세력이 섬기던 엘－엘리온(지극히 높으신 하나님)의 영향이 매우 강한 것으로 여겨진다. 아들들의 이름은 그 어머니가 주로 지었던 것을 레아와 라헬의 경우에서 12부족 씨족장의 이름을 지은 것을 보면 알 수 있다. 그러나 여기서 다윗의 내각을 이룬 관료들의 이름은 거의 모두가 야웨 신명(神名)을 가진 것을 볼 때 그가 토착 세력을 완전히 제압(선교)하고 사상적, 신앙적 통일을 야웨 종교로 이루어낸 것을 알 수 있다.

19. 다윗과 므비보셋(9 : 1－13)

¶ 본문

1 다윗이 가로되 사울의 집에 오히려 남은 사람이 있느냐 내가 요나단
을 인하여 그 사람에게 은총을 베풀리라 하니라 2 사울의 종 하나가 있으
니 그 이름은 세바라 저를 다윗의 앞으로 부르매 왕이 저에게 묻되 네가
세바냐 가로되 종이 그로소이다 3 왕이 가로되 사울의 집에 남은 사람이
없느냐 내가 그 사람에게 하나님의 은총을 베풀고자 하노라 세바가 왕께
고하되 요나단의 아들 하나가 있는데 절뚝발이니이다 4 왕이 저에게 묻
되 그가 어디 있느냐 세바가 왕에게 고하되 로드발 암미엘의 아들 마길의
집에 있나이다 5 다윗왕이 사람을 보내어 로드발 암미엘의 아들 마길의
집에서 저를 데려오니 6 사울의 손자 요나단의 아들 므비보셋이 다윗에
게 나아와서 엎드려 절하매 다윗이 가로되 므비보셋이여 하니 대답하되
주의 종이 여기 있나이다 7 다윗이 가로되 무서워 말라 내가 반드시 네
아비 요나단을 인하여 네게 은총을 베풀리라 내가 네 조부 사울의 밭을
다 네게 도로 주겠고 또 너는 항상 내 상에서 먹을찌니라 8 저가 절하여
가로되 이 종이 무엇이관대 왕께서 죽은 개 같은 나를 돌아보시나이까
9 왕이 사울의 사환 세바를 불러서 이르되 사울과 그 온 집에 속한 것은
내가 다 네 주인의 아들에게 주었노니 10 너와 네 아들들과 네 종들은 저

를 위하여 밭을 갈고 거두어 네 주인의 아들을 공궤하라 그러나 네 주인
의 아들 므비보셋은 항상 내 상에서 먹으리라 하니라 세바는 아들이 열
다섯이요 종이 스물이라 11 세바가 왕께 고하되 내 주 왕께서 온갖 일을
종에게 명하신대로 종이 준행하겠나이다 하니라 므비보셋은 왕자 중 하
나처럼 왕의 상에서 먹으니라 12 므비보셋에게 젊은 아들 하나가 있으니
이름은 미가더라 무릇 세바의 집에 거하는 자들은 므비보셋의 종이 되니
라 13 므비보셋이 항상 왕의 상에서 먹으므로 예루살렘에 거하니라 그는
두 발이 다 절뚝이더라

¶ 개요

이제 사울의 씨는 멸절하고 주변을 제압했으므로 다시 남은 족속이 없는지를 확인하고자 한다. 제1절에서 다윗은 이제 더 이상 남아 있는 사울의 씨가 있는지를 묻자 세바라고 하는 사울의 종이었던 자가 요나단의 아들이 하나 남아 있다고 보고한다. 그러나 그는 활동력이 없으며 두 발을 모두 저는 자라고 한다. 이러자 다윗은 자신의 명색을 내기에 적합할 수 있을지 생각한다. 왜냐하면 사무엘상 24 : 21에서 사울의 이름을 그의 가문에서 멸절하지 않기로 약속했기 때문이다. 거기다가 두 발을 모두 절어서 자신의 활동에 극히 제한이 되어 있기 때문이다. 이로써 다윗은 예루살렘에서 절름발이와 소경을 제압한 모양새가 되었다. 그리고 다윗은 자기가 사울의 씨를 대접하고 있다고 하는 여론을 조성하게 된다. 이러한 여론 조성을 위해서 므비보셋으로 하여금 왕의 상에서 먹도록 한다. 그러나 이와 더불어 세바라고 하는 사울의 종 되었던 자를 므비보셋의 모든 논밭을 도맡아서 경작케 함으로써 므비보셋의 경제권을 세바에게 넘어가도록 하며 아마도 므비보셋에 대한 활동 감시도 동시에 이루어지게 했던 것 같다. 결국 므비보셋의 모든 경영권은 사실상 그 종 세바에게 넘어가게 된다.

¶ 주석

1 무서운 말이다. 다윗이 아직도 사울의 집안에 남은 자가 있는지를 묻는다. 그 이유는 친구 요나단을 위해서 그 남은 자들에게 무엇인가를 하기 위해서라는 것이다. 여기서 은총이라는 말은 헤세드 즉 영원한 사랑 더 정확한 의미는 영원한 "의리", "신의"를 말한다. 하나님 안에서의 의리와 인간적인 의리 어느 쪽을 택할 것인지는 다윗의 결정에 따른다. 그 남은 자를 파악하는 것은, 필요치 않은 사람 즉 반항과 거절의 여지가 있는 부분에 대해서는 철저하게 헤렘법에 의해서 없애는 것이다. 결국 파악된 다른 사울의 후손은 죽음을 당하려니와 므비보셋도 결국 압살롬의 난을 통하여 소외되어 버리고 만다. 요나단은 하나님이 주심이라는 뜻이다. 요나단이나 미갈이나 모두 다윗에게 사랑을 주었던 사람들이었다. 그러나 다윗의 상승에 결국 부합하지는 못했다. 여기서 우리는 어떻게 생각해야 할까? 다윗은 자기가 사용한 모든 사람들을 배척했다.

2 사울의 집안에 종 세바가 있었다. 세바, tsiyba'는 섬김, 혹은 전쟁이라는 기본 의미가 있다. 사울은 "의심" 혹은 "질문"이라는 뜻이 있다. 다윗의 신앙을 끊임없이 밀착 추적하면서 다닌 것은 그러한 신앙에 대한 회의이다.

세바는 싸우다, 섬기다, 명사로는 군대라는 뜻도 있다. 그는 종들을 데리고 사울 집안을 섬기던 사람이었으며, 므비모셋과 싸움을 하기도 한 사람이다.

다윗은 적군을 간파하려고 할 때 언제든지 호의적인 명분을 가지고 접근한다. "내가 나의 의리(헤세드)를 죽은 왕 나하스의 아들 하눈에게 보이고자 한다"라는 말로 접근한다. 그가 나하스와의 특별한 의리(헤세드)적인 관계에 있다는 보고나 가능성은 거의 없다. 그러나 그는 이런 고도의 미묘한 표현으로 이웃에게 접근하는 것이다. 나하스에 대한 의리를 보이고자 한다는 이 말은 9장에서도 사울 집안의 잔여세력을 파악하기 위해서 요나단을 생각해서 헤세드 의리를 지키고 싶은데 남은 자가 없는지를 묻는 것과 상통한다. 물론 9장에서 므비보셋이 다윗의 이런 조치에 불응할 수는 없는 일이었다. 누가 그런 처지에 왕의 상에서 다른 왕자들의 눈치를 보면서 식사를 같이 하고 싶겠는가? 우리는 성서에서 작은 그리스도들을 만난다. 므비보셋은 이제 구원을 받아야 하고 다윗은 더 큰 범위 내에서 국가적인 안정을 도모해야 한다. 여기서 누가 옳고 그르냐는 것을 따진다는 것은 말하기 곤란한 일이다. 만일 우리 자식들에게 어떤 인물을 내세워 이상적인 지침을 보여주기를 원한다면 어떻게 할 것인가? 다윗처럼 영리하게 활동하기를 원할 것이다.

3 "사울의 집안에 아직 끝이 있느냐?" 여기서 끝이라는 말은 에페스 'epes 라는 단어로 끝, 종말이라는 뜻이다. 여기서 "사울의 집안이 완전히 종말에 아직 이르지 아니하였느냐?"라고 묻는 것이다. 사울의 집과 다윗의 집이 대조가 되는 말이다. 사울의 집은 끝이 나고 다윗의 집은 날로 강해진다는 것이 신명기사가의 전문적 구문이다. 의심의 집안은 이제 끝이 나야 되는 것이고 신앙의 집안은 점점 더 성장해야 하며 아직 의심의 구석은 없어져야 한다. 세바가 말한다. 다리가 침을 당한 요나단의 아들이 하나 남아 있다고 한다. 요나단은 다윗을 구해준 사람이다. 그러나 그는 의심의 집에서 온다. 그러므로 하나님의 신앙에는 의심의 구석은 온전히 단절되어야 한다. 요나단의 아들이 있긴 있다. 신앙인을 도우려고 한 사람이라 할지라도 그 근본이 회의에서부터 시작되었을 때 두 다리를 못 쓰는 것처럼 기동력이 없는 자가 되는 것이다. 신앙인의 도움이 없이는 움직일 수 없는 것이다.

사울의 집은 사울의 문중을 말한다. 사울의 문중에 문제가 될 만한 인물이 없느냐고 묻는 것이다. 신앙인의 깨어 있는 자세라고도 할 것이다. 더 이상 우리를 유혹으로 이끌고 들어갈 소지가 있는 악습은 없는 것인가? 그런데 그 명분은 하나님의 은총을 베풀고자 한다는 명분이다. 말에는 양면성이 있는 것이다. 세바가 왕께 고하되 요나단의 아들 하나가 있는데 절뚝발이이다. 절뚝발이는 부끄러움의 상징이다. 그는 절어도 두 발을 모두 절었다고 함으로써 완전 불구임을 보인다(9 : 13). 그리고 다윗이 미워하는 자이다(삼하 5 : 6). 더구나 그 이름조차도 "부끄러운 입"이다.

절뚝발이는 신구약성서에서 소경과 짝을 이루어 나온다(레 21 : 18; 삼하 4 : 4; 9 : 3; 19 : 26; 욥 29 : 15; 렘 31 : 8; 마 15 : 30; 요 5 : 3). 소경은 보지 못하는 자를 말하고, 절뚝발이는 행위를 할 수 없는 자를 말한다.

4 여기서 다윗이 그가 어디에 있는지를 묻는다. 여기서는 에이포 'eyfoh 라는 단어를 쓴다. "그가 어디 있느냐?" 창세기 3장에서 하나님이 아담에게 "네가 어디 있느냐"고 할 때는 좀더 인간적 태도를 묻는 에이크 'eyk라는 단어를 쓴다. 이 단어는 하나님이 가인에게 아벨에 대해서 물을 때 "네 형제가 어디 있느냐"(창 4 : 9)라고 할 때 같은 단어 'eyk를 쓴다. 그러므로 여기서는 요나단의 후손인 므비보셋이 어디에 있는지 구체적 장소에 대해서 묻는다. 막길의 집안에 있다고 한다. 막길은 에브라임에게 장자축복을 잃은 므낫세의 장자 집안이다. 그 뜻은 "팔다"라는 의미를 지닌 "장사하다"라는 뜻이 있다. 이는 하나님이 함께하신다라는 암미엘의 아들의 집이며 그 장소는 메로 드바르에 있는 곳이다. 메로 드바르는 사건 혹은 말씀이라는 뜻이다.

로－드바르는 "문제가 아니다", "말하지 않다"라는 뜻이고 암미엘은 "나의 백성이 하나님이다"이다. 막길은 동사형 마카르로부터 볼 때 "팔다" 혹은 "팔리다"라는 뜻이다. 막길은 므낫세 지파의 사람으로 길르앗 문중의 사람이다. 사울이 이들을 목숨을 걸고 구해준 적이 있으므로 이 지파와는 특별한 관계를 유지한다. 사울과 요나단의 시신을 거둔 것도 이들이었고 자기 영토 내에 있는 마하나임에 이스보셋과 아브넬의 정권을 유치시킨 것도 이들이었다. 이들이 큰 힘을 쓸 수 없었던 것은 요단 강과 동쪽 사막 사이에 위치해서 어떤 문화적 문명적 교류도 어려웠던 불리한 위치에 있었기 때문이다.

5－**6** 다윗이 사람을 보내서 그를 데려온다. 므비보셋이란 "부끄러움의 입으로부터"라는 뜻이다. 여기서도 사울의 아들 요나단, 요나단의 아들 므비보셋이란 말로 이들이 회의에서 시작된 원천을 가지고 있음을 보이고 있다. 그가 다윗 앞에 와서 "당신의 종이 여기 있나이다"라고 말한다.

7 다윗이 그에게 한 첫 마디는 "두려워 말라" 이다. 이는 사람이 혹은 신앙인이 하나님 앞에 섰을 때 하나님이 하시는 말씀이다. "두려워 말라 (알티라!). 내가 너에게 네 아비 요나단을 위해서 헤세드(영원한 신의, 사랑)를 행할 것이다. 다시 말해서 진정 의리를 지킬 것이다. 이는 그의 아비 요나단을 위해서이고 사울의 집에 속한 모든 들판을 그에게 돌려주고, 너는 나와 같은 상에서 식사를 할 것이다." 이와 비슷한 패턴으로 나타나고 있는 것은 열왕기하 25장에서 여호야긴이 에윌마르둑의 친절로 인하여 왕과 같은 상에서 식사하는 것을 본다.

8 여기서 절한다는 말은 부복을 말한다. 배를 땅바닥에 깔고 손을 펴는 형태의 경우를 말한다. 매우 두려워함의 전적인 의뢰의 모습을 말한다. 이는 보통 신에게 부복한다는 의미로 쓰일 때 사용하는 단어이다. "이 종," 이제는 사울의 종이 아닌 다윗의 종인 것이다. "죽은 개" 에서 개는 가장 낮은 자의 표현이다. 그런데 죽은 개이므로 지극히 낮은 자임을 표현한다. 여기서 개의 개념은 매우 천박하고 가치 없는 존재, 약한 존재를 의미한다. 다윗이 골리앗을 칠 때 골리앗이 나를 개로 아느냐라는 질문에서 잘 나타나고 있다(삼상 17 : 43).

9 왕이 사울의 소년 세바에게 이르기를 사울과 사울의 문중에 속한 모든 것을 네 주인의 아들에게 준다고 한다. 여기서 소년이라는 말은 히브리어로 "나아르" 라는 말로 반드시 어린 소년을 의미하는 것이 아니라 수하에 있는 종들, 혹은 주인의 말을 들어야 하는 군대에서의 졸병들을 말한다. 여기서 사울의 문중의 것을 므비보셋에게 주되 경작권은 세바(군대, 경비대)에게 줌으로써 실권을 므비보셋으로부터 박탈한다.

10 다시 번역하면, "너와 네 자손들과 그 종들이 그를 위하여 땅을 경작하라. 그리고 그것을 가져와서 네 주인의 아들의 빵이 되도록 하라." 세바는 므비보셋의 신하로서 다른 종이 있었음을 보인다. "경작하다" 는 뜻인 "아바드" 라는 말은 "섬긴다" 라는 말과 같다. 므비보셋은 15명의 아들과 20명의 종이 있었다. 여기서 다윗은 형식상의 소유주와 실제 경작자

를 구별한다. 그래서 실 경작권은 이미 세바가 가지도록 하되 얼마간을 므비보셋에게 세금과 집안 관리비로 주도록 한다. 왜냐하면 므비보셋은 왕의 식탁에서 먹을 것이라고 말하고 있기 때문이다. 아마도 세바는 형식상의 종이지 사실은 감독권 혹은 감시병의 역할을 했는지도 모른다. 이러한 이상한 이중구조는 결국 압살롬의 난 때 세바로 하여금 므비보셋을 배반하게 만든다.

11 세바에게 다윗은 "네 주인 사울"이라고 했으나 세바는 당신의 종이 왕이 명한 대로 할 것이라고 말한다. 즉 다윗의 종이라고 말을 바꾸어 말한다. 여기서 다윗을 왕이며 나의 주이며 세바 자신을 향해서는 당신의 종이라고 확실하게 말한다. 그리고 므비보셋은 왕의 아들과 한가지로 왕의 식탁에서 먹을 것이라는 말을 반복한다.

12 므비보셋에게 작은 아들이 하나 있었고 그의 이름은 미가였다. 미가는 누가 야웨와 같은가라는 뜻이다. 세바의 집에 사는 모든 자들이 므비보셋에게 종이었다. 므비보셋은 예루살렘에서 살았고 그는 언제나 왕의 식탁에서 먹었다. 그는 두 발을 모두 절었다. 마지막 두 발을 모두 다쳤다는 말을 강조함으로써 그의 행동반경이 극도로 제한되어 있을 뿐만 아니라 세바에게 모든 실권이 있었음을 암시하고 있다. 이는 나중에 세바가 피난 간 다윗을 맞으러 나가고 므비보셋이 움직일 수 없어서 예루살렘에 남아 있을 수밖에 없었음을 설명한다. 이리하여 다윗은 사울의 모든 식구에 대해 완전하게 장악하게 된다.

13 "왕의 상에서 먹었다"라는 말은 매우 귀한 대접이다. 왕자와 같은 수준의 예우라는 것을 11절에서 왕의 아들들 중의 하나처럼 왕의 상에서 먹었음을 보이고 있다. 열왕기하 25 : 29에서 여호야긴이 에윌므로닥 왕의 상에서 먹었으며, 다니엘 1 : 4—5에서 다니엘과 그 일행에게 바빌론 왕이 자신의 음식을 주었다는 말이 나온다. 두 발을 모두 절었다는 것은 전혀 실행력이 없다는 것을 말한다.

¶ 메시지

1절에서 아직도 사울의 집안에 남은 자가 있느냐라는 말은 참으로 모호하면서도 무서운 말이다. 그 찾는 명분은 요나단과의 헤세드 즉 "의리", "신의"를 위해서라고 한다. 그러나 이후에 사울의 집안에서 사실상 떳떳한 대우를 받는 사람은 없다. 요나단의 아들 므비보셋은 두 다리를 모두 절었다고 한다. 그러므로 그는 활동력에 한계가 분명했던 자이다. 두 다리를 절었다는 것은 능력의 한계를 말한다. 구약에서는 절뚝발이, 신약에서는 앉은뱅이라는 개념으로 그 맥락이 이어진다. 다윗과 함께 절뚝발이로 간주되었던 사람들이 예루살렘 성을 점령하고 예수와 함께 앉은뱅이들이 일어나고 걷고 뛴다. 2절에서 보면 세바라는 자는 그 대답에서부터 매우 성격이 모호한 자이다. 세바를 보고 네 주인 사울이라고 하자 세바는 나의 주는 왕 다윗이며 자신은 왕의 종이라고 수정해서 말하는 것을 통해서도 잘 드러난다.

세바는 그 의미가 "갈망하다" 라는 뜻이다. 그가 대답하기를 막길의 집에 있다고 한다. 막길은 므낫세 지파의 인물로 사울에게 진정한 의리를 보였던 지파였다. 다윗이 사람을 보내서 로 드바르에 있는 므비보셋을 데리고 온다. 이름이 "부끄러움의 입으로부터"라는 뜻을 가진다. 므비보셋도 다윗 앞에서 부복하고 "당신의 종이 여기 있나이다"라고 말한다. 진정 왕 앞에 섰을 때 인간의 가치를 스스로 어떻게 느낄 것인가? 더군다나 주변의 형제들을 다 죽이면서 자신만을 살려줄 때 느끼는 심정은 어떤 심정일까? 참으로 산다는 것 자체가 무엇을 의미하는 것일까?

20. 암몬을 함락시킴(10 : 1—19)

¶ 본문

[1] 그 후에 암몬 자손의 왕이 죽고 그 아들 하눈이 대신하여 왕이 되니
[2] 다윗이 가로되 내가 나하스의 아들 하눈에게 은총을 베풀되 그 아비가
내게 은총을 베푼것 같이 하리라 하고 그 신복들을 명하여 그 아비 죽은
것을 조상하라 하니라 다윗의 신복들이 암몬 자손의 땅에 이르매 [3] 암몬
자손의 방백들이 그 주 하눈에게 고하되 왕은 다윗이 조객을 보낸 것이
왕의 부친을 공경함인 줄로 여기시나이까 다윗이 그 신복을 보내어 이 성
을 엿보고 탐지하여 함락시키고자 함이 아니니이까 [4] 이에 하눈이 다윗
의 신복들을 잡아 그 수염 절반을 깎고 그 의복의 중동볼기까지 자르고
돌려보내매 [5] 혹이 이 일을 다윗에게 고하니라 그 사람들이 크게 부끄러
워하므로 왕이 저희를 맞으러 보내어 이르기를 너희는 수염이 자라기까
지 여리고에서 머물다가 돌아오라 하니라 [6] 암몬 자손이 자기가 다윗에
게 미움이 된줄 알고 사람을 보내어 벧르홉 아람 사람과 소바 아람 사람
의 보병 이만과 마아가 왕과 그 사람 일천과 돕 사람 일만 이천을 고용한
지라 [7] 다윗이 듣고 요압과 용사의 온 무리를 보내매 [8] 암몬 자손은 나와
서 성문 어귀에 진을 쳤고 소바와 르홉 아람 사람과 돕과 마아가 사람들
은 따로 들에 있더라 [9] 요압이 앞 뒤에 친 적진을 보고 이스라엘의 뺀 자

중에서 또 빼서 아람 사람을 대하여 진 치고 [10] 그 남은 무리는 그 아우
아비새의 수하에 붙여 암몬 자손을 대하여 진 치게 하고 [11] 가로되 만일
아람 사람이 나보다 강하면 네가 나를 돕고 만일 암몬 자손이 너보다 강
하면 내가 가서 너를 도우리라 [12] 너는 담대하라 우리가 우리 백성과 우
리 하나님의 성읍들을 위하여 담대히 하자 여호와께서 선히 여기시는대
로 행하시기를 원하노라 하고 [13] 요압과 그 종자가 아람 사람을 향하여
싸우려고 나아가니 저희가 그 앞에서 도망하고 [14] 암몬 자손은 아람 사람
의 도망함을 보고 저희도 아비새 앞에서 도망하여 성으로 들어간지라 요
압이 암몬 자손을 떠나 예루살렘으로 돌아오니라 [15] 아람 사람이 자기가
이스라엘 앞에서 패하였음을 보고 다 모이매 [16] 하닷에셀이 사람을 보내
어 강 건너편에 있는 아람 사람을 불러내매 저희가 헬람에 이르니 하닷에
셀의 군대 장관 소박이 저희를 거느린지라 [17] 혹이 다윗에게 고하매 저가
온 이스라엘을 모으고 요단을 건너 헬람에 이르매 아람 사람들이 다윗을
향하여 진을 치고 더불어 싸우더니 [18] 아람 사람이 이스라엘 앞에서 도망
한지라 다윗이 아람 병거 칠백승의 사람과 마병 사만을 죽이고 또 그 군
대 장관 소박을 치매 거기서 죽으니라 [19] 하닷에셀에게 속한 왕들이 자기
가 이스라엘 앞에서 패함을 보고 이스라엘과 화친하고 섬기니 이러므로
아람 사람들이 두려워하여 다시는 암몬 자손을 돕지 아니하니라

¶ 개요

8장에서 모압과 아람을 주로 다루었던 반면 10장에서는 암몬과의 관계를 말한다. 사울의 남은 자를 찾았던 것처럼 다윗은 암몬에게도 사절단을 보내 그 나라 정세를 살피게 된다. 사실 하눈의 부왕과도 절친했다거나 어떤 친족관계를 맺었다거나 하는 아무런 관계도 없다. 불시에 하눈의 부왕의 조객으로 나타났으므로 이에 대한 이해는 당연히 정탐꾼으로 받아들여질 수밖에 없었던 것으로 여겨진다. 그러나 설령 그랬다고 하더라도 모양새를 그런 식으로 갖추어서는 오히려 트집 잡을 것이 없나 하는 형편에 오히려 트집거리를 만들어주는 격이 되었다. 이에 아람 사람과 소바

사람과 동맹을 맺고 다윗에게 대항하고자 한다. 대항이 아니라 먼저 선제 공격을 한 것 같다. 아람과 소바 왕이 물러가고 암몬 군이 성 안으로 퇴각하자 요압도 철군해서 예루살렘으로 돌아온다. 이에 대한 공격은 다음 장(11장)에서 계속된다.

¶ 주석

1 하눈이란 “자비”, 혹은 “호의”라는 뜻이다. 성서는 꽤나 객관적인 묘사를 하고 있다. 우리 인간들은 우리들의 삶이 일회적이고 우주적 사건인 것으로 생각하나 성서는 선임자가 죽고 후임자가 왕이 되었다고 하는 자연의 순환에 대해서 자연스럽게 말할 뿐이다.

먼저 죽음에 대해서 나온다. 암몬의 선왕이었던 나하스가 죽고 그 아들 하눈이 왕이 되었다. 성서는 계속 반복되는 죽음을 이야기하고 있고 죽음 후에는 그 계승자에 대해서 말하고 있다. 우리는 죽음에 대해서 그렇게 애달프게 생각할 필요는 없다. 하나님이 다시 후계자를 세워주실 것이기 때문이다.

2 “나하스”라는 뜻은 뱀이나 점쟁이, 혹은 청동 등의 연계의미를 가지고 있다. 나하스는 전갈이라는 뜻으로 사무엘하 17 : 25에는 압살롬 난의 사령관이었던 아마사는 나하스의 딸이며, 아마사는 요안의 어머니 스루야의 동생이었다고 한다. 아마도 이새가 나하스의 딸과 결혼하고 거기서 나온 딸이 아비가일이나 스루야이며, 다윗도 다윗의 다른 형제들과는 다른 이복어머니에서 태어난 것이 아닌가 한다. 그러므로 다윗은 나하스가 죽었을 때 조문을 하지만 그 아들 하눈이 그 신하들의 부추김을 받아 다윗과 요압을 화나게 하는 것으로 나타난다. 그러나 하눈의 동생 소비(삼하 17 : 27)는 다윗이 마하나임으로 쫓겨갈 때 다윗에게 양식을 제공하는 것으로 나타난다. 이런 이유로 다윗은 암몬과도 인척관계가 있으며 모압과도 할머니 룻을 통해서 인척관계가 있는 것으로 나타난다.

3－**4** 이렇듯 다윗은 항상 먼저 주도권을 가지고 나감을 알 수 있다. 한마디로, 해야 할 것을 능동적으로 대처해 나갔다.

원래 슬픔을 위로하러 온 사람들은 수염을 깎았던 풍습이 있었던 것 같다. 일제시대 삭발령을 통한 민족 전통의 훼손과 같은 것이다. 특히 수염을 남성의 상징이고 가장의 품위였다. 그래서 장로와 수염은 그 단어가 동일하다(자켄). 수염이 온전한 자만이 가정과 성읍과 나라를 다스릴 수 있었다. 이사야 15 : 3에 보면 "모두들 머리를 밀고 수염을 깎는다" 라는 말이 있고 또 슬픈 일을 당할 때 옷을 찢는 풍습도 있었다. 다윗의 사신들이 너무 멀쩡하게 하고 왔기 때문에 암몬 인들이 실제 조객의 행세로 만들어줄 겸, 조롱하는 의미에서 그렇게 한 것 같다(욜 13－14, 13; 삼하 1 : 2, 11; 왕상 11 : 30). 그러나 옷을 엉덩이까지 반 찢었다는 것은 모독을 하고 전쟁을 선포한 것으로 보인다.

5 원래 성인 남자는 오늘날 정통파 유대인들처럼 수염을 기르는 풍습이 있었다. 수염(자켄)은 장로라는 말과 같은 말이다. 장로들은 수염을 길렀다. 한국의 유교적 풍습에서도 수염을 깎지 않는 풍습이 있었다. 사자의 갈기 모양으로 일종의 남성의 상징이었다. 남성의 상징은 힘과 패기였다. 장로는 보통 자기 집을 소유하고 있는지를 말하는데 대개 삼사대가 같이 유했다. 이는 방위와 노동협력을 위해서 고대사회에서 기본적으로 필요한 것이었다.

6 마아가는 "남성의 생식기 등을 짓뭉개다, 깨부수다" 라는 의미를 가지고 있다. 르홉은 "시공간적으로 넓히다" 라는 의미를 가진다(사 30 : 33). 신의 영역까지 인간의 생각으로 대체하려는 의미로도 사용될 수 있을 것이다. 출애굽기 19장에서도 보면, 하나님의 영역은 언제나 존중이 되어야 하며 침범되거나 인간의 생각으로 유린되어서는 안 된다. 인간의 지혜는 지극히 작은 티끌에 불과하기 때문이다. 여기서의 이미지를 수거해서 다시 조립해보자. 암몬 백성 자체가 율법의 정신과 맞지 않게 레임덕으로 태어난 백성이다. 이런 기드온의 아들 아비멜렉과 같은 서자 소생의 사람이 자만하고(아람) 율법적 경계가 없는(르홉) 백성을 동원해서 군대(소바, 소

바는 히브리어 발음으로 초바이고, 군대라는 뜻이다)를 사거나 이루었다. 이런 백성들이 시공간적으로 자신들의 공간을 넓히기 위해서 신의 영역까지를 유린한다는 통전적 이미지를 유추해 볼 수 있다.

7 앤더슨(A. A. Anderson)은 군대(초바)는 이스라엘 군인이고 강한 자들은 직업군인들로 이 두 단어를 별도로 해석한다. 다윗은 보통 중요한 일이 있을 때는 블레셋 군 등 직업군인을 사용한다(예루살렘 정복시, 압살롬의 난 등).

8 아람은 "자고한 자", 소바는 군대, 르홉은 기생 라합이라는 말에서 드러나는 것처럼 기생, 창녀의 의미가 있다. 이는 기본 의미가 "넓고 길다"는 뜻을 가진다. 율법적 경계가 없음을 뜻할 수 있다. 이쉬토브는 "복의 사람"이라는 뜻을 가진다. 마아가는 마아크의 기본형으로부터 고통, 혹은 압박(oppression)이라는 의미를 가진다. 이의 기본 의미는 "눌러서 부서뜨리다" 등의 의미를 가진다. 레위기 22 : 24에서는 "남성 생식기 등을 눌러서 부서뜨리다"라는 의미로 쓰였고, 사무엘상 26 : 7에서는 "창이 땅으로 짓눌리다" 등의 의미로 쓰인다.

9 요압은 야웨가 아버지라는 뜻이고 아람이라는 말은 "바리새인과 같은 자고한 자", 즉 스스로 교만한 자라는 뜻을 가진다. 야웨의 이름으로 자고한 자를 물리치시는 예수의 일면을 보이는 장면이라고 할 것이다.

10 남은 백성들은 아우 아비새(이새−존재−가 아버지다)의 손에 맡겨서 암몬 족을 치도록 했다. 암몬 족은 아브라함의 조카 롯과 두 딸 사이에서 낳은 둘째 아들로서 율법에 어긋난 방식으로 태어난 민족이다. 레위기 성결법전(레 17−26장)에서 금하고 있다(레 18 : 6.) 아비새는 아버지가 존재다라는 뜻으로 인자와도 통하는 말이다.

11 아람은 높은 산지 등의 뉘앙스를 가지고 사용된다. 여기서 요새 등의 의미로 확장된다. 긍정적 부정적 의미로 사용될 수 있다. 바리새인과

같은 자고한 닫힌 마음을 통해서 소경이라는 질책까지 나아간다. 자신의 마음을 높게 가짐으로 더 넓은 세계를 보는 통찰력을 줄인다는 의미 때문이다.

12 여기서 하나님의 도성이라는 말은 이스라엘이 믿는 하나님의 도성이라는 말로 이스라엘의 하나님이 그들에게 주기로 약속한 땅 즉 그렇게 믿고 있는 땅을 말하고 있다. 요단 강 건너편 남쪽의 땅을 말하는 것으로 르우벤 지역의 땅을 말하는 것으로 보인다. 현재와 미래는 믿음 안에서 겹쳐 있는 것이다. 특별히 "위하여"라는 말이 두 번 강조되어 나타난다. 그들이 가나안을 점령했던 것처럼 암몬 영토 내에서 오늘날의 용어로 말하자면 선교의 전쟁을 치르는 것으로 생각했다.

13 여기서는 요압은 하나님의 세력을 대변하고 아람 인(자고한 자)들은 극복되어야 할 세상의 세력을 뜻한다. 신앙의 공격 앞에서 기존 세상적인 세력들이 물러갈 수밖에 없음을 말한다.

14 왜 요압이 암몬 성을 끝까지 추궁하지 않고 그냥 돌아올 수밖에 없었는지는 알기 힘들다. 그러나 전쟁의 계절이 다되었거나 충분한 병력이 부족해서일 수 있다. 다만 12 : 26 이하에 가서 재차 공격을 가해서 함락 직전에 다윗을 초청해서 다윗으로 하여금 그 성을 점령하게 한다.

15 6절의 해석을 맥락으로 이 문장을 해석해 보면 다음과 같다. 자고한 사람들이, 혹은 스스로 고상하다고 생각한 사람들이 자기의 운명과 싸우는 이스라엘 사람들과 더불어 싸울 때 그들이 이상하게도 패하게 되는 것이다. 패하게 될 때에 그들이 인간적인 힘과 생각을 가지고 스스로 뭉치게 된다. 그러나 게젤샤프트적인(상업적 계산사회) 사회는 결국 꿈을 약속으로 믿고 실현하려는 공동체(게마인샤프트) 앞에서는 패할 수밖에 없는 것이다.

16 하닷은 물질의 신이고 에셀은 도움이라는 뜻이다. 신용이 결여된

사람에게 아무리 물질공세가 이어져도 결국 밑 빠진 독에 물 붓기식이 되는 것이다.

17 헬람은 “살지게 되다, 강하게 되다”, 혹은 꿈이라는 의미 등의 주변 의미를 가지고 있다. 다윗은 동역자 이스라엘 백성들과 함께 꿈을 따라서 마음을 강하게 가졌음을 의미한다. 결국 골리앗을 물리친 것처럼 자고한 자들을 물리칠 수 있었음을 말한다. 헬람은 하맛과 다메섹 사이에 위치해 있다(겔 47 : 16; 48 : 1).

18 − **19** 소박은 소팍과 같은 말로 볼 때 이는 “들이붓다” “쏟다”라는 뜻이다.

결국 길과 진리와 생명이 되는 믿음의 길을 가기를 구했고 그들을 섬길 수밖에 없음을 말한다. 아람이 더 이상 암몬 구하기를 두려워했다. 항상 새로운 믿음의 세계로 세계는 평정되어 나가는 것이다.

¶ 메시지

여기서의 문제는 첫째, 다윗은 항상 깨어 있는 인물이었다는 것, 둘째, 먼저 발의를 주도해 나갔다는 것, 셋째로, 매우 영특하게 행동했다는 것이다. 또 부끄러움이 무엇인지도 알고 부끄러움과 수치 뒤에는 어떻게 해야 하는지도 알았던 인물이다. 이 사건을 통해서 암몬을 당장 함락시켰다는 말은 없다.

첫째, 다윗은 깨어 있는 인물이었다. 암몬이 무슨 일이 있든지 그는 상관치 않을 수 있었다. 그러나 다윗은 다른 사람의 동향에도 자기 일처럼 민감하게 반응하면서 분위기를 읽고 있었던 것이다. 그는 암몬 왕 나하스와 아무런 특별한 관계도 없었지만 호의적으로 접근할 필요가 있음을 알았다. 이웃국가이기 때문이다. 다윗은 옆집에 초상이 나든지 말든지 나에게 상관이 없다고 생각지 않고 그 초상집에 문안을 보냈다. 옆 초상집에서 그를 초대하지 않았다. 그는 자의적으로 사절단을 보낸 것이다. 그 나라 사정도 알기를 원했다. 장사할 것은 장사로 거래하고, 또 군사적인 연합을 목적으로, 혹은 정치적인 목적을 가졌는지는 알 수 없다. 그러나 이 방문이 분명히 복합적인 의도를 가진 방문이었음은 분명하다. 그래서 하눈의 관료들은 이 방문에 대해서 고심했고 고심의 결과는 현명치 못한 조잡한 조치를 취함으로써 화를 자초하게 된 것이다. 그들이 한 것은 다윗의 사신들의 행동을 적당하게 제한했을 수도 있고 이를 이용해서 다윗의 세력을 이용할 수도 있었다. 그러나 이는 오히려 화를 자초하게 만들었다.

여기서 다윗은 어른답게 행동했고 하눈과 그의 관료들은 어린아이같이 행동했다. 우리는 깨어 있어야 한다. 내가 어렸을 때에는 어린아이같이 행동했고 내가 장성한 후에는 장성한 자와 같이 행동했다는 바울의 말을 우리가 잘 새겨둘 필요가 있다.

구약성서에서 죽음은 소외를 의미하고 역사의 현장에서의 단절을 의미한다. 병은 곧 죽음의 시작인 것이다. 병이 들었다는 것은 이미 죽음이 시작되고 있고 역사와 소외되기 시작하고 병이 깊어질수록 그의 활동은 더욱 제한되는 것을 의미했다. 그러므로 다윗이야말로 살아 움직이는 사람이었던 것이다.

둘째는, 작은 예수 다윗은 적극적인 행동하는 인물이었다는 것이다. 다른 말로 실천하는 인물이었다. 그가 옆의 나라에서 왕의 장례가 발생하자 곧 이를 자신의 나라를 확장하는 계기로 삼았던 것이다. 그는 옆의 나라에서 나하스가 죽고 하눈이 왕이 되었다는 것을 듣고 그것을 아는 것만으로 만족하고 아무런 행동도 취하지 않을 수 있었다. 그러나 다윗은 주도면밀하게 스토리를 만들어서 자기의 사절단을 보냄으로써 과연 그 나라가 어떻게 되어가고 있는지를 살펴보고자 했다. 우리는 흔히 마음만 있고 행동하지 않을 때가 많다. 다윗은 실행하는 인물이었다. 그는 무슨 일이든지 반드시 한다면 하는 못 말리는 성격의 사람이었다. 밧세바 사건에서도 그랬고 인구조사의 경우에서도 그랬고, 성전건축의 경우에도 그랬다. 이런 실천이 씨앗이 되어 10장에서의 전투에서는 큰 성과를 내지 못하나 다음 번 전투에서 기필코 승리하게 되었던 것이다(삼하 12 : 26－31).

셋째, 다윗의 선의(헤세드)는 무조건적인 자비라기보다는 심판을 함축하고 있는 자비였다. 하나님의 한없는 사랑은 심판이 없는 자비가 아니라 심판을 함축하고 있는 자비라는 것이다. 다윗은 궁극적으로 호의를 베풀고자 한다. 그러나 하눈과 그의 백성들이 반항하고 그의 선한 뜻을 거절하고자 할 때는 어쩔 수 없이 심판이 동원될 수밖에 없는 것이다.

하나님의 한없는 은혜는 복음과 율법이라는 양날 선 검과 같다는 것이다. 다윗의 말과 궁극적인 의도는 호의였으나 거기에는 또한 심판이 작용하고 있었다. 문장 그 자체는 "내가 의리를 생각해서 정을 생각해서 너희에게 호의를 베풀기를 원하노라"라고 말한다. 그것이 다윗의 근본 목적이고 하나님의 근본 목적이다. 그러나 하나님의 대의에 어긋날 때에는 거기에는 심판이 있는 것이다. 우리는 기본적으로 하나님께 순종할 수밖에 없는 존재인 것이다. 하나님을 대적하지 말아야 한다. 대적하는 자는 멸망에 이를 수밖에 없다는 것이다. 왜냐하면 인간은 신에 대적하도록 피조되었다는 것이 아니며 오직 순종하도록 피조되었다는 것이다. 다윗의 행위는 어쩌면 다윗 자신을 위한 것으로 다윗의 사심으로 간주될 수 있다. 그러나 다윗을 하나님 위치에 놓고 생각해보면, 다시 말하면 하나님의 도구로 놓고 보면, 그것이 옳다고 여겨질 때에는 과감하게 승복을 하고 인간적인 고집을 부리지 말아야 한다는 것이다. 그렇지 않으면 어쩔 수 없이 심판을 면치 못한다는 것이다.

16절에서 19절까지는 이 장의 결론이며 종교 전쟁을 의도한 이 장의 의도를 분명히 드러내고 있다. 이 문단에서는 이들 암몬 자손이 동맹을 맺은 군들이 하닷에셀에게 속한 왕이라고 한다. 하닷에셀은 하닷으로부터의 도움이라는 뜻이다. 하닷은 바알 신이면서 폭풍우 신이며 농경신인 것으로 알려져 있다. 그러므로 이렇게 농경신 즉 자연신은 자연의 순환에 의지해서 사는 인간들은 패망할 수밖에 없음을 이야기해 주고 있다. 오직 생기게 하는 신, 창조의 신, 계시신앙을 가진 신앙만이 이 세상을 이기고 승리할 수 있음을 말해주고 있다. 이러한 사항을 바탕으로 제10장은 다음과 같은 중요한 신학적인 의미를 우리에게 준다.

첫째로 깨어 있는 자가 되어야 한다. 다윗은 깨어 있는 자였다. 주변을 살필 줄 아는 자였다. 주변을 살필 줄 안다는 것은 야웨를 경외하는 것을 말한다. 하나님을 두려워하며 주변을 늘 안팎으로 살필 수 있는 신앙인이 되어야 한다.

아리스토텔레스가 말한 것처럼 인간은 사회적 동물이면서 정치적 동물이다. 결국 종교는 공동체 생활을 상정하고 있다. 한 개인의 실존은 독립된 내 안에 있는 것이 아니고 나와 내가 속해 있는 공동체 사이에 있는 것이다. 우리는 나 자신뿐만 아니라 이웃을 살필 줄 아는 인간이 되어야 할 것이다. 지극히 작은 소자에게 한 것이 나에게 한 것이라는 예수의 말과 같이 하나님을 사랑하는 것처럼 이웃을 사랑하는 사람이 되어야 할 것이다.

두 번째는, 행동하는 존재가 되어야 한다. 주여 주여 소리치는 자마다 모두 하나님 나라에 들어갈 것이 아니요 오직 행하는 자라야 하나님 나라에 들어갈 것이라고 말씀하셨다. 다윗은 주변을 살피고 그 동향을 파악했으며 파악된 대로 그 사절단을 보냈다. 왜 우리는 이런 행동을 할 수 없을까? 여러 이유가 있겠지만 흔히 게으름이 주된 원인이 될 것이다. "이 게으르고 악한 종아 네가 밖으로 쫓기워 슬피 울며 이를 갊이 있으리라"는 말에서 게으름은 악과 동의어적 평행법으로 사용되고 있다. 행동하는 자가 되어야 함을 말해주고 있다고 할 것이다.

세 번째로, 하닷에셀의 도움을 전적으로 의지하는 자는 패망할 수밖에 없다. 우리가 교회를 섬기거나 사업을 하거나 전적으로 돈을 동원해서 돈으로 무슨 일이든지 하려고 할 때 실패할 수밖에 없음을 말해준다고 할 것이다. "나의 도움은 어디서 오는가 오직 천지를 지으신 야웨로부터 온다"고 시편 121편 기자가 선포한 것처럼, 물질이 아닌 우리의 신앙에 의해서 물질은 만들어지고 생산되는 것이다.

물질을 동원해서 통치하려고 할 때 필연코 실패할 수밖에 없는 것이다. 창조주 하나님이 우리의 돕는 자라는 것 우리가 새 하늘과 새 땅을 창조하려고 할 때 도우시는 분임을 알 수 있다.

21. 다윗과 밧세바(11 : 1—27)

¶ 본문

1 해가 돌아와서 왕들의 출전할 때가 되매 다윗이 요압과 그 신복과 온
이스라엘 군대를 보내니 저희가 암몬 자손을 멸하고 랍바를 에워쌌고 다
윗은 예루살렘에 그대로 있으니라 2 저녁때에 다윗이 그 침상에서 일어
나 왕궁 지붕 위에서 거닐다가 그곳에서 보니 한 여인이 목욕을 하는데
심히 아름다와 보이는지라 3 다윗이 보내어 그 여인을 알아보게 하였더
니 고하되 그는 엘리암의 딸이요 헷 사람 우리아의 아내 밧세바가 아니니
이까 4 다윗이 사자를 보내어 저를 자기에게로 데려 오게 하고 저가 그
부정함을 깨끗케 하였으므로 더불어 동침하매 저가 자기 집으로 돌아가
니라 5 여인이 잉태하매 보내어 다윗에게 고하여 가로되 내가 잉태하였
나이다 하니라 6 다윗이 요압에게 기별하여 헷 사람 우리아를 내게 보내
라 하매 요압이 우리아를 다윗에게로 보내니 7 우리아가 다윗에게 이르
매 다윗이 요압의 안부와 군사의 안부와 싸움의 어떠한 것을 묻고 8 저가
또 우리아에게 이르되 네 집으로 내려가서 발을 씻으라 하니 우리아가 왕
궁에서 나가매 왕의 식물이 뒤따라 가니라 9 그러나 우리아는 집으로 내
려가지 아니하고 왕궁 문에서 그 주의 신복들로 더불어 잔지라 10 혹이
다윗에게 고하여 가로되 우리아가 그 집으로 내려가지 아니하였나이다

다윗이 우리아에게 이르되 네가 길 갔다가 돌아온 것이 아니냐 어찌하여
네 집으로 내려가지 아니하였느냐 [11] 우리아가 다윗에게 고하되 언약궤
와 이스라엘과 유다가 영채 가운데 유하고 내 주 요압과 내 왕의 신복들
이 바깥 들에 유진하였거늘 내가 어찌 내 집으로 가서 먹고 마시고 내 처
와 같이 자리이까 내가 이 일을 행치 아니하기로 왕의 사심과 왕의 혼의
사심을 가리켜 맹세하나이다 [12] 다윗이 우리아에게 이르되 오늘도 여기
있으라 내일은 내가 너를 보내리라 우리아가 그 날에 예루살렘에 유하니
라 이튿날 [13] 다윗이 저를 불러서 저로 그 앞에서 먹고 마시고 취하게 하
니 저녁때에 저가 나가서 그 주의 신복으로 더불어 침상에 눕고 그 집으
로 내려가지 아니하니라 [14] 아침이 되매 다윗이 편지를 써서 우리아의 손
에 부쳐 요압에게 보내니 [15] 그 편지에 써서 이르기를 너희가 우리아를
맹렬한 싸움에 앞세워 두고 너희는 뒤로 물러가서 저로 맞아 죽게하라 하
였더라 [16] 요압이 그 성을 살펴 용사들의 있는줄을 아는 그곳에 우리아를
두니 [17] 성 사람들이 나와서 요압으로 더불어 싸울 때에 다윗의 신복중
몇 사람이 엎드러지고 헷 사람 우리아도 죽으니라 [18] 요압이 보내어 전쟁
의 모든 일을 다윗에게 고할쌔 [19] 그 사자에게 명하여 가로되 전쟁의 모
든 일을 네가 왕께 고하기를 마친 후에 [20] 혹시 왕이 노하여 네게 말씀하
기를 너희가 어찌하여 성에 그처럼 가까이 가서 싸웠느냐 저희가 성 위에
서 쏠줄을 알지 못하였느냐 [21] 여룹베셋의 아들 아비멜렉을 쳐죽인 자가
누구냐 여인 하나가 성에서 맷돌 윗짝을 그 위에 던지매 저가 데벳스에서
죽지 아니하였느냐 어찌하여 성에 가까이 갔더냐 하시거든 네가 말하기
를 왕의 종 헷 사람 우리아도 죽었나이다 하라 [22] 사자가 가서 다윗에게
이르러 요압의 모든 보낸 일을 고하여 [23] 가로되 그 사람들이 우리보다
승하여 우리를 향하여 들로 나온고로 우리가 저희를 쳐서 성문 어귀까지
미쳤더니 [24] 활 쏘는 자들이 성 위에서 왕의 신복들을 향하여 쏘매 왕의
신복중 몇사람이 죽고 왕의 종 헷 사람 우리아도 죽었나이다 [25] 다윗이
사자에게 이르되 너는 요압에게 이같이 말하기를 이 일로 걱정하지 말라
칼은 이 사람이나 저 사람이나 죽이느니라 그 성을 향하여 더욱 힘써 싸
워 함락시키라 하여 너는 저를 담대케 하라 하니라 [26] 우리아의 처가 그
남편 우리아의 죽었음을 듣고 호곡하니라 [27] 그 장사를 마치매 다윗이 보

내어 저를 궁으로 데려 오니 저가 그 처가 되어 아들을 낳으니라 다윗의 소위가 여호와 보시기에 악하였더라

¶ 개요

11장의 배경은 1－2절에 나와 있는데 모든 군대와 장군을 전선에 내어 보내고 혼자 남아 있는 것으로부터 시작한다.

본론으로 2－5절까지는 혼자 남아서 옥상을 거닐다가 밧세바의 아름다움에 취해서 동침하게 되고 이로 말미암아 밧세바가 태기가 있게 된다.

6－13절까지는 다윗이 우리아를 불러서 밧세바에게 들어가라고 한다. 아마도 그 태기가 우리아 자신의 아이인 것으로 하려고 했던 것 같다. 그러나 우리아는 밧세바에게 두 번씩이나 들어가기를 거절한다.

14－21절에서 다윗이 요압에게 우리아를 죽이라고 편지를 보내는 내용이 나오고 22－24절에서 전령이 우리아가 죽었다고 보고하는 장면이 나오며 25－27절에서 아기가 태어났다는 내용이 나오는데 27절 하반절에서 야웨의 눈에 이런 다윗의 행위가 눈에 거슬렸음을 말하고 있다. 여기서의 등장인물은 나레이터와 다윗, 우리아, 밧세바, 요압, 전령이 나온다. 이 중에서 실제 대화자는 다윗과 우리아, 요압, 전령이 나온다. 밧세바는 침묵으로 일관한다.

¶ 주석

1 "해(샤나)가 돌아왔다"는 말은 열왕기상 20 : 22, 26 등에 나오는데 대개 아람 사람들이 암몬 족을 도우러 오는 경우와 함께 나타난다. 시기적으로 가을 이른 비가 내리는 시기와 봄 추수 때 사이의 기간을 말하는 것으로 추측된다. 왜냐하면 가을 우기에 신년이 시작되기 때문이다. 여기서의 해는 하늘의 해(쉐메쉬)가 아니라 새해(샤나)라는 단어이다. 다윗이 요압과 그의 종들을 그와 함께 보내어 암몬 족을 멸하고 랍바를 옥죄고

있었다. 그러나 다윗은 예루살렘에 남아 있었다. 다른 사람은 전쟁에 나갔는데 다윗은 후방인 예루살렘에 남아 있었다. 이것이 전체적인 배경이면서 이 장의 서두이다.

2 저녁때가 되었을 때 다윗은 침대에서 일어나서 궁의 지붕 위를 걷게 되었을 때 그가 지붕 위에서 목욕하는 여인을 보게 되었다. 그 여인은 외모가 몹시 아름다웠다. 더구나 저녁때 해가 질 무렵에 침대에서 일어나 다른 지붕 위에서 목욕하는(rachats) 여인을 보게 된다. 저녁 때 지붕 위를 걷게 되었다는 표현은 저녁때 시원한 바람이 불 때 야웨께서 동산을 거닐었다는 말을 연상시킨다. 저자가 여기서 대조시키고 있는 장면은 다른 모든 사람들이 전쟁터로 나갔는데 다윗이 낮잠을 잤다는 것이다. 이스보셋도 낮잠을 자다가 졸지에 머리 베임을 당한다(삼하 4 : 5). 잠은 공격을 당하는 시기로 신구약성서에서 자주 등장한다. 드보라에게 쫓기던 장군 시스라도 잠을 자다가 믿던 헤벨의 아내 야일에게 정수리를 맞고 죽는다. 목욕이라는 말은 다윗이 7절에서 우리아에게 "집에 가서 발을 씻어라(rachats)" 라고 말할 때 같은 단어를 쓰고 있다.

저녁이라는 말은 무엇을 상징하는가? 하나님도 저녁의 선선한 때 동산을 걷고 있을 때 아담과 하와를 만났고 다윗도 밧세바를 선선한 때 지붕 위를 걷고 있는 중에 만났다. 이것이 사건의 발단이다.

저녁때가 되어서야 다윗이 침상에서 일어났다는 말은 대낮에 군대를 전선에 보내놓고 자신은 낮잠을 잤다는 말이다. 이스보셋도 낮잠을 자다가 변을 당한다. 참고로 유대 전통에서 "저녁이 되며 아침이 되니 몇째 날이더라" 에서 보듯이 저녁이 하루를 먼저 시작한다. 이는 어둠과 어려움의 시작으로 밝은 빛으로 끝남을 말한다고 탈무드는 해석한다.

3 다윗이 사람을 보내서 그 여인을 찾았다. 그가 이르기를 "이것이 밧세바이고 엘리암의 딸이고 헷 사람 우리아의 아내가 아닙니까" 라고 했다. 여기서 밧세바는 일곱째 딸이라는 뜻이고 엘리암은 그 백성의 하나님이라는 뜻이고 우리아는 야웨의 빛이라는 뜻이다. 전개이고 도입구이다. 우리아는 죽음의 길을 알면서도 어린양과 같이 나아가는 그러므로 그의

이름이 언제까지나 기억되는 귀감으로 그려지고 있다.

4－**5** 다윗이 신하를 보내서 그녀를 취하므로 그녀가 그에게 왔고 그녀와 함께 동침했고 그녀의 부정함으로부터 정결케 된 때였고, 그녀가 그녀의 집으로 왔을 때 임신했다. "라카흐"라는 데려오게 했다는 말은 그 자체가 동침했다는 의미를 포함하고 있다. 남편이 있는 이웃의 아내를 취하는 경우는 사형에 처하는 제칠계명의 기본 의미였다(출 2 : 17; 레 20 : 10). 여기서 정결케 했다는 말은 다윗과의 동침을 정결케 했다는 의미보다는 달거리로부터 정결케 된 때(레 15 : 19, 달거리가 끝난 후 일주일)에 다윗과 동침을 한 것으로 이해된다. 레위기 15 : 25에 의하면 여자가 생리를 하는 동안은 불결하다. 어떤 접촉된 물건이나 사람도 불결하다. 생리가 끝나고 하혈해도 하혈하는 동안에는 불결하다. 생리 혹은 하혈이 끝나고 저녁때가 되어야 부정을 벗고 7일이 지나야 정결하게 되고 제사장에게 비둘기를 바쳐 정결의식을 거친 후에야 정결하게 된다. 다윗도 바로 이때에 동침을 한 것으로 보이며 바로 이때가 아래 오절에서 이야기되는 가임기간인 것으로 연결된다. 여기서 나타나는 순서는 창세기 12, 20, 26장에서 파라오나 아비멜렉이 족장모(족장들의 아내를 일컫는 말)들을 취하는 과정과 그 순서가 일치되어 나타난다. 먼저 사람을 보내서 데려오고, 취하고(아마도 동침중에), 하나님의 천사가 꿈에 나타나서 사실 여부를 고지하는 것으로 되어 있다. 창세기 4 : 1에서 보면 아담이 그의 아내를 알았고, 아내가 임신했고, 아들을 낳았다는 삼단계로 되어 있다.

6 이렇게 되자 다윗이 사람을 요압에게 보내어, 나에게 헷 사람 우리아를 보내라고 하니 요압이 우리아를 다윗에게 보냈다. 헷 족은 가나안의 둘째 아들로서 지금의 소아시아(터키 지역)이며 주전 16세기에 수도 하투스를 중심으로 발돋움하여 13세기경에 발칸 반도쪽에서 온 해양민족(블레셋 족)에 의해서 작은 소국들로 붕괴된다. 트로이의 목마 전쟁과 거의 같은 시기가 된다. 이는 또 출애굽의 시기와도 같은 연대에 속한다. 이들은 주전 1900년대로부터 세계에서 가장 이르게 주물 철기 문화를 발명해서 사용했으며 이들 전매하던 철기 기술은 침입자 블레셋 족에 의해서 외

부세계에 전달된다. 성서에서는 가장 일찍 골리앗에 의해서 철기가 사용되고 있음이 보고되고 있다. 이들은 발달된 철기문화를 중심으로 일종의 제국을 이루어냈으며, 성서에 나타나는 하나님과 이스라엘 백성 사이에 체결된 신명기에 나타난 호렙 산 계약이나, 출애굽에 나타난 시내 산 계약도 문학형식은 이들로부터 유래되거나 간접적으로 빌려온 것으로 알려져 있다. 아브라함이 막벨라 동굴을 구입할 시기에 이들이 가나안 남부지방까지 들어와 소유권을 가지고 있었던 것을 볼 때 가나안 역시 이들의 영향권 하에 있었음을 보이며, 헷 족속 역시 이들이 남겨놓은 소수민족에 속한 것으로 여겨진다.

7 우리아가 다윗에게 오니 다윗이 요압과 백성들과 전쟁의 상황을 물었다. 다윗은 자신의 문제로 직접 들어가지 않고 근황을 물음으로부터 시작한다. 다윗이 우리아에게 여러 가지 전시상황을 묻고 있으나 실상은 밧세바가 임신한 아이의 문제를 우리아의 아이인 것처럼 만들기 위해서 소환했던 것 같다.

8 다윗이 우리아에게 말했다. "너의 집으로 내려가서 발을 씻어라." 우리아가 궁으로부터 나가니 왕의 선물(마사)이 그의 뒤를 따랐다. 발을 씻는 행위는 휴식을 취하라는 행위였다(창 18 : 4). 이런 발을 씻는 행위는 예수가 제자들의 발을 씻어 섬김의 도를 표현하는 것이나(요 13 : 5), 마리아가 옥합을 깨뜨려 향유로 예수의 발을 씻는 행위로 전개된다(마 26 : 7; 막 14 : 3). 여기서 선물은 나사(들다)에서 파생된 하사품을 의미한다.

9 우리아가 왕궁의 궐문에서 그의 주인의 종들과 함께 자고 그의 집으로 내려가지 아니했다. 왕궁문이란 왕궁문을 지키던 시위병들이 거처하던 숙소를 말한다(왕상 14 : 27, 28). 왕궁문은 파수꾼이 지키는 곳이며 소식을 들으려면 가장 먼저 듣는 곳이다. 압살롬과의 전쟁 소식을 듣기 위해서 다윗은 성문 앞에서 보고, 또 일단 유사시를 위해서 성문 위쪽 망루에서는 망을 보는 망대가 있었다(삼하 18 : 24). 우리아는 그 입구를 지키는 가장 중요한 요지에서 함께 잔 것이다. 그는 삼십인 용사 중의 하나

였다. 그 지키는 자들이 큰 힘과 용기를 얻었을 것으로 여겨진다.

10 우리아가 자기 집으로 내려가지 않았다는 보고가 다윗에게 들어왔다. 다윗이 우리아에게 물었다. 어찌하여 집으로 내려가지 아니했느냐? 신명기 23 : 10과 사무엘상 21 : 5의 각도에서 보면 성관계에 대한 규제는 율법에서 전투중인 군인들에게 요구된 규율일 수 있다. 그렇다면 다윗에게 순종하는 것은 율법에 대한 위반이었을 수 있다.

11 직역을 하면 다음과 같다. "우리아가 다윗에게 이르기를 언약궤와 이스라엘과 유다가 막사에 있습니다. 나의 주인 요압과 나의 주인의 종들이 야전에 유하고 있습니다. 그런데 나는 먹고 마시며, 나의 아내와 눕기 위해서 집에 왔습니다. 내가 그런 일을 한다면 당신의 생명과 당신의 목숨을 위해서입니다." 전쟁중에 언약궤가 출두했음을 알 수 있다. 먹고 마시다는 하나님의 계약공동체의 상징이다. 함께 먹고 마심은 동고동락하는 것이다. 이는 신약성서에서 성찬식으로 이어진다. 구약에서는 이는 계약공동체를 의미했다. 자신의 공동체는 전투중인데 자신은 후방에서 (다윗과 같이) 빈둥거릴 수 없음을 대조적으로 표현하고 있다.

12 이렇게 하룻저녁을 더 자고 가도록 권하는 것은 고대사회에서 친절의 표시였다. 사사기 19 : 1－10에서 보면 첩을 찾으러 간 레위 인에게 장인이 계속해서 하룻 저녁을 더 쉬어가도록 권장하고 있다. 창세기 19 : 1－5에서도 이 본문과 패턴이 비슷하게 발을 씻고 하룻밤을 더 쉬어 가게 하는 사례가 있다. 사막성 기후에서 생명에 대한 서로의 존중을 중시하는 사회적 풍습일 수 있다. 사막과도 같은 아무도 반겨주지 않음을 한하는 믿음 없는 세상에서 지내다 가셔야 했던 예수가 "여우도 굴이 있고 참새도 둥지가 있지만 인자는 거할 데가 없다" 고 탄식한 것에서도 잘 나타난다.

13 우리아가 가지 않은 것이 결국 그의 죽음으로 인도한 것이다. 믿음이란 순종이다. 일시적으로 악한 마음을 가지게 된 신앙인도 양심은 있었다. 자기의 잘못을 덮고 아이 가진 것을 감추려고 했다. 그러나 우직하

고 충직했던 우리아는 내려가지 않았다. 그가 다윗의 말을 순종했더라면 그는 왕의 아들을 그 자신 안에서 키우고 있었을 것이다. 우리가 순종하면 그것은 만왕의 왕을 우리 안에 키우고 있는 것이다. 우리는 때로는 우리아의 충성된 마음 자체가 바로 우리의 우직함이요 생명이 아닌 사망으로 인도할 수 있는 것이다. 역설적으로 우리아가 순종했더라면 그는 살았을 뿐 아니라 자신이 키운 아이가 솔로몬과 같이 왕이 되는 역사도 있을 수 있었을 것이다. 세상을 오직 하나님만 아시는 것처럼 모든 권력을 쥐고 있는 다윗 왕만이 이런 모든 실태를 다 알고 있었기 때문이다. 다윗은 결국 밧세바의 아들, 우리아의 아내가 낳은 아들로 왕을 승계토록 한다. 솔로몬이라는 이름이 일컬어지는 곳에 우리아의 이름도 기념되게 한다. 결국 하나님에 대한 충성은 하나님이 반드시 보응해주심을 보여주는 대목이라고 할 것이다.

14 다윗이 요압에게 편지를 써서 우리아의 손에 쥐어 보냈다. 우리아는 자기의 죽음의 영장을 스스로 가지고 간다. 우리는 모두 자신의 숙명을 자신의 손안에 쥐고 있는 것이나 마찬가지다. 스스로를 죽음으로 내모는 사람들인 것이다. 다윗은 비밀리에 계획해서 우리아를 죽이도록 획책했다. 그는 비밀리에 했지만 하나님에게는 드러나는 것이다. 우리아는 감쪽같이 제거되었지만 그의 모략은 만천하에 드러나게 되고 그런 것이 약점이 되어서 이제 요압과 그 형제의 세력이 커지게 된다. 골방에서 한 일이 만천하에 드러나게 하시는 하나님인 것이다(삼하 12 : 12).

15 사역하면 다음과 같다. "그가 그 편지에 쓰기를 가장 격렬한 전선에 우리아를 보내라. 그리고 너는 그로부터 빠져나와라. 그래서 그가 맞아 죽도록 하라." 사울과 사무엘과의 관계에서도 이런 경우였다. 사울은 나가 싸우려고 했으나 그에게는 하나님의 지원과 격려가 없었다. 결국 그는 패망하고 만다.

16 요압이 그 성을 지키고 있을 때에 요압이 우리아를 강한 적장들이 있는 곳에 배치했다. 요압은 다윗을 위해서는 자기의 죽음조차도 바칠

인물이었다. 12장에서 보면, 암몬의 랍바 성을 점령하고 혹시나 공이 자기에게 돌아갈 것을 염려해서 다윗으로 입성하게 한 사람이다(삼하 12 : 26−29).

17 − **18** 그들이 나와서 요압과 싸울 때에 다윗의 신복들 중의 몇몇이 엎드러졌다. 그리고 헷 족속인 우리아도 죽었다. 아마 우리아도 용병군에 속한 장군이었던 것 같다. 요압이 사람을 보내서 다윗에게 전쟁의 모든 것을 보고했다.

19 − **21** 왕의 계속된 다섯 번의 질문에 한마디 대답으로 종결케 되는 형식을 취한다. 여기서 여룹베셋은 여룹보셋에서 온 말이다. 여룹베셋은 여룹바알의 다른 이름이다. 왜 주군(主君)을 뜻하는 바알을 부끄러움이라는 보셋으로 바꾸었는지는 학자들도 설명하지 않고 있고 그 기자의 내막을 알 수도 없다.

그러나 여룹보셋, 이스보셋 등 모두 북쪽 출신의 왕에 해당하는 사람들이었고 모두 보셋(부끄럼) 대신 바알(주군)이라는 이름으로 불렸던 사람들이다. 그러므로 결론내릴 수 있는 것은 바알 종교(자연종교)를 부끄러움이라고 기자가 표현하고 믿었다는 것이다.

22 사자는 대언자로서 그 역할은 출애굽기 4 : 10−17에 나와 있는 바와 같은 것이다. 모세는 아론에 대해서 예언자(prophet) 즉 사자이다. 그러나 모세가 말하고 아론이 바로에게 대언할 때 모세는 아론과 바로에게 하나님과 같이 되고 아론은 대언자, 즉 사자가 되는 것이다. 이들은 아무개가 가라사대(thus says Yahweh 혹은 왕)라는 말투 즉 전달할 내용을 보낸 자의 말투로 말하고, "야웨의 말이니라"(네움 아도나이)라고 끝을 맺는 형식이다. 사자가 전달자인 것처럼 하나님 말씀의 설교자들도 본질상 하나님의 대언자들인 것이다.

23 결국 이렇게 되어서 우리아는 처절한 죽음을 당하게 되는 것이다. 사람이 싸울 수 있을 때가 좋은 것이다. 더 좋은 것은 함께 선한 싸움

을 싸울 수 있을 때가 좋은 것이다. 그러나 우리아는 빛을 남기고 간 것이다. 신명기사가는 우리아를 미련할 정도로 충직한 모범으로 묘사하고 있다. 그것이 사무엘하 기자의 믿음이며 신앙이다.

24 우리아는 "야웨는 나의 빛이다"는 뜻이다. 헷 사람은 지금의 소아시아 사람을 말한다. 헷 사람은 주전 1900년경부터 철기문화를 개발해서 사용했는데 이 헷 제국이 붕괴하면서 그들이 전매하고 있던 철기문화도 팔레스타인과 이집트 지역으로 확산된다. 이들 헷 제국의 붕괴자는 다름 아닌 발칸 반도 쪽에서 온 블레셋 족속이었다. 이런 의미에서 블레셋 족속들은 헬라 문명의 첫 전달자 내지는 전파자였다.

25 여기서 전달되어야 할 내용은 "다윗 왕이 말한다"로 시작하여 다윗이 전달하는 내용이 같은 문체로 이루어지고, 마지막으로 "다윗 왕의 말이다"로 끝을 맺어야 되는 것이다.

26 호곡 혹은 통곡은 죽은 자를 위해서 통곡하는 것을 말한다. 통곡을 뜻하는 히브리어 사파드는 "죽은 자를 위해 가슴을 치며 우는 것을 말한다"(왕상 14 : 13; 창 23 : 2; 렘 4 : 8; 슥 12 : 10 등). 히브리인들은 죽은 자를 위해 보통 칠일을 호곡했다(창 50 : 10; 대상 10 : 12; 삿 16 : 24). 특별한 경우에는 30일을 호곡했다(민 20 : 12; 신 34 : 8). 아이러니컬하게도 다윗은 우리아의 죽음에 대해서 아무런 위안도 하지 않는 것으로 나타난다. 그러나 우리아의 아내였던 밧세바를 통해서 낳은 솔로몬을 왕으로 계승시킨다.

27 슬퍼하는 기간은 보통 칠일이었던 것 같다(창 50 : 10). 모세와 아론을 위해서는 삼십 일이었다(신 34 : 8; 민 20 : 29). 사사기 11 : 40에서 입다의 딸에 대한 통곡은 나흘간이었다. 아마도 망자와 통곡자와의 관계의 원근에 따라 혹은 국가적 신분에 따라서 달라질 수 있었던 것 같다.

¶ 메시지

첫째, 우리아는 "야웨는 나의 빛이다"라는 뜻이다. 항상 누가 뭐래도 야웨 하나님을 나의 빛으로 생각하고 자기의 최선을 다할 수 있는 사람은 복되다. 다윗의 이야기가 전해지는 곳마다 그의 덕담과 충성심은 더욱 빛을 발한다. 또한 그의 아내 밧세바를 통해서 낳은 솔로몬이 그의 충성과 덕을 기리고 있다. 그의 어머니가 바로 밧세바이고 우리아의 아내였기 때문이다. 우리아는 외국인이다. 그러나 그가 충성을 다했을 때 어떤 이스라엘 사람보다도 더 높은 아름다움을 보인 것이다.

두 번째, 하나님은 우리가 모르게 한 것조차도 아신다는 것이다. 다윗이 악한 짓을 했을 때 그는 그 모든 것이 전혀 알려지지 않을 것으로 여겨졌으나 그만 모든 것이 알려지게 되었다. 이 일로 인하여 그의 집안은 사양길로 접어들게 되고 결국 압살롬의 난과 자기 자신을 위해 그렇게도 충성했던 요압도 결국 사지로 몰아넣게 된다. "의인은 없나니 하나도 없다."라고 한 말이 이루어진 것처럼 다윗도 매우 흉악한 생각을 가지고 있었다. 그러므로 그가 모압 인을 죽인 것, 사울의 자손을 죽인 것 등으로 그는 피를 흘린 자라고 사울의 친척 시므이로부터 비난을 받게 된다(삼하 16 : 5－8).

세 번째는, 다윗은 제칠계명을 범함으로써 또다시 살인 계명을 범하게 되고 단지 우리아만 죽게 되는 것이 아니라 다른 장수들까지 덤으로 죽게 되는 사태가 발생하게 된다. 결국 그것은 자신의 집안의 분란으로 이어져서 압살롬의 난으로 인하여 자신의 아들뿐만 아니라 아마사와 같은 자신의 누이의 아들이었던 장수까지 잃어버리게 된다. 더 나아가서 이런 일련의 사태로 말미암아 자신의 가장 충실한 심복이었던 요압과의 사이까지 벌어지게 되고 결국에는 요압이 그냥 늙어서 자연사하지 못하게 하라는 유언까지 남기며 운명하게 된다.

네 번째는, 그래도 하나님께서는 견디는 자에게 소망을 주신다는 것이다. 다윗은 이러한 어려운 시련을 통해서 다시 한번 태어나는 신앙적 체험을 거치게 된다.

우리나라 말에도 심기일전이라는 말이 있다. 이러한 영적인 차원을 동양사상에서는 생기라고 번역하고 있다. 새로운 생을 주는 기백, 기운, 에너지, 힘이라는 것이다. 또 하늘은 스스로 돕는 자를 돕는다는 말이 있다.

다윗은 이번 기회를 통해서 이제 새로운 인간이 된다. 비록 그는 범죄함으로 가정에 칼싸움이 끊일 날이 없는 징벌을 받고 죄의 씨앗인 첫째 아이가 사망하는 징벌을 받지만 둘째 아담인 그리스도와 같이 두 번째 낳은 솔로몬을 통해서 새로운 역사가 시작되는 것이다.

아담도 땅을 파고 하와는 해산을 해야 하는 고통을 감수함에도 불구하고 새로운 자손을 낳고 스스로의 문명을 일구어가는 축복을 받게 되는 것이다. 가인도 그가 동생을, 신앙의 씨앗을 죽이는 그러한 죄악을 짓지만 그는 야웨의 징표를 이마에 가지고 겐 족으로 이어져서 철기문화와 악기를 다루는 자의 조상이 되고 모세에게 야웨 신앙을 전해주는 미디안 족속의 일부가 되며, 결국 끝까지 포도원 농사와 돌집을 짓지 않고 천막생활을 하며 야웨를 예배하는 레갑 족으로 이어져 내려가는 것이다.

이렇게 세상에서의 믿음은 그냥 간신히 넘어가는 것으로 끝이 나지만, 그리스도 안에서의 하나님을 인정하고 자기 죄를 고백함은 성령과 말씀으로 인치시고 말씀의 전신갑주를 우리에게 입혀 범죄 전보다도 더 많은 축복이 임하게 하는 것이다.

이렇게 성령으로 인치심을 받고, 말씀의 전신갑주를 입은 사람들은 그리스도를 따라서 이렇게 끝까지 믿음으로 말씀에 순종함으로 세상 사람들이 못을 박을지라도 하나님의 능력으로 다시 살아나는 것이다. 이렇게 신앙인은 단지 지나가는 것이 아니라 그 시련을 통해서 성숙하고 하나님의 약속을 더욱 굳게 붙잡고 더 큰 소망을 향해 나가는 것이다. 그러면 하나님께서 그리스도를 다시 살린 것처럼 우리들을 영화롭게 다시 살릴 것을 믿고 사는 승리의 삶을 사는 것이다. 그래서 "그리스도 안에 있으면 누구든지 새로운 피조물이라 이전 것은 지나갔으니 보라 새것이 되었도다."라는 말이 나오는 것이다. 누구든지 그리스도를 받아들이면 죽어도 살겠고 살아서 믿는 자들은 영원히 산다는 것이다.

창세기 4장에 보면 가인이 자기의 제사는 받지 않고 아벨의 제사만 받으니까 화가 났다. 그래서 그만 아벨을 아무도 보지 않는 벌판에서 살해하고 만다. 성서에서 벌판은 아무도 보지 않는 곳을 뜻한다. 하나님이 가인에게 묻는다. "네가 네 아우에게 무엇을 행했느냐?" 그러자 가인은 아담처럼 핑계를 댄다. "내가 아우를 지키는 자입니까?" 그러자 하나님이 "네 아우의 핏소리가 땅에서부터 내게 외치는구나"라고 말한다. 그러자 가인이 자기의 죄를 고백한다. "내 죄가 너무 중하여 내가 견딜 수 없나이다. 내가 세상에 나가 유리하는 자가 되면 세상인들이 나를 죽일 것입니다." 그러자 하나님이 가인의 이마에 징표를 주사 그가 누구를 만나든지 죽임을 당하지 않게 한다.

그러나 하나님은 그를 영원히 버리지 않으신다. 그의 이마에 특수한 징표, 인을 주어서 그가 살인자일지라도 아무도 그를 죽이지 못하게 한다. 그는 새로운 삶을 사는 것이다. 만일 그 마음에 회개의, 참회의 인이 없었다면, 하나님께 제사하지 않고 그냥 자신만을 믿고 사는 사람들이었다면, 하나님이 지켜주신다는 징표를 그 마음속에 그 이마에 달고 다니지 않았다면 그는 그만 사망하고 말았을 것이다.

하나님이 주신 이 징표는 무엇인가? 이 징표로 말미암아 가인은 이 세상을 다시 살아갈 수 있게 되었다. 세상의 많은 공격에도 불구하고 능히 극복하고 견딜 수 있었다. 그렇다면 이 인이라는 말은 무엇을 뜻하는가? 신약성서인 에베소서 1 : 13에 약속의 성령으로 인치심을 받았다고 한다. 하나님께서 보혜사 성령을 주었다는 것이다. 하나님을 알아볼 수 있는 마음을 주었다는 것이다. 또 고린도후서 1 : 22에서 보면, 성령으로 인치시고 보증을 우리에게 주었다고 한다. 성령으로 말한다. 우리의 마음속에 하나님이신 성령님이 계셔서 간곡하고, 곡절하게 말씀하고 계시고 상담하고 계심을 말한다. 성령의 인이 우리 안에 있을 때에 방부제처럼, 약속의 보증이 되어 누구도 우리를 해치 못하는 것이다. 음부의 권세도, 정죄의 권세도, 열등의식의 권세도, 병마의 권세도 우리를 묶어놓지 못하는 것이다. 인 맞을 때는 아프지만, 그러나 그것이 영원한 징표가 되는 것이다. 그러므로 인이란 예수께서 보여주신 고난의 십자가이기도 한 것이다.

그러나 그가 범죄하였음에도 불구하고 하나님은 가인에게 하나님의 보호의 징표를 주신다. 이 보호의 징표는 사도 바울이 가지고 있던 십자가의 인이나 마찬가지일 것이다. 십자가에 우리의 범죄를 못박고 새로운 영체로 그리스도와 함께 다시 살아나는 것이다.

이 인이 있으므로 그는 사망에 이르지 않고 견딜 수가 있었다. 어떤 악조건 하에서도 성령님으로 인치심을 받은 자는 성령이 그 안에 있어서, 그와 함께 있어서 그를 보호하는 것이다. 고린도전서 9 : 2에 보면, "다른 사람들에게는 내가 사도가 아닐지라도 너희에게는 사도니 나의 사도됨을 주 안에서 인친 것이 너희라 나를 힐문하는 자들에게 발명할 것이 이것이니" 라고 말하고 있다. 하나님을 인정했다는 것이다. 그리스도를 인정하는 사람들에게 하나님은 다가오시는 것이다. 성령으로 그들과 함께 역사하시는 것이다.

22. 나단의 우화(12 : 1—25)

¶ 본문

1 여호와께서 나단을 다윗에게 보내시니 와서 저에게 이르되 한 성에
두 사람이 있는데 하나는 부하고 하나는 가난하니 2 그 부한 자는 양과
소가 심히 많으나 3 가난한 자는 아무것도 없고 자기가 사서 기르는 작은
암양 새끼 하나뿐이라 그 암양 새끼는 저와 저의 자식과 함께 있어 자라
며 저의 먹는 것을 먹으며 저의 잔에서 마시며 저의 품에 누우므로 저에
게는 딸처럼 되었거늘 4 어떤 행인이 그 부자에게 오매 부자가 자기의 양
과 소를 아껴 자기에게 온 행인을 위하여 잡지 아니하고 가난한 사람의
양 새끼를 빼앗아다가 자기에게 온 사람을 위하여 잡았나이다 5 다윗이
그 사람을 크게 노하여 나단에게 이르되 여호와의 사심을 가리켜 맹세하
노니 이 일을 행한 사람은 마땅히 죽을 자라 6 저가 불쌍히 여기지 않고
이 일을 행하였으니 그 양 새끼를 사배나 갚아 주어야 하리라 7 나단이
다윗에게 이르되 당신이 그 사람이라 이스라엘의 하나님 여호와께서 이
처럼 이르시기를 내가 너로 이스라엘 왕을 삼기 위하여 네게 기름을 붓고
너를 사울의 손에서 구원하고 8 네 주인의 집을 네게 주고 네 주인의 처
들을 네 품에 두고 이스라엘과 유다 족속을 네게 맡겼느니라 만일 그것이
부족하였을것 같으면 내가 네게 이것 저것을 더 주었으리라 9 그러한데

어찌하여 네가 여호와의 말씀을 업신여기고 나 보기에 악을 행하였느뇨
네가 칼로 헷 사람 우리아를 죽이되 암몬 자손의 칼로 죽이고 그 처를 빼
앗아 네 처를 삼았도다 [10] 이제 네가 나를 업신여기고 헷 사람 우리아의
처를 빼앗아 네 처를 삼았은즉 칼이 네 집에 영영히 떠나지 아니하리라
하셨고 [11] 여호와께서 또 이처럼 이르시기를 내가 네 집에 재화를 일으키
고 내가 네 처들을 가져 네 눈앞에서 다른 사람에게 주리니 그 사람이 네
처들로 더불어 백주에 동침하리라 [12] 너는 은밀히 행하였으나 나는 이스
라엘 무리 앞 백주에 이 일을 행하리라 하셨나이다 [13] 다윗이 나단에게
이르되 내가 여호와께 죄를 범하였노라 하매 나단이 다윗에게 대답하되
여호와께서도 당신의 죄를 사하셨나니 당신이 죽지 아니하려니와 [14] 이
일로 인하여 여호와의 원수로 크게 훼방할 거리를 얻게 하였으니 당신의
낳은 아이가 정녕 죽으리이다 하고 [15] 나단이 자기 집으로 돌아가니라
[16] 다윗이 그 아이를 위하여 하나님께 간구하되 금식하고 안에 들어가서
밤새도록 땅에 엎드렸으니 [17] 그 집의 늙은 자들이 곁에 이르러 다윗을
일으키려 하되 왕이 듣지 아니하고 저희로 더불어 먹지도 아니하더라
[18] 이레만에 그 아이가 죽으니라 그러나 다윗의 신복들이 아이의 죽은 것
을 왕에게 고하기를 두려워하니 이는 저희가 말하기를 아이가 살았을 때
에 우리가 말하여도 왕이 그 말을 듣지 아니하셨나니 어떻게 그 아이의
죽은 것을 고할 수 있으랴 왕이 훼상하시리로다 함이라 [19] 다윗이 그 신
복들의 서로 수군거리는 것을 보고 그 아이가 죽은 줄을 깨닫고 그 신복
들에게 묻되 아이가 죽었느냐 대답하되 죽었나이다 [20] 다윗이 땅에서 일
어나 몸을 씻고 기름을 바르고 의복을 갈아입고 여호와의 전에 들어가서
경배하고 궁으로 돌아와서 명하여 음식을 그 앞에 베풀게 하고 먹은지라
[21] 신복들이 왕께 묻되 아이가 살았을 때에는 위하여 금식하고 우시더니
죽은 후에는 일어나서 잡수시니 어찜이니이까 [22] 가로되 아이가 살았을
때에 내가 금식하고 운 것은 혹시 여호와께서 나를 불쌍히 여기사 아이를
살려 주실는지 누가 알까 생각함이어니와 [23] 시방은 죽었으니 어찌 금식
하랴 내가 다시 돌아오게 할 수 있느냐 나는 저에게로 가려니와 저는 내
게로 돌아오지 아니하리라 [24] 다윗이 그 처 밧세바를 위로하고 저에게 들
어가 동침하였더니 저가 아들을 낳으매 그 이름을 솔로몬이라 하니라 여

호와께서 그를 사랑하사 [25] 선지자 나단을 보내사 그 이름을 여디디야라 하시니 이는 여호와께서 사랑하심을 인함이더라

¶ 개요

1－6절까지 나단을 통한 동화 이야기가 나오고,
7－15절까지 죄의 씨인 아이가 죽고
16－25절까지 솔로몬이 태어나게 된 배경이 나온다. 또 어떻게 다윗이 밧세바를 통한 첫 아이와 관련해서 처신했는지에 대한 교훈적인 일화가 나타난다.

¶ 주석

1 이런 시의 비유는 성서 안에 가득한 이야기이다. 예수는 이런 탈무드 스토리와 같은 비유 이야기를 통해서 복음을 깨닫도록 하셨다. 선한 사마리아 인의 이야기, 탕자 이야기와 같은 것들이다. 대개 두 사람 혹은 형과 아우 등의 비유는 인간적인 갈등을 말한다. 육신적으로는 이렇게 하고 싶은데 영적으로는 그렇게 해서는 안 되는 경우의 비유라든가, 구약성서에서 에서와 야곱, 이스라엘과 이삭의 이야기에서 나타나는 바와 같이 세상적으로는 좋아보여도 결국 약해보이는 동생인 영적인 믿음이 승리하는 것을 비유해서 나타낸다.

2 고대 이스라엘 사회는 유목생활을 전제로 한다. 식사도 대개는 양고기나 송아지 고기로 나온다. 지금 미국의 서부지대의 주식이 쇠고기인 것이나 마찬가지다. 유목민의 재산을 말해주는 것은 소떼와 양떼이다. 정착민들이 사육한 돼지는 불결한 것으로 여겨졌다. 한 인간의 마음에도 두 가지 성품이 있다. 자신을 부유하게 생각하는 마음 즉 탐심의 마음과 그러나 이와는 반대로 마음이 가난한 사람도 있다. 마음이 가난한 사람은 모든

것을 감사한다. 마음이 교만한 사람은 모든 것을 불평스럽게 생각한다.

3 먹고 마신다는 개념은 같은 공동체 혹은 같은 계약공동체를 말한다. 이는 신약성서에서 식탁공동체로 발전한다. 여기서 "품에 눕고 잔으로 마시는" 등의 표현은 짐승을 통해서 사람의 행위를 표현하고 있다. 그리고 결국에 가서 그것은 밧세바이고 그 부자는 바로 당신 다윗이라는 것으로 종결을 내려 다윗으로 하여금 자신이 한 행동을 제대로 깨닫게 하는 것이다. 마음이 가난한 사람은 이웃과 더불어 작은 것도 나누어 살므로 감사의 오병이어가 나타난다. 그러나 마음이 교만한 사람은 있어도 오히려 불평을 하게 되는 것이다.

4 어떤 부자가, 자기에게 온 여행객을 접대하기 위하여, 그가 자기의 양과 소떼로부터 취하지 않고, 가난한 사람의 암양을 취했다는 이 구절에서, 행인은 그가 낮잠을 자고 난 후에 찾아온 정욕을 상징한다고 말할 수 있다. 대개의 손님은 하나님의 사람으로 나타나나 여기서는 정욕을 나타내고 있다. 자기의 욕심을 채우기 위해서 자신의 것을 사용하지 않고 기득권을 사용해서 가난한 사람을 착취하는 것을 말한다.

5–**6** 일부를 사역하면 다음과 같다. "다윗이 말한다. 야웨의 생명을 거노니 이 일을 행한 그 자는 죽일 놈이구나." "야웨가 살아 있는 한"이란 "야웨가 살아계시기 때문에"라는 뜻이다.

네배를 보상해야 하는 것이 민법(판례법, mishpatim)의 법이다. 출애굽기 22 : 9에서는 갑절로 배상해야 되나 여기서는 괘씸죄가 적용되어서 네배를 변상하도록 규정하고 있다. 다윗은 어떤 식으로 이 네 배를 보상했는가? 다윗은 제7계명과 제6계명을 범한 것이다(삼하 11 : 4, 5; 레 20 : 10; 24 : 17).

7 나단이 이르기를 "이 다윗이 바로 그 사람이다." 듣는 자 혹은 읽는 자가 모두 남의 이야기로 생각하나 그러나 바로 나 자신이 자신이라는 것이다. 이는 신약성서에서 다른 사람의 티는 보면서 네 눈의 들보는 보지

못한다라는 말로 귀추된다.

8 고대 근동에서 새로운 정복자는 그 이전의 왕들의 후처를 모두 거느릴 수 있었다. 그러므로 왕의 처를 데려간다는 것은 바로 왕권이 옮아가는 것이나 마찬가지였다. 이런 의미에서 다윗의 어린 처를 요구했던 아도니야와 사울의 첩 리스바를 차지했던 아브넬은 죽음을 맞게 된다. 결국 이런 차원에서 보면 압살롬도 그런 경우이다. 특별히 신명기 23장에서 아비의 치마를 들추지 말라는 말은 바로 압살롬과 같은 경우이고 이와 비슷한 경우는 르우벤도 야곱의 첩 빌하를 범함으로 맏아들의 구실을 하지 못하게 된다(창 35 : 22; 49 : 1-4).

9 "왜 네가 야웨의 말씀을 경멸하고 그의 안전에서 악을 행했느냐? 우리아(야웨의 빛)를 검으로 치고 그의 아내를 너의 아내로 취했느냐? 그를 암몬 군의 검으로 쳤느냐?"라는 말씀으로, 구약성서에서는 "네 이웃의 아내를 범하는 것"이 부권을 침범하는 것이고 간음죄로 해당되어 둘을 모두 죽였다(신 23 : 22). 처녀를 범했을 경우에는 그녀를 데려와서 평생 데리고 살면서 처녀의 아버지에게 50세겔을 주어야 했다(신 23 : 25-29).

10 다윗은 두 가지 치명적인 십계명을 범한다. 십계명은 사형법을 말한다. 7계명이며 또 6계명이다. 우리아는 이방인이지만 계약공동체 안에서 공동체의 생명을 위해 싸우고 있었기 때문에, 즉 공동체 계약시민이었기 때문에 해칠 수 없는 것이었다. 구약성서에서 피의 보복법은 전쟁에서 나타난 사건의 피 보복이 아니라 이스라엘이라는 계약공동체 내에서의 살인 사건에서 피흘림이 보복되어야 함을 말한다. 공동체 존속을 위한 방법이다. 사무엘하 21 : 1-6에서 기브온 족속은 우리아처럼 이방인이지만 계약을 맺은 백성이기 때문에 이들을 죽인 사울이 피의 보복을 당하는 것이다.

11 "네가 나를 위해 집을 지으려고 하느냐? 내가 너를 위해 집을 지어주겠다. 네가 나를 공궤하였으니 내가 너를 공궤하겠다"(바르실래에게)

는 것이 신명기사가의 신앙이며, 다윗의 신앙인 것이다. 그리고 그것이 우리의 신앙인 것이다. "너의 집으로부터 너에게 악이 일어날 것이다." 죄악을 지으면 삼사 대까지 갚으시는 하나님이다(출 20 : 4-6). 대개 삼사 대는 함께 사는 대가족으로 이해한다. "내가 너의 아내를 너로부터 취해서 네 이웃에게 줄 것이며, 그가 이 대낮의 해가(해의 눈앞에서) 너의 여인들과 누울 것이다." 사무엘하 16 : 21, 22에서 벌어질 압살롬의 사건을 암시하고 있다.

12 "네가 이 일을 은밀히 행했으나 나는 이 일을 모든 이스라엘 앞에서 해 아래서 행할 것이다." 다윗은 자신의 범죄를 은폐하려고 했으나(삼하 11 : 6-27) 하나님 앞에서 만천하에 드러나게 된다고 보는 것이 성서적 믿음이다(시 33 : 13-15). 그러므로 이에 대한 심판이 따르게 된다(전 12 : 14; 계 20 : 11-15).

13 다윗이 나단에게 말했다. "내가 야웨께 범죄하였다." 이것이 아담의 고백이며, 가인의 고백이다. 그러나 성경적 믿음의 특징은 자신의 범죄를 고백하는 한 이런 범죄 때문에 죽지는 않는다는 것이다. 용서하시는 하나님이시며 그리스도의 부활을 예시하시는 하나님이다. 어떤 저주나 범죄도 하나님의 사랑을 이기지 못하게 하기 위한 것이고 결국 그의 극진하신 헤세드 사랑으로 죽음과 사망의 쏘는 것까지 이기게 하기 위한 것이다. "네가 이 죄 때문에 죽지는 않을 것이다." 이러한 고백은 가인이 하나님께 하는 고백이다(창 4 : 13).

14 이 일로 인하여 야웨의 적으로 하여금 경멸하도록 되었다. 야웨의 적은 신앙의 능력을 저해하는 세력이다. 야웨의 적은 에덴 동산에서의 사탄이다. 그들의 목적은 말씀에서 벗어나게 하는 세력이다. 창세기 4장에서 문지방에 웅크리고 있는 죄의 세력인 것이다. 죄의 결과는 사망이다. 태어날 아이가 반드시 죽을 것이다. 이 일 이후로 다윗은 압살롬 사후의 사건에서도 볼 수 있었던 것처럼 요압으로부터 강한 충언을 통해 경멸을 당하게 되고, 자식 압살롬으로부터도 모욕적인 일을 당하게 된다.

15 그 아이가 아픈 것은 신명기사가의 신앙적 구조인 인과응보의 사상에서 설명되는 것으로 본다. 그러나 소경을 보고 이는 조상의 죄 때문이 아니라 하나님의 영광을 드러내기 위한 것으로 해석한 예수의 말처럼 이는 더 큰 축복인 솔로몬을 주기 위해서 주시는 하나님의 시련이라고도 할 것이다.

16 그는 어려울 때마다 하나님을 찾는 사람이다. 전쟁에 나갈 때마다 하나님께 묻는 사람이다. 이런 죄를 지었을 때 당연한 도리는 하나님을 찾는 것이다. 무한한 지혜와 사랑의 원천인 하나님을 찾는 것이다. 그러면 그는 올바른 길을 가르쳐주실 것이다. 과거를 용서하시고 새로운 세계를 주실 것이다. 하나님을 찾지 않았던 사울은 결국 엔도르의 무당을 찾는다. 엔도르의 무당은 신앙의 조상들의 증언들을 가지고 있지 않다. 하나님은 예언자 없이 신앙의 선조들에게 보여주신 계시 없이 홀로 계신 분이 아니시다. 그는 예언자들과 신앙의 선조들을 통해서 주신 경전과 말씀을 통해서 우리의 신앙적 뿌리가 있게 하시는 분이다.

17 여기서 나타나고 있는 회개의 특징은 탄식시의 정황과 일맥상통한다. 그는 먼저 하나님께 부르짖고, 금식한다. 그리고 석고대죄의 경우와 같이 땅에 엎드린다. 옷을 찢고 머리에 재를 뿌리는 것이 일반적인 관습과 행사였다. 그의 장로들이 일으키려고 했으나 일어나지 않는다. 여기서 장로들이란 다윗 왕가에 속한 어른들을 말한다. 대개 장로는 대가족의 족장들을 말한다. 아마도 다윗 친가와 여러 명이 있는 처가 쪽의 장로들이었을 것이다.

18 칠일째라는 말은 안식일이 되는 때이면서 여자가 달거리로부터 부정을 벗은 기간이기도 하다. 이제 죄의 싹은 죽은 것이다. 이러한 일련의 현실은 결국 신약성서에서 “욕심이 잉태하여 죄를 낳고 죄가 장성한즉 사망에 이르느니라”는 말씀으로 종결된다(약 1 : 15).

19－**20** 땅에서 일어난다는 말은 앉은뱅이가 일어난다는 말과 같

은 것이다. 그는 낙심 가운데만 있지 않는다. 예수 신앙의 인간적 근거인 다윗의 신앙은 탄식의 정황에서 언제까지나 있는 것이 아니라 새로이 먹고 다시 일어나는 것이다. 무슨 일을 해서라도 다시 일어나는 것이다. 몸을 깨끗이 씻고 옷을 갈아입는다는 말은 새로운 성령의 두루마기를 입는다는 말이다. 그리고 먹고 마신다. 머리에 기름을 바른다. 이제 새로운 세상을 다시 살 준비가 되는 것이다. 이러한 새 옷을 입기 전에 새로운 피조물이 되기 전에 그는 몸을 깨끗이 씻는다. 그리고는 야웨의 집으로 간다. 예배드리러 가는 것이다. 그리고 부복해서 예배드렸다. 주신 자도 하나님이시요 거두시는 자도 하나님이라는 것을 믿음으로 받아들이고 하나님께 순복하는 것이다. 그리고 먹고 마시는 것이다. 새로운 삶을 시작하는 것이다. 신앙이 없는 사람은 자신의 머리로 해석하고 자신의 체면으로 행동했을 것이다. 그러나 다윗은 많은 단점에도 불구하고 하나님과 동행하고 하나님의 섭리와 치리를 인정하는 삶을 산 것이다.

21 – **22** 어려운 처지에 있을 때 최선을 다하는 것이다. 이러한 다윗의 태도는 그리스도 수난 설화 안에서 재현된다. 잡히시던 전날 밤 겟세마네 동산에서 "주여 할 수만 있다면 이 잔을 피하게 하여 주소서"라고 땀을 피처럼 흘리면서 기도한다. 그러나 "하나님의 뜻대로 하소서"라는 기도와 함께 십자가상의 죽음을 받아들인다. 세상의 모든 고난과 아픔을 십자가상에서 함께 못 박아 버리는 것이다. 그리고 온갖 오해와 저주의 옷인 수의를 벗어버리고 새로운 흰 옷으로 갈아입고, 새로운 영체로, 새로운 피조물로 다시 살아나서 부활의 첫 열매와 모범이 되신 것이다.

23 이는 신명기사가의 말이며 다윗에 대한 어록이다. 사역하면 다음과 같다. "이제 아이가 죽었다. 왜 이렇게 하지 않겠느냐? 내가 금식한다면 내가 돌이킬 수 있겠느냐? 내가 그에게 갈 수는 있으나 그가 나에게 돌아오지는 않을 것이다." 이미 지나간 것에 대해서 애걸복걸하지 않아야 한다는 것이 성경적 진리이다. 뒤돌아보아서는 안 된다. 앞을 보아야 한다. 롯의 아내가 뒤를 돌아보았을 때 생명력을 잃어버린다. 소금기둥이 된다(창 19 : 26). 이스라엘 백성들이 이집트 노예살이를 할 때를 생각하

며 향수에 젖어 있을 때 하나님의 불벼락이 떨어졌다. 아브라함은 과거의 고향으로 돌아갈 생각을 하지 않고 미래의 본향으로 나아갔다. 신앙인의 고향은 미래에 있지 과거에 있지 않다는 것이 신명기사가의 강한 주장이기도 하다. 아브라함은 종 엘리에셀에게 결코 이삭을 하란으로 데리고 돌아가서는 안 된다고 주장한다(창 24 : 5—6). 특별히 이 부분은 엘리에셀을 통해서 돌아가도 되느냐라는 질문을 일으키게 해서 그래서는 절대로 되지 않는다는 말을 삽입하고 있는 것이다. 예수는 쟁기를 붙잡고 뒤를 돌아보는 자는 하나님 나리에 합당치 않다고 한다(눅 9 : 62). 사도 바울은 내가 달려갈 길을 다 달려왔으니 이제 주 앞에서 받을 면류관만이 남았다고 한다(딤후 4 : 8).

24 다윗이 그의 아내 밧세바를 위로하고(나함) 함께 자리에 들어 아들을 낳았다. 그 아들의 이름을 솔로몬(보상)이라고 했다. 그리고 야웨가 그를 사랑했다. 하나님께서는 자신을 찾는 자에게 보상을 주신다. 전보다도 더 좋은 보상을 주신다. 신앙으로 쳐서 길러난 반석의 생수는 일반 시냇물보다도 몇배 몇십 배 더 시원하고 영원한 생수가 되는 것이다. 어려움을 이겨내고 길러낸 것이기 때문이다. 고난을 믿음으로 극복한 후에는 반드시 이전보다 훨씬 더 좋은 축복, 더 단단한 은총이 주어지는 것이다(신 30 : 15—20).

25 그가 나단을 통하여 그의 이름을 야웨를 위하여 여디디야(야웨의 사랑하는 자)라고 부르게 했다. 비록 표면적 해석은 이러하나 글자 그 자체로 보면, 여디디야는 다윗(David)의 히브리어 철자 미래형(여디디)에다가 야웨 신명(야)을 어미에 붙여서 만든 이름이다. "야웨가 미래의 다윗을 만들 것이다"라는 뜻이다. 이는 벌써 다윗의 후계자가 될 것이라는 것을 암시하는 것이다.

¶ 메시지

사무엘하 12 : 14에 보면, 다윗이 밧세바와 범죄한 후에 나단이 야웨의 뜻을 전한다. 네가 범죄하였으므로 "너의 집안에 칼싸움이 그치지 않을 것이다"라고 말한다. "너는 은밀히 행하였으나 나는 그것을 백주에 드러내리라"라고 말한다. 자기의 가장 부끄러운 치부가 만천하에 드러났을 뿐만 아니라 하나님으로부터 너의 집안에 칼싸움이 끊이지 않을 것이라는 숙명적, 비극적 선포를 받는다. 그러자 다윗이 "내가 범죄하였나이다" 하고 통절히 고백한다. 이때 나단이 말한다. "이 죄 때문에 너에게 태어날 아이가 죽을 것이다. 그러나 네가 죽지는 않을 것이다."

우리들은 언제나 선택의 갈림길에 있다. 사망의 길이냐 죽음의 길이냐. 여기서 우리는 일시적으로 사망의 길을 택하면 죽을 것이요, 생명의 길을 택하면 살 것이다. 우리가 지극히 낙심이 될 때에 우리는 자신을 자학하게 되고 죽음의 길을 생각하게 된다. 그러나 살려고 하는 사람은 원수를 갚을 생각을 한다거나 자신을 비관한다든가 하는 시간이 없는 사람들이었다. 그들은 즉시 그것을 교훈 삼아서 다시 일어나는 것이다. 전후의 독일이 그랬고 일본이 그랬다. 전쟁의 참패에 대해서 슬퍼하고 비관하기보다는 얼른 일어나서 새롭게 자신을 부추겨 일으켜 세운 것이다.

매독환자 아버지와 폐병환자 어머니 사이에서 태어나 귀머거리가 된 베토벤이 자신의 운명을 비관했다면, 그의 운명교향곡은 나타나지 않았을 것이다. 옥에 갇힌 간디, 그리고 넬슨 만델라가 가장 책을 많이 읽은 곳은 감옥이다. 우리는 실패를 하고 실수를 하고 실족을 한다. 성서에서도 의인은 없나니 하나도 없다고 말한다. 그러나 약속이 그 안에 있는 자, 소망이 그 안에 있는 자는 생명의 길을 찾게 된다. 생명의 길을 찾게 되는 자에게 있어서 오늘도 하나님은 말씀하신다. "네 죄로 인하여 너의 아이가, 네가 바라던 악의 소생은 죽을 것이다. 그러나 네가 회개하는 한에 있어서, 너의 잘못을 고백하는데 있어서는, 너는 죽지 않을 것이다."

그러나 하나님을 믿는 백성은 죽어도 살겠고 살아서 믿는 자는 영원히 살리라고 말한다. 우리의 육신은 죽어도 그리스도와 함께 다시 부활하고 다시 살아나기 때문이다. 육에 대해서 죽고 그리스도와 함께 살아나기 때문이다. 육에 대해서 우리의 모든 허물을, 죄악의 허물을 죽은 자들과 함께, 죽은 자들이 있는 곳에 벗어버리고 새로운 영체로 새로운 희망의 존재로 다시 태어난다. 이렇게 해서 몇 번 살아난 사람들은 어디에다 내어놓아도 결코 죽지 않을 것이다.

이렇게 하나님 안에 거하면 우리는 형벌을 받을지언정 죽지는 않는다. "누구든지 그리스도 안에 거하면 새로운 피조물이라. 보라 이전 것은 지나갔으니 새 것이 되었도다." 그리스도를 믿는 사람들은 언제나 육에 대해서 죽고 그리스도와 더불어 새로운 영체로 다시 태어나는 것이다.

23. 요압이 암몬 랍바를 다윗에게 돌림(12 : 26—31)

¶ 본문

26 요압이 암몬 자손의 왕성 랍바를 쳐서 취하게 되매 27 사자를 다윗
에게 보내어 가로되 내가 랍바 곧 물들의 성을 쳐서 취하게 되었으니
28 이제 왕은 남은 군사를 모아 진 치고 이 성을 쳐서 취하소서 내가 이
성을 취하면 이 성이 내 이름으로 일컬음을 받을까 두려워하나이다
29 다윗이 모든 군사를 모아 랍바로 가서 쳐서 취하고 30 그 왕의 머리에
서 보석 있는 면류관을 취하니 그 중량이 금 한 달란트라 다윗이 머리에
쓰니라 다윗이 또 그 성에서 노략한 물건을 무수히 내어오고 31 그 가운
데 백성들을 끌어내어 톱질과 써레질과 도끼질과 벽돌구이를 하게 하니
라 암몬 자손의 모든 성을 이같이 하고 다윗과 모든 백성이 예루살렘으
로 돌아오니라

¶ 개요

26—31까지는 암몬의 랍바 성을 요압을 통해서 함락시키는 이야기가 나온다.

26. 서론부 : 요압이 암몬 랍바를 침
27－31a. 요압이 다윗에게 보낸 메시지
27－28. 요압이 다윗에게 전갈을 보냄
29－31a. 다윗이 암몬에서 한 일
31b. 결론부 : 다윗이 예루살렘으로 돌아옴

¶ 주석

26 이제 요압이 암몬 백성(벤, 자손)의 랍바(심장부)에서 싸웠다는 것과 그리고 왕실(이르 말루카) 도성을 취했다는 말은 대등접속사로 이어지고 있는데, 암몬 백성의 중간에 있는 도시가 바로 왕실도시였다는 것을 말한다.

27 요압이 사신을 다윗에게 보내서 랍바를 쳐서 물이 있는 도시를 취했다고 보고한다. 암몬 지역에서도 물은 매우 귀한 역할을 했다. 이는 물의 공급처 역할을 하는 성을 공급했다는 말로 이해된다. 이는 여러 개의 랍바 성 중에서 하나의 물의 공급처가 되는 성을 장악했다는 것인지 아니면 랍바 성 중의 하나에서 물이 나오는 성의 일부분을 장악했다는 것인지는 분명치 않다. 앤더슨(A. A. Anderson)은 “물의 공급을 보장해 주는 성”으로 이해했다. 히스기야의 터널에서도 분명히 나타나고 있는 것처럼 물의 공급처를 차단하는 것은 그 성의 생명을 좌우하는 것이나 마찬가지였다. 아마도 이 우물은 왕이 거하는 성에 있었던 것 같다.

28 다윗은 “사울은 천천이요, 다윗은 만만이다”(삼상 18 : 7)라는 소리를 들었고 그것 때문에 한동안 사울로부터 쫓기는 생활을 해야 했다. 요압은 아예 이러한 잡음을 완전히 일소하려고 했던 것 같다. 그렇지 않으면 자신이 그 도성을 취하게 되고 자기 이름으로 불릴 것을 말한다.

29 요압이 취한 도성을 다윗이 모든 백성들의 장로들을 데리고 가서

시위적 점령을 했음을 보여주고 있다. 여기서 백성들은 땅의 백성들일 것이다. 다시 말하면 영주들이다. 땅을 소유한 자들은 소유하지 않은 사람과는 달리 지주층이었다.

30 싸움에 승리하는 자는 면류관을 얻게 된다(계 2 : 10). 금화 뭉치와 보석들을 다윗의 머리에 놓았다. 또 그가 가져온 그 도시의 노략물이 극히 많았다. 왕을 어떻게 처단했는지에 대해서는 구체적인 언급이 없다.

31 다윗이 암몬 백성의 모든 도성에서 이같이 하고 다윗과 모든 백성이 예루살렘으로 돌아왔다. 이 당시에는 철기문화가 도입되고 있던 시기였다.

¶ 메시지

요압은 일생 자기 나름대로의 삶의 원리 원칙을 고수한 사람이다. 그 이름대로 "여호와가 나의 아버지입니다"라는 신앙을 가지고 있었는지도 모른다. 그는 다윗의 누나 스루야 삼형제의 맏이로서 다윗을 모시기 시작해서 다윗의 임종 시까지 생명을 다해서 모신 사람이었다. 그는 마지막에 가서 다윗의 맏이였던 아도니야의 편을 든 것이 솔로몬에게 눈밖에 나서 죽음을 당하게 된다. 그는 모든 누명을 다 뒤집어쓰고서라도 다윗이 왕권을 확고하게 지키기 위해서는 기꺼이 다윗과 다윗의 이름을 위해서 그 누명을 대신 쓰려고 했던 사람이다. 아브넬이 다윗과 계약을 맺고 갔을 때에 그를 추격해서 살해한다. 이는 아브넬은 다윗의 철저한 원수이기도 했기 때문이며 다윗의 수석장군인 요압의 동생이며 역시 다윗의 용사인 아비새를 죽인 장본이기도 했다. 아브넬은 다윗과 유다에게 철저한 피해를 입힌 자였다. 아마도 다윗이 죽였다고 하는 누명을 자신이 뒤집어쓰고 다윗의 위를 온전히 보존케 했는지도 모른다.

두 번째로 그는 아마사를 죽인다. 아마사는 요압 자신과 이종사촌 즉 이모의 아들이면서 다윗의 장군이었다. 그러나 그는 압살롬의 난이 일어나자 다윗을 버리고 압살롬의 편을 들어 반역을 한다. 압살롬이 죽고 나서 그는 다윗에 의해 요압 대신 사령관의 자리를 차지하게 된다. 이것은 사실 있을 수 없는 일이었다.

그가 아무리 이종사촌간일지라도 목숨을 걸고 싸움을 승리해서 다윗의 위를 지켜낸 요압의 입장에서 보면 그가 언제 또 다른 반란을 일으킬지 보장할 수 없는 일이었다. 다윗이 왜 그런 사람을 사령관의 자리에 앉게 하려고 했는지는 분명치 않으나 아마도 북쪽 압살롬의 추종 세력을 잠재우려는 의도가 있었던 것 같다. 요압은 이를 용납할 수 없었다. 반역자를 사령관의 위치에 올린다는 것은 그리고 반역자의 명을 들어야 한다는 것은 다윗을 위해서나 자신이나 전 유다 군을 위해서 있을 수 없는 일이었다. 그는 이렇게 다윗의 약한 면을 보강하는 곧은 길을 고수하려고 한 사람이었다.

압살롬을 쳐 죽인 일 역시 황태자 암논을 죽인 일이나 현존하는 아버지 왕을 위해서나 그는 살려둘 수 없는 분명한 이유가 있었다. 더구나 그는 아비의 첩들을 범한 용납될 수 없는 사람이었다.

요압은 더 나아가서 다윗이 부당한 길을 갈 때에 그를 질책하는 용기를 가졌다. 다윗 반역자 압살롬의 죽음을 두고 모든 생명을 걸고 싸운 전사들의 사기를 떨어뜨렸을 때 그는 목숨을 걸고 다윗의 용사들과 군인들을 용서하지 않으면 그들이 떠날 것이라고 하는 바른 소리를 한 사람이었다. 그는 압살롬을 미워하고 좋아하고 사적인 감정에 치우쳐서 그런 것 같지는 않다. 왜냐하면 다윗이 압살롬을 그리워할 때 그의 사촌형으로서 지혜 여인을 통해서 그를 불러오도록 한 사람이었고 그를 불러오고서도 생색을 내지 않고 2년 동안이나 그를 만나지도 않은 사람이었다.

그의 모든 이러한 심중과 중심은 오늘 랍바의 사건에 대한 신명기사가의 보고에서 분명히 드러난다. 다윗의 경우는 나가서 싸울 때에 자신의 공로를 자신에게 돌렸다. 아니면 자신이 믿는 여호와에게 돌렸다. 그러므로 백성들이 노래하기를 사울이 죽인 자는 천천이요, 다윗이 죽인 자는 만만이라고 노래를 부른 것이다. 이것이 그의 고난을 초래했고, 그의 방황과 시련의 길을 만들었던 것이다. 신명기사가는 이것이 옳고 저것이 그르다고 함부로 판단하지 않는다. 그런 길을 가면 반역의 길로 오해 받을 수 있고 고생을 할 수 있다는 것이다. 목숨을 잃을 수 있다는 것이다. 그러나 그런 길을 잘 피해가면 다윗과 같이 왕의 자리로까지 나아갈 수 있음을 보이는 것이다. 어쩌면 그렇게 잘못 갔을지라도 여호와 하나님을 끝까지 순종하면 결국에는 하나님이 들어주신다는 것이다. 그러나 요압은 단 한 번도 자신을 다윗을 능가하게 하는 것처럼 만들지 않았다. 요압은 랍바 성을 점령한다. 그러나 마지막 단계인 입성하는 단계만은 다윗의 이름으로 기념되게 했던 것이다. 싸움으로 말하자면, 요압이 더 많이 한 것으로 보고되고 있다. 그러나 이러한 모든 공적은 다윗의 이름으로 오늘날 전해지는 것이다.

우리 기독교인은 예수의 이름으로 공을 돌리는 것이다. 자신의 이름으로 병을 고치고, 소경이 눈뜨게 하고 앉은뱅이가 일어나게 하면 그것은 사탄의 이름으로 남을 것이다. 그러나 우리는 언제나 그리스도의 이름으로 이 모든 치유의 기적의 공적을 돌리는 것이다.

요압의 다윗을 위하는 마음은 이제 사도 바울로 이어져 하나님을 위하는 마음으로 변화된다고 할 것이다. "나의 간절한 기대와 소망을 따라 아무 일에든지 부끄럽지 아니하고 오직 전과 같이 이제도 온전히 담대하여 살든지 죽든지 내 몸에서 그리스도가 존귀히 되게 하나니 이는 내게 사는 것이 그리스도니 죽는 것도 유익함이니라"(빌 1 : 20－21). 이런 차원에서 성서에서 죽임을 당하고도 영원히 기억되고 기념이 되는 두 다윗의 장수가 있다. 그 하나는 요압이고 다른 하나는 우리아이다.

24. 암논과 다말(13 : 1－39)

¶ 본문

1 그 후에 이 일이 있으니라 다윗의 아들 압살롬에게 아름다운 누이가
있으니 이름은 다말이라 다윗의 아들 암논이 저를 연애하나 2 저는 처녀
이므로 어찌할 수 없는 줄을 알고 암논이 그 누이 다말을 인하여 심화로
병이 되니라 3 암논에게 요나답이라 하는 친구가 있으니 저는 다윗의 형
시므아의 아들이요 심히 간교한 자라 4 저가 암논에게 이르되 왕자여 어
찌하여 나날이 이렇게 파리하여 가느뇨 내게 고하지 아니하겠느뇨 암논
이 말하되 내가 아우 압살롬의 누이 다말을 연애함이니라 5 요나답이 저
에게 이르되 침상에 누워 병든체하다가 네 부친이 너를 보러 오거든 너는
말하기를 청컨대 내 누이 다말로 와서 내게 식물을 먹이되 나 보는데서
식물을 차려 그 손으로 먹여주게 하옵소서 하라 6 암논이 곧 누워 병든체
하다가 왕이 와서 저를 볼 때에 왕께 고하되 청컨대 내 누이 다말로 와서
내가 보는데서 과자 두어개를 만들어 그 손으로 내게 먹여 주게 하옵소서
7 다윗이 사람을 그 집으로 보내어 다말에게 이르되 네 오라비 암논의 집
으로 가서 저를 위하여 음식을 차리라 한지라 8 다말이 그 오라비 암논의
집에 이르매 암논이 누웠더라 다말이 밀가루를 가지고 반죽하여 그 보는
데서 과자를 만들고 그 과자를 굽고 9 그 남비를 가져다가 그 앞에 쏟아

놓아도 암논이 먹기를 싫어하고 가로되 모든 사람을 나가게 하라 하니 다
저를 떠나 나가니라 10 암논이 다말에게 이르되 식물을 가지고 침실로 들
어오라 내가 네 손에서 먹으리라 다말이 자기의 만든 과자를 가지고 침실
에 들어가 그 오라비 암논에게 이르러 11 저에게 먹이려고 가까이 가지고
갈때에 암논이 그를 붙잡고 이르되 누이야 와서 나와 동침하자 12 저가
대답하되 아니라 내 오라비여 나를 욕되게 말라 이런 일은 이스라엘에서
마땅히 행치 못할 것이니 이 괴악한 일을 행치 말라 13 내가 이 수치를 무
릅쓰고 어디로 가겠느냐 너도 이스라엘에서 괴악한 자 중 하나가 되리라
청컨대 왕께 말하라 저가 나를 네게 주기를 거절치 아니하시리라 하되
14 암논이 그 말을 듣지 아니하고 다말보다 힘이 세므로 억지로 동침하니
라 15 그리하고 암논이 저를 심히 미워하니 이제 미워하는 미움이 이왕
연애하던 연애보다 더한지라 곧 저에게 이르되 일어나 가라 16 다말이 가
로되 가치 아니하다 나를 쫓아 보내는 이 큰 악은 아까 내게 행한 그 악보
다 더하다 하되 암논이 듣지 아니하고 17 그 부리는 종을 불러 이르되 이
계집을 내어보내고 곧 문빗장을 지르라 하니 18 암논의 하인이 저를 끌어
내고 곧 문빗장을 지르니라 다말이 채색옷을 입었으니 출가하지 아니한
공주는 이런 옷으로 단장하는 법이라 19 다말이 재를 그 머리에 무릅쓰고
그 채색옷을 찢고 손을 머리 위에 얹고 크게 울며 가니라 20 그 오라비 압
살롬이 저에게 이르되 네 오라비 암논이 너와 함께 있었느냐 그러나 저는
네 오라비니 누이야 시방은 잠잠히 있고 이것으로 인하여 근심하지 말라
이에 다말이 그 오라비 압살롬의 집에 있어 처량하게 지내니라 21 다윗왕
이 이 모든 일을 듣고 심히 노하니라 22 압살롬이 그 누이 다말을 암논이
욕되게 하였으므로 저를 미워하여 시비간에 말하지 아니하니라 23 이 주
년 후에 에브라임 곁 바알하솔에서 압살롬의 양털을 깎는 일이 있으매 압
살롬이 왕의 모든 아들을 청하고 24 왕께 나아와 말하되 이제 종에게 양
털 깎는 일이 있사오니 청컨대 왕은 신복들을 데리시고 이 종과 함께 가
사이다 25 왕이 압살롬에게 이르되 아니라 내 아들아 우리가 다 갈 것이
없다 네게 누를 끼칠까 하노라 압살롬이 간청하되 저가 가지 아니하고 위
하여 복을 비는지라 26 압살롬이 가로되 그렇게 아니하시려거든 청컨대
내 형 암논으로 우리와 함께 가게 하옵소서 왕이 저에게 이르되 그가 너

와 함께 갈 것이 무엇이냐 하되 [27] 압살롬이 간청하매 왕이 암논과 왕의
모든 아들을 저와 함께 보내니라 [28] 압살롬이 이미 그 사환들에게 분부하
여 이르기를 너희는 암논의 마음이 술로 즐거워할 때를 자세히 보다가 내
가 너희에게 암논을 치라 하거든 저를 죽이라 두려워 말라 내가 너희에게
명한 것이 아니냐 너희는 담대히 용맹을 내라 한지라 [29] 압살롬의 사환들
이 그 분부대로 암논에게 행하매 왕의 모든 아들이 일어나 각기 노새를
타고 도망하니라 [30] 저희가 길에 있을 때에 압살롬이 왕의 모든 아들을
죽이고 하나도 남기지 아니하였다는 소문이 다윗에게 이르매 [31] 왕이 곧
일어나서 그 옷을 찢고 땅에 엎드러지고 그 신복들도 다 옷을 찢고 모셔
선지라 [32] 다윗의 형 시므아의 아들 요나답이 고하여 가로되 내 주여 소
년 왕자들이 다 죽임을 당한줄로 생각지 마옵소서 오직 암논만 죽었으리
이다 저가 압살롬의 누이 다말을 욕되게 한 날부터 압살롬이 결심한 것이
니이다 [33] 그러하온즉 내 주 왕이여 왕자들이 다 죽은줄로 생각하여 괘념
하지 마옵소서 암논만 죽었으리이다 [34] 이에 압살롬은 도망하니라 파수
하는 소년이 눈을 들어 보니 뒷산 언덕길로 여러 사람이 오더라 [35] 요나
답이 왕께 고하되 왕자들이 오나이다 종의 말한대로 되었나이다 [36] 말을
마치자 왕자들이 이르러 대성통곡하니 왕과 그 모든 신복도 심히 통곡하
니라 [37] 압살롬은 도망하여 그술 왕 암미훌의 아들 달매에게로 갔고 다윗
은 날마다 그 아들을 인하여 슬퍼하니라 [38] 압살롬이 도망하여 그술로 가
서 거한지 삼년이라 [39] 다윗왕의 마음이 압살롬에게 향하여 간절하니 암
논은 이미 죽었으므로 왕이 위로를 받았음이더라

¶ 개요

여기서는 압살롬의 행적이 시작된다. 사실상 압살롬의 행적이 시작된다기보다는 11장에서 나단을 통하여 계시된 저주예언의 성취가 시작된다고도 할 것이다. 1－22절까지 암논과 다말의 관계가 나온다. 여기에는 암논과 그의 책사 조나단, 그리고 다말, 압살롬, 그리고 최종적으로 다윗의 입장이 나온다. 23－39절까지는 압살롬이 암논을 죽이고 자신의 외가인

아람 달매의 집에 피신해 있는 장면이 나온다.

¶ 주석

문제는 압살롬의 이복형 암논과의 관계에서 이복형제들 사이에서 발생한다. 암논이 압살롬의 누이 다말 때문에 몹시 애간장이 탔다. 그래서 결국 몸져눕게 되었다. 이때 에덴 동산의 뱀처럼 등장하는 것이 요나답이다. 그는 지혜로운 자라고 했다. 뱀은 지혜를 상징하기도 한다

1 다말이라는 이름은 세 번 나타난다. 다말은 원래 종려나무라는 뜻으로 번성의 여신을 뜻한다.

첫번째는, 창세기 38장에서 유다의 며느리로 유다와의 사이에서 제자와 베레스를 낳아 다윗의 조상이 되게 하며 두번째로는, 다윗과 마아가 사이에서 낳은 압살롭의 누이이다. 이 누이가 오늘 본문(삼하 13 : 1－22)의 인물이다. 세번째로는 압살롭의 딸 다말이다(삼하 14 : 27). 모두 다윗의 족보에서 나오며 성적인 맥락에서 나온다.

암논은 아멘에서 오는 말로 그대로 된다, 이룬다 라는 뜻의 이름이다. 다말은 종려나무라는 뜻의 성적인 풍요여신을 뜻한다. 바알 신은 언제나 풍요의 여신인 아세라 여신과 함께 나타난다. 또 고대 문서에서도 야웨와 그의 아세라라는 말이 나타나는데 이는 야웨 신앙이 선교되고 전파되는 과정에서 이해된 한 단면이었던 것 같다. 풍요와 성의 신 아세라 신은 점차로 풍요의 상징인 종려나무 등 바알 신과 같이 나타나나 배경으로 후퇴해서 고대 그림이나 부조에 나타난다. 야웨 신이 왜 남성 단독 신으로 나타나고 여신적 측면을 잃어버렸는가에 대한 연구는 충분히 되어 있지 않다. 다만 유대교 이후 전쟁을 통한 전투정신 등의 부각으로 이루어진 듯하다. 그러나 야웨 신에 대한 모성적 묘사는 여러 곳에서 발견된다(시 2 : 7; 출 23 : 19).

암논과 다말은 이복 오누이 관계이다. 다말이 아람 달매의 딸의 마아가의 자손이라면, 암논은 이스르엘 여인 아히노암의 아들이다. 헤브론에서

태어났고 북이스라엘 이스르엘 출신의 아히노암의 아들이다. 맨 장자이다. 그는 헤브론에서 태어나서 결국 헤브론에서 죽임을 당하는 것으로 나타난다.

2 암논이 다말 때문에 괴로워서 눕게 되었다. 그러나 암논이 다말을 어떻게 할 수 있을 것 같지 않았다. 왜냐하면 그녀가 처녀였기 때문이다.

여기에 나타나는 "어찌 할 수 없는"(팔라, pala')이라는 단어는 어떤 사람의 힘을 넘어서는 것을 말한다. "어려운," "극히 뛰어나야 되는," 놀라운," 등의 의미가 있다. 암논의 힘을 넘어서는 것을 알고 암논은 다른 술수를 쓴다. 다말의 말처럼 당시에는 아브라함의 경우와 같이 이복형제끼리 결혼을 할 수 있었다. 신명기에서 보면 처녀를 범했을 경우에는 결혼지참금을 그 처녀의 아버지에게 지불하고 그 처녀를 아내로 삼을 수 있었다. 그러나 아마도 포수기 이후에는 레위기 18 : 9에 따르면 가족 간의 결혼은 금지되어 있었다. "동복이든 이복이든 누이의 부끄러운 곳을 벗기면 안 된다"로 규정되어 있다. 그러나 초기에는 이 규정이 엄격히 시행되지 않은 것 같다(창 11 : 29; 20 : 12).

3 사무엘하 13장은 다윗의 형 시므아의 아들 요나답에 대한 이야기가 나온다. 시므아는 "듣다"라는 말이고 요나답은 "야웨는 자유롭다"라는 뜻이다. 그러므로 암논은 아멘과 같은 뜻으로 "이루어지다, 그대로 되다" 라는 뜻이 될 것이다. 여기서 주 역할을 하는 등장 인물은 다윗, 암논, 압살롬, 시므아의 아들 요나답, 그리고 다말이 나온다. 압살롬은 배상, 보복, 보상의 아버지라는 말이다. 그는 결국 보복을 하게 된다.

이런 분위기는 창세기 3장의 에덴 동산 이야기와 같은 분위기를 준다. 뱀의 이야기를 듣고, 인간의 자유의지로 판단하기에 보암직도 하고 먹음직도 하다. 결국 암논은 아담이 선악과를 따먹은 것처럼 그 이름의 뜻대로 그대로 행하게 된다.

4 여기서 압살롬은 보상 혹은 배상의 아버지라는 말이다. 그러므로 보복의 아버지라는 뜻을 지니고 있다. 다말은 야자수나무라는 뜻으로 풍

요의 여신, 성적인 재생산의 여신의 상징이다. 이는 유다의 며느리로도 나오고 여기서도 나온다.

6 여기서 보면 마치 설교 연설문처럼 짧은 단문으로 문장의 긴박성과 회화성을 더해주고 있다. 여기서 과자(레바보트 : "오트"는 복수임)는 마음(레바브)으로 번역되는 심장과 같다. 한 마디로 두 개의 마음을 만들라고 한 것이며 이 두 개의 과자란 다름 아닌 선과 악이요, 사랑과 미움인 것이다. 누이의 손 안에는 사랑과 미움의 애증이 놓여 있는 것이다. 여기서 사랑과 미움 두 마음의 암시가 나타나고 있다. 이러한 두 개의 마음이 선악과처럼 언제나 인간의 마음속에 심지어 신앙인의 마음속에 도사리고 있다고 보는 것이다. 악이 형님이요 선이 동생이다. 결국 동생이 이기면 그는 구원을 얻고 하나님의 영광의 족보에 드나 형이 이기면 2세대에 세상속으로 흩어져 버리고 마는 것이 인간인 것이다.

7 다윗이 다말의 집을 향해서 사람을 보내며 이르기를 암논의 집으로 가서 암논을 위해서 음식을 만들도록 한다. 과자 두 개를 만드는데 하나는 사랑의 과자요 다른 하나는 미움과 저주의 과자다. 하나는 축복과 생명의 과자요, 다른 하나는 악과 사망의 과자인 것이다(신 30 : 15). 암논은 결국 이 두 개의 과자를 다 먹어버리게 되는 것이다. 생명나무가 아닌 선악과를 먹어버리고 마는 것이다. 왜 다윗이 이런 일에 직접 개입해서 다말로 하여금 암논의 집에 가도록 명령했던가? 그는 장차 자기 입안에 닥칠 커다란 재앙을 스스로 불러들인 것이다. 아마도 암논에 대한 측은지심으로 그렇게 할 수 있었다. 그러나 재앙을 불러들일 소지가 있었다면 "이 정신 나간 놈아 무슨 헛소리를 하는 거야! 정신차려! 네 놈이 왕위를 이어 받을 황태자의 위치에 있는 줄을 모르는 거냐" 하고 호통을 쳤을텐데 그렇게 하지 못했다. 그리고 자신의 명령에 의해서 암논이 죽고 나라는 갈라지고 압살롬도 죽고 자신의 첩들이 자식 압살롬에 의해서 유린당하는 치욕을 당하는 것이다.

8–10 여기서의 손은 선악과를 따먹은 손이기도 하고 생명나무의

열매도 따 먹을 수 있는 손이다(창 3 : 22). 또 노아가 손을 내밀어 방주 안으로 인도해 들인 생명의 손일 수도 있다. 롯은 그 아내의 손과 두 딸의 손을 잡은 손이기도 하다. 그 과자가 그 손안에 있다. 그런데 암논은 이제 사망의 열매를 먹는 것이고 선악과를 따 먹는 것이다.

11 그가 먹도록 하기 위해 그녀가 가까이 왔을 때 그녀를 붙잡고 말했다. "누이야 이리 와서 나와 함께 눕자"라고 말했다. 히브리어 샤카브는 눕다는 기본의미로 밤에 잠을 자기 위해서 눕자(수 2 : 1)는 말로부터 죽기 위해서(사 14 : 18), 성교를 위해 눕는 것(삼상 2 : 22) 등 다양한 의미를 가진다. 여기서는 당연히 후자이다.

12 그녀가 그에게 말했다. "아니라 오라비여, 나를 강요하지 마시오. 이런 일이 이스라엘에서 행해지지 말아야 합니다. 이런 방탕한 짓을 하지 마시오." 여기서 "방탕한"이라는 말은 어리석은 바보라는 뜻의 "나발"이다. 어리석은 짓이다. 나발은 결국 어리석은 짓을 범하고 죽은 것처럼 암논도 나발처럼 죽을 것을 여기서 암시하는 것이다. 압살롬이 죽이는 것을 인간이 죽인 것으로 생각지 아니하고 하나님이 친 것으로 이해하는 것이다. 그리고 그 근본 원인은 다윗의 죄악에서 찾고 더욱더 철저히 근본으로 파들어가 보면 아담의 죄악으로부터 시작되는 것으로 본다. 다윗도 결국 자신의 유혹 때문에 그런 것이고 암논도 결국 자신의 유혹 때문에 그런 것이다. 결국을 파들어가 보면 아담의 죄악인 것이다.

그러므로 신명기사가가 끊임없이 반복하고 있는 것은 의인은 없나니 하나도 없다는 말이다. 롯의 성이 심판을 당할 것이다(창 19장). 결국 이스라엘 백성들은 이방민족으로 끌려갈 것이다. 왜냐하면 의인은 없나니 하나도 없기 때문이다. 열왕기상 8 : 46에서 신명기사가는 같은 맥락에서 "범죄치 아니하는 사람이 없사오니 … 하늘에서 저희 기도와 간구를 들으시고 저희 일을 돌아보소서!" 말한다. 이런 사상은 유대교 바리새인이었던 사도 바울에게까지 그대로 전수되어 내려간다(롬 3 : 10). 왜 그런가? 다윗의 죄 때문에 암논이 죄를 범하게 된 것처럼 아담의 죄 때문이다. 어떻게 해야 되는 것인가? 악순환이긴 하지만 다시 돌아오는 길밖에 없는 것이다. 이것이 신명기에 나타난 돌아옴(shuv) 사상이다(신 30 : 1－10). 이스라엘 백성도 결국 같은 운명에 처할 수밖에 없었다.

이러한 고리를 형성하는 패턴은 예언자의 개념을 설명하는 도식과 똑같은 패턴으로 이스라엘의 고난을 설명하고 극복하고자 하는 것이 신명기사가의 신학적 구조다.

13 "내가 어디로 나의 부끄러움을 옮길 수 있을까? 당신은 지금 이스라엘에서 어리석은 자(나발) 중의 하나와 같다. 내가 비노니 왕에게 말하라. 그가 너에게 나를 아끼지 않을 것이다." 결혼 전에는 딸에 대한 책임은 전적으로 아버지에게 있었다. 이복 형제지간의 결혼은 사라와 아브라함에게서 보이는 것처럼 고대 이스라엘에서 용납되었다.

14 암논이 그녀의 목소리를 듣지 아니했다. 여기서 그녀의 목소리는 하나님의 목소리이다. 그가 청종치 아니함으로 죄를 범한 것이다. 아브라함은 하나님(창 26 : 5)과 사라의 목소리(콜)를 (창 16 : 2) 들었다(샤마). 야곱이 어머니 리브가의 말을 들었고 축복을 받았다. 그러나 암논은 저주를 받았다. "듣다"라는 말은 행동으로 순종하다는 말이다. 행동적 순종은 모험을 수반한다. 그러나 암논은 다말의 목소리를 듣지 않았다. 그러나 그가 더 강했기 때문에 그녀를 강요했고 그녀와 함께 누웠다. 보디발의 아내가 요셉에게 눕자고(샤카브) 말했으나 요셉은 거절한다. 그러나 암논은 눕기를 강요해서 눕는다. 여기서 강요한다는 말은 억지로 여자를 곤궁에 처하게 하다('anah)라는 뜻이다.

15 그리고 나서는 암논이 매우 큰 증오로 그녀를 미워했다. 왜냐하면 그 미움이 그녀를 사랑한 그 사랑보다도 더 컸다. 그래서 암논이 말했다. "일어나서 가라." 한 문장 안에 밉다(saneh)라는 단어가 4개가 나오고 이를 수식하는 "지독한"(gedolah, 커다란)이란 단어가 두 번 나올 정도로 증오를 나타낸다. 히브리어에서 두 번은 강조이고 세 번은 최상급이나 네 번은 최상급을 넘어간 것이다.

16 다말이 그에게 말했다. "나를 보내려는 이 악이 네가 나와 더불어 행한 다른 악보다 더 크도다." 그러나 암논이 그녀의 말을 들으려고 하지 않았다. 15－16절은 미움과 큰 악의 연속이다. 여기서 악의 이중구조가 나타난다. 다윗이 밧세바에게 범한 악이 악이지만 이제 그것을 지워버리려고 우리아를 죽인 것은 더 큰 악인 것이다. 악은 악을 부른다는 것이 신명기사가의 악에 대한 법칙이고 이는 사도 바울에게 욕심과 죄와 사망과의 삼각관계로 정의된다.

17 그가 그를 섬기는 그의 소년들을 불렀다. 그리고 명하기를 "자 이것을 내 앞에서 내어보내라. 그리고 나서 그녀 뒤에 있는 문의 빗장을 쳐라." 소년들은 수하 병정들을 의미한다. 빗장은 완전한 단절을 의미한다(호 11 : 6; 암 1 : 5). 홀로 거하겠다는 더 큰 세계에 대한 거절을 의미하는 것으로 대개 하나님에 대한 거절을 뜻하는 마음의 빗장을 의미한다(나훔 3 : 13; 욘 2 : 8).

18 그녀는 긴 소매 옷을 입고 있었다. 왜냐하면 처녀인 왕의 딸은 이런 장삼옷을 입었다. 여기서 장삼옷이란 채색옷을 말하며, 요셉이 입었던 옷과 같은 것이다(창 37 : 3, 23, 32)

이렇게 그의 종들이 그녀를 밖으로 내어보냈다. 그리고 나서 그녀의 뒤에 있는 문의 빗장을 걸어버렸다.

19 다말이 머리에 재를 뒤집어썼고 입고 있는 긴 장삼옷을 찢어서 머리에 손을 얹고 갔는데 통곡을 하면서 갔다. 심한 재앙을 만났을 때 재를 뒤집어쓰고 옷을 찢고 자루옷을 뒤집어쓰는 행위를 하는 것이 당시 풍습이었다(욥 2 : 8; 42 : 6; 겔 27 : 30; 스 4 : 1; 눅 10; 마 11 : 21). 이러한 일련의 행동은 20 : 3에서 보이는 바와 같이 생과부와 같은 삶의 형식이었다. 머리에 손을 얹는 것은 슬픔의 표시였다(렘 2 : 37).

20 압살롬이 말하기를 "암논은 나의 형제이다. 너의 오라비이기도 하다. 그가 너와 함께 있었느냐? 이 문제에 대해서 마음에 두지 말아라."

그렇게 다말은 버림받은 여인으로 그녀의 오라비인 압살롬의 집에서 살았다. 다말은 유다의 며느리의 이름이기도 하다. 하나님은 유다의 며느리 같은 불우한 여인의 청도 도전할 때 들어주신다. 그리고 오히려 왕조를 이루어주신다. 들판에서 처녀를 범한 경우에 범한 처녀의 아비에게 보상금 은 50세겔을 지불하고 평생 데리고 살아야 한다(신 23 : 29). 그 아비는 다름 아닌 다윗에게 귀결된다. 왜냐하면 다윗이 암논에게 가도록 했기 때문이다. 사울의 딸 미갈은 다윗에게 결혼했으나 발디엘에게 다시 시집을 간다. 그러나 나중에 불법적으로 다시 데려온다. 신명기 24 : 4에 의하면, 다른 남자에게 들어간 여인을 다시 데려올 수는 없는 경우였다. 약혼한 여자나 이웃의 아내를 범한 경우에 남자는 죽여야 한다. 암논은 이 경우에는 해당되지 않는다. 그러나 이론상 다윗에게 50세겔을 주고 데리고 살아야 한다.

21 왕 다윗이 이런 모든 일을 들었을 때 그는 매우 화가 났다. 결국 다말을 보낸 일이나 결국 다윗은 피해자인 다말의 아비이면서 가해자인 암논의 아비도 되기 때문이다. 또 그 중간에 자신이 다말로 하여금 암논에게 들어가게 했기 때문에 결국 자신이 이 모든 일에 걸려 있기 때문이다. 다윗은 왕실 내에서 이런 일이 있는 것에 대해서 화가 났으나 어떤 조치를 취했다고 하는 이야기는 생략이 되어 있다. 우선 세자될 암논이 그런 짓을 했다는 것이 부끄러운 일이고, 또다시 자기 자신과 밧세바와의 관계로 명예가 실추된 데다가 그런 일이 생기면 더 부끄러운 것이었다. 율법적으로는 암논이 물어야 하는 금액은 50세겔인데 이것을 다말의 아버지인 다윗에게 주는 것이다(신 22 : 29). 왕세자로서는 별 부담이 있는 액수가 아니다.

22 이제 암논이 범한 죄로 말미암아 새로운 증오가 잉태된다. 거기다가 암논 다음의 왕위 순위는 바로 압살롬이기 때문에 압살롬도 암논을 칠 충분한 이유를 확보한 셈이다. 신명기사가는 암논 시해의 원인을 그의 잘못으로부터 찾는다.

23 이년 후에 에브라임 근처에 있는 바알하솔에서 압살롬이 양의 털을 깎았다. 압살롬이 모든 왕자들을 불러들였다. 하솔이란 초장, 트럼펫, 갇힌 마을 등의 뜻이 있다. 바알의 초장, 바알의 트럼펫, 바알 정신에 의해 갇힌 마을 등의 뜻이 있다.

24 압살롬이 왕에게 왔다. 그리고 그가 말했다. "보소서, 당신의 종의 양털 깎는 잔치에 왕과 당신의 신하들이 당신의 종과 함께 가시옵소서."

25 왕이 말했다. "아니라 압살롬, 나의 아들아, 우리가 가지 않을 뿐더러 너에게 짐스럽게도 하지 않을 것이다." 압살롬이 간청을 했으나 다윗이 가고 싶지 않아했고, 단지 축복만을 했다. 왕에게 압력을 넣은 것은 형을 옭아넣기 위한 작전일 수 있다.

26 압살롬이 말했다. "아버님이 아니 가신다면, 저의 형 암논을 가게 하소서." 왕이 그에게 말했다. "왜 네 형이 너와 함께 가야 하느냐?" 아마도 압살롬의 어머니인 달매의 딸 마아가에 대해서는 이전에 다른 남편이 있다는 보고가 없다. 나발의 아내 아비가일의 소생에 대해서는 왕위권 쟁탈전에서 제외된 것 같다. 이스르엘 여인 아히노암이 결혼했던 여자라는 보고도 없다. 그러므로 아마도 암논이 맏아들로서 왕권 계승자의 물망에 올랐던 것 같고 압살롬 역시 둘째이나 형 암논만 없애면 자신이 세자가 될 수 있었으므로 단순한 원한이 아닌 왕권 계승 투쟁의 일면으로 볼 수도 있을 것이다.

27 암논과 왕자들 모두가 가도록 하라는 압살롬의 압박에 왕은 굴복한다. 다윗의 성격은 상당히 우유부단한 면이 있음을 부각시킨다. 암논의 요청에 어쩔 수 없이 다말을 보낸다. 그런데 여기서도 어쩔 수 없이 강요당하는 다윗의 성격을 묘사하고 있다. 하나님은 양보는 한다. 그러나 강요당하지 않는다. 아브라함의 요청에 강요당하는 하나님 그리고 양보하는 하나님 그러나 10인 이상은 양보하지 않는 하나님의 성격을 신명기사

가는 묘사한다. 하나님은 일정 수준 이상으로 강요당하지 않는다. 모세가 가나안 입성을 위해 강청한다. 하나님이 거절한다. 다윗이 성전을 짓고자 한다. 그러나 거절한다. 이런 하나님 성격의 완고함은 바울에게서도 나타난다. "가시를 제거하소서." 그러나 하나님은 말한다. "내 은혜가 네게 족하다." 바울은 이것을 자신이 약하여짐으로 그리스도가 더 드러나게 하려는 하나님의 뜻으로 보았다.

28 – **31** 왕이 일어나서 그의 옷을 찢었다. 그리고 땅바닥에 누웠다. 그리고 모든 그의 종들은 일어나서 그들의 옷을 찢었다. 옷을 찢는 행위는 갑작스런 비탄이나 재앙이 닥쳤을 때 행해지는 탄식의 의식이다. 탄식시의 삶의 정황이라고 할 것이다. 이와 더불어 머리에 재를 뿌리기도 하고 금식하기도 한다. 입다가 자기의 무남독녀가 전쟁에 승리하고 돌아온 자기를 맞으러 나오는 것을 보고 옷을 찢는다(삿 11 : 35). 요시야가 모세의 율법서에 있는 말씀을 듣고 마음에 가책이 생겨 옷을 찢는다(왕하 21 : 11; 스 9 : 3; 에 4 : 1; 욜 2 : 13 등). 이런 구약의 풍습은 신약에까지 내려와서 마태복음 26 : 65에서 대제사장이 예수가 구름 타고 다시 올 것이라는 말에 기가 막혀서 옷을 찢는다. 같은 맥락에서 예수가 죽을 때에 성전의 휘장이 찢어진다. 루스드라의 산당 제사장이 바나바와 바울에게 제사하려 할 때에 바나바와 바울이 옷을 찢는다(행 14 : 14).

32 그러나 다윗의 형 시므아의 아들 요나답이 말했다. "나의 주여 그들이 왕의 소년들을 모두 죽인 것으로 생각하지 마소서. 압살롬의 말에 따라 암논 혼자서 죽었습니다. 이것이 암논이 압살롬의 누이 다말을 강요한 때부터 있어왔던 것입니다."

아마도 요나답이 일이 발생하기 처음부터 일의 전모를 잘 파악하고 있었는지도 모른다. 사무엘하 13 : 32에 보면, 다른 사람들은 모두, 심지어 다윗까지도, 모든 왕자들이 다 죽음을 당한 것으로 알고 있는데 시므아는 다말을 강요한 죄로 암논만 죽었다고 왕에게 간언한다. 아마도 이 일을 통해서 사촌이었던 요나답은 압살롬이 죽든지 암논이 죽든지 할 것이라고 일의 귀추를 예상하고 있었을 것이다.

다말은 종려나무라는 풍요의 여신을 상징하는 나무였고 유다의 며느리, 압살롬의 여동생과 딸 등이 이 이름이었다. 이는 예수가 예루살렘에 입성할 때에 많은 사람들이 그를 종려나무를 흔들면서 호산나 노래로 환영하는 것으로 이어진다(요 12 : 12－13).

33 다윗의 형 시므아의 아들 요나답의 암몬을 위한 책략은 결국 암논을 죽이는 데까지 몰고간다. 이제 자기의 충언으로 일어난 일임은 감추고 오직 암논의 행위로 그가 죽었음을 말한다. 요나답은 여기서 한 마디로 병 주고 약 주는 인물인데 그 약은 사망의 약이었다.

34 – **37** 암미훌은 "나의 백성은 희다"라는 뜻이고 달매의 원래 발음은 탈매이며 밭고랑이라는 뜻이다. 그술은 "강하게 하다"라는 뜻이다. 지역적 위치는 시리아 즉 아람 영토로서 바산의 북동쪽에 있는 도시이다(삼하 15 : 8; 대상 3 : 2).

38 성서에서 범죄자는 모두 내리침을 당하고 쫓겨가게 된다. 아담이 쫓겨나고, 가인이 쫓겨나고, 압살롬이 쫓겨난다. 여자와 관련된 비슷한 종류의 이야기로는 아브넬과 사울의 어린 첩과 이스보셋의 관계가 있고, 아도니야와 다윗의 어린 첩 수넴 여인과 솔로몬의 경우가 있다. 이런 삼파전에서 불법적인 위치에 있는 사람이 패망하는 격으로 나타난다. 1절은 이런 모종의 아주 간단한 내적 구조를 가지고 있다.

39 왕이 압살롬에 대해서 그리워하게 되었다. 왜냐하면 암논에 대해서는 위로(나함)를 받았는데 그가 죽었기 때문이다. 다윗은 죽은 자에 대해서는 일단 제껴놓는 습성이 있다. 죽었기 때문에 위로를 받았다고 한다. 그는 뒤를 돌아보지 않고 미래에 대해서 긍정적인 생각을 하는 것을 철칙으로 삼는다. 유다가 아내 밧수아(즉 수아의 딸)를 잃은 후에 위로를 받는다(창 38 : 12). 일정 기간이 지난 후에 그 슬픔을 잊게 되었다는 것이다. 요셉의 형제들이 위로(피엘 강세)하려고 했으나 야곱은 요셉에 대해서 위로함받기를(니팔 수동) 거절한다. 잊지 못한다는 것이다(37 : 35). 밧세바

의 첫 아이가 죽은 후에 다윗이 밧세바를 위로한다. 예레미야 18 : 8은 “야웨가 위로를 받은 후에 자신의 마음을 바꾼다. 만일 나의 말한 그 민족이 그 악에서 돌이키면 내가 그에게 내리기로 생각하였던 재앙에 대하여 그 뜻을 돌이키겠고(나함)”라고 말하고 있다. 위로는 첫째로 슬픔을 잊는 것이다. 그리고 나서 마음을 바꾸는 것이다.

¶ 메시지

우리는 때로 인간의 꾀를 신세질 수가 있다. 그리고 지혜로운 사람을 얻으면 천군만마를 얻은 것처럼 좋아한다. 그러나 인간의 말을 듣고 경거망동하기보다는 오직 하나님을 경외하는 것이 지혜의 근본이다. 인간들은 책략을 쓴다. 잔머리도 쓴다. 그러나 하나님은 그 모든 것을 아신다. 한동안 잘 되는 것 같지만 이미 심판을 받은 것이다. 하나님 앞에서 올바른 짓을 하지 못했기 때문에 이미 심판을 받은 것이고 심판을 받을 것이다. 아히도벨도 승리를 거두었다. 그리고 자신의 뜻대로만 된다면 다 잘 될 것으로 생각했다. 그러나 결국 그는 자기의 꾀를 의지함으로써 자기 꾀에 자기가 넘어간 것이다.

인간의 지혜는 선악과 모양으로 먹음직도 하고 보암직도 하다. 그러나 성서는 하나님을 의지하지 않는 사람은 패망의 길을 갈 수밖에 없음을 말하고 있다고 할 것이다.

결국 압살롬도 아히도벨의 책략을 듣지 않고 훗새의 거짓 책략을 따라서 패망하게 된다.

또 다윗도 드고아의 여인이 말한 지혜 때문에 그는 압살롬을 불러들이고 패망의 길을 경험하게 된다. 세상적인 방법으로 돈을 벌려는 사람이 있다. 그리고 한탕 한 다음에는 절대로 다시는 그 일을 안 하고 교회에 잘 나올 것이라고 말한다. 그런 사람은 결국 돈에 먹혀서 암논과 같은 운명에 빠져버리고 마는 것이다. 그 사람은 자기가 무엇 때문에 그렇게 하는지를 모른다. 오직 하나님 안에 있을 때만이 자기가 한 짓을 알고 감사와 의미를 느끼게 된다.

25. 돌아온 압살롬(14 : 1—33)

¶ 본문

1 스루야의 아들 요압이 왕의 마음이 압살롬에게로 향하는줄 알고 2 드
고아에 보내어 거기서 슬기 있는 여인 하나를 데려다가 이르되 청컨대 너
는 상제 된것처럼 상복을 입고 기름을 바르지 말고 죽은 사람을 위하여
오래 슬퍼하는 여인 같이 하고 3 왕께 들어가서 여차여차히 말하라고 할
말을 그 입에 넣어주니라 4 드고아 여인이 왕께 고할 때에 얼굴을 땅에
대고 엎드려 가로되 왕이여 도우소서 5 왕이 저에게 이르되 무슨 일이냐
대답하되 나는 참 과부니이다 남편은 죽고 6 아들 둘이 있더니 저희가 들
에서 싸우나 말려 줄 사람이 아무도 없으므로 저가 이를 쳐 죽인지라
7 온 족속이 일어나서 왕의 계집종 나를 핍박하여 말하기를 그 동생을 죽
인 자를 내어놓으라 우리가 그 동생 죽인 죄를 갚아 저를 죽여 사자 될것
까지 끊겠노라 하오니 그러한즉 저희가 내게 남아 있는 숯불을 꺼서 내
남편의 이름과 씨를 세상에 끼쳐두지 아니하겠나이다 8 왕이 여인에게
이르되 네 집으로 가라 내가 너를 위하여 명령을 내리리라 9 드고아 여인
이 왕께 고하되 내 주 왕이여 그 죄는 나와 내 아비의 집으로 돌릴 것이니
왕과 왕위는 허물이 없으리이다 10 왕이 가로되 누구든지 네게 말하는 자
를 내게로 데려오라 저가 다시는 너를 건드리지도 못하리라 11 여인이 가

로되 청컨대 왕은 왕의 하나님 여호와를 생각하사 원수 갚는 자로 더 죽
이지 못하게 하옵소서 내 아들을 죽일까 두려워하나이다 왕이 가로되 여
호와의 사심을 가리켜 맹세하노니 네 아들의 머리카락 하나라도 땅에 떨
어지지 아니하리라 12 여인이 가로되 청컨대 계집종을 용납하여 한 말씀
으로 내 주 왕께 여쭙게 하옵소서 가로되 말하라 13 여인이 가로되 그러
면 어찌하여 왕께서 하나님의 백성에게 대하여 이같은 도모를 하셨나이
까 이 말씀을 하셨으니 왕께서 죄 있는 사람 같이 되심은 그 내어쫓긴 자
를 집으로 돌아오게 아니하심이니이다 14 우리는 필경 죽으리니 땅에 쏟
아진 물을 다시 모으지 못함 같을 것이오나 하나님은 생명을 빼앗지 아니
하시고 방책을 베푸사 내어쫓긴 자로 하나님께 버린 자가 되지 않게 하시
나이다 15 이제 내가 와서 내 주 왕께 이 말씀을 여쭙는 것은 백성들이 나
를 두렵게 하므로 계집종이 스스로 말하기를 내가 왕께 여쭈면 혹시 종의
청하는 것을 시행하실 것이라 16 왕께서 들으시고 나와 내 아들을 함께
하나님의 산업에서 끊을 자의 손에서 종을 구원하시리라 함이니이다
17 계집종이 또 스스로 말하기를 내 주 왕의 말씀이 나의 위로가 되기를
원한다 하였사오니 이는 내 주 왕께서 하나님의 사자 같이 선과 악을 분
간하심이니이다 원컨대 왕의 하나님 여호와께서 왕과 같이 계시옵소서
18 왕이 그 여인에게 대답하여 이르되 내가 네게 묻는 것을 숨기지 말라
여인이 가로되 내 주 왕은 말씀하옵소서 19 왕이 가로되 이 모든 일에 요
압이 너와 함께 하였느냐 여인이 대답하여 가로되 내 주 왕의 사심을 가
리켜 맹세하옵나니 무릇 내 주 왕의 말씀을 좌로나 우로나 옮길 자가 없
으리이다 왕의 종 요압이 내게 명하였고 저가 이 모든 말을 왕의 계집종
의 입에 넣어주었사오니 20 이는 왕의 종 요압이 이 일의 형편을 변하려
하여 이렇게 함이니이다 내 주 왕의 지혜는 하나님의 사자의 지혜와 같아
서 땅에 있는 일을 다 아시나이다 하니라 21 왕이 요압에게 이르되 내가
이 일을 허락하였으니 가서 소년 압살롬을 데려 오라 22 요압이 땅에 엎
드려 절하고 왕을 위하여 복을 빌고 가로되 내 주 왕이여 종의 구함을 허
락하시니 종이 왕 앞에서 은혜 받은줄을 오늘날 아나이다 하고 23 일어나
그술로 가서 압살롬을 데리고 예루살렘으로 오니 24 왕이 가로되 저를 그
집으로 물러가게 하고 내 얼굴을 보지 말게 하라 하매 압살롬이 자기 집

으로 가고 왕의 얼굴을 보지 못하니라 25 온 이스라엘 가운데 압살롬 같
이 아름다움으로 크게 칭찬 받는 자가 없었으니 저는 발바닥부터 정수리
까지 흠이 없음이라 26 그 머리털이 무거우므로 년말마다 깎았으며 그 머
리털을 깎을 때에 달아 본즉 왕의 저울로 이백 세겔이었더라 27 압살롬이
아들 셋과 딸 하나를 낳았는데 딸의 이름은 다말이라 얼굴이 아름다운 여
자더라 28 압살롬이 이태 동안을 예루살렘에 있으되 왕의 얼굴을 보지 못
하였으므로 29 요압을 왕께 보내려 하여 사람을 보내어 부르되 오지 아니
하고 또 다시 보내되 오지 아니하는지라 30 압살롬이 그 종에게 이르되
보라 요압의 밭이 내 밭 근처에 있고 거기 보리가 있으니 가서 불을 놓으
라 압살롬의 종들이 그 밭에 불을 놓았더니 31 요압이 일어나 압살롬의
집으로 와서 압살롬에게 이르되 어찌하여 네 종들이 내 밭에 불을 놓았느
냐 32 압살롬이 요압에게 대답하되 내가 일찍 사람을 네게 보내어 너를
이리로 청한 것은 내가 너를 왕께 보내어 고하게 하기를 어찌하여 내가
그술에서 돌아오게 되었나이까 이때까지 거기 있는 것이 내게 나았으리
이다 하려 함이로라 이제는 네가 나로 왕의 얼굴을 보게 하라 내가 만일
죄가 있으면 왕이 나를 죽이시는 것이 가하니라 33 요압이 왕께 나아가서
그 말을 고하매 왕이 압살롬을 부르니 저가 왕께 나아가 그 앞에서 얼굴
을 땅에 대어 절하매 왕이 압살롬과 입을 맞추니라

¶ 개요

14장은 화의 근원인 압살롬이 어떻게 요압의 도움으로 예루살렘에 다시 돌아오게 되었는지를 말하고 있다. 여기서 드고아의 여인을 요압이 다윗에게 보내는 것으로 하나의 우화는 시작된다. 1－20절까지는 다윗과 드고아 여인과의 대화, 21－27절까지는 다윗과 요압과의 대화, 그리고 28－33절까지는 압살롬과 요압과의 대화로 이루어져 있다.

¶ 주석

1 스루야의 아들 요압이 왕의 마음이 압살롬에게 있는 줄을 알았다. 요압은 왕의 누나 스루야의 아들로서 일생 왕의 사령관이면서 자기의 목숨을 왕에게 바치다시피 한 인물이다.

2 요압이 드고아에 보내서 거기서 지혜여인을 취했다. 그리고 그녀에게 말했다. "슬퍼하는 자가 되어라. 그리고 슬퍼하는 자의 옷을 입어라. 기름을 바르지 말고 죽은 자를 위해서 여러 날 동안 슬퍼하는 아낙네같이 되어라."

3 "그리고 왕에게 가서, 그에게 말하라." 이렇게 이 일에 관해서 요압이 할 말을 그녀의 입에 넣어주었다.

4 그 드고아의 여인이 왕에게 가서 말했다. 먼저 얼굴을 땅에 떨어뜨리고 배를 땅에 대는 부복의 자세를 취했다. 이르기를 "구해주소서 왕이여." 드고아는 예루살렘 남쪽 12마일(19km 정도) 남쪽에 있는 동산 위에 있는 자그마한 도시이다. 드고아는 손뼉을 치다, 못 등을 박다, 나팔을 불다 등의 의미가 있다.

5 왕이 그녀에게 그 신분을 물을 때에 그녀는 남편이 죽은 슬픔의 과부라고 대답한다. 과부는 물론 남편이 죽은 사람을 말한다. 과부는 아버지 없는 고아와 이방인과 더불어 구약성서에서 삼대 불쌍한 부류(슥 7 : 10)에 속한다. 이런 과부는 나오미의 며느리 룻과 유다의 며느리 다말에게서도 등장하며, 사르밧의 과부 등으로 등장한다. 출애굽기 22 : 22－24에서 과부에 대한 재판과 관련하여 신약성서에서 가난한 과부의 탄원과 재판(눅 18 : 3－5), 동전 비유(눅 21 : 2, 3)로 재등장한다.

6 과부에게 두 아들이 있었고, 두 아들이 들판에서 서로 다투다가 큰

아들이 작은아들을 죽인다. 들판이란 아무도 없는 곳을 말한다. 다른 말로 공동체를 개의치 않고 가인과 아벨처럼 싸우는 것을 말한다. 구약성서에서 이런 경우는 언제나 형이 동생을 쳐죽인다. 가인과 아벨, 이스마엘과 이삭, 에서와 야곱, 요셉의 형들과 요셉의 경우에서 나타난다. 이들 둘은 첫째는 육신의 탄생을 대개 의미하며 동생은 신앙적인 존재, 거듭난 존재를 상징하기도 한다.

7 "그런데 이제 온 문중이 당신의 여종에 대항해서 일어났습니다." 문중이라는 말은 우리나라의 문중개념과 비슷하다. 여기서는 집이라는 말인데 단단한 벽돌로 지은 집 등을 말한다. 다윗의 왕조를 칭하는 말도 이 말을 사용하고 있다.

"그리고 그들이 형제를 친자를 내어놓으라고 말합니다. 자기 형제의 목숨을 살해한 그를 죽여야겠다고 합니다. 또한 기업을 이을 자를 죽이자고 하면서 남아 있는 불씨를 꺼버리려고 합니다. 나의 남편에게 이름이나 그루터기를 세상에 남기려고 하지 않습니다." 이스라엘에서 지파는 일부다처의 시대였으므로 고려시대와 비슷하게 여자에 의해서 갈리지만 그래도 아들에 의해서 한 가족은 대변되었다. 대가족의 장인 장로(elder)는 남자만 되었지 여자가 될 수 없었다. 그래서 부득불 형제가 죽었을 때 형수나 제수를 아내로 맞이해야 하는 풍습이 생기게 되었다. 아들을 낳으면 형이나 동생의 이름으로 그 가문을 이어주어야 했다(룻기 혹은 창 38장의 유다 이야기).

사실 여기서의 패턴은 가인과 아벨의 패턴과 비슷하다. 어머니는 하나 남은 아들을 구하려고 하고 세상 사람들은 그 아들마저 죽이려고 한다. 하나님은 그 하나 남은 아들을 살리려고 한다. 그리고 표를 만들어서 그에게 준다. 이 이야기는 또한 에서와 야곱의 이야기에서도 어머니가 등장하는 면에서는 같은 패턴이다. 이런 이야기들은 대개 탈무드에서 나오는 비유이야기와 구약성서의 단화(독립적 이야기들)는 물론이고 신약성서에서 나오는 비유이야기와 그 형식 및 양식을 같이한다.

8 "왕이 그 여자에게 말했다. 집으로 돌아가라. 내가 너를 위해서 명

할 것이다." 왕은 하나님의 양자로서 다시 말하면 절대 권력자로 하나님을 대신해서 말할 수 있다. 하나님을 믿는 사람은 이렇게 그 믿음 속에서 특권을 얻는다. 믿음으로 말미암아 하나님의 자녀가 되고(시 2) 그 특권을 약속으로 믿으면서 세상을 이기는 것이다.

9 "드고아의 여자가 왕에게 말했다. 나의 주 왕이여, 죄가 나의 아비 집에 있습니다. 왕과 왕의 보좌가 무죄하시옵소서." 고대 이스라엘에서 죄는 화살 등을 제대로 맞추지 못하다라는 의미가 있다. 한 사람의 잘못은 그 공동체가 그렇게 만들었다는 의미로 이해한다. 그러므로 한 사람의 죄도 그 공동체 혹은 사회의 구조 속에서 이해되었다. 같은 맥락에서 주기도문에서 보면 "우리의 죄를 사하여 준 것같이 우리의 죄를 사하여 주옵시며"라고 말하고 있다. 죄는 우리의 개념 속에서 이해되고 있다.

10 "왕이 물었다. 누가 너에게 말한다면, 그를 데리고 오라. 그가 너를 건드리지 않게 할 것이다." 역시 하나님이 비록 죄인이라도 사망을 당함으로부터 보호하신 것처럼 자기에게 죄를 고백하는 사람을 용서하신다. 이는 아담과 더불어, 가인과 더불어, 다윗과 더불어 하나님의 보호하심을 말해주고 있다. 오직 그가 하나님께 돌아와 자기의 죄를 고백하고 회개할 때 일어나는 현상인 것이다. 이 사실을 믿는다는 것이 믿음이라는 것을 우리는 알아야 한다.

11 "그때 그녀가 말했다. 피의 보복자로 하여금 살해를 증가시키는 것에 대해서 야웨 하나님을 기억하소서 왕이여, 그리고 나의 아들이 파멸되지 않도록 하소서. 그가 말했다. 여호와가 살아 있는 한 너의 아들의 머리카락이 하나라도 땅에 떨어지지 않을 것이다." 피의 보복자는 가장 가까운 친척이 해야 할 의무였다. 아벨의 경우 가장 가까운 형제가 자신을 죽인 죄인이었으므로 하나님이 피의 보복자가 되는 것이다. 피는 창세기 9 : 6에 나와 있는 것같이 생명이 담겨 있는 것으로 이해했다.

12 "그리고 그 여자가 말했다. 당신의 여종이 당신에게 한 말씀만 드

리게 하소서. 그가 말했다. 말하라." 고대 이스라엘에서 남종은 물론 여종도 주인의 소유물로 간주되었다. 히브리어에서 말하다는 두 가지 단어가 대표적이다. 하나는 아마르이고 다른 하나는 다바르이다. 아마르는 사유의 의미까지를 포함하는 개념이며 다바르는 사건의 의미까지를 포함하는 의미이다. 아마르와 다바르 사이의 중첩된 의미가 있다. 약속은 다바르의 피엘 강세형, 즉 반복 강세형의 의미이고 이 약속의 단어에 징표나 맹세가 첨가되는 것이 계약 혹은 언약과 동일한 의미를 지닌다.

13 그 여자가 말했다. "왜 당신이 하나님의 백성과 왕의 말씀하심에 거슬러서 이렇게 생각하십니까? 왕이 추방된 자를 데려오지 않는 이 결정은 유죄와 같습니다." 여기서 여자의 화법은 나단 신탁 비유에서 나오는 나단의 비유와 같다. 자기의 양이 많음에도 불구하고 가난한 사람의 어린 양을 탐내어 자신의 손님을 대접한 "그 이웃이 바로 그 사람이다," "그 죄인은 바로 당신이다"라는 형식인 것이다. 다시 말하면, 그렇게 생각한다면 암논을 죽인 압살롬을 데리고 오지 않는 것은 다름 아닌 바로 당신이라는 말이다.

14 "왜냐하면 우리는 모두 죽습니다. 그리고 땅에 쏟아지면 다시 담을 수 없는 물과 같습니다. 하나님은 인간의 생명을 없애버리지 않습니다. 그리고 그는 진지하게 계획하셔서 우리로부터 추방된 자를 추방해버리지 않습니다." 이것도 신명기 역사에 나타나 있는 강한 사상 중의 하나이다. 인간에게 추방되어도 하나님은 보호하신다는 것이다. 범죄를 해도 하나님이 보호하신다는 것이다. 그리고 그것을 통하여 더 큰 것을 계획하신다. 아담이 죄를 지었으나 가죽 옷을 지어 입히셨다. 야곱이 자기의 꿈 때문에 아버지 이삭을 속이기는 했으나 그를 찾는 자를 보호하신다. 다윗도 죽을 죄를 지었으나 다시 살리시며, 이스라엘 백성도 포로로 흩어졌으나 다시 돌아오기만 하면 조상들보다 더 잘살게 해주시겠다는 것이 하나님이다(신 30 : 1－12).

15 "이제 내가 내 주 왕께 말씀드리기 위해서 왔습니다. 왜냐하면 그

백성이 나를 두렵게 했습니다. 당신의 여종(계집종)은 왕이 여종의 문제를 해결하여 주시도록 왕께 말씀드려야겠다고 생각했습니다." 여기서 여종은 히브리어로 쉬프하(shiphchah)이다. 쉬프하는 개념은 첩의 개념이 강하다. 예를 들면, 아브라함에게 들었던 하갈(창 16 : 1; 29 : 24)과 사무엘상 25 : 41에서 나발의 아내 아비가일이 다윗을 향하여 자신을 "쉬프하"라고 칭하고 있다. 이 여인도 왕의 사랑받는 소유물과 같이 언제든지 자신을 드려 순종할 수 있는 그러나 아무것도 주장할 수 없는 낮출 만큼 낮춘 종의 상태의 말이라고 할 것이다.

16 여기서 산업은 하나님이 주시는 약속된 유산을 말한다. 기독교인은 신앙으로 말미암아 하나님께서 주시는 유산을 상속 받는다. 보이지 않는 유산을 보이도록 캐내어 보이도록 이루어 나가는 것, 새 하늘과 새 땅에서 사는 하나님 백성들의 유산인 것이다. 이는 불가능 속에서 하나님이 허락하신 아브라함에게 주신 자손과, 모세를 통해 주신 젖과 꿀이 흐르는 땅과 다윗을 통해서 주신 왕권과 왕조인 것이다. 그것은 보이는 것만을 추구하는 세상적 안목에는 보이지 않는 것이다. 오직 믿음과 하나님의 약속을 굳게 신앙하는 사람들이 이루어낼 수 있는 것이다.

17 히브리 사고에 말하다는 세가지 의미를 지닌다. 아마르다라는 말은 생각하다, 중얼거리다라는 의미이며 다바르는 말하다, 사건이 일어나다는 뜻이며 이것의 강세형인 디베르는 약속하다라는 의미를 가진다. 여기에 표징이 추가되면, 계약이나 서약이 되어 현실적 성취 이상의 의미를 지닌다. 이 본문에서는 아마르와 다바르의 의미가 대조되어 나타나고 있다. 여종의 말은 사변적 의미이나, 왕의 말은 사건적 의미로 쓰이고 있다.

18－**19** 손(야드)이라는 말은 구약성서에서 힘과 협조를 의미한다. 열왕기하 10 : 15에서 보면 진실하다는 표로 또 "나는 당신의 편이다"는 표로서 여호나답이 예후에게 손을 뻗쳐준다. 또 욥기 2 : 6에 보면 "보라, 용비 네 손 안에 있느니라" 라고 말할 때 욥이 사탄의 손아귀 즉 지배세력 안에 있음을 나타낸다. 이 영이 요압의 지배세력 안에 있음을 말하

는 것이다.

사사기 7 : 2에서 내 손이 나를 "구원하였다"라는 말은 "내 힘이 나를 구했다"라는 말이다(삼상 25 : 26). 사역해서 말하자면 다음과 같다.

"그 여인이 대답했다. 그리고 말하기를 왕 나의 주의 생명을 걸고 왕 나의 주가 말한 모든 것으로부터 그 누구라도 좌로나 우로 돌릴 수 없습니다." 대관식 시편인 시편 110 : 1에 나와 있는 바와 같이 다윗은 시온에서 다스릴 하나님이 영이 임재하는 주이므로 이 지혜여인에게 있어서는 하나님보다 더 직접적인 나의 주인 것이다. "왜냐하면 당신의 종 요압, 바로 그가 명했고 그가 당신의 여종의 입에 이런 모든 말을 넣었습니다." 여기서도 출애굽기 4장에 나오는 예언자 개념이 나온다. 요압이 지혜여인의 입에 그의 말을 넣어주어서 대언자(예언자)로서 그 여인이 파라오와도 같은 다윗 왕에게 말을 하는 것이다.

20 여기서 다윗은 기름부음을 받은 자이고 하나님의 영이 함께하는 하나님의 아들과 같은 존재이므로 하나님과 같은 존재로 여겨진다. 여기서 보면 이런 종류의 우화는 탈무드에서처럼 자유롭게 만들어질 수 있는 것임이 드러난다. 이런 종류의 이야기의 역사성을 추적하기보다는 그 이야기의 의미를 더 깊이 이해해야 할 것이다.

21 "왕이 요압에게 말했다. 보라 내가 이 일을 행하도록 하겠다. 가서 그 소년, 압살롬을 데리고 오라." 다윗은 자기가 한 말에 대해서 논리적 하자가 없는 한 그대로 이행한다. 이야기는 중간 부분에서 많이 생략된다. 어느새 요압이 입궐해 있는 것으로 드러난다.

22 요압이 땅에 얼굴을 대고 부복하면서 왕을 축복했다. 부복이란 배를 땅에 대고 큰절의 형태일 것이나 정확하게는 그릴 수 없다. 그리고 요압이 "오늘 당신의 종이 압니다."라고 말했다. 왜냐하면, "왕이 종의 일을 하심으로 제가 오늘 나의 주 왕의 안전에서 은혜를 입었습니다." 구약성서에서 "안다"(야다)라는 말은 바로 체험한다(experience)라는 말과 통한다. 아담이 이브를 알고 나서 가인과 아벨을 낳았고 가인이 그 아내를

알고 나서 아들을 낳았다. "하나님을 안다"라는 말, 혹은 하나님을 아는 지식이란 하나님을 체험하는 것을 말한다.

23 그술은 바산과 시리아 사이에 있는 작은 국가로 알려져 있다. 그곳 왕 달매의 딸 마아가로부터 얻은 아들이 압살롬이었다. 그술은(급한 물살 위에) "다리를 놓다", "연결, 건설하다" 등의 의미가 있다. 요압이 다윗을 위해서 그리고 압살롬을 위해서 압살롬을 데려다 놓는다. 여기까지는 좋았다. 그러나 압살롬이 난을 일으켰을 때 그는 결국 다윗의 손에 죽게 된다. 하나님의 손은 어디에도 개재되어 있는 것이다. 이로써 형제를 죽인 압살롬이 아비가 아닌 제일 가까운 피의 보복자로부터 죽임을 당한다.

24 압살롬은 그의 집 지경에서 머물 것이다. 그가 왕의 얼굴을 보지 못했다. 얼굴을 본다는 것은 경배하는 것을 말한다. 통화하는 것을 말한다. 십계명의 제일계명은 문자대로 말하자면, "내 얼굴 앞에서(리프네이) 다른 신을 섬기지 말라"이다. 히브리어의 "얼굴"은 단수가 아니라 복수(파님)이다. 그리고 그 기본 동사의 의미는 파나인데 "바꾸다"(turn 혹은 change)이다. "얼굴"은 한 고정된 면만을 가진 것이 아니라 수시로 바뀔 수 있는 표정까지도 감안한 단어가 된 것이다. 하나님 앞에 나올 수 없는 사람이 죄인인 것처럼 하나님의 대리자인 왕을 볼 수 없는 압살롬도 여전히 죄인취급을 받은 것이다. 오로지 그의 면전에 나갔을 때에 그의 죄가 사함을 받는 것이다.

25 그런데 압살롬처럼 그렇게 칭송되는 아름다운 사람이 이스라엘에는 없었다. 발바닥부터 머리끝까지 흠 하나가 없었다. 성서는 아름다움에 대한 지대한 관심이 있다. 이는 아름다운 세계로의 승화를 말한다. 먼저 하나님이 천지를 창조하신 뒤에 보기에 좋았더라고 말씀하신다. 창세기 2장에서 에덴 동산에 보기에 좋고 먹기에 좋은 볼거리 먹거리를 심으셨다고 말씀하신다. 사라는 특별히 아름다워서 나이가 많았음에도 남성의 유혹을 살 수밖에 없었다(창 12장, 26장). 물론 며느리 리브가도 그랬다(창 26장). 레아보다 라헬은 더 아름다웠다. 다윗도(mareh yapheh, 삼

상 16 : 12; 17 : 42), 요셉도(창 39 : 6, yepheh to'ar) 핸섬한 외모를 유지하고 있었다. 성서는 외모를 보지 말라고 강조하면서(삼상 16 : 7)도 사실은 강조하고 있다. 이는 "예수는 그 지혜와 그 키가 자라가면서 하나님과 사람에게 다 사랑스러워 가시더라"(눅 2 : 52)로 그 맥락이 연결된다.

26 그가 무거워져서 매년 머리를 깎을 때에 그 머리의 머리털을 왕의 돌 저울에 달았다. 머리는 아름다움의 상징이며, 삼손에게서 나타나고 있는 것처럼 신앙과 맹세의 상징이다. 조상으로부터 물려받은 머리를 잘랐을 때 막강했던 그의 신앙적 능력도 사라져버린 것이다. 그러나 그가 회개했을 때 그의 머리가 다시 자라기 시작한 것처럼 그의 신앙도 다시 자라기 시작했고 처음 신앙보다 더 큰 일을 한 것이다.

27 압살롬에게 세 아들과 한 딸이 있었다. 그 아이의 이름은 다말(tamar)이었는데 매우 아름다웠다. 이 다말은 압살롬의 누이와 이름이 같고, 유다의 며느리 이름과도 같다. 이는 종려나무라는 뜻이다. 예수께서 입성할 때에 호산나를 외치며 종려나무 잎을 흔들며 환영한 것으로 나온다. 고대 근동에서 앗세라와 같은 풍성한 생산을 뜻하는 풍요신을 상징했다. 다른 곳에서 압살롬이 아들이 없다(삼하 18 : 18)는 말이 나오는데 이 곳에는 아들이 셋이 있었다는 말이 나온다. 아마도 무슨 일로 셋이 모두 사망했는지도 모른다. 압살롬뿐 아니라 압살롬의 동생 다말도 아름다웠다. 물론 밧세바도 아름다웠다(삼하 11 : 2, toath mar'eh me'od). 구약성서에서 전체적으로 외모(mar'eh)는 매우 중시되는 것으로 나타난다. 예루살렘과 압살롬은 보복 혹은 화평이라는 단어가 가진 두 의미를 공유하고 있다. 보복이냐 화평한 평화의 도시냐?

28 압살롬이 두 해를 예루살렘에서 거했다. 그러나 그가 왕을 보지 못했다. 압살롬이 돌아오기는 했으나 가택연금까지는 가지 않았지만 왕실과 전혀 교제를 가질 수 없는 형편이었고 왕자들과의 왕실 식사도 같은 식탁에서 함께 나눌 수도 없었다. 사실 암논이 죽은 후에 명실공히 압살롬이 왕위 계승자의 일 순위였으나 왕인 다윗을 보지 않고는 이런 일은

있을 수 없는 일이었다.

29 압살롬이 왕에게 보내기 위해서 요압에게 "전갈을" 보냈다. 그러나 그가 오기를 기꺼워하지 않았다. 그가 다시 보냈다. 그러나 오기를 기뻐하지 않았다. 왜 요압이 압살롬을 데려왔으면서도 만나주지 않았는지는 나타나 있지 않다. 힘의 균형에 의한 요압의 주의깊은 처신일 수 있다. 압살롬은 암논이 살해된 후 왕위계승 1순위였다. 왕이 만나주지 않는 데 대한 유념이기도 하다.

30 압살롬이 종들에게 요압의 밭에 불을 놓을 것을 명하여, 압살롬의 종들이 가서 그 밭에 불을 놓았다. 예수는 완악한 백성을 회개시키고 돌아오게 하기 위해서 온 자신을 일러 "내가 화평을 주기 위해서 온 것이 아니라 불을 지르기 위해서 왔다"(눅 12 : 49−53)고 표현하고 있다. 압살롬은 아버지 다윗과의 관계의 회복을 위해서 사촌지간인 요압의 밭에 불을 지른 것이다.

31 − **32** 여기서 내 밭이라는 개념은 보이는 의미의 들판인 "사데"라는 단어가 아니라 "할라크"(chalaq)라는 단어를 쓰고 있다. 이는 내 영토 혹은 내 유산의 의미가 더 강하다. 추상적인 의미의 요압의 영역과 권리를 침범했다고 하는 것이다.

예루살렘에서 수모 속에 사느니 이제 왕위 계승자 제일순위로서 떳떳하게 살고 싶다는 말이다.

33 부복했다는 말이다. 왕이 압살롬에게 입을 맞추었다. 입을 맞추었음은 화해의 표시이다(창 27 : 26; 29 : 11, 13; 31 : 28, 55; 33 : 4; 45 : 15; 48 : 10; 50 : 1 등). 요셉과 그 형제들, 아마사와 요압 사이의 입맞춤, 사무엘하 20 : 9에서 요압이 사촌 아마사와 화해의 입맞춤을 하는 체하면서 그를 죽인다. 신약성서에서도 사랑의 표시로 입맞춤이 이루어진다. 유다가 예수에게 입맞추는 체하고(막 14 : 44−45; 마 26 : 48−49) 마리아가 예수의 발에 입맞추고 향유를 붓는다(눅 7 : 38; 요 12 : 1−3). 특히 이

는 누가복음 16 : 20－24에서 탕자를 맞아들이는 아버지의 사랑과 화해를 나타내며, 이 본문의 연속으로 사무엘하 19장에서 압살롬이 죽었을 때 지르는 다윗의 통곡으로 이어진다. 성서는 입맞춤은 사랑과 화해를 의미하지만 거짓 입맞춤도 있으므로 조심해야 할 것을 경고하는 메시지도 주고 있다.

¶ 메시지

지극하신 하나님의 사랑

얼마 전 "형제의 강"이라는 연속극이 있었다. 동생은 별로 눈에 띄는 성격이 아니고 형은 매우 경쟁력이 있어서 아버지가 알아주는 형이었다. 동생은 별로 알아주지 않아서 어머니가 살피는 그런 성격이었다. 형은 더욱 경쟁력이 있게 되어 어려운 고시를 통과해서 검사가 되고 독재 대통령의 후광을 입은 국회의원의 사위가 된다. 형은 정치폭력에 힘입어서 상승세를 타고 출세가도를 달리게 되며 동생은 형의 비정한 행태와 형이 출세를 위해 버린 타락한 연인을 구하기 위해 조폭도 되고 마침내 법정에서 하나는 판사로 하나는 폭력범으로 만나는 이야기다. 결국 동생이 아버지의 집을 이어받아서 참다운 사랑의 세계를 지켜내고, 형이 버려놓은 여인을 구해내며, 눈에 보이는 세계를 가다가 야심의 우상 역할을 했던 대통령이 서거함으로써 파탄이 나버린 형의 마음의 고향이 된다는 이야기이다. 이 형과 동생은 한 가정에서 형제로 자랐으나 다르게 성장한 케이스를 다룬 것이다. 이 두 형제 사이에는 하나의 긴 다리가 있기는 하나 그 둘 사이에는 영원히 합해질 수 없는 강물이 흐르고 있음을 상징화한 드라마였다.

성서에 보면 족장들의 세계에서 언제나 형제가 나타난다. 여기서 보면 언제나 처음엔 형이 우세하지만 결국에는 동생이 형을 능가하게 되는 장면으로 나타난다. 특별히 이 형제는 대개는 쌍둥이로 나타나는 경우가 많다. 예를 들면 에서와 야곱은 쌍둥이이고 뱃속에서부터 서로 다투는 사이이다. 이스마엘과 이삭도 형제로 나타난다. 이스마엘은 젊은 몸종한테서

난 육의 자손이고 이삭은 이미 단산한 여인에게서 난 신앙의 자식이다. 육의 자식이 먼저 낳고 힘이 세므로 이삭을 놀리는 것으로 묘사된다. 가인과 아벨은 형이 아우를 죽이는 경우로 나타난다. 왜냐하면 하나님이 가인의 제사는 받지 않았고 아벨의 제사는 받았기 때문이다. 쌍둥이 형제인 에서가 야곱을 쫓아낸다. 또 입다와 입다의 형제들은 서로 형제들이지만 동생을 형들이 내어쫓는 경우로 나타난다. 가장 막내나 마찬가지인 요셉을 형들이 내어쫓는다.

이것은 무엇을 나타내는가? 강해보이는 형이 약해보이는 동생을 내어쫓는 것으로 나타난다. 그러나 약해보이는 동생은 언제나 다시 돌아와서 형을 굴복시키고 오히려 형을 구제하는 것으로 나타난다. 요셉은 약한 것으로 나타난다. 그러나 동생은 꿈이 있는 사람이었다. 요셉은 현실에 만족하지 못하고 항상 새로운 세계에 대한 꿈으로 가득찬 생활을 한다. 그리고 자신이 자기의 부모와 형제를 구해야 한다는 꿈을 가지게 된다.

야곱은 자기가 형으로 먼저 나오는 줄 알았으나 역풍이 불어서 나중에 나오므로 동생이 된다. 발뒤꿈치를 잡았다 해서 야곱이란 이름을 얻었다. 그 결과 항상 형이 되고 싶은 생각이 있다. 그래서 그는 자기의 팥죽과 빵을 주고 명분상의 장자권을 사게 되고 이것이 화근이 되어 먼 이국땅으로 쫓겨가는 생활을 한다. 그러나 그는 거기서도 자기가 사랑하는 세계가 있다. 그래서 20년이라는 세월을 고생을 하면서 보내게 된다. 그러나 결국 거기서 천신만고 끝에 성공을 해서 돌아오고 그는 결국 더 많은 물질을 오히려 형 에서에게 주면서 돌아오게 된다. 그는 에서처럼 재산을 이어받지도 커다란 외모나 힘도 지니지 못했지만 오직 자신의 꿈과 기도로 더 많은 물질을 부자인 형보다도 더 모아서 오히려 형에게 준다.

그는 하란에 있는 외갓집으로 도망가는 도중 벧엘에서 돌베개를 베고 자다가 하나님께 회심하고 맹세코 자기를 도와주시면 자기 삶의 십일조를 바치겠다고 서원함으로써 성공에 대한 약속을 받는다. 그리고 그 약속을 얻기 위해 20년 동안 낮에는 사막의 뜨거운 폭양에서 밤에는 살을 에이는 추위 속에서 고생을 한다. 그리고 이제 노년에 요셉을 보러가서 바로에게 하는 말은 "참으로 고생이 많은 인생이었수다"라고 대답한다. 그러나 그와 언제나 함께한 하나님은 벧엘에서 돌베개를 베고 잘 때 그에게 나타났던 하나님이었다. "하나님 내 생명을 살려주십시오. 그러면 나는 나의 삶의 십일조를 주를 위해서 헌신하겠습니다"라고 말한다. 이러는 동안에 형 에서는 이방여인들과 집에서 아버지의 유산을 써가며 반복되는 하루하루를 이렇다 할 의미 없이 살고 있었다. 결국 빈손으로 도망한 야곱이 거부가 되어 돌아왔을 때 야곱으로부터 많은 소떼와 양떼를 받고도 그는 유다 남부의 황무지로 밀려날 수밖에 없었다.

요셉도 마찬가지이다. 그는 맨몸으로 심지어 노예의 신분으로 전락을 한다. 그러나 그는 그때마다 그에게 보여주신 그 자신이 구세주가 될 것이라는 그 꿈을 생각하고 하나님을 생각했다. 그의 신앙은 가장 천한 신분에 있는 그의 신분을 바꾸기 시작한다. 그는 점차 상승하고 고상해지기 시작한다. 그를 고용한 장군보다도 더 매력적인 인물이 되어 장군의 후처로부터 유혹을 받고 모함을 받는다. 그는 그가 나쁜 짓을 해서가 아니라 자신을 알아주지 않고 나쁜 짓을 같이 하지 않는다고 해서 모함을 받는 것이다. 이 사회에서도 자신들의 정치 행태에 동조하지 않으면 각종 모함을 해서 내어쫓는 것이다. 그래서 양화가 악화를 구축한다는 말이 있지 않은가? 뒤에 남은 야곱의 자식들은 아버지의 유산의 분할을 위해 형제들 간에 서로 싸우면서 아버지가 모아놓은 양식을 갉아먹어가면서 하루하루 양떼를 지키는 생활을 계속했고 결국 흉년이 되자 그들이 서로 차지하려고 싸웠던 빵 덩어리는 모두 사라져 없어지고 결국 아무것도 없이 빈 몸으로 내려온 그러나 양식을 창조한 요셉 앞에 와서 머리를 조아릴 수밖에 없었다.

그런데 또다시 그런 신분을 빼앗겼을 때 그들은 어떻게 하는가? 그들은 더 심한 더 좁은 공간에서 다시 시작한다. 노예라는 신분에서도 다시 일어난 요셉 그는 이제 세 평짜리 감옥이라는 극도의 약한 입지에서 다시 시작한다. 그가 가진 것은 문자 그대로 홀홀 단신 죄수복밖에 없는 것이었다. 그러나 그 안에는 무엇이 있었는가? 신앙이 있었고 하나님이 있었고 예수님이 있었다. 그에게는 아직 열정이 있었고 꿈이 있었고 하나님이 있었다.

입장은 이삭도 마찬가지였다. 기껏해서 판 우물을, 수많은 실패를 거듭해서 마련한 생명의 생수를 아말렉 족속이 와서 빼앗아간다. 여섯 번을 빼앗긴다. 그리고 일곱 번째 승리하게 되는 것이다. 유대인들이 주전 587년에 흩어진 후에 팔레스타인은 거의 황무지나 마찬가지였다. 그러나 1948년 히틀러의 학살을 모면한 유대인들이 시오니즘 운동으로 가나안에 돌아온 후에 그 사막의 땅은 젖과 꿀이 흐르는 땅 서늘한 유럽 땅에 싱싱한 과일을 공급하는 젖과 꿀이 흐르는 땅이 되었다.

성서에서 가장 뚜렷이 드러나는 점은 이러한 신앙의 인물을 구박하고 핍박하는 것은 다른 사람이 아닌 바로 자신의 육신의 형제라는 점이다. 모세를 몰아낸 사람이 이집트 사람인가? 이집트인으로부터 모세가 이스라엘 사람들을 구해주려고 했다. 그러나 모세를 고발하고 몰아낸 것은 이집트인이 아니라 바로 모세가 구하려고 했던 동포와 형제들이었다. 요셉을 몰아낸 것은 요셉을 노예로 사 간 이스마엘 대상들이 아니라 요셉이 구하려고 했던 요셉의 형제들이었다. 입다를 입다의 가문에서 몰아낸 것은 이웃 암몬 족속이 아니라 바로 입다의 이복 형제들이었다.

왜 이렇게 형제들이 오히려 자신을 구하려고 한 사람을 욕하고 학대하고 몰아내는가? 바울은 이스라엘을 구하려고 했다. 그러나 바울을 때리고 채찍질한 것은 다름 아닌 유대인들이었고 예수를 창으로 찌르고 그를 십자가에 못 박은 것은 로마 군인들이 아니라 바로 유대인들이었다.

이렇게 탈무드적 비유를 통해서 보면 육의 사람과 신앙의 사람은 한 형제이며 한 쌍둥이와 같은 것이다. 왜냐하면 물론 육이 없으면 영도 있을 수 없기 때문에 육을 성서는 형으로 묘사하고 있는지도 모르겠다. 그러나 육은 생명이 없는 것이다. 구원은 물론 없는 것이다. 미래에 있을 기업이 없는 것이다. 영은 보이지 않고 약해보이고 별로 화끈해보이지도 않는다. 그러나 영의 사람들은 교회를 일구어내고 새롭게 하고 계속해서 하나님의 새 하늘과 새 땅을 창조해나간다. 없는 것 같으나 한없이 길러낸다. 그 안에서 그리스도의 생명으로 거듭난다. 육의 겉사람은 후패해 가는 것 같으나 생기가 있고 그들의 속사람은 날로 성장해 간다. "노인들이 환상을 볼 것이며"라고 말한 것처럼 그들은 늙어가면서도 새로운 세계에 대한 비전, 후손들에 대한 비전으로 가득 차고 사도 바울과 같이 달려갈 길을 달려가면서 의의 면류관을 기다리는 마음을 가지게 된다.

이 본문은 두 형제가 싸움을 싸우는 장면이다. 그들은 아마도 부모의 유산을 위해서 싸웠을 것이다. 왜냐하면 구약성서의 제일역사에 나타나는 모든 이야기는 유산에 관한 것이다. 야곱이 에서와 이스마엘과 이삭이, 요셉과 그 형제들이, 입다와 그 형제들이, 다윗의 자식들 간의 싸움이 모두 그런 것이다. 여기서는 아마도 왕권을 비유한 것으로 이해된다. 여기서의 여인의 권속들은 세상에 비유되고 율법에 비유된다. 세상이 피의 보복자라는 법이 있다는 이유로 동생을 죽인 형을 심판하고 처형하려고 한다. 그러나 어머니의 심정은 하나 남은 아이라도 살리려는 간절한 심정이다. 이러한 심정은 각각의 아이를 가진 두 여인에 대한 솔로몬의 재판에서도 잘 나타나 있다. 이러한 어미의 심정은 바로 하나님의 심정이라는 것이다. 이스라엘은 하나님을 가슴 아프게 하는 많은 배반을 저질렀으나 하나님은 그들을 사랑하시되 끝까지 사랑한다. 이 지혜여인은 바로 다윗의 마음도 그러한 하나님의 마음을 따라야 한다는 것을 깨우쳐준다.

이로 인해서 다윗은 압살롬을 용서하고 사랑하되 끝까지 사랑한다. 마지막 전투에서 압살롬을 휘하 장수들에게 그 생명을 보존할 것을 부탁한다. 하나님이 사탄에게 욥을 훈련시키되 그 생명을 보존하라는 말씀과도 같다고 할 것이다. 그러나 그가 스스로의 죽음의 길을 택했을 때 다윗은 통곡하는 것이다. "내 아들 압살롬아 내 아들 압살롬아! 차라리 내가 너를 대신해서 내가 죽었더라면 좋았을 것을." 오늘도 하나님은 탕자의 아버지처럼 대문간에서 우리들이 돌아오기를 기다린다. 우리가 주님을 배반할 때마다 그분이 통곡하신다. 내 아들 압살롬아. 그러므로 그는 결코 독생자를 통해서 대신 죽으심으로 죄인들을 구속하신 것이다.

26. 압살롬의 반란(15 : 1－12)

¶ 본문

1 이 후에 압살롬이 자기를 위하여 병거와 말들을 준비하고 전배 오십
명을 세우니라 2 압살롬이 일찌기 일어나 성문 길 곁에 서서 어떤 사람이
든지 송사가 있어 왕에게 재판을 청하러 올 때에 그 사람을 불러서 이르
되 너는 어느 성 사람이냐 그 사람의 대답이 종은 이스라엘 아무 지파에
속하였나이다 하면 3 압살롬이 저에게 이르기를 네 일이 옳고 바르다마
는 네 송사 들을 사람을 왕께서 세우지 아니하셨다 하고 4 또 이르기를
내가 이 땅에서 재판관이 되고 누구든지 송사나 재판할 일이 있어 내게로
오는 자에게 내가 공의 베풀기를 원하노라 하고 5 사람이 가까이 와서 절
하려 하면 압살롬이 손을 펴서 그 사람을 붙들고 입을 맞추니 6 무릇 이
스라엘 무리 중에 왕께 재판을 청하러 오는 자들에게 압살롬의 행함이 이
같아서 이스라엘 사람의 마음을 도적하니라 7 사년만에 압살롬이 왕께
고하되 내가 여호와께 서원한 것이 있사오니 청컨대 나로 헤브론에 가서
그 서원을 이루게 하소서 8 종이 아람 그술에 있을 때에 서원하기를 만일
여호와께서 나를 예루살렘으로 돌아가게 하시면 내가 여호와를 섬기리
이다 하였나이다 9 왕이 저에게 이르되 평안히 가라 하니 저가 일어나 헤
브론으로 가니라 10 이에 압살롬이 정탐을 이스라엘 모든 지파 가운데 두

루 보내어 이르기를 너희는 나팔소리를 듣거든 곧 부르기를 압살롬이 헤
브론에서 왕이 되었다 하라 하니라 11 그 때에 압살롬에게 청함을 받은
이백명이 그 사기를 알지 못하고 아무 뜻 없이 예루살렘에서 저와 함께
갔으며 12 제사 드릴 때에 압살롬이 사람을 보내어 다윗의 모사 길로 사
람 아히도벨을 그 성읍 길로에서 청하여 온지라 반역하는 일이 커가매 압
살롬에게로 돌아오는 백성이 많아지니라

¶ 개요

이 본문은 두 블록으로 나누어진다. 첫째는 1−6으로서 압살롬의 반란 음모를 말하고 있다.

A. 1. 시간적 도입구, 이후에 압살롬의 행위
B. 2. 성문 앞에서 백성들을 부름
C. 3−4. 왕 대신 내가 재판장이 되겠다.
B′. 5. 부른 백성에게 입을 맞춤
A′. 6. 압살롬이 재판장으로 백성들의 마음을 도적질함

이 두 번째 문단은 시간적으로 발전 진행되는 문단이다.
A. 7−8. 시간적 도입구, 사년만에 헤브론 서원
B. 9. 다윗의 말 : 평안히 가라
C. 10. 압살롬이 왕이 됨을 선포함
D. 11. 알지 못하는 백성도 따라감
E. 12. 아히도벨의 합세와 백성들이 많아짐

¶ 주석

1 본문에서 전배란 전진 배치를 말한다. 이후라는 말은 히브리어로

"아하레이 켄"으로 새로운 사건이나 문단을 시작할 때 나타나는 문학적 장치이다. 히브리어의 이야기는 작게는 3－4절에서 길게는 20절 정도의 긴 이야기 단위들이 연결되어 있다. 기차 차량의 연결고리 모양으로 이런 문학적 장치가 짤막짤막한 이야기들을 연결시켜가고 있는 것이다. 이 짤막짤막한 독립된 이야기들은 서로 문학적인 암시가 첨가되어 연결되기도 하고 독립적인 이야기를 구성하기도 한다. 구약성서에서의 설교는 바로 이런 크고 작은 설교로 이루어져 있다. 이런 이야기들은 역사적 사실을 정확하게 보고하기 위한 것이라기보다는 신학적으로 의미화된 이야기들이다. 그래서 그 속에는 신앙의 선진들이 체험하고 받은 신앙적 메시지가 들어 있는 것이다. 이렇게 보면 설교는 긴 이야기일 수도 있고 작은 이야기일 수도 있다. 대개는 언제나 긴박성과 메시지가 응축되어 있다.

2 동구 밖 마을 어귀는 룻에 대한 보아스와 친척의 재판에서 보이는 것처럼 재판하고 장로들이 모이는 곳이었다(룻 4장). 그래서 어떤 사람이 재판 때문에 왕에게 오는 사람이 있다면, 압살롬이 그를 불러서 물었다. "당신이 어떤 도시로부터 오느냐?" 그러면 그가 말했다. "당신의 종은 이스라엘 지파들 중의 하나로부터입니다." 일찍 일어난다는 말은 히브리어로 샤캄(shakam)이다. 영어 속담에 "일찍 일어나는 새가 벌레를 잡는다"는 말이 있듯이 히브리어 삶 속에 일찍 일어난다는 말이 언제나 깊이 생명의 법칙으로서 내재되어 있던 것 같다. 이 긴 의미의 단어는 히브리어로는 한 단어이다. 신앙의 선진들은 일찍 일어났다. 아브라함도 창세기 19 : 27; 천사들에게도 일찍 일어나도록 권장하고 있으며(창 19 : 2) 블레셋의 왕 아비멜렉(창 20 : 8)이나 축복을 많이 받은 이삭도 일찍 일어났다(창 26 : 31). 모세도 라반도, 야곱도 모두 일찍 일어났다. 야곱은 일찍 일어나서 자신이 베었던 돌로 하나님의 전의 기둥을 삼았다(창 28 : 18). 출애굽기 8 : 20; 9 : 13과 출애굽기 34 : 2－6에서 이스라엘 백성이 일찍이 번제를 드렸고 34 : 4에서 모세가 일찍 일어나서 두 돌판 즉 하나님의 말씀을 받았다. 간밤의 부정한 것을 씻기 위하여 일찍이 번제를 드렸고, 하루의 신앙적 삶을 위하여 말씀을 받은 것이다. 여호수아도 일찍 일어났다(수 3 : 1; 6 : 12, 15; 7 : 16; 8 : 10, 14)

3 "압살롬이 그에게 말했다. 보라 너의 주장이 선하고 옳도다. 그런데 왕실에는 누구도 너를 들어줄 사람이 없구나." 다윗은 어렸을 때부터 일찍 일어났다(삼상 17 : 20; 29 : 11). 압살롬도 뜻한 바가 있어서 일찍 일어나서 성문앞 재판석에 앉았다. 예수의 제자들도 안식 후 첫날 해 돋을 때에 무덤으로 향했다(막 16 : 2). 누가복음 21 : 38에 보면 예수께서 아침 일찍부터 저녁까지 강론하시고 말씀을 들으려는 백성들도 아침 일찍 나왔다. 예수께서는 새벽 미명에 일어나셨다는 말을 마가복음 1 : 35에서 전하고 있다. 사도행전 5 : 21에 보면 베드로와 사도들도 새벽에 강론한 것으로 전한다.

4 여기서 재판관은 "쇼팻트"로 사사, 즉 판관들을 의미한다. 이들 사사들은 평화시에 민사재판을, 비상시에는 군사적 동원령을 내릴 수 있었다. 이 사사들은 멜기세덱의 전통을 따라서 군사적 왕권과 종교적 제사장권을 동시에 가지고 있는 사람이었다. 이는 사무엘대에 와서 정치권을 사울이 가져감으로써 분리가 된다(위의 "다윗 메시아" 편을 보라). 아비멜렉은 아버지 기드온 사사의 강력한 카리스마를 배경으로 준 왕과 같은 역할을 했고 왕이 되려다가 무산된 경우라고 할 것이다. 이러한 전통에 입각해 있는 것이 압살롬이다. 여기서 임명이라는 말은 기름붓다(shaman)라는 뜻으로 사실상 정치적 왕이나 제사장적 기능을 합해서 가진 제정일치시대의 개념을 융합해서 가진 것이다. 이러한 송사의 문제는 대체로 마을 어귀에서 혹은 성문 어귀에서 그 지방 유지격인 장로들을 중심으로 이루어졌다.

5 위에서 손을 내민다는 동작은 화친과 힘을 실어주는 것을 의미했음을 밝혔다. 점층적 강조다. 손을 내밀어 화친을 청하고 손을 잡으면 마음의 일치를 표하는 입맞춤이 따른다. 그러나 입맞춤이나 손 내미는 것이 진실 그대로는 아니었다. 요압의 경우도 손을 내밀고 입을 맞추는 체하면서 아브넬과 사촌 사령관 아마사를 칼로 찔러 죽인다. 압살롬도 아버지 다윗과 입을 맞추었으나 곧 얼마 되지 않아서 그를 반역하게 된다. 입맞춤이나 손내미는 동작이 모두 진실이 아닐 수 있음을 보여주고 있다. 가

룟 유다도 입을 맞추는 체하면서 예수를 판다. 사탄의 세력도 그런 방향에서 접근한다. 공항에서 이루어진 정치인들의 입맞춤이나 포옹과 같은 것이다. 압살롬과 다윗과의 관계의 같은 맥락이라고 할 것이다. 예수는 언제나 병든 자, 약한 죄인들에게 손을 내밀어 그들을 일으키셨으나(마 8 : 3; 마 12 : 49; 막 9 : 27; 눅 5 : 13) 결국 악한 사람들의 손에 넘기우신 바 되었다.

6 압살롬은 구약시대로부터 내려오는 사사(판관)의 역할을 했던 것 같다. 마음은 심장을 말한다. 압살롬은 민법(mishpatim)을 훔쳤다고 한다. 심장은 구약성서에 581회 나타나는 단어로 인간의 기관 중에서 가장 많이 나타나는 단어이다. 볼프(H. W. Wolf)는 심장이란 정서나 감정보다는 이성의 지시를 받아서 하나님의 뜻을 깨달아 가도록 만들어진 기관으로 의식적으로 (깨어서) 살아가게 하는 기관이다. 이는 육체의 영역, 감성의 영역, 지성의 영역, 의지의 영역을 포함하고 있다고 본다(볼프, 『구약성서 인간학』).

7 서약은 언약과 같은 의미를 지닌다. 성서에서 서약은 언제나 지켜졌다. 입다의 딸을 바치겠다는 서약은 지켜졌고, 한나가 아들을 드리겠다는 서약은 지켜졌고 야곱의 십일조 서약도 지켜졌다. 이 서약에 의해서 이들은 응답을 받았다. 서약은 희생하는 것이지만 더 큰 축복을 응답받기 위한 수단인 것이다.

8−**9** 압살롬의 공모와 반역은 그가 망명할 때인 오래 전부터 계획된 것임을 드러낸다.

왕이 그에게 "화평하게 가라"고 말하자 그가 일어나서 헤브론으로 간다. 헤브론은 믿음의 조상 아브라함의 도시이며, 묻힌 곳이다. 다윗이 예루살렘을 점령하기까지 7년을 왕으로서 체류한 도시이기도 한다. 연결부(joining), 교제(fellowship) 등의 의미가 있다.

10 압살롬이 이스라엘 모든 부족에게 정탐꾼을 보내면서 이르기를

너희들이 나팔소리를 듣자마자 "압살롬이 왕이다!"라고 말하라고 하였다. 나라에 특별한 행사가 있을 때에 나팔을 불었다. 계시록에서는 나팔 불 때마다 다른 현상이 나타난다(계 8 : 6, 7, 8, 10, 12; 9 : 1, 3; 10 : 7; 11 : 15). 대개 종교적 성일(욜 2 : 15)과 전쟁(삿 7 : 18; 암 2 : 2)을 알리기 위한 신호로 나팔을 사용했다.

11 버겐(R. D. Bergen)은 모든 사건들 중에서 가장 치명적인 타격을 다윗에게 준 것은 바로 이 이백 명의 신하들이라고 말한다. 이들 신하들은 다윗의 요직 수행자들로서 세심하게 고려해서 왕궁을 비우도록 압살롬이 개별적으로 선별해서 초대를 한 사람들이기 때문이었다. 일단 전쟁이 일어나자 다윗 왕실은 행정적으로 완전히 마비된다. 이들이 일단 헤브론 성 안에 갇히게 되자 그들은 더 이상 저항할 수 없는 포로가 되었다. 또한 이들은 이제 암논이 죽고 난 마당에서 황태자격인 압살롬의 초청을 거절하기도 힘들었을 것이다.

12 길로는 기쁨이라는 뜻이다. 헤브론의 북북서쪽으로 8km 정도 떨어진 유다 경내의 땅이다. 그가 기쁨으로 초대를 받았지만 슬픔으로 사망하게 된다. 도벨은 익지 않은 자, 어리석은 자, 혹은 침을 뱉는 자, 시멘트와 같은 석회 접착제와 같은 의미가 있다. "아히"는 이런 자의 형제라는 뜻이다.

¶ 메시지

압살롬은 황태자로서 더 이상 그가 반란을 도모할 이유가 있을 수 없었다. 그러나 그는 무슨 이유 때문인지 조급하게 왕이 되고자 한 것이다. 아마도 다윗 궁 내에서 형을 죽인 압살롬에 대한 반감세력이 있었던 것 같다. 앤더슨은 다윗이 이스라엘을 통일하는 과정에서 많은 무리를 한 것으로 본다. 첫째로 시므이의 저주(살인자, 피흘린 자, 삼하 16 : 5－8)에서 보는 것처럼 사울의 사람들을 너무 무지하게 진압 내지는 살상했다. 다윗이 길보아 전투에서 블레셋 군에 합세해서 출전을 하려고 했다는 소식도 이스라엘을 매우 두렵게 했을 것이다. 사울은 너무 두려워 무당까지 찾아간 것으로 여겨진다. 그러므로 계속된 북이스라엘 군의 저주, 반란 등에서 나타나는 것처럼 바로 이 북쪽 세력의 사람들에 의해서 압살롬이 부추김을 당했던 것 같다. 이는 다윗이 돌아올 때 특별히 자신을 초청하도록 북이스라엘 사람에게 요구하는 장면이라든가, 리스바에게서 낳은 사울의 자식들을 여부스 족의 이름으로 다시 처형하는 장면이라든가, 사무엘하 20장에서 비그리의 아들 세바의 난 등에서 분명히 드러나고 있다. 또한 세바가 전한 므비보셋의 입장도 얼추 이런 입장을 보여주고 있다(삼하 16장). 또 다윗의 개인적인 비리도 백성들에게 알려졌던 것 같다. 예를 들면 아히도벨은 밧세바의 할아버지로서 자신의 충신이면서 장군이었던 우리아를 죽인 사건 등은 아히도벨과 같은 현자들의 비위를 많이 건드렸던 것 같다. 이런 모든 일들이 다윗을 궁지로 몰아넣었고, 시기를 앞당겨 압살롬으로 하여금 반란을 일으키게 했을 것이다. 또 다윗의 둘째 누이 아비가일의 아들인 아마사는 압살롬의 사령관으로 역할했다. 이렇게 볼 때 같은 형제들 간에 권력투쟁도 있었던 것 같다. 또 다음에서 보이는 것처럼 다윗은 블레셋 족속의 경호대장을 하면서 그 자신의 실세 및 경호원들을 블레셋 부대(그렛 외인부대 및 블렛 부대)와 그들의 발달된 무기에 너무 심하게 의존함으로써 유다 내부에서도 다소간의 반발을 불러일으켰던 것 같다. 18 : 2에 보면, 전군의 삼분의 2를 요압과 그 동생 아비새에게, 삼분의 일을 블레셋 군대장 잇대에게 맡기고 있는 데서도 드러나며, 이 외에 자신의 경호대원 육백 명도 외인부대였다. 특별히 15 : 18에서 보이는 것처럼 왕의 주부대는 블레셋 군이었다. 이 외에 19절에서 다시 블레셋 군 갓에서 온 잇대의 군대 이야기가 나온다. 암몬이나 모압은 그리고 사울의 가족을 도륙했다는 말은 나오지만, 블레셋을 도륙했다는 말은 나오지 않는다. 이렇게 볼 때 다윗의 통일은 매우 무력적이었을 것으로 추정된다. 모압, 암몬, 블레셋 등의 경우도 모두 전투를 통해서 화친 내지는 진압한 경우이다.

27. 다윗의 망명(15 : 13－37)

¶ 본문

[13] 사자가 다윗에게 와서 고하되 이스라엘의 인심이 다 압살롬에게로
돌아갔나이다 한지라 [14] 다윗이 예루살렘에 함께 있는 모든 신복에게 이
르되 일어나 도망하자 그렇지 아니하면 우리 한 사람도 압살롬에게서 피
하지 못하리라 빨리 가자 두렵건대 저가 우리를 급히 따라와서 해하고 칼
로 성을 칠까 하노라 [15] 왕의 신복들이 왕께 고하되 우리 주 왕의 하고자
하시는 대로 우리가 행하리이다 하더라 [16] 왕이 나갈 때에 권속을 다 따
르게 하고 후궁 열명을 남겨 두어 궁을 지키게 하니라 [17] 왕이 나가매 모
든 백성이 다 따라서 벧메르학에 이르러 머무니 [18] 모든 신복이 그 곁으
로 지나가고 모든 그렛 사람과 모든 블렛 사람과 및 왕을 따라 가드에서
온 육백인이 왕의 앞으로 진행하니라 [19] 그 때에 왕이 가드 사람 잇대에
게 이르되 어찌하여 너도 우리와 함께 가느냐 너는 쫓겨난 나그네니 돌아
가서 왕과 함께 네 곳에 있으라 [20] 너는 어제 왔고 나는 정처없이 가니 오
늘날 어찌 너로 우리와 함께 유리하게 하리요 너도 돌아가고 네 동포들도
데려가라 은혜와 진리가 너와 함께 있기를 원하노라 [21] 잇대가 왕께 대답
하여 가로되 여호와의 사심과 우리 주 왕의 사심으로 맹세하옵나니 진실
로 내 주 왕께서 어느 곳에 계시든지 무론 사생하고 종도 그곳에 있겠나

이다 22 다윗이 잇대에게 이르되 앞서 건너가라 하매 가드 사람 잇대와
그 종자들과 그와 함께한 아이들이 다 건너가고 23 온 땅 사람이 대성통
곡하며 모든 인민이 앞서 건너가매 왕도 기드론 시내를 건너가니 건너간
모든 백성이 광야 길로 향하니라 24 사독과 그와 함께한 모든 레위 사람
이 하나님의 언약궤를 메어다가 내려놓고 아비아달도 올라와서 모든 백
성이 성에서 나오기를 기다리더니 25 왕이 사독에게 이르되 하나님의 궤
를 성으로 도로 메어 가라 만일 내가 여호와 앞에서 은혜를 얻으면 도로
나를 인도하사 내게 그 궤와 그 계신데를 보이시리라 26 그러나 저가 말
씀하시기를 내가 너를 기뻐하지 아니한다 하시면 종이 여기 있사오니 선
히 여기시는대로 내게 행하시옵소서 하리라 27 왕이 또 제사장 사독에게
이르되 네가 선견자가 아니냐 너는 너희의 두 아들 곧 네 아들 아히마아
스와 아비아달의 아들 요나단을 데리고 평안히 성으로 돌아가라
28 너희에게서 내게 고하는 기별이 올 때까지 내가 광야 나룻터에서 기다
리리라 29 사독과 아비아달이 하나님의 궤를 예루살렘으로 도로 메어다
놓고 거기 유하니라 30 다윗이 감람산 길로 올라갈 때에 머리를 가리우고
맨발로 울며 행하고 저와 함께 가는 백성들도 각각 그 머리를 가리우고
울며 올라가니라 31 혹이 다윗에게 고하되 압살롬과 함께 모반한 자들 가
운데 아히도벨이 있나이다 하니 다윗이 가로되 여호와여 원컨대 아히도
벨의 모략을 어리석게 하옵소서 하니라 32 다윗이 하나님을 경배하는 마
루턱에 이를 때에 아렉 사람 후새가 옷을 찢고 흙을 머리에 무릅쓰고 다
윗을 맞으러 온지라 33 다윗이 저에게 이르되 네가 만일 나와 함께 나아
가면 내게 누를 끼치리라 34 그러나 네가 만일 성으로 돌아가서 압살롬에
게 말하기를 왕이여 내가 왕의 종이니이다 이왕에는 왕의 부친의 종이었
더니 내가 이제는 왕의 종이니이다 하면 네가 나를 위하여 아히도벨의 모
략을 패하게 하리라 35 사독과 아비아달 두 제사장이 너와 함께 거기 있
지 아니하냐 네가 궁중에서 무엇을 듣든지 사독과 아비아달 두 제사장에
게 고하라 36 저희의 두 아들 곧 사독의 아히마아스와 아비아달의 요나단
이 저희와 함께 거기 있나니 무릇 너희 듣는 것을 저희 편으로 내게 기별
할찌니라 37 다윗의 친구 후새가 곧 성으로 들어가고 압살롬도 예루살렘
으로 들어갔더라

¶ 개요

이 장은 압살롬의 반란과 다윗의 피난길을 말한다. 1－6절까지는 압살롬이 재판을 통해서 백성들의 마음을 빼앗는 장면이 나오고, 7－12절은 헤브론에서 압살롬이 반란을 일으키는 장면이며, 13－31절은 다윗의 피난길에서 군사적 안배와 종교적인 인물들을 배치하는 장면이 나온다. 13－25절까지는 주로 군사적인 배치가 나오고 26－31절은 종교적인 배치로 사독과 아비아달을 잔류시켜 배치하고 32－37절까지 제사장들의 두 아들이 전령으로서 책사인 후새와 관계해서 어떻게 해야 할지를 말해주고 있다.

¶ 주석

13 "한 보고가 다윗에게 왔다"는 말 역시 시간적인 도입구이다. 이런 시간적 도입구를 통해서 장면을 바꾸고 새로운 사건을 도입하는 것이다. 이스라엘 사람의 마음이 압살롬을 따르고 있다.

14 – **15** 그렇지 않으면 그가 서둘러서 우리를 악으로 덮치고 도시를 칼로 칠 것이다. 이런 전략은 압살롬의 책사인 아히도벨의 책략이었다. 그러나 아히도벨의 정확한 책략은 받아들여지지 못한다.

먼저 그의 나라와 의를 구하라는 말과도 같고 맏음이 있을 때 예수의 제자들의 태도와도 같다.

16 피난길에 후궁을 모두 이끌고 간다는 것은 심히 거추장스러운 일이었을 것이다. 아니면 이들을 다른 정보통들과 마찬가지로 전략적으로 남겨두었을 수 있다.

17 그들이 마지막집(beth－merhak)에 섰다. 아마도 군사적으로 또

는 행정구역적으로 경계선에 있었던 집이었고, 예루살렘 도성의 한계선이었던 것 같다. 여기서 다윗은 자신의 군사를 점검하면서 예루살렘 성채를 떠나면서 여러 가지 구상을 했던 것 같다.

18 크레테 인은 히브리어로 갑돌이라 불리는 곳의 사람들이며, 역시 바닷 사람들이며 용병이다. 가드는 아기스의 왕이 통치하면서 다윗이 경호대장을 했던 도시이다. 골리앗이 나온 곳이다. 그러므로 다윗이 블레셋 군 아기스의 휘하에 있을 때 사귀던 군사들이면서, 용병들이었다. 다윗은 또 갓(블레셋 족) 육백 명을 친위부대로 키웠던 것 같다.

19 잇대는 무슨 일 때문인지 다윗의 휘하에 들어와 있었다. 가드는 다윗이 망명했던 블레셋 족 성읍국가이다. 이 가드에서 골리앗이 나온다.

21 – **22** 룻기에서 룻이 나오미에게 한 말과 비슷한 신명기 역사적인 말이다. 하나님이 살아계시는 한, 생명의 하나님, 살아 있는 증인이며, 정의의 하나님을 말한다. 그렇지 않을 때에 어떤 벌도 감수하겠다는 것이다. 잇대는 다윗에게 망명한 아기스가 통치하던 가드에 있던 블레셋 군의 장수다. 골리앗도 이 가드에서 왔다.

23 기드론 시내란 어둠의 강이라는 뜻이다. 광야는 새로운 출발을 나타내며, 새로운 훈련의 장을 말한다. 예수는 광야에서 40일을 금식했다. 이 본문에서 계속 반복되는 것은 "모든" 혹은 "온"(kol) 백성이, "온" 땅이, 통곡했다는 것이다. 이들은 출애굽시와 같이 어둠의 골짜기 기드론(qidron) 골짜기를 건넌다. 이러한 어둠의 날은 마태복음 24 : 29에서 "그 날 환난 후에 즉시 해가 어두워지며, 달이 빛을 내지 아니하며, 별들이 하늘에서 떨어지며, 하늘의 권능들이 흔들리리라… 그때에 땅의 모든 족속들이 통곡하며…" 라는 구절로 그 맥락이 이어진다고 할 것이다.

24 사독은 멜기세덱(멜기사독), 아도니세덱(아도니사독) 등으로부터 이어지는 가나안 제사장 집안으로 알려져 있다. 다윗이 예루살렘을 점

령하면서 이들 토착종교의 제사장들은 회심해서 야웨 신앙의 제사장으로 된 것으로 여겨진다. 이들은 결국 신약성서에서 사두개인으로 이어진다. 이들은 가나안 토착세력 및 멜기세덱(시 110)으로부터 이어지는 제사장 세력을 바탕으로 언약궤의 수호자들이 된다. 결국 아나돗의 엘리 가문으로부터 온 아비아달 제사장 가문은 아도니야의 반란시에 아나돗으로 쫓겨남으로써 명실공히 사독 가문이 정통제사장 가문이 된다.

25 다윗이 예루살렘 정복 후에 이 사독 가문의 제사장이 주도적인 세력으로 등장한다. 아비아달 가문은 나중에 예레미야 선지의 계열로 그 가문이 이어지며, 예루살렘 정통제사장이 중앙 가문이었다면, 엘리 가문의 세력은 재야 예언자의 입지를 유지하게 된다. 언약궤는 예루살렘 멸망시(587/6)까지 예루살렘에서 유지되다가 결국, 예루살렘 함락과 더불어 그 자취를 잃어버리게 된다.

26 다윗은 이제 낮은 데에 처할 줄도 알고 높은 데에 처할 줄도 알게 되었다. 하나님에 대한 완전한 의뢰를 여기서 보이고 있다. 다윗의 신앙의 기준은 그가 하나님을 기쁘게 하는 데 있음을 보이고 있다. 여기서의 기쁨은 감각적인 기쁨을 말하는 사메아흐(sameach)가 아니라 선함과 복을 나타내는 토브(tov)라는 단어가 사용되고 있다. “보기에 좋았더라”라고 할 때 나타나는 단어로서 영어로 good이다.

27 여기서 선견자는 환상적인 비전을 말하는 호제가 아니라 로예라는 단어를 쓰고 있다. 현실을 분별력 있게 볼 수 있는 혜안 내지는 영안을 말한다. 주로 북쪽 선지자들을 지칭할 때 쓰는 단어이고 호제는 남쪽 선지자를 칭할 때 쓰는 용어이다. 이 둘을 합한 형태의 단어가 나비, 선지자 혹은 예언자라는 단어이다. 이들은 모두 먼저 보았거나 사람의 혹은 역사의 미래를 내다볼 줄 아는 선각자라는 뜻을 가지고 있다. 사독이나 아비아달은 공자나 석가, 부처보다 약 오백년 더 이전에 있었던 선지자이며, 참된 의미에서 선각자라고 할 수 있는 이사야, 호세아, 아모스 같은 선각자들은 250년 정도 더 이전 사람이다. 예수는 말씀이 육신이 되신 분이다.

오래 전부터 선각자들에 의해서 증언되어온 분인 것이다.

28 다윗은 이들을 정치적인 중립을 표방하는 종교인들로 예루살렘에 놓아두고 싶어했던 것 같으며, 이들을 통해서 예루살렘에서 발생하는 여러 가지 소식들을 얻고자 했던 것 같다.

29 이들 제사장들은 종교인들로서 정치적인 중립을 표방하면서 언약궤와 더불어 있을 수 있었던 것 같으며, 압살롬도 이들 대제사장을 다치게 할 수는 없었던 것 같다. 어떤 형태로든 그들은 국민의 여론을 조정할 수 있는 위치에 있었던 것이다. 그러나 그들 역시 정치적인 입장을 가지고 있었던 것 같다.

30 올리브오일은 포도주와 함께 구약성서에서 가장 귀중한 식품으로 여겨진다. 올리브는 또한 신의와 화평의 상징이다(시 52 : 8). 노아의 방주이야기(창 8 : 11)에서 나오는 바와 같이 방금 피어나온 올리브 이파리는 또한 좋고 반가운 소식을 뜻한다. 혼돈의 세력이 물러가고 새로운 질서와 광명의 세계가 도래함을 뜻하는 복음의 전달자이다. 예수님은 올리브 동산에서 승천하기 전 마지막 삶을 보냈다. 거기서 예루살렘과 성전을 보면서 울기도 하시고 기도도 하시고 바로 그 동산에서 잡히시기도 하셨다. 올리브 잎은 초막절의 행사를 위한 초막을 짓는 재료로 사용되기도 했다(느 8 : 15). 이것은 빛을 위한 등불재료(마 25 : 3), 의약품(눅 10 : 34), 음식 (대하 2 : 10)이다. 다윗은 이러한 예수님의 행적을 예시하기 위한 것처럼 여기서 고난의 순간을 맞이하며, 자신을 따르는 신의가 있는 사람들과 더불어 눈물로 예루살렘을 떠난다. 그리고 기쁨으로 다시 돌아오게 된다.

31 아히도벨은 신에게 맞먹는 한명회와 같은 책사로 알려져 있다. 다윗이 어찌하여 이토록 침통한 기분에 젖게 되는지는 그의 신통력 때문이었을 것으로 이해된다. 아마도 그의 책략 덕택에 압살롬은 싸움 한번 하지 않고 예루살렘 성을 점령하게 된다. 참으로 오묘한 것은 신의 섭리

이다. 아마도 그는 압살롬으로 하여금 아버지 다윗과의 사이에 결정적 못질을 하기 위해서 아버지의 첩들을 범하게까지 한다.

아히도벨의 아들은 엘리암이고(삼하 23 : 34), 다윗의 삼십인 용사 중의 하나인 엘리암의 딸은 밧세바(대상 3 : 5)이다. 밧세바의 남편은 다윗이 죽인 우리아였다. 이런 연유로 인하여 하나님은 어쩌면 다윗을 오묘하게 벌했는지도 모른다. 손녀의 원수를 배반한, 아니면, 다윗에 대한 인격적 불신이 이런 코스를 택하게 되었는지 모른다. 결국, 그는 신약성서의 유다와 같이 자신을 목매는 단계로 종결된다.

32 다윗이 거기서 예배드렸던 곳의 정상에 왔을 때 아렉 사람 후새가 그의 옷을 찢은 채 머리에 흙을 뒤집어쓴 채 나타났다. 옷을 찢거나 재나 흙을 머리에 뒤집어쓰거나 하는 일은 국가적, 공동체적으로 심한 재난을 당했을 때 행하는 풍습이었다. 다윗의 처지를 슬퍼하는 탄식시에 나오는 삶의 정황을 재현하고 있다. 다윗의 믿음의 의가 압살롬의 의를 이긴 것이다.

33 다윗은 후새를 자신의 위기 상황에서 책사로 사용하기보다는 오히려 첩자로 활용한다. 압살롬의 난에서 다윗의 승리는 세 가지 전략의 승리라고 할 수 있다. 첫째는, 모든 원인을 자기와 하나님의 관계에서 해석했다. 둘째, 고도의 첩보전, 셋째, 고도의 인사관리이다.

34 아히도벨의 책략을 깰 수 있는 것은 오직 후새라고 본 듯하다. 고든과 같은 학자들은 후새가 나이가 많아서 오히려 도망길에 거추장스러울 수 있고 이보다는 압살롬의 책략을 저해하는 방향에서 활동하는 것이 유리했다고 본다.

35 제사장인 사독과 아비아달에게 모든 정보를 이야기하도록 한다. 다윗은 궁을 떠나 있지만 궁 안에 자신의 모든 정보망 통신망을 구축해 놓고 있다. 사독과 아비아달은 남과 북을 대표하는 제사장이다. 사독은 예루살렘을 대표하며 멜기세덱(멜기사독) 가문을 이은 것 같으며 아비아

달은 실로의 엘리제 사장 가문을 이은 것이다. 이는 36절에서 아히마아스와 요나단으로까지 이어지나 결국 토착세력을 대변하는 솔로몬과 사독에 의해서 축출된다.

36 – **37** 그들과 함께 그들의 두 아들이 있다. 사독의 아들 아히마아스와 아비아달의 아들 요나단이다. 다윗 시대에는 제사장도 두 가문을 등용함으로써 경쟁과 균형을 이루었던 것같다.

이렇게 다윗의 친구 후새가 그 도성으로 왔고 압살롬도 예루살렘으로 왔다.

¶ 메시지

전통적으로 범죄에 대한 입장은 죄악에 대한 심판이다. 이것이 신명기 역사관이고 사사기에 잘 나타나 있다. 죄악을 범하므로 사람의 막대기를 들어서(삼하 7장) 친다는 것이 신명기 역사에 뿌리깊게 자리잡고 있다. 이런 역사관은 결국 북이스라엘의 시내 산 계약전승에서 오는 것이며 시내 산 계약전승은 출애굽기 19 : 1－24 : 11에 분명하게 명시되어 있다. 순종하면 단순한 맹종이 아니라 말씀을 지키면 복을 주고 으뜸이 되고 그렇지 않으면 벌을 한다는 것이다. 이러한 사고는 전통적인 인과응보의 사상과 많이 다른 것이 아니다. 인과응보의 사상은 잘못한 것은 응당 징벌을 면치 못한다는 것이다. 폰라트(G. von Rad)는 이러한 사상을 오경 전체에도 나타나 있는 것으로 보았다. 그는 오경은 사실 신명기에서 끝나는 것이 아니라 여호수아까지 이르는 육경을 한 단위로 한다고 보았다. 이렇게 하나의 단위로 하는 하나님의 말씀은 사상적 맥락에 있어서 두 줄기로 형성이 되어 있다고 보았다. 하나는 약속으로 인한 은혜의 사상이요 다른 하나는 율법으로 인한 심판으로 보았다.

이러한 전통적인 사고방식에서 기독교적인 사고방식으로의 사상적 발전은 기독교 안에서도 잘 나타나 있다. 먼저 자연신앙은 야웨 신앙으로, 야웨 신앙은 유대교로, 유대교는 기독교 신앙으로 나아간다. 자연종교와 야웨 신앙은 오늘 본문에서 잘 나타나 있는 바와 같이, 같은 보상의 법칙 위에 놓여 있다. 순종(계약이행)하면, 복이 오고 순종치 아니하면 벌이 온다는 면에서이다. 그러나 야웨 신앙은 훈련이라는 차원이 있다. 출애굽기 13 : 17－18에 보면, 고난은 훈련의 과정이라는 개념이 도입되고 있다.

> 바로가 백성을 보낸 후에 블레셋 사람의 땅의 길은 가까울지라도 하나님이 그들을 그 길로 인도하지 아니하셨으니 이는 하나님이 말씀하시기를 이 백성이 전쟁을 보면 뉘우쳐 애굽으로 돌아갈까 하셨음이라. 그러므로 하나님이 홍해의 광야 길로 돌려 백성을 인도하시매 이스라엘 자손이 애굽 땅에서 항오를 지어 나올 때에…

이후에 욥은 고난은 하나님의 주권이라는 개념으로 발전되며, 전도서 같은 경우에는 회의론적인 사관으로 모든 것이 헛되나 오직 여호와를 두려워하는 것이 지혜의 근본이며, 복을 받는 근원임을 말하고 있다. 잠언의 경우는 가장 토속적 자연종교적 연관성을 많이 가진 명사적 보상의 법칙을 말하는 책이라고 할 것이다. 시편 37장과 73장 역시 전도서와 같은 맥락에서 회의론적인 사관을 가진 시편이라고 할 것이다. 그러나 이들은 모두 하나님의 주권과 그분을 두려워함이 지혜의 근본이라고 하는 데에 수렴되고 있다.

이러한 사상은 바울에게서는 하나님의 위대함 즉 하나님의 가장 미련한 것이 인간의 지혜보다 낫고 하나님의 약한 것이 인간의 강함보다 강하다고 하는 사관으로 발전하게 된다. 예수는 이러한 인간의 고난을 더욱 적극적으로 이해한다. 소경된 자의 죄가 누구의 죄 때문인지를 묻는 현장에서 예수는 이는 누구의 죄 때문이 아니라 그들이 신앙으로 극복해서 드러내야 할 영광을 위한 도구 내지는 과정으로 보았다. 예수가 말씀하신다. 이는 그 아비의 죄 때문도 아니요, 자신의 죄 때문도 아닌 하나님의 영광을 드러내기 위해서라고 한다.

이러한 맥락에서 바울은 “너희가 고난을 받고 시험을 받을 때에 기뻐하고 즐거워하라. 너희의 받을 상급이 크니라”라고 역시 오히려 고난을 환영하는 적극적인 자세로 나아간다. 예수는 이러한 맥락에서 “누구든지 그리스도 안에 있으면 새로운 피조물이라. 보라 이전 것은 지나갔으니 새것이 되었도다"라고 말하고 신앙을 가진 자는 죽어도 살겠고 살아서 믿는 자는 영원히 살리라 라고 고난을 영생을 위한 과정으로 나아가고 있다.

28. 사울의 종 세바와 가족 시므이(16 : 1—14)

¶ 본문

1 다윗이 마루턱을 조금 지나니 므비보셋의 사환 세바가 안장 지운 두
나귀에 떡 이백과 건포도 일백송이와 여름 실과 일백과 포도주 한 가죽부
대를 싣고 다윗을 맞는지라 2 왕이 세바에게 이르되 네가 무슨 뜻으로 이
것을 가져 왔느뇨 세바가 가로되 나귀는 왕의 권속들로 타게 하고 떡과
실과는 소년들로 먹게 하고 포도주는 들에서 곤비한 자들로 마시게 하려
함이니이다 3 왕이 가로되 네 주인의 아들이 어디 있느뇨 세바가 왕께 고
하되 예루살렘에 있는데 저가 말하기를 이스라엘 족속이 오늘 내 아비의
나라를 내게 돌리리라 하나이다 4 왕이 세바더러 이르되 므비보셋에게
있는 것이 다 네 것이니라 세바가 가로되 내가 절하나이다 내 주 왕이여
나로 왕의 앞에서 은혜를 입게 하옵소서 하니라 5 다윗왕이 바후림에 이
르매 거기서 사울의 집 족속 하나가 나오니 게라의 아들이요 이름은 시므
이라 저가 나오면서 연하여 저주하고 6 또 다윗과 다윗왕의 모든 신복을
향하여 돌을 던지니 그 때에 모든 백성과 용사들은 다 왕의 좌우에 있었
더라 7 시므이가 저주하는 가운데 이와 같이 말하니라 피를 흘린 자여 비
루한 자여 가거라 가거라 8 사울의 족속의 모든 피를 여호와께서 네게로
돌리셨도다 그 대신에 네가 왕이 되었으나 여호와께서 나라를 네 아들 압

살롬의 손에 붙이셨도다 보라 너는 피를 흘린 자인고로 화를 자취하였느
니라 9 스루야의 아들 아비새가 왕께 여짜오되 이 죽은 개가 어찌 내 주
왕을 저주하리이까 청컨대 나로 건너가서 저의 머리를 베게 하소서 10 왕
이 가로되 스루야의 아들들아 내가 너희와 무슨 상관이 있느냐 저가 저주
하는 것은 여호와께서 저에게 다윗을 저주하라 하심이니 네가 어찌 그리
하였느냐 할 자가 누구겠느냐 하고 11 또 아비새와 모든 신복에게 이르되
내 몸에서 난 아들도 내 생명을 해하려 하거든 하물며 이 베냐민 사람이
랴 여호와께서 저에게 명하신 것이니 저로 저주하게 버려두라 12 혹시 여
호와께서 나의 원통함을 감찰하시리니 오늘날 그 저주 까닭에 선으로 내
게 갚아주시리라 하고 13 다윗과 그 종자들이 길을 갈 때에 시므이는 산
비탈로 따라가면서 저주하고 저를 향하여 돌을 던지며 티끌을 날리더라
14 왕과 그 함께 있는 백성들이 다 곤비하여 한 곳에 이르러 거기서 쉬니라

¶ 개요

1-4, 므비보셋과 세바
5-14, 다윗과 시므이

¶ 주석

1 다윗이 정상을 조금 넘었을 때, 므비보셋의 종인 세바가 몇 마리 노새를 가지고 그를 만나려고 나왔다. 이백 개의 떡과 일백 개의 여름 과일과 포도주 한 가죽부대를 그것들 위에 싣고 있었다. 이러한 영접은 일종의 관습과 같은 것으로 보인다. 아비가일은 나발의 어리석은 짓을 무마하기 위해서 급히 음식을 마련해서 다윗을 배웅 나간다. 양이나 질로 보면 아비가일이 준비한 것보다 훨씬 못 미치는 것이다. 예수는 당시에 반듯하다고 하는 율법학자, 재판관, 관료(이방지역 가버나움에 살던 백부장 제외), 제사장과 같은 사람들로부터는 핍박을 받았다. 그러나 세리와 죄인으로부터

영접을 받았다. 그리고 그들을 통하여 그의 나라가 전파되게 되었다.

"아비가일이 급히 떡 이백덩이와 포도주 두 가죽부대와 잡아 준비한 양 다섯과 볶은 곡식 다섯 세아와 건포도 백송이와 무화과 뭉치 이백을 취하여 나귀들에게 싣고" (삼상 25 : 18).

2 빵과 여름과일, 포도주는 작은 것처럼 보인다. 그러나 이것은 지친 다윗에게 상당한 생기를 주었던 것으로 여겨진다. 여기서 왕의 가족이 타도록 하기 위한 나귀는 예수가 고난의 길을 갈 때에 입성했던 나귀에 대한 상징으로 이어진다.

3 왕이 "네 주인의 아들이 어디에 있느냐?" 라고 한 질문은 "아담아 네가 어디 있느냐?" 라는 질문이나, "가인아 네 아우가 어디 있느냐?" 라는 질문과 같은 형식이다. 하나님은 우리에게 물으신다. "너의 사명은 어디 있느냐? 너의 주님은 어디 있느냐? 너의 가정은, 형제는 어디 있느냐?" 라고 물으신다.

4 여기서 므비보셋의 종 세바의 이야기가 끝이 난다. 세바는 자신의 주군을 배반하고 그의 입장을 바꾸어 다윗을 받들면서 옛 주인을 비방한다. 5－14절까지는 사울의 가족 시므이의 저주 이야기이다. 시므이는 다윗을 따르는 것이 아니라 저주하는 입장이다. 자기의 잘못을 하와에게 돌리고 자신의 주인에게 돌린다. 죄악된 인간은 항상 자기의 불찰을 타인에게 핑계한다.

5 바후림은 베냐민 지파의 변방 경계선 지역이다(삼하 19 : 16; 왕상 2 : 8). 시므이는 야곱의 둘째아들 시므온과 마찬가지로 "들었다, 혹은 하나님이 들어주었다" 라는 뜻이다. 하나님이 그의 저주를 들었는지 모른다.

6 돌을 던진다는 것은 저주의 상징이다. 아골 골짜기의 아간이 돌을 던져 죽임을 당한 후 돌무덤으로 만들어진다(수 7 : 25－26). 압살롬도 돌무덤으로 무덤이 만들어진다. 이러한 저주의 상징은 사도행전에서 스데

반이 돌에 맞아서 죽는 것과 같은 맥락이다. 요한복음 10 : 31에서 유대인이 돌을 들어 예수를 치려 한 것은 저주의 상징이다. 요한복음 11 : 39에서 예수가 나사로가 죽어 누워 있던 동굴의 입구를 막았던 돌을 치우라는 말은 저주를 치우라는 말로 해석될 수 있을 것이다. 예수의 시신을 막고 있던 돌도 이런 맥락에서 해석될 수 있을 것이다.

출애굽기 19 : 13; 21 : 28, 32에서는 하나님의 산의 경계를 범하는 자는 돌에 맞아 죽어야 한다. 열왕기상 21 : 14－15에서 나봇이 왕과 하나님을 저주했다고 해서 돌에 맞아 죽는다. 고린도후서 11 : 25에서 바울은 세 번 태장으로 맞고 한 번 돌로 맞고 세 번 파선했다고 한다. 그러나 그리스도를 통하여 이런 저주를 극복한다.

7 시므이의 저주가 전혀 근거 없는 소리는 아니었다. "없어져라! 없어져라! 살인자야! 건달놈아!"(삼상 25 : 25; 30 : 22; 삼하 20 : 1) 사실 다윗은 피를 많이 흘려서 하나님이 성전을 건축하지 못하게 했다는 전승을 가지고 있고(대상 22 : 8) 또 역시 건달과 빚진 자 죄인들을 모아 몰고 다녔다고 보고 있다(삼상 22 : 1－2). 예수도 건달들, 남녀 죄인과 같이 다닌다고 비난을 받았다(세리와 죄인의 친구, 눅 7 : 34; 11 : 19). 그러나 믿음으로 순종한 십자가에서 그런 모든 저주의 세력은 그가 벗어놓은 수의와 함께 깨끗이 벗어버리고 새로운 영체로 다시 살아난 것이다. 부활한 예수에게 더 이상의 저주는 있을 수 없었다.

8 기브온 족을 빙자한 사울의 아들을 죽인 것이나 이스보셋을 비롯해서 모든 사울의 자손이 죽어나가는 점에서 이러한 의심을 피할 수 없었다.

9 사역하자면 다음과 같다. "스루야의 아들 아비새가 왕에게 말했다. 이 죽은 개가 왜 나의 주 왕을 저주하는 겁니까? 제가 건너가서 끝장내 버리도록 하소서. 야웨의 반석인 아비새(나의 아비는 이새이다)가 말했다. 이 움직일 수도 없는 개 같은 자가 어떻게 왕을 저주하는 겁니까?" 우리 주변에서 저주의 말을 듣는다. "너는 안 될 것이다. 너는 죽어야 한다"고 하는 것이 시므이의 저주였다. 너는 당연히 비참함을 당해야 한다는 것이

그의 저주였다. 그러나 믿음은 이런 것을 벗어버린다. 믿음은 그런 저주와 열등의식과 과거의 허물을 수의를 벗고 부활한 예수처럼 모조리 홀랑 벗어버리고 새롭게 그리스도 안에서 새로운 생명으로 다시 태어나는 것이다. 오히려 그 저주는 결국 저주한 자에게 성취된다.

> 이 썩을 것이 썩지 않을 것을 입겠고 이 죽을 것이 죽지 아니함을 입을 때에는 사망이 이김의(믿음의 승리로) 삼킨바 되리라고 기록된 말씀이 응하리라 사망아 너의 이기는 것이 어디 있느냐 너의 쏘는 것이 어디 있느냐? … 우리 주 예수 그리스도로 말미암아 우리에게 이김을 주시는 하나님께 감사하노니(고전 15 : 54－57).

10 다윗의 신앙적 태도는 도망하는 길에 또다른 전투를 벌일 여유도 없었겠으나 모든 것을 하나님의 저주로 받아들이고 그러한 역경 속에서 하나님의 뜻과 징벌을 감수하려고 하고 인간을 보지 않았다는 점이다.

11 다윗을 향한 저주는 바로 자신을 향한 자기자신의 범죄로 인한 야웨의 징벌이었고 이는 자기가 자기자신을 배반한 것이었다. 압살롬은 자기자신이 낳은 바로 자신과 동등한 자의 배신이었다. 우리 자신에 대한 배반은 다른 사람이 아닌 바로 나자신의 육이며 다 자신에게서 나오는 육적인 성정인 것이다. 이것이 바로 바울이 통탄한 바 오호라 나는 곤고한 자로다라는 탄식인 것이다.

12 다윗은 이러한 징벌 후에 있을 복을 다시 소망하는 것이다. 다윗 안에 부활의 씨가 있다. 죄악으로 죽은 심령이 그리스도의 피로 다시 살아날 수 있는 것처럼 하나님의 자비로 새 생명을 소망하는 것이다. 여기서 선은 복을 말하는 것이다. 좋은 세상이 다시 올지 모른다는 소망을 다시 간직하게 되는 것이다. 그리고 그 소망을 향해서 나아갈 때 그가 구원을 얻은 것이다. 자신을 볼 때 자기가 낳은 자식을 볼 때 현실을 볼 때는 희망이 없었으나 오히려 하나님의 섭리를 보려고 할 때 다시 소망을 발견하게 되었다.

13 고난의 길을 갈 때 시므이의 저주도 그를 계속해서 저주함으로써 그를 음부의 세력으로 떨어뜨리려고 하는 것이다.

14 사역하면 다음과 같다. "왕과 그와 함께 있던 백성들이 피곤에 지친 채 도착했다. 그리고 그가 거기서 생기를 회복했다." 사람이 저주를 딛고 나아갔을 때 피곤했지만 생기를 회복하고 사망에서 생명으로 옮겨지는 체험을 하는 것이다.

우리가 죄악의 권세에 빠질 때 온갖 악한 세력이 우리에게 저주를 퍼붓는다. 열등의식이, 우리 자신의 질책이, 사회가 끈질기게 우리를 저주한다. 그러한 저주의 세력은 다름아닌 가까운 친구요 동료인 것이다.

¶ 메시지

1-4절까지는 므비보셋과 시므이와 다윗과의 삼각관계로 되어 있는 이야기이다. 이 이야기는 다윗이 므비보셋을 찾을 때부터 길게 엮어져 있는 이야기이다. 다윗이 므비보셋에게 사울의 전재산을 다 준 것이 아니고 세바를 불러서 네가 경작해서 므비보셋을 공경하라고 했기 때문이다. 더구나 그 집안을 네가 다스릴 뿐이지 므비보셋은 역시 왕의 식탁에서 먹을 것이다. 그러므로 사실상 소유에 대한 실권은 세바에게로 돌아간다. 탈무드에 이런 이야기가 있다. 전 재산을 종에게 다 준다. 그러나 상속자 아들에게는 그가 택하는 한 가지만 준다. 아버지가 세상을 떠난 후에 아들은 그 소유물인 상속자 종을 한가지로 택함으로써 전재산을 택하게 되었다는 이야기이다. 그 이야기는 이 이야기와는 이야기가 다르다. 왜냐하면, 여기에서는 소유권은 원래 사울의 것이었으나 다윗이 군사적으로 개입해서 경작권을 므비보셋의 종 세바에게 주었기 때문이다. 이런 이야기의 결과는 결국 예상된 대로 므비보셋과 세바와의 시비문제로 발전되고 마지막으로 다윗이 돌아오는 마당에서 세바의 가증스런 거짓이 이야기된 후 그 명목뿐인 재산을 반반으로 나누게 되나 므비보셋의 포기로 세바에게 돌아가는 형국으로 이 분쟁의 결말이 나게 된다(삼하 19 : 30). 이런 형국

은 다윗이 므비보셋에게 웬 지저분한 말이 그리 많으냐는 핀잔으로 끝나고 있기 때문에 므비보셋의 이름인 부끄러운 입이라는 뜻을 그대로 대변해주고 있기 때문이다. 신명기사가는 이 스토리의 종국을 통해 우리에게 무엇을 말하고자 했던 것인가? 쉽게 말하자면 결국 하나 남은 사울의 직계이며 참된 친구 요나단의 아들인 므비보셋마저도 비참한 종말을 맞이하게 되었다는 사울 왕가의 비운에 대해서 말하고 있다고 할 것이다.

두 번째, 사울 가문과의 충돌에 관한 이야기는 5−14절로 이어진다. 바후림은 베냐민 지역의 변방 경계선이다. 그곳에 왔을 때 사울 가문의 사람이 다윗에게 욕설을 퍼붓는다. 살인자, 피를 흘린 자 등 모든 가능한 욕과 저주의 돌을 퍼붓는다(16 : 7−8). 어쩌면 사울 가문과의 최후의 충돌이라고 할 것이다. 그러나 다윗은 시므이에게 불평하거나 욕하지 않고 하나님의 뜻으로 돌린다. 인간에게서 자신의 불행의 원인을 찾지 않고 하나님에게서 자신의 불행의 원인을 찾고 근본적으로 자신을 돌아보는 다윗이야말로 신명기사가는 참된 신앙인의 모범이라고 보고 있는 것이다. 우리는 어떤가? 우리는 자신과 하나님과의 관계에서 우리의 불행을 찾는 것이 아니고 우리 주변의 제삼자로부터 우리의 불행의 근원을 찾고 있는 것이 아닌가?

신명기사가는 이 장면을 다윗의 귀환시기까지 연장시키고 있으며(19 : 16−17), 좀더 솔로몬의 시기까지 연장시키고 있다. 귀환시기에 시므이의 용서를 빈 대목에 대해서 신명기사가는 아무런 단서도 붙이지 않는다. 다윗의 입을 통해서도 아무런 말을 심지 않는다. 다윗이 말을 하지 않는 것이다. 그러나 이때의 묵묵부답은 결국 다윗은 열왕기상 2장에서 솔로몬에게 시므이에 대한 저주의 유언(시므이가 백발이 되어서라도 피를 흘리며 음부에 떨어지도록 하라는)으로 이어지고 있으며 그 유언에 따라서 시므이는 처형을 당하게 된다.

이렇게 볼 때 신명기사가는 예언과 성취의 구조 속에서 역사를 보고 있으며, 사실상 인간의 자유의지와 하나님의 자유를 어느 정도 인정하면서도 결국은 보상의 법칙 위에 자신의 신학을 세워놓고 있다고 할 것이다. 왜냐하면 아브넬이나 요압이나 시므이의 사건 등에서 보는 것처럼 그들이 범한 죄악의 대가였다고 하는 관점으로 그 종결을 맺어놓고 있기 때문이다. 그는 역사의 다른 면을 도입할 수 있었다. 예를 들면 다윗의 청원을 가엾이 여길 수도 있었고, 마음을 바꾸어 먹을 수도 있었다. 그러나 그는 기본적으로 그가 행한 죄대로라는 형벌의 원칙에 입각해 있다고 할 것이다. 이러한 보상의 원칙은 사사기에서 죄악과 심판과 외침과 구원이라는 공식 속에서도 선명하게 드러나고 있다.

29. 아히도벨과 후새의 대결(16 : 15－17 : 23)

¶ 본문

15 압살롬과 모든 이스라엘 백성들이 예루살렘에 이르고 아히도벨도 저
와 함께 이른지라 16 다윗의 친구 아렉 사람 후새가 압살롬에게 나아올
때에 저에게 말하기를 왕이여 만세, 왕이여 만세 하니 17 압살롬이 후새
에게 이르되 이것이 네가 친구를 후대하는 것이냐 네가 어찌하여 네 친구
와 함께 가지 아니하였느냐 18 후새가 압살롬에게 이르되 그렇지 아니하
니이다 내가 여호와와 이 백성 모든 이스라엘의 택한 자에게 속하여 그와
함께 거할 것이니이다 19 또 내가 이제 누구를 섬기리이까 그 아들이 아
니니이까 내가 전에 왕의 아버지를 섬긴 것 같이 왕을 섬기리이다 하니라
20 압살롬이 아히도벨에게 이르되 너는 어떻게 행할 모략을 우리에게 가
르치라 21 아히도벨이 압살롬에게 이르되 왕의 아버지가 머물러 두어 궁
을 지키게 한 후궁들로 더불어 동침하소서 그리하면 왕께서 왕의 부친의
미워하는바 됨을 온 이스라엘이 들으리니 왕과 함께 있는 모든 사람의 힘
이 더욱 강하여지리이다 22 이에 사람들이 압살롬을 위하여 지붕에 장막
을 치니 압살롬이 온 이스라엘 무리의 눈 앞에서 그 부친의 후궁들로 더
불어 동침하니라 23 그 때에 아히도벨의 베푸는 모략은 하나님께 물어 받
은 말씀과 일반이라 저의 모든 모략은 다윗에게나 압살롬에게나 이와 같

더라

17:1 아히도벨이 또 압살롬에게 이르되 이제 나로 하여금 사람 일만 이
천을 택하게 하소서 오늘 밤에 내가 일어나서 다윗의 뒤를 따라 2 저가
곤하고 약할 때에 엄습하여 저를 무섭게 한즉 저와 함께 있는 모든 백성
이 도망하리니 내가 다윗왕만 쳐 죽이고 3 모든 백성으로 왕께 돌아오게
하리니 무리의 돌아오기는 왕의 찾는 이 사람에게 달렸음이라 그리하면
모든 백성이 평안하리이다 4 압살롬과 이스라엘 장로들이 다 그 말을 옳
게 여기더라 5 압살롬이 이르되 아렉 사람 후새도 부르라 우리가 저의 말
도 듣자 하니라 6 후새가 압살롬에게 이르매 압살롬이 저에게 말하여 가
로되 아히도벨이 여차여차히 말하니 우리가 그 말대로 행하랴 그렇지 않
거든 너는 말하라 7 후새가 압살롬에게 이르되 이 때에는 아히도벨의 베
푼 모략이 선치 아니하니이다 하고 8 또 말하되 왕도 아시거니와 왕의 부
친과 그 종자들은 용사라 저희는 들에 있는 곰이 새끼를 빼앗긴 것 같이
격분하였고 왕의 부친은 병법에 익은 사람인즉 백성과 함께 자지 아니하
고 9 이제 어느 굴에나 어느 곳에 숨어 있으리니 혹 무리 중에 몇이 먼저
엎드러지면 그 소문을 듣는 자가 말하기를 압살롬을 좇는 자 가운데서 패
함을 당하였다 할찌라 저가 무리 중에 몇을 치면 10 비록 용감하여 사자
같은 자의 마음이라도 저상하리니 이는 이스라엘 무리가 왕의 부친은 영
웅이요 그 종자들도 용사인 줄 앎이니이다 11 나의 모략은 이러하니이다
온 이스라엘을 단부터 브엘세바까지 바닷가의 많은 모래 같이 왕께로 모
으고 친히 전장에 나가시고 12 우리가 그 만날만한 곳에서 저를 엄습하기
를 이슬이 땅에 내림 같이 저의 위에 덮여 저와 그 함께 있는 모든 사람을
하나도 남겨두지 아니할 것이요 13 또 만일 저가 어느 성에 들었으면 온
이스라엘이 줄을 가져다가 그 성을 강으로 끌어들여서 그곳에 한 작은 돌
도 보이지 않게 할 것이니이다 하매 14 압살롬과 온 이스라엘 사람들이
이르되 아렉 사람 후새의 모략은 아히도벨의 모략보다 낫다 하니 이는 여
호와께서 압살롬에게 화를 내리려하사 아히도벨의 좋은 모략을 파하기
로 작정하셨음이더라 15 이에 후새가 사독과 아비아달 두 제사장에게 이
르되 아히도벨이 압살롬과 이스라엘 장로들에게 여차여차히 모략을 베

풀었고 나도 여차여차히 모략을 베풀었으니 16 이제 너희는 빨리 사람을
보내어 다윗에게 고하기를 오늘 밤에 광야 나룻터에서 자지 마시고 아무
쪼록 건너 가소서 하라 혹시 왕과 그 좇는 자들이 몰사할까 하노라 하니
라 17 그 때에 요나단과 아히마아스가 사람이 볼까 두려워하여 감히 성에
들어가지 못하고 에느로겔 가에 머물고 어떤 계집종은 저희에게 나와서
고하고 저희는 가서 다윗에게 고하더니 로겔 샘 18 한 소년이 저희를 보
고 압살롬에게 고한지라 그 두 사람이 빨리 달려서 바후림 어떤 사람의
집으로 들어가서 그 뜰에 있는 우물 속으로 내려가니 19 그 집 여인이 덮
을 것을 가져다가 우물 아구를 덮고 찧은 곡식을 그 위에 널매 도무지 알
지 못할러라 20 압살롬의 종들이 그 집에 와서 여인에게 묻되 아히마하스
와 요나단이 어디 있느냐 여인이 가로되 그들이 시내를 건너 가더라 하니
저희가 찾아도 만나지 못하고 예루살렘으로 돌아가니라 21 저희가 간 후
에 두 사람이 우물에서 올라와서 다윗왕에게 이르러 고하여 가로되 당신
들은 일어나 빨리 물을 건너 가소서 아히도벨이 당신들을 해하려고 여차
여차히 모략을 베풀었나이다 22 다윗이 일어나 모든 백성과 함께 요단을
건널쌔 새벽에 미쳐서 한 사람도 요단을 건너지 못한 자가 없었더라
23 아히도벨이 자기 모략이 시행되지 못함을 보고 나귀에 안장을 지우고
떠나 고향으로 돌아가서 자기 집에 이르러 집을 정리하고 스스로 목매어
죽으매 그 아비 묘에 장사되니라

¶ 개요

16 : 15—23절까지의 이야기는 아히도벨의 책략에 관한 이야기다. 아히도벨이 다윗이 남의 아내를 범했던 것처럼 압살롬도 아비인 다윗의 후처들을 범할 것을 말하고 있다. 그의 책략은 신의 경지에 이르렀으나 율법에 반대하는 일을 저지르기를 획책할 때에 결국 인륜도 거스르게 됨으로써 패망하게 된다는 이야기다.

17 : 1—23 역시 계속되는 아히도벨과 후새의 이야기이다. 아히도벨은 당장 추격할 것을 주장하고 다윗과 내통하고 있는 후새는 다윗에게 재정

비할 시간적인 여유를 주기 위한 연장 정책을 내어놓는다. 이에 압살롬과 주변인들은 후새의 계략을 따른다. 이로써 아히도벨은 그만 자기의 집에 가서 목을 매고 만다. 이러한 연락을 받은 다윗은 요단 강을 건너서 재정비를 위한 시간적 여유를 가지게 된다.

¶ 주석

15 아히도벨은 "나의 형제는 익지 않은", "익지 않은 자와 짝한 자"라는 뜻이다. 압살롬은 보복자의 아비라는 뜻이다. 익지 않은 보복자와 짝한 자는 결국 익지 않은 채 사망하고 만다. 아마도 그의 이름대로 그의 모략은 처음에는 적중했으나 완전한 성사를 보지 못한 채 끝났다는 뜻으로 해석될지 모른다. 아히도벨은 밧세바의 할아버지다.

16 아렉은 "연장하다, 지연하다"라는 뜻이다. 후스에서 온 후새는 "서두르다, 재빠르게 행동하다" 등의 의미가 있다. 이름만으로 보면 "공격을 지연시키기 위해서 서둘렀던 사람"이라는 뜻일 수 있다. 성서는 행동주의적 신앙에 서 있다. 곧 일어나거나, 바로 실천하라는 것이다. 누가복음에 일곱 번, 마태복음에 일곱 번 정도가 나온다. 즉시 행하는 것이다.

17 "너의 주인은 어디 있는가"라는 다윗의 질문은 여기서 친구로 대체되지만 같은 의미이다. 주인 없는 사람은 남편 없는 수가 성 여인과 같이 이상하게 여겨졌다. 너의 친구란 다윗을 말한다. 친구란 이웃을 뜻한다. 엠마오로 내려가던 강도 만난 유대인을 구한 것은 사마리아인이었다. 예수께서 물으신다. "누가 참다운 네 이웃이냐?" 다시 말하면 친구냐고 묻는 것이다.

18 사역하면 다음과 같다. "후새가 압살롬에게 말했다. 아닙니다. 누구를 야웨와 이 백성과 이스라엘의 모든 사람이 택했습니까? 나도 그분의 편입니다. 내가 그분과 함께 거할 것입니다." 룻이 나오미에게 한 결단과

같은 것이다.

19 섬긴다라는 말은 아바드 'abad 라는 단어이다. 근본 의미는 경작하다(cultivate)라는 뜻이다. 이 말에서 문화, culture라는 말이 나왔다. 경작하다, 노동하다 라는 말에서 종(에베드)라는 말도 나왔다. 위해서 일한다는 말이다. 두 번째로는 예배한다 라는 뜻이 있다. 신을 섬기듯이 받든다라는 뜻이다. 여기서도 면전이라는 말이 나온다. 얼굴 panim은 직접적인 교제나 주권자의 가시적 추상적 영역을 말한다. 모세가 바로의 얼굴로부터 도망한다(출 2 : 15). 또 출애굽기 3 : 6에서는 모세가 바로를 두려워하여 그의 얼굴을 숨긴다. 창세기 43 : 3에서 요셉의 형제가 베냐민을 데려가지 않으면 요셉의 얼굴을 보지 못할 것이라고 말한다. 신약성서에서 그 날에는 얼굴과 얼굴을 분명히 보는 것처럼 볼 것이라고 한다(고전 13 : 12).

20 – **21** 한 번 잘못된 길로 들어서면 점점 더 악의 길로 나아가게 되고 돌아올 수 없는 사망의 길을 가게 된다. 욕심이 잉태하여 죄가 되고 죄가 장성한즉 사망에 이르는 것이다. 왜 손녀 밧세바에게 못할 짓을 한 다윗에게 같은 짓을 하도록 명한 것이 바로 할아버지 아히도벨인지 참으로 아이러니컬한 일이다.

22 압살롬이 지붕 위에 천막을 펼치고 이스라엘의 눈앞에서 아버지의 후궁들에게 들어간다. 이로써 다윗과 압살롬은 영원히 건너지 못할 강을 건넌 것이다. 성서에서는 이런 경우가 많이 나타나고 있다. 르우벤이 아버지 야곱의 첩이었던, 라헬의 몸종 빌하에게 들어간 후 가나안 땅에 들어가지 못하고 요단 강 건너편에 자리잡아 살았고, 장자권을 사실상 잃어버린 것이다. 창세기 35 : 22; 49 : 3－4; 레위기 18 : 8; 20 : 11; 신명기 22 : 30; 27 : 20에 보면 아버지의 아내를 아들이 취하는 것은 금지되어 있었다. 시편 19 : 5와 요엘 2 : 16 등에 보면 압살롬이 지붕 위에 친 천막은 신방 천막이었던 것 같다. 압살롬이 친 천막은 바로 다윗이 밧세바를 범하기 전에 거닐었던 옥상이었던 것으로 유추된다.

23 모든 아히도벨의 책략은 다윗에게나 압살롬에게나 하나님의 말씀과 같았다. 하나님의 말씀은 권능의 말씀을 말한다. 여기서의 책략(에체트)은 임마누엘이 모사이며 책략으로 나타나고 성령 역시 몽학선생 즉 책략 내지는 모사로 나타난다.

17:1 "그러므로 아히도벨이 압살롬에게 말했다. 저에게 일천이백 명을 택하게 하십시오. 제가 일어나서 밤을 도와 다윗을 추격하겠습니다." 아히도벨은 미숙자의 형제, 압살롬은 보복의 아버지, 일천이백은 열두 지파의 배수, 밤은 새로운 세계를 준비하는 기간으로 나타난다. 성서에서 밤은 새로운 세계가 일어나게 하기 위한 준비기간을 말한다. 기드온 역시 밤을 틈타서 공격하고, 발람 선지나, 사무엘은 밤에 계시를 받고 아침에 그 계시를 말한다. 사무엘 자체도 밤에 하나님의 부름을 세 번 듣고 하나님의 일을 시작한다. 일천이백은 각 지파별로 백 명씩이 되는 셈이다.

2−**3** 아히도벨의 책략은 명료하다. "내가 그에게 덮칠 것입니다. 그는 피곤합니다. 손이 풀려 있습니다. 내가 그를 둘러싸면 그와 함께 있는 모든 백성들이 도망을 할 것입니다. 그러면 내가 왕만 칠 것입니다. 왕이 찾는 그 사람이 모든 백성을 왕께 돌아오게 할 것입니다. 그리고 모든 사람은 화평일 것입니다."

4−**5** 여기서 이스라엘의 장로라는 말은 북이스라엘의 세력을 말한다. 아마도 압살롬은 어머니 쪽이 아람 계열이므로 북이스라엘의 지원을 받는 것은 당연했으며 사령관을 맡은 이종사촌 아마사는 유다의 지원을 책임지고 있었던 것 같다. 다윗은 결국 아마사를 통해서 유다인들이 자기를 다시 왕으로 초청하도록 독려를 요청하고 그에게 요압의 사령관직을 제수한다. 압살롬이 이제 명했다. "아렉 사람 후새를 들라 하라." 아렉 족이라는 말은 연장이라는 말이다. 연장 혹은 지연의 족속이라는 말이다. 지연 족속에서 재빨리 행하는 후새가 나온 것이다. 그리고 그가 무슨 말을 하는지 들어보도록 하자.

6－**8** 아히도벨에 대한 견제 내지는 보강의 책략을 묻는다. 그러자 후새가 "아히도벨이 말한 책략이 이번에는 좋지 아니하다고 압살롬에게 말했다. 후새(chush)는 "서두르다(재빨리 행동하다)" 라는 뜻이다. 재빨리가 완만함보다 강함을 말한다. 사실 아히도벨은 재빨리 하자고 했으나 성공하지 못했고 후새(재빨리)는 천천히 공격하자고 했으나 실제로는 재빨리 첩자를 보내서 승리를 하는 것이다.

여기서 보면, 다윗은 골리앗 앞의 작고 연약한 소년이 아니라 전쟁에 이골이 나고 스루야의 아들 요압에 못지않은 용사라는 것을 밝히고 있다.

9 여기서 굴이란 입을 벌리고 있는 열린 무덤을 말한다. 본문에서 "패함" 이라고 번역하고 있는 마데파란 단어는 큰 재앙이라는 뜻으로 가장 많이 나오며 사무엘상 4 : 17에는 도륙이라는 의미로도 쓰인다. 주로 유행병과 같은 재앙을 말한다(민 14 : 37; 17 : 13; 25 : 18; 31 : 16; 삼상 6 : 4; 삼하 24 : 21).

10 본문에서 "저상하다" 라는 말은 거의 우리말에서 쓰이지 않는 말이다. 히브리어로 수동형 강조 마사스는 "녹아내리다, 기절하다" 라는 등의 뜻이다.

11 단에서 브엘세바는 왕국시대 이전까지 보통 국경으로 생각한 경계선이었다. 사사기 20 : 1; 사무엘상 3 : 20; 사무엘하 3 : 10; 17 : 11; 24 : 2; 24 : 15; 열왕기상 4 : 25 등에 나타나고 역대기에 나타나 있지 않다. 사사기 20 : 1에서 단은 단 지파의 이동으로 합법화된 영토로 주장되고 있으며, 창세기 26장에서는 이삭이 하나님으로부터 직접 계시를 받고 우물을 계속적으로 파서 소유권이 주장된 약속의 땅이다. 젖과 꿀이 흐르는 가나안 땅이란 이 두 지명 사이를 말한다.

12 이슬은 가나안 땅에서 축복의 상징이다. 그와 함께 있는 사람 중에 단 하나도 그와 함께 있지 않을 것이라는 말은 돌 위에 돌이 첩놓이지 않도록 훼파될 것이라는 말로 이어지며(마 24 : 2), 두세 사람이 내 이름으

로 함께 하는 곳에(마 18 : 20) 내가 함께 하리라는 말은 다시 말하면 하나님의 능력이 나타날 것이라고 하는 인간의 신의와 단결의 힘을 나타낸다.

13 압살롬군의 물리적 우세함을 강조하고 있다. 그토록 다윗이 존경을 받고 온 이스라엘의 장로들이 모여 그에게 기름부어 왕을 삼았음에도 불구하고 왜 그토록 압살롬에게 힘이 모아졌는지는 알 수 없다. 아마도 밧세바 사건이 세상에 알려지면서 극도로 그에 대한 불신이 고조되었던 것 같다. 그러나 신앙인은 다시 돌아온다.

14 그런데 왜 그런 사람에게 악을 가져오는 것인가? 다윗은 어떻게 보면 게라의 아들 시므이가 말한 것처럼(삼하 16 : 7) 가장 악한 사람처럼 보인다. 그런데 압살롬에게 하나님은 악을 가져온 것이다. 저자가 여기서 말하고자 하는 바는 무엇인가? 물론 이 글은 젊은이들의 영감에 의해서 쓰여진 글이 아닌 경험과 하나님의 신앙과 더불어 야곱과 같이 씨름한 신앙적 경륜가들에 의해서 기록되고 읽혀지고 선택된 책이다. 본 신명기 역사서의 중심책에서 대변되고 있는 신학사상은 압살롬은 믿음이 없었다는 것이다. 다윗은 믿음이 있었다. 압살롬은 자기의 뜻대로 했으나 다윗은 심지어 조롱받는 것까지 하나님의 뜻과 연관을 지었다. 다윗의 승리는 결국 하나님과 씨름하는 자의 승리를 말하고 압살롬의 패배는 인간의 지혜의 뽐냄의 패배를 말하는 것이다. 비록 아히도벨이 하나님과 같이 볼 수 있고 해석할 수 있는 지혜가 있었으나 그러나 신앙인 다윗의 책사에 의해서 패배할 수밖에 없음을 말하는 것이다. 게라는 이방인이라는 뜻이므로 시므이 역시 신앙적 근거가 약했음을 암시한다.

15 후새가 아히도벨이 압살롬과 이스라엘의 장로들에게 말한 책략을 제사장 사독과 아비아달에게 말했다. 성서에서는 두 형제의 대결이 패턴으로 나타난다. 여기서도 책사 후새와 아히도벨이 대결구도로 나나탄다. 먼저 들어온 아히도벨의 책략을 동생격인 후새가 뒤집어 승리한다. 또 사독과 아비아달의 대결구도가 솔로몬 시대에 가서 심화되어 나타난다. 결국 토착세력이었던 솔로몬과 사독의 승리로 종결된다.

16 사역하면 다음과 같다. "이제 빨리 보내라. 그리고 다윗에게 말하라. 이 밤중에 광야의 개울에서 지체하지 말라. 또한 반드시 건너가도록 하라. 그래야 왕과 그와 함께 있는 백성이 삼킴을 당치 않을 것이다." 비록 압살롬이 후새의 견해를 선호한다고 말은 그렇게 했지만 후새도 아직 압살롬의 결정이 어느 방향으로 잡힐지는 가닥을 잡지 못했던 것 같다.

17 밤은 시련의 때를 말한다. 서둘러서 밤의 때를 건너야 한다. 이스라엘 백성들은 이집트를 나올 때도 서둘렀다. 에인로겔은 로겔의 눈이라는 뜻이다. 로겔은 다리(사람의), 혹은 정탐 등의 뜻이 있다. "정탐의 눈"이 되는 지점이라는 뜻으로 해석될 수 있다. 아히마아스는 분노의 형제라는 뜻이다.

18 여기서의 소년은 군인으로도 해석이 된다. 이들이 도망치는 이야기는 여호수아에서 정탐꾼들을 라합이 구해주는 이야기와 형식구조가 비슷하다(수 2 : 1－24).

19－**20** 여자가 뚜껑을 취해서 우물 위에 펼쳤다. 여호수아 2 : 6에서 첩자들은 지붕 밑에 숨는다. 우물은 물이 없는 구덩이가 아니라 있는 우물(브에르)이다. 여자들은 가장을 위한 인물로 등장한다. 속임수를 위한 인물로 등장한다. 한마디로 능청스러운 일을 하는 성격으로 등장하는 것이다. 그리고 그 위에 곡식을 펼쳐 널었다. 아무 흔적도 없었다. 압살롬의 종들이 그 집에 있는 그 여자에게 왔을 때, 아히마아스와 요나단이 어디 있는지를 물었다. 그 여자가 그들에게 그들이 시내를 넘어서 갔다고 대답했다. 그들이 찾았으나 발견치 못하자 예루살렘으로 돌아갔다.

이 이야기가 여기서 반복되고 있음은 창세기 12장, 20장, 26장에서 족장들의 부인들(사라와 리브가)이 수난당하는 이야기가 반복되고 있는 것과 같다.

21 그들이 간 후에 그들이 우물로부터 올라와서 그들이 왕 다윗에게 가서 말했다. "그들이 다윗에게 말하기를 일어나시오 그리고 급히 물을 건

너야 합니다. 아히도벨이 여차 여차 당신을 쳐서 책략을 말했습니다." 상반절에서 첩자들이 우물로부터 올라와서(알라, 일어나서), 가서(할라크, 걷다, 뛰다), 보고한다(나기드, 말하다, 증언하다). 신약성서에서 곧 일어나서 걷고 증언하는 형태의 문구들을 유지한다. 다윗에게 말한다. 일어나라, 급히 건너라고 한다. 급히(마헤르)는 복음서에서는 "곧"이라는 말로 나타난다. 기독교나 유대교는 행동의 종교이다. 곧 행동하는 것이다. 자기들이 하던 일을 그만 두고 곧 예수를 따르는 것이다. 사울이 길르앗의 비극을 듣고 논 갈던 황소를 버려두고 곧 행동을 취하는 것이다. 예수를 믿는 결신도 말씀을 듣고 믿음의 촉구를 받을 때 곧 결단하는 것이다.

22 요단이라는 말은 흘러내리다라는 말이다. 이 문장의 단어는 모두 긍정적인 의미로 구성된 의미이다. 일어나다(쿰)라는 말도 앉은뱅이가 일어나다라는 뜻이다. 낙심 중에도 왕과 그 백성이 일어난 것이다. 또한 아침햇살(오르 보케르)도 주로 하나님의 아름다움과 능력을 나타내는 말로 나타난다(삼하 23 : 4). 이스라엘의 사고법칙은 밤에서 아침이 된다는 것이며 어둠과 혼돈에서 빛(오르) 창조의 질서가 나온다는 것이다. 즉 고통으로 시작해서 빛으로 끝이 난다는 것이다. 어둠 속에 거하던 백성들이 그리스도를 통한 빛을 보게 된다.

23 설익은 자의 형제는 일이 성사되기 전에 죽을 수밖에 없었다. 목을 매어 죽는 장면은 자신의 죄책으로 목을 맨 유다의 장면으로 이어진다. 여기서 성서의 저자는 자살에 대해서 아무런 논평도 하지 않고 있다. 사울의 경우도 마찬가지이다. 기드온의 아들 아비멜렉이나 사울의 경우에 보면 어리석은 자는 차라리 자살을 택하는 편이 떳떳한 것으로 암시된다.

노새는 말보다 귀한 것으로 여겨졌던 것 같다. 노새는 수나귀와 암말 사이에 나는 것으로 번식력은 없지만 말보다 힘이 좋고 유순하다. 그러나 스피드는 말보다는 떨어진다. 사무엘하 13 : 29에서 보면 다윗의 왕자들이 압살롬의 난에 놀라서 노새를 타고 도망한다. 왕자 압살롬도 노새를 탄다. 그리고 여기서 아히도벨도 노새를 탄 것으로 나타난다. 이는 오실 왕의 상징인 예수가 유월절에 타고 예루살렘에 입성한는 것으로 왕의 상징성을 나타내고 있다(마 21 : 2－7). 나귀(donkey)는 길들여진 노새(ass)를 말한다.

살인하지 말라는 계명은 계약공동체 안에서의 살인을 말한다. 구약시대에도 전쟁으로 일관되어 있었고 전쟁으로 인한 패배의 결과는 남자들에게 있어서는 대부분 죽음이었다. 자살에 관해서 구약성서는 특별히 언급하는 바가 없다. 가치 중립적이고 오히려 사울이나 아비멜렉의 경우에서처럼 모욕적인 오명을 남기느니 차라리 자살을 택하는 것을 명예스럽게 생각하는 의미를 나타내고 있다. 목을 매어 죽는 것은 심한 좌절로 인한 것이며, 아히도벨이 목매달아 죽는 것은 신약성서에서 가룟 유다의 목매달아 죽음으로 그 의미가 이어진다. 배반한 것에 대한 자책과 자신의 가치관과의 충돌 속에서 스스로 목을 매게 된다.

¶ 메시지

아히도벨의 책략에 관한 이야기다. 그는 책략에는 신의 경지에 이른 사람이라고 한다. 그러나 그의 책략은 성서가 말하는 대로 자기 꾀에 자기가 넘어가는 책략인 것이다. 이는 아무리 인간적인 꾀가 강해도 하나님의 뜻을 이길 수는 없음을 말하는 것이다. 백주에 아비의 첩들에게 옥상에 천막을 쳐서 이스라엘 앞에서 반율법적인 악을 행한 것이다. 결국 다윗은 다른 남자에게 들어간 자기의 첩에게 다시는 들어가지 않고 먹을 것만을 주어서 부양한다. 이러한 이야기는 모세의 지팡이와 마술사의 지팡이가 뱀으로 변하는 이야기와도 맥을 같이하는 것이다(출 7 : 8－13). 이집트 마술사들의 지팡이는 세상의 지혜를 말한다. 모세의 지팡이는 신앙의 지팡이를 말한다. 세상의 지혜가 아무리 강해도 신앙의 지팡이한테는 당할 수 없음을 말하고 있을 뿐만 아니라 결국은 신앙의 지팡이가 세상의 지혜를 삼킨다는 교훈이다. 다른 말로 율법이 세상 지식을 이김을 말한다.

30. 압살롬의 패배(17 : 24—19 : 8)

¶ 본문

[24] 이에 다윗은 마하나임에 이르고 압살롬은 모든 이스라엘 사람과 함
께 요단을 건너니라 [25] 압살롬이 아마사로 요압을 대신하여 군장을 삼으
니라 아마사는 이스라엘 사람 이드라라 하는 자의 아들이라 이드라가 나
하스의 딸 아비갈과 동침하여 저를 낳았으며 아비갈은 요압의 어미 스루
야의 동생이더라 [26] 이에 이스라엘 무리와 압살롬이 길르앗 땅에 진 치니
라 [27] 다윗이 마하나임에 이르렀을 때에 암몬 족속에게 속한 랍바 사람
나하스의 아들 소비와 로데발 사람 암미엘의 아들 마길과 로글림 길르앗
사람 바르실래가 [28] 침상과 대야와 질그릇과 밀과 보리와 밀가루와 볶은
곡식과 콩과 팥과 볶은 녹두와 [29] 꿀과 뻐더와 양과 치스를 가져다가 다
윗과 그 함께한 백성으로 먹게 하였으니 이는 저희 생각에 백성이 들에서
시장하고 곤하고 목마르겠다 함이더라

[18 : 1] 이에 다윗이 그 함께한 백성을 계수하고 천부장과 백부장을 그 위
에 세우고 [2] 그 백성을 내어 보낼쌔 삼분지 일은 요압의 수하에, 삼분지
일은 스루야의 아들 요압의 동생 아비새의 수하에 붙이고 삼분지 일은 가
드 사람 잇대의 수하에 붙이고 백성에게 이르되 나도 반드시 너희와 함께

나가리라 3 백성들이 가로되 왕은 나가지 마소서 우리가 도망할찌라도
저희는 우리에게 주의하지 아니할 터이요 우리가 절반이나 죽을찌라도
우리에게 주의하지 아니할 터이라 왕은 우리 만명보다 중하시오니 왕은
성에 계시다가 우리를 도우심이 좋으니이다 4 왕이 저희에게 이르되 너
희가 선히 여기는대로 내가 행하리라 하고 문 곁에 서매 모든 백성이 백
명씩 천명씩 대를 지어 나가는지라 5 왕이 요압과 아비새와 잇대에게 명
하여 가로되 나를 위하여 소년 압살롬을 너그러이 대접하라 하니 왕이 압
살롬을 위하여 모든 군장에게 명령할 때에 백성들이 다 들으니라 6 이에
백성이 이스라엘을 치러 들로 나가서 에브라임 수풀에서 싸우더니 7 거
기서 이스라엘 무리가 다윗의 신복들에게 패하매 그 날 그곳에서 살륙이
커서 이만에 이르렀고 8 그 땅에서 사면으로 퍼져 싸웠으므로 그 날에 수
풀에서 죽은 자가 칼에 죽은 자보다 많았더라 9 압살롬이 다윗의 신복과
마주치니라 압살롬이 노새를 탔는데 그 노새가 큰 상수리나무 번성한 가
지 아래로 지날 때에 압살롬의 머리털이 그 상수리나무에 걸리매 저가 공
중에 달리고 그 탔던 노새는 그 아래로 빠져나간지라 10 한 사람이 보고
요압에게 고하여 가로되 내가 보니 압살롬이 상수리나무에 달렸더이다
11 요압이 그 고한 사람에게 이르되 네가 보고 어찌하여 당장에 쳐서 땅에
떨어뜨리지 아니하였느뇨 내가 네게 은 열개와 띠 하나를 주었으리라
12 그 사람이 요압에게 대답하되 내가 내 손에 은 천개를 받는다 할찌라도
나는 왕의 아들에게 손을 대지 아니하겠나이다 우리가 들었거니와 왕이
당신과 아비새와 잇대에게 명하여 이르시기를 삼가 누구든지 소년 압살
롬을 해하지 말라 하셨나이다 13 아무 일도 왕 앞에는 숨길 수 없나니 내
가 만일 거역하여 그 생명을 해하였더면 당신도 나를 대적하였으리이다
14 요압이 가로되 나는 너와 같이 지체할 수 없다 하고 손에 작은 창 셋을
가지고 가서 상수리나무 가운데서 아직 살아 있는 압살롬의 심장을 찌르
니 15 요압의 병기를 맡은 소년 열이 압살롬을 에워싸고 쳐 죽이니라
16 요압이 나팔을 불어 백성들로 그치게 하니 저희가 이스라엘을 따르지
아니하고 돌아오니라 17 무리가 압살롬을 옮겨다가 수풀 가운데 큰 구멍
에 던지고 그 위에 심히 큰 돌무더기를 쌓으니라 온 이스라엘 무리가 각
기 장막으로 도망하니라 18 압살롬이 살았을 때에 자기를 위하여 한 비석

을 가져 세웠으니 이는 저가 자기 이름을 전할 아들이 없음을 한탄함이라
그러므로 자기 이름으로 그 비석을 이름하였으며 그 비석이 왕의 골짜기
에 있고 이제까지 압살롬의 기념비라 일컫더라 19 사독의 아들 아히마아
스가 가로되 청컨대 나로 빨리 왕에게 가서 여호와께서 왕의 원수 갚아
주신 소식을 전하게 하소서 20 요압이 저에게 이르되 너는 오늘 소식을
전하는 자가 되지 말고 다른 날에 전할 것이니라 왕의 아들이 죽었나니
네가 오늘날 소식을 전하지 못하리라 하고 21 구스 사람에게 이르되 네가
가서 본 것을 왕께 고하라 하매 구스 사람이 요압에게 절하고 달음질하여
가니 22 사독의 아들 아히마아스가 다시 요압에게 이르되 청컨대 아무쪼
록 나로 또한 구스 사람의 뒤를 따라 달음질하게 하소서 요압이 가로되
내 아들아 왜 달음질하려 하느냐 이 소식으로 인하여는 상을 받지 못하리
라 하되 23 저가 아무쪼록 달음질하겠노라 하는지라 요압이 가로되 그리
하라 하니 아히마아스가 들길로 달음질하여 구스 사람보다 앞서니라
24 때에 다윗이 두 문 사이에 앉았더라 파숫군이 성문루에 올라가서 눈을
들어 보니 어떤 사람이 홀로 달음질하는지라 25 파숫군이 외쳐 왕께 고하
매 왕이 가로되 저가 만일 혼자면 그 입에 소식이 있으리라 할 때에 저가
차차 가까이 오니라 26 파숫군이 본즉 한 사람이 또 달음질하는지라 문지
기에게 외쳐 이르되 보라 한 사람이 또 혼자 달음질한다 하니 왕이 가로
되 저도 소식을 가져오느니라 27 파숫군이 가로되 나 보기에는 앞선 사람
의 달음질이 사독의 아들 아히마아스의 달음질과 같으니이다 왕이 가로
되 저는 좋은 사람이니 좋은 소식을 가져 오느니라 28 아히마아스가 외쳐
왕께 말씀하되 평강하옵소서 하고 왕의 앞에서 얼굴을 땅에 대고 절하여
가로되 왕의 하나님 여호와를 찬양하리로소이다 그 손을 들어 내 주 왕을
대적하는 자들을 붙여 주셨나이다 29 왕이 가로되 소년 압살롬이 잘 있느
냐 아히마아스가 대답하되 요압이 왕의 종 나를 보낼 때에 크게 소동하는
것을 보았사오나 무슨 일인지 알지 못하였나이다 종과 30 왕이 가로되 물
러나 곁에 서 있으라 하매 물러나서 섰더라 31 구스 사람이 이르러 고하
되 내 주 왕께 보할 소식이 있나이다 여호와께서 오늘날 왕을 대적하던
모든 원수를 갚으셨나이다 32 왕이 구스 사람에게 묻되 소년 압살롬이 잘
있느냐 구스 사람이 대답하되 내 주 왕의 원수와 일어나서 왕을 대적하는

자들은 다 그 소년과 같이 되기를 원하나이다 [33] 왕의 마음이 심히 아파
문루로 올라가서 우니라 저가 올라갈 때에 말하기를 내 아들 압살롬아 내
아들 내 아들 압살롬아 내가 너를 대신하여 죽었더면, 압살롬 내 아들아
내 아들아 하였더라

[19:1] 혹이 요압에게 고하되 왕이 압살롬을 위하여 울며 슬퍼하시나이다
하니 [2] 왕이 그 아들을 위하여 슬퍼한다 함이 그 날에 백성들에게 들리매
그 날의 이김이 모든 백성에게 슬픔이 된지라 [3] 그 날에 백성들이 싸움에
쫓겨 부끄러워 도망함 같이 가만히 성으로 들어가니라 [4] 왕이 얼굴을 가
리우고 큰 소리로 부르되 내 아들 압살롬아 압살롬아 내 아들아 내 아들
아 하니 [5] 요압이 집에 들어 가서 왕께 말씀하되 왕께서 오늘 왕의 생명
과 왕의 자녀의 생명과 처첩들의 생명을 구원한 모든 신복의 얼굴을 부끄
럽게 하시니 [6] 이는 왕께서 미워하는 자는 사랑하시며 사랑하는 자는 미
워하시고 오늘 장관들과 신복들을 멸시하심을 나타내심이라 오늘 내가
깨달으니 만일 압살롬이 살고 오늘 우리가 다 죽었더면 왕이 마땅히 여기
실뻔하였나이다 [7] 이제 곧 일어나 나가서 왕의 신복들의 마음을 위로하
여 말씀하옵소서 내가 여호와를 가리켜 맹세하옵나니 왕이 만일 나가지
아니하시면 오늘 밤에 한 사람도 왕과 함께 머물지 아니할찌라 그리하면
그 화가 왕이 젊었을 때부터 지금까지 당하신 모든 화보다 더욱 심하리이
다 [8] 왕이 일어나 성문에 앉으매 혹이 모든 백성에게 고하되 왕이 문에
앉아 계시다 하니 모든 백성이 왕의 앞으로 나아오니라

¶ 개요

사실상 여기서의 싸움은 집안의 싸움이다. 다윗과 다윗의 누이 요압의 형제가 같은 편을 먹고, 다윗의 아들 압살롬과 다윗의 누이 아비가일의 아들 아마사가 같은 편을 먹는다. 이 싸움에서 요압이 압살롬을 살해함으로써 전쟁은 다윗의 승리로 끝이 나게 되고 결국 아마사도 요압에 의해서 살해를 당하게 되나 요압은 결국 솔로몬과 아도니야와의 대결에서 만이

인 아도니야편을 들다가 자신도 죽임을 당하게 된다.

19 : 1—8까지에는 다윗이 요압에게 압살롬을 살펴달라는 부탁에도 불구하고 압살롬이 살해되었다는 소식을 듣고 다윗은 급기야 비감에 젖고 요압은 이에 대해서 항변을 하게 된다. 이후 다윗은 자기의 비감을 이기고 성문에 나와 앉아 전군이 모두 나와서 왕 앞에 모여 온다.

10—14절에서 압살롬의 반란에게 가담했던 북이스라엘 백성들이 돌아오고, 그들의 사령관 역할을 했고 요압과 이종사촌간이며 다윗의 누이의 아들이었던 아마사는 다윗 밑에서 사령관이 된다. 이는 원래 요압의 위치로서 있을 수 없는 일이었다. 결국에 아마사는 요압에게 죽임을 당한다.

15—31절까지는 두 개의 이야기가 들어 있다. 15—24까지는 게라의 아들 시므이가 다윗을 모욕하는 이야기가 나오며 25—31까지는 요나단의 아들 므비보셋과 다윗이 시비를 가리는 대화가 나온다. 다윗은 므비보셋에게 왜 마중을 나오지 않았는지를 추궁하고 므비보셋은 세바가 자신을 배반했음을 말한다. 다윗이 준 봉분을 둘이 나누어 가지도록 했으나 므비보셋은 이를 거절하고 세바에게 모두 주도록 한다. 32—41절까지는 길르앗에 살고 있는 80세의 노인 바르실래가 다윗에게 보인 친절을 말한다. 성서의 기자는 노인에 대해서 경의심을 표현하고 있는바 길르앗 사람 바르실래의 지혜에 대해서 말하고 있다.

42—44절은 이스라엘 백성이 유다 백성에게 다윗을 독점으로 수행하는 것에 대해서 항의가 나오고 유다는 이에 대한 고집을 내세우는 장면이 나온다. 이는 결국 솔로몬 때까지 이어지는 것으로 나타난다.

¶ 주석

24 압살롬과 그와 함께 있는 모든 이스라엘 사람들이 요단을 건넜다. 쉼이라는 뜻의 마하나임에 다윗이 임시 진영을 친 것 같다. 숲이 울창했으므로 수에서 열세였던 다윗 군이 수적으로 우세한 압살롬 군의 기동력을 떨어뜨리기 위해서 이런 숲에서 전쟁 전략을 택했던 것 같다. 그리고 모든 백성들을 거기서 재정비한다. 여기에 이르자 요단 강 동편의 지방 유지들

이 그를 맞으러 나온다. 마하나임은 사울의 아들 이스보셋을 왕으로 받들고 아브넬이 정도했던 곳이다. 압살롬과 아브넬이 죽은 후 얼마 되지 않아서 다윗이 거기에 있던 성채를 임시 전략기지로 사용했던 것 같다.

25 아마사를 압살롬이 요압 대신 군대 사령관으로 임명했다. 아마사는 이스라엘 사람 이드라의 아들이었다. 그가 나하스의 딸 아비가일에게 들어가서 얻은 아들이다. 그녀는 요압의 어미 스루야의 여동생이었다. 여기서 어떻게 나하스의 딸이 다윗의 누이가 되고 있는지는 설명이 어렵다. 다만 딸이나 아들은 자손의 의미가 있어서 직계 딸이 아니더라도 손녀딸도 따로 나올 수 있고 외손녀로 칠 수도 있는 것이다. 이것으로 미루어 다윗의 아비 이새의 아내가 한 명 이상인 것으로 추정된다.

26 이에 이스라엘과 압살롬이 길르앗 땅에 진을 쳤다. 길르앗은 요셉의 첫째아들 므낫세 지파의 장자 막길의 첫째아들이다. 이 지파는 같은 라헬을 어머니로 하나는 베냐민 지파와 가까우며 사울과 죽은 후에까지 신의를 지키며 사울의 아들 이스보셋도 그의 정권을 요단 강 건너편에 마하나임에 세울 때에 길르앗은 그 으뜸세력으로 등장한다(삼하 2 : 8).

27 다윗이 마하나임에 왔을 때 암몬 족인 소비가 랍바로부터 왔고 암미엘의 아들 마길이 로데발로부터 왔다. 길르앗 족속인 바르실래가 로글림으로부터 왔다. 소비는 나하스의 아들이며 나하스의 후계자 하눈의 동생이다. 다윗은 암몬과도 모종의 인척관계가 있는 것으로 보인다. 왜냐하면, 스루야의 여동생인 아비가일이 암몬 왕 나하스의 딸이라고 나오기 때문이다.

28－**29** 바르실래가 침상과 대야와 질그릇과 밀과 보리와 밀가루와 볶은 곡식과 콩과 팥과 볶은 녹두와 꿀과 버터와 양과 치즈를 가져다가 다윗과 그가 함께한 백성으로 먹게 하였다. 꿀과 버터와 양과 치즈는 포도주와 우유와 더불어서 기력회복을 위한 최고의 음식으로 꼽힌다. 이는 저희 생각에 백성이 광야에서 시장하고 곤하고 목마를 것을 위한 것이

다. 바르실래는 철이라는 뜻이다. 왜 이들 사울의 영향권 아래의 사람들 혹은 사울의 열렬한 지지자들이 다윗을 맞으러 왔는지는 분명치 않다. 아마도 갑작스런 다윗 군대의 출현으로 말미암아 나발과 같은 운명에 처해질 것에 대한 위협을 느꼈는지 모른다. 이들이 가져온 구호물품은 우선 불편한 야전 생활에 도움이 되는 것과 당장 부족한 군량미를 대신해서 기여할 수 있는 것이었을 것이다.

18:1 다윗은 급히 피난을 한 후에야 흩어진 그의 군사를 재정비한다. 출애굽기 18장에 모세가 한 것처럼 천부장과 백부장을 세워 군대를 체계화시킨다.

2 다윗이 삼분의 일을 요압의 손에 붙이고, 삼분의 일은 스루야의 아들이며 요압의 아우인 아비새의 손에 붙인다. 그리고 삼분의 일은 가드 사람 잇대의 손에 맡긴다. 다윗이 백성들에게 말한다. “내가 반드시 출전하겠고 내가 너희와 함께 하리라.” 여기서 잇대는 블레셋 다섯 성읍 중의 하나인 가드 출신의 용병장이다. 삼분법은 창세기에서부터 잘 입증되는 성서적인 숫자이다. 하늘과 땅, 땅 아래 물이 그것이다. 천지 만물은 삼분법으로 창조된다. 첫째날에 빛이 창조되고 둘째 날에 윗물과 아랫물이 갈라지고, 셋째 날에 물에서 흙이 드러나는 모습으로 나타난다. 넷째 날에는 빛을 발하는 발광체가 드러나고, 다섯째 날에는 물고기가 만들어지며, 여섯째 날에는 땅위에 기는 것이 만들어진다. 노아의 방주가 삼층으로 지어지며, 솔로몬의 성전이 삼층으로 지어지며, 인간이 하나님의 영(루아흐)과 생령(네페쉬)과 육체(바사르)의 삼분법으로 지어진다. 하나님은 성삼위일체라는 사상이 나오고(하나님, 하나님의 영, 기름부음을 받은 자 즉 메시아), 결국 예수는 죽은 지 삼일 만에 부활한다. 이러한 배경을 가지고 삼분법적 군사 분류는 전통적인 군사 나눔의 원리였다(삿 7 : 16; 9 : 43; 삼상 11 : 11; 13 : 17). 구약성서에 보면, 하나님의 본체가 하늘에 계시고, 혹은 언약궤 위에 계시고, 하나님의 영이 있다. 하나님의 바람이라고도 할 수 있는 하나님의 영이다. 예언자에게 임하고 왕에게 임하고, 그러므로 그가 예언도 하고 힘이 세지기도 하고 보이지 않던 것을 보기도

한다. 그 다음이 하나님의 사람이 있다. 시편 2편(5－9절)과 "하나님께서 나의 주에게 말씀하셨다"라는 말은 기름부음을 받은 왕을 지칭한다. 사무엘하 7 : 14에서 분명히 하나님이 솔로몬 왕의 아비가 됨을 명시하고 있다. 육신을 입은 하나님의 아들이 바로 왕인 것이다. 신약성서에서는 이렇게 되어서 삼위일체가 되는 것이다.

3 백성들이 왕이 나가지 않아야 한다고 만류한다. 다윗만을 쫓을 것이기 때문이다. 여기에서 아히도벨이 가졌던 견해를 이들도 가지고 있다. 아히는 형제, 도벨(tophel)은 회칠하다(cement, lime), 어리석은 이라는 등의 뜻이 있다. 아직 익지 않은, 뜸들지 않은 이라는 뜻도 있다. 여기서 묘한 신학적 패턴이 나타난다. 다윗은 출전하려고 했으나, 적군이 그만을 쫓을 것을 우려해서 출전하지 않는다. 압살롬은 출전해서 적군들이 그만을 추격한다. 그리고 아히도벨이 하려고 했던 그대로 압살롬에게 일어난다.

4 왕이 못 이기는 척 백성의 견해를 따른다. 그 백성들의 견해가 선하다는 것이다. 그러나 24장에서 다윗은 백성들의 말을 듣지 않고 인구조사를 강행해서 악을 행하고 징벌을 받는다. 그러나 징벌을 받은 그 자리에서(아라우다의 타작마당) 솔로몬 성전의 제단은 정해진다. 백명 단위, 천명 단위는 중대와 대대와 같은 의미의 모세 때로부터 이어지는 군사 단위이다(출 18 : 21; 신 1 : 15).

5 왕이 요압과 아비새와 잇대에게 소년 압살롬을 부드럽게 다루도록 부탁한다. 그런데 왕이 명령할 때 압살롬에 대하여 모든 두령들에게 이 말을 당부할 때에 모든 백성들이 들었다고 보고한다. 다윗 메시아 편에서 말한 바와 같이 요압이나 아비새, 아마사가 양쪽 혹은 다윗의 사령관 역할을 한 것은 모두 친족으로 형성되었음은 고대사회가 가족 단위를 중심으로 형성되었음을 보이는 것이다. 현대사회에서도 이를 벗어나지 못한 경우가 많으며, 고대사회에서 제사장 집안도 이러한 친족주의 범주 안에서 형성될 수밖에 없었다. 이러한 친족주의는 오직 그리스도 안에서 해체되고 그리스도 안에서 새로운 형제자매의 개념으로 형성된다. 그러나 이

러한 예수의 사상적 배경은 창세기 12 : 1－3에서 네 부모와 친척(형제자매)과 고향(지연)을 떠나라고 하는 말에서 그 출발점을 가진다.

6 이스라엘이라는 말이 운명(엘 신)과의 싸움을 말하는 것이며, 들판도 역시 싸움의 장을 상징한다(가인과 아벨 이야기, 지혜여인의 두 아들－삼하 14장 등). 에브라임은 "내가 열매를 맺게 할 곳"이라는 뜻이다.

7 살륙이라는 말은 커다란 재앙이라는 말도 된다. 패퇴라는 말과 살륙이라는 말은 "마개파"라는 같은 단어이다. 패퇴의 동의적 평행법적인 강조이다.

8 온 땅을 퍼져나갔다는 말은 전쟁이 온 지면에서 발생했다는 말이다. 출신성분은 주로 유다인들이다. 그리고 그날 그 숲은 울창해서 검보다도 더 많은 백성들을 삼켰다. 삼켰다는 말은 아칼이라는 말로 그야말로 먹었다 혹은 삼켰다는 뜻이다. 검으로 죽은 것보다 숲에 엉켜서 죽었다는 말이다.

9 압살롬의 머리는 그의 자부심과 아름다움의 상징이었다. 그러나 그것이 세파의 가지에 걸렸을 때 오히려 그의 패망과 죽음을 재촉하는 원인이 되었다. 그를 떠받들던 노새는, 예수가 붙잡히자 예수를 따르던 제자들이 뿔뿔이 도망친 것처럼 그만 그를 저버리고 도망가고 만다. 왜 압살롬이 전투 시에 말을 타지 않고 느린 노새를 탔는지는 알 수 없다. 머리와 숙명과의 관계는 삼손에서도 나타난다. 삼손에게 있어서 머리는 나실인으로서 맹세된 신앙을 상징한다. 그가 스스로 신앙을 버렸으나 머리가 자기도 모르게 자라나므로, 신앙도 더욱 열성적으로 자라서 더 큰 일을 하게 되었음을 삼손 이야기는 말해주고 있다.

10 상수리나무는 가나안 땅에 토착적으로 번성하는 나무이다(창 35 : 8; 사 2 : 13; 6 : 13; 44 : 14; 겔 27 : 6; 호 4 : 13; 암 2 : 9; 슥 11 : 2). 우리말로는 상수리나무로 번역되어 있고 영어론 oak tree 혹은 그냥 oak라고

부르기도 한다. 히브리어로는 알론(‘allon)으로 읽힌다. 알론의 뜻은 강하다(암 2 : 9) 라는 뜻이다. 이것의 특징은 높이 자라고, 또 줄기가 꺾이면, 다시 움터서 자란 싹이 이전 원줄기와 같이 큰 나무로 자랄 수 있다. 주다이카 백과사전(*Judaica Encyclopedia*)은 이사야 11 : 1 “이새의 줄기에서 한 싹이 나며, 그 뿌리에서 한 가지가 나서 결실할 것이요” 라는 말은 바로 상수리나무를 지칭한다고 본다. 이런 부활의 성격 때문인지 이스라엘 사람들은 상수리나무 아래에 사람을 많이 장사한 것으로 드러난다.

아버지 데라가 죽은 후에 아브라함이 하나님의 음성을 듣고(창 12 : 1－3) 가나안으로 내려가다가 상수리나무 아래서 하나님의 계시를 받는다. 창세기 35 : 4에서 야곱이 모든 우상제물을 상수리나무 아래에 묻고 창세기 35 : 8에서는 리브가의 유모를 상수리나무 아래에 묻는 이야기가 보고되고 있다.

본문에서는 같은 단어를 엘라 ‘elah라는 단어로 표현하고 있다. 엘라는 엘신, 가나안 최고신을 말하기도 하고 “운명”을 말하기도 한다. 혹은 엘라라는 말은 “저주”라는 뜻도 있다. 그의 영광이 저주에 걸렸다라는 말이 될 것이다. 부활로 치면 그가 죽은 그 상수리나무에서 다시 새싹이 날 것을 예견하는 암시라고 말할 수 있을 것이다. 그의 반역은 노역반장이었던 여호보암 1세의 반역에 의해 북이스라엘의 독립으로 결실을 보게 된다.

나무에 달렸다는 것은 오경에서 유일하게 신명기 21 : 21－23와 여호수아 8 : 29에 나온다. 누구든지 나무에 매달리는 자마다 하나님의 저주 아래 있다는 말이 나온다. 또 죽은 사람을 나무에 걸어놓은 풍습도 있었다. 이 나무는 신약에서 십자가를 상징하는 말로 이어진다. 세상의 모든 죄는 저주의 십자가에 못박히고 새로운 영체로 다시 살아나는 것이다. 압살롬은 또한 아버지를 패역한 것(신 27 : 16)과 아버지의 아내와 잠자리에 든 것(신 27 : 20) 등의 죄목에 해당된다. 이러한 종합적인 견해는 십계명의 부모공경 계명에 속한다. 나중에 저주 받은 압살롬은 또 아간의 저주와 같은 다른 저주의 상징인 돌무덤에 묻히게 된다.

11 은 삼십 개에 주인 되는 예수를 판 가룟 유다와 같은 개념이다. 또 들릴라가 돈을 받고 삼손을 판 것과 같은 맥락이다. 돈보다 생명이 더 귀한 것이다.

12 이스라엘에서는 다윗이 그런 것처럼 기름부은 자를 치지 못하게 되어 있었다. 다윗은 모든 경우에도 사울을 죽이지 않았으며, 오히려 사울과 그 아들 므비보셋을 친 사람을 처형시켰다. 그런데 기름부음을 받은 왕의 말도 이와 동등하게 여겨졌던 것 같다. 왕은 하나님의 양자됨으로 여겨졌기 때문에 하나님 말씀에 준하는 경우를 유추해볼 수 있다.

13 군인은 왕의 명령을 들어야 한다는 생각이 요압의 설득보다 더 중요한 것으로 여겼다. 기름부은 자인 왕의 명령을 거슬러 왕의 아들에게 칼을 들이댈 수는 없었던 것이다. 왜냐하면 결국 왕 앞에서는 어떤 것도 숨겨질 수 없기 때문이다.

14 저주 받은 자를 하나님만이 처단할 수 있다. 그런데 요압은 악역을 자청한 것이다. 여기서의 장면은 군인들이 예수의 죽음을 확인하기 위해서 창으로 예수의 옆구리를 찌르는 장면으로 연장된다. 이로써 요압 역시 하나님의 심판을 벗어날 수 없는 자기의 업보를 쌓은 것이다. 아브넬과의 관계, 외사촌 아마사 사령관과의 관계, 그리고 왕의 명을 거스르면서까지 왕의 아들에게 손을 댄 것이다.

15 사울을 죽인 것이 무기 당번이었던 것처럼 요압이 왕의 명령을 어기는 결단을 해서 세 개의 창을 압살롬에게 던지자, 무기 당번들이 압살롬에게 달려들어서 쳐죽였다.

16 – **17** 그러자 요압이 나팔을 불어 그 백성들이 추격전으로부터 돌아섰다. 나팔은 전쟁의 신호, 종교적 성일의 신호도 되지만 종결도 의미했음을 보인다.

여기서 돌무더기는 아간의 이야기에 사오는 것처럼 저주의 상징이다.

18 압살롬이 살아 있는 동안에 왕의 골짜기에 있는 기둥(matsebah)을 취해서 기념비를 세운다. 기념비, 마체바(복수는 마체보트)는 종교와 관련된 거룩한 기둥이었다. 모세 때에도 이러한 기둥을 세운 적이 있다.

우리나라로 치면 비석을 세운 것과 유사하겠다. 특히 남성신을 위해 이런 기둥을 세웠는데 대체로 남근 형상의 것으로 추측된다. 출애굽기 23 : 24에는 "너는 그들의 신을 숭배하지 말며 섬기지 말며 소위를 본받지 말며, 그것들을 다 훼파하며 그 주상을 타파하고"라고 되어 있는데 마체바(기둥)는 "주상"으로 번역되어 있다. 특별히 신명기 16 : 22는 "자기를 위하여 주상(마체바)을 세우지 말라. 여호와께서 미워하시느니라"라고 말하고 있다. 결국 압살롬은 여호와께서 미워한 짓을 한 셈이다. 여기서의 기둥(주상 즉 마체바)은 아세라 신과 관련되어 있었던 것 같다. 그러나 아람으로 가는 도중(창 28 : 18, 22) 혹은 오는 도중에 라반과 함께 세운 이 제단적 기능을 띤 돌기둥은 당시 세계에서 국제간에 통하는 서약의 수단이었던 것 같다(창 31 : 13, 45, 51, 52; 35 : 14, 20).

그가 이르기를 "나에게 아들이 없다. 그래서 나의 이름이 기억되도록 하려는 것이다"하고 그 기둥을 자신의 이름을 따서 불렀다. 그리하여 그것이 오늘까지 압살롬의 팔이라고 불린다. 그러나 14장에서 보면 그는 세 아들과 다말이라 불리는 아름다운 딸이 있음을 말한다.

19 아히마아스, 사독의 아들이 간청했다. "제가 나가서 이 소식을 왕께 전하겠습니다. 여호와께서 그의 능력으로 그의 대적자를 판단하셨기 때문입니다." 아히마아스는 "진노가 나의 형제다"라는 뜻이다. 아히마아스는 사무엘하 17 : 17－22에서 후새의 말을 전함으로써 다윗이 안전하게 피신하게 했으므로 이번에도 좋은 소식을 전하는 보상과 기쁨을 전하기를 기대했던 것 같다.

20 요압이 그에게 말했다. "너는 오늘 이 소식을 전할 사람이 아니다. 나중에 네가 소식을 전할 것이나 오늘은 네가 소식을 전할 자가 아니다. 왜냐하면 왕의 아들이 죽었기 때문이다." 제사장의 아들은 복음을, 기쁜 소식을 전하는 사람이지 심판을 전하는 사람이 아니다. 아마도 요압도 죽음의 소식을 전한 이전 전달자들을 다윗이 어떻게 처분했는지를 기억하고 아히마아스를 아끼는 마음에서 한 말일 것이다. 다윗은 사울과 이스보셋의 죽음을 전한 사람을 처형한 적이 있다.

21 － 22 요압이 구스 사람에게 말했다. 구스는 이디오피아를 말한다. "네가 가서 본 것을 왕에게 보고하라." 구스 사람이 요압에게 절하고 뛰었다. 심판은 이방인을 통해서 하게 된다.

사독의 아들 아히마아스가 덧붙였다. 그리고 요압에게 말했다. "나로 하여금 구스 사람 뒤에서 달리게 해주십시오." 요압이 대답했다. "왜 이렇게 네가 달려가려고 하느냐 내 아들아? 네가 소식을 전해도 아무런 보상도 없을 것이다." 아히마아스는 기쁜 소식만 전하려는 것이다.

23 "무엇이 되든지 내가 달리겠습니다." 그러자 요압이 그에게 말했다. "가라." 그러자 아히마아스가 광야 길로 달려서 구스 사람을 따라잡았다. 성서에서는 두 번째 아들이 꼭 축복을 받는 형식으로 나온다. 두 번째가 첫 번째보다 나아지고 정통성을 유지하는 것이다. 이스마엘과 이삭, 에서와 야곱 등 전 도식이 첫 번째 만물보다는 두 번째가 제대로 하나님의 기업과 축복을 잇는 것으로 나타난다. 신약성서에서는 먼저 된 자가 나중 되고 나중 된 자가 먼저 된다는 형식으로 등장한다.

24 다윗이 앉았다는 두 성문 사이라는 말은 바깥 성과 내성에 있는 두 문이다. 파숫군이 벽을 타고 성문의 지붕 위로 올라갔다. 그리고 그의 눈을 들었다. 그리고 내다보았다. 한 사람이 혼자서 달려오고 있었다. 다윗은 그 밑에서 보고를 듣고 있었다. 문 앞에서 기다리는 아버지의 모습과 비슷한 패턴이 누가복음 15 : 11－32에 나와 있는 탕자의 비유에 아들을 기다리는 아버지의 모습으로 연결된다.

25 － 27 다윗이 주둔한 마하나임 성채는 전망을 멀리 내다볼 수 있는 언덕 위에 있었던 것 같다.

여기서 소식이라는 말은 바사르라는 동사의 강세형(피엘)이다. 고기 혹은 육신의 뜻도 있다. 이는 신약에서 유앙겔리온이라는 복된 소식으로 이어진다. "비세르(피엘 강세형) 토브(복)" 라고 하면 좋은 소식, 기쁜 소식이 되는 것이다(왕상 1 : 42; 사 52 : 7). 누구든지 기쁜 소식을 기다리고 있다. 기쁜 소식을 기다리지 않는 사람은 없다. 다윗은 왕이었지만 기쁜 소식을 기다리는 것이다.

28 아히마아스가 외쳤다. "화평입니다." 화평 즉 샬롬이라는 말은 보상, 보복이라는 뜻이 그 중심 의미이다. 회복을 의미한다. 다시 말하면 원래의 상태로 회복하였다라는 뜻이다.

29 – **30** 여기에서 소식 전달자의 클라이맥스에 이른다. 아히마아스는 그렇게 자기가 먼저 좋은 소식을 알리고 싶어한 것이다. 그리고 그 좋은 소식만을 전한다. 나쁜 소식은 전하지 않는다. 그래서 그는 좋은 소식의 전달자인 좋은 사람인 것이다.

31 구스 사람이 말했다. "나의 주 왕이여 좋은 소식을 받으소서. 왜냐하면 오늘 당신을 대항해서 일어난 모든 사람을 여호와께서 처단하셨습니다." 이방인이 다시 한 번 그 좋은 소식을 나쁜 소식과 함께 확인한다. 이제 원수 마귀는 물러갔다. 그런데 왕에게는 기뻐하는 마음은 없다.

32 "좋은 소식"이라는 "바사르"라는 말은 히브리어로 육신이라는 말과 같은 용어이다. 그는 자신의 생명을 구했다. 그러나 아직 육신을 생각하고 있는 것이다. 자신과 처와 아들 딸을 구한 자신의 장군과 군인들이 참된 그의 형제이며 자매이다. 그런데 다윗은 죄의 결과로 잃어버린 대적자만을 생각한다.

33 왕이 심히 낙심되었다. 육의 것을 생각할 때 낙심되지 않을 수 없는 것이다. 우리는 매일 늙어가고 죽어간다. 우리의 속사람이 새롭게 되지 않는다면 우리는 낙심하고 통곡할 수밖에 없는 것이다. 그가 성문 위의 방으로 올라가서 통곡했다. 그가 걸어 올라가면서 비탄하였다. "내 아들 압살롬, 내 아들, 내 아들 압살롬, 내가 너 대신에 죽었어야 했는데! 압살롬아! 내 아들아! 내 아들아!" 여기서는 타락한 아담을 아담아! 아담아!"라고 찾고 있는(창 3 : 9) 하나님의 절규와 대칭형으로 나타난다.

19:1 압살롬은 암논이 죽은 후에 장자였다. 압살롬이 죽음으로 두번째 세자도 죽은 것이다. 이는 예수가 무너질 성전을 보고 우는 맥락으로 이어진다.

2–**3** 여기서 승리는 야샤의 명사형인 테샤이다. 야샤는 구원이라는 말이다. 구원이 애통(아벨)으로 바뀐 것이다. 왜냐하면 그날에 그 백성이 왕이 그의 아들에 대해서 슬퍼한다는(아차브의 수동형) 것을 들었기 때문이다. 슬퍼한다는 말은 아차브의 수동형인데 이는 무엇인가에(때문에) 눌린다는 말이다. 짐에 눌린다는 말이다. 고난을 받는다는 말이다(창 45 : 5; 삼상 20 : 3; 삼상 20 : 34). 그러므로 슬퍼한다는 말보다는 고통스러워한다는 말이다. 여기서 부끄러움에 해당하는 단어는 칼람인데 이는 자신의 죄를 부끄러워 가리고자 하는 의미를 가진다(삼하 10 : 5; 대상 19 : 5; 겔 16 : 27, 61; 43 : 11; 사 45 : 16).

3–**4** 은밀하게 도성으로 들어왔다라는 말은 십계명의 팔계명에서 쓰이고 있는 "도적질하다"라는 단어이다. 이 단어가 두 번 반복해서 쓰이고 있다. "은밀하게"와 "부끄러워하는"이라는 말에 쓰이고 있다. 마치 전쟁에서 도망하는 사람들이 부끄러워하는 사람들과 같았다.

4–**5** 큰 소리로 불렀다는 말은 히브리어 자아크이다. 특별히 큰 소리라는 형용사 "가돌"을 첨가한다. 자아크(zaq)도 "소리지르다"인데 거기다 "큰 소리로 소리지르다"라는 말이다. "나의 아들 압살롬아! 압살롬아! 나의 아들 나의 아들아!" 하나님이 선악과를 따먹고 숨어버린 아담을 부르는 것과 같은 구조이다. 압살롬이나 아담이나 하나님이 그렇게 품으려고 했으나 끝내는 사망의 길을 범해버린 것이다.

5–**6** 여기서 예수가 자신을 찾아온 모친과 자매와 형제들을 보며, 누가 내 모친이며 자매며 형제이냐라고 묻고 자신의 제자들을 바라보면서 이들이 바로 내 모친이며 형제며 자매라고 말한다. 다윗은 일시적으로 다시 제정신으로 돌아온다. 그리고 다윗 자신의 생명을 위해 그들의 생명

을 걸고 구한 자신의 참된 형제들을 잊어버린 것이다.

[6]—[7] 잃어버린 죄인 하나를 사랑하는 하나님의 사랑에 대해서 말하고 있다. 이는 "예루살렘아! 예루살렘아! 선지자들을 죽이고 네게 파송된 자들을 돌로 치는 자여 암탉이 그 새끼를 날개 아래 모음같이 내가 네 자녀를 모으려 한 일이 몇 번이냐? 그러나 너희가 원치 아니하였도다"(마 23 : 37; 13 : 34)라는 예수의 절규와도 같은 맥락이다.

[7]—[8] 여기서 성서의 기자는 요압의 입을 통해서 이제 반 강제적으로 혹은 반 협박식으로 하나님의 말씀을 말한다. 심지어 압살롬의 화보다도 더한 화가 미칠 것을 암시함으로써 모반을 암시한다. 성서의 기자는 여기서 요압을 통해서 예수가 소경이나 앉은뱅이에게 말한 진리를 선포한다. 세자를 둘이나 잃어버렸지만 일어나야 된다는 것이다. 일어나지 않으면 아무것도, 아무도 다윗을 돕지 않을 것이라는 것이다. 네 믿음을 따라서 일어나야 된다는 것이다. 돕는 이웃은 오직 스스로 일어날 때뿐이란 것이다.

[8]—[9] 왕이 자리에서 일어나서 성문에 앉았다. 고대 사회에서 마을 어귀 혹은 성문은 사법 행정 및 상업과 집회의 장소였다(룻 4 : 1, 2; 삼상 9 : 18; 삼하 15 : 2; 욥 29 : 7; 암 5 : 10, 12). 그러자 왕이 성문에 앉았다는 말은 그가 다시 왕의 직무를 수행하기 시작했다는 말이다. 이스라엘은 모두 자기의 텐트로 돌아갔다. 자기의 텐트로 돌아갔다는 말은 유목생활을 하던 당시 벽돌집(바이트)보다는 텐트에 주로 살았기 때문에 나타난 용어로 자기의 고향으로 돌아갔다는 말이다.

¶ 메시지

아히도벨은 그 책략이 뛰어나서 그가 책략을 말할 때마다 하나님의 말씀과 같았다. 그것은 당시에 널리 알려져 있었고 사실 압살롬이 다윗 궁을 점령하게 된 것도 아마 그의 책략에 의한 것일 수 있다. 그런데 신앙인 다윗의 말과 기도는 그에게 이루어지고 말았다. 아히도벨과 압살롬은 인간의 꾀를 의지했고 다윗은 저주의 순간까지도 하나님을 의지했다. 그의 기도와 믿음은 그 자신의 범죄에도 불구하고 이루어진 것이다. 사무엘하 15 : 31 "다윗이 가로되 여호와여 원컨대 아히도벨의 모략을 어리석게 하옵소서!"라고 한 다윗의 기도가 응답된다. 이는 인간의 지혜가 아무리 강해도 그 의도가 악할 때 하나님의 역사가 개입하는 것을 알 수 있다.

아히도벨의 책략에 나타나는 문제가 압살롬으로 하여금 회의를 가지게 한 것은 압살롬으로 하여금 백주에 지붕 위에 텐트를 치고 아비의 첩들에게로 들어가라는 무리한 책략으로부터 빚어졌을 것이다. 그러한 무리한 책략은 결국 하나님의 법과 하나님의 뜻에 반한 것으로 인간의 지혜가 하나님의 말씀에 대한 순종보다 못함을 말해주는 것이다. 압살롬으로 하여금 적의 책략으로 넘어가게 만들고 이후 아히도벨이 집으로 돌아가서 목을 매어 먼저 죽고, 마찬가지로 압살롬도 백향목 나무에 머리칼이 걸려서 매달린 채 창에 찔려 죽임을 당하는 것이다.

이러한 성서의 입장은 신약시대에 바리새인이었던 바울의 해석을 통해서 적절하게 요약된다. "하나님의 미련한 것이 사람의 지혜로운 것보다 낫고 하나님의 약한 것이 사람의 강한 것보다 나으니라."

압살롬아 압살롬아 내 아들 압살롬아!(삼하 18 : 5－33)

본문은 여동생 다말을 겁탈한 이복형제 암논을 죽여서 피신한 후 삼 년이 지나서 다시 다윗을 상면한 후에 북 이스라엘 출신들을 배경으로 모반한 이야기다. 거기다가 전 이스라엘 백성들의 마음을 잡으려고 다윗을 후궁들을 모두 대낮에 동침하는 악을 행한다. 그러나 하나님의 힘이 다윗에게 작용해서 다윗의 모사 후새의 꾀에 빠져서 압살롬의 책사 아히도벨은 자살하고 다윗의 군대는 전열을 가다듬어 압살롬을 치러 나간다.

치러 나갈 때 사령관격인 요압과 아비새 잇대에게 아들 압살롬을 죽이지 말고 선하게 대하도록 신신당부를 한다. 그러나 요압은, 머리가 길어 머리채가 상수리나무에 걸려 공중에 매달린 압살롬을 창으로 찔러 죽인다.

이때 다윗은 "압살롬아! 압살롬아!" 외치면서 "차라리 네 대신 내가 죽었어야 했는데"라는 통곡을 한다.

여기서는 다음과 같은 세 가지 말씀을 얻을 수 있다고 본다.

첫째는, 하나님은 믿는 자들의 아버지로서 자기를 배신하고 모반한 자들이지만 끝까지 자기 백성을 찾으신다는 것이다. 예수는 어떠했는가? 예수의 제자들도 예수가 잡히자 모두 도망해버린다. 심지어 수제자 베드로조차 예수를 세 번씩이나 부인한다. 그러나 예수는 끝까지 그들을 사랑하사 마가의 다락방에서 부활의 모습으로 다시 나타나신다. 5절에 아버지로서의 다윗은 비록 모반을 하고 자기 후궁들을 백주에 욕보인 압살롬이지만 끝까지 그 아들을 잘 대해줄 것을 부탁한다. 이는 신약성서(눅 15 : 11－32)에서 탕자를 그리는 마음에서 문간에서 기다리고 있는 아버지의 심정으로 재구현된다.

하나님은 지금도 배반한 자기의 자녀들을 살피고 계신다. 우리는 우리가 죄악을 범했다고 해서 버리는 것이 아니라 어디에 서 있는지를 묻고 계신다. 창세기 3장에 보니까 아담과 이브가 범죄한 후 나무 등치 뒤에 숨었다. 하나님의 모습을 뒤로 하고 자신들을 도피한 것이다. 이때 하나님은 아담아! 아담아! 네가 어디 있느냐고 부르고 계셨다. 그가 죄인이지만 다시 찾으신다. 또 창세기 4장에 보면 가인이 아벨을 죽인 후에 하나님이 찾아오신다. 그리고 묻는다. "가인아 네가 무엇을 하였느냐?" 하나님은 우리가 어디에 있든지 어떤 악을 범하든지 말씀하신다. 네가 어디 있느냐고. 오늘 본문에서도 아버지로서 자식의 군대를 치러 가는 장군들에게 말한다. 비록 그가 모반을 했지만 선하게 대하라고 말씀하시고 그가 무사히 돌아오기를 기대한다. 하나님은 지금도 찾고 계시고 예수는 잃어버린 한 마리의 양을 찾아오셨다.

둘째는, 인간들은 배신하지만 하나님은 배신하지 않으신다. 이 세상 사람들은 비록 그가 왕의 아들이고 왕이 부탁을 했다 할지라도 우리가 곤궁에 처했을 때는 사정없이 창으로 찔러 죽인다. 이는 자기의 유익에 따라서 행동하는 것이 인간이기 때문이다. 한 장교가 사령관인 요압에게 압살롬이 공중에 걸려 있다고 보고한다. 이때 요압이 말한다. "왜 얼른 죽이지 않았느냐 그랬더라면 은막대기 열 개를 내가 주었을 텐데!" 그러나 그 장교가 하는 말이 괴짜다. 왕이 하지 말라는 짓을 했다면 사태의 현장 상황에 따라서 당신이 오히려 나를 죄인으로 몰아 죽이려고 했을 것이요, 인간은 모두 자기의 유익에 따라서 행동하는 것이다. 육의 형제들은 모두 자신의 유익만을 따라서 행동한다. 그러므로 하나님의 뜻을 행하는 자가 진정한 형제가 되는 것이다. 그들은 자신들의 유익이 손해를 본다 할지라도 하나님의 뜻이 아닐 경우에는 "아니오"를 말할 수 있는 사람들이다. 이렇게 세상 사람들은 우리가 조금이라도 열세에 처하게 되면 영락없이 거짓말과 억지가 나오는 것이다.

세 번째는, 예수의 본체인 하나님은 사랑하는 자신의 자녀들을 위해서 몸소 인간의 모습으로 이 땅에 내려오셨다는 것이다. 압살롬을 향한 다윗의 통곡은 바로 하나님의 통곡이라는 것이다. 그는 내 아들 "압살롬아, 내 아들 압살롬아 내가 너를 대신하여 내가 죽었더라면, 압살롬 압살롬 내 아들아 하였더라"라고 보고하고 있다. 여기서 보면 아들을 향한 아버지의 마음은 바로 다윗의 마음과 같은 마음이라는 것이다. 인간이 죽어야 했으나 믿는 자를 위해서 그가 대신 십자가상에서 돌아가시고 다시 살아나신 것이다. 바로 여기에 그리스도의 부활의 의미와 사랑이 있다.

인간들이 우리에게 죄를 지으나 우리가 그들을 용서하고 사랑해야 된다는 것이다. 사랑하지 않으면 죽는 것이다. 그 사랑이 바로 생명으로 인도하는 길이기 때문이다. 사랑은 그리스도의 부활로 입증된다.

31. 예루살렘 귀환과 세바의 반란(19 : 9－20 : 22)

¶ 본문

9 이스라엘 모든 지파 백성들이 변론하여 가로되 왕이 우리를 원수의
손에서 구원하여 내셨고 또 우리를 블레셋 사람의 손에서 구원하셨으나
이제 압살롬을 피하여 나라에서 나가셨고 10 우리가 기름을 부어 우리를
다스리게 한 압살롬은 싸움에 죽었거늘 이제 너희가 어찌하여 왕을 도로
모셔 올 일에 잠잠하고 있느냐 하니라 11 다윗왕이 사독과 아비아달 두
제사장에게 기별하여 가로되 너희는 유다 장로들에게 고하여 이르기를
왕의 말씀이 온 이스라엘이 왕을 궁으로 도로 모셔 오자 하는 말이 왕께
들렸거늘 너희는 어찌하여 궁으로 모시는 일에 나중이 되느냐 12 너희는
내 형제요 내 골육이어늘 어찌하여 왕을 도로 모셔 오는 일에 나중이 되
리요 하셨다 하고 13 너희는 또 아마사에게 이르기를 너는 내 골육이 아
니냐 네가 요압을 대신하여 항상 내 앞에서 군장이 되지 아니하면 하나님
이 내게 벌 위에 벌을 내리시기를 바라노라 하셨다 하라 하여 14 모든 유
다 사람들로 마음을 일제히 돌리게 하매 저희가 왕께 보내어 가로되 왕은
모든 신복으로 더불어 돌아오소서 한지라 15 왕이 돌아와 요단에 이르매
유다 족속이 왕을 맞아 요단을 건네려 하여 길갈로 오니라 16 바후림에
있는 베냐민 사람 게라의 아들 시므이가 급히 유다 사람과 함께 다윗왕을

맞으려 내려올 때에 17 베냐민 사람 일천명이 저와 함께하고 사울의 사환
세바도 그 아들 열 다섯과 종 스무명으로 더불어 저와 함께하여 요단강을
밟고 건너 왕의 앞으로 나아오니라 18 왕의 가족을 건네려 하며 왕의 선
히 여기는대로 쓰게 하려하여 나룻배가 건너가니 왕이 요단을 건너려 할
때에 게라의 아들 시므이가 왕의 앞에 엎드려 19 왕께 고하되 내 주여 원
컨대 내게 죄 주지 마옵소서 내 주 왕께서 예루살렘에서 나오시던 날에
종의 패역한 일을 기억하지 마옵시며 마음에 두지 마옵소서 20 왕의 종
내가 범죄한줄 아옵는고로 오늘 요셉의 온 족속 중 내가 먼저 내려와서
내 주 왕을 영접하나이다 21 스루야의 아들 아비새가 대답하여 가로되 시
므이가 여호와의 기름 부으신 자를 저주하였으니 그로 인하여 죽어야 마
땅치 아니하니이까 22 다윗이 가로되 스루야의 아들들아 내가 너희와 무
슨 상관이 있기로 너희가 오늘 나의 대적이 되느냐 오늘 어찌하여 이스라
엘 가운데서 사람을 죽이겠느냐 내가 오늘날 이스라엘의 왕이 된 것을 내
가 알지 못하리요 하고 23 시므이에게 이르되 네가 죽지 아니하리라 하고
저에게 맹세하니라 24 사울의 손자 므비보셋이 내려와서 왕을 맞으니 저
는 왕의 떠난 날부터 평안히 돌아오는 날까지 그 발을 맵시 내지 아니하
며 그 수염을 깎지 아니하며 옷을 빨지 아니하였더라 25 예루살렘에서 와
서 왕을 맞을 때에 왕이 저에게 물어 가로되 므비보셋이여 네가 어찌하여
나와 함께 가지 아니하였더뇨 저가 왕을 맞으러 예루살렘에 이를 때에
26 대답하되 내 주 왕이여 왕의 종 나는 절뚝발이이므로 내 나귀에 안장을
지워 타고 왕과 함께 가려 하였더니 나의 종이 나를 속이고 27 종 나를 내
주 왕께 참소하였나이다 내 주 왕께서는 하나님의 사자와 같으시니 왕의
처분대로 하옵소서 28 내 아비의 온 집이 내 주 왕 앞에서는 다만 죽을 사
람이 되지 아니하였었나이까 그러나 종을 왕의 상에서 음식 먹는 자 가운
데 두셨사오니 내게 오히려 무슨 옳음이 있어서 다시 왕께 부르짖을 수
있사오리이까 29 왕이 저에게 이르되 네가 어찌하여 또 네 일을 말하느냐
내가 이르노니 너는 세바와 밭을 나누라 30 므비보셋이 왕께 고하되 내
주 왕께서 평안히 궁에 돌아오시게 되었으니 저로 그 전부를 차지하게 하
옵소서 하니라 31 길르앗 사람 바르실래가 왕을 보내어 요단을 건네려고
로글림에서 내려와서 함께 요단에 이르니 32 바르실래는 매우 늙어 나이

팔십세라 저는 거부인고로 왕이 마하나임에 유할 때에 왕을 공궤하였더
라 33 왕이 바르실래에게 이르되 너는 나와 함께 건너가자 예루살렘에서
내가 너를 공궤하리라 34 바르실래가 왕께 고하되 내 생명의 날이 얼마나
있삽관대 어찌 왕과 함께 예루살렘으로 올라가리이까 35 내 나이 이제 팔
십세라 어떻게 좋고 흉한 것을 분간할 수 있사오며 음식의 맛을 알 수 있
사오리이까 어떻게 다시 노래하는 남자나 여인의 소리를 알아 들을 수 있
사오리이까 어찌하여 종이 내 주 왕께 오히려 누를 끼치리이까 36 종은
왕을 모시고 요단을 건너려는 것뿐이어늘 왕께서 어찌하여 이같은 상으
로 내게 갚으려 하시나이까 37 청컨대 종을 돌려 보내옵소서 내가 내 본
성 부모의 묘 곁에서 죽으려 하나이다 그러나 왕의 종 김함이 여기 있사
오니 청컨대 저로 내 주 왕과 함께 건너가게 하옵시고 왕의 처분대로 저
에게 베푸소서 38 왕이 대답하되 김함이 나와 함께 건너가리니 내가 너의
좋아하는대로 저에게 베풀겠고 또 네가 내게 구하는 것은 다 너를 위하여
시행하리라 하니라 39 백성이 다 요단을 건너매 왕도 건너가서 바르실래
의 입을 맞추고 위하여 복을 비니 저가 자기 곳으로 돌아가니라 40 왕이
길갈로 건너오고 김함도 함께 건너오니 온 유다 백성과 이스라엘 백성의
절반이나 왕을 호행하니라 41 온 이스라엘 사람이 왕께 나아와서 고하되
우리 형제 유다 사람들이 어찌 왕을 도적하여 왕과 왕의 권속과 왕을 좇
는 모든 사람을 인도하여 요단을 건네었나이까 하매 42 유다 모든 사람이
이스라엘 사람에게 대답하되 왕은 우리의 지친인 까닭이라 너희가 어찌
이 일에 대하여 분내느냐 우리가 왕의 물건을 조금이라도 먹었느냐 왕께
서 우리에게 선물 주신 것이 있느냐 43 이스라엘 사람이 유다 사람에게
대답하여 이르되 우리는 왕에 대하여 십분을 가졌으니 다윗에게 대하여
너희보다 더욱 관계가 있거늘 너희가 어찌 우리를 멸시하여 우리 왕을 모
셔오는 일에 먼저 우리와 의논하지 아니하였느냐 하나 유다 사람의 말이
이스라엘 사람의 말보다 더 강경하였더라

20 : 1 마침 거기 난류 하나가 있으니 베냐민 사람 비그리의 아들 세바라
하는 자라 저가 나팔을 불며 가로되 우리는 다윗과 함께할 분의가 없으며
이새의 아들과 함께할 업이 없도다 이스라엘아 각각 장막으로 돌아가라

하매 [2] 이에 온 이스라엘 사람들이 다윗 좇기를 그치고 올라가 비그리의
아들 세바를 좇으나 유다 사람들은 왕에게 합하여 요단에서 예루살렘까
지 좇으니라 [3] 다윗이 예루살렘 본궁에 이르러 전에 머물러 궁을 지키게
한 후궁 열명을 잡아 별실에 가두고 먹을 것만 주고 더불어 동침치 아니
하니 저희가 죽는 날까지 갇혀서 생과부로 지내니라 [4] 왕이 아마사에게
이르되 너는 나를 위하여 삼일 내로 유다 사람을 소집하고 너도 여기 있
으라 [5] 아마사가 유다 사람을 소집하러 가더니 왕의 정한 기한에 지체된
지라 [6] 다윗이 이에 아비새에게 이르되 이제 비그리의 아들 세바가 압살
롬보다 우리를 더 해하리니 너는 네 주의 신복들을 거느리고 좇아가라 저
가 견고한 성에 들어가서 우리들을 피할까 염려하노라 하매 [7] 요압을 좇
는 자들과 그렛 사람들과 블렛 사람들과 모든 용사들이 다 아비새를 따라
비그리의 아들 세바를 좇으려고 예루살렘에서 나와서 [8] 기브온 큰 바위
곁에 이르매 아마사가 맞으러 오니 때에 요압이 군복을 입고 띠를 띠고
집에 꽂은 칼을 허리에 매었는데 저가 행할 때에 칼이 빠져 떨어졌더라
[9] 요압이 아마사에게 이르되 형은 평안하뇨 하며 오른손으로 아마사의 수
염을 잡고 그 입을 맞추려는 체하매 [10] 아마사가 요압의 손에 있는 칼은
주의치 아니한지라 요압이 칼로 그 배를 찌르매 그 창자가 땅에 흐르니
다시 치지 아니하여도 죽으니라 요압과 그 동생 아비새가 비그리의 아들
세바를 좇을쌔 [11] 요압의 소년 중 하나가 아마사의 곁에 서서 가로되 요
압을 좋아하는 자와 다윗을 위하는 자는 요압을 따르라 할 때에 [12] 아마
사가 길 가운데 피 속에 굴어졌는지라 그 소년이 모든 백성의 섰는 것을
보고 아마사를 큰 길에서부터 밭으로 옮겼으나 거기 이르는 자도 다 멈추
어 서는 것을 보고 옷을 그 위에 덮으니라 [13] 아마사를 큰 길에서 옮겨가
매 사람들이 다 요압을 따라 비그리의 아들 세바를 좇아가니라 [14] 요압이
이스라엘 모든 지파 가운데 두루 행하여 아벨과 벧마아가와 베림 온 땅에
이르니 그 무리도 다 모여 저를 따르더라 [15] 이에 저희가 벧마아가 아벨
로 가서 세바를 에우고 그 성읍을 향하여 해자 언덕 위에 토성을 쌓고 요
압과 함께한 모든 백성이 성벽을 쳐서 헐고자 하더니 [16] 그 성에서 지혜
로운 여인 하나가 외쳐 가로되 들을찌어다 들을찌어다 청컨대 너희는 요
압에게 이르기를 이리로 가까이 오라 내가 네게 말하려 하노라 한다 하라

[17] 요압이 그 여인에게 가까이 가니 여인이 가로되 당신이 요압이니이까
대답하되 그러하다 여인이 저에게 이르되 여종의 말을 들으소서 대답하
되 내가 들으리라 [18] 여인이 말하여 가로되 옛 사람들이 흔히 말하기를
아벨에 가서 물을 것이라 하고 그 일을 끝내었나이다 [19] 나는 이스라엘의
화평하고 충성된 자 중 하나이어늘 당신이 이스라엘 가운데 어미 같은 성
을 멸하고자 하시는도다 어찌하여 당신이 여호와의 기업을 삼키고자 하
시나이까 [20] 요압이 대답하여 가로되 결단코 그렇지 아니하다 결단코 그
렇지 아니하다 삼키거나 멸하거나 하려함이 아니니 [21] 그 일이 그러한 것
이 아니니라 에브라임 산지 사람 비그리의 아들 세바라 하는 자가 손을
들어 왕 다윗을 대적하였나니 너희가 저만 내어 주면 내가 이 성읍에서
떠나가리라 여인이 요압에게 이르되 저의 머리를 성벽에서 당신에게 내
어 던지리이다 하고 [22] 이에 여인이 그 지혜로 모든 백성에게 말하매 저
희가 비그리의 아들 세바의 머리를 베어 요압에게 던진지라 이에 요압이
나팔을 불매 무리가 흩어져 성읍에서 물러나서 각기 장막으로 돌아가고
요압은 예루살렘으로 돌아와서 왕에게 나아가니라

¶ 개요

본문은 19 : 9－20 : 22까지이다. 이 본문은 크게 두 부분으로 나뉜다. 첫째는 19 : 9－19 : 40까지고 둘째는 20 : 1－22절까지이다. 앞부분은 어떻게 유다와 이스라엘이 다윗을 다시 왕으로 옹립하게 되었는지를 말한다. 다윗을 다시 왕으로 옹립하는 일에 대해서 먼저 이야기를 꺼낸 것은 북이스라엘인 것으로 나타난다. 우리가 기름부은 압살롬이 죽었으니 다윗을 다시 모셔오자는 것이다. 이에 다윗이 남유다쪽 제사장을 동원해서 유다가 먼저 왕을 옹립하게 만든다. 이스라엘이 나를 다시 왕으로 옹립하려고 하는데 너희는 무엇을 하려고 하느냐는 것이다. 이에 11－15절에서 유다가 왕을 모시러 온다. 그러나 이러한 배후에는 압살롬 반란군의 사령관이었던 다윗의 이종 조카 아마사에게(유다에게 아무런 보복을 하지 않겠다는 표시일 것임) 요압의 사령관직을 제수한다. 그 다음엔 9－10절에

서 거론된 대로 베냐민 족이 중심이 된 북이스라엘 모든 세력들이 왕을 모시러 온다. 그들 역시 이렇다 한 대안이 없었던 것으로 여겨진다. 맨 먼저 오는 것이 피신하던 다윗을 저주했던 사울의 집안 시므이이다. 그는 군병을 일천을 거느리고 나타난 것으로 보아 아직도 함부로 할 수 없는 세력을 가진 군사적 거물이었던 것으로 보인다. 다윗은 시므이와 일전을 벌이기에는 너무나 힘이 겨웠던 것 같고 시므이 말고도 세바의 난에서 보이는 것처럼 많은 저항세력이 있었던 것으로 보고하고 있다. 이들 반신반의하는 세력을 모두 모아도 반 정도가 되었던 것 같으며 이들도 언제든 변신할 수 있는 가변성 세력이었던 것 같다. 다윗은 모험하지 않고 면전에서 시므이를 용서한다. 그러나 죽을 때는 그를 처형하도록 유언으로 남긴다.

31-40절은 길르앗의 거부 바르실래와 다윗의 관계에 대해서 기술한다. 바르실래가 다윗을 공궤했다. 여기서의 공식은 네가 나를 공궤했으므로 나도 너를 공궤해서 아들 김함을 예루살렘으로 데리고 가겠다는 것이다. 그러나 이것은 사실 인질개념일 수도 있는 것이다. 길르앗은 원래 사울의 집안에 의해서 구원을 받았고 사울과 요나단의 시체를 블레셋으로부터 구해온 생명친구와 같은 유대였다. 그런데 이제 사울의 집안이 망한 상태에서 다윗과 대적관계를 유지할 수는 없었고 마하나임에 있는 동안에 그를 공궤했다. 언제 그 세력이 모압이나 암몬과 같이 규합될 수 있을지는 의문이었다. 이런 상태에서 대접의 명목으로 바르실래에게 같이 가기를 권고하나 그는 거절하고 아들 중의 하나를 보내기로 결정한다. 이 거부의 세력도 나발과 아비가일의 세력이 그랬던 것처럼 북이스라엘의 세력을 견제하는데 큰 힘이 되었던 것임이 분명하다. 이런 세력이 규합이 되자 얼추 북이스라엘의 절반 가까운 세력이 되었던 것 같다.

그러나 19 : 41에서 20 : 22까지는 북이스라엘의 반란 세력에 대해서 언급한다. 이러한 기류가 부딪히기를 무마하면서 적당한 관계를 유지하려고 했던 지배층의 일반적인 분위기이기도 했던 것 같다. 세바의 난이다. 그러나 이 세바의 난 중간에 요압과 아마사의 이야기가 삽입되어 있다. 20 : 1이 세바의 난을 언급하는 인클루지오의 첫 구절이다. 15-22절로 연결된다. 20 : 2-14까지가 아마사와 요압의 이야기이다. 어떻게 사령관 자리를 차지한 아마사를 똑같은 이유 때문에 거의 같은 방식으로 죽였는가를 설명하고 있다. 그 구조는 다음과 같다.

9—10, 이스라엘의 다윗 왕 옹립 결의
11—15, 유다 족속이 왕을 모시러 옴 : 아마사와 사령관직 거래
16—40, 북이스라엘 세력들의 반응
  a) 16—23, 저주한 시므이와 다윗
  b) 24—30, 므비보셋과 다윗
  c) 31—40, 길르앗 거부 바르실래의 배웅
20 : 1—22, 세바의 난
  a) 20 : 2—14, 요압의 아마사 살해
  b) 20 : 15—22, 요압의 세바 진압

¶ 주석

10 이스라엘의 부족들 사이에서 모든 백성들이 쟁론했다. 그들이 이르기를 왕이 우리를 대적자의 손아귀에서 구했고 또 블레셋의 손아귀에서도 구했다. 그런데 지금 그가 이 땅에서 압살롬을 피해서 망명중이다. 다윗은 요단 강 선편의 장악권을 확보하고 있으면서도 압살롬이 사망한 후에도 예루살렘으로 즉시 귀환하지 않고 동편 마하나임에 그대로 체류하고 있었던 것 같다. 아마도 예루살렘에 아마사 등의 잔당에 의해 점유되어 있었고, 그 고지를 점령하기 위해서는 다른 희생을 치러야 했는지도 모른다.

11 "기름 부어 세운 압살롬"이라는 말은 이미 북이스라엘과 모반에 관련된 사람들은 압살롬이 아직 그들의 정신적 왕이었음을 고백하고 있다. 그런데 그가 이제 죽었으므로 왕을 다시 모셔올 수 있다는 입장이다. 이러한 입장은 솔로몬의 통치하에서 이스라엘 노역자들과 여로보암 1세 때에도 일어난 문제였다. 압살롬은 자신의 야심 때문만으로 말미암아 반

란을 일으킨 것이 아니라 남유다와 북이스라엘 10지파 사이에 골 깊은 반목 때문에 일어난 것임을 알 수 있다. 아마도 다윗은 이런 점을 슬퍼했으리라.

12 – **14** 왕 다윗은 제사장 사독(의로움)과 아비아달(우수함, 혹은 풍성함의 아버지)에게 보내서 이르기를 유다의 장로들에게 말하게 한다. 왜 이스라엘도 왕을 모셔들이자고 하는 판에 다윗과 골육이 되는 유다 지파가 망설이고 있느냐(13절)는 이야기다. 앤더슨은 북쪽 왕국을 부추기기 위한 것이라고 잘못 읽고 있다. 아마도 압살롬의 후계자로서 누구를 내세울 것인가에 관해 압살롬의 잔당들이 논란이 있었던 것 같다. 압살롬의 아들이어야 하느냐 아니면 다윗의 사촌이면서 압살롬 군의 사령관이었던 아마사가 되어야 하는가 등의 논의였던 것 같다. 14절에서 아마사에게 요압이 맡았던 사령관직을 제의한 것으로 볼 때 이런 힘의 대결이 아직도 완전히 해결된 것이 아니라는 인상을 준다. 이 구절은 유다 족에도 압살롬의 난에 가담한 자들이 상당수 있어서 이미 기름 부었던 압살롬의 후계자를 놓고 쟁론이 있었던 것 같다. 이런 맥락에서 보면 아브넬에게도 같은 정도의 협상이 이루어졌던 것 같다. 사령관 자리는 아브넬에게 주도록 하겠다는 등의 것이었을 것이다. 이런 이유 때문에 사령관 자리를 놓고 아브넬도 자리의 주인인 요압에 의해 죽고, 아마사도 그 자리의 주인이었던 요압에 의해 죽는 것이다.

15 히브리어 원문에는 다윗이 이 말로 유다의 모든 사람의 마음을 한 사람처럼 흔들었고 그들이 왕에게 사람을 보내서 "당신과 당신의 모든 종들이 돌아오소서"라고 했다고 한다. 유다의 백성들이 다른 대안을 접고 다윗을 다시 왕으로 모시기로 했다는 말이다. 시간적으로도 거리가 있지만 사건의 경위도 상당한 거래가 이루어졌을 가능성을 내포하고 있는 구절이다. 아마도 아마사에게 절대적인 자리인 요압의 자리를 내어주었을 것이고 이것이 요압의 반발을 샀을 것이다.

16 유다 백성이 먼저 요단 강을 건너가서 길르앗에서 왕을 모시고

요단 강을 다시 건너온 것으로 추정된다. 왜냐하면 압살롬이 왕국을 점령하고 왕의 보좌를 차지했기 때문에 삼일천하이긴 하지만 다윗 왕은 하야한 것 내지는 실격되었기 때문에 다시 초대되고 등극되는 형식을 취했던 것으로 여겨진다.

17 – **18** "게라"는 떠돌이(구르라는 말로부터)이거나 "싸움에 끼어들기를 좋아하는 사람"을 뜻한다. 일정한 사고체계가 없는 떠돌이의 아들 시므이라고 할 것이다. 시므이는 "듣다"에 기본을 둔 "뜬 소문"이라고 할 수 있거나 "뜬소문을 만드는 자"의 뜻으로 적합할 것이다. 시므이는 다윗을 그렇게 모욕하고서도 당당하게 나타난다. 그는 군사 일천을 가졌다고도 나온다. 그의 사람 일천이라는 말은 그를 아직 왕이 함부로 처분할 수 없는 사병을 거느렸고 이런 사병을 거느릴 수 있는 자신의 땅과 재산을 가지고 있었음을 말한다. 므비보셋의 종 세바도 그의 아들 열다섯과 함께 그리고 그의 종 이십 명과 함께 전 가족을 동원하여 왕을 맞이하려고 나온다. 시므이는 자신의 병력만이 아니라 세바와 같은 병력을 가진 북이스라엘 연방들이 있었을 것으로 추측된다. 아무튼 다윗은 곱든 싫든 함부로 다룰 수는 없었으나 하나씩 제거해 나가는 과정을 거쳐간다.

19 여기서 집이라는 말은 권속, 즉 가족을 말하는 것이다. 게라의 아들 시므이가 왕이 요단 강을 건너려고 할 때 그 앞에 엎드렸다. 시므이는 청종하다라는 뜻이다.

20 – **21** 죄의 기본적인 의미는 화살이 빗나가는 것처럼 잘못 맞추는 것이다. 실수도 잘못 쏜 것이다. 아마도 시므이는 북쪽세력의 상당한 배경을 가지고 있었던 것 같고 그 자신이 큰 군대를 거느리고 있었다. 시므이는 자신의 죄를 고백하고 이스라엘 지파보다 먼저 유다 지파와 함께 왕을 모시러 나온다. 이렇게 볼 때 완전한 중앙집권은 아직 이루어지지 않았고 12지파연맹이 있었고 지파 내에 길르앗 문중, 사울 문중과 갈렙 문중, 여호수아 문중 등 그 지파를 구성한 문중들이 있었고 그들의 연맹으로 경쟁과 균형을 맞추어갔던 것 같다.

22 스루야(야웨의 발삼나무, 혹은 야웨는 나의 반석)의 아들 아비새가 야웨의 기름부은 자를 저주했기 때문에(삼하 16 : 5−8) 시므이가 죽임을 당해야 한다고 저주한다. 야웨의 기름부음을 받은 자를 저주하는 것은 하나님을 저주하는 것과 동등한 악에 해당하는 것이 없다. 나봇의 경우(왕상 21 : 10) 하나님과 왕을 저주했다는 죄목으로 두 거짓증인의 증언하에 죽임을 당한다. 아비새는 요압의 동생이며 다윗의 이종 사촌 조카로 의협심이 강해서 다윗을 목숨을 걸고 구하고 어떤 공로든지 자신의 이름보다는 다윗의 이름으로 돌리면서 왕을 받들어 모셨다. 다윗은 이들을 부담스러워하면서도 의지할 수밖에 없는 처지가 된다. 하나님의 기름부은 자를 저주하는 것은 곧 하나님의 이름을 모독하는 자와 같다. 레위기 24 : 11에 보면 야웨의 이름을 모욕하는 자가 죽임을 당한다. 왜냐하면 기름부음을 받은 자는 하나님의 아들이라고 인정되기 때문이다(시 2).

23 − **24** 다윗이 스루야의 아들들에게 말한다. "너와 나의 관계가 무엇이냐? 여기서 관계라는 말은 무엇이 있느냐?"라는 말이다. 만일 처형한다면, 너는 나의 대적자가 된다는 것이다. 왜냐하면 이 날 이스라엘의 참된 왕이 된 것이기 때문이다. 이렇게 되면, 다윗은 여러 번 왕이 되는 것이다. 사무엘이 와서 기름 부었을 때, 그가 도망해서 아둘람에서 세리와 죄인들이 그를 장관 삼았을 때, 유다인들이 헤브론에서 기름 부었을 때, 또 북이스라엘 사람이 와서 다윗에게 기름 부었을 때, 그러나 그는 오늘에서야 아들 압살롬을 산제사 드린 후에 참된 영적으로 인치심을 받은 왕이 된 것이다. 그런데 이런 날 같은 동족인 시므이를 처형하고 피를 본다면 그는 그와 남유다, 그리고 북이스라엘이 하나가 되는데 흠이 가게 만드는 것이기 때문에 그런 말을 하는 아비새를 대적자라고 부른 것이다. 여기서 대적자란 히브리어로 사탄(shatan)이다.

다윗의 이러한 맥락을 그대로 이어받아 신약성서에서 설명한 것이 마가복음 8 : 33이다. 여기서 예수께서 자기가 고난받고 죽임을 당한 후 사흘 만에 다시 살아나야 할 것을 말하자 베드로가 그런 고난을 받아서는 안 된다고 한다. 이때 예수께서 베드로를 오히려 다음과 같이 꾸짖으신다. "사단아 내 뒤로 물러가라. 네가 하나님의 일을 생각지 아니하고 도리어 사람의 일을 생각하는도다."

다윗은 사울의 후손을 다 처형했어도 참으로 북이스라엘 지파의 동의를 완전히 이끌어내지 못한 것으로 보인다. 이는 시므이의 저주나 므비보셋의 말에서도 알 수 있다. 그러나 이제 시므이와 이스라엘 그리고 이스라엘 지파까지 와서 이제야 참된 남북의 왕이 된 것처럼 느꼈던 것 같다. 다윗은 오늘날에야 어쩌면 참된 영적인 왕의 의미를 깨닫게 되었는지도 모른다.

사실 시므이 문제는 그렇게 간단치 않았다. 비록 그가 망명길 다윗에게 저주를 하긴 했어도 그때 그의 말이 전혀 거짓은 아니었던 것이다. 그래서 다윗은 그 저주를 하나님의 음성으로 받아들였던 것이다. 시므이는 이제 그의 귀환길에 자신을 맞으러 나와서 자신의 용서를 빈다. 하나님이 다윗 자신을 수없이 용서한 것같이 다윗이 하나님을 정말 사랑하고 그의 속성을 실현해야 한다면, 그를 죽일 수는 없었을 것이다. 두 번째는 위에서 이야기한 대로 시므이가 데리고 나온 부하가 군대이냐의 문제이다. 일천 명의 군대는 지금 피곤하고 약한 다윗에게 큰 짐도 된다. 세 번째로 시므이가 데리고 나온 부하들이 북이스라엘 사람들일 수 있다는 것이다. 그것이 아마 백성을 대표하는 사람들일 수 있다는 것이다. 이런 경우에 북이스라엘의 화해의 무드로 안내해서 통일 국가를 이루고 싶어하는 다윗의 꿈은 온통 깨어지고 마는 것이다.

그러나 하나님은 결국 그를 기억한다는 것이 신명기사가의 신앙관이다. 그는 결국 다윗의 유언에 등장하며(왕상 2 : 8), 그의 유언대로 솔로몬에 의해서 죽임을 당한다(왕상 3 : 39－46).

25 므비보셋은 비록 다윗이 예루살렘을 떠날 때는 세바가 없어서 나오지 못했으나 이제는 요단 강을 건너서 맞으러 오기까지 한다. 그가 오지 못한 것은 매우 전략적이었던 것 같고 세바의 말대로 상승세를 타고 있던 압살롬에게 무엇인가를 기대하고 있었던 듯하다. 그는 자기의 그런 의중 때문에 포기한 듯 왕의 처분만을 바라게 된다.

26－**29** 므비보셋이 예루살렘에 왕을 만나기 위해서 왔을 때 왜

그가 다윗과 함께 가지 않았는지를 추궁한다. 그때 왕은 확신하고 말했으나 므비보셋은 세바가 속였다고 한다. 그러므로 벌써 죽을 몸이었기 때문에 왕의 뜻대로 하라고 한다. 사실 므비보셋이 압살롬의 승리로 그의 아버지 사울의 왕권을 다시 찾으려고 했다는 것은 세바의 과장이었을 것이다. 엄연히 기름부음을 받은 것은 므비보셋이 아니라 압살롬이기 때문이다.

왜냐하면, 모든 나의 아버지의 집은 나의 주 왕 앞에서 죽은 사람과 같지 않습니까? 그러나 당신은 당신의 종을 당신의 식탁에서 먹게 하셨습니다. 그보다 왕으로부터 더한 공의를 대접받기를 바랄 수 있겠습니까?

30 사역하면 다음과 같다. "왕이 그에게 말했다. 왜 더 이상 너의 신상에 대해서 말하느냐? 너와 세바가 그 밭을 나눌지니라. 므비보셋이 왕에게 말했다. 왕이 평강 속에 그 궁으로 돌아오셨으니 그로 하여금 모든 것을 취하게 하소서." 여기서의 판단은 세바는 행동을 했고 므비보셋은 행동하지 못했다는 것이다.

31 － **32** 32－40절까지는 다윗이 바르실래에게 베푼 호의적 장면이다. 전통적으로 베냐민 지파와 밀접한 관계에 있고 지리적으로 떨어져 있는 다윗이 요단 강 동편까지를 원만하게 다스리는 기회가 된다.

80세는 매우 건강한 사람의 수명에 해당되었다. 인생은 70이요 건강해야 80이라는 말이 모세의 시편에 나온다(시 90 : 10). 바르실래는 길르앗의 거부이다. 길르앗은 원래 사울의 집안과 밀착된 관계를 유지하고 있었으나 사울의 집안이 망하고 다윗이 이스보셋이 정도한 마하나임에 정도하자 그의 마음을 완전히 다윗쪽으로 기울인 것 같다.

33 이는 사무엘하 7 : 5과 11에 나타나고 있는 대칭구조와 일치한다. 즉 "하나님이 네가 나의 집을 지으려고 하느냐? 내가 너의 집을 지어주겠다"(11절)의 형식이다. 이런 형식은 출애굽기 4 : 16－17에 예언자의 기능을 설명하는 하나님의 문구에서도 정확하게 같은 구조로 나타나고 있다. 즉 모세가 아론과 하나님 사이에서 대언자의 역할을 하는 것처럼 아론도

모세와 바로 사이에서 대언자의 역할을 할 것이라는 것이다. 바르실래가 다윗을 공궤했으므로 다윗도 그를 공궤하겠다는 것이다. 공궤라는 말은 히브리어로 쿨이라는 단어인데 제공하다, 공급하다, 유지하다라는 등의 뜻이 있다.

34 시편 90 : 10에서처럼 건강해야 80까지 견딘다고 하는 나이의 한계를 여기 바르실래에게 적용하고 있다. 이 시편을 읊은 모세는 120세까지 산다. 이는 그에게 정신력 내지는 영력이 더해졌음을 알 수 있다. 신명기에 보면 모세가 죽을 때에도 눈에서 그 정기(레아흐)를 잃지 않았다고 한다(신 34 : 7).

35 좋고 나쁨은 "토브"와 "라아"이다. 선과 악(창 2 : 9; 3 : 22), 다른 말로 하면 복과 저주이다(신 20 : 15). 이런 구절은 나일 강변의 살진 소와 깡마른 소를 묘사할 때도(창 41 : 18—19) 같은 단어를 사용하며, 생명나무는 좋은 복의 나무며 사망의 나무는 저주의 나무이다(창 2 : 9).

36 요단을 건너지만 바로 돌아오겠다고 하는, 즉 왕의 영역을 범하지 않겠다고 하는 신명기사가의 조심성을 보이는 말이다. 이스라엘 백성은 야웨가 임재한 산등성이로 올라오지 말아야 한다. 하나님은 항상 경배의 대상이다. 기도는 전지전능하신 하나님으로부터 오는 지혜와 경륜과 능력을 향해 자신이 개방되어 있을 때 받고자 하는 마음이 있을 때 세미한 지혜까지 타고 들어오는 것이다. 그의 영역을 자신의 좁은 머리 속에서 판단하고 요리하고 저울질하는 것이 아니다. 그러나 위험스러운 요단강을 건너는 일을 수종들겠다는 것이다.

37 자신의 성읍으로 돌아가는 것이다. 부족 혹은 씨족 혹은 지파사회에서 당연히 낙엽귀근의 생각을 가지게 되는 것이다. 이는 아히도벨이 자신의 고향으로 돌아가서 거기서 자기의 죽음을 맞는 것과 같다고 할 것이다.

38 다윗은 바르실래의 아들 김함을 데리고 건넌다. 바르실래의 선행

을 갚기 위해서다. 여기서도 받고자 하는 대로 대접하라는 예수의 말씀의 선행되는 패턴이 나온다. 여기서 선이라는 말은 복이라는 말이다. "김함"은 "카마"라는 단어의 파생어로 "갈망하다, 갈망하다가 소진해지다. 지치다"라는 등의 뜻이 있다.

39 바르실래라는 말은 "철"이라는 뜻이며, "입을 맞추다"라는 뜻은 친밀함을 뜻한다. 유다가 거짓으로 예수에게 입을 맞춘다. 요단 강을 건넜다는 말은 "구원의 영역에 들었다, 다시 약속의 땅으로 들어섰다"라는 말이다.

40 길갈은 여호수아가 모압에서 요단 강을 건너서 첫 가나안 땅에 진입한 곳으로(수 4 : 19－24). "길갈"이란 "굴려버리다"라는 뜻으로부터 "할례"라는 뜻이다(5 : 9). "김함"(혹은 킴한)은 "앞서가다"(foregoing)는 뜻이다. 모압은 "아버지로부터"라는 뜻으로 롯과 두 딸과의 이야기로부터 나온 이름이다.

41 이스라엘 백성의 절반은 아직도 완전히 다윗을 모셔오자는데 의견의 통일을 보지 못한 것으로 보인다. 다윗의 등극 초기부터 나타난 균열은 다윗의 통치시기에 끊임없이 압살롬의 난, 스와의 난, 시므이의 책동 등으로 이어지며 솔로몬 통치시기에 여로보암 일세로 시작된 분리 운동은 결국 더욱 문제가 되어 그의 사후에 여로보암의 통치 초기에 나라가 분열되는 현상으로 이어진다.

42－**43** 우리가 왕으로부터 받아먹은 것이 있느냐 혹은 왕이 우리에게 준 것이라도 있다는 말이냐 라는 말은 자기들이 받아 먹은 것에 대한 반격 내지는 오리발이라고 할 것이다. 다윗은 시글락 전투에서 보는 바와 같이 노략물이 있을 경우에는 유다 남부의 장로들에게 나누어주었으며 전투에 출전하지 않은 자들과도 나누었다. 유다 남부의 장로들이 결국에는 먼저 헤브론에서 다윗을 왕으로 기름 붓는다. 이러한 지파별 혈연지연의 만연은 사무엘상 22 : 7－8에서 잘 나타나고 있는데 사울이 다윗

의 도망 때문에 베냐민 부하들을 비난하면서 포도밭이나 군대의 직책을 다윗이 줄 것 같으냐 라고 꾸짖는다.

(골육)지친이라는 말은 히브리어로 "케로브" 혹은 원형이 되는 "카라브"는 "가까운"이라는 뜻이 있고 더 중심어는 "속"(inner part)이라는 뜻이다(시 103 : 1). "네 몸(속, 메아, 창 15 : 4)에서 날 자가 네 후계자가 되리라"라는 말과 동의어이며, "내 속(케레브)에 있는 것들아 야웨를 찬양하라"고 할 때 나타나는 말이다. 한마디로 골육지친이라는 말의 평행어 동의이음어라고 할 것이다.

20:1 난류(베리야알, 즉 불량배)라는 말은 대개 인간적인 반역도 의미하나 하나님에 대한 반역자라는 의미가 강하다(신 13 : 14; 15 : 9; 삿 19 : 22; 20 : 13; 삼상 1 : 16; 2 : 12; 10 : 27; 25 : 17 : 25 : 25; 30 : 22; 삼하 16 : 7; 20 : 1; 22 : 5; 23 : 6 등). 그의 이름은 세바(맹세, 혹은 일곱)였고 베냐민 족의 비크리(열매)의 아들이었다. 그가 나팔을 불었다. 그리고 "다윗 안에 우리의 몫은 없도다. 이새의 아들에게 우리의 몫은 없도다. 이스라엘아 각기 자기의 천막으로"라고 외쳤다. "자기의 천막으로"라는 뜻은 "각자 자기의 문중으로"라는 뜻이다.

2 모든 이스라엘 사람들이 다윗을 따름으로부터 빠져서 비그리의 아들 세바를 따랐다는 말로부터 다윗을 따르던 이스라엘의 무리의 절반조차도 다시 다윗을 좇은 것으로 나타난다. 유다의 사람만 요단 강으로부터 예루살렘까지 다윗에게 밀착했다. 압살롬이 북쪽지파의 세력을 업고 시작했다면, 세바(맹세)의 난은 그 잔당들로 보인다. 이렇게 유다와 이스라엘은 모종의 차이의식을 가지고 있었음에 틀림없다.

3 후궁들을 부양은 했으나 그가 들어가지는 않았다. 그들은 죽을 때까지 갇혀서 과부처럼 살았다. 이는 유다의 경우에서와 같은 패턴이라고 할 것이다. 모르고 다말에게 들어가기는 했으나 한 번 들어간 이후로는 결코 들어가지 아니했다고 한다. 다윗도 역시 압살롬에 의해서 유린된 첩들에게 다시는 들어가지 않았다고 말하고 있다. 신명기 24 : 1－4에는 일

단 다른 남자에게 들어갔다가 돌아온 여자는 결코 원래 남편이 취할 수 없음을 규정하고 있다. 다윗과 미갈의 경우도 같은 맥락에서 보여진다. 미갈은 다윗이 망명생활을 한 후에 다른 남자에게 주어졌다. 그러나 아브넬이 화친해서 돌아왔을 때에 미갈을 데려오는 조건으로 그 협상이 성립한다. 그러나 위에서 말한 바와 같이 미갈이 아이가 없었다는 것으로(삼하 6 : 23) 보아 결코 다시 들어가지 않은 것으로 유추된다.

4–**5** "아마사"(어둠, 짐을 나르다)가 나가서 유다 사람을 소집한 것을 볼 때 아마사의 영향이 유다에도 매우 지대했던 것을 볼 수 있다. 그가 지정된 시간으로부터 지체되었다. 지정된 시간(모에드, 출 25 : 22; 29 : 42; 느 6 : 2, 10; 렘 49 : 19; 50 : 44)은 정해진 장소에 모이는 절기 등을 말한다.

6 이제 비그리(첫열매)의 아들 세바(맹세)가 압살롬보다도 더 악을 끼칠 것 같다고 다윗은 판단한다. 히브리어로 솔로몬의 원이름인 여디디야 등의 이름을 해석한 것 "야웨의 사랑하는 자"라는 뜻으로 볼 때 사랑이라는 뜻이 있다. 실제로 게세니우스(H.W.F. Gesenius)의 히브리어 사전은 다윗(dawid)를 사랑으로 번역하고 있다. 이렇게 볼 때 이 한 문장에 나타나고 있는 이미지는 사랑(다윗)이 존재(아비새, 나의 아비는 이새이다, 즉 존재자이다, 즉 사람의 아들이다. 아마 사생아가 아니라 아비가 있는 사람이라는 뜻일 것임)에게 말했다. 맹세의 첫열매(비그리의 아들)는 보복의 아버지(압살롬)보다 더 악할 수 있다.

7 요압이 외국 용병을 거느렸음을 알 수 있다. 크레테 인은 그렛 부대로 전역된 블레셋 군을 말하며, 이를 갑돌 인이라고도 부른다. 블렛 인은 블레셋과 발음상으로 동일하다. 그러므로 블레셋 군의 일부였던 것으로 보인다. 다윗이 한때 블레셋 왕 아기스의 경호대장을 했던 것과 마찬가지로 이 두 부대는 다윗의 왕실의 특별 경호역을 맡았고 그 대장은 브나야였다(삼하 8 : 18; 대상 18 : 17). 이러한 연유로 해서 블레셋 장군 잇대(삼하 15 : 18)도 다윗의 경호대장 역을 맡은 것으로 보인다. 이 부대를 사용

해서 다윗은 예루살렘을 점령한다.

8 아마사는 요압과는 이종사촌간이며 요압의 어머니 스루야와 아마사의 어머니 아비가일은 자매간이었다. 아마사는 압살롬의 난 때 압살롬 군의 사령관을 맡았으나 다윗은 그를 죽이지 않고 요압 대신 사령관을 삼는다. 아마도 이 일로 요압은 그를 죽인 것 같다. 그의 어머니 아비가일은 요압의 어머니 스루야와 자매라고 하긴 하지만 또 다윗의 누이이긴 하나 아버지는 나하스라고 한다. 이로 볼 때 어머니 아비가일은 다윗의 아버지 이새가 암몬 왕 나하스의 공주와의 사이에서 낳은 딸인 것 같다. 성서에서는 손자나 손녀 및 자손까지도 아들이나 딸이라고 표현하기 때문이다. 이는 나중에 다윗이 나하스가 죽었을 때 조문한 이유가 되며 다윗이 압살롬에게 쫓겨 강 건너갔을 때에 나하스(청동, 뱀)의 후계자 소비가 다윗을 음식으로 영접한 것으로 보아서도 알 수 있다.

9 수염은 우리나라의 풍속에서처럼 깎지 않는 것이 예의였다. “평안하뇨”는 “샬롬 나의 형제!”이다. 입을 맞추는 것도 화평과 화해의 동작이다. 창세기 27 : 26에서 이삭이 야곱을 보고 가까이 와서 입을 맞추라고 한다.

10 아마사가 요압의 손에 있는 그 검을 보지 못함으로 죽었고 요압과 아비새가 비그리의 아들 세바를 좇았다. 요압은 최고 사령관이 아마사를 죽임으로 실질적인 최고 사령관으로 다시 회복된 것으로 보인다. 아브넬을 죽일 때도 형편은 같은 것이었던 것 같다. 이로 인해서 요압은 다윗의 유언에 의한 죽음을 솔로몬에 의해 맞이하게 된다(왕상 2 : 5, 6).

11 – **12** 요압을 다윗과 동일시한다. 아마사가 피를 흘린 채 큰 길 중간에 뒹굴고 있을 때 그 사람이 백성들이 모두 서 있는 것을 볼 때에 그가 아마사를 대로로부터 끌어다가 밭쪽으로 날라다 놓는다. 그러나 거기에 이른 자도 섰기 때문에 그 위에 가운을 던져서 덮었다. 이름 아마사는 아마스라는 “나르다,” “운반하다”는 뜻의 아마스에서 유래된 짐, 짐스러운 것을 뜻한다.

13 비그리는 첫 열매라는 뜻이고 세바는 맹세라는 뜻이다. 원래는 일곱이라는 뜻이다. 아마도 일곱 번 맹세 혹은 제사드림에서 맹세의 의미가 유래된 것으로 추측된다(창 21 : 28). 이스라엘에 있어서 첫 열매는 산 제사로 하나님께 속한 것으로 여겨졌다. 고대 이스라엘에서 말은 사건을 의미했다. 그러나 맹세는 더욱 현실적인 것으로 여겨졌다. 브엘세바는 맹세의 샘이라는 뜻도 되고 일곱 번째 샘이라는 뜻도 된다.

14 이스라엘의 모든 부족 지파 즉 북이스라엘의 모든 지파를 거쳐갔다는 것이다. 아벨라(초원지대)와 베이트 마아가, 그리고 모든 베르 사람들을 거쳐갔고 그들 또한 모여서 그를 따라갔다. 베르는 바르에서 나온 말로 원래의 뜻은 낳다이다. 여기서 사랑받다, 선택되다 라는 등의 뜻이 있고 명사로는 아들 혹은 자손이라는 뜻이다. 거쳐갔다라는 말은 조사하면서 갔다는 말보다는 건너갔다라는 말이다. 단어는 히브리라는 말의 동사형과도 같은 "아바르"('abar)이다.

15 그들이 와서 베트—마아카(압박당함의 집)의 아벨라(초원지대, 애통)를 포위하고 나서 그 성읍을 언덕으로 둘러쌓아 성채 앞에 서게 한 다음, 요압과 함께 있던 모든 백성들이 그 성벽을 무너뜨리기 위해서 공격한다.

16 "가까이 오소서 제가 당신께 말하게 하소서" 하고 지혜의 여인이 말한다(욥 28장; 잠 1; 8; 9장). 구약성서에서 여인은 지혜의 원천이다. 선악과의 지혜는 하와인 여인으로부터 아담에게 전달된다. 구약성서에서 지혜는 여인에게서 구한다. 사울이 전쟁의 승패를 알기 위해 엔도르에 있는 지혜여인에게 간다. 요압이 지혜여인을 고용해서 다윗에게 보내어 압살롬을 데려오도록 한다(삼하 14장). 잠언에서 지혜는 여성의 형태로 나타난다.

17 지혜는 히브리어로 호크마이고 여성형 어미를 달고 있다. 그래서 여성을 지혜와 동일시했는지 모른다. 잠언 31장은 마싸 왕 르므엘이 그

어머니에게서 배운 잠언이라고 나와 있다. 아비가 아니라 어머니에게서 배운 것이다.

> 지혜(호크마)가 부르지 아니하느냐 명철이 소리를 높이지 아니하느냐 그(녀)(she)가 길가의 높은 곳과 사거리에 서며 성문 곁과 문 어귀와 여러 출입하는 문에서 불러 가로되 사람들아 내가 너희를 부르며 내가 인자들에게 소리를 높이노라 어리석은 자들아 너희는 명철할찌니라 미련한 자들아 너희는 마음이 밝을찌니라 너희는 들을찌어다(잠 8 : 1－5).

> 지혜(호크마)가 그 집을 짓고 일곱 기둥을 다듬고 짐승을 잡으며 포도주를 혼합하여 상을 갖추고 그 여종을 보내어 성중 높은 곳에서 불러 이르기를 무릇 어리석은 자는 이리로 돌이키라(잠 9 : 1－4).

18 여기서 "아벨에 가서 물어라"는 "애통에서 물어라 그러면 해결함을 얻을 것이다", 즉 애통함으로 물으면(샤알 혹은 사울) 해답이 온다는 것이다. 이는 산상보훈(마 5 : 4)에서 "애통하는 자는 복이 있나니 저희가 위로함을 받을 것이다"와 같다.

19 여호와의 기업(나할랏트 야웨)은 야웨를 믿는 신앙으로 이루어낸 성이라는 말이다. 그것을 지었든지 빼앗았든지 야웨의 신앙으로 이루어진 것이다. 다윗은 예루살렘 성을 건축했다기보다는 빼앗은 것이다. 야웨의 신앙으로 빼앗은 것이다. 신실하다는 말은 아멘으로 화답하는 사람이라는 뜻이다. 믿음으로 아멘(그대로 되어주소서) 하는 사람을 말한다.

20－**21** 요압이 에브라임 산지에서 온 세바라고 불리는 한 녀석만을 포기하면 그 성읍으로부터 떠날 것이라고 말하자 그 여자가 요압에게 "보라 그의 머리가 성벽 위로 당신에게 던져질 것"이라고 말한다. 에브라임은 열매라는 뜻이고 세바는 맹세 혹은 완전수 일곱이라는 뜻이다.

22 이 여인 역시 지혜의 여인으로 나온다. 그리고 나서 비그리의 아

들 세바의 머리를 잘라서 요압에게 던진다. 그러자 그가 나팔을 불었다. 그러자 그들이 철수해서 각자 자기의 텐트로 돌아갔다. 자기의 텐트로 돌아갔다는 말은 집으로 돌아갔다는 말이다. 요압이 예루살렘에 있는 왕에게로 돌아왔다.

¶ 메시지

첫째로, 세바는 행동했다. 므비보셋은 행동하지 않았다. 행동하지 않는 사람의 특징은 게으른 것이다. 목욕을 안 한 것이다. 물론 마음은 있었는지 없었는지 확인은 안 된다. 그리고 그가 진정 다윗을 걱정해서 목욕을 안 했는지, 괜히 다윗에게 면목이 없으니까 그런 행세로 나타났는지는 모르지만 어쨌든 그는 행동하지 않았다. 예루살렘 근처에도 못 나왔던 므비보셋이 왕이 돌아온다니 요단 강까지 건너왔다.

마태복음 25 : 26에 보면 한 주인이 세 종에게 한 달란트 두 달란트 다섯 달란트를 나누어 주었다. 한 달란트 가진 사람은 그것을 활용하지 않고 땅에 묻어두었다. 그리고 그는 어땠는가? 악하고 게으른 종아 너는 밖에 쫓겨나가서 슬피 울며 이를 갊이 있으리라 라고 말씀하신다. 므비보셋은 자신의 이름처럼 말로 이것저것 변명을 늘어놓는다. 그러나 행하지 않았다. 나중이 되어서야, 다윗의 승리가 확실하게 판가름이 난 후에야 그는 말도 못 타던 사람이 나룻배를 타고 건너와서 왕을 맞이했다. 그러나 그런 구차한 변명을 늘어놓았을 때 웬 구차한 소리만 늘어놓느냐고 다윗으로부터 핀잔만 먹는다.

기독교인은 원래 말쟁이라고 하지 않는가? 무덤덤하게 자기의 할 일을 헌신하는 사람이 있다. 그런가 하면 아무런 실체적인 업적이 없는 사람이 이래서 그랬고 저래서 그랬고 말만 많이 하는 사람이 있다. 그러나 이론도 중요하지만 행함이 얼마나 중요한지를 본문은 말해주고 있다. 유대교가 약간의 불화와 핍박을 받지만 왜 기독교보다 더 경제나 공헌도에 더 앞서나가는가? 그들은 지킴과 행동을 더 중시하기 때문이다. 기독교는 마음의 믿음을 강조하다보니 행함이 없는 명목뿐인 기독교인이 많아졌다.

생명의 보화인 말씀을 하루하루 조금씩이라도 쌓아가고 있는가? 하나님과의 약속을 조금씩이라도 실천해가고 있는가?

두 번째로, 헌신을 더하면 할수록 더 강성해진다는 진리이다. 행하지 않으면 가진 것도 빼앗긴다는 것이다. 본문에서 므비보셋은 오히려 가진 것도 빼앗기는 신세가 되었다. 그는 므비보셋을 잘 섬겼던 것 같다. 그러나 므비보셋은 북쪽사람들이 주축이 되어 압살롬을 내세워 반란을 일으켰을 때에 오늘 우리 아버지의 나라를 돌려주지 않을까 생각한 것이다. 그는 피난 가는 왕을 섬겨야 한다는 본분을 다한 사람이다. 이렇게 섬김의 도리를 다 했을 때 그는 므비보셋에게 주어질 상급을 그가 차지하게 되었다.

성서에서 보면 실천을 하면 할수록 헌신을 하면 할수록 더 큰 것이 주어진다고 말하고 있다. 우리가 잘 아는 것처럼 한 달란트 가진 사람 두 달란트 가진 사람 다섯 달란트 가진 사람이 있었다. 두 달란트와 다섯 달란트는 열심히 굴렸다. 한 달란트는 묻어두었다. 그러나 그 달란트는 절대로 열매를 증식하지 않았다. 성서적 원리는 가진 것을 팔아서 그것을 활용하는 것이다.

우리 인간은 과거의 악몽에 매여 살 수는 없다. 미래의 몽상 속에서만 헤맬 수도 없다. 우리는 오늘을 실천하고 바로 실천하고 오늘도 이 벽돌 한 장을 쌓아나가야 내일이 있는 것이다.

세 번째로, 섬기는 자가 승리한다는 것이다. 여기서 세바가 주인을 모함했는지 아니면 므비보셋이 거짓말을 했는지 둘 중의 하나가 참이 아니다. 그러나 분명한 것은 세바는 행동했고 섬겼고 그것을 행동으로 보였다는 것이다. 그도 유혹이 있었을 것이다. 첫판에서 압살롬이 승리했으므로 모두가 압살롬의 편으로 가고 있었다. 그래서 므비보셋도 경거망동을 하지 않도록 주저한 것이다. 그러나 세바는 그것은 도리가 아니라고 생각하고 다윗 편을 들었던 것이다. 그리고 모험을 무릅쓰고 그 길을 감행한 것이다. 그리고 그는 그 상급을 얻었다. 그는 압살롬이 이겼다면 추궁을 당하거나 처형당할 일을 한 것이고 므비보셋은 처형까지는 가지 않을 일을 위해서 어중간한 입장을 취한 것이다. 그리고 자기 이름의 뜻대로(아니면 성서의 저자가 그렇게 불렀듯이) 말뿐인 족속이었다.

아니면 세바라는 뜻은 "군대", 혹은 "싸움을 하다", "섬기다"라는 뜻이다. 하나님 나라는 누가 만드는 것인가? 섬기는 자가, 경작하는 자가 만드는 것이 아닐까? 그는 자신의 온힘을 다 모아서 자기의 삶을 위해서 싸워나간 사람이었다. 행동으로 싸워나간 사람이었다. 므비보셋은 그의 이름의 뜻처럼 말만을 하는 사람이었다. 그런데 다윗의 승리가 완결된 지금은 왜 세바 없이도 요단 강 나룻배까지 탈 수 있었던 것인가? 두 다리를 못쓰는 사람이라는 뜻은 앉은뱅이라는 뜻이다. 행동하지 않은 앉은뱅이라는 뜻이다. 그런 사람은 입이 발달해 있다.

결국 행동하는 사람한테는 못 당하는 것이다. 여기서 성서가 가리키는 것은 단지 이론가만 되지 말고 실천하는 사람이 되라는 것이다. 예수는 섬기기 위해서 왔다고 했다. 섬기는 사람, 경작하는 사람은 역사를 바꿀 수 있는 사람인 것이다.

네 번째, 여기서 영안과 육안의 차이가 있다는 것이다. 영안이라는 것은 보이지 않는 세계를 보는 것이다. 무엇을 해야 그 세계를 오게 할지를 적극적으로, 스스로 찾아서 하는 것이다. 영안을 가진 사람에게는 천사가 보이고 무엇을 해야 할지 보인다. 육안은 보이는 현실만 보는 안이다. 누가 해주지 않는가 하면서 기다리는 것이다. 육안은 명분을 찾고 핑계거리를 찾는 것이다. 영안이라는 것은 결국 현 시점에서 자기가 하나님을 위해서 해야 할 바가 무엇인지를 아는 것이다. 적극적으로 하는 것이다. 영안은 수동적으로 임하는 것이다. 사실 세바와 므비보셋은 우리 안에 있는 두 가지 세력이라고도 할 수 있다.

세바가 행동으로 나가지 못하고 계속해서 앉은뱅이가 된 므비보셋의 종노릇만 했다면 결국 그 집안 전체는 앉은뱅이로 말미암아 망하고 말았을 것이다. 그러나 이제 행동하는 세바가 그의 전답을 이어받아 보존하게 되었다. 그래서 아마도 세바가 도맡아서 므비보셋을 부양할 수 있었을지도 모른다. 이런 패턴은 어리석었던 나발과 그 집을 구한 아비가일의 영안과도 같은 것이다.

다섯째, 여인들을 경계해야 한다는 것이다. 성서에서는 남자를 슬프게 하는 여인들이 나타난다. 순진한 남자를 울리는 여인들이다. 어떻게 보면 한없이 순진무구한 것이 남자이다.

1) 먼저는 이브라 불리는 하와이다. 그녀는 우선 뱀의 꼬임을 받았다.

그리고 자기가 몸소 먼저 먹고 남자도 받아 먹었다. 그러나 죄는 남자가 뒤집어썼다.

2) 두 번째 사건은 시스라의 사건이다. 사사기 4장에 시스라가 이스라엘 백성에 쫓겨 헤벨의 아내 야엘의 텐트로 피신한다. 야엘의 남편 헤벨과는 화평한 사이이므로 그 장수는 반기는 여인 야엘을 믿고 누가 찾거든 없다고 말하도록 이르고 가져다 주는 시원한 우유를 한 잔 들이키고 그만 깊은 잠에 골아 떨어져 버리고 만다. 이때 야일의 아내는 커다란 끌과 망치를 가져다가 시스라의 이마에 대고 힘껏 내려쳐서 죽이고 만다. 이어 쫓아오는 이스라엘 궁에게 이것이 누구인지를 확인하도록 궁상을 떤다. 이리하여 당대의 장수 시스라는 여인 드보라와의 싸움에 쫓겨가다가 결국 여인 야엘에게 정을 맞아서 죽게 되는 비운을 맞는다. 성서는 여인한테는 도저히 이길 재간이 없음을 대체로 표현하고 있다.

3) 세 번째 경우는 아비멜렉의 경우이다. 사사기 9장에 나타나는 아비멜렉은 기드온이 세겜의 후처로부터 얻은 아들이다. 반란자 가알이 데베스라는 어떤 한 성으로 들어간다. 그러자 아비멜렉이 그 성을 포위하고 공격을 시작한다. 잘 되지 않자 커다란 통나무를 끊어다가 성에 기대어 놓고 기어오르기 시작한다. 이런 공격법을 아비멜렉이 몸소 앞장서 시범을 보인다. 이때 위에서 지켜보던 여인 하나가 맷돌을 하나 가져다가 정조준해서 아비멜렉의 머리 위로 떨어뜨린다. 비록 그가 투구를 쓰긴 했으나 엄청난 충격으로 땅에 떨어진다. 이때 그가 말한다. “나의 목을 어서 치라. 여인이 던진 맷돌로 내가 사망했다는 오명을 남기고 싶지 않다.” 그리하여 그 용맹하던 아비멜렉은 한 여인이 무심하게 던진 맷돌에 맞아 죽고 만다. 순진해 보이는 여인의 행동이나 말이 한 장군을 죽이고 살리는 것을 조심하라는 말일 것이다.

4) 네 번째 경우는 오늘의 경우이다. 오늘의 경우는 세바가 북쪽을 대표해서 반란을 일으킨다. 압살롬이 실패한 세력을 모아 가지고 일어난 것이다. 어쩌면 북쪽세력을 업은 큰 세력이다. 그가 북쪽의 성 하나를 요새 삼아 들어갔다. 이때 요압이 그의 군대를 가지고 포위한다. 한 여인이 큰 전쟁으로 성이 전멸할지도 모른다는 생각을 했던 것 같다. 그때 한 여인이 뒷문으로 빠져나와 요압을 부른다. 세바의 목만 쳐서 던지면 되지 않느냐

는 것이다. 그렇다고 요압이 말하자 백성을 선동해서 세바의 목을 잘라서 그 여인이 던진다.

5) 이스라엘의 역사는 여인이 큰 역할을 한다. 밧세바는 우리아라는 한 남자의 아내였다. 그의 남편은 충직하기 이를 데 없는 사람이었다. 너무 미련하다 싶을 정도로 다윗에게 충성을 다하는 것을 보았다.

이때 밧세바는 아마도 남편을 향해 "너는 충성만 하고 나는 제껴 놓느냐"라는 생각을 가졌던 것같다. 그는 다윗이 밖을 내다볼 만한 때에 바로 그 장소를 기다려서 다윗을 유혹한다. 그리고 자신의 남편과 다윗을 파멸시키고 자신의 아들인 솔로몬을 왕으로 옹립시킨다. 마지막 단계에서 아도니야가 반란을 일으켜서 위기에 이를 때에 다윗에게 호통을 쳐서 솔로몬을 왕으로 옹립하게 한다. 밧세바는 단순히 유혹의 도사일 뿐만 아니라 외교에도 능수능란했던 것 같다. 다윗에게 솔로몬을 옹립시키라는 말을 자신이 혼자 들어가서 하는 것이 아니라 선지자 나단과 같이 들어가서 일을 이룬다. 이미 종교계를 단단히 맺어놓았던 것 같다. 결국 다윗의 집안은 완전히 초토화되고 밧세바의 아들인 솔로몬이 왕권을 쥐게 된다.

6) 여섯 번째 이와 비슷한 경우는 에스더의 경우이다. 에스더는 자신의 미를 미끼 삼아서 페르시아의 왕에게 나아가 그 나라 제일의 장군인 하만 사령관과 맞붙는다. 그리고 하만의 목을 길거리에 걸게 한다. 여인은 약해 보인다. 그러나 가장 조심해야 할 부분이다.

32. 다윗의 관료들(20 : 23－26)

¶ 본문

[23] 요압은 이스라엘 온 군대의 장관이 되고 여호야다의 아들 브나야는
그렛 사람과 블렛 사람의 장관이 되고 [24] 아도니람은 감역관이 되고 아힐
룻의 아들 여호사밧은 사관이 되고 [25] 스와는 서기관이 되고 사독과 아비
아달은 제사장이 되고 [26] 야일 사람 이라는 다윗의 대신이 되니라

¶ 개요

유다가 북이스라엘에 배타적인 입장을 보이자 북이스라엘 지파를 대변하는 세바가 반란을 일으킨다. 그들의 구호는 서론인 1－2절에서 나오고 3－10절까지는 압살롬의 사령관이면서 이종사촌간이었던 아마사를 요압이 칼로 찔러 죽이는 장면이 나온다. 세바의 난 때 사령관 역할을 동생인 아비새에게 맡기는 것을 볼 때 요압은 압살롬 난의 실수로 잠시 실격되었던 것 같다.

11－22절까지는 세바의 난이 진압되었음을 말한다. 다시 말하면 북이스라엘의 반란세력이 진압되었음을 말한다. 이는 21장에 가서 사울의 남은

가족에 대한 철저한 멸족의 과정으로 이어진다. 23－26절은 다시 요압이 사령관이 되고 외인부대 사령관은 나중에 솔로몬의 사령관이 되는 브나야가 된다.

여기서 나오는 명단은 사무엘하 8 : 16－18절에 나오고 있는 명단과 비슷하다. 그러나 26절에 야일 사람 이라는 8 : 18에서 똑같은 문장 형식 구조문 속에서 다윗의 아들이라는 이름으로 대체되어 나온다. 아마도 다윗의 아들이 제사장 노릇을 하다가 나중에 전쟁을 치르고 나서 야일 사람으로 대체되었는지 모른다. 열왕기상 18 : 17에 보면, 왕자들은 왕의 보좌관 역할을 한 것으로 나온 것으로 보아 코헨이라는 이라의 직책도 보좌관 비슷한 역할을 한 것으로 보인다. 다윗이 압살롬의 난을 치른 후 영적인 왕으로 거듭나면서 그의 내각을 재개편한다. 이러한 재개편은 아무 영문도 모르고 황태자 압살롬의 초청으로 헤브론으로 갔다가 모반에 걸려든 모든 신하들을 재충원 내지는 재개편하는 작업으로 이루어진 것이다.

¶ 주석

23 이제 요압이 이스라엘의 모든 군대 위에 다시 서고 여호야다의 아들 브나야가 그렛 인과 블렛 인들의 위에 있었다. 요압이 총사령관의 자리를 유지한다. 그는 아브넬과, 아마사를 죽이고 그 자리를 유지하고 있으며 아마도 왕위계승 서열에 들 수도 있었을 것이다. 그러나 그는 끝내 그런 일을 하지 않고 다윗 차기 계승권자인 아도니야의 편을 들다가 솔로몬에게 죽임을 당한다.

24 아도니람은 부역자들의 책임 감독자(감역관)였고, 아힐룻의 아들 여호사밧은 사관이었다. 아도람은 아도니람의 단축어로서 나의 주인은 귀하신 분이라는 뜻이다. 아도니람은 압다의 아들로서 다윗, 솔로몬, 르호보암 대에 이르는 부역(징집된 강제 노역군)의 전책임을 맡고 있는 고관직이었다(왕상 4 : 6; 12 : 18). 아도니람은 솔로몬이 그의 건축 사업을 위해 레바논에서 물자수송을 위해 징집한 삼만 명의 노역군 감독사령관

이었다(왕상 5 : 13－14). 이 역군들은 일만 명씩 레바논에 보내어져서 송백을 비롯한 모든 건축물자를 수송했던 것 같다. 르호보암이 여로보암이 이끄는 북이스라엘 부역군과 마찰이 생겼을 때 그는 아도니람을 파견하니 그가 부역군들의 돌에 맞아 죽었다(왕상 12 : 18; 대하 10 : 18).

25 스와는 서기관이었고, 사독과 아비아달은 제사장이었다. 왕의 사독과 아비아달에 대해서는 사무엘하 8 : 17의 주석을 보라. 스와는 공허하다는 뜻으로 서기관의 이름으로 나온다. 서기관(소페르)의 이름은 나올 때마다 바뀌어 나온다. 사무엘하 8 : 17에서는 스라야가 서기관이었고, 역대상 18 : 16은 사워사라는 이름으로 나오고 있다.

26 야일 사람 이라 또한 다윗의 제사장이었다. 므낫세 지파에 속하는 부족으로 길르앗 영토에 살았다(민 32 : 41; 신 3 : 14). 다윗의 대신이라는 말은 신하라는 뜻이 아니라 제사장(코헨)이라는 말로 나와 있다.

¶ 메시지

이 구조가 왜 여기서 반복해서 나와야 되었는지는 분명치 않다. 아마도 전쟁 후에 다윗 내각이 어떻게 이루어졌는지, 누가 다윗의 배후에서 실무를 담당했던 사람들을 다시 소개하고 있는지도 모른다. 여기서 학자들은 짝으로 되어 있는 내각 구조를 본다. 내국인 부대를 요압이 관장하고 외국인 용병대를 브나야가 관장함으로써 아마도 힘의 균형을 모색했을 것으로 본다. 또 역사기록자인 사관 여호사밧과 궁중 및 왕국의 서류문서 일체를 담당하는 서기관 스와가 짝을 이루고 아도니람이 준 군부대적 역할로서 민간인 통제업무와 군부대 사이의 연결역할을 하면서 외국인 포로 등의 부역 감독을 수행했을 것으로 본다. 압살롬 전쟁 후에 요단 강 동편 길르앗 지역에 살던 므낫세의 아들 야일 족 출신의(민 32 : 41)이라도 궁중에 진출해 있음을 본다.

33. 사울 자손의 죽음과 기브온 족(21 : 1–14)

¶ 본문

1 다윗의 시대에 년부년 삼년 기근이 있으므로 다윗이 여호와 앞에 간
구하매 여호와께서 가라사대 이는 사울과 피를 흘린 그 집을 인함이니 저
가 기브온 사람을 죽였음이니라 하시니라 2 기브온 사람은 이스라엘 족
속이 아니요 아모리 사람 중에서 남은 자라 이스라엘 족속들이 전에 저희
에게 맹세하였거늘 사울이 이스라엘과 유다 족속을 위하여 열심이 있으
므로 저희 죽이기를 꾀하였더라 이에 왕이 기브온 사람을 불러 물으니라
3 다윗이 저희에게 묻되 내가 너희를 위하여 어떻게 하랴 내가 어떻게 속
죄하여야 너희가 여호와의 기업을 위하여 복을 빌겠느냐 4 기브온 사람
이 대답하되 사울과 그 집과 우리 사이의 일은 은금에 있지 아니하오나
이스라엘 가운데서 사람을 죽이는 일은 우리에게 있지 아니하니이다 왕
이 가로되 너희의 말하는대로 시행하리라 5 저희가 왕께 고하되 우리를
학살하였고 또 우리를 멸하여 이스라엘 경내에 머물지 못하게 하려고 모
해한 사람의 6 자손 일곱을 내어 주소서 여호와의 빼신 사울의 고을 기브
아에서 우리가 저희를 여호와 앞에서 목매어 달겠나이다 왕이 가로되 내
가 내어 주리라 하니라 7 그러나 다윗과 사울의 아들 요나단 사이에 서로
여호와를 가리켜 맹세한 것이 있으므로 왕이 사울의 손자 요나단의 아들

므비보셋은 아끼고 [8] 이에 아야의 딸 리스바에게서 난 자 곧 사울의 두
아들 알모니와 므비보셋과 사울의 딸 메랍에게서 난 자 곧 므홀랏 사람
바실래의 아들 아드리엘의 다섯 아들을 잡고 [9] 저희를 기브온 사람의 손
에 붙이니 기브온 사람이 저희를 산 위에서 여호와 앞에 목매어 달매 저
희 일곱 사람이 함께 죽으니 죽은 때는 곡식 베는 처음날 곧 보리 베기 시
작하는 때더라 [10] 아야의 딸 리스바가 굵은 베를 가져다가 자기를 위하여
반석 위에 펴고 곡식 베기 시작할 때부터 하늘에서 비가 시체에 쏟아지기
까지 그 시체에 낮에는 공중의 새가 앉지 못하게 하고 밤에는 들짐승이
범하지 못하게 한지라 [11] 이에 아야의 딸 사울의 첩 리스바의 행한 일이
다윗에게 들리매 [12] 다윗이 가서 사울의 뼈와 그 아들 요나단의 뼈를 길
르앗 야베스 사람에게서 취하니 이는 전에 블레셋 사람이 사울을 길보아
에서 죽여 벧산 거리에 매어 단 것을 저희가 가만히 가져 온 것이라 [13] 다
윗이 그곳에서 사울의 뼈와 그 아들 요나단의 뼈를 가지고 올라 오매 사
람들이 그 달려 죽은 자들의 뼈를 거두어다가 [14] 사울과 그 아들 요나단
의 뼈와 함께 베냐민 땅 셀라에서 그 아비 기스의 묘에 장사하되 모두 왕
의 명대로 좇아 행하니라 그 후에야 하나님이 그 땅을 위하여 기도를 들
으시니라

¶ 개요

이 장의 구조는 다음과 같다.

1－9, 가뭄의 이유를 기브온과의 맹세를 깨뜨린 데서 발견하다.
10－14, 사울의 아들들의 뼈를 합장하다.
15－22, 다윗을 도운 용사들의 명칭

이후 이스라엘에 흉년이 삼년이나 들었다. 이에 대한 희생양은 다윗의 후손에게로 돌아간다. 흉년의 근거를 사울의 잘못에서 찾으려고 한 것이다. 사울의 잘못이란 이스라엘 백성을 사랑하기 위한 것이다. 즉 이방 백

성을 섬멸시키려고 했던 것이 죄목으로 걸린 것이다. 여기서 다윗이 아야의 딸 리스바에게서 난 아들 둘과 사울의 딸 메랍이 난 아들 다섯을 잡아서 처형한다. 이렇게 해서 사실상 문제가 될 만한 사울의 후손은 모두 처형된다.

¶ 주석

[1] 3이라는 숫자는 성서적 의미를 가진다. 3년 동안 압살롬은 피신해 있고, 3년 동안 가뭄이 있었고, 3년이 지나면 하나님이 회복시키신다. 기근은 대표적인 야웨의 징벌의 표시이다. 아합의 범죄로 인한 갈멜 산 기근이 있었고(왕하 8 : 1; 사 14 : 30), 여호와의 면전은 성전을 말한다. 야웨가 사울과 그의 집에 대해서 그가 기브온 족속을 죽인 일 때문에 생긴 피; 이런 피는 계약공동체 내에서는 흘리지 않게 되어 있었고, 전쟁에서 흘리는 피를 말하는 것은 아니었다. 설혹 계약공동체의 일원이었다 해도 일단 전쟁의 발발로 계약이 깨어진 상태에서의 피흘림도 죄에 해당되지 않았다. 사울이 아무런 이유도 없이 계약으로 보존되어 온 기브온 족을 무죄하게 죽였는지 아니면 어떤 소요사태로 인한 계약공동체의 깨짐에서 오는 것인지는 분명치 않다.

[2] 기브온은 "언덕", 혹은 "산당"이라는 뜻이다. 히위 족 가운데 있는 큰 마을이다(수 10 : 2; 11 : 19). 다윗과 솔로몬 통치시에 성막이 거기에 있었다(왕상 3 : 4−5; 9 : 2). 기브온 족은 여호수아 9장에서 아이 성을 친 이스라엘 군에게 거지차림으로 와서 언약을 맺었다. 그들의 양식을 여호수아가 받았고 그들의 목숨을 보장한다는 조약을 맺었다. 그런데 이스라엘의 자손이 그들에게 맹세했을지라도 사울이 이스라엘과 유다의 자손을 위한 열성 때문에 그들을 쳤다. 이것으로 인해 다윗이 사울의 남은 자손을 처형할 수 있는 근거가 된 것이다.

[3] 여기서 "갚다"라는 말은 카파르라는 히브리어 단어이고 "덮다, 보

상하다, 가리다" 등의 의미가 있다. 야웨의 기업이란 야웨가 그의 약속에 따라 허락된 가나안 땅을 말한다. 기브온과 사울의 고향인 기브아는 거의 가까운 4km의 거리 내에 있었다. 의미는 똑같이 언덕이라는 혹은 산당이라는 의미인 듯하다. 여기서 언덕은 지방성소를 뜻하는 전통적 민간신앙의 요람인 산당이 있었음을 암시한다.

4 사역하면 다음과 같다. "그리고 기브온 족이 다윗에게 말했다. 이는 금이나 은의 문제가 아닙니다. 또한 이스라엘에서 사람이 죽어야 할 문제가 아닙니다. 그가 물었다. 너희들이 무엇을 내가 해주기를 원하느냐?" 기브온은 예루살렘의 북북서 9km의 지점에 있다. 기브온에는 큰 물구덩이가 있었던 것 같다. 여호수아 9장에서 이들은 가나안 토착민을 배척하고 여호수아와 계약을 맺음으로 이스라엘의 경내, 베냐민의 영내에 살게 되었으며, 사울이 죽은 후에는 아브넬과 요압의 군사들이 모여 12명씩 대적하여 죽임을 당한 처절한 혈흔이 있었던 곳이다(삼하 2 : 12−17). 압살롬의 난 후에 요압은 반란군의 사령관으로 있다가 압살롬이 죽은 후에 요압의 자리에 있던 외사촌 아마사를 찔러 죽인 곳이다(삼하 20 : 8). 솔로몬이 등극한 후에는 기브온에서 제사를 드린다(대상 16 : 39; 21 : 29; 대하 1 : 3, 13; 왕상 3 : 4−5).

5 기브온 족을 멸하려고 한 사람 그리고 이스라엘의 경내에서 우리가 멸망되도록 하려고 획책한 그 사람은 사울을 말한다. 사울은 열심은 있었으나 참으로 비극적인 인물이었다. 그에 대해서 기자가 드러내려고 한 성격은 모든 면에서 잘 갖추어져 있으나 우유부단한 성격이었다. 그는 모든 면에서 자기 백성을 위한 것이었다. 그러나 결과는 비극이었다. 백성을 위해서 노략물을 아꼈다가 헤렘(절멸법)법에 걸려서 버림을 당했고, 칠일째에 사무엘이 나타나기로 해놓고 나타나지 않았을 때 군인들이 흩어지는 것을 방지하기 위해서 제사를 드렸다가 "순종이 제사보다 낫다" 라는 죄목에 걸려서(삼상 13 : 7−15) 두 번째 버림을 당한다. 세 번째 역시 이스라엘을 위해서 이방민족인 기브온 족을 경내에서 쫓아내었다가 여호수아 때 맺었던 시효가 명시되지 않은 태고적 계약법에 걸려서 이제

자손까지 죽임을 당하게 된다(수 9 : 1－15; 10 : 6－9). 이스라엘 백성들이 브엘세바에서 쳐들어가지 말라는데 너무 열심을 내어 쳐들어갔다가 몰살 당하는 것과 같다고 할 것이다(민 14 : 39－45).

6 기브아는 사울의 고향이다. 사울의 고향에서 사울의 아들 7명 즉 완전수를 잡아서 죽이는 것은 일종의 전시효과를 노리는 것이었을 것이다. 사울의 고향은 바로 그 문중을 말하기 때문이다(삼상 10 : 26). 이런 의미에서 이들의 죽음은 일종의 대속의 의미였다. 사울 집안의 모든 죄와 누명을 뒤집어쓰고 죽는 희생제물과 같은 것이다. 이러한 대속의 의미는 제2이사야에게서 왜 다른 이방민족들보다는 나은데도 불구하고 그런 포수의 고난을 받아야 하는가에 대한 대속적 해석으로 이어진다. 양은 아무런 죄도 없지만 사람의 죄를 위해서 희생의 양이 되는 대속의 의미를 가진다. 이러한 나무에 달려 죽는 대속의 의미는 예수의 십자가 나무에 달리는 대속의 의미로 이어진다. 예수는 아무 죄도 없으나 인간의 본성인 모든 반역과 폭력과 저주를 뒤집어쓰고 십자가 나무 상에 매달리게 된다. 그러므로 진짜 죄 많은 사람들의 죄가 사해지게 되는 것이다.

7 다윗과 사울의 아들 요나단 사이에 맺은 맹세 때문에 요나단의 아들 므비보셋은 죽음을 면한다. 맹세는 징표를 동원한 언약과 동일한 의미를 가졌다. 맹세는 반드시 이루어지는 것이다. 입다의 맹세가 있고 야곱의 맹세가 있고 사무엘의 어머니 한나의 맹세는 모두 이루어짐을 말한다.

8 왕이 아야의 딸 리스바가 사울에게 낳은 두 아들 알모니와 므비보셋 그리고 사울의 딸 미갈(삼상 18 : 19에서는 언니 메랍이 아드리엘에게 간 것으로 나옴)이 바르실래의 아들 아드리엘에게 낳은 다섯 아들을 취했다. 바르실래는 요단 강 동편에 부유한 자로 압살롬의 난 때에 다윗에게 충성한 군량미를 가져온 사람이다(삼하 17 : 27－29). 그의 아들 아드리엘이 사울의 딸 메랍에게 결혼했다(삼상 18 : 19; 삼하 21 : 8). 여기서 미갈은 메랍으로 읽혀야 한다.

9 이스라엘에서는 세 축제가 있었다. 9－10월경 음력 대보름날을 전후로 신년 축제가 드려졌으며, 이는 장막절 혹은 초막절이라고도 불렀다. 모든 일년의 계약갱신이 이때 주로 중앙성소에서 이루어졌다. 언약궤가 있는 곳이 중앙성소가 되었다. 보리추수 때는 무교절이라고 불렀다. 이때는 또한 유월절도 겹쳐서 드려졌다. 이후 7주 후에 칠칠절 혹은 오순절이 드려졌다. 이때는 밀을 추수하는 시기였다. 그러므로 사울의 후손을 위해서 미스바가 밖에서 지낸 시기는 약 6개월이 되는 셈이다.

10 시체를 새나 들짐승이 먹는 것은 저주를 상징했다(왕상 14 : 11; 16 : 4; 21 : 24). 여기서의 비는 이른비를 말한다. 대개 9－10월경이다. 마대 천은 두껍고 거친 양털 모포를 말한다. 이는 추울 때에 둘러쓰는 역할도 했다.

11 다윗이 아야(날리는 연, 독수리)의 딸이며 사울의 첩인 리스바(돌을 깐 도로, 포장도로)가 한 행동을 들었다. 10절에서 그녀의 행동을 설명하고 있는 것처럼 그녀의 이름대로 암반 위에 앉아서 독수리를 쫓는 이미지로 나온다.

12 사울의 뼈와 그의 아들 요나단의 뼈는 블레셋 사람들이 길보아에서 사울을 쳤던 날에 그들을 걸어놓았던 벳산(이를 가는 집, 산은 동사로 날카롭게 하다, 명사로는 이빨의 뜻)의 거리에서 야베스(마른 땅) 길르앗(활, 파도, 쌓아놓은 더미, 구르다) 사람들이 훔쳐온 것이었다.

13 다윗이 사울의 뼈와 그의 아들 요나단의 뼈를 거기서부터 가져왔고 또 그들이 교수형에 처한 뼈들을 함께 모은다. 창세기 2 : 23에서 인간이 창조될 때에 살과 뼈는 모두 하나의 재료인 진토로부터 만들어진 것으로 묘사되고 있다. 아담과 하와와의 관계를 묘사하면서 살과 뼈와의 관계는 서로 연결되어 생성된 것으로 나타난다. 살 중의 살이요 뼈 중의 뼈로다 라는 말은 살로부터 뼈가 왔고 뼈 중의 가장 중요한 부분은 심장(개역성서는 마음으로 번역)을 덮고 있는 부분이다. 그러나 이 셋은 모두 흙으

로 와서 흙으로 돌아갈 흙으로 빚어진 것이다. 에스겔 골짜기에서는 이의 역행순서가 나타난다. 마른 뼈가 연결되고 근육이 생기고 살이 덮이고 생기가 들어가서 살아 움직이는 군대가 된다(겔 37 : 1−14). 하나님은 에스겔에게 묻는다. "이 뼈가 가히 살아나겠느냐?" (겔 37 : 3)

14 그들이 사울과 그의 아들 요나단의 뼈와 베냐민(오른손의 아들)의 땅 셀라(갈비뼈, 혹은 절뚝거리다)에 있는 그의 아버지 기스(활, 능력, 미끼)의 무덤에 묻었다. 그들이 왕이 명령한 모든 것을 행했다. 그 후에야 땅에 대한 기도를 들으셨다.

¶ 메시지

첫째, 맹세는 지켜져야 함을 말한다. 구약성서에서 맹세를 하면, 계약과 같아서 반드시 이루어지는 것으로 나타난다. 물론 맹세를 하지 않으면 아무런 매임이 없다. 그러나 맹세는 반드시 이루어져야 한다. 사무엘의 어머니 한나가 아들을 주면 바치겠다고 한 것, 입다가 전쟁의 승리를 하면 자기를 가장 사랑하는 사람을 바치겠다고 한 것, 야곱이 구해주면 십일조를 바치겠다고 한 것 등이다. 레위기 5 : 1은 "누구든지 증인이 되어 맹세시키는 소리를 듣고도 그 본 일이나 아는 일을 진술치 아니하면, 죄가 있나니 그 허물이 그에게로 돌아갈 것이요" 라고 말하고 있다. 마태복음 5 : 33−34에서 예수께서 하나님 이외에는 어떤 것에도 맹세치 말 것을 명하고 있다. "옛 사람에게 말한 바 헛맹세를 하지 말고 네가 맹세한 것을 지키라 하였다는 것을 너희가 들었으나 나는 너희에게 이르노니 도무지 맹세하지 말지니 하늘로도 말라 이는 하나님의 보좌임이요, 예루살렘으로도 말라 이는 큰 임금의 성임이요, 네 머리로도 말라 이는 네가 한 터럭도 희고 검게 할 수 없음이라" 고 기록하고 있다.

둘째, 맹세에 대한 모든 것이 깨끗하게 처리된 후에 하나님이 축복의 비를 허락하셨다는 것이다. 본문은 어떻게 보면 다윗이 사울의 자손 혹은 잔당을 완전히 멸절시키기 위한 방편으로 생각이 들기도 한다. 그러나 그런 생각은 이제 다윗과 하나님의 뜻에서 보여져야 한다. 하나님과의 약속이 한 터럭이라도 어김이 없이 해결이 되었을 때 그가 축복하시는 것을 볼 수 있다. 사무엘상 14 : 45에 보면 때로는 맹세가 백성의 탄원에 의해서 보상되기도 했다. 그러나 결국 사울과 요나단은 블레셋 군과의 전투에서 전사한다. 이 일은 사울과 요나단 등 모두 합장되므로 그 정리가 된다.

34. 블레셋 전투(21 : 15－22)

¶ 본문

[15] 블레셋 사람이 다시 이스라엘을 치거늘 다윗이 그 신복들과 함께 내
려 가서 블레셋 사람과 싸우더니 다윗이 피곤하매 [16] 장대한 자의 아들
중에 삼백 세겔중 되는 놋창을 들고 새 칼을 찬 이스비브놉이 다윗을 죽
이려 하므로 [17] 스루야의 아들 아비새가 다윗을 도와 그 블레셋 사람을
쳐 죽이니 다윗의 종자들이 다윗에게 맹세하여 가로되 왕은 다시 우리와
함께 전장에 나가지 마옵소서 이스라엘의 등불이 꺼지지 말게 하옵소서
하니라 [18] 그 후에 다시 블레셋 사람과 곱에서 전쟁할 때에 후사 사람 십
브개가 장대한 자의 아들 중에 삽을 쳐죽였고 [19] 또 다시 블레셋 사람과
곱에서 전쟁할 때에 베들레헴 사람 야레오르김의 아들 엘하난이 가드 골
리앗의 아우 라흐미를 죽였는데 그 자의 창 자루는 베틀채 같았더라
[20] 또 가드에서 전쟁할 때에 그곳에 키 큰 자 하나는 매 손과 매 발에 가락
이 여섯씩 모두 스물 네 가락이 있는데 저도 장대한 자의 소생이라 [21] 저
가 이스라엘 사람을 능욕하므로 다윗의 형 삼마의 아들 요나단이 저를 죽
이니라 [22] 이 네 사람 가드의 장대한 자의 소생이 다윗의 손과 그 신복의
손에 다 죽었더라

¶ 개요

사울과의 관계에서 나타난 모든 문제들을 해결한 후에 이제 다윗이 신세졌던 블레셋 군과의 관계도 정리한다는 이야기가 15－22절에 나타난다.

¶ 주석

15 사실 블레셋과 다윗은 참으로 떨어질 수 없는 관계이다. 다윗의 사병 즉 경호병이 블레셋 군(그렛 군과 블렛 외인부대)이었기 때문이다. 다윗은 한편으로는 그들의 세력기반 위에 있으면서 다른 한편으로는 그들 가운데 있는 경쟁자들을 물리친 것으로 보인다.

16 이스비브놉은 "놉 땅의 거민"이라는 뜻이다. 이스비브놉은 거인족인 네피림 족의 사람이다. 놉 땅은 가인이 아벨을 죽인 후 거한 곳이다. 곱과의 혼동에 대해서 아래 18절을 보라. 다윗이 활동했던 시기는 문명적으로 철기시대(주전 1250년, 출애굽 시기를 기점으로 바뀌는)로 들어온 시기였으나 아직 골리앗 등이 사용하고 있는 지배적인 문명은 청동기 문명이었다.

17 아비새는 "존재가 나의 아버지", 혹은 "이새가 나의 아버지" 혹은 "선물이 나의 아버지"이다. 다윗은 누이 스루야(야웨가 나의 반석)의 아들들이 매우 난폭함에 대해 비난을 말함에도 불구하고 다윗 자신과 왕국의 안전이 이들의 어깨에 보장되고 있음은 아이러니라고 할 것이다. 이들은 다윗의 목숨을 몇 번씩 구하고 누명은 누명대로 뒤집어쓰면서도 나라와 다윗의 위를 지켜낸 기둥들이었다.

18 이후에 또 한번 블레셋 군과 곱에서 전쟁이 있었다. 이때 후사(맛을 즐기다, 다윗의 책사) 사람 십브개(가시나무 등이 엉키다, 옷 등을 짜

다)가 거인의 자손에 속하는 삽(넘나드는 문턱, 기둥으로 덮다 등의 뜻)을 쳤다. 여기서 곱은 지명이면서 "제사 드리는 언덕", "산등성" 등을 의미한다. 16절의 놉은 히브리어 눈(נ)과 김멜(ג)이 매우 비슷하기 때문에 곱이 눈으로 잘못 기재된 것으로 보는 학자들이 많다.

19 여기서 베들레헴 사람 엘하난이 골리앗을 죽인 것으로 나타난다. 그래서 어떤 학자들은 엘하난(하나님의 은혜)이 다윗의 본명이고 두목이라는 뜻의 다윗은 왕을 칭하는 명칭이라는 견해도 내어놓고 있다.

역대상 20 : 5에 따르면, 야일의 아들 엘하난이 가드 사람 골리앗의 형제 라흐마를 죽인다. 사무엘상 17장에서 골리앗을 죽인 자는 다윗인데, 역대기는 골리앗의 형제를 말함으로써 사무엘상 17장과 사무엘하 21 : 19를 조화시키려고 했다. 여기에 나타나는 네 요소 중에서 두 개가 다윗과 일치한다. 즉 베들레헴과 골리앗이다. 그러나 야하르라는 말과 엘하난이라는 말이 다르다. 이중에서 엘하난이라는 말은 다윗의 개인 이름일 수 있다. 다윗이라는 말은 두목이라는 칭호일 수 있기 때문이다. 그렇다면 야하르라는 이름은 이새의 다른 이름이어야 하는데 설명이 필요하다. 문제는 골리앗이란 한 사람을 죽이는데 다른 사람이 아닌 다윗이 죽였어야 한다. 그런데 왜 여기서 다른 이름으로 나타나는가가 문제다. 아마 야하르라는 말은 이새의 다른 이름인지도 모른다. 혹자(헤르츠버그)는 골리앗이라는 이름은 어떤 한 사람의 이름이 아니라 거인이라는 뜻의 장수를 일컫는 것으로 이해한다.

20 가드는 특히 다윗과 인연이 깊다. 헤브론과도 비교적 가까운 거리에 있었고, 블레셋 다섯 성 중에서도 다윗과 가장 밀접한 관계를 가진 도시이다. 골리앗도 거기서 오고, 그 왕은 아기스이다. 아기스는 다윗이 경호대원으로 받들어 모신 왕이다. 나중에 잇대와 같은 블레셋 장수가 다윗 군의 삼분의 일을 지휘하는데 역시 블레셋 가드로부터 온 장수이다. 다윗의 그렛 부대나 블렛 외인부대 모두 이곳에서 온 것으로 추정된다. 한마디로 가드는 다윗이 사울로부터 벗어난 후에 그의 힘의 근거지였으며 무슨 일이 있을 때마다 그의 힘을 기른 곳이기도 했다. 그러나 이들과

전투를 여러 번 한다. 아마도 가드의 블레셋 군 내에도 몇몇 세력의 갈래가 있었던 것으로 여러 문맥에서 암시되고 있다. 블레셋이라는 뜻은 그리스 반도 고린도 서쪽지방의 필로스(pylos → Philistine)라는 지방의 이름에서 기원한다고 여겨지는데 12정도의 각기 다른 해양민족들의 이동으로 가나안에 착륙한 사람들이었다. 그들 자신에게 있어서도 많은 민족적 차이가 있었다. 그들은 점차 토착화되어 주전 8－7세기 경우에는 완전히 흡수되어버리고 만다. 폰라드 같은 학자들은 창세기 9 : 27에 "야벳이 셈의 장막에 거할 것이다"라고 하는 노아의 유언은 바로 이런 유럽 백인족의 셈 족 땅에서의 토착화를 말하고 있는 것으로 본다. 그때 장대한 사람이 있었는데 그는 손가락과 발가락이 여섯 개씩이었다. 그 수가 스물 네 개였는데 그도 거인족에 속했다. 가드는 동사로 "침투하다, 게릴라로 모이다" 등의 뜻이 있고, 명사로는 "행운"이라는 뜻도 있다.

21 시므이는 "듣는 사람" 혹은 "뜬소문"을 뜻하고, 요나단은 "야웨가 주셨다"는 뜻이다. 다윗의 형 시므이는 두 아들 덕분에 여러 번 사무엘서에 등장하는 인물이다. 먼저 언급된 요나단은 언제든지 궁중의 중심에서 활동하고 있는 지략가인 것으로 나타난다. 암논에게 모략을 주어 압살롬의 여동생을 범하게 하며, 압살롬이 암논만을 쳐죽였음을 다윗에게 맨 먼저 알려준 것도 그였다. 그렇게 소상하게 속 내막을 누구보다도 먼저 알고 있었음은 그가 왕실정치에 상당한 비중을 차지하고 있었음을 보여준다. 여기서 언급되고 있는 요나단은 장수로서 다윗이나 엘하난과 마찬가지로 가드의 장수를 쳐죽인다(대상 20 : 7).

22 이들 넷은 가드에 있는 거인족으로부터 온 자들이었다. 이들은 블레셋 족이고 블레셋 족은 그리스 반도쪽에서 온 해양족들이었다. 이들은 현재 동구의 유럽 족들로서 셈 족들보다 장대하고 얼굴이 흰 유럽족들이었다. 그들이 다윗과 그의 종들에 의해 패망한다.

¶ 메시지

다윗의 생애는 참으로 이해하기 힘든 많은 모순들을 포함하고 있고 그런 모순들 하나하나는 모두 그리스도에서 나타날 복음의 전 이해를 제공해주는 것으로 이해된다. 예수가 이 세상에 화평을 주기 위해서 온 것이 아니라 불을 지르러 왔다고 말한 것처럼 다윗도 사실상 가는 곳마다 불화가 있었고 새로운 개혁이 있었다. 그리고 그가 가는 곳에는 모두 모순들이 있었으나 그의 신하들은 그를 깍듯하게 모시는 현상으로 나타난다.

다윗은 처음에 이스라엘 군의 왕인 사울에게 발탁되어 정치에 입문하게 된다. 이런 계기는 블레셋의 엄청난 장수인 골리앗을 물맷돌 몇 개를 가지고 간단히 처분을 하면서 시작되고 그의 무기를 다윗이 이어받게 된다. 그러나 점차 그가 성장하면서 그가 지니고 있던 껍질을 벗고 자라가는 형식을 취한다. 우선 사울의 보호막을 벗어나서 자신의 독자적인 입지를 세우고자 한다. 모든 가족을 할머니 룻의 친정이었던 모압에 맡기고 아둘람으로 가서 건달들 400명을 모아 한마디로 게릴라군이 된다. 이후 유다 남부의 지주였던 나발과의 관계에서 나발이 사멸하는 과정에서 나발의 아내와 집안을 인수하면서 그의 세력적 기반을 형성하며, 이후 블레셋 아기스 왕의 경호부대장을 시글락을 중심으로 하게 되면서 힘은 더욱 커지고 블레셋 쪽에서도 그의 비중이 커졌음을 보여주는 여러 암시가 있다.

그는 이후에 사울의 멸종을 한편으로는 지켜보면서 다른 한편으로는 비정할 정도로 사울의 자손을 제거해나간다. 우리 자신 안에 있는 악습, 중독적 습성들은 비정할 정도로 몰아내고 떨쳐내야 하는 것이다. 또 다른 한편으로는 자기가 세상적 신세를 졌다고 하는 세력들을 점령해나간다. 우선 북이스라엘을 병합하고, 모압을 잔인하게 다루어 제압하며, 이후에 암몬을 제압하고 결국 블레셋을 병합 내지는 제압한다. 그러나 블레셋에게 특별히 모압이나 암몬에게 한 것과 같은 잔인한 행위를 했다는 보고는 사무엘서에 남아 있지 않다. 우리는 이러한 다윗의 행위를 배신의 행위라기보다는 과거의 껍질을 갱신 내지는 벗어버리고 하나님 나라에로의 새로운 거듭남으로 해석을 해야 할 것이다. 신명기사가는 이런 과정을 반어적 평행법으로 한 문장으로 표현하고 있다. "사울의 집안은 점점 쇠약해져 가고, 다윗의 집안은 점점 더 강성해져 가니라." 그렇다. 신앙의 백성들은 겉사람은 사울의 집안처럼 후패해져갈지라도 속사람은 날로 새롭게 되는 것이다(고후 4 : 16). 세상의 왕국은 날로 후패의 길을 걸을 수밖에 없으나 신앙의 왕국은 날로 새롭고 강성해져가는 것이다.

35. 다윗의 감사시(22 : 1－51)

¶ 본문

[1] 여호와께서 다윗을 모든 대적의 손과 사울의 손에서 구원하신 그 날
에 다윗이 이 노래의 말씀으로 여호와께 아뢰어 [2] 가로되 여호와는 나의
반석이시요 나의 요새시요 나를 건지시는 자시요 [3] 나의 하나님이시요
나의 피할 바위시요 나의 방패시요 나의 구원의 뿔이시요 나의 높은 망대
시요 나의 피란처시요 나의 구원자시라 나를 흉악에서 구원하셨도다
[4] 내가 찬송 받으실 여호와께 아뢰리니 내 원수들에게서 구원을 얻으리로
다 [5] 사망의 물결이 나를 에우고 불의의 창수가 나를 두렵게 하였으며
[6] 음부의 줄이 나를 두르고 사망의 올무가 내게 이르렀도다 [7] 내가 환난
중에서 여호와께 아뢰며 나의 하나님께 아뢰었더니 저가 그 전에서 내 소
리를 들으심이여 나의 부르짖음이 그 귀에 들렸도다 [8] 이에 땅이 진동하
고 떨며 하늘 기초가 요동하고 흔들렸으니 그의 진노를 인함이로다 [9] 그
코에서 연기가 오르고 입에서 불이 나와 사름이여 그 불에 숯이 피었도다
[10] 저가 또 하늘을 드리우고 강림하시니 그 발 아래는 어둑캄캄하도다
[11] 그룹을 타고 날으심이여 바람 날개 위에 나타나셨도다 [12] 저가 흑암 곧
모인 물과 공중의 빽빽한 구름으로 둘린 장막을 삼으심이여 [13] 그 앞에
있는 광채로 인하여 숯불이 피었도다 [14] 여호와께서 하늘에서 뇌성을 발

하시며 지존하신 자가 음성을 내심이여 15 살을 날려 저희를 흩으시며 번
개로 파하셨도다 16 이럴 때에 여호와의 꾸지람과 콧김을 인하여 물 밑이
드러나고 땅의 기초가 나타났도다 17 저가 위에서 보내사 나를 취하심이
여 많은 물에서 나를 건져내셨도다 18 나를 강한 원수와 미워하는 자에게
서 건지셨음이여 저희는 나보다 힘센 연고로다 19 저희가 나의 재앙의 날
에 내게 이르렀으나 여호와께서 나의 의지가 되셨도다 20 나를 또 넓은
곳으로 인도하시고 나를 기뻐하시므로 구원하셨도다 21 여호와께서 내
의를 따라 상 주시며 내 손의 깨끗함을 좇아 갚으셨으니 22 이는 내가 여
호와의 도를 지키고 악을 행하여 내 하나님을 떠나지 아니하였으며 23 그
모든 규례를 내 앞에 두고 그 율례를 버리지 아니하였음이로다 24 내가
또 그 앞에 완전하여 스스로 지켜 죄악을 피하였나니 25 그러므로 여호와
께서 내 의대로, 그 목전에 내 깨끗한대로 내게 갚으셨도다 26 자비한 자
에게는 주의 자비하심을 나타내시며 완전한 자에게는 주의 완전하심을
보이시며 27 깨끗한 자에게는 주의 깨끗하심을 보이시며 사특한 자에게
는 주의 거스리심을 보이시리이다 28 주께서 곤고한 백성은 구원하시고
교만한 자를 살피사 낮추시리이다 29 여호와여 주는 나의 등불이시니 여
호와께서 나의 흑암을 밝히시리이다 30 내가 주를 의뢰하고 적군에 달리
며 내 하나님을 의지하고 성벽을 뛰어 넘나이다 31 하나님의 도는 완전하
고 여호와의 말씀은 정미하니 저는 자기에게 피하는 모든 자에게 방패시
로다 32 여호와 외에 누가 하나님이며 우리 하나님 외에 누가 바위뇨
33 하나님은 나의 견고한 요새시며 나를 온전한 곳으로 인도하시며 34 나
의 발로 암사슴 발 같게 하시며 나를 나의 높은 곳에 세우시며 35 내 손을
가르쳐 싸우게 하시니 내 팔이 놋활을 당기도다 36 주께서 또 주의 구원
의 방패를 내게 주시며 주의 온유함이 나를 크게 하셨나이다 37 내 걸음
을 넓게 하셨고 나로 실족지 않게 하셨나이다 38 내가 내 원수를 따라 멸
하였사오며 저희를 무찌르기 전에는 돌이키지 아니하였나이다 39 내가
저희를 무찔러 파하였더니 저희가 내 발 아래 엎드러지고 능히 일어나지
못하였나이다 40 이는 주께서 나로 전쟁케 하려고 능력으로 내게 띠 띠우
사 일어나 나를 치는 자로 내게 굴복케 하셨사오며 41 주께서 또 내 원수
들로 등을 내게로 향하게 하시고 나로 나를 미워하는 자를 끊어버리게 하

셨음이니이다 [42] 저희가 둘러보아도 구원할 자가 없었고 여호와께 부르
짖어도 대답지 아니하셨나이다 [43] 내가 저희를 땅의 티끌 같이 부스러뜨
리고 거리의 진흙 같이 밟아 헤쳤나이다 [44] 주께서 또 나를 내 백성의 다
툼에서 건지시고 나를 보존하사 열방의 으뜸을 삼으셨으니 내가 알지 못
하는 백성이 나를 섬기리이다 [45] 이방인들이 내게 굴복함이여 저희가 내
풍성을 듣고 곧 순복하리로다 [46] 이방인들이 쇠미하여 그 견고한 곳에서
떨며 나오리로다 [47] 여호와는 생존하시니 나의 바위를 찬송하며 내 구원
의 바위이신 하나님을 높일찌로다 [48] 이 하나님이 나를 위하여 보수하시
고 민족들로 내게 복종케 하시며 [49] 나를 원수들에게서 나오게 하시며 나
를 대적하는 자 위에 나를 드시고 나를 강포한 자에게서 건지시는도다
[50] 이러므로 여호와여 내가 열방 중에서 주께 감사하며 주의 이름을 찬양
하리이다 [51] 여호와께서 그 왕에게 큰 구원을 주시며 기름부음 받은 자에
게 인자를 베푸심이여 영원토록 다윗과 그 후손에게로다 하였더라

¶ 개요

이렇게 안팎으로 깨끗이 정리된 다윗의 일대기 후에 다윗은 이제 자기 신앙의 가운데 서서 역사하신 야웨 신의 능력을 찬양한다. 주로 야웨가 어려움에서 구해주셨다는 이야기와 원수들의 압제에서 구해주셨음을 말한다. 특별히 이 노래는 시편 18편과 같다. 시편 18편은 대체로 형식상으로는 개인 감사시편으로 내용상으로는 왕조시편으로 분류된다. 개인의 어려움 속에서 감사와 찬양을 드리는 시편인 것이다. 여기서는 다윗의 말로 표현되어 있고, 시편에서는 "야웨의 종 다윗의 시(노래), 영장으로 한 노래"라는 제목이 붙어 있다. 학자들은 이곳 본문이 먼저고 시편이 이곳의 노래를 가져간 것으로 본다. 감사시의 구조는 다음과 같다.

1) 서론부

이 서론부에서는 하나님께 감사드리겠다고 하는 감사의 의도가 나온다. 감사시편의 특징은 야웨를 삼인칭으로 표현하지 않고 이인칭으로 당

신이라는 용어를 사용한다.

2) 본론부 : 시편 기자의 체험담이 나온다.

a) 시편 기자가 처해 있는 고충을 묘사한다.

b) 도움을 위한 시편 기자의 외침

c) 구원

3) 결론부에서 예배자는 야웨의 은혜에 대한 증언을 다시 한다. 미래의 도움을 위한 기도, 혹은 야웨가 인자하다는 고백, 혹은 어떤 다른 공식문구들이 첨가될 수 있다. 22장의 구조는 다음과 같다.

1절. 이전 문맥과의 연결을 위한 문학 장치

A. 구원을 위한 노래(2－20)

　구원의 확신과 찬양(2－4)

　다윗의 하나님을 향한 탄원(5－7a)

　야웨의 신현(7b－17)

　다윗의 구원(18－20)

B. 야웨의 헤세드 신의(21－28)

　다윗의 온전함(21－25)

　야웨의 온전케 하심과 보상(26－28)

C. 승리의 왕조시편(29－50)

　신뢰의 표현(29－31)

　야웨의 유일성(32)

　야웨께서 전투를 위해서 훈련시킴(33－37)

　하나님이 주신 승리(38－46)

　결론적 하나님 찬양(47－50)

51절. 이후 문맥을 위한 문학적 연결장치

¶ 주석

1 다윗은 시편 기자로 간주된다. 다윗은 악사로 사울 궁에 입성한다. 여기서 사울이라는 뜻은 의심이라는 뜻일 수도 있고 쉐올과 음부의 세력

과 같은 자음이다. 이렇게 보면 다윗을 그렇게 끈질기게 따라다닌 것은 음부의 세력이라는 뜻이 된다. 실제로 6절에서 음부의 줄이라는 말이 나온다. 그러므로 대적자를 왕 사울이라고 읽기보다는 음부로 번역해야 된다고 보는 학자들이 많다. 사울이라는 이름은 사도 바울의 첫이름이었으나 결국 바울(Paul)로 이름이 바뀌게 된다.

2 바위에 대한 비유는 신약성서에서도 계속된다. 피터는 반석이라는 뜻이고(마 16 : 18), 모래를 헤치고 반석 위에 집을 지으라는 표현이 나오며(마 7 : 24; 눅 6 : 48), 그리스도 자신이 세상의 건축자가 버린 돌로서 하나님 나라 건축자에게 선택되어 하나님 나라의 한 기둥을 바치는 모퉁이(corner stone) 돌이 된다(마 21 : 42; 막 12 : 10; 눅 20 : 17; 행 4 : 11; 벧전 2 : 7). 구약성서에서는 반석은 보통 헤쳐나가기 힘든 장애물로 상징된다. 모세가 신앙의 지팡이로 반석을 침으로써 그곳에서 생수가 터져나오게 한다(출 17 : 6; 민 20 : 8–11). 시편 31 : 3; 42 : 9 등에서 보면 야웨 자신이 영원한 반석으로 나오며 이는 시온에 대한 상징을 나타낸다. 이런 맥락에서 현재 예루살렘 성전은 반석 돔(dome of the Rock)으로 불린다.

3 2절과 3절은 동의적 반복이다. 뿔은 힘을 나타낸다(왕상 22 : 11; 시 92 : 10). 구원자를 뜻하는 히브리어는 야샤(yasha')이다. 이는 여호수아, 호세아, 이사야 등의 인물 등을 거쳐서 예수에게 와서 완전한 성육화를 이룬다.

4 2–4절은 어떻게 구원자 되는지를 말하고 있다. 여기까지가 감사시의 특징인 감사의 의도를 표현하는 것이 된다. 다음 5–7절에서 어떻게 시편 기자가 어려운 환경에 처해 있었는지를 말한다.

5 죽음의 파도나 허무의 강물 등은 원시수를 말한다. 하나님이 창세기 일장에서 원시수를 정리해서 천지를 만들기 전에 있었던 혼돈과 깊음의 물이다. 6절에서 이어지는 음부(사울 혹은 스올)는 땅 아래에 있는 이런 혼돈의 물결 아래에 위치되어 있는 것으로 고대 근동 세계관에 나타난

다. 혼돈의 원시수(창 1 : 2)는 혼돈의 세력을 말하고 결국 세상의 세력을 말한다. 하나님의 빛이 비치기 전에는 이 땅은 질서가 없고 혼돈하며 암흑의 세계이며, 공허할 수밖에 없음을 말한다. 요한복음 1장은 이때의 빛은 말씀이며, 말씀은 육신을 입은 그리스도임을 말하고 있다.

6 죽음의 세계는 확신과 말씀의 반석이 없는 상태임을 말한다. 한 마디로 말씀으로 생성된 가치관의 부재를 말한다. 가치관의 부재로 인한 의심의 상태는 음부의 상태이며 그를 죽음으로 몰아넣는다는 것 즉, 삶의 아노미 상태로 몰아넣는 것을 말한다. 히브리 사상에서 죽음은 곧 역사에 개입하지 못하는 상태를 말한다. 즉 병든 것은 곧 죽음의 시작인 것으로 보았고 회복해서 활동이 시작되는 것은 생명의 시작인 것이다

7 질서의 세계인 하나님의 세계와 통화의 시작을 말한다. 야웨와의 대화의 시작은 곧 희망이며, 새로운 생기를 얻음이며, 더 나아가서 생명의 시작이며, 구원의 시작인 것이다.

9 비록 다윗 시대에 어떤 지진이나 화산 폭발이 있었다는 보고는 성서에 나타나 있지 않으나 가치관의 대 혼돈을 말하는 것이다. 존재의 기반, 삶의 기반이 흔들림을 말한다. 또한 이러한 다윗의 가치관의 변화로 가나안의 정치적 종교적 판도는 전혀 다르게 바뀌었고 이로 인해서 세계의 역사 또한 구원의 세계로 바뀐 것이다.

9 연기와 불은 구약성서에서 구름기둥과 불기둥으로 대변된다. 불기둥은 깜깜한 밤중에 인도자가 되고 구름기둥은 낮에 인도자가 된다. 구름기둥은 밝은 낮 즉 좋은 시절에 심판을 경고하는 것이며, 불기둥은 어두운 밤하늘에 희망을 상징한다. 이는 아래 12절에서 이런 이미지가 더 전개된다. 야웨는 여기서 불을 뿜는 용의 모습으로 그려지고 있다(욥 41 : 18－21).

10 하나님이 하늘을 펼치시고(나타, natah) 내려오신다. 그의 발 아

래 어두운 구름이 있고. 그의 발 아래는 심판을 가지고 있다. 하늘은 위의 물을 막고 있는 커튼이나 차일과 같은 것으로 이해되었다. 그리고 거기에 해와 달과 별을 묶어 달아매어 놓는 것으로 이해되었다(시 104 : 2; 사 40 : 22 등).

> 주께서 옷을 입음 같이 빛을 입으시며, 하늘을 휘장같이 치시며, 물에 자기 누각의 들보를 얹으시며, 구름으로 자기 수레를 삼으시고 바람날개로 다니시며, 바람으로 자기 사자를 삼으시며 화염으로 자기 사역자를 삼으시며, 땅의 기초를 두사 영원히 요동치 않게 하셨나이다(시 104 : 2—5).

11 그룹은 스핑크스에 그려져 있는 날개 달린 형상을 말한다. 보통 얼굴은 인간의 모습이며 몸은 날개 달린 짐승의 모습을 하고 있다. 이는 야웨의 보좌역할도 하며 거기에 야웨를 태워서 나는 역할이라든가 야웨의 보좌를 지지하는 기능을 하는 것으로 여겨진다(시 80 : 2; 99 : 1)(*ANEP*, p.221, pl.(그림) 689). 여기서 바람(ruach)은 하나님의 능력으로 대변된다. 바람과 함께 바람 위에 하나님의 신이 임재하고 계신 것이다. 예수는 니고데모와의 대화 속에서 바람을 성령과 같은 개념으로 비유했다(요 3 : 8). 초대교회는 성령을 바람 속에 임재한 것으로 이해했다. "오순절 날이 이미 이르매 하늘로부터 급하고 강한 바람 같은 소리가 있어 저희 앉은 온 집에 가득하며"(행 2 : 2). 이러한 바람과 신과의 관계는 이미 가나안 종교에서부터 시작된 현상임을 보이고 있다.

12 흑암 곧, 물의 장막 곧 검은 먹구름의 장막은 창조 이전의 원시수를 말한다. 그는 그 원시수를 통치하시는 분이고 승리하시는 분이다. 그러한 모든 장애가 그를 둘러싸고 있을지라도 그는 다윗을 위하여 내려오셨다. 이것도 역시 가나안 폭풍우 신의 개념을 내포하고 있는 것이라고 할 것이다. 이러한 가나안적, 자연신적인 비와 바알 신과의 관계는 이스라엘이 사막에서 농경사회인 가나안 땅에 들어와 정착한 후에 야웨에게 돌려진 고백이며 현상이다. 그런 것들을 통치하는 것도 자연신이 바알이

하는 것이 아니라 이스라엘을 선택하고 출애굽시킨 하나님이 하는 것으로 돌려버렸다.

13 숯불은 하나님의 임재와 살아 있는 응답을 말한다. 갈멜 산에서 하나님의 불이 제물을 사른다. 출애굽기 19장에서 하나님이 불과 연기로 임한다. 하나님은 불기둥과 구름기둥으로 자기 백성을 인도하신다. 이사야는 불로 자기의 입술을 지진다.

14 "야웨가 하늘에서 천둥치심이여! 지극히 높으신 자가 그의 목소리를 울리셨도다." 여기서도 천둥치다와 그의 목소리를 울리셨도다가 동의적 평행으로 사용되고 있다. 현상적 개념과 현상 뒤의 개념이 대칭적으로 평행되도록 표현되고 있다. 플라토의 지상의 현상은 이데아 세계의 그늘이라는 개념적 대칭과 비슷한 것이다. 시편 29편에 나오는 것처럼 번개와 천둥이 치며 폭풍우가 칠 때의 장면을 연상시키며 15절에서 벼락을 치며 천둥치는 것을 신이신 하나님이 신적인 화살을 쏘는 것으로 이해한다. 천둥은 하나님의 진노하심의 표현이며, 사실 가나안 지역에 나타나 있는 하닷 신이나 바알 신의 형상을 볼 때 가나안적인 폭풍우 신의 표현이다.

15 화살과 번개가 동의적으로 사용되고 있으며, "흩으셨다"와 "파하셨다"가 동의적 평행으로 사용되고 있다. 여기서 보면 번개는 바로 신의 화살로 이해되고 있다.

16 야웨가 꾸짖으시자 콧김을 인하여 바다의 통로가 드러나고 세상의 기초가 드러났다. 이는 예수가 바다를 꾸짖으시자 바다가 잠잠해졌다(마 8 : 26; 눅 4 : 35)는 구절로 이어지는 맥락으로 바다는 흉용한 세상세력을 상징하며 그것을 이겼음을 말한다. 예수는 이러한 흉악한 세력을 구성하는 모든 악한 것들을 꾸짖음으로 물리친다. 그는 귀신을 꾸짖고(마 17 : 18), 병마를 꾸짖는다(눅 4 : 39, 열병, 화병; 9 : 42). 마음이 완악한 것도 꾸짖는다(막 16 : 14). 우리는 우리 안에 있는 모든 더러운 것, 못해서 안달하는 열병, 불길처럼 타오르는 화병, 마음이 완악한 것을 꾸짖을 수 있는가?

17 물은 혼돈의 세력을 말한다. 홍해의 세력을 말하고, 갈라지는 요단 강물을 말한다. 시편 29편에서 혼돈의 물 위에 좌정하시는 하나님을 묘사하고 있다. 흉용한 세파에 승리하는 통치자 야웨의 모습인 것이다. 이러한 물의 세력은 바알을 의미했다. 즉 자연종교를 의미했다.

18 구약성서는 세상적으로 강한 자를 신앙적으로 약한 자가 극복하고 기업을 잇는 형식으로 되어 있다. 이스마엘과 이삭, 에서와 야곱, 요셉과 그 형들, 다윗과 그 형들, 레아와 라헬 등에서 부각되고 있다.

19 재앙의 날은 심판의 날이고 심판의 날은 야웨의 날이다. 야웨를 반석으로 삼은 사람은 심판의 날에 구원을 받을 사람이다.

20 신앙은 인간의 좁은 편견으로부터, 좁은 세계로부터, 시야로부터 넓은 하나님의 세계로 개방시키고 해방시킨다. 인간은 자기의 이성이 혹은 이론이 가능한 세계에서 갇혀서 영원히 멸망하는 것이다. 오직 전능자 하나님만이 믿음을 통해서 인간을 한계에서 해방시킨다. 갇힌 역사에서 해방시켜 새로운 새 하늘과 땅을 열어가는 것이다.

21 – **25** 는 다음과 같이 시종대칭형을 이루면서 하나의 통전적 문단을 형성하고 있다. 그 중심에는 신명기 역사의 핵심인 야웨의 말씀이 있고 그에 순종하는 자에 대한 보상이 25절에 처음 21절과 대칭을 이루고 있다(번역은 사역임).

A. 야웨, 21, 야웨가 나의 의로움에 따라
   그리고 나의 손의 순결함에 따라 나에게 상을 베푸셨고 나에게 보상하셨도다.
B. 다윗, 22, 왜냐하면 내가 야웨의 길을 지켰고
   나의 하나님으로부터 사특하게 행하지 않았기 때문이로다.
C. 야웨의 법, 23, 모든 그의 판단이 내 앞에 있었고, 그의 계율을 내가 벗어나지 않았도다.

B′. 다윗, 내가 그 앞에서 온전했고,
죄의 길로부터 나를 지켰도다.
A′. 야웨, 그러므로 야웨가 나를 나의 의로움과 순수함에 따라 그의 앞에서 보상했다.

A와 A′가 의인에 대한 보상이라는 말로 대칭되어 있고, 중앙에 있는 야웨의 법을 다윗이 곁길로 나가지 않고 지켰음을 말하고 있다.

21 상(가말)을 주신다는 말은 의에 따라 보상을 주신다는 말이다. 우리는 잘못이 없어서 하나님이 상을 준다거나 윤리적 온건함 때문에 상을 주시는 것이 아니다. 그렇다면 우리는 실험을 할 수 없을 것이다. 우리의 많은 허물과 잘못에도 불구하고 하나님과 동행하며 함께하는 마음, 다윗처럼 묻고 행하는 마음, 하나님을 위하여 제단을 쌓는 마음 즉 신의와 의(츠다카)인 것이다. 기독교의 의는 고착된 인간의 법률적 의가 아니다. 역동적인 하나님의 사랑과 뜻을 말하는 것이다.

22 하나님의 도(道)란 길(히, 데렉)이란 말이다. 단순한 길을 말한다. 축복의 길, 구원의 길, 생명의 길을 말한다. 하나님의 궤도를 떠나지 않았음을 말한다. 이는 예수에게 와서 "내가 길이요 진리요 생명이다"라는 구절로 성육화된다. 다시 말해서 말씀의 궤도인 것이며 말씀의 길이며, 진리와 생명이 되는 길을 말하는 것이다.

23 여기서 판단이라 함은 율법(mishpatim, 판례법)을 말한다. 이스라엘의 법은 형법(헌법)과 민법(시민법)으로 나뉜다. 민법은 세속법을 말하는 것으로 보상으로 갚아질 수 있는 것이고 형법은 야웨의 명령형 법으로 십계명이 그 대표적인 것이다. 이는 절대 명령법으로 종교법이므로 위반시 사형에 처해졌다. 여기서는 개역성서에서는 규례와 율례로 번역되어 있다. 규례는 판단법 즉 민법으로 소사사들이 법정에서 시행했던 법이며, 율례(chuqim)는 절대명령법을 대변하는 법으로 관습과 같은 것을 통칭하는 법이다. 다윗은 여기서 시민법과 종교법을 잘 준수했음을 고백하

고 있다.

24 죄악이란 근본적으로 정확하게 맞추지 못하고 빗나가는 화살과 같은 것을 말한다. 죄악을 뜻하는 아웬이라는 단어는 "비틀어지다, 잘못하다, 구부러지다"라는 등의 의미이다. 본문에서는 수르(sur)라는 단어를 사용해서 곁길로 가다, 탈선하다 등의 의미로 쓰였다. 유대인들에게 있어서 죄는 한 사람의 죄로 간주되는 것이 아니라 사회구조 속에서 이루어지는 것으로 간주된다. 이러한 사상은 주기도문에서도 "우리의 죄를 용서하옵시고"라는 말로 표현되어 있다.

25 의(righteousness, 츠다카)의 의미는 헤세드와 마찬가지로 신의의 의미를 가지고 있다. "뜻이 하늘에서 이루어진 것처럼 땅에서도 이루어지이다" 에서도 드러나는 바와 같이 하나님은 변치 않고 약속과 신의를 지키시는 분이시다. 아브라함이 하나님을 믿으니 그것을 의(츠다카)로 여기셨다. 여기서도 의(츠다카)와 깨끗한(바라르)이라는 단어는 동의적 강조용법으로서 신의에 손상될 만한 일이 없이 하나님과 동행했음을 말하는 것이다.

26 사역하면 다음과 같다. "당신이 신의를 가지고 당신의 신의를 보였고, 기백을 가지고 진정 온전케 했다." 개역성서에서 자비로 번역된 하시드는 헤세드로서 영어에서는 영원한 사랑(steadfast love)으로 되어 있다. 이는 헤세드의 사역형으로 변하지 않는 하나님에 대한 사랑으로 이루어지는 신의이며 이는 우리가 가질 수 없는 하나님이 가지게 하고 주시는 사랑으로 인한 신의를 말한다. 요나단이 다윗에게 가진 신의 등으로 부분적으로 표출될 수 있는 것이다.

27 사역하면 다음과 같다. "당신이 순수함으로 순수하게 했고, 굽은 자들을 넘어지게 했도다." 여기서의 순수함을 뜻하는 나바르(nabar)는 원래 "분리하다, 쪼개다, 선택하다"라는 뜻을 가진 바라르(barar) 동사의 수동(니팔)분사형으로 순수하다는 뜻으로 변화된 것이다(시 18 : 27). 에스

겔 20 : 38에서 보면 "이는 네 안에 있는 반항하는 자들을 제거해주시겠다" 고 하고 "그들은 약속한 땅에 들어가지 못할 것" 이라고 한다. 우리 안에 있는 하나님에 대한 반항하는 세력들, 불평하는 세력들은 온전히 하나님의 나라에 들어갈 수 없는 것이다.

28 "가난한 자들을 구했고, 당신의 눈이 거만한 자들을 낮추었도다." 교만이란 주어진 영역을 넘어가는 것이다. 고대 영웅들의 비극은 넘지 않아야 할 범위를 넘어가는 것이다. 교만이란 주어진 영역을 넘어가는 것이다. 고대 영웅들의 비극은 가지 않아야 할 범위를 넘어가는 것이다. 마태복음 5 : 3－4에서 "심령이 가난한 자가 천국을 볼 것임이요, 애통하는 자가 복이 있나니 저희가 위로를 받을 것임이로다" 라는 말로 이어진다. 가난(오니)이란 궁핍을 말한다. 그들은 결국 그들이 그렇게 애통하면서 갈망하는 세계를 이루고야 마는 것이다. 문제는 포기하지 않는 것이다.

29 하나님은 다윗에게서 등불을 끄지 않겠다고 약속하셨다. 그렇게 약속하신 하나님은 어둠 가운데서도 등불이며, 어둠을 지키던 목동들에게 별빛과 같은 등불로 나타나신 것이다. 성경에서 하나님은 흑암 가운데서 빛이 있게 하셨다. 또 밤이 되며 아침이 되니 하루라고 하셨다. 언제나 어둠을 빛의 세계로 바꾸시는 분이 하나님이시다. 인생은 깜깜한 무지 속에서 태어나지만 예수를 믿는 사람은 환한 빛의 세계로 나아가서 인생을 눈부신 빛 가운데서 삶의 종말을 맞이하게 되는 것이다. 예수는 갈릴리 흑암 중에서 헤매는 백성들을 위해서 오셨다. 어두운 세상에 오셔서 등불로 비추신 것이다. 등불은 희망을 나타내는 것이다.

등불은 어두울 때 비추어주시기 위해서 있는 것이다. 하나님은 불기둥과 구름기둥으로 인도하신다. 어두울 때, 인생의 밤중에는 활활 타오르는 불기둥으로 인도하시고 인생의 낮에는 올바른 말씀의 길을 따르도록 심판의 구름기둥 먹구름으로 인도하시는 것이다.

30 하나님의 나라는 요새 속에 있는 것으로 비유된다. 예루살렘 성도 요새 위에 이방인 여부스 족이 차지하고 있었다. 야웨 신의 가장 큰 특

징은 창세기 1 : 28에 나타나 있는 바와 같이 정복하고 다스리는 데 있다. 가나안을 공격하고, 무지한 백성을 일깨우고 예루살렘 성 요새 위에서 자고하던 여부스 족을 부수고 시온 성을 정도시킨 것처럼, 사막에서 부서지지 않는 반석을 쳐서 생수가 있게 하신 것처럼 하나님은 침노하는 하나님인 것이다(마 11 : 12).

31 이 하나님, 그의 길은 완전하며,
야웨의 말씀은 완전하시고
그는 방패가 되시니 그에게 피하는 모든 사람에게이다.

32 야웨 외에 진정 누가 신인가, 누가 바위인가?

33 이 하나님은 나의 강한 피난처이다.

이 세 절은 모두 하나님(엘)으로 시작한다. 야웨가 참된 하나님이며 반석이 되심을 강조한다. 야웨의 말씀은 방패가 되신다. 아무리 험한 세상 풍파가 닥쳐도 하나님의 말씀은 안내자가 되시면 인간이 당황할 때도 보호막이 되시는 것이다. 어려운 사탄 마귀의 공격이 있을 때도 말씀에 의지해서 살면 능히 그들의 화살과 창을 피할 수 있는 것이다.

야웨는 피할 수 있는 피난처가 되시는 곳이다. 세상 사람들이 모두 공격하고 손가락질해도 하나님은 우리의 중심을 알아주시는 분이다. 그분은 우리의 속을 알아주신다. 우리의 진실과 현실을 알아주시는 분이다. 우리는 그분과는 대화를 나누면 어려움을 헤쳐 나갈 수 있는 것이다. 이 세상 모든 사람이 다 공격해도 엘리야의 호렙산 바위가 되시는 곳 그곳에서 하나님과 대화를 나누고 다시 힘을 얻어 세상을 헤쳐나올 수 있게 하는 분이 바로 야웨 하나님인 것이다. 세상 사람들은 모두 죽으라고 하지만 야웨 하나님은 우리들에게 생명의 말씀을 공급해주시는 분인 것이다.

34 그가 나의 다리를 암사슴의 것같이 만드시고 높은 산성에 서게 하셨다는 것이다. 암사슴은 내적인 안정과 생산능력, 강인함과 외적인 환

경과의 경쟁력 및 앙증스러운 아름다움, 다리가 가늘면서도 재빠름 등을 상징한다. 하박국 선지가 3 : 19에서 본문의 표현을 빌린 것 같으며(창 49 : 21; 왕상 4 : 23; 욥 39 : 1; 시 18 : 33; 잠 5 : 19; 아 7 : 13; 14 : 5) 사무엘하 2 : 18의 아사헬의 다리를 들노루에 비유함과 같다. 여기서 산성이란 산당이란 의미의 바마라는 단어를 사용하고 있다. 산당은 예루살렘 중앙 성전이 아닌 지방성전이었다. 지방에 흩어져 있다보니 토착종교들이 쉽게 침투하는 경향이 있었고 사실 야웨 신앙이 선교되고 침투되면서 토착종교의 성소였던 산당이 점차로 야웨 성소로 바뀌게 되었다. 그럼에도 불구하고 많은 혼합종교적인 색채를 띠었으므로 예언자들의 비난을 사게 된다.

35 성경은 특별한 산업기술을 말하는 것이 아니라 생존을 위한 전쟁에 대해서 말하고 있다. 이는 단지 외적인 전쟁뿐만 아니라 내 안에 침투해 들어오는 여러 가지 악한 세력과 병을 의미한다. 고대 이스라엘에서 활은 놋으로 만들어지지 않은 것으로 알려져 있다. 이는 야웨와 함께 할 때에 생기는 막강한 힘을 상징한다.

36 방패는 야웨 하나님이 지켜주심을 의미한다. 이는 말씀으로 지켜줌을 의미한다. 창세기 15 : 1에서 아브라함에게 나는 너의 방패라고 한다. 말씀이 방패다. 신앙의 선조들을 통해서 그들의 생생한 삶 속에서, 그들의 생명 속에서 살아 있어서 자신을 입증한 말씀인 것이다. 그러므로 말씀 가운데 걸으면 어떠한 어려움이나 공격하는 화살도 막아낼 수 있는 것이다.

37 하나님의 말씀, 즉 구약성서는 세 부분으로 되어 있다. 첫째, 오경은 하나님이 직접 주신 말씀이다. 물론 모세를 통해서 주시기는 했으나 하나님이 직접 혹은 모세를 통해서 주신 것이다. 예언서(전기예언서－신명기 역사와 후기예언서－세 대선지서와 열둘 소선지서)는 하나님이 대언자(예언자)를 통해서 간접적으로 말씀해주신 것을 말한다. 세 번째는 성문서이다. 성문서는 시와 지혜서와 역대기, 다니엘, 에스더, 애가서 등을 말한다. 이는 하나님의 직접말씀과 대언된 말씀에 따라 세상에서 살았

던 백성들의 신앙 간증서인 것이다. 이 말씀 가운데 거하면 야웨가 위험에서 방패가 되어 주심으로써 좁거나 높은 길에서도 실족치 않게 하신다. 어떤 말씀도 이에 비유될 수 없다.

38 − **39** 신앙의 힘으로 대적자로부터 위축되거나 회피하지 않고 극복하고 일어나서 대적자들을 다시 일어서지 못하도록 섬멸했음을 말한다. 신앙은 달려갈 길을 목숨을 다해서 뜻을 다해서 마음을 다해서 달려가는 것이다. 그런 성도들에게 하나님의 면류관이 있다.

40 사무엘상 2 : 4에 나오는 대로 "힘으로 띠 띠우시고"나 시편 65 : 6의 "권능으로 띠 띠시며" 등에서 알 수 있는 바와 같이 띠는 힘을 의미한다. 띠는 중동의 너풀거리는 옷을 잡아매서 움직이는 데 편리하게 하는 작용도 했다. 신약성서에서는 움직이기 좋게 만드는 기능과 활동을 하는데 실족하지 않도록 해주는 역할을 하는 것으로 의미가 이어진다. 에베소서 6 : 14는 "진리로 너희 허리띠를 띠고"라는 말이 나오고, 누가복음 12 : 35는 "허리에 띠를 띠고 등불을 켜서"라는 구절에서 알 수 있는 바와 같이 움직일 수 있는 준비된 상태를 말한다.

41 여기서 보면 원수를 사랑하라는 개념과는 정반대의 개념이다. 이는 시편 137편에 나오는 것과 같이 인간적인 대적자 개념으로 극복되어야 할 모든 사회악과 파괴적인 세력을 뜻할 수 있다. 필요악이라는 말이 있다. 그러나 하나님 안에서 예수 안에서 이런 필요악조차도 극복되어야 하는 것이다.

42 여기서 이 시의 기자는 야웨만이 구원자임과 설령 야웨라고 할지라도 그의 길에서 걷지 않았던 백성들이 임기응변으로 야웨를 찾을시 그에게 대답이 없음을 말한다. 이는 사울이 마지막 전투를 앞두고(삼상 28 : 6) 야웨의 계시를 원했으나 없었음을 상징하는 것이다. 사울은 하나님의 계시를 구했으나 꿈으로도, 움밈으로도, 예언자로도 하나님이 응답하지 않으셨다고 한다. 하나님의 응답은 세 가지가 주 루트였음을 알 수

있다. 또 심히 부패했던 엘리시대에도 하나님의 묵시가 없었음을 말한다(삼상 3 : 1). 하나님의 길을 걸을 때에 하나님의 구원의 손길과 묵시가 있음을 말한다. 또 잠언 29 : 18에 "묵시가 없으므로 백성이 방자히 행한다"라고 한다. 다시 말하면 방자히 행하는 자들에게 묵시가 없음을 말한다.

43 이런 표현은 철저한 응징을 말한다. 땅도 바닥인데 그 먼지와 같이, 길거리도 밟힐 만큼 밟히는 곳인데 그곳의 진흙, 그리고 뭉개고 짓밟고의 계속된 동의 평행법적 강조이다. 히브리어로는 운율 역시 각운을 맞추어 놓았다.

카아파르 아레츠, 크티트 후초트, 땅의 먼지처럼, 바깥의 진흙처럼
아드켐 아르카엠, 짓뭉개고, 짓밟고

우리의 생명을 위협하는 여러 가지 공격하는 것들, 나쁜 습관들, 중독증들, 달콤한 습관들을 사정없이 짓밟아버린다. 게으른 것들, 편식하는 것들, 우리가 해야 됨에도 불구하고 하지 못하게 하는 것들은 모두 우리가 점령해야 될 대상인 것이다. 그리고 하나님이 점령토록 명하셨다(창 1 : 28).

44 여기서 송사는 개역성서에서 다툼으로 번역되어 있다. 이 송사는 다윗이 압살롬의 재판을 이용하여 빼앗긴 백성들의 마음을 되찾은 것을 연상시킨다(삼하 15 : 1－10).

하나님이 구하셨기 때문에 백성들이 판단해서 의로 인정하고, 아마도 송사와 관련된 것으로 보아 압살롬의 난을 염두에 두고 있는 것 같다. 송사로 인한 궁지에서 벗어날 수 있었음을 말한다.

민족들의 우두머리로 세우고, 남유다나 북이스라엘뿐만 아니라 알고 있는 블레셋, 암몬, 모압 등을 말한다. 알지 못하는 이방민족까지도 점령할 수 있었음을 말한다. 다른 수많은 백성들까지도 다윗을 섬기게 되었다.

45 여부스 족이나 아말렉 족 등 및 아람 족을 포함한 화친을 청해온

이방민족을 말한다.

46 떠돌이 이방인들이 낙담하며, 그들의 요새로부터 떨며 나왔다는 내용이다. 이는 아마도 예루살렘에 소경과 절뚝발이도 지킬 수 있다고 교만하던 여부스 족의 종말을 말하는 것 같다(삼하 5 : 6−10).

47 다윗이 위기에 처했을 때에 간구를 들어주시고, 어떻게 해야 할지 물었을 때에 응답하신 하나님, 즉 살아계신 하나님을 말한다. 즉 간구에 반응하시는 하나님을 말하는 것이다. 이러한 표현은 그리스도 안에서(롬 8 : 2) 생명수(요 4 : 10; 7 : 38), 생명의 떡(요 6 : 35), 살아 있는 돌 등으로 개념화된다.

48 보복이라는 단어 "나캄"은 안에 있는 것을 복수하는 것을 말한다. 내 안의 소원을 들어주셔서 맺혀 있던 원을 풀어주셨음을 말한다. 다윗의 속에 있던 그가 참았던 모든 것까지 갚아주신 것을 말한다. 시므이의 비난과 저주가 있었다. 사울의 저주와 추격이 있었다. 그러나 하나님이 그들을 모두 물리쳐 주시고 하나님만 의지하는 자를 기어코 승리의 자리에 생명의 면류관의 자리에 올려놓으신 것이다.

49 "그가 나의 적으로부터, 나의 대적자들로부터 나를 이끌어내셨고, 당신이 폭력의 사람들로부터 나를 높이셨고, 당신이 나를 구하셨도다."

적은 전형적인 원수(오이브)를 말한다. 대적자는 원형이 (나를 대항하여) 일어나는 자(쿰)를 말한다. 둘 다 동의적 표현법의 형식이고 다음 소절은 그들의 성분 즉 폭력(하마스)을 행하는 자를 말한다. 그렇게 함으로써 하나님이 다윗을 구했음을 결론으로 이끈다. 잠언 8 : 36에 나타나는 바와 같이 폭력은 육체적이면서 윤리적인 것을 포함한다. 이는 그리스도를 모욕하고 채찍질하며, 사도 바울을 채찍질하고 모욕하는 것으로 이어지며 결국 그리스도와 함께 승리함을 말한다.

50 "그러므로 야웨여!, 내가 당신을 열방들 가운데 찬양(야다)하고,

당신의 이름을 노래(자마르)합니다." 여기에서 벌써 구약성서의 보편주의가 강하게 부각되고 있다. 열방은 나라들(고임)을 말한다. 세상의 나라들 가운데서 야웨의 이름을 높인다는 것이다. 이는 바로 유대인들이 또 기독교인들이 드러낸 빛과 소금의 문명적 역할인 것이다. 찬양(오드)과 노래(자마르)가 대칭형으로 반복되고 있다.

51 그는 큰 구원 혹은 구원의 탑, 여기서 탑은 "미그돌"로서 탑을 의미할 수 있다. 예루살렘과 같이 요새화된 성채를 의미할 수도 있다. 기름부은 자, 즉 메시아, 즉 다윗 왕조를 말한다. 신의는 공약, 영원한 공약, 변치 않는 신의를 말한다. 한없는 영원한(everlasting, 혹은 eternal)이라는 말이다. 이러한 영원한 신의와 공약은 결국 그의 메시아 그리스도에게서 이루어진다. 그를 통하여 영원한 언약은 이루어지는 것이다.

이 구절은 사무엘상 2 : 10에 있는 한나의 노래와 매우 유사하다. 여기서는 자신과 왕손들을 야웨의 왕으로 명명하는 것을 제외하면, 야웨가 왕 즉, 그의 기름부은 자를 돕는다는 것을 순서도 똑같이 기록하고 이 두 구절은 아마도 예언과 성취의 형식으로 묶여 있는 듯하다.

어떤 학자는 이 다윗의 마지막 노래를 모세의 노래 마지막 부분(신 32 : 31－43)의 형식과 단어 및 내용에 있어서 상불함을 주목한다.

¶ 메시지

22장은 다윗의 승리를 말한다. 그러나 이는 다윗의 승리가 아니라 높은 곳에서 낮은 곳으로 내려와서 낮은 목동 다윗을 승리로 이끄신 야웨의 승리를 노래한다. 이렇게 가장 낮은 자리에서 야웨의 기름부은 자(메시아, 그리스도)의 위치에 오르기까지 끊임없는 적들과 대적자들과의 전투를 의미한다. 이들 중에서 가장 첫 번째 등장하는 것이 사울이다. 사울은 의심이나 음부라는 뜻을 가진 단어로 육신적으로는 자신과 하나가 되는 배우자 미갈의 아버지이다. 이는 다윗 안에서 언제나 내가 될 수 있을까라고 하는 의심이 그 안에 있었다는 것을 말한다. 맹신은 광신으로 이끌 수 있으나 확신하지 못하는 신앙은 아무것도 이룰 수 없다. 결국 구원으로 이르지 못하는 사망과 음부의 세력으로 떨어버리고 마는 것이다.

사울의 둘째 의미는 쉐올로 읽혀서 음부라는 뜻이다. 끊임없는 부정적인 생각이다. 내가 가진 것이 없어서, 내가 갖춘 것이 없어서, 외부적인 요인 때문에, 주변의 저주 때문에 내 깊은 곳에 있는 열등의식 등 말할 수 없는 음부의 세력이 존재의 아들 즉 이새의 아들 다윗을 괴롭힌 것이다. 그러나 그는 결국 그 세력을 딛고 일어설 수 있었다. 그 자신을 훈련시켜서 일어설 수 있었던 것은 아니다.

자연종교에서는 인간의 이지적 타산과 계산이 선행된다. 계시신앙에 있어서는 하나님이 주시는 외부적 이상을 수용하고 믿음으로 형성되는 약속과 계약으로 말미암아 그 세계가 이루어지는 것이다. 그러므로 인간의 이지적 배타는 결국 바리새인과 같이 비전과 꿈과 부활이 없는 소경으로 인도되는 역사의 반복과 서로간 의견의 반목을 초래한다. 이러한 반복과 반목을 벗어나는 것이 바로 신앙이고 확고한 믿음인 것이다. 이 믿음으로 다윗은 모든 저주의 세력을 수의처럼 벗어버리고, 부화한 병아리처럼 옛 껍질을 벗어버리고, 허물을 벗은 뱀처럼 새로운 모습으로 다시 태어날 수 있었던 것이다.

다윗은 기름부은 자로서 아무런 고난이 없이 저절로 승리의 보좌에 오른 것은 아니었다. 아내와 장인으로부터 쫓김과 조롱, 자기자신의 육신의 유혹에 따른 시련, 그 인과응보의 결과로 오는 자기자신의 속에서 나온 자식인 압살롬과의 치열한 대결 등으로 점철된다. 그는 이러한 자신과의 싸움에서 승리를 거두고 나서야 비로소 참된 메시아가 되었으며 오늘날의 승리의 노래를 부를 수 있었던 것이다. 다윗에게 있어서 외부의 적과의 싸움은 별로 보고되지 않는다. 문제는 자신의 집안과 자기자신의 속에서 나온 정욕과 자식과의 싸움의 이야기가 사무엘상하 특히 사무엘하를 대부분 점유하고 있다.

그럼에도 불구하고 그는 다른 사람을 보지 않았다. 바후림 피난길에서 시므이(삼하 16 : 5－14)로부터의 조롱도 그는 야웨의 질책으로 돌렸다. 야웨와 그의 약속만을 바라보면서 나아간 것이다. 그리고 드디어 야웨의 승리를 찬양하고 노래하게 된 것이다.

36. 다윗의 유언(23 : 1－7)

¶ 본문

1 이는 다윗의 마지막 말이라 이새의 아들 다윗이 말함이여 높이 올리
운 자, 야곱의 하나님에게 기름부음 받은 자, 이스라엘의 노래 잘하는 자
가 말하도다 2 여호와의 신이 나를 빙자하여 말씀하심이여 그 말씀이 내
혀에 있도다 3 이스라엘의 하나님이 말씀하시며 이스라엘의 바위가 내게
이르시기를 사람을 공의로 다스리는 자, 하나님을 경외함으로 다스리는
자여 4 저는 돋는 해 아침 빛 같고 구름 없는 아침 같고 비 후의 광선으로
땅에서 움이 돋는 새 풀 같으니라 하시도다 5 내 집이 하나님 앞에 이 같
지 아니하냐 하나님이 나로 더불어 영원한 언약을 세우사 만사에 구비하
고 견고케 하셨으니 나의 모든 구원과 나의 모든 소원을 어찌 이루지 아
니하시랴 6 그러나 사악한 자는 다 내어 버리울 가시나무 같으니 이는 손
으로 잡을 수 없음이로다 7 그것들을 만지는 자는 철과 창자루를 가져야
하리니 그것들이 당장에 불사르이리로다 하니라

¶ 개요

1, 이 시편의 제목(마지막 말)과 다윗에 대한 소개
2-3a, 이 시편이 야웨의 영감에 의한 말씀이라는 것
3b-4, 다윗에 대한 야웨의 축복
5, 하나님 앞에서 의롭다는 고백적 신뢰
6-7, 사악한 자들의 운명

사무엘하 23 : 1-7은 다윗 계약이라는 말이 나온다. 지금까지 다윗 약속이라는 말은 나왔어도 다윗 계약이라는 말은 여기서 처음 등장한다(5절). 약속은 일방적인 것이고 계약은 쌍무적인 것이다. 약속은 하나님이 그를 높이시겠다는 약속을 말하고, 계약은 신앙의 선조들을 통해서 내려주신 길과 진리와 생명이 되는 말씀대로 사는 것을 말한다. 계약은 약속의 땅에 이르는 구름기둥과 불기둥이며, 몽학선생이며, 생명의 길이라고 할 수 있는 것이다. 8-39절까지는 다윗의 장군들에 대한 서술이 있다.

"다윗의 마지막 말"이라는 말은 다윗의 유언이라는 말이다. 이 형식은 확장된 신명기 역사(창세기-열왕기하) 계약구조의 인물 모두에게서 유언이나 마지막 축복문의 형태로 나온다. 노아(창 9 : 25-27), 아브라함(창 12 : 1-3과 창 15장 그리고 17장에서 계약의 형태로 이미 축복의 모든 것이 명시됨. 또한 창세기 24 : 2-9에서 마지막 맹세형식의 축복이 나온다), 모세(모세의 노래, 신 32), 다윗(다윗의 마지막 노래, 삼하 23 : 1-7) 등 확장된 신명기 역사의 골격을 이루는 계약구조에서 계약을 체결하는 대표적 인물들에게서 반드시 나타난다. 그러나 신명기사가가 중요하다고 생각하는 인물들에게서도 나타난다. 이삭, 야곱, 사무엘, 여호수아(수 23), 사무엘(삼상 12), 다윗(삼하 23) 등에서 나타난다. 그러나 이런 목록에서 볼 때 솔로몬은 가장 영화로운 왕으로 추대되나 실제 그를 다루는 분량은 다른 계약 당사자들에게 비추어볼 때 매우 적은 분량이다. 그는 유언도 없다. 이 외에 중요한 인물로 유언이 첨가되는 인물로는 이삭, 야곱 등이다.

¶ 주석

1 "이새"라는 말은 "존재"(being)라는 말로 "존재의 아들"이라는 말이다. 이새는 일인칭 어미가 첨가된 형태로 "나의 존재"라는 말로 해석된다. 이는 신약성서에서 예수가 "사람의 아들"이라고 한 말로 이어진다. 용사의 말, 야곱의 하나님의 기름부은 자로 세움을 받은 자, 이스라엘이 즐겨 칭송하는 자. 이새(yshay)는 존재하다, 있다(The Hebrew & Aramaic Lexicon of the Old Testament, vol. 1, 1992)라는 의미이며 영어로는 실상(substance, 믿음은 보이지 않는 것의 실상이다, 히 11 : 1)이라고 표현할 수 있다. 셰익스피어의 「햄릿」에 나오는 "사느냐 죽느냐 그것이 문제로다"에서처럼 "존재하다, 살다"라는 뜻이다. 예수는 사람의 아들이면서 하나님의 아들이다. 다윗은 살아 있는 사람 이새의 아들이면서 시편 2편에 보면 하나님의 아들이다. 하나님의 아들로서는 그리스도이지만 사람의 아들(인자)로서는 이새와 다윗의 후손이다. 다윗은 이새의 아들이지만 야웨의 영이 임한 하나님의 아들 됨을 시편 2편은 말하고 있다.

2 여기서의 영은 네쉬마가 아니라 창세기 1 : 1에 나오는 것처럼 루아흐(ruach)이다. 루아흐의 기본 개념은 바람이다. 요한복음 3 : 8에는 "바람이 임의로 불매 네가 그 소리를 들어도 어디서 오며 어디로 가는지 알지 못하나니 성령으로 난 사람은 다 이와 같으니라"라고 말씀하고 있다. 같은 영으로 거듭난 사람은 다윗과 같이 사람의 아들, 즉 존재의 아들, 이새의 아들이나 하나님의 아들인 것이다. 다른 말로 창세기 1 : 1에서 발휘되는 것처럼 능력의 아들이 되는 것이다.

3 "이스라엘의 하나님이 말씀하신다. 이스라엘의 바위(요새)가 약속하신다. 사람을 신의로 통치하시는 이시다. 큰 두려움(하나님의 두려움)으로 통치하시는 이시다."

구약성서에서 반석은 요새와 단단한 은신처 등을 의미한다(사 32 : 2; 33 : 16). 혹은 인생의 광야여행에서 만나는 장애물, 고난 등의 의미를 가지기도 한다. 신약성서에서 세상의 건축가가 버린 돌이 하나님 나라의 반석(코너스톤, 모퉁잇돌)이 되었다는 의미이며, 참된 구원자라는 의미로 반석 위에 세운 집(고전 10 : 1)이란 의미로 확장된다. 마태복음 16 : 18에서 보면 그리스도의 권위는 베드로(피터)에게 그 반석이란 이름과 함께 위임된다.

4 "구름 한 점 없이 밝은 아침 햇살처럼, 소나기 후에 땅에서 돋아나는 풀처럼, 그가 해를 떠오르게 하실 것이다."

해는 자연현상을 대변하는 대표적인 물체로 대변된다. 첫째 날에 빛이 있게 하시고 넷째날에 이 빛을 주로 주관하는 것이 해이다. 여호수아 10 : 12, 13에서 태양이 머무르게 된 것으로 묘사된다. 누가복음 23 : 44, 45에서는 그리스도가 죽으신 후에 해가 빛을 잃고 성전 휘장이 찢어진다. 떠오르는 해는 힘과 희망을 상징한다(시 19 : 4).

5 "하나님과 함께 하는 나의 집이 그렇지 아니하냐? 왜냐하면 영원한 계약을 나와 함께 맺으셨다. 그가 모든 것을 예정하셨으니, 진정 나의 구원과 기쁨을 이루시고 그가 돋아나게 하지 않으시랴?"

한글 개역의 "이 같지"는 히브리어로 "켄"이다. "확립하다. 그렇게"라는 뜻이 있다. KJV에서 "옳다"(right)로 번역되어 있으니 이는 "츠다카"(의, righteousness)와는 다르다. 4절 전반을 말한다. "견고케"라는 말은 "단단하게 든든하게"라는 말이 아니라 "순서에 따라 잘 정리해 놓으셨다"라는 말이다. "언약을 세운다"라는 말은 일반적으로 쓰이는 언약을 "자르다"라는 말이 아니라 "언약을 놓다"(sam, 심다) 라는 말을 쓰고 있다.

"내 집"은 "왕조"를 말한다. "함께한다"는 말은 "동행한다"는 말이다. "늘 같이 걷는다"는 신앙을 가지는 것을 말한다. 요셉과 함께하시는 하나님, 아브라함과 함께하셨던 하나님은 다윗과도 함께하시는 하나님이다. 구약성서의 신앙은 나만을 택한 신이 아니다. 나의 신앙은 조상들의 신앙에 의존되어 있고 그들의 신앙적 체험과 고백에 의존되어 있다. 조상들(열조)의 하나님(God of fathers)은 조상들이 섬겼던 하나님 위에 나의 신앙과 꿈이 있고 나의 신앙과 꿈 위에 자손들의 신앙과 꿈이 있어야 된다는 것이 신명기의 가르침이다.

사무엘하 7장에서는 계약이라는 말이 나타나지 않지만 여기서는 나타나고 있다. 학자들은 이 둘 사이에 다윗 시대와 신명기 역사시대의 시간적 격차를 본다.

6 창세기 3 : 18에서 엉겅퀴와 동의어적으로 가시덤불(qots)이라는 말로 나타난다. 왜냐하면 "손으로 잡을 수 없음"이기 때문이다. 가시는 전반적으로 선한 것의 반대의 의미로 쓰인다. 자연세계에서는 백향목과 반대의 의미를 가지고 폭군으로의 확장된 의미로(삿 9 : 8–15), 곡식 등을 제대로 자라지 못하게 하는 의미로 쓰인다. 이 의미는 신약에서 "가시나무에서 포도를, 또는 엉겅퀴에서 무화과를 따겠느냐"(마 7 : 15–16)의 의미로 쓰인다.

7 "사람이 그들을 다루려 할 때, 그가 철과 창대로 무장하여야 하리니 그들이 그들의 자리에서 불로 완전히 소각되리라."(그것들을 만지는 자는 철과 창자루를 가져야 하리니 그것들이 당장에 불사르이리로다 하니라. 개역)

이 부분에서 개역성서의 해석이 약간 모호하다. 불이라는 개념은 말세의 개념으로 신약성서에서 누가복음 49; 17 : 29; 요한복음 15 : 6 등에 말세의 일어날 현상을 나타난다. 마태복음 3 : 10에서 열매를 맺지 않는 나무마다 찍어서 불에 던지운다고 한다. 마태복음 18 : 8–9에서는 영원한 지옥 불을 말한다.

¶ 메시지

첫째, 다윗은 섬기는 지도자였다. 우리는 지도자가 되도록 부름을 받았다. 꽁지가 아니라 머리가 되도록 불림을 받았다. 우리도 다윗과 같이 지도자가 되는 영을 받도록 하자. 그리고 이 흑암의 세력 속에서 찬란하게 빛을 내는 한 사람 한 사람이 되도록 하자.

구약성서는 이스라엘 백성들이 히브리인들이었으나 다시 말하자면 노예였으나 선택받은 자들이라고 생각한다. 출애굽기 19 : 3—8에 보면 그들은 만민을 위한 제사장이며 하나님이 특별히 선택한 하나님의 종이다(segulah). 그들의 잠재의식에 남아 있는 것은 자기들은 노예였으나 하나님의 선택으로 이제 "머리가 될지언정 꼬리가 되지 않는 백성이다"라는 투철한 의식이다. 다윗이라는 말은 개인의 이름이라기보다도 일반적으로 아카디아어로 "두목, 보스"라는 뜻으로 알려져 있다.

이새의 아들이란 다윗의 육신적인 혈통을 말한다. 이새라는 말은 실체라는 뜻으로 사전적 의미를 가진다. 야곱의 하나님의 기름부음을 받은 자는 이스라엘의 신앙전통을 이은 자라는 뜻이다. 샤머니즘은 경전이 없다. 다시 말하면 야곱을 반석으로 하는 신앙적 전통이 없다는 것이다. 그러므로 무당들은 어린 동자 신도 받고 산신령 신도 받는다. 그것은 신이라기보다 자기도취이며 자기 고착증세일 수도 있고 일종의 한이라고 할 수도 있는 것이다. 야웨 하나님의 신은 알브레히트 알트가 말한 것처럼 일종의 가족 신으로부터 시작되었다. 아브라함의 하나님, 이삭의 하나님, 야곱의 하나님을 이어받은, 그 영을 이어받은 신앙인 것이다.

신명기 28 : 13은 "여호와께서 너로 머리가 되고 꼬리가 되지 않게 하시며, 위에만 있고 아래에 있지 않게 하시리니 오직 너는 내가 오늘날 네게 명하는 네 하나님 여호와의 명령을 듣고 지켜 행하며"라고 말하고 있다. 이러한 선택의식의 배후에는 계약사상이 내재되어 있다. 계약의 조건은 행해져야 하는 것이다. 지켜 행하면 하나님이 머리가 될지언정 꼬리가 되지 않게 하신다는 사상이다.

둘째, 그는 용사였다. 가장 센 용사였다. 일생을 싸움으로 살다가 싸움통에 죽은 자이다. 압살롬의 난 후에도 계속된 싸움은 다윗의 말년까지 계속된다. 성서의 기자는 바로 사기가 죽지 않는 사람, 싸움의 여력을 끝까지 유지할 수 있는 사람을 메시아의 원형으로 보고 있다. 예수는 결국 죽음 앞에서도 결코 자신을 포기하지 않는 그런 신앙을 보인다. 그러므로 그는 새로운 생명으로 다시 살아나게 된다. 내가, 우리가 죽게 되면서도 결코 자신을 포기하지 않을 수 있을까?

신앙인은 싸워야 한다. 모든 마귀와 함께 싸워야 한다. 싸우기를 중단하는 자는 스스로 살기를 중단한 자와 같다. 미국의 가장 유명한 럭비선수 코치는 싸우기를 그치는 순간 살기를 그친다고 말했다. 바울도 선한 싸움을 싸울 것을 촉구한다. 어떤 나쁜 증세도 우리는 원치 않는다. 내가 가지고 있는 나쁜 습관, 병마, 악취미 등과 싸워야 한다. 다윗은 용사였다. 특히 그는 의심이라고 하는 적장 사울과 언제나 싸웠다. 다윗은 죽는 마지막 순간까지도 용기와 사기의 사람이었다.

셋째, 그는 하나님의 영으로 기름부은 자였다. 우리는 하나님의 영으로 기름부음을 받았는가? 그리스도를 모셔들이는 것, 그리고 매일매일 그를 닮아가는 삶을 사는 것이 바로 기름부은 자의 의미이다. 하나님이 자신을 모셔들인 사람을 결코 팽개치지 않고 반드시 축복하시고 죽어도 살리신다. 그리스도 안에 있으면 누구든지 새로운 피조물이 된다.

다윗은 하나님의 영으로 인침을 받은 자다. 언제나 잘못하면 하나님 앞에 돌아왔다. 오늘 우리는 분명한 그리스도를 우리 안에 모시고 살고 있는가? 그렇다면 우리는 모든 민족 앞에서 왕과 같은 존재이다.

모든 이스라엘이 칭송하는 자, 기름부음을 받은 자는 하나님 앞에서만 칭송받는 것이 아니라 사람 앞에서도 칭송받아야 한다. 하나님 앞에서 칭송받을 사람은 거꾸로 말하자면 사람들 앞에서 칭송받는 자이다. 예수님은 지혜와 키가 자라감에 따라 사람과 하나님 앞에서 칭송받는 자가 되어야 한다. 하나님 앞에서만 칭송받으려고 하는 사람이 있다. 가정을 버리고 극단적인 신앙을 갈구하는 사람들이 있다. 하나님 앞에서 칭송받을지 안 받을지는 사람 앞에서 칭송을 받고 있는지 아닌지를 보면 알 수 있다. 다같이 다윗과 같은 인물을 하나님과 사람 앞에서 칭송받는 자로 본문은 내세우고 있다.

37. 다윗의 용사들(23 : 8－39)

¶ 본문

[8] 다윗의 용사들의 이름이 이러하니라 다그몬 사람 요셉밧세벳이라고
도 하고 에센 사람 아디노라고도 하는 자는 군장의 두목이라 저가 한때에
팔백인을 쳐죽였더라 [9] 그 다음은 아호아 사람 도대의 아들 엘르아살이
니 다윗과 함께한 세 용사 중에 하나이라 블레셋 사람이 싸우려고 모이매
이스라엘 사람들이 물러간지라 세 용사가 싸움을 돋우고 [10] 저가 나가서
손이 피곤하여 칼에 붙기까지 블레셋 사람을 치니라 그 날에 여호와께서
크게 이기게 하셨으므로 백성들은 돌아와서 저의 뒤를 따라가며 노략할
뿐이었더라 [11] 그 다음은 하랄 사람 아게의 아들 삼마라 블레셋 사람이
떼를 지어 녹두나무가 가득한 밭에 모이매 백성들은 블레셋 사람 앞에서
도망하되 [12] 저는 그 밭 가운데 서서 막아 블레셋 사람을 친지라 여호와
께서 큰 구원을 이루시니라 [13] 또 삼십 두목 중 세 사람이 곡식 벨 때에
아둘람 굴에 이르러 다윗에게 나아갔는데 때에 블레셋 사람의 떼가 르바
임 골짜기에 진 쳤더라 [14] 그 때에 다윗은 산성에 있고 블레셋 사람의 영
채는 베들레헴에 있는지라 [15] 다윗이 사모하여 가로되 베들레헴 성문 곁
우물 물을 누가 나로 마시게 할꼬 하매 [16] 세 용사가 블레셋 사람의 군대
를 충돌하고 지나가서 베들레헴 성문 곁 우물 물을 길어 가지고 다윗에게

로 왔으나 다윗이 마시기를 기뻐 아니하고 그 물을 여호와께 부어 드리며
17 가로되 여호와여 내가 결단코 이런 일을 하지 아니하리이다 이는 생명
을 돌아보지 아니하고 갔던 사람들의 피니이다 하고 마시기를 즐겨 아니
하니라 세 용사가 이런 일을 행하였더라 18 또 스루야의 아들 요압의 아
우 아비새니 저는 그 삼인의 두목이라 저가 창을 들어 삼백인을 죽이고
그 삼인 중에 이름을 얻었으니 19 저는 삼인 중에 가장 존귀한 자가 아니
냐 저가 저희의 두목이 되었으나 그러나 첫 삼인에게는 미치지 못하였더
라 20 또 갑스엘 용사의 손자 여호야다의 아들 브나야니 저는 효용한 일
을 행한 자라 일찌기 모압 아리엘의 아들 둘을 죽였고 또 눈 올 때에 함정
에 내려가서 한 사자를 죽였으며 21 또 장대한 애굽 사람을 죽였는데 그
의 손에 창이 있어도 저가 막대를 가지고 내려가서 그 애굽 사람의 손에
서 창을 빼앗아 그 창으로 죽였더라 22 여호야다의 아들 브나야가 이런
일을 행하였으므로 세 용사 중에 이름을 얻고 23 삼십인보다 존귀하나 그
러나 첫 삼인에게는 미치지 못하였더라 다윗이 저를 세워 시위대 장관을
삼았더라 24 요압의 아우 아사헬은 삼십인 중에 하나요 또 베들레헴 도도
의 아들 엘하난과 25 하롯 사람 삼훗과 하롯 사람 엘리가와 26 발디 사람
헬레스와 드고아 사람 익게스의 아들 이라와 27 아나돗 사람 아비에셀과
후사 사람 므분내와 28 아호아 사람 살몬과 느도바 사람 마하래와 29 느
도바 사람 바아나의 아들 헬렙과 베냐민 자손에 속한 기브아 사람 리배의
아들 잇대와 30 비라돈 사람 브나야와 가아스 시냇가에 사는 힛대와
31 아르바 사람 아비알본과 바르훔 사람 아스마웻과 32 사알본 사람 엘리
아바와 야센의 아들 요나단과 33 하랄 사람 삼마와 아랄 사람 사랄의 아
들 아히암과 34 마아가 사람의 손자 아하스배의 아들 엘리벨렛과 길로 사
람 아히도벨의 아들 엘리암과 35 갈멜 사람 헤스래와 아랍 사람 바아래와
36 소바 나단의 아들 이갈과 갓 사람 바니와 37 암몬 사람 셀렉과 스루야
의 아들 요압의 병기 잡은 자 브에롯 사람 나하래와 38 이델 사람 이라와
이델 사람 가렙과 39 헷 사람 우리아라 이상 도합이 삼십 칠인이었더라

¶ 개요

저자는 다윗의 전쟁에서 뛰어난 역량을 보인 용사들의 목록을 보이고 있다. 이 명단은 사무엘하 21 : 15－22(대상 11 : 10－47)에서 나타나고 있는 명단과 대체로 일치되고 있다. 아마도 그 목록의 일부였던 것 같다. 이는 역대상 11 : 11－41에서 좀더 자세하게 나타나고 있다.

이 단원의 구조는 다음과 같다.
A. 8－12, 삼용사와 그들의 전적
B. 13－17, 삼용사와 다윗의 고향 베들레헴 우물이야기
C. 18－39, 삼십인 부대원들의 명단과 공적

특히 18－19절은 요압의 둘째동생 아비새가 삼십인 부대의 사령관이었다는 것과 그의 역량을 말하고 있다. 한번 휘둘러서 삼백 명을 죽였고 주로 외인부대 용병을 거느리고 있던 여호야다의 아들 브나야의 공적에 대한 보고(20－23절)를 하고 있다. 그러나 이 둘은 실력적인 면에서는 삼용사에 미치지 못했다고 보고함으로써 가족적 인연으로 실권을 대표하고 있었던 것을 암시하고 있다. 23 : 8－9에서는 삼용사에 대한 공적을 묘사하고 있고, 10－17절에서는 삼용사가 어떻게 포위망으로 둘러싸인 베들레헴에서 우물을 길어다가 다윗에게 주었는지를 말하고 있다. 18절부터 마지막 절까지는 삼십인 용사를 게재하고 있는데, 그 중에서 브나야와 아비새를 특별히 소개하고 있다. 이 본문에서는 37인을 소개하고 있는 반면, 역대상 11 : 10－47에는 16명이 더 추가되고 있다.

¶ 주석

8 "다윗의 용사들의 이름이 이러하니라"라는 구문은 출애굽기 1 : 1에서 "이스라엘의 아들들의 이름은 이러하니라"라는 구문과 구조적으로

일치한다. 같은 저자의 손으로 보인다. 출애굽기 1 : 1에서 아들들(바님)이라는 말은 이곳에서는 용사들(그보림)이라는 말과 평행적 대칭을 이룬다. 여기서 용사는 역시 선택된 사람을 의미한다. 하나님에 의해서 출애굽하도록에 대칭적으로 다윗에 의해서 그의 나라를 세우도록이라는 의미를 갖는다. 헤르츠버그는 여기서의 용사는 전문적 용병이라고 본다. 고대사회에서는 자신의 생명을 담보로, 용사로 팔아서 먹고사는 용병들이 많았다. 한마디로 말하면 직업군인이라는 말이다. 이들은 축구나 야구선수들 처럼 그야말로 뛰어난 지략과 무술로 말미암아 자신들의 가격을 입증할 수밖에 없는 사람들이었다. 그리고 그들의 기운이 다하면 그들의 힘과 더불어서 생명을 마치게 되는 것이다. 다윗은 이러한 군인을 사울처럼 자신의 주변에 모았다(삼상 22 : 2). 이는 다윗이 자신의 힘을 키우기 위해서 사무엘상 14 : 52(사울이 힘 있는 자나 용맹 있는 자를 보면 그들을 불러 모았더라)에서 나타나고 있는 사울의 방식을 도입한 것이다.

성서는 대개 삼분법에 의해서 이루어져 있다. 부대도 삼분법에 의해서 나타나고 있다. 삼용사가 있고, 삼십인 부대가 있고 그 다음 기드온의 삼백명에서 나오는 것처럼 삼백명 부대가 있었다. 이 삼백명 부대가 두 부대로 형성되어 다윗의 육백명 사병을 형성하고 있었는지 모른다. 이것이 다윗에게 속한 용사들의 이름이다. 다그몬(하캄－지혜인) 사람, 요셉(그 자리에 사는－지키는) 밧세벳은 삼인 중의 두목이었다. 그는 에센 사람 아디노라고도 불렸는데 그 이유는 알 수 없다. 역대상 11 : 11에서는 다그몬 사람이 학몬 사람으로, 요셉밧세벳이 야소브암으로 기록되어 있다. 여기서 다그몬은 학몬에 대한 오기이며, 그리고 요셉밧세벳은 이름이라기보다는 밧세벳에 거주하는 자라는 의미로 해석할 수 있다. 그가 한 번 쳐서 팔백 명을 죽였는데 역대상 11 : 11은 삼백 명을 죽였다고 나온다.

그는 시글락에서 다윗과 합류한 것으로 보이며(대상 12 : 6) 2만 4천 명으로 조직된 다윗의 12부대 중의 하나를 거느리고 있었으며 열두 달 중 정월 첫째 달을 그가 맡아서 지키는 통치대장이었다(대상 27 : 2). 이들 삼인 용사들은 출전시에 왕의 주변에서 특수 호위병을 지휘하였으나(왕하 9 : 25; 10 : 25), 요압이나 아마사와 같은 전체 민병대 사령관과는 그 직능이 통솔보다는 무예 쪽에 탁월함을 보인 용사들이었던 것 같다. 요압의 동생 아비새나 여호야다의 아들 브나야는 이들에게 무예가 미치지 못하지만 군대의 삼분의 일이나 외인부대를 거느리는 통솔관 쪽의 기능을 한다.

9 그 다음인 엘리아살(나의 하나님이 도운다)은 아호아 사람 도대의 아들이었다. 아호아는 베냐민 지파에 속한 사람으로(대상 8 : 4) 두 번째 달을 지키는 군장이었다(대상 27 : 4). 그는 야소브암과 삼마와 더불어 삼인 용사를 구성했다. 여기서 나타나고 있는 블레셋과의 전투는 같은 평행구인 역대상 11 : 13에 바스담밈으로 되어 있는데 사무엘상 17 : 1에 따르면 이곳은 에베스담밈으로 "피의 경계선"이라는 뜻이다. 이곳에서 다윗은 골리앗을 죽였다. 그들이 거기에 모여 있던 블레셋 군와 싸울 때에 이스라엘 사람은 철수하고 말았다. 도대는 히브리어 철자상으로는 다윗과 같다. 사랑하는 자(정욕이 있는), 아저씨 등의 의미가 있다. 아호아는 아히야와 같은 뜻의 이름으로 여겨진다. 아히야는 "야웨는 나의 형제"라는 뜻이다.

10 그의 손이 검에 붙을 때까지 블레셋 군을 쳤는데 히브리 사상에서 손은 실행과 행동을 나타낸다. 야웨께서 그 날에 큰 승리를 주셨다는 말은 큰 구원을 이루었다는 말로 이름과도 같이 이날의 승리는 하나님이 도우신 것으로 묘사하고 있다. 그때 그 백성이 돌아와서 오직 치기만 했다. 하나님의 뜻에 부합한 일에 대해서는 고슴도치처럼 계속 헌신해나갈 때 하나님이 승리주심을 말한다.

11 그 다음이 하랄 사람 아게의 아들 삼마이다. 삼마는 33절에서 삼십인 중의 하나로 다시 소개되고 있다. "떼를 지어"라는 말은 라하야인데 학자들은 라히라는 지명을 뜻하는 것으로 본다. 왜냐하면 같은 절 하반절에서 거기서(sham)라는 장소부사가 다시 나타나고 있기 때문이다. 그렇다면 "거기는 녹두(콩)가 가득한 밭이 있었다"로 자연스럽게 해석된다. 레히는 삼손이 나귀의 턱뼈로 블레셋 사람 일천 명을 친 곳이다(삿 15 : 9, 14, 17, 19).

12 삼마는 거기라는 뜻이고 녹두밭은 콩밭을 말한다. 그리고 그 밭

가운데서 블레셋 군을 물리쳐서 도망치던 이스라엘 백성에게 큰 구원을 가져왔다.

하나님은 창세기 1 : 28에서 축복하셨다. "생육하고 번성하라." 생육은 열매(비쿠림)를 말하고 번성은 왕성하게 확장되는 것을 말한다. 생육은 다른 말로 말하자면 후손의 생명을 말하고, 번성(multiply, 라바브)은 많아지는 것을 말한다. 많아지기 위해서는 충분한 영양이 필요하다. 그러기 위해서는 밭이 필요한 것이다. 아브라함에게 약속된 축복은 그러므로 후손이 많아질 것이라는 것과 밭을 이룰 땅에 대한 약속이 있다. 아브라함은 이런 땅에 대한 약속의 표징으로, 혹은 첫 단계 축복으로 헷 족속으로부터 막벨라 동굴이 있는 밭을 사게 되는 것이다. 그리고 이것은 땅에 대한 약속의 징표가 되었다. 그 밭의 한가운데 있던 막벨라 동굴을 중심으로 이방 민족을 무찌르고 드디어 가나안 약속의 땅을 차지하게 된 것이다.

13 13－23은 다윗과 삼용사와의 목숨을 건 신의를 그리고 있는 장면이다. 삼십 명의 수장 중에서 셋이서 추수 때에 아둘람(피신, 은거의 뜻) 동굴에 있는 다윗에게 내려갔다. 일련의 블레셋 무리가 골짜기에 진을 쳤다. 삼용사는 성삼위일체의 상징도 되고 하늘과 땅, 하늘의 상징도 되며, 인간의 영과 혼(생령), 육신 등 하나의 단위를 이루기 위해서 필수적인 요건이 된다.

14－**15** 다윗은 "그때 요새에 있었고", 그때 블레셋의 수비대는 베들레헴에 있었다. 베들레헴은 빵 만드는 집, 혹은 떡방앗간이라는 뜻이다. 그때라는 말은 이 에피소드 등의 도입구이다. 이때는 언제인지 명시되어 있지 않다. 원래 베들레헴은 서쪽에 있는 가드의 영향권 아래 있었던 것 같다. 이때는 사실상 수비대가 있었던 것으로 보아 가드의 영토가 되어 있었던 것 같다. 베들레헴은 다윗의 고향이다. 그러므로 다윗은 어려서부터 실제로 블레셋에 있는 가드 군과 상당히 가까워질 수 있는 영향권 아래 있었던 것으로 보인다. 히브리인들은 산지지역에 살았고 평지에는 블레셋 군이 철기문화를 전매하여 문명생활의 삶을 살고 있었다. 다윗의 갈증은 정말 물이 없어서 발생한 갈증이었는지 적의 점령권 아래에 있

는 어렸을 적 베들레헴 고향의 물을 마시고 싶어했는지는 분명치 않다. 단지 전체적인 문맥으로 보아 다윗은 베들레헴의 물을 마시고 싶어했으나 더 중요한 목적은 블레셋 수비대의 힘이 얼마나 강한지를 알아보는 데 있었던 것으로 보인다. 다윗은 그 물을 먹지 않고 제단에 부어버리며, 그의 군대는 여전히 그 요새에서 생존할 수 있었다.

16 세 명의 용사가 블레셋 군의 진영을 깨고 성문 곁에 있는 베들레헴의 우물로부터 물을 길어옴으로써 블레셋 진영을 유린할 수 있는 확신을 가졌던 것으로 여겨진다. 신명기사가는 언제나 정탐하게 하는 것을 하나의 필수요건으로 생각한다. 가나안 정복시 정탐군을 모세가 브엘세바에서 한번, 여호수아가 모압 땅에서 한 번 보낸다. 단군이 그들이 살 장소를 물색할 때에 정탐꾼을 보낸다. 그리곤 그것을 들고 와서 다윗에게 왔다. 다윗이 그것을 마시지 아니하고 야웨에게 그것을 부어버렸다. 블레셋은 반석과 같은 진영을 유지하고 있었다. 이 반석을 깨고 생명의 물을 길은 것이다. 여기에는 빵 만드는 집이라는 베들레헴과 우물로부터의 물 개념이 나온다. 구원이 없는 이방세계 속에서 생명의 떡과 생명수의 이미지를 보이고 있다.

17 "이것은 목숨을 걸고 간 사람들의 피입니다"라고 말하면서 자신의 욕구를 절제한다. 이것을 세 용사들이 했다. 삼용사가 보인 이 사건을 통해서 다윗의 군대는 더욱 그 유대가 내적으로 강해지며, 블레셋 군은 그들의 허점을 보이게 된다. 다윗은 목숨을 걸고 길은 그 물을 그들의 피로 여겼다. 그래서 다윗이 그것을 피의 제물로 예의 제단에 그것을 붓는다. 그들의 목숨에 상응하는 것이기 때문이다. 이는 마가복음 14 : 3−9에서 향유를 예수의 발에 붓고 머리털로 닦는 마리아의 이야기와 상응하는 패턴으로 이어진다.

18 이제 스루야의 아들 요압의 동생 아비새가 있다. 그는 삼십 인의 수장이었다. 그가 그의 창을 삼백 명에 대해서 휘둘렀다. 그가 무찔렀고 삼총사와 더불어 이름을 얻었다. 여기에서 나오는 바와 같이 삼은 특수한

성경적 개념을 가지고 있다. 삼용사, 삼십인 부대, 기드온 삼백 명 등의 개념이다. 이런 개념은 천지창조 시 우주의 주조에서도 보이고 있고, 인간의 구성요소로도 나타나며, 노아방주의 구조, 성전의 구조 등에서 나타나며 결국 성부 성자 성령의 개념으로 이어진다. 예수는 "성전을 허물라 내가 삼일만에 다시 지으리라"는 말을 했는데 삼일 만에 부활로 그의 생명을 입증했다. 그럼에도 다윗은 그를 신임했으며 적시에 그의 생명을 구하기도 한다(21 : 17).

아비새와 다윗과의 관계는 참으로 묘한 관계다. 아비새는 언제나 베드로처럼 성미가 급해서 다윗의 마음에 불평도 되었다(삼상 26 : 8—9; 삼하 3 : 39; 16 : 9—10; 19 : 21—22).

19 삼인 중에서 그가 가장 존경받는 자, 두령이었으면서도 삼총사에게는 미치지 못했다. 삼총사에게 못 미치면서도 그들의 수장이 되었다. 아마도 아비새는 다윗과 이종사촌간으로 형 요압과 더불어 가장 중요한 직책을 수행했던 것 같다. 이는 힘이나 전투 기술과는 별도의 문중 결집의 한 단면을 보인다. 비록 그가 실전에서나 힘에 있어서는 삼용사에 미치지 못했지만 그는 형 요압 다음가는 군사적 지휘권을 가진다.

20 유다남부 갑스엘(하나님 힘의 결집)(수 15 : 21) 출신의 활력이 있던 사람, 여호야다(야웨가 아신다)의 아들 브나야(야웨의 아들)는 위대한 행동가(파알)였다. 그가 모압의 아리엘(神의 獅子, lion)의 두 아들을 죽였고, 그가 내려가서 눈 오는 날에 우물 구덩이 안에 있는 사자를 쳤다. 사자는 죽음과 사나움을 상징한다. 야곱의 유다에 대한 축복(창 49 : 9)은 유다는 사자 새끼라는 말이 있고 요한계시록에 보면(계 5 : 5), "울지 말라 유다지파의 사자 다윗이 이기었느니라"는 말이 있다. 이는 사무엘상 17 : 34, 36에서 다윗이 "내가 사자와 곰도 쳤은즉"이라는 말을 배경으로 쓰인 말로 예수가 내가 세상을 이기었다라는 말이나, 사도 바울이 사망의 쏘는 것을 이기었다라고 하는 말로 이어진다. 우물구덩이는 요셉의 물 없는 구덩이와 마찬가지로 구약의 음부(쉐올), 신약의 게헨나(지옥)와 같은 의미를 지닌다. 삼의 권세인 죽음의 사자를 쳤다는 의미이다.

브나야는 다윗이 사울에게 했던 것처럼(삼상 22 : 24) 다윗의 경호대장을 했으며 특히 외인 욥의 부대를 이끌고 다윗 주변에 머물렀다. 그는 나중에 솔로몬에게 가장 중요한 군사적 지휘자로서 요압을 비롯한 모든 솔로몬의 정적들을 제거한다. 이런 의미에서 브나야는 스루야의 아들들(요압 아비새, 아사헬)의 견제세력으로 다윗의 신변을 보호했던 것 같으며, 솔로몬의 등극과 더불어서 스루야의 세력을 처단하고 그들의 세력을 대신 점유하는 인물로 등장한다.

21 고용된 용병 이집트인이었을 가능성이 많다. 왜냐하면 다윗의 생전에 이집트군과의 싸움에 대해서는 전혀 보고가 되어 있지 않기 때문이다. 출애굽 당시의 블레셋 군의 이동을 보면, 하나는 현재의 터키 지중해 연안, 두 번째는 텔아비브쪽의 가나안 지중해쪽 해안, 다른 하나는 나일강 하류인 이집트로 간다. 이집트로 간 해양족들은 그들의 무력에 의해서 대부분 퇴치당하고 일부는 정착하나 토착세력에 의해서 이동을 했던 것으로 여겨진다. 그들의 이동은 언제나 전면전에 의해서 이루어지는 것만은 아니었다. 황소를 타고 이동하는 것을 볼 때 점차적인 이동으로 보인다. 아마도 이집트로 갔던 블레셋 족이 가나안 쪽으로 이동한 것으로 볼 수도 있다.

22 브나야는 유다의 도시 갑스(수 15 : 21) 사람으로 레위 제사장의 아들 여호야다의 아들이다(대상 27 : 5). 놉의 사제들을 학살한 사울(삼상 22 : 9－29)과는 달리 다윗은 제사장들과의 긴밀한 관계를 유지했다. 그는 북이스라엘 출신의 아비아달 제사장과 예루살렘 출신의 사독 제사장과 등거리 관계를 잘 유지한 왕이었다. 제사장으로서의 다윗의 역할에 대해서 다윗 메시아를 보라. 이러한 관계는 솔로몬 때에 북이스라엘 제사장을 축출하는 국면으로 치닫게 되고 결국 북이스라엘과 남북이 분리되는 비극을 초래한다.

23 브나야는 그렛 외인부대와 벨렛 외인부대인 용병부대의 두령이었는데 이는 왕의 경호 및 친위부대였다. 이러한 관계가 더욱 다윗의 종

교적인 유대관계를 엿볼 수 있다. 사자를 죽인 것으로 다윗과 비슷한 측면이 있기도 하다(삼상 34－36). 그렛은 크레테 혹은 히브리어로 갑돌을 뜻하며, 벨렛(블렛)은 블레셋을 뜻하는 것으로 학계에서 인정된다.

24 – **30** 삼십인 부대원 중에 암몬 전쟁에서 죽은 우리아와 요압의 둘째 동생 아사헬도 포함되어 있다. 우리아는 다윗 왕의 후반기에 장군이었고, 아사헬은 북이스라엘의 이스보셋 왕주의 실세였던 아브넬이 그를 죽이기 전의 인물이었던 점을 감안할 때 매우 이른 시기에 이 부대가 조직되어 있음을 알수 있다. 삼십 명의 인원도 나중에 보충된 인원까지를 포함하고 있으므로 삼십 명을 초과하고 있다. 버겐(R. D. Bergen)은 12를 제외한 모든 구성원들이 유다쪽 인물이었던 것으로 추측한다.

25 25－39절까지는 다른 삼십인 부대에 속했던 장수들의 이름이 나온다. 첫 번째 열 명은(도도로부터 헬렙까지) 아나돗으로부터 온 아비에셀을 제외하고는 모두 유다로부터 온다. 이후에 좀더 확장되는데 헤르츠버그는 23 : 35에 나오는 아랍 출신의 바아래까지가 원래 다윗이 유랑생활을 하던 시글락 때의 삼십인 부대라고 본다. 왜냐하면, 여기까지가 삼십인 부대가 23명이 된다. 그리고 여기에 삼용사와 요압의 삼형제, 요압, 아사헬, 아비새가 첨가되고 브나야가 첨가되어 모두 삼십인이 된다. 나머지는 우리아까지 일곱이 추가된다.

아사헬은 다윗 헤브론 통치시기에 아브넬에게 전사하고, 브나야는 다른 직책을 받았다. 이후 다윗의 통치가 복잡해지면서 통치기구가 분화되기 때문이다. 요압과 아비새도 다른 직책을 맡게 되었다. 삼용사도 곧 독립적인 기구가 되었을 것이다. 이렇게 되면 남는 일곱의 숫자가 설명된다. 이 일곱 명의 삼십인부대 용사들의 출신은 다양하다. 다윗의 점령지가 매우 복잡해지기 때문이다. 이러한 명단은 우리아로 끝이 난다. 예루살렘에서 다윗의 전성기 때의 장수이다. 역대기의 보고는 16명을 더 추가시키고 있는데 이는 이 명단이 작성된 후에도 더욱 활성화된 후대의 명단인 것으로 유추된다. 39절에서 우리아의 이름이 나타나고 37명이 도합이라는 말로 나타난다.

25 삼훗과 엘리가는 하롯 사람이었으며 아마도 하롯 광야(삿 7 : 1)의 출신이었던 것 같다. 엘리가라는 이름은 역대기 명단(대상 11 : 27)에는 빠져 있다. 아마도 이른 시기에 전사했을 수 있다.

26 발디 사람 헬레스는 갈렙 부족이었을 것이며(대상 2 : 47) 발디라는 말은 벨렛(수 15 : 27)으로 보는 학자도 있다. 드고아 사람 이라에 대해서는 드고아에서 온 여인으로부터 희미한 정보를 볼 수 있을 뿐이다. 옛 이스라엘에서는 지명이나 아버지의 이름을 따라서 신분이 밝혀졌다. 이스가룟 유다는 가룟 출신의 사람 유다라는 뜻이다.

27 아나돗에서 아비에셀이 온다. 아나돗은 예레미야의 고향이었으며, 다윗의 제사장 아비아달이 솔로몬 때에 쫓겨난 곳이기도 한다. 예루살렘의 동북쪽 약 5km 지점에 위치했으므로 예루살렘의 근처지역이라고 할 것이다. 후사 사람에 대해서는 21 : 18에 후사 사람 십브개와 관련해서 나타난다.

28 마하래의 고향 느도바는 베들레헴 근처의 성읍으로 느헤미야 7 : 26와 에스라 2 : 22 등 포수기 때의 지명과 관련해서 나타난다.

30 비라돈 사람 브나야는 비라돈에서 온 에브라임 사람이었다(삿 12 : 15). 이곳이 오늘날의 파라타라면, 그곳은 실로(나블루스) 남서쪽 약 10km 지점에 있다.

31 아스마웻은 "죽음은 강하다"라는 뜻이며, 추수(열매)와 죽음의 신 모트신에 대한 암시가 있다.

32 사알본(삿 1 : 35에는 사알빔)은 벳세메스에서 북쪽으로 약 12킬로미터 떨어진 셀비트일 것으로 추정된다. 김손 역시 남부 유다에 위치했고 (대상 28 : 18), 역대상 11 : 34에는 "기손" 으로 되어 있다.

33 여기서 나오는 하랄 사람 삼마는 11절에 소개된 삼용사 중의 하나인 삼마와 같은 인물인 것 같다. 아랄 사람 사랄의 아들 아히암에 대해서는 역대상 11 : 35에서 아히암은 사갈의 아들로 소개되어 있다. 그리고 아랄 사람도 역대기에서는 하랄 사람으로 표기되어 있다.

34 엘리벨렛은 마아가 사람의 손자로 나오는데 마아가의 집은 20 : 14에 요압의 여정길의 이름으로 나온다. 마아가는 바산 북동쪽 헬몬 산 서남쪽에 위치한 아람 속국이었다(삼하 10 : 6). 다윗이 이곳을 점령하고 엘리벨렛을 발탁했던 것 같다. 엘리암은 아히도벨 즉 압살롬의 책사의 아들이었고 밧세바의 아버지였다. 엘리암과 우리아는 같은 삼십인부대의 장군이었으나 우리아가 사망한 후에 다윗이 자기 수하 장수 엘리암의 딸인 밧세바를 거두었던 것 같다.

35 여기서의 갈멜은 북이스라엘에 있는 갈멜이 아니라 헤브론 남쪽으로 약 10킬로미터 지점이다(수 15 : 55; 삼상 15 : 12; 25 : 2, 40; 27 : 3; 30 : 5). 갈멜 사람 헤스레는 역대상 11 : 37에는 "헤스로"로 소개되어 있다. 아랍 사람 바아래에서 아랍은 아라비아가 아니라 헤브론 근방에 있는 유다의 산악지대이다(수 15 : 52). 한편 역대상 11 : 37에서는 "에스배의 아들 나아래"로 소개되어 있다.

36 소바 나단의 아들 이갈. 역대상 11 : 38에서는 "나단의 아우 요엘"이라고 기록되어 있다. "소바"는 다메섹 북쪽과 레바논 산지 동쪽에 위치했던 아람 소국이다. 이 나라는 다윗에게 도전했다가 크게 패한 적이 있다(삼하 8 : 3). 다윗은 이 나라를 정복하고 이 나라 출신 "이갈"을 발탁해서 삼십인 용사에 영입하였다. 갓 사람 바니를 역대상 11 : 38에서는 "하그리의 아들 밉할"이라고 소개하고 있다.

37 암몬 사람 셀렉은 암몬 출신으로 다윗에 의해 삼십인 용사로 발탁되었다. 암몬 사람을 모두 쳐 죽였지만 무용이 뛰어난 셀렉은 영입을 했던 것 같다. "요압의 병기 잡은 자 브에롯 사람 나하래"에서 브에롯은

기브온의 성읍이었으며 후에 베냐민 지파에 속하였다(수 9 : 17; 18 : 25; 삼하 4 : 2) 따라서 "나하래"는 기브온 족속일 가능성이 있다. 한편 병기 잡은 자란 의미는 부관 경호원 호위병이라는 의미이다(삼상 14 : 1; 16 : 21; 31 : 4).

38 "이델 사람 이라와 가렙"에서 여기서 이델은 기럇여아림 족속에 속한 한 족속이다(대상 2 : 53). 따라서 이라와 가렙은 둘다 기럇여아림의 이델 출신이다. 여기서 이라는 다윗의 대신이었던 "야일 사람" 이라와는 다른 인물이다(20 : 26).

39 우리아는 밧세바의 남편(11 : 3)이자, 아히도벨의 아들 엘리암의 사위이다. 아마도 같은 삼십인 용사라도 엘리암이 더 나이가 든 용사였던 것 같다. 다윗과 요압의 모략으로 일찍 전사했다. 헷 족속은 함의 아들 가나안의 둘째 아들이 되는 종족으로 현재의 터키 지역인 헷 족속 즉 힛타이트 족이다. 이 종족은 세계에서 가장 먼저 철기문화를 발견해서 사용한 것으로 여겨진다. 주전 19세기부터 주조된 철기문화를 상용한 유물이 남아 있다. 중국이 주전 4세기경 그리고 고 한국이 주후에 철기 문화가 통용된 것을 보면 얼마나 일찍이 문명의 개화가 이루어졌는지를 알 수 있다.

본문 8-39절에는 단지 삼십육 명의 이름들만이 기록되어 있다. 그런데 이 문장의 맨 마지막은 37명이라고 기록되어 있다. 마자르는 역대상 11 : 41의 "알래의 아들 사밧"이 빠져 있다고 주장한다. 그러나 헤르츠버그는 요압이 사령관으로 빠져 있다고 보았고, 본 주석에서는 헤르츠버그를 따랐다.

¶ 메시지

다윗의 세력기반은 고대사회의 전형적인 모습을 보인다. 우선 다윗과 누나 스루야의 세 아들인 요압, 아비새, 아사헬이 중심이 되어 왕국을 꾸렸음을 볼 수 있다. 이 가족 단위는 다윗이 죽을 때까지는 영원히 계속된다. 이에 누이 아비가일의 아들 아마사도 조인을 한다. 비록 나중에 아마사는 압살롬의 난 시에 압살롬 편에 가담을 하고 요압에게 죽임을 당하지만 역시 가족공동체가 핵심을 이루고 있다. 삼용사가 아비새나 요압보다 더 힘과 지략이 뛰어났지만 역시 군대의 삼분의 일과 총사령관은 요압이 했고 군대의 삼분의 일은 아비새가 관할했다. 특히 아비새는 삼용사보다는 무술이 못했으나 삼십인부대의 수장 역을 했다는 진술이 이를 증명해 주고 있다. 나머지 삼분의 일은 다윗의 직속 경호부대로 가족공동체에게 맡기지 않고 신의 공동체인 잇대와 같은 블레셋 용병에게 맡겨서 요압이나 아마사를 견제케 했다.

이들의 구성요소는 먼저 가족공동체에서 시작된 다윗의 세력은 유다남부의 세력으로부터 북이스라엘로, 북이스라엘에서 아람과 암몬 및 헷 족속에까지 확대되어 나간다. 그의 세력규합이 커지면서 사울과 같이 보는 대로 용사를 영입했기 때문일 것이다. 이 서열이 다음과 같이 본문에도 나타나고 있다. 처음부터 열 명은(도도로부터 헬렙까지) 아나돗으로부터 온 아비에셀을 제외하고는 모두 유다로부터 온다. 이후에 좀더 확장되는데 헤르츠버그는 23 : 35에 나오는 아랍(유다 남부지역임) 출신의 바아래까지가 원래 다윗이 유랑생활을 하던 시글락 때의 삼십인부대라고 본다. 왜냐하면, 여기까지가 삼십인부대가 23명이 된다. 그리고 여기에 삼용사와 요압의 삼형제, 요압, 아사헬, 아비새가 첨가되고 브나야가 첨가되어 모두 삼십인이 된다. 나머지는 소바(아람) 지역 출신, 가드 지역, 암몬 지역 출신 셀렉 등, 헷 족인 우리아까지로 확장된다.

그러나 이들 사회적 출신성분은 상당히 용병 위주의 군인들로 나타난다. 여기서 특별히 그들의 업적을 보고하고 있는 데서 그 목적과 진상이 드러나는 바와 같이 이들은 아마도 탈출한 노예, 빚진 자, 죄수들도 다수 있었던 것 같다(삼상 22 : 1－2). 사회적으로 불법자나 범법자 등과 같이 힘으로 살기 위해서 자신들의 목숨을 저당잡히고 살던 사람들이었다. 달리 보면 출신 성분이야 어떠하든지 힘이 세고 용기가 있는 사람이면 다윗은 자기 주변으로 모았던 것으로 보인다. 다윗 자신과 마찬가지로 현 체재 하에서 적응할 수 없었던 사람들이다.

> 다윗이 그 곳을 떠나 아둘람 굴로 도망하매…. 환난당한 모든 자와 빚진 자와 마음이 원통한 자가 다 그에게 모였고 그는 그 장관이 되었는데 그와 함께한 자가 사백 명 가량이었더라(삼상 22 : 1－2).

이러한 다윗의 신복들의 출신 성분은 쫓기던 다윗과 같은 신분이었으면서도 다윗이 그들을 챙길 수 있는 인물이었음을 보여준다. 이러한 메시아로서의 그의 면모는 입다의 경우에도 분명히 드러나고 있는데 사사기 11 : 3에서 "이에 입다가 그 형제를 피하여 돕(tov, 축복)의 땅에 거하매 잡류(속이 허한 자들)가 그에게 모여와서 그와 함께 출입하더라"라고 보고하고 있다. 다윗의 경우도 이와 유사한 잡류들이 그에게 모여왔던 것 같다.

예수의 경우도 세리와 죄인의 친구가 되시므로 그가 메시아가 된다(눅 7 : 34; 마 11 : 19). 이러고 보면 세리와 죄인, 노예들의 친구가 됨으로써 메시아가 된다는 사상은 구약성서에서 하나의 맥을 형성하고 있다. 모세는 노예였던 히브리인들을 인도하여 냄으로 지도자가 되었고, 사도 바울 역시, 노예 출신으로서 누가복음과 사도행전을 기록한 것으로 알려진 누가나 오네시모와 같은 사람들을 회개시키고 인도하여 그의 사역을 담당하는 것을 볼 수 있다. 오네시모는 바울이 중재하여 신분을 복원했던 것 같으나 누가가 바울에게 오기까지의 과정은 밝혀져 있지 않다.

38. 인구조사(24 : 1－25)

¶ 본문

1 여호와께서 다시 이스라엘을 향하여 진노하사 저희를 치시려고 다윗
을 감동시키사 가서 이스라엘과 유다의 인구를 조사하라 하신지라 2 왕
이 이에 그 곁에 있는 군대 장관 요압에게 이르되 너는 이스라엘 모든 지
파 가운데로 다니며 단에서부터 브엘세바까지 인구를 조사하여 그 도수
를 내게 알게 하라 3 요압이 왕께 고하되 이 백성은 얼마든지 왕의 하나
님 여호와께서 백배나 더하게 하사 내 주 왕의 눈으로 보게 하시기를 원
하나이다 그런데 내 주 왕은 어찌하여 이런 일을 기뻐하시나이까 하되
4 왕의 명령이 요압과 군대장관들을 재촉한지라 요압과 장관들이 이스라
엘 인구를 조사하려고 왕의 앞에서 물러나서 5 요단을 건너 갓 골짜기 가
운데 성읍 아로엘 우편 곧 야셀 맞은편에 이르러 장막을 치고 6 길르앗에
이르고 닷딤홋시 땅에 이르고 또 다냐안에 이르러서는 시돈으로 돌아서
7 두로 견고한 성에 이르고 히위 사람과 가나안 사람의 모든 성읍에 이르
고 유다 남편으로 나와서 브엘세바에 이르니라 8 저희 무리가 국중을 두
루 돌아 아홉달 스무날만에 예루살렘에 이르러 9 요압이 인구 도수를 왕
께 고하니 곧 이스라엘에서 칼을 빼는 담대한 자가 팔십만이요 유다 사람
이 오십만이었더라 10 다윗이 인구 수를 조사한 후에 그 마음에 자책하고

여호와께 아뢰되 내가 이 일을 행함으로 큰 죄를 범하였나이다 여호와여
이제 간구하옵나니 종의 죄를 사하여 주옵소서 내가 심히 미련하게 행하
였나이다 하니라 [11] 다윗이 아침에 일어날 때에 여호와의 말씀이 다윗의
선견자 된 선지자 갓에게 임하여 가라사대 [12] 가서 다윗에게 말하기를 여
호와의 말씀에 내가 네게 세가지를 보이노니 너는 그 중에서 하나를 택하
라 내가 그것을 네게 행하리라 하셨다 하라 [13] 갓이 다윗에게 이르러 고
하여 가로되 왕의 땅에 칠년 기근이 있을 것이니이까 혹시 왕이 왕의 대
적에게 쫓겨 석달을 그 앞에서 도망하실 것이니이까 혹시 왕의 땅에 삼일
동안 온역이 있을 것이니이까 왕은 생각하여 보고 나를 보내신 이에게 대
답하게 하소서 [14] 다윗이 갓에게 이르되 내가 곤경에 있도다 여호와께서
는 긍휼이 크시니 우리가 여호와의 손에 빠지고 내가 사람의 손에 빠지지
않기를 원하노라 [15] 이에 여호와께서 그 아침부터 정하신 때까지 온역을
이스라엘에게 내리시니 단부터 브엘세바까지 백성의 죽은 자가 칠만인
이라 [16] 천사가 예루살렘을 향하여 그 손을 들어 멸하려 하더니 여호와께
서 이 재앙 내림을 뉘우치사 백성을 멸하는 천사에게 이르시되 족하다 이
제는 네 손을 거두라 하시니 때에 여호와의 사자가 여부스 사람 아라우나
의 타작마당 곁에 있는지라 [17] 다윗이 백성을 치는 천사를 보고 곧 여호
와께 아뢰어 가로되 나는 범죄하였고 악을 행하였삽거니와 이 양 무리는
무엇을 행하였나이까 청컨대 주의 손으로 나와 내 아비의 집을 치소서 하
니라 [18] 이 날에 갓이 다윗에게 이르러 고하되 올라가서 여부스 사람 아
라우나의 타작마당에서 여호와를 위하여 단을 쌓으소서 하매 [19] 다윗이
여호와의 명하신바 갓의 말대로 올라가니라 [20] 아라우나가 바라보다가
왕과 그 신복들이 자기를 향하여 옴을 보고 나가서 왕의 앞에서 얼굴을
땅에 대고 절하며 [21] 가로되 어찌하여 내 주 왕께서 종에게 임하시나이까
다윗이 가로되 네게서 타작마당을 사서 여호와께 단을 쌓아 백성에게 내
리는 재앙을 그치게 하려 함이로라 [22] 아라우나가 다윗에게 고하되 원컨
대 내 주 왕은 좋게 여기시는 대로 취하여 드리소서 번제에 대하여는 소
가 있고 땔 나무에 대하여는 마당질하는 제구와 소의 멍에가 있나이다 [23]
왕이여 아라우나가 이것을 다 왕께 드리나이다 하고 또 왕께 고하되 왕의
하나님 여호와께서 왕을 기쁘게 받으시기를 원하나이다 [24] 왕이 아라우

나에게 이르되 그렇지 아니하다 내가 값을 주고 네게서 사리라 값 없이는
내 하나님 여호와께 번제를 드리지 아니하리라 하고 은 오십 세겔로 타작
마당과 소를 사고 [25] 그곳에서 여호와를 위하여 단을 쌓고 번제와 화목제
를 드렸더니 이에 여호와께서 그 땅을 위하여 기도를 들으시매 이스라엘
에게 내리는 재앙이 그쳤더라

¶ 개요

이 장의 구조를 앤더슨(A. A. Anderson, WBC)은 다음과 같이 구분한다.

A. 인구조사(1－9절)
  인구조사를 명함(1－4a)
  이정표(4b－7)
  인구조사 통계(8－9)
B. 재앙(10－17절)
  도입구(10)
  형벌의 종류(11－14)
  재앙(15－17)
C. 타작마당의 구입(18－25)
  갓을 통한 예언(18－19)
  타작마당의 구입(20－24)
  다윗의 제사(25a)
  결론 : 야웨가 재앙을 거둠(25b)

24장에서는 다윗이 하나님이 기뻐하지 않았음에도 불구하고 병적 조사를 했음을 말하고 있다. 이로 인하여 하나님이 이스라엘에게 전염병을 돌린다. 이 전염병이 돌자 다윗은 아라우나의 타작마당에서 야웨께 자신의 참회를 뜻하는 제단을 쌓고 제사를 드린다. 아라우나가 제물이 될 소를 다윗에게 바치려고 했으나 다윗은 아브라함이 값을 지불한 것처럼 값을 지불한다. 그 이유는 "돈을 한 푼도 안 들이고 하나님께 번제를 드릴 수는 없다는 것이다."

¶ 주석

1 여기서 "다시"라는 말은 보통 21장에 나타나는 삼년의 재앙을 가리키는 것으로 읽힌다. 21장에서는 기브온에 대한 언약을 사울이 어긴 것에 대한 것에서 심판의 근거를 찾았다. 그러나 24장에서는 다윗이 인구조사를 한 것에 대해서 잘못의 근거를 찾는다. 인구조사를 한 것이 무엇이 죄란 말인가? 단지 우리가 알 수 있는 것은 전자의 형벌은 하나님과의 계약이 아니라 인간과의 그것도 하층계층과의 계약을 어겼을 때 벌을 받은 것을 알 수 있고 여기서도 역시 여론을 거슬렀음에서 그 원인을 찾는다. 요압과 수하 장수들이 모두 이를 원치 않았으나 다윗이 가서 인구조사를 하라고 억지를 부린 것이다(4절). 역대상 21 : 1은 사탄이 다윗을 부추겼다고 신학적인 해석을 하고 있다.

이는 사무엘하 6장에서 떨어지려고 한 언약궤를 웃사가 잡으려고 하다가 야웨의 진노를 사서 죽은 것과 마찬가지다. 이는 사무엘하 6장에서 설명이 없는 것과 같이 왜 인구조사가 나쁜 것인지, 왜 야웨가 화를 내야 하는 것인지 규명되고 있지 않다. 이는 야웨의 절대 권한인 것이다. A. A. 앤더슨의 경우 그 형벌의 이유가 사무엘하 21 : 1－14와 연결되어 있다고 본다. 그러나 근거가 있는 것은 아니다.

건(D. Gun)을 포함한 대부분의 학자들이 이는 다윗이 보이지 않는 하나님의 역량을 의지하지 않고 보이는 군사력 파악만을 의지하려고 했던 인간적 자만심에 대한 하나님의 진노였다고 본다. 또 출애굽기 30 : 11－16에 보면, 계수되는 20세 이상의 사람(분명 남자)들은 속전으로 반 세겔씩 징수하게 되어 있다. 아마도 여러 가지 어려운 상황에서 다윗이 징수를 염두에 두고 인구 조사하려는 것은 당시 상황으로 무척이나 어려웠으므로 요압이 이 견해에 대해서 부정적이었던 것 같다.

이러한 인구조사는 예수 탄생시 헤롯 때에도 행해진 것으로 그에게 결코 긍정적인 결과를 가져오지 못했고 다윗과 비슷한 자신의 가족의 파멸과 징벌을 감수해야 했다(눅 2 : 1－7).

2－**3** 다윗과 군부세력을 대변하는 요압 사령관 사이의 의견 충돌이다. 다윗은 요압의 견해를 물리칠 뿐만 아니라 그 직책을 거부하는 요압 자신에게 그 일을 맡긴다. 이는 분명히 군사적 목적을 위한 징집 및 군사 정황을 파악하기 위한 것으로 보인다.

4－**5** 압살롬의 난 때에는 요압의 견해가 더 설득력이 있었으나 인구조사의 경우에서는 요압과 신하들의 견해를 왕의 견해가 압도하고 있다. 아마도 왕의 안정세가 더 확립된 것으로 보인다. 군부세력이나 여론보다도 다윗의 힘이 더 강했음을 보이고 있다. 그들이 요단 강을 건너서 강의 중간에 있고 도시의 오른편에 갓과 야셀(그가 도울 것이다)을 향하여 진을 쳤다. 갓은 침입하다, 행운 등의 의미가 있고 레아의 몸종 실바가 낳은 아들이다. 창세기 30 : 10에서 행운이라는 뜻으로 그 이름을 지었음이 나와 있다. 이 단화를 통해서 대체로 다윗 때의 영토경계를 추측해 볼 수 있다.

6 그때 길르앗 사람들이 갈릴리 호수 근처의 닷딤 홋시(언덕 밑에 새로 지은 마을)의 땅에 왔고 그들이 시돈 가까이에 있는 다냐안에 왔다. 다냐안은 판단이라는 뜻으로 빌하가 낳은 자손과 그가 차지한 땅을 말한다. 창세기 30 : 6에서 라헬의 몸종 빌하가 낳은 아들로 "야웨가 내 (재판에서) 억울함을 푸시려고 내 소리를 들으사 아들을 주셨다"라는 뜻으로 성서가 풀이하고 있다. 길르앗은 낙타 등과 같이 둥근 언덕, 동산 등을 말한다. 닷딤은 "밑에, 대신에"라는 뜻이고 홋시는 "달, 새로움" 등의 의미다.

7 그들이 두로(요새, 암벽)의 요새에 왔고, 히위 사람들과(가나안의 후손, 전갈, 모으다, 둥글게 친 텐트의 모임 등의 의미) 가나안 사람들의 모든 도시에 왔고, 그들이 또한 브엘세바(맹세의 우물, 혹은 일곱 번째 우물)에 있는 유다의 네게브(남쪽, 황무지) 땅에 왔다. 이들은 블레셋의 갓

지역에 속하는 것으로 나와 있는 아로엘과 야셀(민 32 : 34－36)로부터 길르앗으로 갔다가 북쪽 동서북의 두로와 시돈 그리고 남쪽으로 내려와서 남쪽 브엘세바까지 두루 돈다. 아마도 이는 이들이 접근할 수 있던 맥시멈 변방이었던 것 같다. 히위 족속은 함의 첫째 아들인 가나안의 소생으로 야곱 시절에 세겜에 하몰과 같이 세겜에 정착하기도 하고(창 34 : 2), 솔로몬의 성전 건축시에 징집되기도 했다(왕상 9 : 20; 대하 8 : 7). 아로엘은 도시라는 뜻의 이르가 두 개 겹쳐 있는 의미로 도시와 도시라는 뜻이고, 야셀은 "그가 도울 것이다"라는 뜻이다.

8－**9** 아홉 달 이십일이 끝나갈 무렵에 예루살렘에 인구조사단들이 왔다. 요압이 백성을 헤아린 수를 왕에게 주었는데 칼을 뽑을 수 있는 기백이 있는 사람이 이스라엘에는 팔십만이었고, 유다에는 오십만이었다. 여기서의 숫자는 먼저 군인 징집으로 가능한 자임을 표현하고 있다. 역대하 21 : 5에서 보면, 이스라엘의 숫자가 이백십만이고 유다의 숫자가 사십칠만이라고 기록되어 있다.

10 그렇게 백성의 수를 헤아린 후에 다윗의 마음(심장)이 그를 쳤다. 그때 다윗이 야웨께 말했다. "제가 한 일로 내가 크게 죄를 지었습니다. 이제 야웨여 당신 종의 죄가 지나가게 하소서. 왜냐하면 내가 매우 어리석었나이다." 이러한 고백은 비록 아온과 하타라는 다른 단어를 사용하고 있으나 창세기 4 : 13에서 가인의 죄에 대한 고백과 같은 형식으로 나타나 있다. 이 둘의 공통점은 죄를 자복했을 때 하나님이 그들을 용서해주셨다는 것이다. 이는 사무엘하 12 : 13에서 똑같은 패턴으로 나오며 죄라는 단어인 하타와 아온이 같이 종합해서 동의적으로 나오고 있다.

11－**12** 다윗이 아침에 일어났을 때 야웨의 말씀이 다윗의 선견자며 예언자인 갓에게 왔다. 예언자는 크게 세 가지로 나뉜다. 첫째는 "로예"이고, 둘째는 "호제"이고, 셋째는 "나비"이다. 첫째와 둘째는 "보다"는 뜻이지만 둘째가 첫째보다 더 환상적인 느낌을 준다. 이 둘을 합한 개념이 "나비"인데 이는 주로 "말하다"라는 개념이 더 강하다. 로예는 북쪽

예언자들에게 더 많이 적용되었고 호제는 남유다의 예언자들에게 더 많이 적용되었다. 나비는 모세에게 적용된 것과 같이 "말하다"라는 차원이 더 강하다. 보통은 이 셋 중의 하나로 표현되는데 갓에게는 호제와 나비가 둘 다 적용되어 있다. 그가 환상중에 본 것을 말로 표현한 것이라는 것을 의미하고 있다. 갓은 세 군데서 뚜렷이 나타나는 전형적인 남유다 예언자이면서 궁실예언자이다. 예레미야나 아모스처럼 재야예언자가 아니다. 궁실예언자는 이사야와 같이 주로 왕에게 호국적인 차원에서 예언한다. 우리나라 불교도 호국불교적인 성격을 띤 때가 있는 것과 비슷하다. 사무엘상 22 : 5에서 갓은 다윗에게 모압에 더 이상 체류하지 말고 가족을 거기에 남긴 채 유다로 들어가라고 말한다. 두 번째의 경우는 여기서 나타나는 경우인데 여기서 갓이 하나님의 세 가지 심판 중에서 하나를 택할 것(24 : 11－14)과 아라우나의 타작마당을 사서 하나님의 제단을 쌓으라고 말한다(18). 마지막으로 역대하 29 : 29에서 갓의 선견자 갓의 글(연대기, 드바림)에 기록되었다는 말이 나온다. 여기서 사무엘은 로예(선견자), 나단은 나비(예언자, 개역성서는 선지자로 번역), 갓은 선견자(호제)로 나누어 나타나고 있다. 로예와 호제 모두 선견자로 번역되어 마치 한 단어인 듯하지만 다른 단어이다. 번역하라면, 로예를 선지자, 나비는 예언자, 호제는 선견자 등으로 할 수 있을 것이다.

13 이 죄 형벌의 종류의 성격에 대해서 말하자면, 칠 년(LXX, 헬라어성서 삼하 24 : 13이나 대하 21 : 12; 히브리어성서 MT, 대상 21 : 12는 삼년으로 되어 있다)의 기근은 기브온 족과 관련해서 이미 당한 바이며, 삼개월을 대적자 앞에서 쫓긴 것도 압살롬에게 쫓겨서 치뤄진 바로 여겨진다. 다만 삼일의 재앙만이 남아 있는 것이다.

14 다윗이 갓에게 말했다. "내가 하나님의 손에 떨어지게 하라. 그리고 사람의 손에 떨어지지 않게 하라. 왜냐하면 하나님은 많이 자비로우신 분이시다." 갓은 "자르다"(to cut off), 군대 등의 의미가 있다. 그러나 레아의 몸종을 통해서 성서의 기록자는 복으로 해석한다(창 30 : 11).

15 "정하신 때"(모에드)는 어느 때까지인지 분명치 않다. 재앙(데베르)은 이집트에서 발생했던 재앙과 같은 의미의 단어이다. 단에서부터 브엘세바까지 죽은 자가 칠만 명이 되었다. 인구조사로 인한 온역 심판은 출애굽기 30 : 12에 나온다. 여기서의 숫자는 완전수치로 나온다. 엄청난 숫자가 죽음을 당했음을 말한다. 단은 단 족이 점령한 땅이다. 그 의미는 판단이라는 뜻이다. 원래 가나안 북단 라이스에 있던 토속 주민이 경계하지 않고 게으름 부리고 있는 틈을 타서 쳐들어가 그들의 영토를 삼은 곳이다(삿 18 : 27). 브엘세바는 이삭이 그랄 광야에 살 때에 마지막 우물을 판 곳이다(창 26 : 25). 뜻은 맹세의 우물, 혹은 일곱 번째 우물이라는 뜻이다. 이렇게 해서 점령의 전승을 가지고 있는 두 곳이 모두 이스라엘의 영토의 양쪽 끝이 되었다. 단은 또한 북이스라엘의 두 곳 성소 중의 하나가 있던 곳이다. 벧엘과 단에 여호와를 상징하는 우상 황금 송아지가 세워져 있었다. 이런 이유로 벧엘도 야곱의 꿈 이야기 전승이 얽혀 있는 곳이다(창 26 : 10-22). 이삭도 브엘세바의 우물을 판 후에 제단을 쌓았고, 단 지파도 미가의 집에 있던 레위인으로 하여금 제사장을 삼아서 단으로 들어간다.

16 그런 다음에 천사가 예루살렘을 치기 위해서 그의 손을 뻗었다. 손을 뻗는 장면은 모세가 홍해를 향해 손을 뻗는 장면과 같다(출 14 : 16, 26). 출애굽기에서는 샬라흐 동사 대신에 나타 동사를 사용하나 의미상 별차이가 없다. 이때 야웨께서 그 재앙에 대해서 후회하셨다. 그래서 백성 가운데서 파멸시키고 있던 천사에게 말했다. "그만! 이제 너의 손을 거두어라." 그때 야웨의 천사가 여부스 족인 아라우나의 타작마당에 있었다. 여기서 천사(말라크)는 보통 하나님의 천사로 나오는데 여기서는 엘로힘(하나님)이 생략되어 있다. 말라크라는 말은 하나님의 대변자를 칭하는 것으로서 하나님이 보낸 전달자, 혹은 사자 등의 의미 등이 근본의미이다. 나중에 야웨의 이름이 천사를 대신하게 된다. 야웨의 이름으로 명하는 곳에서 역사가 일어나는 것처럼 예수의 이름으로 그 권위와 권세의 근본을 두는 것이다. 구약성서에서는 야웨의 이름으로 맹세하는 곳(왕상 8장)에서 항상 하나님의 임재가 있었고 역사가 있었다. 시편 8편은 창조세계와 인간의 고귀함을 감사하면서 야웨의 이름을 찬양한다. 왜냐하면

그의 이름이 있는 곳에 권세의 역사가 있었기 때문이다.

17 다윗이 백성을 치고 있는 천사를 보았을 때 야웨께 말했다. "보소서 내가 죄를 지었나이다. 내가 죄를 지었나이다. 그러나 이들 양들이 무엇을 하였나이까? 당신의 손이 나와 나의 아비집을 치소서!" 하나님의 천사는 하나님의 파견자이며 대언자이다. 하나님은 자신이 직접 계시하시기도 하며(대개는 꿈과 이상을 통해서) 그 다음에는 하나님의 천사를 통해서 아브라함이나 롯 등을 만나게 하신다. 다른 수단으로는 모세나 예언자와 같은 대언자를 통해서 그의 말씀을 선포하신다. 이렇게 해서 선포된 말씀은 그리스도의 형상으로 성육화된다(요 1 : 1). 이는 지혜가 지혜여인이 되는 것과 비슷한 이치라고 할 것이다(잠 7 : 4; 8장).

18 그날에는 역시 구체적인 시공간을 말함이 아니라 어느 한 시점을 말한다. 나단을 통해 말씀하신 야웨는 이젠 갓을 통해 말씀하신다. 갓은 선견자(호제)며 예언자(나비)라고 부른다. 선견자는 "예언한다"는 뜻보다는 "환상을 보다"는 뜻이 강하며, 예언자는 대언자임을 말한다. 아론은 파라오를 향하여 모세의 대언자(예언자)며, 모세는 아론에 대하여 하나님의 대언자(예언자)였다(출 4 : 14－17). 무너진 야웨의 단을 갈멜 산에서 수축하는 것 혹은 새로 단을 쌓는 것은 야웨의 면전에 나타나는 것보다 더 가까운 회개와 하나님과의 교제를 통한다. 아브라함이 야웨의 단을 쌓았고 이삭과 야곱이 야웨의 단을 쌓고 야웨의 이름을 부른다. 야웨의 단을 쌓을 때 죄의 용서가 나타나고 하나님의 함께하시는 축복이 다시 임하게 된다.

19 사역하자면, 다윗이 야웨가 명령한 대로(전치사 크), 갓의 말대로(전치사 크) 그가 올라갔다로 되어 있다. 신명기사가의 야웨의 말씀에 대한 순종을 표현하는 간결명료한 경구이다. 야웨가 명한 대로 모세는 아론에게 명하고 아론은 파라오에게 말하는 것이 예언자의 기능이다. 여기서도 하나님이 명한(치바) 대로, 갓이 다윗에게 말했고 갓이 말한 대로 다윗이 올라갔다는 것이다. 이 말은 예수의 어머니 마리아가 가나의 혼인잔치

에서 하인들에게 무슨 말을 하든지 그대로 하라(요 2 : 1)고 하는 구절로 그 맥락이 이어진다. 아브라함 역시 하나님이 명한 대로 떠나서 아들 이삭을 하나님이 명한 대로 제물로 바치게 되는 것이다.

다윗은 선지자 나단을 통해서 전해진 하나님의 말씀을 순종한 것같이, 갓을 통해 선포되는 말씀대로 야웨가 명한 대로 올라간다. "올라갔다"라는 말은 그가 야웨께 물었고 그에 따라서 응답하게 된다. 출전하기 전의 다윗의 통상적인 행위였다. 이는 신명기사가의 신앙적 입장으로 다윗의 진지한 신앙적 태도를 대변한다.

20 아라우나가 "족장", "통치자"란 뜻이다. 내려다보았을 때 그가 왕과 그의 종들이 그에게 건너오는 것을 보았다. 아라우나가 나가서 얼굴을 땅에 대고 왕께 절했다. 병행구절인 역대상 21 : 20, 21에서는 아라우나가 밀을 타작하다가 다윗을 맞이한다. 밀 타작시에 칠칠절과 오순절(5－6월경) 절기를 지켰다. 신약성서에서는 이 시기에 마가의 다락방에서 성령이 내려서 성령강림절이 되었다. 얼굴을 땅에 대는 자세는 이마가 땅에 닿도록 무릎을 꿇고 몸을 숙이는 자세를 말하는데 윗사람에 대한 절대적 복종을 보이기 위한 자세이다(삼상 25 : 23; 스 8 : 3; 왕하 4 : 7).

21 － **23** 아라우나는 여부스 족이었다. 여부스 족은 예루살렘에 살던 족속이었는데 다윗에 의해서 점령되었다. "나의 주 왕께서 종에게 오시니 어인 일이십니까?" 다윗이 대답했다. "야웨를 위한 제단을 세우기 위해 타작마당을 너로부터 사기 위해서 왔노라. 이는 백성에게 내리는 재앙을 막기 위한 것이다." 여기에서 아브라함이 막벨라 동굴을 살 때(창 23장)와 야곱이 세겜 땅을 살 때 등의 패턴이 그대로 나타난다(창 33장). 막벨라 동굴에서는 죽은 사라를 장례지내기 위한 것이며, 야곱과 세겜 인들과의 거래, 아브라함과 헷 족속과의 거래에서도 무료제의가 나타나고 사야 할 이유가 나타난다.

24 그래서 다윗이 그 타작마당과 그 소를 은 오십 세겔을 주고 샀다. 성서에서는 언제나 필요한 부지를 값을 쳐주고 산다. 아브라함이 막벨라

동굴을 사서 남유다의 기초를 세우고, 야곱이 세겜을 사서 북이스라엘의 기초를 세우고, 다윗이 아라우나의 타작마당을 사서 성전을 세운다.

25 다윗이 거기에 야웨의 제단을 세우고 번제와 화목제를 드리자 야웨가 그 땅에 대한 탄원을 들으시고 이스라엘에 내린 재앙을 그치신다. 제사는 두 가지 기능이 있다. 번제와 화목제다(레 1－3장; 신 12 : 1－28). 번제는 속죄제를 위한 것이며 화목제는 하나님을 중심으로 이웃과 더불어 먹고 마시는 것이다(출 24 : 1－11). 그리스도는 번제는 죄를 태워서 없애는 기능을 하며 화목제는 번제를 드리고 남은 것을 가지고 이웃과 더불어 먹고 마시기 위한 것이다. 번제를 드리면 믿는 자들의 마음은 깨끗해진다. 그러나 새로운 상으로 채워져야 한다. 구약시대는 하나님의 계약의 말씀으로 채우는 것이었고 신약성서에서는 그리스도의 상으로 채우는 것이다. 신약성서에서 보면 깨끗이 청소된 사람의 마음으로부터 쫓겨난 귀신이 돌아다니다가 있을 곳을 발견치 못하자 자기보다 더 악한 친구 일곱 귀신들을 데리고 청소된 사람의 마음으로 다시 돌아온다는 이야기가 있다(마 12 : 45). 그러므로 화목제에서 계시된 그리스도의 영은 번제로 깨끗해진 심성으로 들어오게 되는 것이다.

¶ 메시지

1) 본문 설명

아라우나의 제물은 사무엘하 24 : 16－25까지 그 이야기가 나온다. 아라우나라는 말은 고귀한 자, 지도자라는 뜻이다. 이스라엘에 하나님이 재앙을 내리시기를 작정하셨다.

이 재앙은 다윗이 인구조사를 실시한 후에 이루어진 것이다. 모든 사람이 이 인구조사를 반대했다. 왜 인구조사를 반대했는지는 분명치 않다. 단지 군사령관이던 요압이 이 일을 행치 말기를 간절히 간구한다. 이에 가세해서 군대의 수장들도 반대한다. 다른 때는 행동하기 전에 하나님께 묻는 다윗도 이번에는 물었다는 이야기가 없다.

아마도 계속된 북쪽지파의 반발과 반란으로 극도로 민심이 악화된 처지에서 다시 단과 브엘세바 길르앗 네게브에 이르는 방대한 지역의 인구를 통산해서 북이스라엘 인구 팔십만, 남유다 인구 오십만의 군대예비군을 파악하는 것은 또다시 그들을 통제하려는 압제로 여겨져 민심을 불안케 했는지 모른다.

어쨌든 반대를 무릅쓰고 실시한 인구조사 후, 그의 마음이 매우 쓰디쓴 감정으로 휘말리게 되었다. 백성들이 그렇게 말리는 인구조사를 자기의 고집으로 해냈기 때문이다. 이 결과 이스라엘에 재앙이 내린다는 이야기다.

2) 삼중택일과 아라우나

그런데 이것이 때마침 예루살렘에 대한 재앙과 관련이 있어서 이번 일로 말미암아 이스라엘에게 재앙이 내릴 것인데 세 가지 재앙 중에서 하나를 선택하라고 한다.

첫째는, 삼(칠)년 기근을 당할 것인가?

둘째, 삼개월 동안 반란군 앞에서 쫓길 것인가?

셋째, 삼일 동안에 온 이스라엘에 유행병 재앙이 있을 것인가를 생각해보라고 한다.

여러분은 어떤 재앙을 택할 것인가?

이때 다윗은 사람의 손으로 재앙을 받기보다는 하나님의 손으로 재앙을 받기를 원한다고 한다. 그러자 삼일 동안 재앙이 전국에 내려 칠만 명이 죽는다.

이때 하나님이 재앙을 거두시려는 때에 예루살렘을 치는 천사가 아라우나의 마당에 서 있는 것을 본 다윗이 이제 하나님께 제사를 드리고자 한다.

그가 아라우나의 타작마당에 가자 타작마당 위에서 내려다보던 아라우나가 깜짝 놀라서 내려와 경배하면서 어인 일인지를 묻는다. 다윗이 제사이야기를 꺼내자 그가 그 타작마당과 그 위에서 타작을 하고 있던 소와 그 소가 끌던 마차를 모두 드리겠다고 제의한다.

그러나 다윗은 이를 마다하고 반드시 돈을 주고 사겠다고 하면서 가격을 지불한다. 역대하 3 : 1에 보면, 솔로몬의 성전이 건축된 곳이 모리아 산이며, 특히 이곳 아라우나의 땅에서 솔로몬의 성전을 세우게 된다.

성경에서 보면 이스라엘은 하나님과의 약속의 성취와 관련해서 중요한 일이 있을 때 꼭 그것을 은을 달아주고 사는 것을 알 수 있다. 은은 당시의 화폐였다.

3) 아브라함과 땅 매입

사라가 죽었을 때 아브라함이 헷 족속으로부터 막벨라 동굴을 사려 할 때에 헷 족속이 그냥 가지라고 한다. 그러나 아브라함은 그것을 결코 그냥 얻지 않고 은 사백 세겔을 주고 샀다. 이 은 사백 세겔은 한 사십억이나 되는 엄청난 돈이라고 한다. 그는 이 동굴을 사고 그곳에 자기의 기업을 대대로 이을 표징을 삼는다. 만일 요즈음같이 날로 영토 분쟁이 치열한 가운데서 팔레스타인 지역에 있는 헤브론을 내어놓으라고 한다면 어떻게 견딜 수 있을 것인가? 오늘날 창세기 23장은 세계에서 가장 오래된 땅문서인 것으로 알려져 있다. 이는 이스라엘 백성들이 자기의 땅임을 주장하는 구체적인 내적 증거일 뿐만 아니라 외국인들에 대해서도 할 말이 없게 만들고 있는 것이다.

이렇게 해서 이스라엘의 역사에 빛이 날 역사적인 두 장소가 매입이 된다. 이제 막벨라 동굴이 있던 곳에서 후손 다윗이 왕으로 등극하게 되면서 명실공히 아브라함이 약속의 징표로 삼았던 그 약속의 성취가 이루어지며, 다윗이 산 그 타작마당은 하나님의 임재를 상징하는 솔로몬 성전이 세워지게 된다.

4) 야곱과 땅 매입

세 번째로, 가격을 지불하고 땅을 매입한 경우는 야곱의 세겜 땅 구입의 경우다. 야곱이 이제 라반으로부터 돌아와서 새로이 정착을 해야 될 때의 이야기다. 에서와 간신히 화해해서 전쟁만은 피했으나 갈 곳이 없었다. 그래서 세겜 땅을 하몰로부터 사게 된다(창 33장). 가격을 물으니 은 100세겔(아브라함은 400세겔, 창 23장)이라고 한다. 이것도 역시 굉장히 비싼 가격이라고 한다. 그러나 처음에 하몰이 말한다. "그냥 가지시오."

그러나 똑같은 패러다임으로 그가 은 백 개를 주고 산다. 이곳은 북이스라엘의 수도가 된다. 이스라엘의 입장에서는 이 땅도 그냥 얻은 것이 아니라 돈을 주고 매입했다는 것이다. 얻을 수 있는 메시지는 다음과 같다. 이에 따른 메시지는 다음과 같다.

첫째는, 믿음의 눈으로 심는 자가 되자는 것이다. 이들은 한결같이 처음에는 보잘것없는 것이었으나 결국은 이스라엘의 가장 중요한 역할을 하는 곳으로 발전한다. 아브라함, 야곱, 다윗은 그야말로 믿음의 대가들이다. 믿음으로 미래를 산 것이다. 당시에는 아무 보잘것없는 땅이었다. 그러나 그들의 눈에는 그것이 미래의 수도며 성전의 터였던 것이다. 다른 사람의 눈에는 그저 타작마당에 불과했고 산비탈에 있는 동굴과 그 주변 밭이었다. 그러나 아브라함의 눈에는 그 밭은 바로 수도를 의미했다. 그는 그것을 가장 비싼 가격에 주고 산 것이다.

성경에 하나님 나라는 어떤 사람이 밭을 갈다가 쨍그랑 부딪히는 소리에 보물이 그 밭에 묻혀 있음을 알고 전 재산을 팔아서 그 밭을 사는 사람과 같다고 말한다. 아마도 아브라함도 그 밭을 사는 데 등뼈가 휘청했을 것이다. 그러나 그의 눈에는 그곳에 자신의 후손들이 왕국을 건설하고 왕으로 등극하는 비전을 본 것이다. 다윗도 마찬가지고 야곱이 세겜 땅을 살 때도 마찬가지였다. 다른 사람들이 정신이 나간 사람이라고 할 정도로 야산을 구입하는 데 비싼 가격을 주고 구입한다. 그러나 그 터는 바로 하나님의 전이 들어갈 터이며, 솔로몬의 궁이 들어갈 터였던 것이다. 다른 사람의 눈에는 그것이 보이지 않으나 다윗의 눈에나 야곱의 눈에는 보였던 것이다. 그리고 그것은, 그 꿈은 이루어지고야 말았던 것이다.

막벨라 동굴은 산등성이에 있는 황량한 돌밭에 불과했다. 그러나 아브라함이 그곳에 믿음을 두기 시작할 때부터 엄청난 가격으로 뛰기 시작한 것이다. 그리고 그곳이 왕도가 되었다. 어쩌면 삐딱한 것도 잘 봐주면 엽기적인 것이 되지 않는가?

다른 사람은 보지 못했지만 다윗은 아라우나의 타작마당에서 당시의 유행병으로 예루살렘을 심판하고 있는 하나님의 천사를 본 것이다. 그리고 그곳이 하나님이 임재한 곳이고 제단을 쌓아야 할 장소로 믿은 것이다. 그리고 그곳이 솔로몬 성전이 된 것이다.

두 번째로 비싼 가격에 심으라는 것이다. 모든 것을 쉽게 얻으려고 하지 않고 충분한 대가를, 고난을 치르면서 심어가는 것이다. 성서의 인물들은 하나같이 비싼 가격을 지불하고 자신들의 삶을 이루어냈다는 것이다. 그들은 인생을 싸게 살 수도 있었다. 그러나 그들은 그것을 비싼 가격을 주고 이루어낸 것이다. 아브라함이 자기의 전 모험을 걸고 믿음의 길을 떠났고 비싼 가격에 막벨라 동굴을 구했다. 야곱도 20년이나 되는 세월을 자신을 일으키는 데에 헌신했고 비싼 가격에 세겜 땅을 구입한다. 모세가 자기의 삶을 바쳐서 자기의 생애를 이루어내었다. 다윗도 일생 비싼 가격을 주고 자기의 삶을 이루어냈다. 그리고 왕권을 확립했고 왕조를 이루어내었다. 예수도 그랬고 바울도 그랬다. 비싼 희생의 대가를 지불하고 사는 인생을 이루는 인생이 되어야 할 것이다.

세 번째로는 위기가 기회라는 것이다. 이런 믿음의 상징, 약속의 상징인 땅을 살 때 이들은 하나같이 위기시에 발생했다는 것이다. 사라가 죽었을 때 아브라함은 당장 매장할 곳이 없었다. 그는 땅을 사서 약속의 징표로 사야겠다는 생각도 없었다. 오직 사라가 죽었을 때 꿈만 막연하게 컸지 구체적인 대안인 땅 한 필지도 없는 신세라는 것을 깨닫지 못했다. 위기 시에 그의 눈이 열린 것이다. 그리고 약속의 땅이 필요하다는 것을 깨닫고 그것을 마련한 것이었고 그것이 그의 믿음의 유산의 상징이 되었다.

다윗도 마찬가지이다. 천사가 서서 칠만 명이나 죽였을 때에야 그의 눈이 열려서 제단을 쌓아야겠다는 생각을 하게 되었다. 그리고 그곳이 솔로몬 성전이 된 것이다. 평시에 그는 전혀 하나님의 제단에 대한 것을 생각지 못했다. 오직 그런 재앙의 위기시에 그의 눈이 열린 것이다. 우리는 위기시에 가족의 귀함도 알고, 사람 목숨이 파리 목숨보다도 낫다는 것도 알고, 먹는 것, 마시는 것, 걸어 다니는 것 등 모두 하나님께 한없이 감사해야 할 것임을 알게 되는 것이다. 그리고 새로운 세계를 설계하게 되는 동기가 되는 것이다.

구약의 큰 예언은 위기 때마다 선포된 것이다. 그들은 그 위기를 통해서 조절과 극복을 통해서 새로운 신앙의 영역을 확보해 내었다. 그들의 포로기는 엄청난 좌절과 험난한 길이었다. 그러나 그러한 고난을 통해서 구약성서와 신앙은 거듭나게 된 것이다. 그리고 역사와 세계를 바꾸고 말씀이 육신이 된 그리스도의 탄생을 가져온 것이다.

결론적으로 위기라고 해서 절대로 실망하지 말아야 할 것이다. 이때에 하나님이 어떻게 무엇을 나에게 보이기 위한 것인지를 확실히 깨닫게 되기를 원한다.

거지처럼 보이던 예수에게 베다니의 마리아는 삼백 데나리온이나 되는 향유를 깨뜨려 부었다. 그는 예수 안에서 부활의 생명을 보았던 것이다. 그리고 그는 그 향유로 말미암아 부활을 기념하는 그런 마리아가 되었고 그리스도의 행적이 이야기될 때마다 그의 믿음도 이야기되는 것이다. 그는 보이지 않는 믿음의 세계를, 예수 안에 있는 세계를 산 것이다.

참고 문헌

노희원.『최근의 신명기 역사 연구』. 서울 : 연세대학교 출판부, 2001.

_____.『구약성서의 깊은 세계』. 서울 : 연세대학교 출판부, 1998.

_____.『구약성서의 계약구조』. 서울 : 은성출판사, 1995.

_____.『최근의 십계명연구』. 서울 : 은성출판사, 1995.

_____. 외 공저,『구약개론 : 한국인을 위한 최신연구』. 서울 : 대한기독교서회, 2004.

우택주,『새로운 예언서 연구』. 침례신학대학교 출판부, 2005.

한동구, "신명기 사가의 역사서 최근 연구 동향".『현대와 신학 제20집』(1995.6), 184-197.

장일선,『다윗왕가의 역사 이야기』, 서울 : 대한기독교서회, 1997.

Anderson, A.A. *2 Samuel*. WBC. Word Books Publisher, Dallas, Texas, 1989.

Anderson, B.W. 노희원 역.『시편의 깊은 세계』. 대한기독교서회, 1997.

Bergen, R.D. *The New American Commentary : An Exegetical and Theological Exposition of Holy Scripture NIV Text, 1, 2 Samuel*, Vol. 7B. Broadman & Holman Publishers, USA, 1996.

Caird, G.B. & Little, G. *II Samuel, The Interpreters Bible*. Vol. II, 1978.

Campbell, A. and O'Brien, M. A. *Sources of the Pentateuch*. Minneapolis :

Fortress Press, 1993.

Cross, F. M. *Canaanite Myth and Hebrew Epic.* Cambridge, Mass. : Harvard University Press, 1973.

Day, J. 노희원 역. 『시편개론』. 서울 : 은성출판사, 1996.

Day, J. ed. *King and Messiah in Israel and the Ancient Near East.* Sheffield : Academic Press, 1998.

Dietrich, W. *Prophetie u. Geschichte. Eine redaktionsgeschichtliche Untersuchung zum deuteronomistischen Geschichtswerk.* FRLANT 108. Göttingen : Vandenhoeck & Ruprecht, 1972.

Driver, S. R. *Introduction to the Literature of the Old Testament*, 9th ed. Gloucester, MA, 1972.

Eissfeldt, O. *The Old Testament : An Introduction.* trans. P. R. Ackroyd, Oxford : Harper and Row, 1965.

Engnell, I. *A Rigid Scrutiny*, trans. and ed. J. T. Willis and H. Ringgren, Nashville : Vanderbilt University Press, 1969.

Fohrer, G. *Introduction to the Old Testament*, trans. D. Green, Nashville : Abingdon Press, 1968.

Freedman, D. N. *Dictionary of the Bible*, William Eerdmans Publishing Company. Grand Rapids : Michigan/ Cambridge, U.K., 2000.

______, "Deuteronomic History," *IDBS*(1976). 226.

______, *Eerdmans Dictionary of the Bible.* Grand Rapids, Michigan/ Cambridge, U.K.

Friedman, R. E. *Who Wrote the Bible.* New York : Harper & Row, Publishers, 1987; *The Exile and Biblical Narrative : the Formation of the Deuteronomistic and Priestly Works.* HSM 22. Chico, Calif. : Scholars Press, 1981.

Gesenius, H.W.F. *Gesenius' Hebrew–Chaldee Lexicon to the Old Testament*, Baker Book House, Grand Rapids , Michigan, 1992.

Gunn, D. "New Directions in the Study of Hebrew Narrative." *JSOT* 39(1987); Hoffmann, H. D. *Reform und Reformen : Untersuchungen zu einem Grundthema der deuteronomistischen Geschichtsschreibung.* ATANT 66. Zürich : Theologischer Berlag, 1980.

Herzberg, H. W. *I & II Samuel.* The Westminster Press, SCM, 1964.

Kaufmann, Y. *Religion of Israel : From its beginnings to the Babylonian exile.* Chicago : University of Chicago Press, 1960.

Kissling, P.J. *Reliable Characters in the Primary History : Profiles of Moses, Joshua, Elijah and Elisha.*

Mayes, A.D.H. *The Story of Israel Between Settlement and Exile : A Redactional Study of the Deuteronomistic History*, London : SCM Press, 1983.

McCarter, P. K. *1 Samuel, Anchor Bible*, Vol. 8, ed. W. F. Albright and D. N. Freedman, Garden City, N.Y. : Doubleday, 1980; *2 Samuel, Anchor Bible*, Vol. 9, ed. W. F. Albright and D. N. Freedman, Garden City, N.Y. : Doubleday, 1984; "The Apology of David," *JBL* 99(1980).

McCarthy, D. J. "II Samuel 7 and the Structure of the Deuteronomistic History." *JBL* 84(1965).

Nelson, R. D. *The Double Redaction of the Deuteronomistic History.* JSOTSup 18, Philadelphia : JSOT Press, 1981.

Nicholson, E. W. *Deuteronomy and Tradition.* Oxford : Basil Blackwell, 1967.

Peckham, B. *The Composition of Deuteronomistic History.* HSM 35. Atlanta : Scholars Press, 1985.

Pfeiffer, R. H. *Introduction to the Old Testament.* New York : Harper & Brothers, 1948; Rad, G. von. *Studies in Deuteronomy.* trans. David Stalker, London : SCM Press, 1953.

Smith, H. P. *Critical and Exegetical Commentary on the Books of Samuel.* Edinburgh : T & T. Clark, 1977.

Van Seters, J. *In search of history : historiography in the ancient world and the origins of Biblical history.* New Haven : Yale University Press, 1983; "Review of Reform und Reformen, by H.—D. Hoffmann." JBL 102(1983), 131—32.

Veijola T. (ed.), *Die ewige Dynastie. David und die Entstehung seiner Dynastie in der Beurteilung der deuteronomistischen Historigraphie*, AASF.B 193, Helsinki : Suomalainen Tiedeakatemia, 1975; *Das Köigtum in der Beurteilung der Deuteronomistischen Historiographie*, AASF.B 198, Helsinki : Suomalainen Tiedeakatemia, 1977.

Weinfeld, M. *Deuteronomy and the Deuteronomic School*. Oxford : Clarendon Press, 1972.

Whybray, N. *The Making of the Pentateuch : A Methodological Study*. JSOT, 1987.

Wolff, H.W. 문희석 역. 『구약성서의 인간학』. 분도출판사, 1976.

■ 저자 소개

학력
연세대학교 신과대학 및 대학원(B.Th., Th.M.)
영국 애버딘대학교 구약학 박사(Ph.D)
연세대학교 구약학 교수 역임
현재 한국기독교장로회 동천안교회 담임목사

경력
『구약성서의 계약구조』, 『최근의 십계명연구』, 『구약성서의 깊은 세계』,
『최근의 신명기역사 연구』, 『구약성서개론』(공저)

저서
『시편해설』(C. Westermann), 『시편의 깊은 세계』(B.W.Anderson), 『시편개론』(J.Day)

대한기독교서회 창립 100주년 기념 성서주석 9　　사무엘하

2006년 9월 30일 초판 1쇄
2015년 6월 25일 초판 2쇄

지은이 / 노희원
펴낸이 / 서진한
펴낸곳 / 대한기독교서회

주소 / 135－882 서울시 강남구 테헤란로 103길 14(삼성동)
등록 / 1967년 8월 26일 제1967－000002호
e-mail / cls1890@chol.com
http://www.clsk.org
전화 / (02) 553－0873～4(편집부) (02) 553－3343(영업부)
팩스 / (02) 555－7721
책번호 / 1060　　값 30,000원

ISBN 978－89－511－0871－6 94230
ISBN 978－89－511－0002－4 (세트)